윤성우의 **열혈** C++ 프로그래밍

본서는 C언어를 공부한 독자를 대상으로 집필된 C++ 기본서입니다.

저자소개

윤성우(ripeness21@gmail.com)

벤처회사에서 개발자로 일하던 저자는 IT분야의 집필과 강의로 처음 이름이 알려졌으며, 2004년부터 지금까지 OpenGL-ES 그래픽스 라이브러리의 구현과 3D 가속 칩의 개발 및 크로노스 그룹(모바일 국제 표준화 컨소시엄)의 표준안에 관련된 일에 참여하였다. 또한 핸드폰용 DMB 칩의 개발에도 참여하였으며, 현재는 (주)액시스소프트의 CTO로 있으면서 웹 기반 솔루션 개발에 관심을 갖고 있다.

C++ 프로그래밍

2010년 5월 3일 1쇄
2023년 10월 20일 10쇄

지은이 | 윤성우
발행처 | 오렌지미디어 / 서울시 성동구 아차산로 92 광명타워 1020호

출판기획 | 이주연
디자인 | 조수진
표지디자인 | MIX STYLE STUDIO
표지일러스트 | 아메바피쉬

무단 복제 및 무단 전재를 금합니다.
전 화 | 050-5522-2024
팩 스 | 02-6442-2021
등 록 | 2007년 9월 20일 제 2011-000015호
ISBN 978-89-960940-4-3

정가 27,000원

http://www.orentec.co.kr

윤성우의 **열혈** C++ 프로그래밍

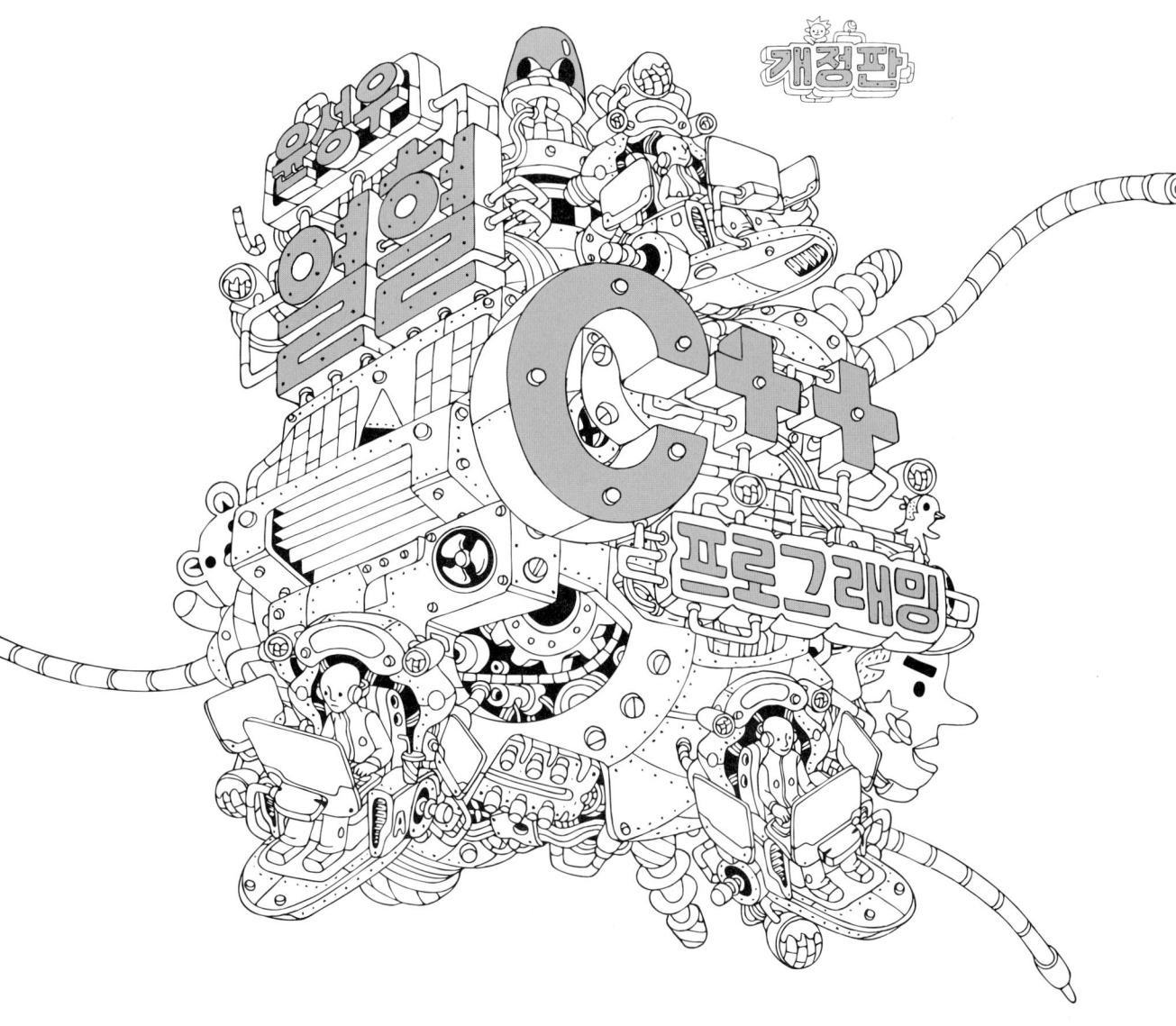

저자 **윤 성 우**

*2023년 7월 1일부로 모든 강의가 무료로 개방되었습니다. cafe.naver.com/cstudyjava 에서 무료 강의를 수강하세요.

머리말

언젠간 해야 했던 일을
이제서야 끝냅니다.

본서가 처음 출간된 것이 2004년도이니, 약 6년의 시간이 지났습니다. 부족한 책임에도 불구하고 그 동안 많은 사랑을 받아온 것은 행운이었다고 생각합니다. 그리고 그 행운에 힘입어 이렇게 개정판까지 출간하게 되었으니, 참으로 복 많은 저자라고 생각합니다. 며칠 전에 이 책의 초판에 실린 머리말을 읽어보았습니다. 당시 제가 가지고 있던 자신감이 엿보이는 머리말 같아서 쑥스럽기 그지없습니다. 잘 몰라서 그런 머리말을 작성했다고 생각합니다. 그 후로도 저는 다수의 책을 집필하였고, 또 다양한 프로젝트를 경험하면서 프로그램을 바라보는 시야나 깊이도 더해졌다고 생각합니다. 그만큼 시간이 흘렀고 경험도 더해졌으니까요. 하지만 초판에 실린 느낌의 머리말을 쓸 수는 없을 것 같습니다. 앞으로 다시 6년이 지난 후에 이 책을 바라보면서 부족하기 그지없는 책이라고 스스로 판단할지 모르기 때문입니다. 이번에 내 놓는 이 책 역시 완전하지는 않겠지만, 제 자식과 같은 책을 내 놓으면서 부족하다고만 말하고 싶지는 않습니다. 그래서 이 책의 장점을 조금 말씀드리고자 합니다.

이 책에서는 초판의 문제점으로 지적되었던 얕은 내용에 깊이를 더하였습니다. 당시에는 C++이 어렵다는 인식이 너무도 강해서, 정말로 쉬운 C++ 기본서를 쓰려고 노력하였습니다. 하지만 쉬운 기본서를 쓴다는 이유로 얕은 내용의 부족한 기본서를 쓰는 것은 핑계에 지나지 않음을 알게 되었고, 때문에 이러한 부분을 보강한 개정판을 내 놓으려고 노력하였습니다. 덕분에 책의 두께가 150페이지 정도 늘어났지만, 그만큼 여러분에게 더 도움이 되는 C++ 기본서가 되었다고 생각합니다. 하지만 여전히 많은 분들께서 타 언어에 비해 상대적으로 C++을 어렵게 느낀다고 생각합니다. 그래서 내용을 보강하고 깊이를 더하되, 초판보다도 더 쉬운 책, 쉽게 읽혀지는 책이 되도록 부단히 노력하였고, 이를 위해서 초보의 입장에서 책을 검수해준 친구 같은 제자들의 냉철한 평가도 수렴하였습니다.

새로운 언어를 공부하는데 어찌 즐겁기만 하겠습니까? 하지만 C++을 공부하는 과정에서 여러분은 타 언어를 공부하면서 받았던 것과는 다른 느낌의 만족감과 성취감을 느낄 수 있을 거라 생각합니다. 그리고 그것으로 여러분은 충분히 보상받았다고 생각할거라 믿습니다.

끝으로 본서의 개정판 작업을 응원해 준 친구들과 가족들에게 고마움을 전합니다. 그리고 제가 운영한다고 말하기에 부끄러울 정도로 카페에 힘이 되어주시는 부 매니저님과 스텝 분들께도 이 지면을 빌려서 고맙다는 말씀 전하고 싶습니다. 그리고 여전히 못난 아들로 살아가는 저를 늘 동일한 눈으로 바라봐 주시는 하나님께는 감사하다는 말씀과 죄송하다는 말씀을 함께 드리며, 시작의 글을 맺고자 합니다.

저자 윤성우

들어가기에 앞서

✚ 본서는 C언어를 알고 있다고 가정하고 있습니다.

초판과 마찬가지로 본서에서는 C언어를 알고 있다고 가정합니다. 하지만 C언어를 완벽히 알아야 이 책을 공부할 수 있는 것은 아닙니다. 대학에서 혹은 개인적으로 C언어를 한 학기 이상 공부한 경험이 있다면, 이 책을 공부할 수 있습니다. 이와 관련해서 간혹 다음과 같이 물으시는 분들도 계십니다.

"C언어를 공부하긴 했는데, 아직 부족합니다. 열혈 C++로 넘어가도 될까요?"

그럼 저는 C++로 넘어가라고 말씀 드립니다. 넘어가서 C++을 공부하다가 부족하다고 생각이 드는 부분이 있을 때, 해당 부분을 복습하는 것이 더 좋다고 말씀 드립니다. C++을 공부하다 보면, C언어와 관련해서 여러분의 부족한 부분이 더 눈에 띄기 때문에 효율적인 복습이 가능하며, C++을 공부하다 보면 C언어의 부족한 부분도 상당부분 채워지기 때문입니다.

✚ 여러분의 실력향상을 돕는 '연습문제'와 'OOP 단계별 프로젝트'

본문 사이사이에 연습문제가 등장하는데, 이 문제를 통해서 C++의 이해도를 높이고 이해한 바를 점검할 수 있습니다. 대부분의 문제에서 프로그램의 구현을 요구하기 때문에 문제해결에 적지 않은 시간이 걸릴 수 있고, 또 쉽게 해결되지 않는 문제들도 있을 수 있습니다만, 이는 누구나 경험하는 일이니 이에 대해 부담을 느낄 필요는 없습니다. 그리고 각 Chapter의 마지막 부분에서는 연습문제의 답안도 제시하니, 이를 활용한 효율적인 학습을 기대합니다.

또한 일부 Chapter의 뒷부분에서는 'OOP 단계별 프로젝트'라는 것이 총 11단계에 걸쳐서 진행됩니다. 이것은 C++을 공부하면서 하나의 프로그램을 단계적으로 완성해 나가는 일종의 '학습용 소규모 프로젝트'입니다. 이 프로젝트를 꼭 완성하기 바랍니다. 본서의 초판에서도 좋은 평가를 받은 내용인 만큼 여러분의 실력향상에 매우 큰 도움이 될 것입니다.

✚ Q&A는 cafe.naver.com/cstudyjava에서 진행됩니다.

동영상 강의는 오렌지미디어 홈페이지에서 들으실 수 있습니다. 그러나 책의 내용에 대한 Q&A는 제가 운영하는 카페를 통해 진행이 되니, 많이들 오셔서 서로 도움을 주고받으셨으면 합니다. 꼭 질문이 있어야만 찾게 되는 카페는 아닙니다. 서로의 안부도 전하고 고민거리도 나누는 사람냄새 나는 카페라고 생각하니, 오셔서 함께하셨으면 합니다.

*2023년 7월 1일부로 모든 강의가 무료로 개방되었습니다. cafe.naver.com/cstudyjava 에서 무료 강의를 수강하세요.

Contents

Part 01 C++로의 전환   11

Chapter 01 C언어 기반의 C++ 1   13

    01-1 printf와 scanf를 대신하는 입출력 방식   14
    01-2 함수 오버로딩(Function Overloading)   23
    01-3 매개변수의 디폴트 값(Default Value)   27
    01-4 인라인(inline) 함수   33
    01-5 이름공간(namespace)에 대한 소개   36
    01-6 OOP 단계별 프로젝트 01단계   50
    프로그래밍 문제의 답안   56

Chapter 02 C언어 기반의 C++ 2   61

    02-1 Chapter 02의 시작에 앞서   62
    02-2 새로운 자료형 bool   64
    02-3 참조자(Reference)의 이해   67
    02-4 참조자(Reference)와 함수   74
    02-5 malloc & free를 대신하는 new & delete   91
    02-6 C++에서 C언어의 표준함수 호출하기   96
    프로그래밍 문제의 답안   99

Part 02 객체지향의 도입   103

Chapter 03 클래스의 기본   105

    03-1 C++에서의 구조체   106
    03-2 클래스(Class)와 객체(Object)   121
    03-3 객체지향 프로그래밍의 이해   136
    프로그래밍 문제의 답안   146

Contents

Chapter 04 클래스의 완성   149
04-1 정보은닉(Information Hiding)   150
04-2 캡슐화(Encapsulation)   161
04-3 생성자(Constructor)와 소멸자(Destructor)   168
04-4 클래스와 배열 그리고 this 포인터   191
04-5 OOP 단계별 프로젝트 02단계   202
프로그래밍 문제의 답안   207

Chapter 05 복사 생성자(Copy Constructor)   213
05-1 '복사 생성자'와의 첫 만남   214
05-2 '깊은 복사'와 '얕은 복사'   221
05-3 복사 생성자의 호출시점   226
05-4 OOP 단계별 프로젝트 03단계   239
프로그래밍 문제의 답안   241

Chapter 06 friend와 static 그리고 const   242
06-1 const와 관련해서 아직 못다한 이야기   244
06-2 클래스와 함수에 대한 friend 선언   247
06-3 C++에서의 static   254
06-4 OOP 단계별 프로젝트 04단계   267

Part 03 객체지향의 전개   269

Chapter 07 상속(Inheritance)의 이해   271
07-1 상속에 들어가기에 앞서   272
07-2 상속의 문법적인 이해   278
07-3 protected 선언과 세 가지 형태의 상속   297
07-4 상속을 위한 조건   303
07-5 OOP 단계별 프로젝트 05단계   314
프로그래밍 문제의 답안   320

Contents

Chapter 08 상속과 다형성   325
    08-1 객체 포인터의 참조관계   326
    08-2 가상함수(Virtual Function)   340
    08-3 가상 소멸자와 참조자의 참조 가능성   357
    08-4 OOP 단계별 프로젝트 06단계   363
    프로그래밍 문제의 답안   372

Chapter 09 가상(Virtual)의 원리와 다중상속   375
    09-1 멤버함수와 가상함수의 동작원리   376
    09-2 다중상속(Multiple Inheritance)에 대한 이해   383
    09-3 OOP 단계별 프로젝트 07단계   390

Part 04 객체지향의 완성   399

Chapter 10 연산자 오버로딩 1   401
    10-1 연산자 오버로딩의 이해와 유형   402
    10-2 단항 연산자의 오버로딩   412
    10-3 교환법칙 문제의 해결   425
    10-4 cout, cin 그리고 endl의 정체   429
    프로그래밍 문제의 답안   437

Chapter 11 연산자 오버로딩 2   441
    11-1 반드시 해야 하는 대입 연산자의 오버로딩   442
    11-2 배열의 인덱스 연산자 오버로딩   456
    11-3 그 이외의 연산자 오버로딩   469
    11-4 OOP 단계별 프로젝트 08단계   494
    프로그래밍 문제의 답안   499

Contents

Chapter 12 String 클래스의 디자인   505
    12-1 C++의 표준과 표준 string 클래스   506
    12-2 문자열 처리 클래스의 정의   508
    12-3 OOP 단계별 프로젝트 09단계   515

Chapter 13 템플릿(Template) 1   525
    13-1 템플릿(Template)에 대한 이해와 함수 템플릿   526
    13-2 클래스 템플릿(Class Template)   540
    13-3 OOP 단계별 프로젝트 10단계   553
    프로그래밍 문제의 답안   556

Chapter 14 템플릿(Template) 2   559
    14-1 Chapter 13에서 공부한 내용의 확장   560
    14-2 클래스 템플릿의 특수화(Class Template Specialization)   566
    14-3 템플릿 인자   573
    14-4 템플릿과 static   578

Chapter 15 예외처리(Exception Handling)   585
    15-1 예외상황과 예외처리의 이해   586
    15-2 C++의 예외처리 메커니즘   589
    15-3 Stack Unwinding(스택 풀기)   594
    15-4 예외상황을 표현하는 예외 클래스의 설계   605
    15-5 예외처리와 관련된 또 다른 특성들   614
    15-6 OOP 단계별 프로젝트 11단계   618

Chapter 16 C++의 형 변환 연산자와 맺는 글   631
    16-1 C++에서의 형 변환 연산   632
    16-2 '윤성우의 열혈 C++ 프로그래밍'을 맺는 글   649

Index   653

Part 01

C++로의 전환

Chapter 01

C언어 기반의 C++ 1

C++은 C언어를 포함한다. 때문에 C언어로 작성된 대부분의 프로그램은 C++ 컴파일러로도 컴파일이 가능하다. 그러나 C++은 C언어가 지니지 않는 문법적 특성도 제법 지니고 있다. 이 중에서 일부는 객체 지향적 특성의 반영을 위해서 C언어의 문법 구조가 자연스럽게 진화한 형태로 존재하는 것도 있다. 이번 Chapter에서는 이러한 기본적인 특성 몇 가지를 살펴볼 것이다. 때문에 C언어에 대한 이해를 정확히 지니고 있다면, 이번 Chapter의 내용은 쉽게 공부할 수 있을 것이다.

C++ 프로그래밍

01-1 : printf와 scanf를 대신하는 입출력 방식

"Hello world"를 출력하는 프로그램을 기억하는가? C언어를 처음 공부하는데 있어서 이보다 좋은 예제는 없으리라 생각한다. 여러분도 그렇게 생각하지 않는가? 매우 간단한 프로그램이지만 함수에 대한 기본개념까지 심어주니 말이다. 그러나 처음 접하는 사람들에게는 그리 쉬운 내용이 아니다. 아무 생각 없이 한번 돌려보니 뭔가가 출력되는 것은 알겠는데, 어떠한 과정을 거쳐서 출력되는지를 처음부터 정확히 이해할 수는 없다. 결국엔 눈에 익히고 외워버리게 된다.

우리는 C++을 시작하려고 한다. 때문에 "Hello world" 메시지의 출력에서부터 시작할 것이다. 그러나 그 무게의 감은 C언어를 공부할 때 접했던 "Hello world" 프로그램과는 다소 차이가 있다. 아무튼 여러분은 눈에 익히고 외우는 수 밖에 없을 것이다. 걱정할 것 없다. 이는 아주 긍정적인 현상이고 누구나 거치는 과정이니 말이다.

✚ 문자열 "Hello World"의 출력

다음 예제를 실행해 보자. 기본적인 실행방식은 C 프로그램의 실행방식과 동일하다. 단! 파일의 이름을 지정할 때, 확장자는 반드시 .c가 아니라 .cpp로 해야 한다. 그래야 C++ 문법규칙을 적용한 C++ 컴파일러로 컴파일이 되기 때문이다.

❖ HelloWorld.cpp

```
1.   #include <iostream>
2.
3.   int main(void)
4.   {
5.       int num=20;
6.       std::cout<<"Hello World!"<<std::endl;
7.       std::cout<<"Hello "<<"World!"<<std::endl;
8.       std::cout<<num<<' '<<'A';
9.       std::cout<<' '<<3.14<<std::endl;
10.      return 0;
11.  }
```

❖ 실행결과: HelloWorld.cpp

```
Hello World!
Hello World!
20 A 3.14
```

위의 소스코드와 실행결과를 함께 관찰하면, 출력에 관한 몇 가지 특성을 파악할 수 있다. 이해하려 들지 말자. 다만 관찰만 하면 된다. 그럼 관찰 가능한 사실을 정리해 보겠다.

- 헤더파일 선언문 #include 〈iostream〉
- std::cout과 〈〈을 이용한 출력
- std::endl을 이용한 개행

그럼 이들에 대해서 보다 구체적으로 설명해보겠다.

관찰결과 1: 헤더파일 선언문 #include 〈iostream〉

C언어에서는 입출력을 위한 printf 함수와 scanf 함수의 호출을 목적으로 헤더파일 〈stdio.h〉를 포함했다면, C++에서는 입출력에 관련된 일을 하기 위해서 다음 형태의 헤더파일 선언을 추가해야 한다.

```
#include <iostream>
```

만약에 이 문장을 생략하면 다음과 같은 유형의 에러 메시지를 만나게 된다.

"std, cout, endl.. 이게 다 뭐랍니까?"

즉, std, cout, endl과 같은 것을 사용하려면, 위의 헤더파일 선언문이 추가되어야 한다. 그런데 위의 헤더파일 선언문을 보면서 다음과 같이 질문할 수도 있다.

"C++의 헤더파일에는 확장자가 없나요?"

아니다! 헤더파일의 확장자는 C언어와 마찬가지로 .h이다. 그러나 C++에서는 프로그래머가 정의하는 헤더파일의 선언이 아닌, 표준 헤더파일의 선언에서는 확장자를 생략하기로 약속되어 있다.

> **참고 | 새로운 라이브러리의 등장**
>
> 과거에는 입력 및 출력에 관한 일을 하기 위해서 다음과 같이 헤더파일을 선언하였다.
> ```
> #include <iostream.h>
> ```
> 그런데 새로운 C++ 표준의 도입으로 인해서 C++의 표준 라이브러리에도 적지 않은 변화가 있었다. 그리고 다음 두 가지 이유로 새로운 표준 라이브러리의 사용을 목적으로 하는 헤더파일의 포함에는 확장자를 생략하기로 하였다.
> - 과거의 표준 라이브러리와 새로운 표준 라이브러리의 구분
> - 새로운 표준 라이브러리를 사용하는 형태로 소스코드를 쉽게 변경할 수 있도록
>
> 때문에 〈iostream.h〉는 과거의 표준 입출력 라이브러리 및 헤더를 의미하는 것으로 통용이 되고, 〈iostream〉은 새로운 표준 입출력 라이브러리 및 헤더를 의미하는 것으로 통용이 된다. 참고로 C++ 컴파일러는 점차 〈iostream.h〉을 지원하지 않는 추세로 접어들었다.

✚ 관찰결과 2: std::cout과 << 연산자를 이용한 출력

출력을 위해서는 다음의 형태를 취해야 한다.

```
std::cout<< '출력대상';
```

'출력대상'의 위치에는 무엇이든 올 수 있다. 정수와 실수를 비롯해서 문자열, 그리고 변수도 올 수 있다. 그리고 C언어의 printf 함수와 달리 %d, %s와 같은 서식문자를 이용해서 별도의 출력포맷을 지정하지 않아도 데이터의 성격에 따라 적절한 출력이 이뤄진다. 때문에 위의 출력방식은 C언어의 출력방식보다 편리하다. 그러나 std::cout은 무엇인지, << 연산자는 어떠한 의미를 지니는지, 그리고 출력할 대상의 자료형이 각양각색임에도 불구하고 어떻게 적절히 출력이 이뤄지는지 궁금하지 않을 수 없다. 하지만 이 모든 것을 완벽히 이해하기 위해서는 어느 정도 진도를 나가야만 한다. 그 때까지는 궁금해도 참고 기다리기 바란다.

✚ 관찰결과 3: << 연산자를 이용한 출력대상의 연이은 표현과 개행

<< 도 사실 연산자이다. 그리고 이 연산자를 이용하면 다음과 같이 둘 이상의 출력대상을 연이어서 출력할 수 있다.

```
std::cout<<'출력대상1'<<'출력대상2'<<'출력대상3';
```

앞서 소개한 예제의 7, 8, 9행에서는 다음의 형태로 출력을 요구하고 있다. 모두 << 연산자를 이용해서 둘 이상의 데이터 출력을 명령하는 것이다.

```
std::cout<<"Hello "<<"World!"<<std::endl;
std::cout<<num<<' '<<'A';
std::cout<<' '<<3.14<<std::endl;
```

이 중에서 마지막 문장이 의미하는 바는 다음과 같다.

"제일 먼저 공백 문자를 출력하고, 이어서 3.14를 출력하고 마지막으로 std::endl을 출력해라!"

공백과 3.14의 출력은 쉽게 이해할 수 있다. 그렇다면 std::endl의 출력이 의미하는 바는 무엇일까? 혹시 관찰을 통해서 이미 파악하였는가? 소스코드와 실행결과를 비교해보면 다음 사실을 알 수 있다.

"<< 연산자를 이용한 std::endl의 출력은 개행으로 이어진다."

위의 사실은 예제에서 std::endl을 지우고 다시 실행해봄으로써 보다 정확히 파악할 수 있다.

이렇게 하나의 예제를 통해서 기본적인 데이터의 출력방법을 알게 되었다. 그러나 의문점은 많이 남아 있다. 우리는 아직 std::cout와 << 연산자, 그리고 std::endl의 정체를 모른다. 다만 사용할 줄만 알뿐이다. 하지만 진도를 나가면서 이들의 정체도 서서히 밝혀지게 될 것이다.

✛ scanf를 대신하는 데이터의 입력

이번에는 키보드로부터의 데이터 입력에 대해서 이야기할 차례이다. 다음 예제는 사용자로부터 두 개의 숫자를 입력 받고, 입력 받은 숫자의 덧셈 결과를 출력하는 예제이다.

❖ SimpleAdder.cpp

```
1.   #include <iostream>
2.
3.   int main(void)
4.   {
5.       int val1;
6.       std::cout<<"첫 번째 숫자입력: ";
7.       std::cin>>val1;
8.
9.       int val2;
10.      std::cout<<"두 번째 숫자입력: ";
11.      std::cin>>val2;
12.
13.      int result=val1+val2;
14.      std::cout<<"덧셈결과: "<<result<<std::endl;
15.      return 0;
16.  }
```

해설
- 7행: 정수를 입력 받아서 val1에 저장
- 11행: 정수를 입력 받아서 val2에 저장

❖ 실행결과: SimpleAdder.cpp

```
첫 번째 숫자입력: 3
두 번째 숫자입력: 5
덧셈결과: 8
```

위 예제를 통해서 알 수 있는 특성을 정리하면 다음과 같다.

- 키보드로부터의 데이터 입력에도 헤더파일 선언문 #include <iostream>이 필요하다.
- 키보드로부터의 데이터 입력에는 std::cin과 >> 연산자가 사용된다.
- 변수의 선언은 어디서든 가능하다.

그럼, 이 중에서 헤더파일의 선언을 제외한 나머지 두 가지에 대해서 보다 구체적으로 살펴보겠다.

✚ 관찰결과 1: 데이터의 입력에 사용되는 std::cin과 >> 연산자

예제에서 보이듯이 키보드로부터의 데이터 입력을 위해서는 다음의 형식을 취하면 된다.

    std::cin>>'변수';

'변수'의 위치에는 키보드로부터 입력 받은 데이터를 저장할 변수의 이름이 오면 된다. 그럼 위 예제 7행에 삽입된 문장을 다시 보자.

    std::cin>>val1;

이는 키보드로부터 정수를 하나 입력 받아서 변수 val1에 저장하라는 의미이다. 그렇다면 실수형 덧셈을 하고자 할 때, 위의 예제는 어떻게 바꿔야 할까? 5, 9, 13행에 선언되어 있는 변수의 자료형을 double과 같은 실수형 변수로 선언하기만 하면 된다. **C++에서는 데이터의 입력도 데이터의 출력과 마찬가지로 별도의 포맷 지정이 필요 없기 때문**이다. 즉, int형 변수가 오면 int형 데이터의 입력이, double형 변수가 오면 double형 데이터의 입력이 진행된다. 그럼 간단히 5, 9, 13행에 선언된 변수를 double형으로 변경해서 다시 실행해보자. 그럼 다음과 유사한 실행의 결과를 확인할 수 있다.

    첫 번째 숫자입력: 1.2
    두 번째 숫자입력: 2.4

덧셈결과: 3.6

이러한 데이터의 입력방법은 그 대상이 문자열이라고 해서 달라지지 않는다. C언어에서의 문자열 입력은 다음과 같이 진행이 된다.

```
char str[100];
scanf("%s", str);
```

하지만 C++의 문자열 입력은 다음과 같이 진행이 된다.

```
char str[100];
std::cin>>str;
```

이와 관련된 예제는 잠시 후에 별도로 제시하겠으니, 이어서 또 다른 관찰결과에 대해서 이야기하자.

관찰결과 2: C++의 지역변수 선언

C언어로 프로그램을 작성하는 경우에는 함수를 정의함에 있어서 지역변수의 선언이 항상 제일 먼저 등장해야만 했다. 그러나 C++의 지역변수 선언은 함수 내 어디든 삽입이 가능하다. 그래서 예제 SimpleAdder.cpp의 9행과 13행의 변수선언은 유효하다. 참고로 C언어도 새로운 표준에서는 C++과 마찬가지로 변수선언의 위치에 제한을 두지 않는다. 그러나 아직도 대부분의 컴파일러는 이를 허용하지 않는다. 반면 C++의 모든 컴파일러는 지역변수의 선언 위치에 제한을 두지 않는다.

그럼 이와 관련해서 예제를 하나 더 소개하겠다. 다음 예제는 두 개의 정수를 입력 받아서 그 사이에 존재하는 정수들의 합을 계산하여 출력하는 프로그램이다. 예를 들어서 3과 7을 입력 받으면 그 사이에 존재하는 정수들(4, 5, 6)의 합을 계산해서 출력한다.

❖ BetweenAdder.cpp

```
1.  #include <iostream>
2.
3.  int main(void)
4.  {
5.      int val1, val2;
6.      int result=0;
7.      std::cout<<"두 개의 숫자입력: ";
8.      std::cin>>val1>>val2;
9.
10.     if(val1<val2)
11.     {
12.         for(int i=val1+1; i<val2; i++)
13.             result+=i;
```

```
14.     }
15.     else
16.     {
17.         for(int i=val2+1; i<val1; i++)
18.             result+=i;
19.     }
20.
21.     std::cout<<"두 수 사이의 정수 합: "<<result<<std::endl;
22.     return 0;
23. }
```

- 8행: 두 개의 정수를 입력 받아서 val1, val2에 순서대로 저장할 것을 명령하는 문장
- 12, 17행: 이 두 문장에서 보이듯이 for문 내에서 변수를 선언할 수 있다.

❖ 실행결과: BetweenAdder.cpp

```
○○○          command prompt
두 개의 숫자입력: 3 7
두 수 사이의 정수 합: 15
```

위 예제 8행을 통해서 다음의 구조로 연속적인 데이터의 입력을 요구할 수 있다는 사실도 알 수 있다.

    std::cin>>'변수1'>>'변수2';

첫 번째 입력되는 정수가 '변수1'에 저장되고, 두 번째 입력되는 정수가 '변수2'에 저장된다. 그리고 첫 번째 정수와 두 번째 정수의 경계는(데이터간 경계는) 탭, 스페이스 바, Enter 키의 입력과 같은 공백에 의해 나눠진다.
이어서 12행과 17행을 통해서 for문의 초기화 문장 내에서 변수 선언이 가능함도 알 수 있다. 때문에 다음과 같은 코드는

```
int num;
for(num=0; num<10; num++) { . . . }
```

다음과 같이 한 줄로 선언 가능하다.

```
for(int num=0; num<10; num++) { . . . }
```

배열 기반의 문자열 입출력

마지막으로 배열 기반의 문자열 입출력 예제를 소개하겠다. 이 예제는 앞서 소개한 예제들과 크게 다르지 않다. 다만 입출력의 대상이 문자열이라는 차이만 있을 뿐이다.

❖ StringIO.cpp

```cpp
#include <iostream>

int main(void)
{
    char name[100];
    char lang[200];

    std::cout<<"이름은 무엇입니까? ";
    std::cin>>name;

    std::cout<<"좋아하는 프로그래밍 언어는 무엇인가요? ";
    std::cin>>lang;

    std::cout<<"내 이름은 "<<name<<"입니다.\n";
    std::cout<<"제일 좋아하는 언어는 "<<lang<<"입니다."<<std::endl;
    return 0;
}
```

- 9, 12행: 배열에 문자열의 저장을 명령하고 있다.
- 14행: '\n'과 같은 특수문자는 C언어에서와 같은 의미를 지닌다. 다만 std::endl로 개행의 역할을 대신할 뿐이다.

❖ 실행결과: StringIO.cpp

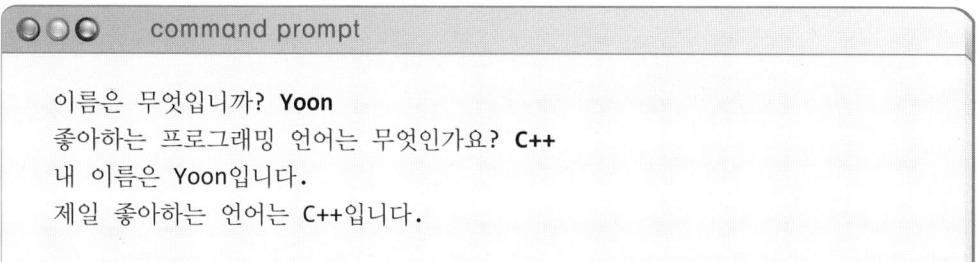

이로써 여러분은 C++상에서도 기본적인 데이터의 입출력이 가능하게 되었다. 보다 구체적인 이해는 앞으로 내용이 전개되면서 완성해갈 것이다. 그러니 지금까지 소개한 내용 이외의 궁금한 점은 시간을 두고 해결해가기로 하자.

C++ 프로그래밍

문제 01-1 [C++ 기반의 데이터 입출력]

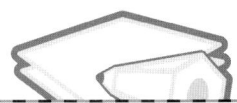

▶ 문제 1

사용자로부터 총 5개의 정수를 입력 받아서, 그 합을 출력하는 프로그램을 작성해 보자. 단, 프로그램의 실행은 다음과 같이 이뤄져야 한다.

[실행의 예]

```
1번째 정수 입력: 1
2번째 정수 입력: 2
3번째 정수 입력: 3
4번째 정수 입력: 4
5번째 정수 입력: 5
합계: 15
```

▶ 문제 2

프로그램 사용자로부터 이름과 전화번호를 문자열의 형태로 입력 받아서, 입력 받은 데이터를 그대로 출력하는 프로그램을 작성해 보자.

▶ 문제 3

숫자를 하나 입력 받아서 그 숫자에 해당하는 구구단을 출력하는 프로그램을 작성해 보자. 예를 들어서 사용자가 5를 입력한다면 구구단에서 5단을 출력해야 한다.

▶ 문제 4

판매원들의 급여 계산 프로그램을 작성해 보자. 이 회사는 모든 판매원에게 매달 50만원의 기본 급여와 물품 판매 가격의 12%에 해당하는 돈을 지급한다. 예를 들어서 민수라는 친구의 이번 달 물품 판매 금액이 100만원이라면, 50+100×0.12=62, 따라서 62만원을 급여로 지급 받는다. 단, 아래의 실행의 예에서 보이듯이 이러한 급여의 계산은 -1이 입력될 때까지 계속 되어야 한다.

[실행의 예]

```
판매 금액을 만원 단위로 입력(-1 to end): 100
이번 달 급여: 62만원
판매 금액을 만원 단위로 입력(-1 to end): 200
이번 달 급여: 74만원
판매 금액을 만원 단위로 입력(-1 to end): -1
프로그램을 종료합니다.
```

01-2 : 함수 오버로딩 (Function Overloading)

여러분이 C언어를 공부하던 당시를 떠올려보자. 언제부터 C언어에 흥미를 느끼기 시작했는가? 함수를 완전히 이해한 다음부터가 아니었는가? 사실 함수는 C언어에서 매우 중요한 위치를 차지한다. 그런데 이렇게 중요한 함수의 기능이 C++로 옮겨가면서 일부 확장되었다.

✚ 함수 오버로딩의 이해

C언어에서는 다음과 같이 동일한 이름의 함수가 정의되는 것을 허용하지 않는다. 두 함수의 이름이 같기 때문에 컴파일 오류가 발생한다.

```
int MyFunc(int num)
{
    num++;
    return num;
}

int MyFunc(int a, int b)
{
    return a+b;
}
```

그런데 위의 두 함수정의를 허용해도 별 무리가 없을 거라는 생각이 들지 않는가? 다음 main 함수를 보고서 이야기를 이어가자.

```
int main(void)
{
    MyFunc(20);      // MyFunc(int num) 함수의 호출
    MyFunc(30, 40);  // MyFunc(int a, int b) 함수의 호출
    return 0;
}
```

위의 main 함수에 삽입된 주석에서 설명하듯이 **함수호출 시 전달되는 인자를 통해서 호출하고자 하는 함수의 구분이 가능하기 때문에** 매개변수의 선언형태가 다르다면, 동일한 이름의 함수정의를 허용할 수 있다는 생각이 든다. 그런데 실제로 C++은 이를 허용하고 있으며, 이러한 형태의 함수정의를 가리켜 '함수 오버로딩(Function Overloading)'이라 한다.

그렇다면 C++은 '함수 오버로딩'을 허용하는데, C언어는 허용하지 않는 이유는 무엇일까? 이는 호출할 함수를 찾는 방법이 서로 다르기 때문이다. C++은 호출할 함수를 찾을 때, 다음 두 가지 정보를 동시에 활용한다.

'함수의 이름', '매개변수의 선언'

즉, 다음의 함수 호출문을 보면,

```
MyFunc(30, 40);
```

다음과 같이 판단하고, 함수를 찾는다.

"두 개의 int형 정수를 인자로 전달받을 수 있는 MyFunc라는 이름의 함수를 찾아야겠군!"

반면 C언어는 함수의 이름만 이용해서 호출대상을 찾는다. 즉, 위의 함수 호출문을 보면서 다음과 같이 판단하고 함수를 찾는다.

"MyFunc 어디 있어? MyFunc!!"

때문에 C언어에서는 함수의 오버로딩이 불가능하며, 이를 문법적으로 허용하지도 않는다.

✚ 함수 오버로딩의 예

함수의 오버로딩이 가능 하려면 매개변수의 선언이 달라야 한다. 예를 들어서 다음 두 함수는 오버로딩이 가능하다.

```
int MyFunc(char c) { . . . }
int MyFunc(int n) { . . . }
```

매개변수의 자료형이 다르므로, 전달인자의 자료형을 통해서 호출할 함수의 구분이 가능하기 때문이다. 마찬가지로 다음 두 함수도 오버로딩이 가능하다.

```
int MyFunc(int n) { . . . }
int MyFunc(int n1, int n2) { . . . }
```

이 경우는 매개변수의 개수가 다르므로, 전달되는 인자의 개수를 통해서 호출할 함수의 구분이 가능하기 때문이다. 정리하면 함수의 오버로딩이 가능 하려면 다음 조건을 만족해야 한다.

"매개변수의 자료형 또는 개수가 다르다."

반면 다음은 대표적인, 잘못된 함수 오버로딩의 예이다.

```
void MyFunc(int n) { . . . }
int MyFunc(int n) { . . . }
```

위의 두 함수는 반환형이 다르다. 하지만 반환형은 함수호출 시, 호출되는 함수를 구분하는 기준이 될 수 없다. 따라서 위와 같은 형태의 함수정의는 컴파일 오류로 이어진다. 자! 그럼 간단히 함수를 오버로딩 하고 있는 예제를 소개하겠다.

❖ FunctionOverloading.cpp

```
1.  #include <iostream>
2.
3.  void MyFunc(void)
4.  {
5.      std::cout<<"MyFunc(void) called"<<std::endl;
6.  }
7.
8.  void MyFunc(char c)
9.  {
10.     std::cout<<"MyFunc(char c) called"<<std::endl;
11. }
12.
13. void MyFunc(int a, int b)
14. {
15.     std::cout<<"MyFunc(int a, int b) called"<<std::endl;
16. }
17.
18. int main(void)
19. {
20.     MyFunc();
21.     MyFunc('A');
22.     MyFunc(12, 13);
23.     return 0;
24. }
```

- 20행: 3행의 함수를 호출하는 문장이다.
- 21행: 8행의 함수를 호출하는 문장이다.
- 22행: 13행의 함수를 호출하는 문장이다.

❖ 실행결과: FunctionOverloading.cpp

```
MyFunc(void) called
MyFunc(char c) called
MyFunc(int a, int b) called
```

이렇듯 함수 오버로딩은 어려운 개념이 아니다. 오히려 우리가 생각해도 타당하게 느껴질 만큼 매우 자연스러운 개념이다.

문 제 01-2 [함수 오버로딩]

다음 main 함수에서 필요로 하는 swap 함수를 오버로딩 해서 구현해보자.

```cpp
int main(void)
{
    int num1=20, num2=30;
    swap(&num1, &num2);
    std::cout<<num1<<' '<<num2<<std::endl;

    char ch1='A', ch2='Z';
    swap(&ch1, &ch2);
    std::cout<<ch1<<' '<<ch2<<std::endl;

    double dbl1=1.111, dbl2=5.555;
    swap(&dbl1, &dbl2);
    std::cout<<dbl1<<' '<<dbl2<<std::endl;
    return 0;
}
```

[실행의 예]

```
30 20
Z A
5.555 1.111
```

01-3 : 매개변수의 디폴트 값 (Default Value)

앞서 함수 오버로딩에 대해서 언급하였다. 그런데 C++의 함수에는 '디폴트 값'이라는 것을 설정할 수 있다. 여기서 말하는 '디폴트 값'이란 '기본적으로 설정되어 있는 값'을 의미한다. 일단은 이 정도만 이해하고 본론으로 들어가자.

✚ 매개변수에 설정하는 '디폴트 값'의 의미

함수의 매개변수를 다음의 형태로 선언하는 것이 가능하다.

```
int MyFuncOne(int num=7)
{
    return num+1;
}

int MyFuncTwo(int num1=5, int num2=7)
{
    return num1+num2;
}
```

여기서 MyFuncOne의 매개변수 선언은 다음과 같다.

```
int num=7
```

그리고 이는 다음의 의미를 지닌다.

"함수호출 시 인자를 전달하지 않으면 7이 전달된 것으로 간주하겠다."

따라서 다음 두 함수 호출문은 완전히 동일하다.

```
MyFuncOne( );     // 7이 전달된 것으로 간주!
MyFuncOne(7);
```

이어서, MyFuncTwo의 매개변수 선언은 다음과 같다.

```
int num1=5, int num2=7
```

그리고 이는 다음의 의미를 지닌다.

"함수호출 시 인자를 전달하지 않으면 num1에 5가, num2에 7이 전달된 것으로 간주하겠다."

따라서 다음 두 함수 호출문은 완전히 동일하다.

```
MyFuncTwo( );        // 5와 7이 전달된 것으로 간주!
MyFuncTwo(5, 7);
```

그럼 지금까지 설명한 내용을 바탕으로 예제를 하나 제시하겠으니, 매개변수에 디폴트 값을 지정한 결과를 확인하기 바란다.

❖ DefaultValue1.cpp

```cpp
1.  #include <iostream>
2.
3.  int Adder(int num1=1, int num2=2)
4.  {
5.      return num1+num2;
6.  }
7.
8.  int main(void)
9.  {
10.     std::cout<<Adder()<<std::endl;
11.     std::cout<<Adder(5)<<std::endl;
12.     std::cout<<Adder(3, 5)<<std::endl;
13.     return 0;
14. }
```

- 3행: Adder 함수의 디폴트 값으로 1과 2가 설정되었다.
- 10행: Adder 함수를 호출하면서 인자를 전달하지 않았으니, 1과 2가 전달된 것으로 간주된다.
- 11행: Adder 함수를 호출하면서 인자를 하나만 전달하고 있다. 이러한 경우 인자는 첫 번째 매개변수로 전달된다. 따라서 두 번째 매개변수 num2에는 2가 전달된 것으로 간주된다.
- 12행: Adder 함수를 호출하면서 두 개의 인자를 직접 전달하였다. 이러한 경우 매개변수의 디폴트 값은 의미를 갖지 않는다.

❖ 실행결과: DefaultValue1.cpp

```
command prompt

3
7
8
```

위의 예제 11행을 통해서 다음 사실도 추가로 확인할 수 있었을 것이다.

"매개변수에 디폴트 값이 설정되어 있으면, 선언된 매개변수의 수보다 적은 수의 인자전달이 가능하다. 그리고 전달되는 인자는 왼쪽에서부터 채워져 나가고, 부족분은 디폴트 값으로 채워진다."

문장으로 정리하려다 보니 다소 길어졌는데, 이는 위 예제 11행의 실행결과를 통해서 쉽게 이해할 수 있는 내용이다.

➕ 디폴트 값은 함수의 선언 부분에만 표현하면 됩니다.

함수의 원형을 별도로 선언하는 경우, 매개변수의 디폴트 값은 함수의 원형 선언에만 위치시켜야 한다. 즉, 위에서 소개한 예제 DefaultValue1.cpp는 다음과 같이 다시 작성할 수 있다.

❖ DefaultValue2.cpp

```cpp
1.  #include <iostream>
2.  int Adder(int num1=1, int num2=2);
3.
4.  int main(void)
5.  {
6.      std::cout<<Adder()<<std::endl;
7.      std::cout<<Adder(5)<<std::endl;
8.      std::cout<<Adder(3, 5)<<std::endl;
9.      return 0;
10. }
11.
12. int Adder(int num1, int num2)
13. {
14.     return num1+num2;
15. }
```

위 예제의 2행은 함수의 선언이고, 12행은 함수의 정의이다. 그런데 매개변수의 디폴트 값 지정은 함수의 선언부분에 위치한다. 이렇듯 함수의 선언이 별도로 필요한 경우에는 매개변수의 디폴트 값은 함수의 선언부분에만 위치시켜야 한다.

디폴트 값의 선언이 함수의 선언부분에 위치해야 하는 이유는?

디폴트 값의 선언이 함수의 선언부분에 위치해야 하는 이유는 조금만 생각해보면 쉽게 알 수 있다. 만약에 디폴트 값의 선언이 함수의 선언부분에 위치하지 않는다면, 예제 DefaultValue2.cpp에서 6행과 7행이 컴파일 가능하겠는가?

부분적 디폴트 값 설정

다음과 같이 정의된 함수가 있다고 가정해 보자.

```
int YourFunc(int num1, int num2, int num3) { . . . }
```

이러한 경우, 다음과 같이 디폴트 값을 전부 지정할 수도 있지만,

```
int YourFunc(int num1=3, int num2=5, int num3=7) { . . . }
```

다음과 같이 일부분만 디폴트 값을 지정할 수도 있다.

```
int YourFunc(int num1, int num2=5, int num3=7) { . . . }
```

그리고 이렇게 일부분만 디폴트 값을 지정하면, 다음의 형태로도 함수 호출이 가능하다.

```
YourFunc(10);        // YourFunc(10, 5, 7);
YourFunc(10, 20);    // YourFunc(10, 20, 7);
```

하지만, 다음과 같이 오른쪽 매개변수의 디폴트 값을 비우는 형태로는 디폴트 값을 지정할 수 없다.

```
int YourFunc(int num1=3, int num2=5, int num3) { . . . }
```

반드시 오른쪽 매개변수의 디폴트 값부터 채우는 형태로 정의해야 한다. 즉, 다음의 함수정의는 모두 유효하다.

```
int YourFunc(int num1, int num2, int num3=30) { . . . }           ( ○ )
int YourFunc(int num1, int num2=20, int num3=30) { . . . }        ( ○ )
int YourFunc(int num1=10, int num2=20, int num3=30) { . . . }     ( ○ )
```

반면 다음의 함수정의는 모두 유효하지 않다.

```
int WrongFunc(int num1=10, int num2, int num3) { . . . }          ( × )
int WrongFunc(int num1=10, int num2=20, int num3) { . . . }       ( × )
```

그렇다면 반드시 오른쪽부터 채울 것을 요구하는 이유는 무엇일까? 필자가 거꾸로 묻고 싶다. 여러분은 그 이유가 무엇이라고 생각하는가?

"함수에 전달되는 인자가 왼쪽에서부터 오른쪽으로 채워지기 때문입니다."

이는 여러분도 이미 아는 사실이다. 그리고 이러한 특성 때문에 다음과 같이 오른쪽부터 채워진 함수의 정의만이 의미를 갖는다.

```
int YourFunc(int num1, int num2, int num3=30) { . . . }
```

위와 같이 정의된 함수를 기반으로 다음과 같이 호출을 하면,

```
YourFunc(10, 20);      // YourFunc(10, 20, 30);
```

매개변수 num1과 num2에는 10과 20이 전달되고, num3에는 디폴트 값인 30이 전달된다. 그럼 이번에는 다음의 형태로 정의된(물론 정의 불가능하다) 함수를 호출한다고 가정해보자.

```
int YourFunc(int num1=12, int num2, int num3) { . . . }
```

이 함수의 매개변수에 지정되어 있는 디폴트 값 12가 의미를 지니려면, num1이 아닌, num2와 num3에만 인자를 전달할 수 있어야 한다. 그런데 그것이 가능한가? 불가능하다! 함수에 전달되는 인자가 왼쪽에서부터 오른쪽으로 채워지기 때문이다. 자! 그럼 예제를 하나 더 소개하면서 매개변수의 디폴트 값 지정에 대한 설명을 마무리하겠다.

❖ DefaultValue3.cpp

```
1.  #include<iostream>
2.  int BoxVolume(int length, int width=1, int height=1);
3.
4.  int main(void)
5.  {
6.      std::cout<<"[3, 3, 3] : "<<BoxVolume(3, 3, 3)<<std::endl;
7.      std::cout<<"[5, 5, D] : "<<BoxVolume(5, 5)<<std::endl;
8.      std::cout<<"[7, D, D] : "<<BoxVolume(7)<<std::endl;
9.  //  std::cout<<"[D, D, D] : "<<BoxVolume()<<std::endl;
10.     return 0;
11. }
12.
13. int BoxVolume(int length, int width, int height)
14. {
15.     return length*width*height;
16. }
```

- 2행: 첫 번째 매개변수에는 디폴트 값이 지정되지 않았으므로, BoxVolume 함수를 호출할 때는 반드시 하나 이상의 인자를 전달해야 한다.
- 6, 7, 8행: 모두 유효한 함수 호출문이다. 전달되는 인자는 왼쪽에서부터 채워지고 부족한 부분은 디폴트 값이 대신 전달된다.
- 9행: 모든 매개변수에 디폴트 값이 지정된 것이 아니기 때문에, 인자를 전달하지 않는 형태의 함수 호출은 컴파일 에러로 이어진다.

❖ 실행결과: DefaultValue3.cpp

```
command prompt
[3, 3, 3] : 27
[5, 5, D] : 25
[7, D, D] : 7
```

문 제 01-3 [매개변수의 디폴트 값]

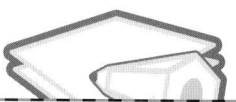

▶ 문제 1
예제 DefaultValue3.cpp에 정의된 함수 BoxVolume를 '매개변수의 디폴트 값 지정' 형태가 아닌, '함수 오버로딩'의 형태로 재 구현해보자. 물론 main 함수는 변경하지 않아야 하며, 실행결과도 동일해야 한다.

▶ 문제 2
다음과 같은 형태로의 함수 오버로딩은 문제가 있다. 어떠한 문제가 있는지 설명해보자.
```
int SimpleFunc(int a=10)
{
    return a+1;
}

int SimpleFunc(void)
{
    return 10;
}
```

01-4 : 인라인(inline) 함수

'inline 함수'라는 이름의 의미부터 이해해보자. in은 '내부'를 의미하고, line은 '프로그램 코드라인'을 의미한다. 따라서 'inline 함수'를 의역해보면, '프로그램 코드라인 안으로 들어가 버린 함수'라는 뜻이 된다.

✚ 매크로 함수의 장점

여러분은 C언어를 이미 공부한 상태이기 때문에 매크로 함수의 장점과 단점을 잘 알고 있을 것이다(아니라면 매크로 함수를 별도로 공부하자). 매크로 함수의 대표적인 장점은 다음과 같다.

"일반적인 함수에 비해서 실행속도의 이점이 있다."

실행속도가 빨라지는 이유를 비롯해서, 매크로 함수가 성능향상에 도움이 되는 상황들을 알고 있기 바란다. 반면, 매크로 함수의 단점은 다음과 같다.

"정의하기가 어렵다. 복잡한 함수를 매크로의 형태로 정의하는데 한계가 있다."

그럼 복습 삼아서 필자가 매크로 함수를 하나 정의해 보겠다.

```
#include <iostream>
#define SQUARE(x) ((x)*(x))

int main(void)
{
    std::cout<< SQUARE(5) <<std::endl;
    return 0;
}
```

위의 코드는 전처리 과정을 거치면 다음과 같이 변경된다. 여기서 중요한 점은 함수의 몸체부분이 함수의 호출문을 대체했다는 점이다.

```
#include <iostream>

int main(void)
{
    std::cout<< ((5)*(5)) <<std::endl;
```

```
        return 0;
}
```

위 예제와 같이 함수의 몸체부분이 함수호출 문장을 완전히 대체했을 때 '함수가 인라인화 되었다'라고 표현한다. 그런데 우리는 매크로 함수의 장점과 단점을 잘 알고 있으니, 다음과 같은 생각을 하지 않을 수 없다.

"매크로 함수는 정의하기가 복잡하니, 일반 함수처럼 정의가 가능하면 좋겠다!"

이는 매크로 함수의 장점은 유지를 하되, 단점은 제거하면 좋겠다는 뜻이다. 그런데 참으로 반가운 것은 C++의 인라인 함수는 이러한 요구사항을 100% 만족한다는 것이다.

✚ C++ 기반의 인라인 함수 정의

아래의 예제에서는 매크로 함수를 이용하지 않는, C++ 기반의 인라인 함수의 정의방법을 보이고 있다. 이는 어렵지 않으니 예제를 통해서 바로 이해하기로 하자.

❖ InlineFunc.cpp

```
1.  #include <iostream>
2.
3.  inline int SQUARE(int x)
4.  {
5.      return x*x;
6.  }
7.
8.  int main(void)
9.  {
10.     std::cout<<SQUARE(5)<<std::endl;
11.     std::cout<<SQUARE(12)<<std::endl;
12.     return 0;
13. }
```

- 3행: 인라인 함수의 정의방법을 보이고 있다. 키워드 inline의 선언을 통해서 함수 SQUARE는 인라인 함수가 되었다.
- 10, 11행: SQUARE 함수를 호출하고 있다. 그런데 이 함수는 인라인 함수이니 몸체부분이 호출문을 대체하게 된다.

❖ 실행결과: InlineFunc.cpp

```
command prompt
25
144
```

참고로 매크로를 이용한 함수의 인라인화는 전처리기에 의해서 처리되지만, 키워드 inline을 이용한 함수의 인라인화는 컴파일러에 의해서 처리가 된다. 따라서 컴파일러는 함수의 인라인화가 오히려 성능에 해가 된다고 판단할 경우, 이 키워드를 무시해버리기도 한다. 또한 컴파일러는 필요한 경우 일부 함수를 임의로 인라인 처리하기도 한다.

➕ 매크로 함수에는 있지만, 인라인 함수에는 없는 장점

사실 위의 인라인 함수는 매크로 함수의 장점을 완전히 대체하지 못했다. 예를 들어서 매크로 함수가 다음과 같이 정의되면,

```
#define SQUARE(x) ((x)*(x))
```

이는 자료형에 의존적이지 않은 함수가 된다. 따라서 다음의 함수호출 문장은,

```
std::cout<< SQUARE(12);        // int형 함수호출
std::cout<< SQUARE(3.15);      // double형 함수호출
```

다음과 같이 변환이 이뤄져서 어떠한 경우에도 데이터의 손실이 발생하지 않는다.

```
std::cout<< ((12)*(12));        // int형 함수호출
std::cout<< ((3.15)*(3.15));    // double형 함수호출
```

하지만 다음과 같이 정의된 인라인 함수는,

```
inline int SQUARE(int x) { return x*x; }
```

int형 기반으로 정의된 함수이기 때문에 다음의 함수호출 문장에서 데이터 손실이 발생한다.

```
std::cout<< SQUARE(3.15);      // 0.15가 손실되어서 3×3의 결과인 9가 출력!
```

물론 함수의 오버로딩을 통해서 이 문제를 해결할 수는 있으나, 그렇게 되면 여러 개의 함수를 추가로 정의하는 꼴이 되니, 한번만 정의하면 되는 매크로 함수의 장점과는 거리가 멀어지게 된다. 그러나 C++의 템플릿이라는 것을 이용하면 매크로 함수와 마찬가지로 자료형에 의존적이지 않은 함수가 완성된다. 템

플릿은 한참 뒤에서나 공부하게 되니 여기서는 간단히 예만 보이겠다.

```cpp
#include <iostream>

template <typename T>
inline T SQUARE(T x)
{
    return x*x;
}

int main(void)
{
    std::cout<<SQUARE(5.5)<<std::endl;
    std::cout<<SQUARE(12)<<std::endl;
    return 0;
}
```

위 코드를 실행해보면, 데이터의 손실이 발생하지 않음을 알 수 있다.

01-5 : 이름공간(namespace)에 대한 소개

'이름공간'은 여러분에게 다소 생소한 개념이다. 그러나 어려운 개념은 아니다. 이름공간은 다음과 같이 풀어서 이야기할 수 있다.
'이름을 붙여놓은 공간'
말 그대로 특정 영역에 이름을 붙여주기 위한 문법적 요소이다.

✚ 이름공간의 등장배경

프로그램이 대형화되어 가면서 이름의 충돌문제가 등장하였다. 예를 들어서 은행관리 시스템을 개발하는데 있어서 세 개의 회사가 참여를 했다고 가정해 보자. 각 회사의 이름은 BestCom, ProgCom, HybridCom이다. 이들은 프로젝트의 규모가 큰 관계로 일을 구분하여 독립적으로 진행하기로 하였다. 그래서 이를 목적으로 구현해야 할 부분을 적절히 나눴다. 이제 마지막으로 6개월 뒤에 다시 모여서 하나의 프로젝트를 완성하기로 약속한다.

드디어 6개월이라는 시간이 흘렀다. 이제 각각의 회사가 구현한 모듈을 하나로 묶고 부족한 부분을 완성할 때가 되었다. 그런데 문제가 생기고 말았다. BestCom에서 정의한 함수의 이름과 ProgCom에서 정의한 함수의 이름이 같은 게 아닌가! 이름충돌이 나지 않도록 미리 약속이라도 할 것을 그랬다는 후회가 든다. 이제는 전쟁이다! 이름 하나 바꾸는 것이 어디 쉬운 일인가? 상황에 따라서는 프로그램의 상당부분에 영향을 미치니 일이다. 그래서 BestCom의 팀장과 ProgCom의 팀장이 서로 싸우기 시작한다. 물론 싸움의 요는 이거다.

"저희가 무지 바쁘거든요? 당신네 회사에서 양보를 조금 해 주셔야 하겠습니다."

그런데 문제는 산 너머 산이다. HybridCom사에서는, 맡은 부분을 구현하는 과정에서 과거에 구현해 놓은 함수를 일부 사용했는데, 이 함수들의 이름 중 상당수가 BestCom과 ProgCom에서 구현한 함수의 이름과 겹치는 게 아닌가! 결국 제한된 시간 안에 프로젝트는 완성하지 못했고, 이로 인해 프로젝트는 실패로 돌아갔다.

그렇다면 무엇이 해결책이겠는가? 프로젝트를 진행하기 전에 함수 및 변수의 이름을 모두 정해서 이름충돌이 발생하지 않게 하는 것이 해결책이라고 생각하는가? 물론 이는 해결책이 될 수 있다. 그러나 한계가 있는 방법이다. 때문에 근본적인 해결책이 되지 못한다. 그래서 C++의 표준에서는 '이름공간(namespace)'이라는 문법을 정의해서 이러한 문제에 대한 근본적인 해결책을 제시하고 있다.

✚ 이름공간의 기본원리

한 집에 철수라는 이름의 사람이 두 명 산다면, 상황에 따라서 문제가 될 수 있다. 그냥 '철수야!'라고 부르면, 어떤 철수를 부르는지 알 수 없기 때문이다. 그러나 서로 살고 있는 집이 다르다면 문제 될 것이 없다. '201호에 사는 철수'와 '202호에 사는 철수'로 구분되기 때문이다. 즉, 다음과 같이 부르면 철수를 구분할 수 있다.

"202호에 사는 철수야!"

이것이 이름공간의 기본 원리이다. 그럼 다음 코드를 보자. 이는 앞서 이야기한 이름충돌의 문제점을 간단히 코드로 옮겨놓은 것이다.

```
#include <iostream>

void SimpleFunc(void)
{
    std::cout<<"BestCom이 정의한 함수"<<std::endl;
}
void SimpleFunc(void)
{
    std::cout<<"ProgCom이 정의한 함수"<<std::endl;
}
int main(void)
{
    SimpleFunc( );
    return 0;
}
```

별도의 설명이 없어도 위의 예제는 이름과 매개변수 형이 동일하기 때문에 문제가 됨을 알 수 있을 것이다. 그런데 BestCom이 다음과 같이 자신만의 이름공간을 만들고 이 안에 함수를 정의하거나 변수를 선언한다면,

```
namespace BestComImpl      // 'BestComImpl'이 이름공간의 이름
{
    // 이름공간 내부
}
```

마찬가지로 ProgCom이 다음과 같이 자신만의 이름공간을 만들고 이 안에 함수를 정의하거나 변수를 선언한다면,

```
namespace ProgComImpl      // 'ProgComImpl'이 이름공간의 이름
{
    // 이름공간 내부
}
```

이름충돌은 발생하지 않는다. 추상적으로만 들릴 수 있는 이름공간이라는 게 어떻게 만들어지는지를 먼저 간단히 보였다. 그럼 예제를 통해서 실제 이름공간과 관련된 나머지 내용을 설명하겠다.

❖ NameSp1.cpp

```
1.  #include <iostream>
2.
3.  namespace BestComImpl
```

```
4.  {
5.      void SimpleFunc(void)
6.      {
7.          std::cout<<"BestCom이 정의한 함수"<<std::endl;
8.      }
9.  }
10.
11. namespace ProgComImpl
12. {
13.     void SimpleFunc(void)
14.     {
15.         std::cout<<"ProgCom이 정의한 함수"<<std::endl;
16.     }
17. }
18.
19. int main(void)
20. {
21.     BestComImpl::SimpleFunc();
22.     ProgComImpl::SimpleFunc();
23.     return 0;
24. }
```

- 3~9행: BestComImpl이라는 이름의 공간을 마련하였다. 그리고 그 안에 함수 SimpleFunc를 정의하였다. 따라서 이 함수는 'BestComImpl::SimpleFunc'이라고 지칭하게 된다.
- 11~17행: ProgComImpl이라는 이름의 공간을 마련하였다. 그리고 그 안에 함수 SimpleFunc를 정의하였다. 따라서 이 함수는 'ProgComImpl:: SimpleFunc'이라고 지칭하게 된다.
- 21행: 이름공간 BestComImpl 내에 정의된 함수 SimpleFunc의 호출문장이다.
- 22행: 이름공간 ProgComImpl 내에 정의된 함수 SimpleFunc의 호출문장이다.

❖ 실행결과: NameSp1.cpp

위 예제에서 사용된 연산자 ::을 가리켜 '범위지정 연산자(scope resolution operator)'라 하며, 그 이름이 의미하듯이 이름공간을 지정할 때 사용하는 연산자이다.

C++ 프로그래밍

✚ 이름공간 기반의 함수 선언과 정의의 구분

여러분도 알다시피 함수는 선언과 정의를 분리하는 것이 일반적이다. '함수의 선언'은 헤더파일에 저장하고, '함수의 정의'는 소스파일에 저장하는 것이 보통 아닌가? 따라서 다음 예제를 통해서 이름공간 기반에서 함수의 선언과 정의를 구분하는 방법을 설명하겠다.

❖ NameSp2.cpp

```
1.  #include <iostream>
2.
3.  namespace BestComImpl
4.  {
5.      void SimpleFunc(void);
6.  }
7.
8.  namespace ProgComImpl
9.  {
10.     void SimpleFunc(void);
11. }
12.
13. int main(void)
14. {
15.     BestComImpl::SimpleFunc();
16.     ProgComImpl::SimpleFunc();
17.     return 0;
18. }
19.
20. void BestComImpl::SimpleFunc(void)
21. {
22.     std::cout<<"BestCom이 정의한 함수"<<std::endl;
23. }
24.
25. void ProgComImpl::SimpleFunc(void)
26. {
27.     std::cout<<"ProgCom이 정의한 함수"<<std::endl;
28. }
```

- 3~6행: 이름공간 안에 함수의 선언만 삽입되었다.
- 8~11행: 마찬가지로 이름공간 안에서 함수의 선언만 삽입되었다.
- 20행: 이름공간 BestComImpl에 선언된 함수 SimpleFunc의 정의부분이다. 이렇듯 ::연산자는 함수의 호출 이외에도 다양하게 사용된다.
- 25행: 마찬가지로 이름공간 ProgComImpl에 선언된 함수 SimpleFunc의 정의부분이다.

❖ 실행결과: NameSp2.cpp

```
command prompt
BestCom이 정의한 함수
ProgCom이 정의한 함수
```

참고로, 동일한 이름공간에 정의된 함수를 호출할 때에는 이름공간을 명시할 필요가 없다. 이 정도는 예제를 조금만 확장해도 쉽게 확인이 가능하지만, 필자가 위 예제를 조금 변경해서 이러한 사실을 확인할 수 있도록 돕겠다.

❖ NameSp3.cpp

```cpp
1.  #include <iostream>
2.
3.  namespace BestComImpl
4.  {
5.      void SimpleFunc(void);
6.  }
7.
8.  namespace BestComImpl
9.  {
10.     void PrettyFunc(void);
11. }
12.
13. namespace ProgComImpl
14. {
15.     void SimpleFunc(void);
16. }
17.
18. int main(void)
19. {
20.     BestComImpl::SimpleFunc();
21.     return 0;
22. }
23.
24. void BestComImpl::SimpleFunc(void)
25. {
26.     std::cout<<"BestCom이 정의한 함수"<<std::endl;
27.     PrettyFunc();                    // 동일 이름공간
28.     ProgComImpl::SimpleFunc();       // 다른 이름공간
29. }
30.
```

```
31.  void BestComImpl::PrettyFunc(void)
32.  {
33.      std::cout<<"So Pretty!!"<<std::endl;
34.  }
35.
36.  void ProgComImpl::SimpleFunc(void)
37.  {
38.      std::cout<<"ProgCom이 정의한 함수"<<std::endl;
39.  }
```

- 3, 8행: 이름공간은 둘 이상의 영역으로 나뉘어서 선언할 수도 있다. 물론 이 둘은 동일공간으로 간주된다.
- 27행: 24행에 정의된 함수와 동일한 이름공간에 정의된 함수이다. 따라서 이렇게 직접호출이 가능하다.
- 28행: 함수의 호출위치가 어떻게 되건, 이름공간 ProgComImpl에 정의된 함수 SimpleFunc를 호출하는 방법에는 차이가 없다.

❖ 실행결과: NameSp3.cpp

```
BestCom이 정의한 함수
So Pretty!!
ProgCom이 정의한 함수
```

위의 예제를 통해서 이름공간과 관련된 특성 몇 가지를 더 이해하였으리라 믿는다. 이렇듯 C++의 기본 문법을 익힐 때에는, 간단한 예제를 직접 작성해보면서 결과를 확인하는 것이 좋다.

✚이름공간의 중첩

이름공간의 마지막 특성인 중첩에 대해서 설명하겠다. 이름공간은 다른 이름공간 안에 삽입될 수 있다. 다음과 같은 형태로 말이다.

```
namespace Parent
{
    int num=2;

    namespace SubOne
```

```
        {
            int num=3;
        }

        namespace SubTwo
        {
            int num=4;
        }
    }
```

논리적인 형태를 보이기 때문에 의미는 충분히 파악이 되었을 것이다. 총 3개의 num이 존재하는데, 각각이 선언된 이름공간이 다르기 때문에 이름충돌 문제가 발생하지 않았다. 그렇다면 각각의 변수 num에 접근하는 방법은 어떻게 될까? 여러분이 '이렇게 접근하는 게 아닐까?'라고 생각한 바가 있다면 아마도 그것이 맞을 것이다. 다음의 문장을 실행하면,

```
std::cout<< Parent::num <<std::endl;
std::cout<< Parent::SubOne::num <<std::endl;
std::cout<< Parent::SubTwo::num <<std::endl;
```

순서대로 2, 3, 4가 출력된다. 이 정도면 이름공간과 관련된 일정한 문법적 규칙을 거의 파악하였으리라 믿는다.

문 제 01-4 [파일의 분할]

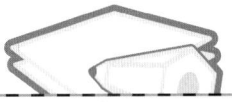

C++을 제대로 공부하려면 다음의 내용을 잘 알고 있어야 한다.
- 헤더파일의 의미와 정의 방법
- 헤더파일에 삽입할 내용과 소스파일에 삽입할 내용을 구분하는 방법
- 둘 이상의 헤더파일과 소스파일을 만들어서 하나의 실행파일로 컴파일하는 방법

이와 관련해서 전혀 감이 없다면, C언어 기본서를 참조하여 이 부분을 복습하기 바라며, 감이 좀 있다면, 앞으로 조금씩 그 감을 살려나가기 바란다. 그럼 헤더파일, 그리고 파일분할과 관련된 감을 살리기 위해서 앞서 소개한 예제 NameSp2.cpp를 다음과 같이 총 3개의 파일로 분할해서 컴파일 해보자.
- 헤더파일   main 함수를 제외한 나머지 두 함수의 선언을 삽입한다.
- 소스파일1   main 함수를 제외한 나머지 두 함수의 정의를 삽입한다.
- 소스파일2   main 함수만 삽입한다.

파일의 이름은 여러분이 임의로 정해도 된다. 하지만, 각 파일에 들어갈 내용은 위의 지시대로 진행해야 한다.

C++ 프로그래밍

std::cout, std::cin, std::endl

지금까지 콘솔 입출력을 진행할 때에는 std::cout과 std::cin을 사용해 왔다. 우리는 이것의 정체를 잘 모르지만 사용법은 알고 있다. 그런데 이제는 조금 이해할 수 있게 되었다. :: 연산자의 의미를 이해했기 때문이다. 그럼 여러분이 알고 있는 :: 연산자의 의미를 기반으로 다음 세가지가 뜻하는 바를 설명해보자.

- std::cout
- std::cin
- std::endl

순서대로,

"이름공간 std에 선언된 cout"

"이름공간 std에 선언된 cin"

"이름공간 std에 선언된 endl"

따라서 다음과 같은 이름공간의 구성을 머리 속에 그려볼 수 있다. 비록 cout, cin, endl의 정체는 모르지만 말이다.

```
namespace std
{
    cout . . . .
    cin . . . .
    endl . . . .
}
```

때문에 헤더파일 〈iostream〉에 선언되어 있는 cout, cin 그리고 endl은 이름공간 std 안에 선언되어 있다는 결론을 내릴 수 있다. 이렇듯 이름충돌을 막기 위해서, C++ 표준에서 제공하는 다양한 요소들은 이름공간 std 안에 선언되어 있다.

using을 이용한 이름공간의 명시

이제 cout, cin 그리고 endl을 참조할 때마다 std:: 을 앞에 붙여야 하는 이유를 알게 되었다. 더불어 그 일이 여간 귀찮지 않다는 생각도 든다. 그러나 걱정하지 말자. 추가적인 선언 하나만으로도 여러분의 불편을 해소할 수 있으니 말이다.

다음 예제를 보자. 이 예제에서는 Hybrid라는 이름공간 안에 선언된 함수를 범위지정 없이 그냥 호출할 수 있음을 보이고 있다.

❖ UsingDcl1.cpp

```
1.  #include <iostream>
2.
3.  namespace Hybrid
4.  {
5.      void HybFunc(void)
6.      {
7.          std::cout<<"So simple function!"<<std::endl;
8.          std::cout<<"In namespace Hybrid!"<<std::endl;
9.      }
10. }
11.
12. int main(void)
13. {
14.     using Hybrid::HybFunc;
15.     HybFunc();
16.     return 0;
17. }
```

- 14행: 키워드 using을 이용해서 '이름공간 Hybrid에 정의된 HybFunc를 호출할 때에는, 이름 공간을 지정하지 않고 호출하겠다!'는 것을 명시(선언)하고 있다.
- 15행: 14행의 using 선언을 통해서 이름공간의 지정 없이 HybFunc 함수를 호출하고 있다.

❖ 실행결과: UsingDcl1.cpp

```
So simple function!
In namespace Hybrid!
```

위 예제에서 보이듯이 다음의 선언은 'HybFunc를 이름공간 Hybrid에서 찾으라'는 일종의 선언이다.

   using Hybrid::HybFunc;

이 때, HybFunc는 함수의 이름도 될 수 있고, 변수의 이름도 될 수 있다. 그리고 위 예제에서는 위의 선언이 main 함수 내에 존재하는데, 이러한 경우 지역변수의 선언과 마찬가지로 선언된 이후부터 효력을 발휘하며, 선언된 지역을 벗어나면, 선언의 효력은 잃게 된다. 따라서 프로그램 전체영역에 효력을 미치게 하려면 전역변수와 마찬가지로 함수 밖에 선언을 해야 한다. 이와 관련해서는 다음 예제를 제시하겠다.

❖ UsingDcl2.cpp

```
1.   #include <iostream>
2.   using std::cin;
3.   using std::cout;
4.   using std::endl;
5.
6.   int main(void)
7.   {
8.       int num=20;
9.       cout<<"Hello World!"<<endl;
10.      cout<<"Hello "<<"World!"<<endl;
11.      cout<<num<<' '<<'A';
12.      cout<<' '<<3.14<<endl;
13.      return 0;
14.  }
```

- 2~4행: using 선언을 함수 밖에 전역의 형태로 삽입하였다. 따라서 이제부터는 cin, cout, endl의 사용에 있어서 이름공간의 지정이 불필요하다.
- 9~12행: using 선언을 통해서 코드의 구성이 한결 간단해졌음을 알 수 있다.

❖ 실행결과: UsingDcl2.cpp

```
Hello World!
Hello World!
20 A 3.14
```

만약에 위 예제에서 보인 것처럼 일일이 using 선언을 하는 것이 귀찮다면, 그리고 꼭 그렇게 해야만 하는 상황이 아니라면, 다음의 선언을 통해서 **'이름공간 std에 선언된 모든 것에 대해 이름공간 지정의 생략'을 명령**할 수 있다.

    using namespace std;

이는 이름공간 std에 선언된 모든 것에 접근할 때에는 이름공간의 지정을 생략하겠다는 선언이다. 그럼 예제를 통해서 이를 확인해보겠다. 참고로 실행결과는 UsingDcl2.cpp와 동일하므로 생략하겠다.

❖ UsingDcl3.cpp

```
1.  #include <iostream>
2.  using namespace std;
3.
4.  int main(void)
5.  {
6.      int num=20;
7.      cout<<"Hello World!"<<endl;
8.      cout<<"Hello "<<"World!"<<endl;
9.      cout<<num<<' '<<'A';
10.     cout<<' '<<3.14<<endl;
11.     return 0;
12. }
```

아마도 여러분이 볼 때는 위 예제의 using namespace 선언이 매력적으로 보일 것이다. 물론 프로그래밍하기에 조금 편한 것은 사실이지만, 이렇게 선언을 해버리면, 그만큼 이름충돌이 발생할 확률은 상대적으로 높아진다. 따라서, 무조건 편한 것만을 선호하기 보다는 상황을 판단해서 적절히 혼용하는 지혜가 필요하다.

> **참고**
>
> **using namespace std;**
>
> 이 책의 초판에서는 'using namespace std'를 대신해서 모든 예제에 일일이 using 선언을 삽입하였다. 그것이 더 좋은 습관이기 때문이다. 하지만 굳이 필자가 그렇게 하지 않아도, 여러분 스스로 좋은 습관을 들여간다는 사실을 깨달았다. 그래서 지면을 아끼기 위해서, 필자는 모든 예제에 한 줄짜리 using namespace 선언을 삽입하고자 한다.

✚이름공간의 별칭 지정

이름공간이 중첩되면서까지 과도하게 사용되는 경우는 극히 드물다. 그러나 상황에 의해서 다음과 같이 과도하게 사용이 되었을 때,

```
namespace AAA
{
    namespace BBB
```

```
            {
                namespace CCC
                {
                    int num1;
                    int num2;
                }
            }
        }
```

다음과 같은 방법으로 변수 num1과 변수 num2에 접근하는 것은 영 폼이 안 난다. 그리고 매우 불편하다.

```
    AAA::BBB::CCC::num1=20;
    AAA::BBB::CCC::num2=30;
```

그래서 이러한 경우에는 AAA::BBB::CCC와 같은 이름에 별칭을 줄 수 있다.

```
    namespace ABC=AAA::BBB::CCC;
```

이는 AAA::BBB::CCC에 ABC라는 별칭을 주기 위한 문장구성이다. 그리고 이렇게 별칭이 주어지고 나면, 다음과 같이 num1과 num2에 접근이 가능하다.

```
    ABC::num1=10;
    ABC::num2=20;
```

그럼 지금 설명한 내용을 예제를 통해서 확인해보겠다.

❖ NameAlias.cpp

```
1.  #include <iostream>
2.  using namespace std;
3.
4.  namespace AAA
5.  {
6.      namespace BBB
7.      {
8.          namespace CCC
9.          {
10.             int num1;
11.             int num2;
12.         }
13.     }
14. }
15.
16. int main(void)
```

```
17. {
18.     AAA::BBB::CCC::num1=20;
19.     AAA::BBB::CCC::num2=30;
20.
21.     namespace ABC=AAA::BBB::CCC;
22.     cout<<ABC::num1<<endl;
23.     cout<<ABC::num2<<endl;
24.     return 0;
25. }
```

- 18, 19행: 별칭이 선언되기 이전의 변수 num1과 num2의 접근을 보이고 있다.
- 21행: AAA::BBB::CCC 에 ABC라는 별칭을 붙여주고 있다.
- 22, 23행: 별칭의 선언 이후의 접근을 보이고 있다.

❖ 실행결과: NameAlias.cpp

```
command prompt
20
30
```

이렇게 별칭을 줄 수 있다는 사실을 알고 있으면, 이와 관련된 코드를 분석할 때 도움이 될 것 같아서 소개를 하였다. 그럼 이로써 이름공간에 대한 설명을 마치도록 하겠다.

➕ 범위지정 연산자(Scope Resolution Operator)의 또 다른 기능

지역변수의 이름이 전역변수의 이름과 같을 경우, 전역변수는 지역변수에 의해 가려진다는 특징을 기억하는가? 다음 코드를 보자.

```
int val=100;        // 전역변수

int SimpleFunc(void)
{
    int val=20;     // 지역변수
    val+=3;         // 지역변수 val의 값 3 증가
}
```

위의 코드에서 보이듯이 SimpleFunc 내에서 전역변수와 동일한 이름의 지역변수 val이 선언되었기 때문에 이어서 등장하는 문장에서는 지역변수 val의 값을 3 증가시킨다. 그렇다면, SimpleFunc 함수 내에서 전역변수 val에 접근하려면 어떻게 해야 할까? 이 때에도 '범위지정 연산자'를 사용하면 된다.

```
int val=100;         // 전역변수

int SimpleFunc(void)
{
    int val=20;      // 지역변수
    val+=3;          // 지역변수 val의 값 3 증가
    ::val+=7;        // 전역변수 val의 값 7 증가
}
```

그럼 이로써 첫 번째 Chapter에 대한 이론적인 설명을 마치고, 이어서 이론만큼이나 중요한 단계별 프로젝트를 소개하겠다.

01-6 : OOP 단계별 프로젝트 01단계

여러분이 프로그래밍에 익숙지 않다면, 단계별 프로젝트는 책을 전체적으로 다 본 다음에 진행을 해도 좋다. 진행을 했다는 사실이 중요하지, 그 시기는 중요하지 않다.

✚ 프로젝트 01단계의 도입

C++을 공부하면서 가장 어려움을 겪는 부분은 문법의 이해가 아닌 구현이다. C++은 C언어와 달라서 활용하는데 있어 더 많은 시간과 노력이 요구된다. 무엇보다도 경험이 없다면, 어떻게 시작을 해야 할지 막막하기만 하다. 그래서 이 책에서는 여러분이 C++을 이용한 프로그램의 구현이 가능하도록 하나의 프로젝트를 진행하려고 한다.

이 프로젝트는 C++을 처음 시작하는 여러분에게 하나의 모델이 될 것이다. 물론 프로젝트를 완성하기 위해서는 노력이 필요하다. 그러나 노력한 만큼 실력이 많이 향상될 것이다.

1단계에서는 프로젝트의 본격적인 시작에 앞서, 구현에 필요한 틀을 제시한다. 우리가 아직 C++과 관련해서 특별히 공부한 게 많은 것은 아니지 않은가? 여기서 제시하는 틀을 기반으로 앞으로 총 7단계에 걸쳐서 프로젝트를 완성해 나갈 것이다.

➕ 프로그램 설명

우리가 구현하려고 하는 것은 '은행계좌 관리 프로그램'이다. 프로젝트 01단계에서는 C 스타일로 구현하는 것을 목표로 한다. 구현할 기능은 다음과 같다.

- 기능 1. 계좌개설
- 기능 2. 입   금
- 기능 3. 출   금
- 기능 4. 전체고객 잔액조회

그리고 프로그램을 간결하게 하기 위해서 몇 가지 가정을 하겠다. 가정의 내용은 다음과 같다.

- 통장의 계좌번호는 중복되지 아니한다(중복검사 하지 않겠다는 뜻).
- 입금 및 출금액은 무조건 0보다 크다(입금 및 출금액의 오류검사 않겠다는 뜻).
- 고객의 계좌정보는 계좌번호, 고객이름, 고객의 잔액, 이렇게 세가지만 저장 및 관리한다.
- 둘 이상의 고객 정보 저장을 위해서 배열을 사용한다.
- 계좌번호는 정수의 형태이다.

자! 이제 프로그램을 구현해보자! 아래에서 제시하고 있는 '구현의 예'를 참조하기에 앞서, 항상 스스로 구현해 보는 노력을 해야만 한다.

➕ 실행의 예

여기서 제시하는 '실행의 예'를 통해서 여러분이 구현해야 할 프로그램의 기능을 보다 정확히 이해하기 바란다. 먼저 계좌 개설의 과정을 보이겠다.

[계좌 개설과정의 실행 예]

```
-----Menu------
1. 계좌개설
2. 입 금
3. 출 금
4. 계좌정보 전체 출력
5. 프로그램 종료
선택: 1
```

[계좌개설]
계좌ID: **115**
이 름: **이우석**
입금액: **15000**

위의 실행의 예에서 보이지는 않았지만, 위와 같이 계좌개설이 진행된 다음에도 계속해서 메뉴가 출력되어서 추가 메뉴선택이 가능해야 한다. 다음은 앞서 입력한 정보를 대상으로 입금을 진행한 다음에 전체정보를 출력하는 예이다.

[입금 및 정보 조회의 예]

```
-----Menu------
1. 계좌개설
2. 입 금
3. 출 금
4. 계좌정보 전체 출력
5. 프로그램 종료
선택: 2

[입    금]
계좌ID: 115
입금액: 70
입금완료

-----Menu------
1. 계좌개설
2. 입 금
3. 출 금
4. 계좌정보 전체 출력
5. 프로그램 종료
선택: 4

계좌ID: 115
이 름: 이우석
잔 액: 15070
```

메뉴에서 '계좌정보 전체 출력'을 선택하면, 모든 계좌의 ID, 이름, 잔액정보가 출력되어야 한다. 위의 경우에는 저장된 계좌정보가 하나이기 때문에 '이우석' 한 사람의 계좌정보만 출력된 것이다.

➕ 구현의 예

이어서 필자가 제시하는 코드를 여러분이 구현한 코드와 비교해 보자. 만약에 필자가 제시한 코드가 보다 간결하고 마음에 든다면, 이를 기반으로 다음에 제시되는 'OOP 단계별 프로젝트 02단계'를 진행하면 된다. 그러나 여러분이 구현한 프로그램이 더 간결하고 좋은 구조를 지닌다면, 여러분이 구현한 프로그램을 기반으로 다음 프로젝트를 진행하기 바란다. 물론 둘을 적절히 혼합해서 가장 이상적인 예를 만드는 것도 좋다. 그리고 프로젝트의 모든 소스코드는 오렌지미디어 홈페이지의 자료실에 올려 놓겠으니, 필요하다면 참조하기 바란다.

❖ BankingSystemVer01.cpp

```cpp
/*
 * Banking System Ver 0.1
 * 작성자: 윤성우
 * 내 용: OOP 단계별 프로젝트의 기본 틀 구성
 */
#include <iostream>
#include <cstring>

using namespace std;
const int NAME_LEN=20;

void ShowMenu(void);            // 메뉴출력
void MakeAccount(void);         // 계좌개설을 위한 함수
void DepositMoney(void);        // 입    금
void WithdrawMoney(void);       // 출    금
void ShowAllAccInfo(void);      // 잔액조회

enum {MAKE=1, DEPOSIT, WITHDRAW, INQUIRE, EXIT};

typedef struct
{
    int accID;          // 계좌번호
    int balance;        // 잔    액
    char cusName[NAME_LEN];  // 고객이름
} Account;

Account accArr[100];    // Account 저장을 위한 배열
int accNum=0;           // 저장된 Account 수

int main(void)
{
    int choice;

    while(1)
    {
        ShowMenu();
        cout<<"선택: ";
        cin>>choice;
        cout<<endl;

        switch(choice)
        {
        case MAKE:
            MakeAccount();
```

```cpp
                break;
            case DEPOSIT:
                DepositMoney();
                break;
            case WITHDRAW:
                WithdrawMoney();
                break;
            case INQUIRE:
                ShowAllAccInfo();
                break;
            case EXIT:
                return 0;
            default:
                cout<<"Illegal selection.."<<endl;
        }
    }
    return 0;
}

void ShowMenu(void)
{
    cout<<"-----Menu------"<<endl;
    cout<<"1. 계좌개설"<<endl;
    cout<<"2. 입 금"<<endl;
    cout<<"3. 출 금"<<endl;
    cout<<"4. 계좌정보 전체 출력"<<endl;
    cout<<"5. 프로그램 종료"<<endl;
}

void MakeAccount(void)
{
    int id;
    char name[NAME_LEN];
    int balance;

    cout<<"[계좌개설]"<<endl;
    cout<<"계좌ID: "; cin>>id;
    cout<<"이 름: "; cin>>name;
    cout<<"입금액: "; cin>>balance;
    cout<<endl;

    accArr[accNum].accID=id;
    accArr[accNum].balance=balance;
    strcpy(accArr[accNum].cusName, name);
    accNum++;
}

void DepositMoney(void)
{
    int money;
    int id;
    cout<<"[입    금]"<<endl;
    cout<<"계좌ID: "; cin>>id;
    cout<<"입금액: "; cin>>money;

    for(int i=0; i<accNum; i++)
    {
        if(accArr[i].accID==id)
        {
```

```cpp
                accArr[i].balance+=money;
                cout<<"입금완료"<<endl<<endl;
                return;
            }
        }
        cout<<"유효하지 않은 ID 입니다."<<endl<<endl;
}

void WithdrawMoney(void)
{
    int money;
    int id;
    cout<<"[출    금]"<<endl;
    cout<<"계좌ID: "; cin>>id;
    cout<<"출금액: "; cin>>money;

    for(int i=0; i<accNum; i++)
    {
        if(accArr[i].accID==id)
        {
            if(accArr[i].balance<money)
            {
                cout<<"잔액부족"<<endl<<endl;
                return;
            }

            accArr[i].balance-=money;
            cout<<"출금완료"<<endl<<endl;
            return;
        }
    }
    cout<<"유효하지 않은 ID 입니다."<<endl<<endl;
}

void ShowAllAccInfo(void)
{
    for(int i=0; i<accNum; i++)
    {
        cout<<"계좌ID: "<<accArr[i].accID<<endl;
        cout<<"이 름: "<<accArr[i].cusName<<endl;
        cout<<"잔 액: "<<accArr[i].balance<<endl<<endl;
    }
}
```

01 : 프로그래밍 문제의 답안

본문의 내용을 쉽게 이해하고 문제들도 간단히 해결하는 분들은 답안이 필요 없지만, 본문의 내용이 부담스럽고 문제해결의 길을 찾는데 아직 익숙지 않은 분들에게는 답안이 큰 위안이 된다. 필자는 그러한 사실을 알고 있기 때문에, 일부 부정적인 시각에도 불구하고 답안을 제시하고자 한다.

최대한 여러분의 힘으로 문제를 풀어보자. 그러나 해결이 안 된다면 너무 힘들어하지 말고 답을 보자. 대신 답을 보고 이해한 문제는 다음에 다시 풀어보자. 그렇게 해서 문제해결의 능력을 조금씩 키워나가면 된다. 필자도 그렇게 공부했고, 또 그것이 잘못되었다고 생각하지는 않는다. 그리고 필요한 경우에는 자세한 해설을 하겠지만 소스코드만 보고도 이해가 가능한 문제들에 대해서는 별 다른 해설을 하지 않을 것이다.

✚ 문제 01-1의 답안

문제 01-1에서 제시하는 문제들은 C++ 스타일의 입력 및 출력에 익숙해지는 것이 목적이다. 어려운 문제들은 없다.

▶ 문제 1

❖ 소스코드 답안

```cpp
1.  #include <iostream>
2.
3.  int main(void)
4.  {
5.      int num=0;
6.      int input;
7.
8.      for(int i=0; i<5; i++)
9.      {
10.         std::cout<<i+1<<"번째 정수 입력: ";
11.         std::cin>>input;
12.         num+=input;
13.     }
14.
15.     std::cout<<"합계: "<<num<<std::endl;
16.     return 0;
17. }
```

▶ 문제 2

❖ 소스코드 답안

```cpp
1.  #include <iostream>
2.
3.  int main(void)
4.  {
5.      char name[50];
6.      char phoneNumber[50];
7.
8.      std::cout<<"이름: ";
9.      std::cin>>name;
10.     std::cout<<"전화번호: ";
11.     std::cin>>phoneNumber;
12.
13.     std::cout<<"당신의 이름: "<<name<<std::endl;
14.     std::cout<<"당신의 전화번호: "<<phoneNumber<<std::endl;
15.     return 0;
16. }
```

▶ 문제 3

❖ 소스코드 답안

```cpp
1.  #include <iostream>
2.
3.  int main(void)
4.  {
5.      int num;
6.      std::cout<<"구구단 정보 입력: ";
7.      std::cin>>num;
8.
9.      for(int i=1; i<=9; i++)
10.         std::cout<<num<<'x'<<i<<'='<<num*i<< std::endl;
11.     return 0;
12. }
```

▶ 문제 4

❖ 소스코드 답안

```cpp
1.  #include<iostream>
2.
3.  int CalSalary(int sales)
4.  {
5.      return (int)(50+sales*0.12);
6.  }
7.
8.  int main(void)
9.  {
10.     int sales;
11.
```

```cpp
12.     while(1)
13.     {
14.         std::cout<<"판매 금액을 만원 단위로 입력(-1 to end) : ";
15.         std::cin>>sales;
16.         if(sales==-1)
17.             break;
18.
19.         std::cout<<"이번 달 급여: ";
20.         std::cout<<CalSalary(sales)<<"만원"<<std::endl;
21.     }
22.     std::cout<<"프로그램을 종료합니다."<<std::endl;
23.
24.     return 0;
25. }
```

문제 01-2의 답안

이 문제는 함수 오버로딩에 대한 이해도를 확인하기 위한 문제이다. 더불어, C 언어를 공부하면서 접해 보았을 Call-by-value와 Call-by-reference(Call-by-address)에 대한 복습 효과도 얻을 수 있다.

❖ 소스코드 답안

```cpp
1.  #include <iostream>
2.
3.  void swap(int * ptr1, int * ptr2)
4.  {
5.      int temp = *ptr1;
6.      *ptr1 = *ptr2;
7.      *ptr2 = temp;
8.  }
9.  void swap(char * ptr1, char * ptr2)
10. {
11.     char temp = *ptr1;
12.     *ptr1 = *ptr2;
13.     *ptr2 = temp;
14. }
15.
16. void swap(double * ptr1, double * ptr2)
17. {
18.     double temp = *ptr1;
19.     *ptr1 = *ptr2;
20.     *ptr2 = temp;
21. }
22.
23. int main(void)
24. {
25.     int num1=20, num2=30;
26.     swap(&num1, &num2);
27.     std::cout<<num1<<' '<<num2<<std::endl;
28.
29.     char ch1='A', ch2='Z';
30.     swap(&ch1, &ch2);
```

```
31.     std::cout<<ch1<<' '<<ch2<<std::endl;
32.
33.     double dbl1=1.111, dbl2=5.555;
34.     swap(&dbl1, &dbl2);
35.     std::cout<<dbl1<<' '<<dbl2<<std::endl;
36.     return 0;
37. }
```

문제 01-3의 답안

▶ 문제 1

❖ 소스코드 답안

```cpp
1.  #include<iostream>
2.
3.  int BoxVolume(int length, int width, int height)
4.  {
5.      return length*width*height;
6.  }
7.  int BoxVolume(int length, int width)
8.  {
9.      return length*width*1;
10. }
11. int BoxVolume(int length)
12. {
13.     return length*1*1;
14. }
15.
16. int main(void)
17. {
18.     std::cout<<"[3, 3, 3] : "<<BoxVolume(3, 3, 3)<<std::endl;
19.     std::cout<<"[5, 5, D] : "<<BoxVolume(5, 5)<<std::endl;
20.     std::cout<<"[7, D, D] : "<<BoxVolume(7)<<std::endl;
21.     return 0;
22. }
```

▶ 문제 2

함수 오버로딩의 조건을 만족해서 컴파일은 된다. 그러나 다음과 같이 인자를 전달하지 않으면서 함수를 호출하는 경우, 두 함수 모두 호출조건을 만족하기 때문에 컴파일 에러가 발생한다.

SimpleFunc();

문제 01-4의 답안

선언은 헤더파일에, 정의는 소스파일에 삽입한다는 기본원칙만으로도 충분히 파일을 나눠서 컴파일 할 수 있다.

❖ SimpleFunc.h

```
1.  namespace BestComImpl
2.  {
3.      void SimpleFunc(void);
4.  }
5.
6.  namespace ProgComImpl
7.  {
8.      void SimpleFunc(void);
9.  }
```

❖ SimpleFunc.cpp

```
1.  #include <iostream>
2.  #include "SimpleFunc.h"
3.
4.  void BestComImpl::SimpleFunc(void)
5.  {
6.      std::cout<<"BestCom이 정의한 함수"<<std::endl;
7.  }
8.
9.  void ProgComImpl::SimpleFunc(void)
10. {
11.     std::cout<<"ProgCom이 정의한 함수"<<std::endl;
12. }
```

❖ SimpleMain.cpp

```
1.  #include "SimpleFunc.h"
2.
3.  int main(void)
4.  {
5.      BestComImpl::SimpleFunc();
6.      ProgComImpl::SimpleFunc();
7.      return 0;
8.  }
```

Chapter 02

C언어 기반의 C++ 2

Chapter 01을 통해서 C++의 매력을 느껴보았는가? 필자는 처음 C++을 공부할 때, printf와 scanf를 대신해서 cout과 cin을 사용할 수 있다는데 큰 매력을 느꼈다. 서식지정을 안 해줘도 되고, 값을 입력받을 때 포인터와 연관된 & 연산자를 붙일 필요도 없으니 말이다. 그러나 이건 C++의 매우 작은 부분이다. 즉, 우리는 아직 C++을 제대로 시작조차 하지 않았다.

이번 Chapter는 Chapter 01의 연장이다. 마찬가지로 C와 비교가 되는 C++의 기본적인 특성을 이야기한다. 이 역시 어려운 내용은 아니나, C언어를 정확히 이해하지 못하고 있으면, 어렵게 느껴질 수 있다. 혹 여러분이 그런 경우라면, C언어에 대한 이해와 활용능력을 조금 더 다질 것을 권하고 싶다.

C++ 프로그래밍

02-1 : Chapter 02의 시작에 앞서

필자가 앞에서도 언급했듯이 이 책은 C언어를 이해한 독자를 대상으로 C++을 설명하는 책이다. 따라서 C언어와 관련된 내용은 가급적 언급하지 않는다. 이는 책의 내용을 C++에 보다 집중해서 내용의 질을 한 차원 높이기 위해서다. 그러므로 여러분께 확인학습의 기회를 드리고자 한다. 필자가 아래에서 제시하는 질문에 답을 달아보자. 잘 모르겠다면 여러분이 가지고 있는 C언어 기본서를 참고해서 직접 답을 달아보자.

✚ C언어의 복습을 유도하는 확인학습 문제

[문제 1] 키워드 const의 의미
키워드 const는 어떠한 의미를 갖는가? 다음 문장들을 대상으로 이를 설명해보자.
- const int num=10;
- const int * ptr1=&val1;
- int * const ptr2=&val2;
- const int * const ptr3=&val3;

[문제 2] 실행중인 프로그램의 메모리 공간
실행중인 프로그램은 운영체제로부터 메모리 공간을 할당 받는데, 이는 크게 데이터, 스택, 힙 영역으로 나뉜다. 각각의 영역에는 어떠한 형태의 변수가 할당되는지 설명해보자. 특히 C언어의 malloc과 free 함수와 관련해서도 설명해보자.

[문제 3] Call-by-value vs. Call-by-reference
함수의 호출형태는 크게 '값에 의한 호출(Call-by-value)'과 '참조에 의한 호출(Call-by-reference)'로 나뉜다. 이 둘을 나누는 기준이 무엇인지, 두 int형 변수의 값을 교환하는 Swap 함수를 예로 들어가면서 설명해보자.

✚ 문제의 답안

C++은 C언어를 기반으로 설계된 언어이기 때문에 C언어를 잘 알아야 한다. 따라서 C언어에 대한 학습이 부족하다면, 이를 계속해서 보충하라는 의미로 위의 문제를 제시한 것이다. 그럼 간단히 답을 정리해 보겠다.

우선 문제 1의 const 상수화와 관련된 질문에 답해보겠다. 여러분이 달아놓은 답에 다음 내용이 포함되어 있다면 정답으로 간주할 수 있다.

- const int num=10;
    ➡ 변수 num을 상수화!
- const int * ptr1=&val1;
    ➡ 포인터 ptr1을 이용해서 val1의 값을 변경할 수 없음
- int * const ptr2=&val2;
    ➡ 포인터 ptr2가 상수화 됨
- const int * const ptr3=&val3;
    ➡ 포인터 ptr3가 상수화 되었으며, ptr3를 이용해서 val3의 값을 변경할 수 없음

다음은 문제 2의 답안이다. 이 정도만 답을 할 수 있으면 된다.

- 데이터   전역변수가 저장되는 영역
- 스택   지역변수 및 매개변수가 저장되는 영역
- 힙   malloc 함수호출에 의해 프로그램이 실행되는 과정에서 동적으로 할당이 이뤄지는 영역
- malloc & free   malloc 함수호출에 의해 할당된 메모리 공간은 free 함수호출을 통해서 소멸하지 않으면 해제되지 않는다.

마지막으로 문제 3의 답안이다. 다음과 같이 두 개의 샘플 함수를 만들어서 각각이 Call-by-value, Call-by-reference이며, 이들이 어떠한 특성을 지니는지 설명할 수 있어야 한다.

```
void SwapByValue(int num1, int num2)
{
    int temp=num1;
    num1=num2;
    num2=temp;
}   // Call-by-value

void SwapByRef(int * ptr1, int * ptr2)
{
    int temp=*ptr1;
    *ptr1=*ptr2;
    *ptr2=temp;
}   // Call-by-reference
```

Call-by-value와 Call-by-reference에 대해서는 잠시 후에 별도로 설명을 하니, 여기서는 두 함수를 보이는 정도로만 정리를 하겠다. 그러나 여러분은 계속해서 C언어와 관련해서 부족한 부분을 보충해 나가야 한다.

02-2 : 새로운 자료형 bool

bool형은 C언어에는 존재하지 않고, C++에만 존재하는 자료형이었다. 그러나 C의 최근 표준에서는 bool을 기본자료형에 추가하였다. 하지만 여전히 bool은 C++의 기본자료형으로 인식을 많이 한다. 여전히 상당수의 C 컴파일러가 bool을 지원하지 않기 때문이다. 자! 그럼 bool형에 대해서 공부해보자. 그런데 이에 앞서 키워드 true와 false를 이해하는 것이 우선이다.

✚ '참'을 의미하는 true와 '거짓'을 의미하는 false

C와 C++ 모두, 정수 0은 '거짓'을 의미하는 숫자로, 그리고 0이 아닌 모든 정수는 '참'을 의미하는 숫자로 정의하고 있다. 따라서 참과 거짓의 표현을 위해서 다음과 같이 상수를 정의하는 것이 보통이다.

```
#define TRUE     1
#define FALSE    0
```

이러한 참과 거짓의 표현방법은 C++에서도 여전히 사용된다. 그러나 C++에서는(그리고 새로운 C 표준에서는) 참과 거짓의 표현을 위한 키워드 true와 false를 정의하고 있기 때문에, 굳이 매크로 상수를 이용해서 참과 거짓을 표현할 필요가 없다. 다음 예제에서 보이는 바와 같이 논리적인 의미의 참과 거짓이 필요한 위치에서는 키워드 true와 false를 사용할 수 있기 때문이다.

❖ TrueAndFalse.cpp

```
1.  #include <iostream>
2.  using namespace std;
3.
4.  int main(void)
5.  {
6.      int num=10;
7.      int i=0;
8.
9.      cout<<"true: "<<true<<endl;
10.     cout<<"false: "<<false<<endl;
11.
12.     while(true)
13.     {
14.         cout<<i++<<' ';
15.         if(i>num)
```

```
16.            break;
17.        }
18.        cout<<endl;
19.
20.        cout<<"sizeof 1: "<<sizeof(1)<<endl;
21.        cout<<"sizeof 0: "<<sizeof(0)<<endl;
22.        cout<<"sizeof true: "<<sizeof(true)<<endl;
23.        cout<<"sizeof false: "<<sizeof(false)<<endl;
24.        return 0;
25. }
```

- 9, 10행: 키워드 true와 false를 콘솔에 출력했을 때의 출력내용을 확인하기 위한 문장이다.
- 12행: C언어에서는 무한루프를 형성하기 위해서 일반적으로 숫자 1을 사용한다. C++에서도 물론 숫자 1을 사용할 수 있지만, 이렇게 true를 대신 사용할 수도 있다.
- 20, 21행: 상수 1과 상수 0의 데이터 크기를 확인하기 위한 문장이다.
- 22, 23행: 참과 거짓을 의미하는 데이터 true와 false의 크기를 확인하기 위한 문장이다.

❖ 실행결과: TrueAndFalse.cpp

```
command prompt
true: 1
false: 0
0 1 2 3 4 5 6 7 8 9 10
sizeof 1: 4
sizeof 0: 4
sizeof true: 1
sizeof false: 1
```

위 예제의 실행결과를 통해서 다음과 같은 잘못된 오해를 하면 안 된다(아쉽게도 이러한 오해를 하기가 쉽다).

"true와 false는 각각 1과 0을 의미하는 키워드이다."

그런데 true는 1이 아니며, false 역시 0이 아니다. 이 둘은 '참'과 '거짓'을 표현하기 위한 1바이트 크기의 데이터일 뿐이다. 다만, true와 false가 정의되기 이전에는 참을 표현하기 위해서 숫자 1을, 거짓을 표현하기 위해서 숫자 0을 사용했기 때문에(물론 지금도 주로 그렇게 사용하고 있지만), 이 둘을 출력하거나 정수의 형태로 형 변환하는 경우에 각각 1과 0으로 변환되도록 정의되어 있을 뿐이다.

그래서 위 예제에서도 true와 false를 출력하는 경우에 각각 1과 0이 출력되었으며, 다음과 같이 정수가 와야 할 위치에 true와 false가 오는 경우에도 각각 1과 0으로 변환이 된다.

- int num1=true;   // num1에는 1이 저장된다.
- int num2=false;   // num2에는 0이 저장된다.
- int num3=true+false;   // num3=1+0;

따라서 true와 false를 굳이 숫자에 연결시켜서 이해하려 들지 않았으면 좋겠다. true와 false는 그 자체를 '참'과 '거짓'을 나타내는 목적으로 정의된 데이터로 인식하는 것이 바람직하다.

✚ 자료형 bool

true와 false는 그 자체로 참과 거짓을 의미하는 데이터이기 때문에, 이들 데이터의 저장을 위한 자료형이 별도로 정의되어 있는 것은 당연하다.

true와 false를 가리켜 bool형 데이터라 한다. 그리고 bool은 int, double과 마찬가지로 기본자료형의 하나이기 때문에 다음과 같이 bool형 변수를 선언하는 것이 가능하다.

```
bool isTrueOne=true;
bool isTrueTwo=false;
```

그럼 예제를 통해서 bool형이 어떻게 사용되는지 보이도록 하겠다.

❖ DataTypeBool.cpp

```
1.  #include <iostream>
2.  using namespace std;
3.
4.  bool IsPositive(int num)
5.  {
6.      if(num<=0)
7.          return false;
8.      else
9.          return true;
10. }
11.
12. int main(void)
13. {
14.     bool isPos;
15.     int num;
16.     cout<<"Input number: ";
17.     cin>>num;
18.
19.     isPos=IsPositive(num);
20.     if(isPos)
21.         cout<<"Positive number"<<endl;
22.     else
```

```
23.         cout<<"Negative number"<<endl;
24.
25.     return 0;
26. }
```

- 4행: bool도 기본자료형이기 때문에 함수의 반환형으로도 선언이 가능하다.
- 14, 19행: bool형 변수를 선언해서 함수 IsPositive가 반환하는 bool형 데이터를 저장하고 있다.

❖ 실행결과: DataTypeBool.cpp

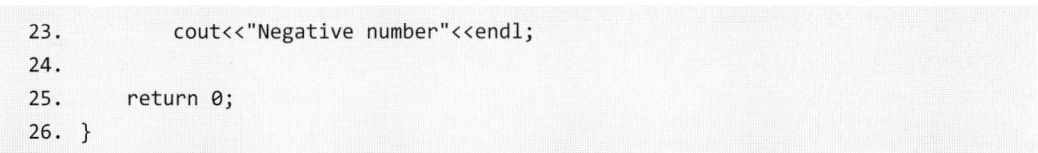

```
Input number: 12
Positive number
```

필자는 위 예제를 통해서 bool도 기본자료형의 하나이니, 다른 기본자료형과 동일한 방식으로 사용할 수 있음을 보이고자 하였다.

02-3 : 참조자(Reference)의 이해

지금부터 설명하는 '참조자'라는 것은 성격상 포인터와 비유가 되기 쉽다. 그러나 참조자는 포인터를 모르는 사람도 이해할 수 있는 개념이다. 따라서 포인터의 개념까지 끌어들여서 스스로를 괴롭히지 않았으면 좋겠다.

✚참조자(Reference)의 이해

무엇을 가리켜 변수라 하는가? 다음은 여러분이 잘 알고 있는 변수의 정의이다.

"변수는 할당된 메모리 공간에 붙여진 이름이다. 그리고 그 이름을 통해서 해당 메모리 공간에 접근이 가능하다."

그렇다면, 다음과 같이 생각해 본적은 없는가?

"할당된 하나의 메모리 공간에 둘 이상의 이름을 부여할 수는 없을까?"

솔직히 이런 생각을 할 필요가 뭐 있겠는가? 그러나 지금은 이러한 생각을 한번쯤 해보자. 왜냐하면, 이 질문이 참조자와 깊은 관계가 있기 때문이다. 그럼 먼저 참조자의 이해를 위해서 변수를 하나 선언하겠다.

```
int num1=2010;
```

위의 변수 선언을 통해서 2010으로 초기화 된 메모리 공간에 num1이라는 이름이 붙게 된다.

▶ [그림 02-1 : 변수의 선언]

그런데 이 상황에서 다음의 문장을 실행하면, num1이라는 이름이 붙어있는 메모리 공간에는 num2라는 이름이 하나 더 붙게 된다.

```
int &num2=num1;
```

이 문장은 다소 혼란스러울 수 있다. 왜냐하면 & 연산자는 변수의 주소 값을 반환하는 연산자이기 때문이다. 하지만 위의 문장에서 보이듯이 & 연산자는 전혀 다른 의미로도 사용이 된다. 이미 선언된 변수의 앞에 이 연산자가 오면 주소 값의 반환을 명령하는 뜻이 되지만, 새로 선언되는 변수의 이름 앞에 등장하면, 이는 참조자의 선언을 뜻하는 게 된다.

```
int *ptr=&num1;      // 변수 num1의 주소 값을 반환해서 포인터 ptr에 저장해라!
int &num2=num1;      // 변수 num1에 대한 참조자 num2를 선언해라!
```

따라서 변수 num1의 선언 이후에 다음 문장이 실행되면,

```
int &num2=num1;
```

num2는 num1의 '참조자'가 되며, 이는 다음의 결과로 이어지게 된다.

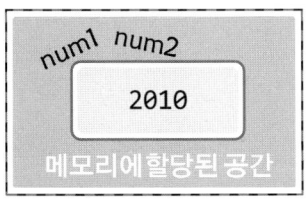

▶ [그림 02-2: 변수 num1에 대한 참조자 num2의 선언]

결과적으로 num1이라 이름 붙어있는 메모리 공간에 num2라는 이름이 하나 더 붙은 꼴이 되었다.

"그럼 참조자도 변수에요?"

사실상 변수로 봐도 무리는 없다. 잠시 후에 보이겠지만, 그 기능과 연산의 결과가 변수와 동일하다. 하지만, C++에서는 참조자와 변수를 구분해서 이야기한다. 이미 선언된 변수를 대상으로 만들어진 num2와 같은 것을 가리켜 변수라 하지 않고, '참조자'라는 별도의 이름을 정의해 놓았다. 어쨌든, 결과적으로는 그림 02-2의 형태를 띠기 때문에, 이어서 다음의 문장을 실행하면,

    num2=3047;

변수 num1의 메모리 공간에 3047이 저장되어, 다음의 구조가 되며,

▶ [그림 02-3: 참조자 num2를 이용한 메모리 공간의 접근]

이어서 다음의 두 문장을 실행하면,

    cout<<num1<<endl;
    cout<<num2<<endl;

두 번에 걸쳐서 3047이 출력되는 것을 확인할 수 있다. 이렇듯 **참조자는 자신이 참조하는 변수를 대신할 수 있는 또 하나의 이름**인 것이다. 그럼 예제를 통해서 지금까지 설명한 내용을 직접 확인해보겠다.

❖ Referen.cpp

```
1.    #include <iostream>
2.    using namespace std;
3.
4.    int main(void)
```

```
5.  {
6.      int num1=1020;
7.      int &num2=num1;
8.
9.      num2=3047;
10.     cout<<"VAL: "<<num1<<endl;
11.     cout<<"REF: "<<num2<<endl;
12.
13.     cout<<"VAL: "<<&num1<<endl;
14.     cout<<"REF: "<<&num2<<endl;
15.     return 0;
16. }
```

- 7행: num1에 대한 참조자 num2를 선언하였다. 따라서 이후로는 num1과 num2가 동일한 메모리 공간을 참조하게 된다.
- 10, 11행: 동일한 값이 출력되면, num1과 num2가 동일한 메모리 공간을 참조함을 증명하는 셈이다.
- 13, 14행: num1과 num2의 주소 값을 출력하게 하였다. 특히 이 출력결과에 주목하기 바란다.

❖ 실행결과: Referen.cpp

```
VAL: 3047
REF: 3047
VAL: 0012FF60
REF: 0012FF60
```

변수와 참조자는 선언의 방식에 있어서 확실한 차이를 보인다. 참조자는 변수를 대상으로만 선언이 가능하기 때문이다. 하지만 일단 선언이 되고 나면, 변수와 차이가 없다. 위 예제에서 보이듯이 & 연산자를 이용해서 주소 값을 반환 받을 수도 있고, 함수 내에서 선언된 지역적(local) 참조자는 지역변수와 마찬가지로 함수를 빠져나가면 소멸이 된다.

✚참조자는 별칭입니다.

개념적으로 참조자를 이해했을 것이다. 그런데 전통적으로 C++에서는 참조자를 다음과 같이 설명한다.

"변수에 별명(별칭)을 하나 붙여주는 것입니다."

즉, 다음의 선언에서,

```
int &num2=num1;
```

num1이 변수의 이름이라면, num2는 num1의 별명이라는 뜻이다. 그런데, 이 역시 참조자를 이해하기 위한 좋은 비유가 된다. 예를 들어서 '윤성우'라는 사람의 별명이 '흰곰'이라면 다음 두 문장이 의미하는 바와 이 문장대로 처리했을 때의 결과는 모두 동일하다.

"윤성우에게 전화를 걸어서 당장 이리로 오라고 해!"

"흰곰에게 전화를 걸어서 당장 이리로 오라고 해!"

이는 참조자에 대한 일반적인 설명에 해당하니, 참조자가 별칭에 비유된다는 사실도 알아두었으면 좋겠다.

✚ 참조자의 수에는 제한이 없으며, 참조자를 대상으로도 참조자를 선언할 수 있다.

참조자의 수에는 제한이 없다. 즉, 다음과 같이 여러 개의 참조자를 선언하는 것도 가능하다.

```
int num1=2759;
int &num2=num1;
int &num3=num1;
int &num4=num1;
```

따라서 위의 문장들을 순서대로 실행하면, 하나의 메모리 공간에 num1, num2, num3, num4라는 이름을 붙인 꼴이 되며, 이를 그림으로 정리하면 다음과 같다.

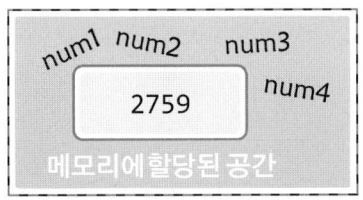

▶ [그림 02-4: 둘 이상의 참조자 선언]

그리고 참조자를 대상으로 참조자를 선언하는 것도 가능하다. 즉, 다음의 문장들을 순서대로 실행해도 위 그림에서 보이는 결과가 만들어진다.

```
int num1=2759;
int &num2=num1;
int &num3=num2;
int &num4=num3;
```

하지만, 필요 이상으로 참조자를 선언하는 것은 바람직하지 않으며, 참조자를 대상으로 또 다른 참조를 만드는 일이 흔히 필요하지는 않다.

참조자의 선언 가능 범위

참조자는 변수에 대해서만 선언이 가능하고, 선언됨과 동시에 누군가를 참조해야만 한다. 즉, 다음의 선언은 유효하지 않다.

    int &ref=20;   (×)

참조자는 본디, 변수에 또 다른 이름을 붙이는 것이기 때문에 상수를 대상으로 참조자를 선언할 수는 없다. 뿐만 아니라, 다음과 같이 미리 참조자를 선언했다가, 후에 누군가를 참조하는 것은 불가능하며, 참조의 대상을 바꾸는 것도 불가능하다.

    int &ref;   (×)

물론, 다음과 같이 참조자를 선언하면서 NULL로 초기화하는 것도 불가능하다. 포인터 변수의 선언처럼 말이다.

    int &ref=NULL;   (×)

참조자는 무조건 선언과 동시에 변수를 참조하도록 해야 한다. 그런데 여기서 말하는 변수의 범위에는 배열요소도 포함이 된다. 이와 관련해서는 예제를 통해서 설명하겠다.

❖ RefArrElem.cpp

```
1.  #include <iostream>
2.  using namespace std;
3.
4.  int main(void)
5.  {
6.      int arr[3]={1, 3, 5};
7.      int &ref1=arr[0];
8.      int &ref2=arr[1];
9.      int &ref3=arr[2];
10.
11.     cout<<ref1<<endl;
12.     cout<<ref2<<endl;
13.     cout<<ref3<<endl;
14.     return 0;
15. }
```

❖ 실행결과: RefArrElem.cpp

```
command prompt
1
3
5
```

예제와 실행결과에서 보이듯이 배열요소는(배열이 아니라, 배열의 요소는) 변수로 간주되어 참조자의 선언이 가능하다. 그리고 포인터 변수도 변수이기 때문에 참조자의 선언이 가능하다. 이와 관련해서도 예제를 통해서 설명하겠다.

❖ RefPtr.cpp

```cpp
1.  #include <iostream>
2.  using namespace std;
3.
4.  int main(void)
5.  {
6.      int num=12;
7.      int *ptr=&num;
8.      int **dptr=&ptr;
9.
10.     int &ref=num;
11.     int *(&pref)=ptr;
12.     int **(&dpref)=dptr;
13.
14.     cout<<ref<<endl;
15.     cout<<*pref<<endl;
16.     cout<<**dpref<<endl;
17.     return 0;
18. }
```

- 11, 12행: 포인터 변수의 참조자 선언도 & 연산자를 하나 더 추가하는 형태로 진행이 된다. 이미 잘 아는 10행의 참조자 선언과 비교하기 바란다.
- 15행: pref는 포인터 변수 ptr의 참조자이므로, 변수 num에 저장된 값이 출력된다.
- 16행: dpref는 포인터 변수 dptr의 참조자이므로, 변수 num에 저장된 값이 출력된다.

❖ 실행결과: RefPtr.cpp

```
command prompt
12
12
12
```

C++ 프로그래밍

이제 참조자의 선언 가능 유무와 참조자의 선언 방법에 대한 규칙이 잘 정리되었으리라 믿고, 참조자와 함수의 관계를 시작으로 참조자에 대한 조금 더 깊은 이야기를 시작하겠다.

02-4: 참조자(Reference)와 함수

이번에는 참조자의 활용과 관련해서 이야기하고자 한다. 앞서 참조자의 이해를 위해서 다음과 같은 코드를 수 차례 제시하였는데, 이렇게 변수와 참조자를 동시에 선언할 필요가 있겠는가?

```
int num=20;
int &ref=num;
```

이는 어디까지나 학습을 위한 코드이다. 참조자의 활용에는 함수가 큰 위치를 차지한다. 따라서 함수와 관련해서 참조자를 이야기하고자 한다.

✚ Call-by-value & Call-by-reference

여러분이 C언어를 공부하면서 배운 함수의 두 가지 호출방식은 다음과 같다.

- Call-by-value   값을 인자로 전달하는 함수의 호출방식
- Call-by-reference   주소 값을 인자로 전달하는 함수의 호출방식

이 중에서, Call-by-value 기반의 함수는 다음과 같이 정의된 함수를 의미한다.

```
int Adder(int num1, int num2)
{
    return num1+num2;
}
```

위 함수는 두 개의 정수를 인자로 요구하고 있다. 따라서 Call-by-value 기반의 함수이다. 그런데

Call-by-value의 형태로 정의된 함수의 내부에서는, 함수외부에 선언된 변수에 접근이 불가능하다. 따라서 두 변수에 저장된 값을 서로 바꿔서 저장할 목적으로 다음과 같이 함수를 정의하면 원하는 결과를 얻을 수 없다.

```
void SwapByValue(int num1, int num2)
{
    int temp=num1;
    num1=num2;
    num2=temp;
}   // Call-by-value
```

위의 함수를 대상으로 다음의 main 함수를 실행하면,

```
int main(void)
{
    int val1=10;
    int val2=20;
    SwapByValue(val1, val2);        // val1과 val2에 저장된 값이 바뀌기를 기대함
    cout<<"val1: "<<val1<<endl;     // 10 출력
    cout<<"val2: "<<val2<<endl;     // 20 출력
    return 0;
}
```

다음의 출력결과를 확인하게 된다.
```
val1: 10
val2: 20
```

그리고 이는 val1과 val2에 저장된 값이 서로 바뀌지 않았음을 의미한다. 그래서 필요한 것이 다음과 같은 Call-by-reference 기반의 함수이다.

```
void SwapByRef(int * ptr1, int * ptr2)
{
    int temp=*ptr1;
    *ptr1=*ptr2;
    *ptr2=temp;
}   // Call-by-reference
```

위의 함수에서는 두 개의 주소 값을 받아서, 그 주소 값이 참조하는 영역에 저장된 값을 직접 변경하고 있다. 따라서 위 함수를 대상으로 다음의 main 함수를 실행하면,

```
int main(void)
```

```
{
    int val1=10;
    int val2=20;
    SwapByRef(&val1, &val2);     // val1과 val2에 저장된 값이 바뀌기를 기대함
    cout<<"val1: "<<val1<<endl;  // 20 출력
    cout<<"val2: "<<val2<<endl;  // 10 출력
    return 0;
}
```

다음의 출력결과를 확인하게 된다.

```
val1: 20
val2: 10
```

✛Call-by-address? Call-by-reference!

최근 들어 주소 값을 전달하는 Call-by-reference 형태의 함수호출이 Call-by-address라 불리는 경우를 종종 본다. 이는 잠시 후에 설명하는 'C++의 참조자(reference) 기반의 함수호출'과의 구분을 위함인데, 그럼에도 불구하고 필자는 이전의 방식, 즉, 주소 값을 전달하는 함수의 호출형태를 가리켜 여전히 Call-by-reference라 표현하고자 한다. 이유는 다음 함수를 보면서 설명하겠다.

```
int * SimpleFunc(int * ptr)
{
    . . . .
}
```

여러분은 위의 함수정의가 Call-by-value라고 생각하는가, 아니면 Call-by-reference라고 생각하는가? 대부분 Call-by-reference라고 생각할 것이다. 하지만 이는 Call-by-value도 될 수 있고, Call-by-reference도 될 수 있다. 다음과 같이 정의가 되면 이는 Call-by-value라 해야 옳다.

```
int * SimpleFunc(int * ptr)
{
    return ptr+1;    // 주소 값을 증가시켜서 반환
}
```

이 함수의 연산 주체는 값(value)이다. 다만 그 값이 주소 값 일뿐이다. 주소 값에 1을 더한 결과를 반환하는 연산을 하니(포인터 연산의 결과로 4가 증가한다), 흔히 우리가 생각하는, 주소 값을 이용해서 함수 외부에 선언된 변수에 접근하는 Call-by-reference와는 거리가 멀다. 반면 다음과 같이 정의가 되면, 이는 의심할 여지없이 Call-by-reference이다.

```
int * SimpleFunc(int * ptr)
```

```
{
    if(ptr==NULL)
        return NULL;

    *ptr=20;
    return ptr;
}
```

이 함수에서는 주소 값을 이용해서 함수 외부에 선언된 변수를 '참조(reference)'했으니, 이는 분명 Call-by-reference이다. 본래 C언어에서 말하는 Call-by-reference는 다음의 의미를 지닌다.

"주소 값을 전달받아서, 함수 외부에 선언된 변수에 접근하는 형태의 함수호출"

즉, 주소 값이 외부 변수의 참조도구로 사용되는 함수의 호출을 뜻한다. 이렇듯 주소 값이 전달되었다는 사실이 중요한 게 아니라, 주소 값이 참조의 도구로 사용되었다는 사실이 중요한 것이며, 이것이 Call-by-value와 Call-by-reference를 구분하는 기준이 된다.
C++에서는 함수 외부에 선언된 변수의 접근방법으로 두 가지가 존재한다. 하나는 '주소 값'을 이용하는 방식이고, 다른 하나는 '참조자'를 이용하는 방식이다. 따라서 필자는 전통적인 방식을 따라 이 둘을 다음과 같이 구분하겠다.

- 주소 값을 이용한 Call-by-reference
- 참조자를 이용한 Call-by-reference

이렇듯 C++에서는 두 가지 방식으로 Call-by-reference의 함수정의가 가능하다. 그리고 실제로 여러분은 이 둘 중 어떠한 방식을 사용할지 고민하게 될 것이다.
참고로 필자는 Call-by-address라는 표현이 잘못되었다고 말하는 것이 아니다. C++ 책을 집필하는 저자라면 누구나 선택해야 할 문제에 있어서 필자가 Call-by-address라는 표현을 사용하지 않은 이유를 여러분에게 말씀 드린 것뿐이다. 그러니 이 부분에 오해 없기 바란다.

✚ 참조자를 이용한 Call-by-reference

이미 설명하였듯이, C++에서는 참조자를 기반으로도 Call-by-reference의 함수호출을 진행할 수 있다. Call-by-reference의 가장 큰 핵심은 함수 내에서 함수외부에 선언된 변수에 접근할 수 있다는 것 아닌가? 참조자를 이용해서 함수를 정의해도 이러한 일이 가능하다. 자! 그럼 다음 함수를 보자.

```
void SwapByRef2(int &ref1, int &ref2)
{
    int temp=ref1;
    ref1=ref2;
    ref2=temp;
}   // Call-by-reference
```

C++ 프로그래밍

매개변수의 선언 위치에 참조자가 와서 다소 당황했을 수 있다. 그리고 다음과 같이 질문하는 친구도 있을 수 있다(멋진 친구들이다).

"참조자는 선언과 동시에 변수로 초기화되어야 한다면서요!"

맞다! 하지만 매개변수는 함수가 호출되어야 초기화가 진행되는 변수들이다. 즉, 위의 매개변수 선언은 초기화가 이뤄지지 않은 것이 아니라, 함수호출 시 전달되는 인자로 초기화를 하겠다는 의미의 선언이다. 그럼 위의 함수를 대상으로 다음과 같이 함수를 호출하면 어떠한 상황이 벌어지겠는가?

```cpp
int main(void)
{
    int val1=10;
    int val2=20;
    SwapByRef2(val1, val2);
    cout<<"val1: "<<val1<<endl;
    cout<<"val2: "<<val2<<endl;
    return 0;
}
```

실행결과를 예상하기 위해서는 함수가 호출된 순간 어떠한 일이 벌어지는지를 이해해야 한다. 이의 이해를 위해서 다음 그림을 참조하자.

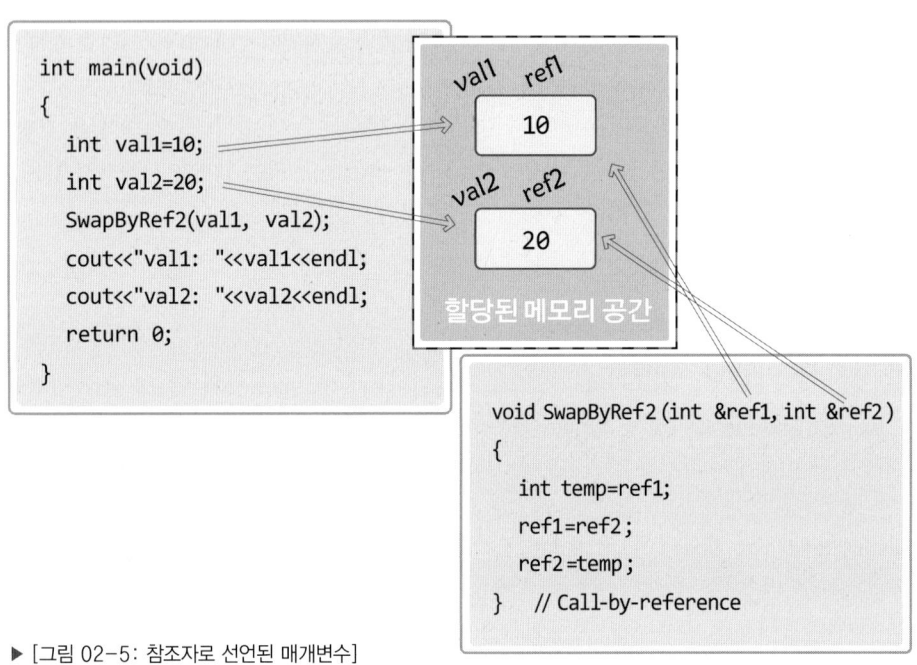

▶ [그림 02-5: 참조자로 선언된 매개변수]

위 그림에서 보이는 바대로 매개변수로 선언된 참조자 ref1과 ref2는 main 함수에서 선언된 변수 val1과 val2의 또 다른 이름이 된다. 그리고 SwapByRef2 함수 내에서는 이 두 참조자를 통해서 값의 교환 과정을 거치기 때문에, 그 결과는 실제로 val1과 val2의 값의 교환으로 이어진다. 자! 그럼 예제를 통해서 함수의 호출결과를 실제로 확인해보자.

❖ RefSwap.cpp

```cpp
1.  #include <iostream>
2.  using namespace std;
3.
4.  void SwapByRef2(int &ref1, int &ref2)
5.  {
6.      int temp=ref1;
7.      ref1=ref2;
8.      ref2=temp;
9.  }
10.
11. int main(void)
12. {
13.     int val1=10;
14.     int val2=20;
15.
16.     SwapByRef2(val1, val2);
17.     cout<<"val1: "<<val1<<endl;
18.     cout<<"val2: "<<val2<<endl;
19.     return 0;
20. }
```

- 6~8행: 두 참조자 ref1, ref2에 저장된 값의 교환과정이다. 이 교환의 과정은 main 함수에 선언된 변수 val1과 val2의 교환으로 이어진다.
- 16행: 매개변수로 참조자가 선언되었으니, 참조의 대상이 될 변수를 인자로 전달하면 된다.

❖ 실행결과: RefSwap.cpp

```
command prompt
val1: 20
val2: 10
```

실행결과는 앞서 이야기한 내용이 옳았음을 증명하고 있다. 이렇듯 C++에는 Call-by-reference의 구현 방법에 참조자를 이용하는 방법과 주소 값을 이용하는 방법, 이렇게 두 가지가 상존한다.

문제 02-1 [참조자 기반의 Call-by-reference 구현]

▶ 문제 1

참조자를 이용해서 다음 요구사항에 부합하는 함수를 각각 정의하여라.
- ➡ 인자로 전달된 int형 변수의 값을 1씩 증가시키는 함수
- ➡ 인자로 전달된 int형 변수의 부호를 바꾸는 함수

그리고 위의 각 함수를 호출하여 그 결과를 확인하는 main 함수까지 작성하여라.

▶ 문제 2

앞서 소개한 예제 RefSwap.cpp의 SwapByRef2 함수를 다음의 형태로 호출하면 컴파일 에러가 발생한다.

```
SwapByRef2(23, 45);
```

컴파일 에러가 발생하는 이유가 무엇인지 설명해보자.

▶ 문제 3

문제의 제시에 앞서 먼저 다음 코드를 보자.

```
int main(void)
{
    int num1=5;
    int *ptr1=&num1;
    int num2=10;
    int *ptr2=&num2;
    . . . .
}
```

위의 코드를 보면 ptr1과 ptr2가 각각 num1과 num2를 가리키고 있다. 이 때 ptr1과 ptr2를 대상으로 다음과 같이 함수를 호출하고 나면,

```
SwapPointer(ptr1, ptr2);
```

ptr1과 ptr2가 가리키는 대상이 서로 바뀌도록 SwapPointer 함수를 정의해 보자.

참조자를 이용한 Call-by-reference의 황당함과 const 참조자

포인터는 잘못 사용할 확률이 높고, 참조자의 활용이 상대적으로 포인터의 활용보다 쉽기 때문에, 참조자 기반의 함수정의가 더 좋은 선택이라고 생각할 수 있다. 그러나 참조자 기반의 함수정의에 좋은 점만 있는 것은 아니다. 이와 관련해서 아래의 코드를 보자. 그리고 예상되는 출력결과에 대해서 말해보자.

```
int num=24;
HappyFunc(num);
cout<<num<<endl;
```

C언어의 관점에서는 100% 24가 출력된다. 그러나 C++에서는 얼마가 출력될지 알 수 없다. 함수가 다음과 같이 정의되어 있다면 24가 출력되겠지만,

```
void HappyFunc(int prm) { . . . . }
```

다음과 같이 정의되어 있다면, 참조자를 이용해서 num에 저장된 값을 변경할 수도 있는 일이니 말이다.

```
void HappyFunc(int &ref) { . . . . }
```

이게 참조자의 단점이라는 사실이 이해되는가? 아마도 '이걸 단점이라고 할 수 있겠어?'라고 반문하는 분들도 계실 것이다. 그러나 이는 분명히 참조자의 단점이 된다. 예를 들어서 코드를 분석하는 과정에 있다면, 함수의 호출문장만 보고도 함수의 특성을 어느 정도 판단할 수 있어야 한다. 그러나 참조자를 사용하는 경우, 함수의 원형을 확인해야 하고, 확인결과 참조자가 매개변수의 선언에 와있다면, 함수의 몸체까지 문장 단위로 확인을 해서 참조자를 통한 값의 변경이 일어나는지를 확인해야 한다.

그렇다면, 이러한 단점을 어떻게 해결하면 좋겠는가? 사실 완벽한 해결은 불가능하다. 즉, C언어에서는 함수의 호출문장만 보고도 값이 변경되지 않음을 알 수 있지만, C++에서는 이것이 불가능하다. C++에서는 최소한 함수의 원형은 확인해야 한다. 따라서 완벽한 해결을 원한다면, 참조자 기반의 함수정의를 하지 말아야 한다. 그러나 const 키워드를 이용하면, 이러한 단점을 어느 정도는 극복할 수 있다. 다음의 함수원형을 보자.

```
void HappyFunc(const int &ref) { . . . . }
```

참조자 ref에 const 선언이 추가되었다. 이는 다음의 의미를 지닌다.

"함수 HappyFunc 내에서 참조자 ref를 이용한 값의 변경은 하지 않겠다!"

여기서의 const 선언으로 인해서, 참조자 ref에 값을 저장하는 경우 컴파일 에러가 발생한다. 따라서 함수 내에서 값의 변경이 이뤄지지 않음을 확신할 수 있는 것이다. 어떤가? 위에서 말한 참조자의 단점이 어느 정도 해결되었다는 생각이 들지 않는가? 따라서 다음의 원칙을 정하고 가급적 이 원칙을 지켜주는 것이 좋다.

"함수 내에서, 참조자를 통한 값의 변경을 진행하지 않을 경우, 참조자를 const로 선언해서, 함수의 원

형만 봐도 값의 변경이 이뤄지지 않음을 알 수 있게 한다."

매우 사소한 것 같지만, 이는 참으로 중요한 원칙과 습관이다. 최소한 값의 변경유무를 확인하기 위해서 함수의 몸체를 들여다 보는 일은 발생하지 않으니 말이다.

참조자를 잘 사용하지 않는 C++ 프로그래머들

위에서 말한 참조자의 단점 때문에 참조자를 사용하지 않는 C++ 프로그래머의 수도 적지 않다. 포인터를 사용하는 것이 코드를 더 명확히 작성하는 방법이 된다고 생각하기 때문이다. 그러니 C++을 공부한다고 해서 포인터를 덜 알아도 될 거라는 생각은 하면 안 된다.

⁺반환형이 참조형(Reference Type)인 경우

함수의 반환형에도 참조형이 선언될 수 있다. 다음이 가장 대표적인 경우이다.

```
int& RefRetFuncOne(int &ref)
{
    ref++;
    return ref;
}
```

위의 함수에서는 매개변수로 참조자가 선언되었는데, 이 참조자를 그대로 반환하고 있다. 따라서 다음과 같이 생각할 수도 있다.

"아! 매개변수가 참조자인데, 이를 반환하니까 반환형이 참조형인 거구나."

하지만, 이는 아주 잘못된 판단이다. 왜냐하면 다음과 같이 참조자를 반환해도 반환형은 참조형이 아닐 수 있기 때문이다.

```
int RefRetFuncTwo(int &ref)
{
    ref++;
    return ref;
}
```

이 둘의 차이점을 이미 유추하신 분들께서도 계실 것이다. 먼저 여러분 스스로 유추해보자. 어떠한 차이가 있을지 상상해보자. 그리고 그 상상이 옳았는지를 다음 예제를 통해서 확인해 보자. 다음은 반환형이 참조형인 경우의 이해를 돕는 예제이다.

❖ RefReturnOne.cpp

```cpp
1.  #include <iostream>
2.  using namespace std;
3.
4.  int& RefRetFuncOne(int &ref)
5.  {
6.      ref++;
7.      return ref;
8.  }
9.
10. int main(void)
11. {
12.     int num1=1;
13.     int &num2=RefRetFuncOne(num1);
14.
15.     num1++;
16.     num2++;
17.     cout<<"num1: "<<num1<<endl;
18.     cout<<"num2: "<<num2<<endl;
19.     return 0;
20. }
```

- 13행: RefRetFuncOne 함수가 참조자를 반환했고, 이를 다시 참조자에 저장하고 있다.
- 15, 16행: 변수 num1과 참조자 num2의 값을 1씩 증가시키고 있다.
- 17, 18행: 변수 num1과 참조자 num2의 관계를 확인하기 위한 출력이다.

❖ 실행결과: RefReturnOne.cpp

```
num1: 4
num2: 4
```

실행결과를 통해서 참조형의 반환이 어떠한 의미를 지니는지 이해했는가? 위 예제를 통해서 보이고자 한 내용을 그림을 통해서 정리해보겠다.

C++ 프로그래밍

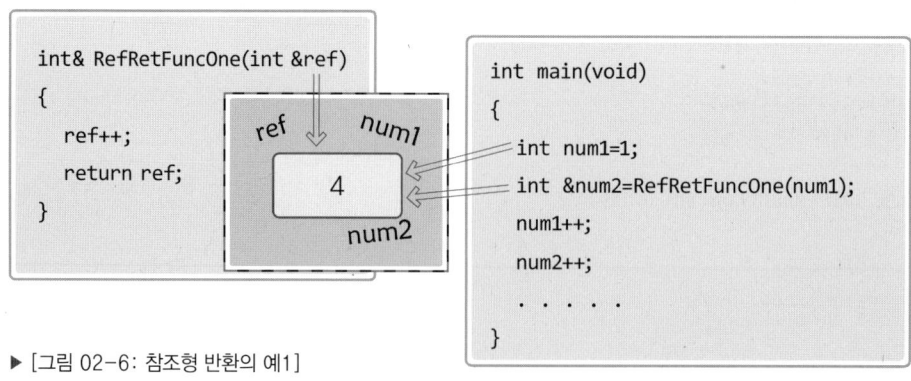

▶ [그림 02-6: 참조형 반환의 예1]

위 그림에서 보이듯이 참조형으로 반환된 값을 참조자에 저장하면, 참조의 관계가 하나 더 추가된다. 즉, 위 예제에서 보이는 상황은 다음과 동일하다.

```
int num1=1;
int &ref=num1;      // 인자의 전달과정에서 일어난 일
int &num2=ref;      // 함수의 반환과 반환 값의 저장에서 일어난 일
```

그런데 여기서 한가지 기억할 사실이 있다. 함수 RefRetFuncOne의 매개변수로 선언된 참조자 ref는 지역변수와 동일한 성격을 갖는다. 즉, RefRetFuncOne이 반환을 하면, 참조자 ref는 소멸된다. 그러나 참조자는 참조자일뿐, 그 자체로 변수는 아니기 때문에 참조자가 참조하는 변수는 소멸되지 않는다. 즉, 함수의 반환으로 인한 참조자의 소멸결과는 다음과 같다.

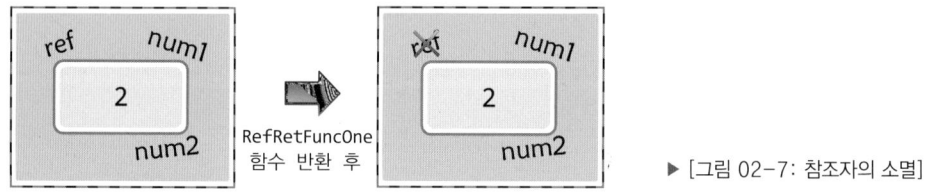

▶ [그림 02-7: 참조자의 소멸]

그럼 이번에는 예제 RefReturnOne.cpp의 13행을 다음과 같이 변경해보자. 어떠한 결과가 연출되겠는가?

```
int num2=RefRetFuncOne(num1);
```

참조자를 변수로 대신하였다. 흔히 하는 말로 '한끝 차'이기 때문에 조금 헷갈릴 수 있지만, 결과적으로 어떠한 차이를 보이는지 여러분도 판단이 가능하다. 그럼 예제를 통해서 차이점을 확인해보자.

❖ RefReturnTwo.cpp

```cpp
1.  #include <iostream>
2.  using namespace std;
3.
4.  int& RefRetFuncOne(int &ref)     // RefReturnOne.cpp의 RefRetFuncOne과 동일!
5.  {
6.      ref++;
7.      return ref;
8.  }
9.
10. int main(void)
11. {
12.     int num1=1;
13.     int num2=RefRetFuncOne(num1);
14.
15.     num1+=1;
16.     num2+=100;
17.     cout<<"num1: "<<num1<<endl;
18.     cout<<"num2: "<<num2<<endl;
19.     return 0;
20. }
```

- 13행: 참조형으로 반환이 되지만, 이렇듯 참조자가 아닌 일반변수를 선언해서 반환 값을 저장할 수 있다. 여기서 중요한 점은 12행에 선언된 num1과 13행에 선언된 num2는 완전히 별개의 변수라는 것이다.
- 15, 16행: num1과 num2가 다른 변수임을 확인하기 위해서 서로 다른 연산을 진행하였다.

❖ 실행결과: RefReturnTwo.cpp

```
◯◯◯    command prompt

  num1: 3
  num2: 102
```

위 예제의 실행결과는 프로그램의 흐름이 다음과 같음을 증명한다.

C++ 프로그래밍

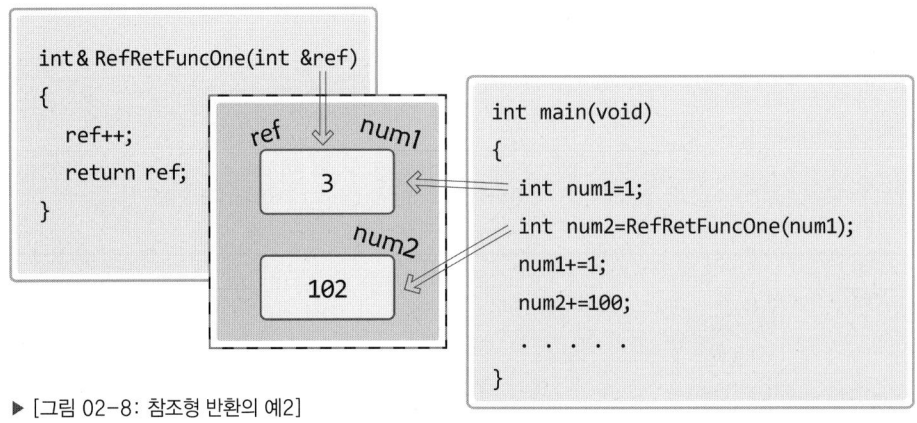

▶ [그림 02-8: 참조형 반환의 예2]

위의 그림과 코드가 이해되는가? 위 예제에서 보이는 상황은 다음과 동일하다. 다만 함수의 호출을 통해서 이 과정이 진행되었을 뿐이다.

```
int num1=1;
int &ref=num1;      // 인자의 전달과정에서 일어난 일
int num2=ref;       // 함수의 반환과 반환 값의 저장에서 일어난 일
```

이렇듯 반환형이 참조형인 경우, 반환 값을 무엇으로 저장하느냐에 따라서 그 결과에 차이가 있으므로, 적절한 선택을 해야만 한다. 이제 마지막으로 참조자를 반환하되, 반환형은 기본자료형인 경우를 설명하기 위해서 다음 예제를 제시한다.

❖ RefReturnThree.cpp

```
1.  #include <iostream>
2.  using namespace std;
3.
4.  int RefRetFuncTwo(int &ref)    // 반환형이 기본자료형 int이다!
5.  {
6.      ref++;
7.      return ref;
8.  }
9.
10. int main(void)
11. {
12.     int num1=1;
13.     int num2=RefRetFuncTwo(num1);
14.
15.     num1+=1;
16.     num2+=100;
17.     cout<<"num1: "<<num1<<endl;
18.     cout<<"num2: "<<num2<<endl;
```

```
19.     return 0;
20. }
```

- 7행: 참조자를 반환하지만, 반환형이 기본자료형 int이기 때문에 참조자가 참조하는 변수의 값이 반환된다. 다시 한번 말하지만, 변수에 저장된 값이 반환된다.
- 15, 16행: num1과 num2가 다른 변수임을 확인하기 위해서 서로 다른 연산을 진행하였다.

❖ 실행결과: RefReturnThree.cpp

```
command prompt
    num1: 3
    num2: 102
```

실행결과를 보면 예제 RefReturnTwo.cpp와 차이가 없다. 뿐만 아니라, 실행의 과정에서 일어나는 일도 그림 02-8과 동일하다. 하지만 다음의 차이가 있다. 반환형이 참조형인 RefRetFuncOne 함수는 반환 값을 다음과 같이 두 가지 형태로 저장할 수 있다. 물론 각각의 경우가 어떻게 다른지는 앞서 예제를 통해 설명하였다.

- `int num2=RefRetFuncOne(num1);`   (○)
- `int &num2=RefRetFuncOne(num1);`   (○)

하지만, 반환형이 기본자료형으로 선언된 RefRetFuncTwo 함수의 반환 값은 반드시 변수에 저장해야 한다. 반환 값은 상수나 다름없기 때문이다.

- `int num2=RefRetFuncTwo(num1);`   (○)
- `int &num2=RefRetFuncTwo(num1);`   (×)

지금까지 설명한 함수의 반환형에 대한 내용이 처음에는 다소 혼란스러울 수 있다. 하지만, 익숙해지면 자연스럽게 받아들일 수 있으니, 익숙해질 때까지 몇 차례 반복학습하기 바란다.

✚잘못된 참조의 반환

위에서 설명한 함수의 반환형에 대한 내용을 잘 이해했다면, 다음 함수에 어떠한 문제가 있는지 예상할 수 있을 것이다.

```
int& RetuRefFunc(int n)
{
```

```
    int num=20;
    num+=n;
    return num;
}
```

위의 함수에서는 지역변수 num에 저장된 값을 반환하지 않고, num을 참조의 형태로 반환하고 있다. 따라서 다음의 형태로 함수를 호출하고 나면,

```
int &ref=RetuRefFunc(10);
```

지역변수 num에 ref라는 또 하나의 이름이 붙게 된다. 하지만 이게 끝이 아니다. 함수가 반환이 되면, 정작 지역변수 num은 소멸이 된다. 따라서 위의 함수처럼 지역변수를 참조형으로 반환하는 일은 없어야 한다.

"에이, 잘못 구현했다면, 컴파일러가 알아서 에러메시지를 던져주겠죠."

아니다! 컴파일러는 경고메시지를 띄울 뿐, 에러메시지를 띄워주지는 않는다. 뿐만 아니라, 아직 채 소멸되지 않은(그러나 곧 소멸될), 찌꺼기의 형태로 남아있는 데이터를 참조해서 여러분이 기대하는 정상적인 출력결과를 보이기도 하니, 더더욱 주의가 필요하다.

╋const 참조자의 또 다른 특징

앞서 const 참조자에 대해서 설명을 했는데, 이와 관련해서 보충할 내용이 조금 남아있다. 먼저 다음 코드를 보고 논리적인 문제점이 무엇인지 찾아보자.

```
const int num=20;
int &ref=num;
ref+=10;
cout<<num<<endl;
```

const 선언을 통해서 변수 num을 상수화했는데, 참조자 ref를 통해서 값을 변경한다? 이것을 허용한다면, 사실상 변수 num의 상수화는 의미가 없다. 상수화되었다면 어떠한 경로를 통하더라도 값의 변경을 허용하면 안 된다. 그런데 다행히도 C++에서는 이를 허용하지 않는다. 위의 코드 중 다음 문장에서 컴파일에러를 일으키기 때문이다.

```
int &ref=num;
```

따라서 변수 num과 같이 상수화된 변수에 대한 참조자 선언은 다음과 같이해야 한다.

```
const int num=20;
const int &ref=num;
```

이렇게 선언이 되면 ref를 통한 값의 변경이 불가능하기 때문에 상수화에 대한 논리적인 문제점은 발생하지 않는다. 그리고 const 참조자는 다음과 같이 상수도 참조가 가능하다.

```
const int &ref=50;
```

지금까지 참조자는 변수만 참조가 가능하다고 설명했는데, 갑자기 상수의 참조를 논하니, 필자에 대한 신뢰가 와르르 무너지지 않을까 걱정된다. 그래서 결론만 이야기하고 넘어가지 않고, 이어서 신뢰회복의 시간을 갖겠다.

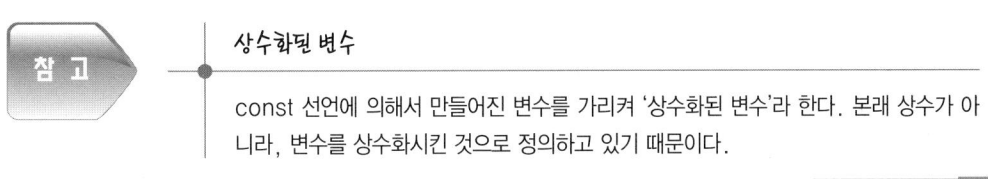

상수화된 변수

const 선언에 의해서 만들어진 변수를 가리켜 '상수화된 변수'라 한다. 본래 상수가 아니라, 변수를 상수화시킨 것으로 정의하고 있기 때문이다.

➕어떻게 참조자가 상수를 참조하냐고요!

필자의 신뢰회복을 위해서 먼저 다음 문장을 제시한다.

```
int num=20+30;
```

여기서 20, 그리고 30과 같은 프로그램상에서 표현되는 숫자를 가리켜 '리터럴(literal)' 또는 '리터럴 상수(literal constant)'라 한다. 그리고 이들은 다음의 특징을 지닌다.

"임시적으로 존재하는 값이다. 다음 행으로 넘어가면 존재하지 않는 상수다."

무슨 뜻인지 이해가 되는가? 덧셈연산을 위해서는 20도, 그리고 30도 모두 메모리 공간에 저장되어야 한다. 하지만 저장되었다고 해서 재 참조가 가능한 값은 아니다. 즉, 다음 행으로 넘어가면 소멸되는 상수라고 해도 틀리지 않는다. 그런데! 이러한 상수를 참조한다는 것이 이치에 맞는다고 생각하는가? 다음과 같이 말이다.

```
const int &ref=30;
```

이는 숫자 30이 메모리 공간에 계속 남아있을 때에나 성립이 가능한 문장이다. 그래서 C++에서는 위의 문장이 성립할 수 있도록, const 참조자를 이용해서 상수를 참조할 때 '임시변수'라는 것을 만든다. 그리고 이 장소에 상수 30을 저장하고선 참조자가 이를 참조하게끔 한다.

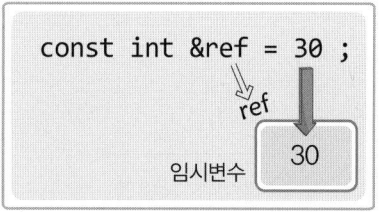

▶ [그림 02-9: const 참조자의 상수참조 원리]

이렇듯 임시로 생성한 변수를 상수화하여 이를 참조자가 참조하게끔 하는 구조이니, 결과적으로는 상수화된 변수를 참조하는 형태가 된다.

"왜 임시변수라는 잘 와 닿지도 않는 개념까지 끌어들여서 상수의 참조가 가능하게 했대요?"

이는 다음 함수 하나로 답이 될듯하다.

```
int Adder(const int &num1, const int &num2)
{
    return num1+num2;
}
```

위와 같이 정의된 함수에 인자의 전달을 목적으로 변수를 선언한다는 것은 매우 번거로운 일이 아닐 수 없다. 그러나 임시변수의 생성을 통한 const 참조자의 상수참조를 허용함으로써, 위의 함수는 다음과 같이 매우 간단히 호출이 가능해졌다.

```
cout<<Adder(3, 4)<<endl;
```

필자도 이러한 형태의 함수호출이 가능하다는 것을 알리고자, 'const 참조자의 상수참조'를 설명한 것이다.

문 제 02-2 [const 포인터와 const 참조자]

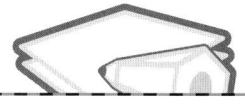

const 포인터에 대한 복습을 겸할 수 있는 문제를 제시하겠다. 다음의 상수선언을 보자.
　const int num=12;

포인터 변수를 선언해서 위 변수를 가리키게 해보자. 그리고 이 포인터 변수를 참조하는 참조자를 하나 선언하자. 마지막으로 이렇게 선언된 포인터 변수와 참조자를 이용해서 num에 저장된 값을 출력하는 예제를 완성해보자.

02-5: malloc & free를 대신하는 new & delete

C언어를 공부하면서 malloc과 free 함수의 필요성을 이해하는 것은 하나의 고비가 될 수 있다. 그러나 필자는 여러분이 힙 영역의 특성을 이해하고, 힙의 메모리 할당 및 소멸에 필요한 함수가 malloc과 free임을 알고 있다고 가정하고 이야기를 이어가겠다.

✚ new & delete

길이정보를 인자로 받아서, 해당 길이의 문자열 저장이 가능한 배열을 생성하고, 그 배열의 주소 값을 반환하는 함수를 정의해보자.

❖ MemMalFree.cpp

```
1.  #include <iostream>
2.  #include <string.h>
3.  #include <stdlib.h>
4.  using namespace std;
5.
6.  char * MakeStrAdr(int len)
7.  {
8.      char * str=(char*)malloc(sizeof(char)*len);
9.      return str;
10. }
11.
12. int main(void)
13. {
14.     char * str=MakeStrAdr(20);
15.     strcpy(str, "I am so happy~");
16.     cout<<str<<endl;
17.     free(str);
18.     return 0;
19. }
```

- 2, 3행: C++에서 C언어의 헤더파일을 추가하는 것도 가능하다. 이와 관련해서는 잠시 후에 별도로 언급을 한다.
- 8행: 문자열 저장을 위한 배열을 힙 영역에 할당하고 있다.
- 17행: 힙에 할당된 메모리 공간을 소멸하고 있다.

❖ 실행결과: MemMalFree.cpp

```
command prompt
I am so happy~
```

위 예제는 C언어에서의 동적할당을 보이기 위한 것이다. 그런데 이 방법에는 다음의 두 가지 불편사항이 따른다.

- 할당할 대상의 정보를 무조건 바이트 크기단위로 전달해야 한다.
- 반환형이 void형 포인터이기 때문에 적절한 형 변환을 거쳐야 한다.

그런데 C++에서 제공하는 키워드 new와 delete를 사용하면 이러한 불편한 점이 사라진다. new는 malloc 함수를 대신하는 키워드이고, delete는 free 함수를 대신하는 키워드이다. 먼저 키워드 new의 사용방법을 정리하면 다음과 같다.

- int형 변수의 할당   `int * ptr1=new int;`
- double형 변수의 할당   `double * ptr2=new double;`
- 길이가 3인 int형 배열의 할당   `int * arr1=new int[3];`
- 길이가 7인 double형 배열의 할당 `double * arr2=new double[7];`

문장이 의미하는 바가 쉽게 이해될 것이다. 특히 키워드 new의 오른편에, 할당할 대상의 정보를 직접 명시하고 있음에 주목하기 바란다. 그럼 이어서 free 함수를 대신하는 키워드 delete의 사용방법을 정리해보겠다.

- 앞서 할당한 int형 변수의 소멸   `delete ptr1;`
- 앞서 할당한 double형 변수의 소멸   `delete ptr2;`
- 앞서 할당한 int형 배열의 소멸   `delete []arr1;`
- 앞서 할당한 double형 배열의 소멸   `delete []arr2;`

정리하면, new 연산 시 반환된 주소 값을 대상으로 delete 연산을 진행하되, 할당된 영역이 배열의 구조라면 []를 추가로 명시해주기만 하면 된다. 그럼 앞서 보인 예제 MemMalFree.cpp를 변경하여 new와 delete의 사용 예를 보이겠다.

❖ NewDelete.cpp

```
1.  #include <iostream>
2.  #include <string.h>
3.  using namespace std;
4.
```

```
5.   char * MakeStrAdr(int len)
6.   {
7.       // char * str=(char*)malloc(sizeof(char)*len);
8.       char * str=new char[len];
9.       return str;
10.  }
11.
12.  int main(void)
13.  {
14.      char * str=MakeStrAdr(20);
15.      strcpy(str, "I am so happy~");
16.      cout<<str<<endl;
17.      // free(str);
18.      delete []str;
19.      return 0;
20.  }
```

- 7, 8행: 단순비교를 하더라도 new를 이용한 동적할당이 훨씬 간결함을 알 수 있다.
- 18행: 배열의 형태로 할당된 메모리 공간의 해제를 보이고 있다.

❖ 실행결과: NewDelete.cpp

```
I am so happy~
```

new와 delete에 대해서도 설명하였으니, 이제 앞으로 C++에서는 malloc과 free 함수를 호출하는 일이 없어야 한다. 특히 C++에서는 malloc과 free 함수의 호출이 문제가 될 수도 있다는 사실을 기억하기 바란다.

✚객체의 생성에서는 반드시 new & delete

말이 나온 김에 malloc과 free 함수의 호출이 어떻게 문제가 될 수 있는지 간단히 언급하겠다. 아직은 클래스와 객체에 대한 설명이 진행되지 않았기 때문에 자세히 언급할 수는 없지만, 실행결과를 통해서 문제점을 확인할 수는 있다. 그럼 눈으로 가볍게 확인만 하겠다는 생각으로 다음 예제를 실행해보자.

❖ NewObject.cpp

```cpp
1.  #include <iostream>
2.  #include <stdlib.h>
3.  using namespace std;
4.
5.  class Simple
6.  {
7.  public:
8.      Simple()
9.      {
10.         cout<<"I'm simple constructor!"<<endl;
11.     }
12. };
13.
14. int main(void)
15. {
16.     cout<<"case 1: ";
17.     Simple * sp1=new Simple;
18.
19.     cout<<"case 2: ";
20.     Simple * sp2=(Simple*)malloc(sizeof(Simple)*1);
21.
22.     cout<<endl<<"end of main"<<endl;
23.     delete sp1;
24.     free(sp2);
25.     return 0;
26. }
```

- 5~12행: 아직은 클래스를 모르니, 이를 그저 C언어의 구조체라고 생각하기 바란다. 즉, 프로그래머가 직접 정의한 자료형으로 인식하기 바란다.
- 17행: 5행에 정의되어 있는 자료형을 근거로, new 연산자를 이용해서 힙 영역에 변수를 할당하고 있다.
- 20행: 5행에 정의되어 있는 자료형을 근거로, malloc 함수호출을 통해서 힙 영역에 변수를 할당하고 있다.
- 23, 24행: 할당방법에 따른 소멸을 진행하고 있다.

❖ 실행결과: NewObject.cpp

```
○○○        command prompt
case 1: I'm simple constructor!
case 2:
end of main
```

예제를 이해하려 하지 말고, 단순히 관찰을 하자. 위 예제 17행과 20행은 Simple이라는 자료형의 변수를 하나 할당하는 문장이다. 그런데 실행결과를 보면, 동작방식에서 차이가 있음을 알 수 있다. 17행은 실행의 결과로 문자열 "I'm simple constructor!"가 출력되었다. 그러나 20행의 실행결과로는 어떠한 문자열의 출력결과도 확인할 수 없다. 즉, 결론은 다음과 같다.

"new와 malloc 함수의 동작방식에는 차이가 있다."

이 사실만 기억하자. 이후에 클래스와 객체, 그리고 생성자에 대해서 알고 나면, 위 예제를 정확히 이해할 수 있고, 또 동작방식의 차이가 정확히 무엇인지 알 수 있으니 말이다.

✚힙에 할당된 변수? 이제 포인터를 사용하지 않아도 접근할 수 있어요.

참조자의 선언은 상수가 아닌 변수를 대상으로만 가능함을 알고 있을 것이다(const 참조자가 아닌 경우). 그렇다면 new 연산자를 이용해서 할당된 메모리 공간에도 참조자의 선언이 가능할까? 정의에 따르면, 변수의 자격을 갖추기 위해서는 메모리 공간이 할당되고, 그 공간을 의미하는 이름이 존재해야 하지만, C++에서는 new 연산자를 이용해서 할당된 메모리 공간도 변수로 간주하여(사실 여러분도 변수로 인식하지 않았는가? 때문에 필자도 위에서 이를 변수로 표현한바 있다), 참조자의 선언이 가능하도록 하고 있다. 따라서 다음과 같은 문장의 구성이 가능하다.

```
int *ptr=new int;
int &ref=*ptr;          // 힙 영역에 할당된 변수에 대한 참조자 선언
ref=20;
cout<<*ptr<<endl;       // 출력결과는 20!
```

비록 흔히 사용되는 문장은 아니지만, 참조자의 선언을 통해서, 포인터 연산 없이 힙 영역에 접근했다는 사실에는 주목할 필요가 있다.

문 제 02-3 [구조체에 대한 new & delete 연산]

구조체에 대한 복습을 겸할 수 있는 문제를 제시하겠다. 2차원 평면상에서의 좌표를 표현할 수 있는 구조체를 다음과 같이 정의하였다.

```
typedef struct __Point
{
    int xpos;
    int ypos;
} Point;
```

C++ 프로그래밍

> **Question**
>
> 위의 구조체를 기반으로 두 점의 합을 계산하는 함수를 다음의 형태로 정의하고(덧셈결과는 함수의 반환을 통해서 얻게 한다),
>
>   Point& PntAdder(const Point &p1, const Point &p2);
>
> 임의의 두 점을 선언하여, 위 함수를 이용한 덧셈연산을 진행하는 main 함수를 정의해보자. 단, 구조체 Point 관련 변수의 선언은 무조건 new 연산자를 이용해서 진행해야 하며, 할당된 메모리 공간의 소멸도 철저해야 한다. 참고로 이 문제의 해결을 위해서는 다음 두 질문에 답을 할 수 있어야 한다.
> - 동적할당 한 변수를 함수의 참조형 매개변수의 인자로 어떻게 전달해야 하는가?
> - 함수 내에 선언된 변수를 참조형으로 반환하려면 해당 변수는 어떻게 선언해야 하는가?

02-6 : C++에서 C언어의 표준함수 호출하기

C++로 프로그래밍을 하다 보면, 자신이 잘 알고 또 사용해온 C언어의 표준함수를 사용하고 싶을 때가 있다. 그렇다면 그러한 경우에는 어떻게 해야 할까?

➕ c를 더하고 .h를 빼라.

C언어의 라이브러리에는 매우 다양한 유형의 함수들이 정의되어 있다. 그런데 이러한 함수들은 C++의 표준 라이브러리에도 포함되어 있다. 따라서 어렵지 않게 사용이 가능하다. 다음은 C언어의 헤더파일에 대응하는 C++의 헤더정보를 일부만 정리한 것이다.

```
#include <stdio.h>      →   #include <cstdio>
#include <stdlib.h>     →   #include <cstdlib>
#include <math.h>       →   #include <cmath>
#include <string.h>     →   #include <cstring>
```

위의 예만 보더라도 다음의 관계를 파악할 수 있다.

"헤더파일의 확장자인 .h를 생략하고 앞에 c를 붙이면 C언어에 대응하는 C++의 헤더파일 이름이 된다."

따라서 쉽게 C언어의 함수를 C++에서도 호출할 수 있다. 사실 이름공간 std 내에 선언되어 있다는 사실만 제외하면, C++의 헤더는 C언어의 헤더와 별 차이가 없다. 따라서 다음과 같이 예제를 작성하면 된다.

❖ StdCPPFunc.cpp

```
1.  #include <cmath>
2.  #include <cstdio>
3.  #include <cstring>
4.  using namespace std;
5.
6.  int main(void)
7.  {
8.      char str1[]="Result";
9.      char str2[30];
10.
11.     strcpy(str2, str1);
12.     printf("%s: %f \n", str1, sin(0.14));
13.     printf("%s: %f \n", str2, abs(-1.25));
14.     return 0;
15. }
```

- 1행: C 표준헤더 math.h에 대응한다.
- 2행: C 표준헤더 stdio.h에 대응한다.
- 3행: C 표준헤더 string.h에 대응한다.
- 4행: C의 표준에 정의된 함수들 조차 이름공간 std 안에 선언이 되어 있어서 이 문장이 삽입되어야 한다.
- 11~13행: C언어의 표준함수를 호출하고 있다.

❖ 실행결과: StdCPPFunc.cpp

```
Result: 0.139543
Result: 1.250000
```

물론 stdio.h와 같은 C언어의 헤더파일을 이용해도 되지만, 가급적 C++의 헤더를 기반으로 예제를 작성하는 것이 좋다.

C++ 프로그래밍

이름공간 std에 대한 생략

예제 StdCPPFunc.cpp에는 이름공간과 관련해서 다음 선언이 삽입되어 있다.
    using namespace std;

이는 모든 표준함수들이 이름공간 std 내에 선언되어있기 때문이다. 그러나 대부분의 C++ 컴파일러가 위의 선언을 생략해도 printf, scanf와 같은 기본함수의 호출은 허용을 한다. 하지만 허용하는 함수의 종류와 범위도 컴파일러마다 다르기 때문에, 이름공간에 대한 선언을 생략한 상태에서 표준함수를 호출하는 것은 바람직하지 않다.

✢C++의 헤더를 선언해야 하는 이유

C++ 관점에서, 여전히 다음형태로 함수호출을 허용하는 이유는 '하위 버전과의 호환성(backwards compatibility)'을 제공하기 위함으로 볼 수 있다.

```
#include <stdio.h>
int main(void)
{
    printf("Hello world!");
    return 0;
}
```

그리고 C++ 표준 라이브러리가 제공하는 함수들과 C 표준 라이브러리가 제공하는 함수들이 완전히 일치하는 것도 아니다. 예를 들어서 위 예제에서 호출한바 있는 abs 함수는 C 표준에서 다음과 같이 선언되어 있다.

```
int abs(int num);
```

반면, C++에서는 다음과 같이 오버로딩 되어있다.
```
long abs(long num);
float abs(float num);
double abs(double num);
long double abs(long double num);
```

C++에서는 함수 오버로딩이 가능하기 때문에 자료형에 따라서 함수의 이름을 달리해서 정의하지 않고, 보다 사용하기 편하도록 함수를 오버로딩 해 놓은 것이다. 이렇듯 C++ 문법을 기반으로 개선된 형태로 라이브러리가 구성되어 있으므로, 가급적 C++의 표준헤더를 이용해서 함수를 호출하는 것이 좋다.

문 제 02-4 [C++의 표준함수 호출]

▶ 문제 1

다음 표준함수를 호출하는 예제를 만들되, C++의 헤더를 선언해서 만들어보자. 그리고 예제의 내용은 상관이 없지만, 아래의 함수들을 최소 1회 이상 호출해야 한다. 참고로 다음 함수들은 C언어의 경우 〈string.h〉에 선언되어 있다.

- strlen 문자열의 길이 계산
- strcat 문자열의 뒤에 덧붙이기
- strcpy 문자열 복사
- strcmp 문자열의 비교

▶ 문제 2

다음 세 함수를 이용해서 0이상 100미만의 난수를 총 5개 생성하는 예제를 만들되, C++의 헤더를 선언해서 작성해보자. 참고로 C언어의 경우 time 함수는 〈time.h〉에 선언되어 있고, rand 함수와 srand 함수는 〈stdlib.h〉에 선언되어 있다.

rand, srand, time

02 : 프로그래밍 문제의 답안

문제 02-1의 답안

▶ 문제 1

❖ 소스코드 답안

```
1.  #include <iostream>
2.  using namespace std;
3.
4.  void IncreOne(int &num)
```

```
5.  {
6.      num++;
7.  }
8.  void InverSign(int &num)
9.  {
10.     num*=-1;
11. }
12.
13. int main(void)
14. {
15.     int val=20;
16.     IncreOne(val);
17.     cout<<val<<endl;
18.
19.     InverSign(val);
20.     cout<<val<<endl;
21.     return 0;
22. }
```

▶ 문제 2

매개변수의 선언위치에 참조자가 선언되었다. 그런데 참조자는 상수를 참조할 수 없기 때문에 매개변수의 인자로는 반드시 변수가 등장해야 한다. 그래서 상수를 전달하는 SwapByRef2 함수의 호출에는 컴파일 에러가 발생한다.

▶ 문제 3

❖ 소스코드 답안

```
1.  #include <iostream>
2.  using namespace std;
3.
4.  void SwapPointer(int *(&pref1), int *(&pref2))
5.  {
6.      int * ptr=pref1;
7.      pref1=pref2;
8.      pref2=ptr;
9.  }
10.
11. int main(void)
12. {
13.     int num1=5;
14.     int *ptr1=&num1;
15.
16.     int num2=10;
17.     int *ptr2=&num2;
18.
19.     cout<<*ptr1<<endl;
20.     cout<<*ptr2<<endl;
21.
22.     SwapPointer(ptr1, ptr2);
23.
24.     cout<<*ptr1<<endl;
25.     cout<<*ptr2<<endl;
26.     return 0;
27. }
```

문제 02-2의 답안

❖ 소스코드 답안

```
1.  #include <iostream>
2.  using namespace std;
3.
4.  int main(void)
5.  {
6.      const int num=12;
7.      const int *ptr=&num;
8.      const int *(&ref)=ptr;
9.
10.     cout<<*ptr<<endl;
11.     cout<<*ref<<endl;
12.     return 0;
13. }
```

문제 02-3의 답안

이 문제는 참조자와 함수의 호출관계를 잘 이해해야 풀 수가 있다. 혹, 필자가 제시한 답안이 이해가 잘 되지 않는다면, 참조자와 관련해서 설명한 모든 내용을 꼼꼼히 복습할 필요가 있다.

❖ 소스코드 답안

```
1.  #include <iostream>
2.  using namespace std;
3.
4.  typedef struct __Point
5.  {
6.      int xpos;
7.      int ypos;
8.  } Point;
9.
10. Point& PntAdder(const Point &p1, const Point &p2)
11. {
12.     Point * pptr=new Point;
13.     pptr->xpos=p1.xpos+p2.xpos;
14.     pptr->ypos=p1.ypos+p2.ypos;
15.     return *pptr;
16. }
17.
18. int main(void)
19. {
20.     Point *pptr1=new Point;
21.     pptr1->xpos=3;
22.     pptr1->ypos=30;
23.
24.     Point *pptr2=new Point;
25.     pptr2->xpos=70;
26.     pptr2->ypos=7;
27.
28.     Point &pref=PntAdder(*pptr1, *pptr2);
29.     cout<<"["<<pref.xpos<<", "<<pref.ypos<<"]"<<endl;
```

```
30.
31.     delete pptr1;
32.     delete pptr2;
33.     delete &pref;
34.     return 0;
35. }
```

문제 02-4의 답안

▶ 문제 1

❖ 소스코드 답안

```
1.  #include <iostream>
2.  #include <cstring>
3.  using namespace std;
4.
5.  int main(void)
6.  {
7.      char *str1="ABC 123 ";
8.      char *str2="DEF 456 ";
9.      char str3[50];
10.
11.     cout<<strlen(str1)<<endl;
12.     cout<<strlen(str2)<<endl;
13.     strcpy(str3, str1);
14.     strcat(str3, str2);
15.     cout<<str3<<endl;
16.
17.     if(strcmp(str1, str2)==0)
18.         cout<<"문자열이 같다."<<endl;
19.     else
20.         cout<<"문자열이 같지않다."<<endl;
21.     return 0;
22. }
```

▶ 문제 2

❖ 소스코드 답안

```
1.  #include <iostream>
2.  #include <cstdlib>
3.  #include <ctime>
4.  using namespace std;
5.
6.  int main(void)
7.  {
8.      srand(time(NULL));
9.      for(int i=0; i<5; i++)
10.         printf("Random number #%d: %d\n", i, rand()%100);
11.     return 0;
12. }
```

Part 02

객체지향의 도입

Chapter 03

클래스의 기본

드디어 C++의 핵심이라 할 수 있는 클래스에 대한 이야기를 시작할 때가 되었다. 필자는 여러분이 C++을 보다 쉽게 이해할 수 있도록 객체지향과 관련해서 눈에 보이고 쉽게 확인이 가능한 이야기를 먼저 하고자 한다.

C++ 프로그래밍

03-1 : C++에서의 구조체

여러분은 이미 구조체를 잘 알고 있다고 가정하고 이야기를 이어가겠다. 따라서 구조체에 대한 이해가 부족하다면, 잠시 이 책을 접어두고 구조체를 먼저 공부하기 바란다.

✚ 구조체의 등장배경은 무엇인가?

C언어로 프로그램을 구현한다면, 구조체의 정의는 항상 뒤를 따르기 마련이다. 그렇다면 구조체가 주는 이점이 무엇이기에 이렇듯 중요한 위치를 차지하고 있는 것일까? 이와 유사한 질문을 선배 프로그래머들에게 한다면, 다양한 답변이 나올 것이다. 그러나 그 이면에는 다음의 내용이 공통분모로 자리잡고 있다.

"연관 있는 데이터를 하나로 묶으면, 프로그램의 구현 및 관리가 용이하다."

소프트웨어를 단순히 표현하면 다음과 같다.

"소프트웨어 = 데이터의 표현 + 데이터의 처리"

그런데 '표현해야 하는 데이터'는 항상 부류를 형성하기 마련이다. 그리고 이렇게 부류를 형성하는 데이터들은 함께 생성, 이동 및 소멸된다는 특성이 있다. 그래서 **구조체는 연관 있는 데이터를 묶을 수 있는 문법적 장치**로 데이터의 표현에 매우 큰 도움을 준다. 예를 들어서 레이싱게임의 캐릭터로 등장하는 '자동차'를 표현한다고 가정해보자. 다음과 유사한 정보들이 모여서 게임상의 자동차가 표현되어야 한다.

- 소유주
- 연료량
- 현재속도
- 취득점수
- 취득아이템

게임 사용자가 게임을 종료하면(로그아웃 하면), 위의 정보는 데이터베이스(또는 파일)에 함께 저장되어야 하며, 다시 게임을 시작하면(로그인 하면), 저장된 위의 정보는 모두 함께 복원되어야 한다. 따라서 이들 정보를 이용해서 다음과 같이 구조체를 정의하면 프로그래밍이 한결 수월해진다.

```
struct Car
{
    char gamerID[ID_LEN];      // 소유자ID, ID_LEN은 매크로 상수!
    int fuelGauge;             // 연료량
```

```
        int curSpeed;            // 현재속도
};
```

앞서 추출한 정보들 중 '취득점수'와 '취득아이템'을 제외한 나머지를 모두 포함하여 구조체로 정의하였다. 그럼 이어서 이 구조체를 기반으로 간단한 예제를 작성해 보겠다. 그런데 이에 앞서 C++에서의 구조체 변수 선언에 대한 이야기를 조금할 필요가 있다.

✢ C++에서의 구조체 변수의 선언

C언어에서 구조체 변수를 선언하는 방법은 다음과 같다.

```
struct Car basicCar;
struct Car simpleCar;
```

앞에 삽입된 키워드 struct는 이어서 선언되는 자료형이 구조체를 기반으로 정의된 자료형임을 나타낸다. 그리고 키워드 struct를 생략하려면 별도의 typedef 선언을 추가해야 한다. 하지만 C++에서는 기본 자료형 변수의 선언방식이나 구조체를 기반으로 정의된 자료형의 변수 선언방식에 차이가 없다. 즉, C++에서는 별도의 typedef 선언 없이도 다음과 같이 변수를 선언할 수 있다.

```
Car basicCar;
Car simpleCar;
```

그럼 이어서 앞서 정의한 구조체를 기반으로 예제를 작성해보겠다.

❖ RacingCar.cpp

```
1.  #include <iostream>
2.  using namespace std;
3.
4.  #define ID_LEN       20
5.  #define MAX_SPD      200
6.  #define FUEL_STEP    2
7.  #define ACC_STEP     10
8.  #define BRK_STEP     10
9.
10. struct Car
11. {
12.     char gamerID[ID_LEN];  // 소유자ID
13.     int fuelGauge;         // 연료량
14.     int curSpeed;          // 현재속도
15. };
16.
17. void ShowCarState(const Car &car)
```

```cpp
18. {
19.     cout<<"소유자ID: "<<car.gamerID<<endl;
20.     cout<<"연료량: "<<car.fuelGauge<<"%"<<endl;
21.     cout<<"현재속도: "<<car.curSpeed<<"km/s"<<endl<<endl;
22. }
23.
24. void Accel(Car &car)
25. {
26.     if(car.fuelGauge<=0)
27.         return;
28.     else
29.         car.fuelGauge-=FUEL_STEP;
30.
31.     if(car.curSpeed+ACC_STEP>=MAX_SPD)
32.     {
33.         car.curSpeed=MAX_SPD;
34.         return;
35.     }
36.
37.     car.curSpeed+=ACC_STEP;
38. }
39.
40. void Break(Car &car)
41. {
42.     if(car.curSpeed<BRK_STEP)
43.     {
44.         car.curSpeed=0;
45.         return;
46.     }
47.
48.     car.curSpeed-=BRK_STEP;
49. }
50.
51. int main(void)
52. {
53.     Car run99={"run99", 100, 0};
54.     Accel(run99);
55.     Accel(run99);
56.     ShowCarState(run99);
57.     Break(run99);
58.     ShowCarState(run99);
59.
60.     Car sped77={"sped77", 100, 0};
61.     Accel(sped77);
62.     Break(sped77);
63.     ShowCarState(sped77);
64.     return 0;
65. }
```

- 4~8행: 구조체 Car와 관련된 각종 정보를 상수화 하였다. 각각의 상수가 의미하는 바는 관련 함수를 통해서 이해할 수 있다.
- 17행: 차의 정보를 출력하는 기능의 함수이다. 단순히 정보를 출력만하기 때문에 const 참조자를 매개변수로 선언하였다.
- 24행: 차의 가속을 위해서 엑셀을 밟은 상황을 표현해 놓은 함수이다. 엑셀을 밟을 때마다 연료가 줄어들고 스피드가 올라가는 상황을 단순히 표현하였다.
- 40행: 브레이크를 밟은 상황을 표현한 함수이다. 브레이크도 연료의 소모가 동반되지만, 단순히 속도가 감속하는 것으로 표현해놓았다.
- 53행: 구조체 변수의 선언 및 초기화가 진행되었다.
- 54~58행: 엑셀과 브레이크를 밟은 상황을 연출하고 있다.

❖ 실행결과: RacingCar.cpp

```
소유자ID: run99
연료량: 96%
현재속도: 20km/s

소유자ID: run99
연료량: 96%
현재속도: 10km/s

소유자ID: sped77
연료량: 98%
현재속도: 0km/s
```

함수는 결국 데이터의 처리를 담당하는 도구이니, 데이터와 함께 부류를 형성하는 것은 매우 당연하다. 따라서 필자는 위에 정의된 세 개의 함수에 대해 다음과 같이 이야기하고자 한다.

"구조체 Car와 함께 부류를 형성하여, Car와 관련된 데이터의 처리를 담당하는 함수들이다."

따라서 위의 함수들은 구조체 Car에 종속적인 함수들이라고 말할 수 있다. 그럼에도 불구하고 전역함수의 형태를 띠기 때문에, 이 함수들이 구조체 Car에 종속적임을 나타내지 못하고 있는 상황이다. 따라서 엉뚱하게도 다른 영역에서 이 함수를 호출하는 실수를 범할 수도 있는 상황이다.

➕구조체 안에 함수 삽입하기

구조체 Car에 종속적인 함수들을 구조체 안에 함께 묶어버리면 어떻겠는가? 그렇게 되면 자동차와 관련

C++ 프로그래밍

된 데이터와 함수를 모두 묶는 셈이 되기 때문에 보다 확실한 구분이 가능하다. 그럼 앞서 보인 예제를 이용해서 필자가 한번 묶어보겠다. C++에서는 구조체 안에 함수를 삽입하는 것을 허용하니 말이다.

```cpp
struct Car
{
    char gamerID[ID_LEN];
    int fuelGauge;
    int curSpeed;

    void ShowCarState()
    {
        cout<<"소유자ID: "<<gamerID<<endl;    // 위에 선언된 gamerID에 접근
        cout<<"연료량: "<<fuelGauge<<"%"<<endl;
        cout<<"현재속도: "<<curSpeed<<"km/s"<<endl<<endl;
    }
    void Accel()
    {
        if(fuelGauge<=0)   // 위에 선언된 fuelGauge에 접근
            return;
        else
            fuelGauge-=FUEL_STEP;

        if(curSpeed+ACC_STEP>=MAX_SPD)
        {
            curSpeed=MAX_SPD;
            return;
        }

        curSpeed+=ACC_STEP;
    }
    void Break()
    {
        if(curSpeed<BRK_STEP)
        {
            curSpeed=0;    // 위에 선언된 curSpeed에 접근
            return;
        }

        curSpeed-=BRK_STEP;
    }
};
```

구조체 안에 삽입된 함수의 정의에 어떠한 변화가 생겼는지, ShowCarState 함수를 예로 확인해보자. 먼저 다음은 삽입되기 이전의 함수이다.

```
void ShowCarState(const Car &car)
{
    cout<<"소유자ID: "<<car.gamerID<<endl;
    cout<<"연료량: "<<car.fuelGauge<<"%"<<endl;
    cout<<"현재속도: "<<car.curSpeed<<"km/s"<<endl<<endl;
}
```

이 함수는 매개변수를 통해서 연산의 대상정보를 전달받는다. 그리고 함수 내에서도 참조자 car를 대상으로 연산(출력)을 진행한다. 반면 구조체 안에 삽입된 함수의 정의에는 이들 정보가 존재하지 않는다.

```
void ShowCarState()
{
    cout<<"소유자ID: "<<gamerID<<endl;
    cout<<"연료량: "<<fuelGauge<<"%"<<endl;
    cout<<"현재속도: "<<curSpeed<<"km/s"<<endl<<endl;
}
```

이렇듯 연산의 대상에 대한 정보가 불필요한 이유는, 함수가 구조체 내에 삽입되면서 구조체 내에 선언된 변수에 직접접근이 가능해졌기 때문이다. 따라서 다음과 같이 구조체 변수를 각각 선언하면,

```
Car run99={"run99", 100, 0};
Car sped77={"sped77", 100, 0};
```

다음의 형태로 구조체 변수가 생성된다.

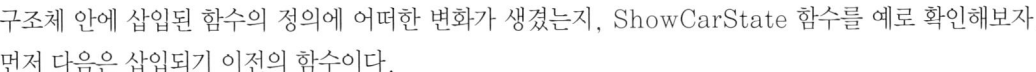

▶ [그림 03-1: 할당된 구조체 변수]

C++ 프로그래밍

참고로, 위 그림에서는 모든 구조체 변수 내에 함수가 각각 별도로 존재하는 것처럼 묘사해 놨는데, 실제로는 모든 Car 구조체 변수가 하나의 함수를 공유한다. 다만, 논리적으로 각각의 변수가 자신의 함수를 별도로 지니는 것과 같은 효과 및 결과를 보이기 때문에 C++의 구조체 변수는 위 그림의 형태로 이해하는 것이 좋다. 자! 그럼 이제 예제를 확인해보자.

❖ RacingCarFuncAdd.cpp

```cpp
1.  #include <iostream>
2.  using namespace std;
3.
4.  #define ID_LEN      20
5.  #define MAX_SPD     200
6.  #define FUEL_STEP   2
7.  #define ACC_STEP    10
8.  #define BRK_STEP    10
9.
10. struct Car
11. {
12.     char gamerID[ID_LEN];   // 소유자ID
13.     int fuelGauge;          // 연료량
14.     int curSpeed;           // 현재속도
15.
16.     void ShowCarState()
17.     {
18.         cout<<"소유자ID: "<<gamerID<<endl;
19.         cout<<"연료량: "<<fuelGauge<<"%"<<endl;
20.         cout<<"현재속도: "<<curSpeed<<"km/s"<<endl<<endl;
21.     }
22.     void Accel()
23.     {
24.         if(fuelGauge<=0)
25.             return;
26.         else
27.             fuelGauge-=FUEL_STEP;
28.
29.         if(curSpeed+ACC_STEP>=MAX_SPD)
30.         {
31.             curSpeed=MAX_SPD;
32.             return;
33.         }
34.
35.         curSpeed+=ACC_STEP;
36.     }
37.     void Break()
38.     {
39.         if(curSpeed<BRK_STEP)
```

```
40.         {
41.             curSpeed=0;
42.             return;
43.         }
44.
45.         curSpeed-=BRK_STEP;
46.     }
47. };
48.
49. int main(void)
50. {
51.     Car run99={"run99", 100, 0};
52.     run99.Accel();
53.     run99.Accel();
54.     run99.ShowCarState();
55.     run99.Break();
56.     run99.ShowCarState();
57.
58.     Car sped77={"sped77", 100, 0};
59.     sped77.Accel();
60.     sped77.Break();
61.     sped77.ShowCarState();
62.     return 0;
63. }
```

- 10행: 함수를 멤버로 지니는 구조체의 정의를 보이고 있다.
- 51행: 초기화의 대상은 함수가 아닌 변수이다. 따라서 함수가 삽입되었어도 초기화의 방법은 달라지지 않는다.
- 52행: 구조체 run99에 존재하는(존재하는 것으로 이해하자고 하였다), Accel 함수를 호출하고 있다. 구조체 내에 선언된 변수에 접근하는 방법과 동일한 방식으로 함수의 호출이 이뤄진다.
- 58, 59행: 또 다른 구조체 변수를 선언하였다. 그리고 이번에는 이 구조체를 대상으로 Accel 함수를 호출하고 있다. 이렇듯 구조체 내에 함수가 정의되었기 때문에, 구조체 변수를 대상으로 함수의 호출이 이뤄져야 한다.

❖ 실행결과: RacingCarFuncAdd.cpp

```
◯◯◯            command prompt
  소유자ID: run99
  연료량: 96%
  현재속도: 20km/s

  소유자ID: run99
  연료량: 96%
  현재속도: 10km/s
```

```
소유자ID: sped77
연료량: 98%
현재속도: 0km/s
```

그저 구조체 내에 함수를 정의하고 호출한 것뿐이지만, 이미 여러분은 C언어에서 C++로 한참을 넘어와 버렸다.

문 제 03-1 [구조체 내에 함수정의하기]

2차원 평면상에서의 좌표를 표현할 수 있는 구조체를 다음과 같이 정의하였다.

```cpp
struct Point
{
    int xpos;
    int ypos;
};
```

위의 구조체를 기반으로 다음의 함수를 정의하고자 한다(자세한 기능은 실행의 예를 통해서 확인하도록 한다).

```cpp
void MovePos(int x, int y);         // 점의 좌표이동
void AddPoint(const Point &pos);    // 점의 좌표증가
void ShowPosition();                // 현재 x, y 좌표정보 출력
```

단, 위의 함수들을 구조체 안에 정의를 해서 다음의 형태로 main 함수를 구성할 수 있어야 한다.

```cpp
int main(void)
{
    Point pos1={12, 4};
    Point pos2={20, 30};

    pos1.MovePos(-7, 10);
    pos1.ShowPosition();    // [5, 14] 출력

    pos1.AddPoint(pos2);
    pos1.ShowPosition();    // [25, 44] 출력
    return 0;
}
```

그리고 위의 주석에서 보이듯이 실행결과는 다음과 같도록 함수가 정의되어야 한다.

[실행의 예]
```
[5 ,14]
[25 ,44]
```

✚ 구조체 안에 enum 상수의 선언

예제 RacingCarFuncAdd.cpp를 보면, 다음의 매크로 상수들이 존재한다.

```
#define ID_LEN          20
#define MAX_SPD         200
#define FUEL_STEP       2
#define ACC_STEP        10
#define BRK_STEP        10
```

그런데 이들 상수 역시 구조체 Car에게만 의미가 있는 상수들이다. 즉, 다른 영역에서 사용하도록 정의된 상수가 아니니, 이들 상수도 구조체 내에 포함시키는 것이 좋을 수 있다(상황마다 조금씩 달라질 수 있으므로, 약간 소극적인 표현을 사용하였다). 따라서 이러한 경우에는 열거형 enum을 이용해서 다음과 같이 구조체 내에서만 유효한 상수를 정의하면 된다.

```
struct Car
{
    enum
    {
        ID_LEN      =20,
        MAX_SPD     =200,
        FUEL_STEP   =2,
        ACC_STEP    =10,
        BRK_STEP    =10
    };

    char gamerID[ID_LEN];
    int fuelGauge;
    int curSpeed;

    void ShowCarState() { . . . . }
    void Accel() { . . . . }
    void Break() { . . . . }
};
```

열거형에 대해서는 이미 C언어를 통해서 공부하였으니, 추가적인 설명은 생략하겠다. 참고로 enum의 선언을 구조체 내부에 삽입하는 것이 부담스럽다면, 이름공간을 이용해서 상수가 사용되는 영역을 명시하는 것도 또 다른 방법이 될 수 있다. 그리고 이렇게 이름공간을 이용하면, 몇몇 구조체들 사이에서만 사용하는 상수들을 선언할 때 특히 도움이 되며, 위에서 보인 방법보다 가독성도 좋아지는 경향이 있다. 그럼 예제를 통해서 이 방법을 확인해보겠다.

❖ RacingCarEnum.cpp

```
1.  #include <iostream>
2.  using namespace std;
3.
4.  namespace CAR_CONST
5.  {
6.      enum
7.      {
8.          ID_LEN      =20,
9.          MAX_SPD     =200,
10.         FUEL_STEP   =2,
11.         ACC_STEP    =10,
12.         BRK_STEP    =10
13.     };
14. }
15.
16. struct Car
17. {
18.     char gamerID[CAR_CONST::ID_LEN];
19.     int fuelGauge;
20.     int curSpeed;
21.
22.     void ShowCarState()
23.     {
24.         cout<<"소유자ID: "<<gamerID<<endl;
25.         cout<<"연료량: "<<fuelGauge<<"%"<<endl;
26.         cout<<"현재속도: "<<curSpeed<<"km/s"<<endl<<endl;
27.     }
28.     void Accel()
29.     {
30.         if(fuelGauge<=0)
31.             return;
32.         else
33.             fuelGauge-=CAR_CONST::FUEL_STEP;
34.
35.         if((curSpeed+CAR_CONST::ACC_STEP)>=CAR_CONST::MAX_SPD)
36.         {
37.             curSpeed=CAR_CONST::MAX_SPD;
38.             return;
39.         }
40.
41.         curSpeed+=CAR_CONST::ACC_STEP;
42.     }
43.     void Break()
44.     {
45.         if(curSpeed<CAR_CONST::BRK_STEP)
```

```
46.         {
47.             curSpeed=0;
48.             return;
49.         }
50.
51.         curSpeed-=CAR_CONST::BRK_STEP;
52.     }
53. };
54.
55. int main(void)
56. {
57.     Car run99={"run99", 100, 0};
58.     run99.Accel();
59.     run99.Accel();
60.     run99.ShowCarState();
61.     run99.Break();
62.     run99.ShowCarState();
63.
64.     Car sped77={"sped77", 100, 0};
65.     sped77.Accel();
66.     sped77.Break();
67.     sped77.ShowCarState();
68.     return 0;
69. }
```

- 4~14행: CAR_CONST 이름공간 안에 구조체 Car에서 사용하는 상수들을 모두 모아 놓았다.
- 18행: 상수 ID_LEN의 접근을 위해서 이름공간 CAR_CONST를 지정하고 있다. 이렇듯 이름공간을 지정해서 코드를 작성했기 때문에, 이 문장만 봐도 이 상수가 어느 영역에서 선언되고 사용되는 상수인지 쉽게 알 수 있다. 그래서 가독성이 좋아졌다고 할 수 있다.

❖ 실행결과: RacingCarEnum.cpp

```
○○○  command prompt

소유자ID: run99
연료량: 96%
현재속도: 20km/s

소유자ID: run99
연료량: 96%
현재속도: 10km/s

소유자ID: sped77
연료량: 98%
현재속도: 0km/s
```

C++ 프로그래밍

그저 구조체 내에 함수를 정의했을 뿐인데도 느낌이 많이 달라졌다는 생각이 들 것이다. 그런데, 구조체 안에 모두 다 넣어버렸더니, 구조체가 너무 커져버렸다.

✢ 함수는 외부로 뺄 수 있다.

함수가 포함되어 있는 C++의 구조체를 보는 순간, 다음의 정보들이 쉽게 눈에 들어와야 코드의 분석이 용이하다.

- 선언되어 있는 변수정보
- 정의되어 있는 함수정보

보통 프로그램을 분석할 때, 흐름 및 골격 위주로 분석하는 경우가 많다. 그리고 이러한 경우에는 함수의 기능만 파악을 하지, 함수의 세부구현까지 신경을 쓰지는 않는다. 따라서 구조체를 보는 순간, 정의되어 있는 함수의 종류와 기능이 한눈에 들어오게끔 코드를 작성하는 것이 좋다. 따라서 구조체 내에 정의된 함수의 수가 많거나 그 길이가 길다면, 다음과 같이 구조체 밖으로 함수를 빼낼 필요가 있다.

```
struct Car
{
    . . . . .
    void ShowCarState();
    void Accel();
    . . . . .
};

void Car::ShowCarState()
{
    . . . . .
}
void Car::Accel()
{
    . . . . .
}
```

즉, 함수의 원형선언을 구조체 안에 두고, 함수의 정의를 구조체 밖으로 빼내는 것이다. 다만, 빼낸 다음에 해당 함수가 어디에 정의되어 있는지에 대한 정보만 추가해주면 된다. 그럼 이러한 형태로 예제를 변경해 보겠다.

❖ RacingCarOuterFunc.cpp

```
1.  #include <iostream>
2.  using namespace std;
```

```cpp
3.
4.  namespace CAR_CONST
5.  {
6.      enum
7.      {
8.          ID_LEN     =20,
9.          MAX_SPD    =200,
10.         FUEL_STEP  =2,
11.         ACC_STEP   =10,
12.         BRK_STEP   =10
13.     };
14. }
15.
16. struct Car
17. {
18.     char gamerID[CAR_CONST::ID_LEN];
19.     int fuelGauge;
20.     int curSpeed;
21.
22.     void ShowCarState();    // 상태정보 출력
23.     void Accel();           // 엑셀, 속도증가
24.     void Break();           // 브레이크, 속도감소
25. };
26.
27. void Car::ShowCarState()
28. {
29.     cout<<"소유자ID: "<<gamerID<<endl;
30.     cout<<"연료량: "<<fuelGauge<<"%"<<endl;
31.     cout<<"현재속도: "<<curSpeed<<"km/s"<<endl<<endl;
32. }
33. void Car::Accel()
34. {
35.     if(fuelGauge<=0)
36.         return;
37.     else
38.         fuelGauge-=CAR_CONST::FUEL_STEP;
39.
40.     if((curSpeed+CAR_CONST::ACC_STEP)>=CAR_CONST::MAX_SPD)
41.     {
42.         curSpeed=CAR_CONST::MAX_SPD;
43.         return;
44.     }
45.
46.     curSpeed+=CAR_CONST::ACC_STEP;
47. }
48. void Car::Break()
49. {
```

```
50.     if(curSpeed<CAR_CONST::BRK_STEP)
51.     {
52.         curSpeed=0;
53.         return;
54.     }
55.
56.     curSpeed-=CAR_CONST::BRK_STEP;
57. }
58.
59. int main(void)
60. {
61.     Car run99={"run99", 100, 0};
62.     run99.Accel();
63.     run99.ShowCarState();
64.     run99.Break();
65.     run99.ShowCarState();
66.     return 0;
67. }
```

- 22~24행: 구조체 안에 함수의 원형만 남으니, 함수의 종류가 한눈에 들어오고, 적절한 주석을 통해서 함수의 기능도 쉽게 판단이 된다.
- 27, 33, 48행: 원래 속하는 구조체의 이름을 명시하면서 구조체 밖으로 함수의 정의가 빠져 나왔다.

❖ 실행결과: RacingCarOuterFunc.cpp

```
○○○   command prompt
소유자ID: run99
연료량: 98%
현재속도: 10km/s

소유자ID: run99
연료량: 98%
현재속도: 0km/s
```

앞서 언급하진 않았지만, 사실 구조체 안에 함수가 정의되어 있으면, 다음의 의미가 더불어 내포된다.

"함수를 인라인으로 처리해라!"

반면, 위의 예제와 같이 함수를 구조체 밖으로 빼내면, 이러한 의미가 사라진다. 따라서 인라인의 의미를 그대로 유지하려면 다음과 같이 키워드 inline을 이용해서 인라인 처리를 명시적으로 지시해야 한다.

```
inline void Car::ShowCarState() { . . . . . }
inline void Car::Accel() { . . . . }
inline void Car::Break() { . . . . }
```

자! 이로써 C++에서의 구조체에 대한 설명이 일단락되었다. 그런데 C++에서의 구조체는 잠시 후에 설명하는 클래스의 일종으로 간주된다. 그래서 구조체 안에 함수를 정의할 수 있었던 것이다. 즉, 위에서 정의한 구조체를 가리켜 그냥 '클래스'라고 표현해도 틀리지 않는다.

03-2 : 클래스(Class)와 객체(Object)

앞서 설명한 C++의 구조체는 클래스의 일종이다. 그렇다면 클래스와 구조체에는 어떠한 차이점이 있을까?

✛ 클래스와 구조체의 유일한 차이점

키워드 struct를 대신해서 class를 사용하면, 구조체가 아닌 클래스가 된다. 즉, 아래의 코드는 클래스의 정의이다.

```
class Car
{
    char gamerID[CAR_CONST::ID_LEN];
    int fuelGauge;
    int curSpeed;

    void ShowCarState() { . . . . }
    void Accel() { . . . . }
    void Break() { . . . . }
};
```

그렇다! 여러분도 관찰했듯이 키워드를 struct가 아닌 class를 사용한 것이 코드상에서의 유일한 차이점이다. 그런데 이렇게 키워드를 바꿔놓으면 앞서 예제에서 보였던 다음의 방식으로 변수(구조체 변수)를 선언하지 못한다.

```
Car run99={"run99", 100, 0};       (×)
```

이유는 클래스 내에 선언된 함수가 아닌, 다른 영역에서 변수를 초기화하려 했기 때문이다. 클래스는 기본적으로(별도의 선언을 하지 않으면) 클래스 내에 선언된 변수는 클래스 내에 선언된 함수에서만 접근 가능하다. 따라서 다음과 같은 형태로 클래스 변수를 선언해야 한다.

```
Car run99;   (○)
```

"그럼 어떻게 초기화를 하나요? 변수 선언 후에 다음과 같이 초기화해야 하나요?"라고 물을지 모르겠다.

```
int main(void)
{
    Car run99;
    strcpy(run99.gamerID, "run99");      (×)
    run99.fuelGauge=100;                 (×)
    run99.curSpeed=0;                    (×)
    . . . .
```

하지만 이들 모두 컴파일이 되지 않는다. 클래스 내에 선언된 변수는 기본적으로 클래스 내에 선언된 함수에서만 접근이 가능하다고 하지 않았는가!

"그럼 접근이 불가능한데, 이 클래스라는 녀석을 어디다 써먹어요?"

물론 접근이 불가능하기만 하다면, 쓸모 없을 것이다. 그러나 클래스는 멤버의 접근과 관련해서 다음과 같이 이야기한다.

"접근과 관련해서 별도의 선언을 하지 않으면, 클래스 내에 선언된 변수 및 함수에 대한 접근은 허용하지 않을 테니, 접근과 관련된 지시를 별도로 내려줘"

이렇듯 클래스는 정의를 하는 과정에서 각각의 변수 및 함수의 접근 허용범위를 별도로 선언해야 한다. 그리고 바로 이것이 키워드 struct를 이용해서 정의하는 구조체와 키워드 class를 이용해서 정의하는 클래스의 유일한 차이점이다(조금 부정확하게 설명된 부분이 있다. 클래스와 구조체의 차이점에 대해서는 이어서 소개하는 '접근제어 지시자'를 통해서 보다 정확히 설명하겠다).

✢ 접근제어 지시자(접근제어 레이블)

C++의 접근제어 지시자는 다음과 같이 총 세가지가 존재한다.

public, protected, private

그리고 이들 각각이 의미하는 바는 다음과 같다.

- public   어디서든 접근허용
- protected   상속관계에 놓여있을 때, 유도 클래스에서의 접근허용
- private   클래스 내(클래스 내에 정의된 함수)에서만 접근허용

이 중에서 protected는 '상속'과 관련이 있으므로 나중에 살펴보기로 하고, 여기서는 public과 private에 대해서만 이야기하겠다. 이 둘과 관련해서 다음 예제를 보자.

❖ RacingCarClassBase.cpp

```
1.  #include <iostream>
2.  #include <cstring>
3.  using namespace std;
4.
5.  namespace CAR_CONST
6.  {
7.      enum
8.      {
9.          ID_LEN=20, MAX_SPD=200, FUEL_STEP=2,
10.         ACC_STEP=10, BRK_STEP=10
11.     };
12. }
13.
14. class Car
15. {
16. private:
17.     char gamerID[CAR_CONST::ID_LEN];
18.     int fuelGauge;
19.     int curSpeed;
20. public:
21.     void InitMembers(char * ID, int fuel);
22.     void ShowCarState();
23.     void Accel();
24.     void Break();
25. };
26.
27. void Car::InitMembers(char * ID, int fuel)
28. {
29.     strcpy(gamerID, ID);
30.     fuelGauge=fuel;
31.     curSpeed=0;
32. }
33. void Car::ShowCarState()
```

```
34. {
35.     cout<<"소유자ID: "<<gamerID<<endl;
36.     cout<<"연료량: "<<fuelGauge<<"%"<<endl;
37.     cout<<"현재속도: "<<curSpeed<<"km/s"<<endl<<endl;
38. }
39. void Car::Accel()
40. {
41.     if(fuelGauge<=0)
42.         return;
43.     else
44.         fuelGauge-=CAR_CONST::FUEL_STEP;
45.
46.     if((curSpeed+CAR_CONST::ACC_STEP)>=CAR_CONST::MAX_SPD)
47.     {
48.         curSpeed=CAR_CONST::MAX_SPD;
49.         return;
50.     }
51.     curSpeed+=CAR_CONST::ACC_STEP;
52. }
53. void Car::Break()
54. {
55.     if(curSpeed<CAR_CONST::BRK_STEP)
56.     {
57.         curSpeed=0;
58.         return;
59.     }
60.     curSpeed-=CAR_CONST::BRK_STEP;
61. }
62.
63. int main(void)
64. {
65.     Car run99;
66.     run99.InitMembers("run99", 100);
67.     run99.Accel();
68.     run99.Accel();
69.     run99.Accel();
70.     run99.ShowCarState();
71.     run99.Break();
72.     run99.ShowCarState();
73.     return 0;
74. }
```

- 14행: struct를 대신해서 class 선언이 삽입되었다. 따라서 이는 클래스의 정의에 해당한다.
- 16행: 접근제어 지시자중 하나인 private이 선언되었으므로, 이어서 등장하는 변수와 함수는 private에 해당하는 범위 내에서(클래스 내에서만) 접근이 가능하다.
- 20행: 접근제어 지시자중 하나인 public이 선언되었으므로, 이어서 등장하는 변수와 함수는

- public에 해당하는 범위 내에서(어디서든) 접근이 가능하다.
- 21, 27행: 클래스 안에 선언된 변수의 초기화를 목적으로 정의된 함수이다. 변수가 모두 private으로 선언되어서 main 함수에서 접근이 불가능하다. 하지만 이 함수는 동일 클래스 내에 정의된 함수이므로 접근이 가능하다. 뿐만 아니라, 이 함수는 public으로 선언되어서 main 함수에서 호출이 가능하다. 따라서 main 함수에서는 이 함수의 호출을 통해서 클래스 안에 선언된 변수를 초기화할 수 있다.
- 66행: 초기화를 목적으로 InitMembers 함수를 호출하고 있다. 이 함수는 ID정보와 연료의 게이지 정보를 전달받아서 초기화되는 형태로 정의되었다. 단, 변수 curSpeed는 무조건 0으로 초기화 되도록 정의되었다.
- 66~72행: 함수호출이 가능한 이유는 함수가 모두 public으로 선언되었기 때문이다.

❖ 실행결과: RacingCarClassBase.cpp

```
○○○         command prompt
    소유자ID: run99
    연료량: 94%
    현재속도: 30km/s

    소유자ID: run99
    연료량: 94%
    현재속도: 20km/s
```

위 예제를 통해서, 그리고 지금까지 설명한 내용을 종합하여, 다음 사실들을 더불어 알 수 있다.

- 접근제어 지시자 A가 선언되면, 그 이후에 등장하는 변수나 함수는 A에 해당하는 범위 내에서 접근이 가능하다.
- 그러나 새로운 접근제어 지시자 B가 선언되면, 그 이후로 등장하는 변수나 함수는 B에 해당하는 범위 내에서 접근이 가능하다.
- 함수의 정의를 클래스 밖으로 빼도, 이는 클래스의 일부이기 때문에, 함수 내에서는 private으로 선언된 변수에 접근이 가능하다.
- 키워드 struct를 이용해서 정의한 구조체(클래스)에 선언된 변수와 함수에 별도의 접근제어 지시자를 선언하지 않으면, 모든 변수와 함수는 public으로 선언된다.
- 키워드 class를 이용해서 정의한 클래스에 선언된 변수와 함수에 별도의 접근제어 지시자를 선언하지 않으면, 모든 변수와 함수는 private으로 선언된다.

그리고 위에서 설명하는 struct와 class의 선언에 따른 차이가 구조체와 클래스의 유일한 차이점이다. 즉, 구조체도 클래스도 접근제어 지시자의 선언이 가능하고, 그 의미도 동일하다. 다만 접근제어 지시자를 선언하지 않았을 때 클래스는 private으로 구조체는 public으로 선언할 뿐이다.

"위 예제에서, 클래스 내에 존재하는 변수들을 private으로 선언해서 접근에 불편함을 주는 이유가 뭐에요? 그냥 다 public으로 선언하는 게 좋지 않나요?"

이는 지금쯤 나올 수 있는 매우 좋은 질문이다. 그런데 이는 '정보은닉(Information Hiding)'과 관련 있는 내용이므로 다음 Chapter에서 공부하기로 하자.

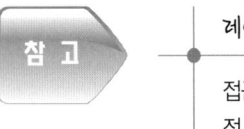

레이블

접근제어 지시자의 뒤에는 세미콜론이 아닌 콜론이 붙는데, 이는 접근제어 지시자가 특정 위치정보를 알리는 '레이블(라벨)'이기 때문이다. 우리가 알고 있는, switch문에 사용되는 case도 레이블이기 때문에 콜론이 붙는다.

✚ 용어정리: 객체(Object), 멤버변수, 멤버함수

더 진도를 나가기에 앞서, 설명의 편의를 위해서라도 용어를 한차례 정리하고자 한다. 구조체 변수, 클래스 변수라는 표현은 이제 어울리지 않는다. 왜냐하면 구조체와 클래스는 변수의 성격만 지니는 것이 아니기 때문이다. 그래서 변수라는 표현을 대신해서 '객체(Object)'라는 표현을 사용한다.

"객체는 무엇을 의미하나요? 그리고 객체라고 부르는 이유는 무엇이죠?"

잠시 후 객체지향과 관련한 이론적인 이야기를 진행하면서 객체라 불리는 이유를 설명할 테니, 조금만 기다리기 바란다. 어쨌든 앞서 보인 예제 RacingCarClassBase.cpp의 65행에 선언된 run99는 '변수'가 아닌 '객체'이다.

그리고 클래스를 구성하는(클래스 내에 선언된) 변수를 가리켜 '멤버변수'라 하고, 클래스를 구성하는(클래스 내에 정의된) 함수를 가리켜 '멤버함수'라 한다. 즉, Car 클래스를 구성하는 '멤버변수'는 다음과 같다.

- char gamerID[CAR_CONST::ID_LEN];
- int fuelGauge;
- int curSpeed;

그리고 Car 클래스를 구성하는 '멤버함수'는 다음과 같다.

- void InitMembers(char * ID, int fuel);
- void ShowCarState();
- void Accel();
- void Break();

멤버는 구성원이라는 의미를 담고 있다. 그래서 클래스를 구성하는 변수와 함수에 각각 '멤버변수', '멤버함수'라는 이름을 붙인 것이다.

✚ C++에서의 파일분할

어떠한 프로그램이건 하나의 파일에 모든 것을 담진 않는다. 특히 C++은 클래스 별로 헤더파일과 소스파일을 생성해서 클래스의 선언과 정의를 분리하는 경우가 많기 때문에 많은 수의 파일이 만들어진다. 그럼 이어서 클래스를 대상으로, 파일을 나누는 기준을 설명할 텐데, 이에 앞서 필자는 여러분이 아래의 내용을 잘 알고 있다고 가정하겠다. 이는 C언어를 공부하는 과정에서 익힌 내용들이다.

- 헤더파일의 역할을 알고 있다.
- C언어를 대상으로 헤더파일에 들어가야 할 내용을 구분할 수 있다.
- 헤더파일의 중복포함을 막기 위해서 사용하는 매크로 #ifndef~#endif을 알고 있다.
- 둘 이상의 파일을 컴파일해서 하나의 실행파일을 만드는 법을 알고 있다.
- 링커(Linker)가 하는 일을 알고 있다.

그러나 위의 내용 중 일부를 조금 덜 알고 있더라도, 이어서 설명하는 내용을 이해하는데 크게 무리는 없을 것이다. 사실 필자는, 지금부터 설명하는 내용 중에서 이해가 가지 않는 부분이 있을 때 복습 및 참고해야 할 내용을 위에 열거한 것이다. 그럼 이제 C++에서의 파일분할에 대해 이야기해 보자. 클래스 Car를 대상으로 파일을 나눌 때에는 보통 다음과 같이 파일을 구분한다.

- Car.h   클래스의 선언을 담는다.
- Car.cpp   클래스의 정의(멤버함수의 정의)를 담는다.

여기서 말하는 클래스의 선언은 다음과 같다.

```cpp
class Car
{
private:
    char gamerID[CAR_CONST::ID_LEN];
    int fuelGauge;
    int curSpeed;
public:
    void InitMembers(char * ID, int fuel);
    void ShowCarState();
    void Accel();
    void Break();
};
```

이는 컴파일러가 Car 클래스와 관련된 문장의 오류를 잡아내는데 필요한 최소한의 정보로써, 클래스를 구성하는 외형적인 틀을 보여준다. 따라서 이를 가리켜 **'클래스의 선언(declaration)'**이라 한다. 즉, 위의 정보는 클래스 Car와 관련된 문장의 옳고 그름을 판단하는데 사용된다. 예를 들면 아래의 코드를 컴파일하는데 있어서 위의 정보는 반드시 필요하다.

```
int main(void)
{
    Car run99;
    run99.fuelGauge=100;    // fuelGauge가 private임을 확인하고 에러를 발생시킴
    run99.Accel(20);        // Accel 함수의 매개변수가 void형임을 알고 에러를 발생시킴
    . . . .
}
```

반면, **'클래스의 정의(definition)'**에 해당하는 다음 함수의 정의는 다른 문장의 컴파일에 필요한 정보를 가지고 있지 않다. 따라서 함수의 정의는 컴파일 된 이후에, 링커에 의해 하나의 실행파일로 묶이기만 하면 된다.

```
void Car::InitMembers(char * ID, int fuel) { . . . . }
void Car::ShowCarState() { . . . . }
void Car::Accel() { . . . . }
void Car::Break() { . . . . }
```

그럼 이제 결론을 내리겠다. Car 클래스와 관련된 문장의 컴파일 정보로 사용되는 '클래스의 선언'은 헤더파일에 저장을 해서, 필요한 위치에 쉽게 포함될 수 있도록 해야 하며, '클래스의 정의'는 소스파일에 저장해서, 컴파일이 되도록 하면 된다. 그럼 지금까지 설명한 내용을 기반으로 앞서 보인 예제 RacingCarClassBase.cpp를 총 3개의 파일로 적절히 나눠보겠다.

❖ Car.h

```
1.  #ifndef __CAR_H__
2.  #define __CAR_H__
3.
4.  namespace CAR_CONST
5.  {
6.      enum
7.      {
8.          ID_LEN=20, MAX_SPD=200, FUEL_STEP=2,
9.          ACC_STEP=10, BRK_STEP=10
10.     };
11. }
12.
13. class Car
```

```
14. {
15. private:
16.     char gamerID[CAR_CONST::ID_LEN];
17.     int fuelGauge;
18.     int curSpeed;
19. public:
20.     void InitMembers(char * ID, int fuel);
21.     void ShowCarState();
22.     void Accel();
23.     void Break();
24. };
25.
26. #endif
```

- 1, 2, 26행: 이는 헤더파일의 중복포함 문제를 해결하기 위한 매크로 선언이다.
- 4~11행: 이는 클래스 Car에서 제한적으로 사용되는 상수의 선언이므로 클래스 Car와 같은 파일에 선언하였다.

❖ Car.cpp

```
1.  #include <iostream>
2.  #include <cstring>
3.  #include "Car.h"
4.  using namespace std;
5.
6.  void Car::InitMembers(char * ID, int fuel)
7.  {
8.      strcpy(gamerID, ID);
9.      fuelGauge=fuel;
10.     curSpeed=0;
11. }
12.
13. void Car::ShowCarState()
14. {
15.     cout<<"소유자ID: "<<gamerID<<endl;
16.     cout<<"연료량: "<<fuelGauge<<"%"<<endl;
17.     cout<<"현재속도: "<<curSpeed<<"km/s"<<endl<<endl;
18. }
19.
20. void Car::Accel()
21. {
22.     if(fuelGauge<=0)
23.         return;
24.     else
```

```
25.            fuelGauge-=CAR_CONST::FUEL_STEP;
26.
27.        if((curSpeed+CAR_CONST::ACC_STEP)>=CAR_CONST::MAX_SPD)
28.        {
29.            curSpeed=CAR_CONST::MAX_SPD;
30.            return;
31.        }
32.        curSpeed+=CAR_CONST::ACC_STEP;
33. }
34.
35. void Car::Break()
36. {
37.     if(curSpeed<CAR_CONST::BRK_STEP)
38.     {
39.         curSpeed=0;
40.         return;
41.     }
42.     curSpeed-=CAR_CONST::BRK_STEP;
43. }
```

- 3행: 멤버함수의 정의부분을 컴파일 하는데도 클래스의 선언 정보가 필요하다. 멤버함수에서 접근하는 변수의 존재유무를 확인해야 하기 때문이다. 그리고 이름공간 CAR_CONST에 선언된 상수의 사용을 위해서도 이 헤더파일은 포함되어야 한다.

❖ RacingMain.cpp

```
1.  #include "Car.h"
2.
3.  int main(void)
4.  {
5.      Car run99;
6.      run99.InitMembers("run99", 100);
7.      run99.Accel();
8.      run99.Accel();
9.      run99.Accel();
10.     run99.ShowCarState();
11.     run99.Break();
12.     run99.ShowCarState();
13.     return 0;
14. }
```

- 1행: main 함수를 구성하는 문장은 클래스 Car와 관련된 것뿐이다. 따라서 헤더파일 Car.h만 포함하면 된다.

❖ 실행결과: Car.h, Car.cpp, RacingMain.cpp

```
소유자ID: run99
연료량: 94%
현재속도: 30km/s

소유자ID: run99
연료량: 94%
현재속도: 20km/s
```

이렇게 파일을 분할해 놓고 보니, 클래스 Car를 구성하는 멤버의 파악도 한결 수월해졌다. 그리고 뭔가 좀 정리가 되었다는 느낌도 들지 않는가? 사실 처음에는 이러한 파일의 분할이 익숙지 않아서 오히려 부담스럽게 느껴지기도 한다. 그러나 조금만 익숙해지면, 하나의 파일에 모든 것을 집어넣는 것이 오히려 더 이상하게 느껴질 것이다. 필자는 이후에 제시하는 예제의 성격(또는 크기)에 따라서 파일의 분할유무를 판단할 테니, 위의 파일분할에 익숙해지기 바란다.

> **파일분할은 어렵지 않다.**
>
> 파일이 분할된 예제를 계속해서 보다 보면, 파일분할의 기준을 자연스럽게 알게 된다. 그러니 파일의 분할을 부담스러워하지 말자.

✚인라인 함수는 헤더파일에 함께 넣어야 해요.

앞서 보인 파일분할 예제에서 Car.cpp에 정의된 함수 ShowCarState와 Break를 다음과 같이 인라인화 한 다음에, 그대로 Car.cpp에 두면 컴파일 에러가 발생한다.

```cpp
inline void Car::ShowCarState()
{
    cout<<"소유자ID: "<<gamerID<<endl;
```

```
        cout<<"연료량: "<<fuelGauge<<"%"<<endl;
        cout<<"현재속도: "<<curSpeed<<"km/s"<<endl<<endl;
    }

    inline void Car::Break()
    {
        if(curSpeed<CAR_CONST::BRK_STEP)
        {
            curSpeed=0;
            return;
        }
        curSpeed-=CAR_CONST::BRK_STEP;
    }
```

혹시 컴파일 에러가 발생하는 이유를 알겠는가? 인라인 함수의 특징을 잘 생각해보면 그 이유를 알 수 있는데, 이유는 다음과 같다.

"컴파일 과정에서 함수의 호출 문이 있는 곳에 함수의 몸체 부분이 삽입되어야 하므로!"

예를 들어서 다음의 main 함수를 컴파일 한다고 가정해보자.

```
    int main(void)
    {
        Car run99;
        run99.InitMembers("run99", 100);
        run99.Accel();
        run99.Break();
        . . . .
    }
```

이 때 Break 함수가 인라인 함수가 아니라면, Break 함수가 Car 클래스의 멤버함수인지만 확인을 하고 컴파일은 완료가 된다. 그러나 Break 함수가 인라인 함수이기 때문에, Break 함수의 호출문장은 컴파일러에 의해서 Break 함수의 몸체로 대체되어야 한다. 때문에 인라인 함수는 클래스의 선언과 동일한 파일에 저장되어서 컴파일러가 동시에 참조할 수 있게 해야 한다. 아래의 예제에서 보이듯이 말이다.

❖ CarInline.h

```
1.  #ifndef __CARINLINE_H__
2.  #define __CARINLINE_H__
3.
4.  #include <iostream>
5.  using namespace std;
6.
```

```
7.  namespace CAR_CONST
8.  {
9.      enum
10.     {
11.         ID_LEN=20, MAX_SPD=200, FUEL_STEP=2,
12.         ACC_STEP=10, BRK_STEP=10
13.     };
14. }
15.
16. class Car
17. {
18. private:
19.     char gamerID[CAR_CONST::ID_LEN];
20.     int fuelGauge;
21.     int curSpeed;
22. public:
23.     void InitMembers(char * ID, int fuel);
24.     void ShowCarState();
25.     void Accel();
26.     void Break();
27. };
28.
29. inline void Car::ShowCarState()
30. {
31.     cout<<"소유자ID: "<<gamerID<<endl;
32.     cout<<"연료량: "<<fuelGauge<<"%"<<endl;
33.     cout<<"현재속도: "<<curSpeed<<"km/s"<<endl<<endl;
34. }
35.
36. inline void Car::Break()
37. {
38.     if(curSpeed<CAR_CONST::BRK_STEP)
39.     {
40.         curSpeed=0;
41.         return;
42.     }
43.     curSpeed-=CAR_CONST::BRK_STEP;
44. }
45.
46. #endif
```

❖ CarInline.cpp

```
1.  #include <cstring>
2.  #include "CarInline.h"
3.  using namespace std;
```

```
4.
5.   void Car::InitMembers(char * ID, int fuel)
6.   {
7.       strcpy(gamerID, ID);
8.       fuelGauge=fuel;
9.       curSpeed=0;
10.  }
11.
12.  void Car::Accel()
13.  {
14.      if(fuelGauge<=0)
15.          return;
16.      else
17.          fuelGauge-=CAR_CONST::FUEL_STEP;
18.
19.      if((curSpeed+CAR_CONST::ACC_STEP)>=CAR_CONST::MAX_SPD)
20.      {
21.          curSpeed=CAR_CONST::MAX_SPD;
22.          return;
23.      }
24.      curSpeed+=CAR_CONST::ACC_STEP;
25.  }
```

❖ RacingInlineMain.cpp

```
1.   #include "CarInline.h"
2.
3.   int main(void)
4.   {
5.       Car run99;
6.       run99.InitMembers("run99", 100);
7.       run99.Accel();
8.       run99.Accel();
9.       run99.Accel();
10.      run99.ShowCarState();
11.      run99.Break();
12.      run99.ShowCarState();
13.      return 0;
14.  }
```

앞서 보인 예제에서 두 개의 함수를 인라인 선언한 것이 변경의 전부이므로, 별도의 소스해설이나 실행결과를 보이지는 않겠다. 그리고 혹시나 해서 하는 말인데(이미 잘 알고 있을 테지만), 컴파일러는 파일 단위로 컴파일을 한다. 즉, 여러분이 A.cpp와 B.cpp를 동시에 컴파일해서 하나의 실행파일을 만든다 해도, A.cpp의 컴파일 과정에서 B.cpp를 참조하지 않으며, B.cpp의 컴파일 과정에서 A.cpp를 참조하지 않는다. 그래서 위의 예제에서 보이듯이 클래스의 선언과 인라인 함수의 정의를 함께 묶어둔 것이다.

문 제 03-2 [클래스의 정의]

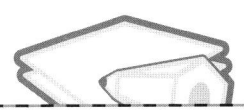

지금까지 클래스에 대해서 다양한 이야기를 나누었다. 지금까지 언급한 내용을 가지고 몇몇 클래스를 디자인해 보기로 하겠다. 어렵지 않으니 여러분 나름대로 구현해 보기 바란다.

▶ 문제 1
계산기 기능의 Calculator 클래스를 정의해 보자. 기본적으로 지니는 기능은 덧셈, 뺄셈, 곱셈 그리고 나눗셈이며, 연산을 할 때마다 어떠한 연산을 몇 번 수행했는지 기록되어야 한다. 아래의 main 함수와 실행의 예에 부합하는 Calculator 클래스를 정의하면 된다. 단, 멤버변수는 private으로, 멤버함수는 public으로 선언하자. 이렇게 선언하는 이유에 대해서는 다음 Chapter에서 자세히 언급한다.

```cpp
int main(void)
{
    Calculator cal;
    cal.Init();
    cout<<"3.2 + 2.4 = "<<cal.Add(3.2, 2.4)<<endl;
    cout<<"3.5 / 1.7 = "<<cal.Div(3.5, 1.7)<<endl;
    cout<<"2.2 - 1.5 ="<<cal.Min(2.2, 1.5)<<endl;
    cout<<"4.9 / 1.2 ="<<cal.Div(4.9, 1.2)<<endl;
    cal.ShowOpCount();
    return 0;
}
```

[실행의 예]
```
3.2 + 2.4 = 5.6
3.5 / 1.7 = 2.05882
2.2 - 1.5 =0.7
4.9 / 1.2 =4.08333
덧셈: 1 뺄셈: 1 곱셈: 0 나눗셈: 2
```

▶ 문제 2
문자열 정보를 내부에 저장하는 Printer라는 이름의 클래스를 디자인하자. 이 클래스의 두 가지 기능은 다음과 같다.
- 문자열 저장
- 문자열 출력

아래의 main 함수와 실행의 예에 부합하는 Printer 클래스를 정의하되, 이번에도 역시 멤버변수는 private으로, 멤버함수는 public으로 선언하자.

```cpp
int main(void)
{
    Printer pnt;
    pnt.SetString("Hello world!");
    pnt.ShowString();

    pnt.SetString("I love C++");
    pnt.ShowString();
    return 0;
}
```

[실행의 예]

```
Hello world!
I love C++
```

03-3 : 객체지향 프로그래밍의 이해

지금까지는 C언어에서 C++로 자연스럽게 이동할 수 있도록, 구조체를 시작으로 클래스를 설명하였다. 그런데 이번에는 객체지향의 관점에서 클래스를 전혀 다른 방법으로, 다시 한번 설명하고자 한다. 구조체를 확장한 것이 클래스라고 인식하는 것 자체는 문제가 되지 않으나, 그것이 전부라고 인식하는 것은 문제가 있기 때문이다.

+객체지향 프로그래밍의 이해

C++은 객체지향 언어이다. 따라서 객체지향에 대한 이해가 필요한데, 이를 위해서 필자는 책 전반에 걸쳐서 객체지향의 우월성을 강조할 것이다. 그러나 이것이 C언어와 같은 절차지향적 언어보다 모든 면에서 우월함을 뜻하는 것은 아니다. 물론 절차지향적 특성이 갖지 못하는 많은 장점을 객체지향은 지니고 있다. 그러나 절차지향도 그 나름의 장점이 있다.

> **참고 | 필자는 객체지향이 훨씬 우월하다고 말하고 싶습니다만!**
>
> 필자는 대학원에서 객체지향 시스템 설계 및 소프트웨어 개발 방법론을 공부하였다. 때문에 객체지향이 절차지향에 비해 우월하다는 선입견을 가지고 있다. 그러나 이는 필자, 그리고 필자와 비슷한 이력의 개발자들이 지니고 있는 생각일 뿐, 여전히 많은 개발자들은 C언어가 지니고 있는 절차지향적 특성에 매력을 느끼고 있다.

객체는 영어로 Object이다. 그리고 이의 사전적 의미는 다음과 같다. 물론 더 많은 의미가 있지만 C++에서 말하는 Object의 의미는 이것이다.

  "사물, 또는 대상"

즉, Object는 우리 주변에 존재하는 물건(연필, 나무, 지갑, 돈 등등)이나 대상(철수, 친구, 선생님 등등) 전부를 의미한다. 그렇다면 객체를 지향하는 프로그래밍이라는 것은 무엇일까? 예를 들어서 다음 상황을 시뮬레이션 하는 프로그램을 구현한다고 가정해보자.

  "나는 과일장수에게 두 개의 사과를 구매했다!"

이 문장에 삽입되어 있는 객체의 종류는 다음과 같다.

  나(me), 과일장수, 사과

그렇다면 '나(me)'라는 객체는 '과일장수'라는 객체로부터 '과일' 객체의 구매라는 액션을 취할 수 있어야 한다. 그런데 객체지향 프로그래밍에서는 '나' 그리고 '과일장수'와 같은 객체를 등장시킬 수 있을 뿐만 아니라, '나'라는 객체가 '과일장수'라는 객체로부터 '과일' 객체를 구매하는 행위도 그대로 표현할 수 있다. **즉, 객체지향 프로그래밍은 현실에 존재하는 사물과 대상, 그리고 그에 따른 행동을 있는 그대로 실체화시키는 형태의 프로그래밍이다.** 이의 확인을 위해서 '나'와 '과일장수'라는 객체를 생성하여 다음의 행동을 실체화시켜 보겠다.

  "나는 과일장수에게 2,000원을 주고 두 개의 사과를 구매했다."

참고로 사과도 객체로 실체화시킬 수 있으나, 코드의 간결성을 위해서 '나'와 '과일장수'만 객체화시키도

C++ 프로그래밍

록 하겠다.

✚ 객체를 이루는 것은 데이터와 기능입니다.

프로그램상에 과일장수 객체가 존재한다고 가정해 보자. 이 객체는 무엇으로 이뤄져야 하겠는가? 물론 과일장수는 한 가정의 아버지이면서, 토요일이면 축구 클럽의 아마추어 선수로서 활동하고 있을 수도 있다. 그러나 프로그램상에서 바라보는 과일장수의 관점은 '과일의 판매'에 있다. 따라서 프로그램상에서 바라보는 과일장수는 다음과 같은 형태이다.

- 과일장수는 과일을 팝니다.
- 과일장수는 사과 20개, 오렌지 10개를 보유하고 있습니다.
- 과일장수의 과일판매 수익은 현재까지 50,000원입니다.

이 중에서 첫 번째는 과일장수의 '행동(behavior)'을 의미한다. 그리고 두 번째와 세 번째는 과일장수의 '상태(state)'를 의미한다. 이처럼 **객체는 하나 이상의 상태 정보(데이터)와 하나 이상의 행동(기능)으로 구성**이 되며, 상태 정보는 변수를 통해서 표현이 되고(변수에 상태 정보를 저장할 수 있으므로), 행동은 함수를 통해서 표현이 된다. 그럼 먼저 과일장수의 상태 정보를 변수로 표현해보겠다(이 과일장수는 사과만 판매한다고 가정한다).

- 보유하고 있는 사과의 수 → int numOfApples;
- 판매 수익 → int myMoney;

이번에는 과일장수의 행위인 과일의 판매를 함수로 표현해보겠다.

```
int SaleApples(int money)      // 사과 구매액이 함수의 인자로 전달
{
    int num = money/1000;      // 사과가 개당 1000원이라고 가정
    numOfApples -= num;        // 사과의 수가 줄어들고,
    myMoney += money;          // 판매 수익이 발생한다.
    return num;                // 실제 구매가 발생한 사과의 수를 반환
}
```

이렇게 해서 과일장수 객체를 구성하게 되는 변수와 함수가 마련되었으니, 이제 이들을 묶어서 객체로 실체화하는 일만 남았다.

✚ '과일장수'의 정의와 멤버변수의 상수화에 대한 논의

객체를 생성하기에 앞서 객체의 생성을 위한 '틀(mold)'을 먼저 만들어야 한다. 이는 현실 세계에서 물건을 만들기 위해 틀을 짜는 행위에 비유할 수 있다. 겨울에 맛있게 먹는 붕어빵을 만들기 위해서는 붕어빵

의 '틀'이 필요하다. 마찬가지로 '나' 또는 '과일장수' 객체를 생성하기 위해서는 이 둘을 위한 틀을 먼저 만들어야 하는데, 위에서 마련해놓은 함수와 변수를 이용해서 틀을 만들면 다음의 형태가 된다.

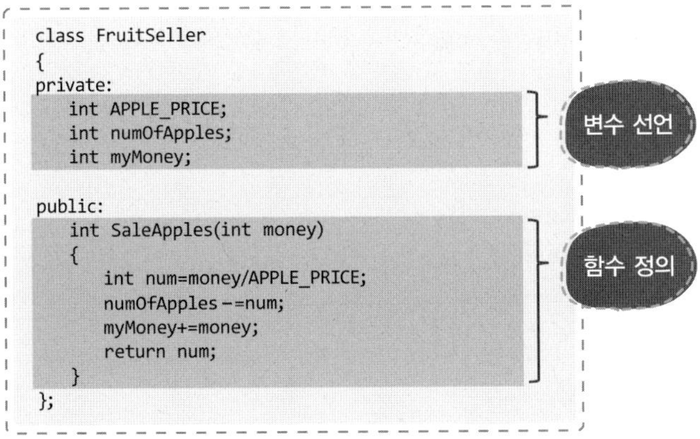

```
class FruitSeller
{
private:
    int APPLE_PRICE;              변수 선언
    int numOfApples;
    int myMoney;

public:
    int SaleApples(int money)
    {
        int num=money/APPLE_PRICE;   함수 정의
        numOfApples-=num;
        myMoney+=money;
        return num;
    }
};
```

▶ [그림 03-2: 틀의 정의]

그렇다! 이는 여러분이 잘 아는 클래스의 정의이다. 즉, FruitSeller라는 이름의 클래스가 과일장수의 틀이 되는 것이다. 그런데 우리는 과일장수에게 다음과 같은 질문을 할 수도 있다.

"오늘 과일 좀 많이 파셨어요?"

그러면 과일장수는 다음과 같이 대답을 할 것이다.

"2,000원 벌었어, 남은 사과는 18개이고 말이야!"

그래서 이러한 '대화에 사용되는 함수'와 '변수를 초기화하는데 사용하는 함수'를 추가해서 과일장수의 틀을 다음과 같이 완성하겠다.

```
class FruitSeller
{
private:
    int APPLE_PRICE;      // 사과의 가격
    int numOfApples;
    int myMoney;

public:
    void InitMembers(int price, int num, int money)
    {
        APPLE_PRICE=price;
        numOfApples=num;
        myMoney=money;
    }
```

```cpp
    int SaleApples(int money)
    {
        int num=money/APPLE_PRICE;
        numOfApples-=num;
        myMoney+=money;
        return num;    // 판매한 과일의 수를 반환
    }
    void ShowSalesResult()
    {
        cout<<"남은 사과: "<<numOfApples<<endl;
        cout<<"판매 수익: "<<myMoney<<endl;
    }
};
```

위의 틀(클래스 정의)에서 사과의 가격을 의미하는 멤버변수 APPLE_PRICE의 이름을 대문자로 구성한 이유는 다음과 같은 가정의 결과이다.

"사과의 판매가격은 일정하다."

즉, 가격을 상수라고 가정한 것이다. 보통 하루를 기준으로 사과의 판매가가 변하는 일은 없으니(떨이가 있긴 하지만), 상수로 가정하는 것도 일리는 있다. 따라서 다음과 같이 const 선언을 하여 실수로 값의 변경이 일어나는 일을 막았으면 좋겠다.

```cpp
const int APPLE_PRICE=1000;
```

하지만 이는 불가능하다. 클래스의 멤버변수 선언문에서 초기화까지 하는 것을 허용하지 않기 때문이다. 따라서 다음과 같이라도 선언했으면 좋겠다. 그래서 객체를 생성한 다음에 InitMembers 함수의 호출을 통해서라도 상수 값을 초기화했으면 좋겠다.

```cpp
const int APPLE_PRICE;
```

그러나 이 역시 불가능하다. 상수는 선언과 동시에 초기화되어야 하기 때문이다. 즉, 현재 우리로서는 APPLE_PRICE를 상수로 선언할 방법이 없다.

일단, 여기서는 멤버변수의 상수화에 대해서 이야기를 꺼낸 것에 만족하자. 그리고 이에 대한 답을 아직 찾지 못했다는 것만 기억하기 바란다. 우리는 이후에 생성자를 공부하면서 이에 대한 답도 찾을 것이다.

참고

일단은 private으로!

FruitSeller의 멤버변수는 여전히 private으로 선언하고 있다. 이들을 private으로 선언하는 이유는 다음 Chapter에서 설명이 된다.

✚ '나(me)'를 표현하는 클래스의 정의

이제 '나(me)'를 표현하기 위한 클래스를 정의할 차례인데, 이는 과일 구매자를 뜻하는 것이니, 클래스의 이름을 FruitBuyer라 하겠다. 그렇다면 FruitBuyer 클래스에는 어떠한 변수들과 함수들로 채워져야 할까? 먼저 데이터적인 측면을 바라보자. 구매자에게 있어서 가장 중요한 것은 돈! 이다. 돈이 있어야 구매가 가능하기 때문이다. 그리고 구매를 했다면 해당 물품을 소유하게 된다. 따라서 다음의 두 변수를 FruitBuyer 클래스의 멤버변수로 생각해 볼 수 있다.

- 소유하고 있는 현금의 액수 → int myMoney;
- 소유하고 있는 사과의 수 → int numOfApples;

자! 이제 기능적 측면을 생각해 볼 차례이다. 과일 구매자가 지녀야 할 기능은 '과일의 구매'이다. 따라서 이 기능을 담당할 함수를 클래스에 추가해야 한다. 이 함수의 이름을 BuyApple이라 하면, FruitBuyer 클래스는 다음과 같이 정의가 된다.

```cpp
class FruitBuyer
{
    int myMoney;        // private:
    int numOfApples;    // private:
public:
    void InitMembers(int money)
    {
        myMoney=money;
        numOfApples=0;      // 사과구매 이전이므로!
    }
    void BuyApples(FruitSeller &seller, int money)
    {
        numOfApples+=seller.SaleApples(money);
        myMoney-=money;
    }
    void ShowBuyResult()
    {
        cout<<"현재 잔액: "<<myMoney<<endl;
        cout<<"사과 개수: "<<numOfApples<<endl;
    }
};
```

위의 클래스에 선언된 두 변수 myMoney와 numOfApples에는 private이나 public과 같은 선언이 존재하지 않음을 알 수 있다. 그러나 클래스는 아무런 선언이 존재하지 않을 때 private으로 간주된다고 하지 않았는가(구조체는 public)! 즉, 이 둘은 private이다(구조체였다면 public). 이렇듯 클래스를 정의할 때, private 선언을 목적으로 접근제어 지시자를 생략하는 경우가 흔히 있으니, 그 의미를 기억하기 바란다.

클래스 기반의 두 가지 객체생성 방법

우리는 지금 막 두 개의 클래스를 정의하였다. 그렇다면 객체를 생성하지 않고, 이 두 클래스 안에 존재하는 변수에 접근하고, 함수를 호출하는 것이 가능할까? 언뜻 가능할 것처럼 보이기도 한다. 그러나 이들은 '실체(다시 말해서 객체)'가 아닌 '틀'이다. 따라서 접근도 호출도 불가능하다. 이는 자동차의 엔진과 자동차의 외형을 생산할 수 있는 틀이 있다고 해서, 이들을 타고 달릴 수 없는 것과 같은 이치이다. 자! 그럼 이제 우리가 해야 할 일은 앞서 정의한 클래스를 실체화시키는 것이다. 즉, 객체화시키는 것이다. 다음은 C++에서 정의하고 있는 두 가지 객체생성 방법이다. 이는 기본 자료형 변수의 선언방식과 동일함을 보이는 것이니 당황할 필요 없다.

```
ClassName objName;                      // 일반적인 변수의 선언방식
ClassName * ptrObj=new ClassName;       // 동적 할당방식(힙 할당방식)
```

즉, 우리가 정의한 FruitSeller 클래스와 FruitBuyer 클래스의 객체 생성방식은 다음과 같다.

```
FruitSeller seller;
FruitBuyer buyer;
```

그리고 이를 동적으로 할당하려면 다음과 같이 생성하면 된다.

```
FruitSeller * objPtr1=new FruitSeller;
FruitBuyer * objPtr2=new FruitBuyer;
```

이로써 기본적인 클래스의 정의방법과 객체의 생성방법, 그리고 클래스와 객체의 의미를 모두 설명하였다.

사과장수 시뮬레이션 완료!

이제 예제를 완성할 차례이다. 이 예제가 특히 의미를 갖는 이유는 두 객체가 서로 대화를 하기 때문이다. 그럼 객체는 어떻게 대화를 주고받는지 예제를 통해서 확인해보자.

❖ FruitSaleSim1.cpp

```
1.  #include <iostream>
2.  using namespace std;
3.
4.  class FruitSeller
5.  {
6.  private:
```

```cpp
7.      int APPLE_PRICE;
8.      int numOfApples;
9.      int myMoney;
10.
11. public:
12.     void InitMembers(int price, int num, int money)
13.     {
14.         APPLE_PRICE=price;
15.         numOfApples=num;
16.         myMoney=money;
17.     }
18.     int SaleApples(int money)
19.     {
20.         int num=money/APPLE_PRICE;
21.         numOfApples-=num;
22.         myMoney+=money;
23.         return num;
24.     }
25.     void ShowSalesResult()
26.     {
27.         cout<<"남은 사과: "<<numOfApples<<endl;
28.         cout<<"판매 수익: "<<myMoney<<endl<<endl;
29.     }
30. };
31.
32. class FruitBuyer
33. {
34.     int myMoney;         // private:
35.     int numOfApples;         // private:
36.
37. public:
38.     void InitMembers(int money)
39.     {
40.         myMoney=money;
41.         numOfApples=0;
42.     }
43.     void BuyApples(FruitSeller &seller, int money)
44.     {
45.         numOfApples+=seller.SaleApples(money);
46.         myMoney-=money;
47.     }
48.     void ShowBuyResult()
49.     {
50.         cout<<"현재 잔액: "<<myMoney<<endl;
51.         cout<<"사과 개수: "<<numOfApples<<endl<<endl;
52.     }
53. };
```

```
54.
55.   int main(void)
56.   {
57.       FruitSeller seller;
58.       seller.InitMembers(1000, 20, 0);
59.       FruitBuyer buyer;
60.       buyer.InitMembers(5000);
61.       buyer.BuyApples(seller, 2000);      // 과일의 구매!
62.
63.       cout<<"과일 판매자의 현황"<<endl;
64.       seller.ShowSalesResult();
65.       cout<<"과일 구매자의 현황"<<endl;
66.       buyer.ShowBuyResult();
67.       return 0;
68.   }
```

- 34, 35행: 클래스 내에서 접근제어 지시자가 생략되었으니, 이 둘은 private으로 간주된다.
- 45행: 과일장수를 대상으로 과일의 구매를 목적으로 SaleApples 함수를 호출하고 있다.
- 61행: 이 예제에서 어렵게 느껴질 수 있는 부분이다. BuyApples은 사과의 구매 기능을 담당하는 함수이다. 즉, 이 함수 내에서 사과의 구매가 완성되어야 한다. 그렇다면 생각해 보자. 사과를 구매하는데 있어서 필요한 것 두 가지가 무엇인가? FruitBuyer 클래스 안에 존재하지 않지만 필요한 것 말이다. 그것은 바로 '구매대상'과 '구매금액'이다. 그래서 이 둘의 정보가 인자로 전달되도록 함수가 정의되었다.

❖ 실행결과: FruitSaleSim1.cpp

위 예제에서 45행과 61행을 특히 주목해서 보자. 이는 코드의 흐름 이상의 것을 담고 있으니 주목해서 볼 필요가 있다. 이어서 이 부분에 대한 설명을 추가로 진행하겠다.

╋객체간의 대화 방법(Message Passing 방법)

위 예제 FruitSaleSim1.cpp의 45행을 보면, FruitBuyer 객체에 존재하는 함수 내에서 FruitSeller 객체의 함수 SaleApples를 호출하고 있다. 그런데 이 한 문장은 현실세계에서 다음과 같이 반영이 된다.

"seller 아저씨, 사과 2,000원어치 주세요"

뭔가 느껴지는 것이 없는가? 이는 객체지향에서 매우 중요한 의미를 갖는다. 앞서 필자가 다음과 같이 이야기했던 것을 기억하는가?

" '나'라는 객체가 '과일장수'라는 객체로부터 '과일' 객체를 구매하는 행위도 그대로 표현할 수 있다."

즉, FruitSaleSim1.cpp의 45행은 FruitBuyer 객체가 FruitSeller 객체에게 다음과 같은 메시지를 전달하는 상황이다.

"seller 아저씨, 사과 2,000원어치 주세요"

이처럼 하나의 객체가 다른 하나의 객체에게 메시지를 전달하는 방법은(어떠한 행위의 요구를 위한 메시지 전달) 함수호출을 기반으로 한다. 그래서 객체지향에서는 이러한 형태의 함수호출을 가리켜 '메시지 전달(Message Passing)'이라 한다.

> **참 고** — 관계를 형성하는 둘 이상의 클래스
>
> 하나의 독립된 클래스를 정의하는 것은 쉽다. 그러나 둘 이상의 클래스를 정의하되, 위 예제에서 보여준 것처럼 관계를 형성해서 정의하는 것은 쉽지 않다. 하지만 이는 매우 중요하다. 단순히 함수호출로 이해하면 별 것 아니지만, 메시지 전달의 관점에서 보면 이는 매우 중요하다.

03 : 프로그래밍 문제의 답안

문제 03-1의 답안

❖ 소스코드 답안

```cpp
1.  #include <iostream>
2.  using namespace std;
3.
4.  struct Point
5.  {
6.      int xpos;
7.      int ypos;
8.
9.      void MovePos(int x, int y)
10.     {
11.         xpos+=x;
12.         ypos+=y;
13.     }
14.     void AddPoint(const Point &pos)
15.     {
16.         xpos+=pos.xpos;
17.         ypos+=pos.ypos;
18.     }
19.     void ShowPosition()
20.     {
21.         cout<<"["<<xpos<<" ,"<<ypos<<"]"<<endl;
22.     }
23. };
24.
25. int main(void)
26. {
27.     Point pos1={12, 4};
28.     Point pos2={20, 30};
29.
30.     pos1.MovePos(-7, 10);
31.     pos1.ShowPosition();
32.
33.     pos1.AddPoint(pos2);
34.     pos1.ShowPosition();
35.     return 0;
36. }
```

문제 03-2의 답안

▶ 문제 1

❖ 소스코드 답안

```cpp
1.  #include <iostream>
2.  using namespace std;
3.
4.  class Calculator
5.  {
6.  private:
7.      int numOfAdd;
8.      int numOfMin;
9.      int numOfMul;
10.     int numOfDiv;
11. public:
12.     void Init();
13.     double Add(double num1, double num2);
14.     double Min(double num1, double num2);
15.     double Mul(double num1, double num2);
16.     double Div(double num1, double num2);
17.     void ShowOpCount();
18. };
19.
20. void Calculator::Init()
21. {
22.     numOfAdd=0;
23.     numOfMin=0;
24.     numOfMul=0;
25.     numOfDiv=0;
26. }
27. double Calculator::Add(double num1, double num2)
28. {
29.     numOfAdd++;
30.     return num1+num2;
31. }
32. double Calculator::Min(double num1, double num2)
33. {
34.     numOfMin++;
35.     return num1-num2;
36. }
37. double Calculator::Mul(double num1, double num2)
38. {
39.     numOfMul++;
40.     return num1*num2;
41. }
42. double Calculator::Div(double num1, double num2)
43. {
44.     numOfDiv++;
45.     return num1/num2;
46. }
47. void Calculator::ShowOpCount()
48. {
49.     cout<<"덧셈: "<<numOfAdd<<' ';
50.     cout<<"뺄셈: "<<numOfMin<<' ';
51.     cout<<"곱셈: "<<numOfMul<<' ';
52.     cout<<"나눗셈: "<<numOfDiv<<endl;
53. }
54.
55. int main(void)
56. {
57.     Calculator cal;
```

```
58.        cal.Init();
59.        cout<<"3.2 + 2.4 = "<<cal.Add(3.2, 2.4)<<endl;
60.        cout<<"3.5 / 1.7 = "<<cal.Div(3.5, 1.7)<<endl;
61.        cout<<"2.2 - 1.5 ="<<cal.Min(2.2, 1.5)<<endl;
62.        cout<<"4.9 / 1.2 ="<<cal.Div(4.9, 1.2)<<endl;
63.        cal.ShowOpCount();
64.        return 0;
65. }
```

▶ 문제 2

❖ 소스코드 답안

```
1.  #include <iostream>
2.  #include <cstring>
3.  using namespace std;
4.
5.  class Printer
6.  {
7.  private:
8.      char str[30];
9.  public:
10.     void SetString(char* s);
11.     void ShowString();
12. };
13.
14. void Printer::SetString(char* s)
15. {
16.     strcpy(str, s);
17. }
18. void Printer::ShowString()
19. {
20.     cout<<str<<endl;
21. }
22.
23. int main(void)
24. {
25.     Printer pnt;
26.     pnt.SetString("Hello world!");
27.     pnt.ShowString();
28.
29.     pnt.SetString("I love C++");
30.     pnt.ShowString();
31.     return 0;
32. }
```

Chapter 04

클래스의 완성

Chapter 03을 통해서 일단 클래스에 발은 들여놓았다. 그러나 이제부터가 시작이다. 이번 Chapter에서는 객체지향의 중요 요소인 '정보은닉'과 '캡슐화'에 대해 이야기한다. 앞서 제시한 예제에서는 멤버변수를 private으로 선언하지 않았는가? 이제 그 이유를 설명할 차례이다.

04-1 : 정보은닉(Information Hiding)

우리는 객체의 생성을 목적으로 클래스를 디자인한다. 그렇다면 좋은 클래스가 되기 위한 조건으로는 어떤 것들이 있을까? 여기에는 '정보은닉'과 '캡슐화'가 있다. 이는 좋은 클래스가 되기 위한 최소한의 조건이다.

✚ 정보은닉의 이해

윈도우의 그림판 프로그램을 실행하면 오른쪽 그림에서 보이는 것과 같은 다양한 형태의 도형을 그릴 수 있다. 그런데 이와 유사한 성격의 프로그램을 C++을 이용해서 구현한다고 가정해 보자. 그럼 다양한 종류의 클래스를 정의해야 할 것이다. 특히 다음과 같이 점의 위치좌표를 표현하는 목적의 클래스는 기본적으로 필요하다.

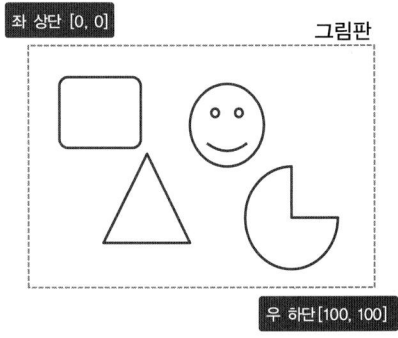

```
class Point
{
public:
    int x;      // 0이상 100이하
    int y;      // 0이상 100이하
};
```

우리는 위의 클래스를 가지고 정보은닉에 대한 이야기를 진행하고자 한다. 일단 위의 클래스에서 멤버변수 x와 y의 범위는 0이상 100이하이고, 좌 상단 좌표가 [0, 0], 우 하단의 좌표가 [100, 100]이라고 가정하자. 그리고 다음 예제를 관찰하자. 이 예제는 Point 클래스의 멤버변수가 public으로 선언되었을 때 발생할 수 있는 문제점을 보이고 있다.

❖ RectangleFault.cpp

```
1.  #include<iostream>
2.  using namespace std;
3.
4.  class Point
5.  {
6.  public:
7.      int x;      // x좌표의 범위는 0이상 100이하
```

```
8.      int y;      // y좌표의 범위는 0이상 100이하
9.  };
10.
11. class Rectangle
12. {
13. public:
14.     Point upLeft;
15.     Point lowRight;
16.
17. public:
18.     void ShowRecInfo()
19.     {
20.         cout<<"좌 상단: "<<'['<<upLeft.x<<", ";
21.         cout<<upLeft.y<<']'<<endl;
22.         cout<<"우 하단: "<<'['<<lowRight.x<<", ";
23.         cout<<lowRight.y<<']'<<endl<<endl;
24.     }
25. };
26.
27. int main(void)
28. {
29.     Point pos1={-2, 4};
30.     Point pos2={5, 9};
31.     Rectangle rec={pos2, pos1};
32.     rec.ShowRecInfo();
33.     return 0;
34. }
```

- 4행: 점을 표현한 Point 클래스의 멤버변수 x, y는 public으로 선언되어서 어디서든 접근이 가능하다.
- 11행: Rectangle 클래스는 직사각형을 표현한 것이다. 그런데 직사각형은 두 개의 점으로 표현이 가능하므로, 두 개의 Point 객체를 멤버로 두었다. 이렇듯 클래스의 멤버로 객체를 둘 수 있다.
- 29, 30행: 직사각형을 표현할 두 개의 Point 객체를 생성하였다. 이렇듯 멤버변수가 public으로 선언되면, 구조체 변수를 초기화하듯이 초기화가 가능하다.
- 31행: 위에서 생성한 Point 객체를 이용해서 Rectangle 객체를 생성 및 초기화하고 있다.

❖ 실행결과: RectangleFault.cpp

```
좌 상단: [5, 9]
우 하단: [-2, 4]
```

우선 여러분에게 생소할 수 있는 31행의 문장을 조금 보충하겠다. 다음 문장을 보자. 이는 Rectangle 클래스의 객체 rec의 생성 문장이다.

   Rectangle rec;

이 문장에 의해서 생성되는 객체는 메모리상에 다음의 형태로 존재한다.

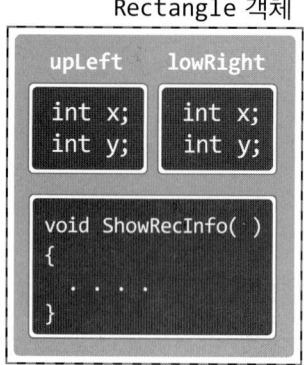

▶ [그림 04-1: 메모리상의 Rectangle 객체]

위 그림에서 보이듯이 Rectangle 객체 안에는 두 개의 Point 객체가 포함되어 있다. 이렇듯 객체가 멤버로 등장한다고 해서 특별히 달라지는 건 없다. 그럼 이제 다음 문장의 실행결과도 알 수 있을 것이다.

   Rectangle rec={pos2, pos1};

위의 문장은 객체를 생성하고 초기화하는 문장이다. 즉, 미리 생성해 놓은 두 개의 Point 객체에 저장된 값이 Rectangle 객체의 멤버에 대입이 된다.

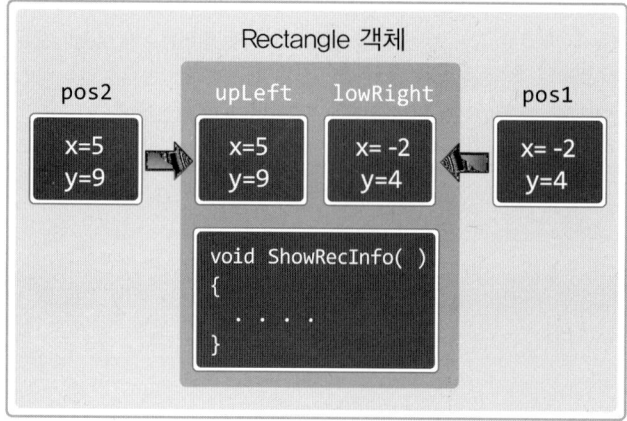

▶ [그림 04-2: Rectangle 객체의 초기화]

이제 위 예제의 흐름을 모두 파악했을 것이다. 그렇다면 어떠한 문제가 있는지 지적해보자.

- 점의 좌표는 0이상 100이하가 되어야 하는데, 그렇지 못한 Point 객체가 있다.
- 직사각형을 의미하는 Rectangle 객체의 좌 상단 좌표 값이 우 하단 좌표 값보다 크다.

점의 좌표 값은 0이상 100이하가 되어야 유효하다. 하지만 위의 예제는 이를 지키지 않았다. 이러한 문제는 프로그래머의 실수에서 발생하는 경우가 대부분이다. 뿐만 아니라, 좌 상단의 좌표 값이 우 하단의 좌표 값보다 큰 걸로 봐서, 두 좌표의 값이 서로 바뀐 듯하다. 이 역시 실수로 볼 수 있다. 그렇다면 이렇게 실수를 범한 프로그래머를 탓해야 할까? 아니다. 실수는 누구나 할 수 있다. 하지만 다음의 사실은 탓을 해야 한다.

"프로그래머의 실수에 대한 대책이 하나도 준비되어 있지 않다!"

프로그래머가 실수를 했을 때, 이는 어떻게든 발견되어야 한다. 하지만 위에서 보인 실수는 쉽게 발견이 안 된다. 문법적으로 문제가 없기 때문에 컴파일러는 위의 코드를 문제삼지 않기 때문이다. 0이상 100이하의 값이 입력되어야 한다거나, 우 하단의 좌표 값이 더 커야 한다는 제한은 프로그램의 개발과정에서 등장한 것이다. 때문에 **제한된 방법으로의 접근만 허용을 해서 잘못된 값이 저장되지 않도록 도와야 하고, 또 실수를 했을 때, 실수가 쉽게 발견되도록 해야 한다.** 어떻게 해야 이러한 것이 가능하겠는가? 다음의 변경된 Point 클래스를 보자.

❖ Point.h

```
1.  #ifndef __POINT_H_
2.  #define __POINT_H_
3.
4.  class Point
5.  {
6.  private:
7.      int x;
8.      int y;
9.
10. public:
11.     bool InitMembers(int xpos, int ypos);
12.     int GetX() const;
13.     int GetY() const;
14.     bool SetX(int xpos);
15.     bool SetY(int ypos);
16. };
17. #endif
```

C++ 프로그래밍

먼저 멤버변수 x와 y를 private으로 선언해서 임의로 값이 저장되는 것을 막아놓았다. 즉, x와 y라는 정보를 은닉한 상황이다. 대신에 값의 저장 및 참조를 위한 함수를 추가로 정의하였다. 따라서 이 함수 내에서 멤버변수에 저장되는 값을 제한할 수 있게 되었다. 그럼 이 함수들이 어떻게 정의되어 있는지 살펴보자.

❖ Point.cpp

```
1.  #include <iostream>
2.  #include "Point.h"
3.  using namespace std;
4.
5.  bool Point::InitMembers(int xpos, int ypos)
6.  {
7.      if(xpos<0 || ypos<0)
8.      {
9.          cout<<"벗어난 범위의 값 전달"<<endl;
10.         return false;
11.     }
12.
13.     x=xpos;
14.     y=ypos;
15.     return true;
16. }
17.
18. int Point::GetX() const     // const 함수!
19. {
20.     return x;
21. }
22.
23. int Point::GetY() const     // const 함수에 대해서는 잠시 후에 설명
24. {
25.     return y;
26. }
27.
28. bool Point::SetX(int xpos)
29. {
30.     if(0>xpos || xpos>100)
31.     {
32.         cout<<"벗어난 범위의 값 전달"<<endl;
33.         return false;
34.     }
35.     x=xpos;
36.     return true;
37. }
38. bool Point::SetY(int ypos)
39. {
```

```
40.     if(0>ypos || ypos>100)
41.     {
42.         cout<<"벗어난 범위의 값 전달"<<endl;
43.         return false;
44.     }
45.     y=ypos;
46.     return true;
47. }
```

먼저, 멤버변수에 값을 저장하는 함수 InitMembers, SetX, SetY는 0이상 100이하의 값이 전달되지 않으면, 에러 메시지를 출력하면서 값의 저장을 허용하지 않는 형태로 정의되었다. 따라서 잘못된 값이 저장되지 않을뿐더러, 값이 잘못 전달되는 경우 출력된 메시지를 통해서 문제가 있음을 확인할 수 있다. 물론 프로그램의 성격과 내용에 따라서 문제 상황을 표현 및 처리하는 방법은 달라질 수 있다. 자! 그럼 결론을 하나 내리겠다.

"멤버변수를 private으로 선언하고, 해당 변수에 접근하는 함수를 별도로 정의해서, 안전한 형태로 멤버 변수의 접근을 유도하는 것이 바로 '정보은닉'이며, 이는 좋은 클래스가 되기 위한 기본조건이 된다!"

참고로, 위의 코드를 보면 변수의 이름이 XXX일 때, 다음과 같이 함수의 이름이 GetXXX, SetXXX로 정의된 함수들을 볼 수 있다.

```
int GetX() const;
bool SetX(int xpos);

int GetY() const;
bool SetY(int ypos);
```

이들을 가리켜 '엑세스 함수(access function)'라 하는데, 이들은 멤버변수를 private으로 선언하면서 클래스 외부에서의 멤버변수 접근을 목적으로 정의되는 함수들이다. 이후에 제시하는 완전한 예제를 통해서도 알 수 있겠지만, 이들 함수는 정의되었으되 호출되지 않는 경우도 많다.

"그럼 호출되지 않을 함수를 왜 정의하나요?"

클래스를 정의할 때 호출될 함수들 위주로 멤버함수를 구성하는 것은 분명 맞다! 그러나 클래스의 정의과정에서 지금 당장은 필요하지 않지만, 필요할 수 있다고 판단되는 함수들도 더불어 멤버에 포함시키는 경우도 많다. 대표적인 예가 위에서 보인 '엑세스 함수'들이다. 그러니 이후에 필자가 제시하는 클래스들 중에서 호출되지 않지만 삽입된 함수가 있다면, 이러한 맥락에서 이해하기 바란다. 그럼 이어서 정보가 은닉된 Rectangle 클래스를 제시하겠다.

❖ Rectangle.h

```
1.  #ifndef __RECTANGLE_H_
2.  #define __RECTANGLE_H_
3.
4.  #include "Point.h"
5.
6.  class Rectangle
7.  {
8.  private:
9.      Point upLeft;
10.     Point lowRight;
11.
12. public:
13.     bool InitMembers(const Point &ul, const Point &lr);
14.     void ShowRecInfo() const;
15. };
16. #endif
```

Rectangle 클래스도 멤버변수를 private으로 선언하고, 멤버의 초기화를 위한 별도의 함수를 추가하였다. 이 함수 내에서는 좌 상단과 우 하단의 좌표가 뒤바뀌는 것을 검사하는 내용이 담겨있다. 그럼 어떻게 검사를 진행하는지 직접 확인해보자.

❖ Rectangle.cpp

```
1.  #include <iostream>
2.  #include "Rectangle.h"
3.  using namespace std;
4.
5.  bool Rectangle::InitMembers(const Point &ul, const Point &lr)
6.  {
7.      if(ul.GetX()>lr.GetX() || ul.GetY()>lr.GetY())
8.      {
9.          cout<<"잘못된 위치정보 전달"<<endl;
10.         return false;
11.     }
12.     upLeft=ul;
13.     lowRight=lr;
14.     return true;
15. }
16.
17. void Rectangle::ShowRecInfo() const
18. {
19.     cout<<"좌 상단: "<<'['<<upLeft.GetX()<<", ";
```

```
20.        cout<<upLeft.GetY()<<']'<<endl;
21.        cout<<"우 하단: "<<'['<<lowRight.GetX()<<", ";
22.        cout<<lowRight.GetY()<<']'<<endl<<endl;
23. }
```

앞서 말했듯이 오류상황에 대한 처리의 방법은 프로그램의 성격 및 내용에 따라 달라질 수 있으니, 함수를 통해서 멤버변수의 접근에 제한을 두었다는 사실에 주목하기 바란다. 그리고 직사각형의 정보를 출력하는 함수에도 const 선언이 추가되었는데, 이와 관련해서는 잠시 후에 바로 이어서 설명을 하겠다. 이제 마지막으로 위의 클래스들을 대상으로 정의된 main 함수를 소개하겠다.

❖ RectangleFaultFind.cpp

```
1.  #include<iostream>
2.  #include "Point.h"
3.  #include "Rectangle.h"
4.  using namespace std;
5.
6.  int main(void)
7.  {
8.      Point pos1;
9.      if(!pos1.InitMembers(-2, 4))
10.         cout<<"초기화 실패"<<endl;
11.     if(!pos1.InitMembers(2, 4))
12.         cout<<"초기화 실패"<<endl;
13.
14.     Point pos2;
15.     if(!pos2.InitMembers(5, 9))
16.         cout<<"초기화 실패"<<endl;
17.
18.     Rectangle rec;
19.     if(!rec.InitMembers(pos2, pos1))
20.         cout<<"직사각형 초기화 실패"<<endl;
21.
22.     if(!rec.InitMembers(pos1, pos2))
23.         cout<<"직사각형 초기화 실패"<<endl;
24.
25.     rec.ShowRecInfo();
26.     return 0;
27. }
```

C++ 프로그래밍

모든 초기화 함수들이 초기화의 실패 여부에 따라서 true 또는 false를 반환하도록 정의했기 때문에, 함수를 호출한 영역에서 성공여부를 확인하고 그에 따른 조치를 취할 수 있다. 비록 위에서는 초기화의 실패를 알리는 목적의 문자열을 출력하는 정도로 예제를 작성했지만, 좌표정보를 프로그램 사용자로부터 입력 받는 예제였다면, 정상적인 좌표의 입력을 재 요청할 수도 있는 상황이다.

❖ 실행결과: Point.h, Point.cpp, Rectangle.h, Rectangle.cpp, RectangleFaultFind.cpp

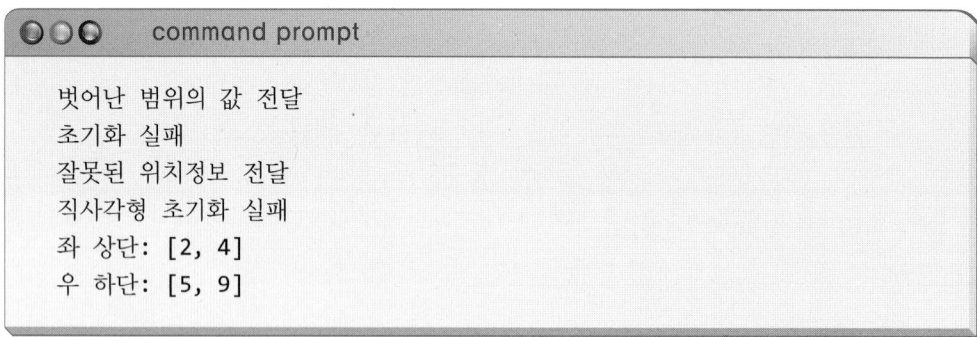

✚ const 함수

앞서 보인 예제 Point.h와 Rectangle.h에 선언된 다음 함수들에는 const 선언이 추가되어 있다.

```
int GetX() const;
int GetY() const;
void ShowRecInfo() const;
```

이 const는 다음 내용을 선언하는 것이다.

 "이 함수 내에서는 멤버변수에 저장된 값을 변경하지 않겠다!"

매개변수도 아니고, 지역변수도 아닌, 멤버변수에 저장된 값을 변경하지 않겠다는 선언이다. 따라서 const 선언이 추가된 멤버함수 내에서 멤버변수의 값을 변경하는 코드가 삽입되면, 컴파일 에러가 발생한다. 이렇게 함수를 const로 선언하면, 실수로 자신의 의도와 다르게 멤버변수의 값을 변경했을 때, 컴파일 에러를 통해서 이를 확인할 수 있다. 따라서 이는 프로그래머의 실수를 최소화하기 위한 매우 의미 있는 선언이다. 그런데 이러한 const 함수에는 또 다른 특징이 있다. 이는 다음 코드를 통해서 설명하겠다.

```
class SimpleClass
{
private:
```

```cpp
        int num;

    public:
        void InitNum(int n)
        {
            num=n;
        }
        int GetNum()       // const 선언이 추가되어야 아래의 컴파일 에러 소멸
        {
            return num;
        }
        void ShowNum() const
        {
            cout<<GetNum()<<endl;      // 컴파일 에러 발생
        }
    };
```

위의 클래스 정의에서 ShowNum 함수는 const 함수로 선언되었다. 그리고 실제로 함수 내에서는 멤버변수 num의 값을 변경하지 않는다. 그럼에도 불구하고 GetNum 함수를 호출하는 문장에서 컴파일 에러가 발생한다. 분명 GetNum 함수도 멤버변수의 값을 변경하지 않음에도 불구하고 에러가 발생한다. 이유는 다음과 같다.

"const 함수 내에서는 const가 아닌 함수의 호출이 제한된다!"

const로 선언되지 않은 함수는 아무리 멤버변수에 저장된 값을 변경하지 않더라도, 변경할 수 있는 능력을 지닌 함수이다. 따라서 이러한 변경이 가능한 함수의 호출을 아예 허용하지 않는 것이다. 이와 유사한 특성을 설명하기 위해서 예제를 하나 더 보이겠다.

```cpp
    class EasyClass
    {
    private:
        int num;
    public:
        void InitNum(int n)
        {
            num=n;
        }
        int GetNum()       // const 선언이 추가되어야 아래의 컴파일 에러 소멸
        {
            return num;
        }
    };
```

```cpp
class LiveClass
{
private:
    int num;
public:
    void InitNum(const EasyClass &easy)
    {
        num=easy.GetNum();      // 컴파일 에러 발생
    }
};
```

위의 클래스 정의에서 InitNum 함수의 매개변수 easy는 'const 참조자'이다. 그런데 이를 대상으로 GetNum 함수를 호출하면 컴파일 에러가 발생한다. 이는 GetNum이 const 함수가 아니기 때문이다. C++에서는 const 참조자를 대상으로 값의 변경 능력을 가진 함수의 호출을 허용하지 않는다(실제 값의 변경여부에 상관없이). 따라서 const 참조자를 이용해서는 const 함수만 호출이 가능하다.

어떤가? const 선언을 한번 사용하기 시작하면, 이것 저곳에 많이 추가될 것 같은 생각이 들지 않는가? 하지만 **그만큼 여러분이 작성한 코드의 안전성은 높아질 것이다.**

문 제 04-1 [정보은닉과 const]

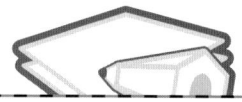

Chapter 03에서 제시한 과일장수 시뮬레이션 예제 FruitSaleSim1.cpp에서 정의한 두 클래스의 멤버변수는 private으로 선언이 되어있다. 그러나 다음 조건을 유지할 수 있는 장치는 아무것도 되어있지 않다.

- 사과의 구매를 목적으로 0보다 작은 수를 전달할 수 없다.

위의 제약사항을 항상 만족시킬 수 있도록 예제를 변경하고, 예제의 안전성을 높일 수 있도록 일부 함수를 const로 선언해보자.

04-2 : 캡슐화(Encapsulation)

정보은닉에 대한 이야기가 나왔으니, 캡슐화에 대한 이야기를 빼 놓을 수 없다. 이 둘은 객체지향 기반의 클래스 설계에서 가장 기본이면서도 가장 중요한 원칙들이기 때문이다.

✚ 콘택600을 아시나요?

"걸렸구나! 하면 콘택600"이라는 광고문구를 기억하는지 모르겠다. 2008년에 이뤄진 부평구약사회의 조사 결과에 따르면 콘택600을 콧물감기약으로 정확히 알고 있는 주민은 38.5%에 지나지 않았으며, 나머지는 종합감기약 또는 두통, 몸살 그리고 기침감기약으로 알고 있는 것으로 나타났다. 그런데 이는 코와 관련 있는 증상의 감기약이다. 필자의 경우, 군복무 시절에 계절성 알레르기 비염의 완화를 위해서 이 약을 복용하였는데, 효과가 괜찮았던 것으로 기억한다.

여러분은 저자가 C++을 이야기하다 말고, 갑자기 무슨 꿩궈먹는 소리인가 싶을 것이다. 그런데 필자는 콘택600을 예로 들면서 캡슐화를 설명하려고 하니, 그림을 통해서 콘택600이 어떻게 생겼는지 관찰을 좀 하기 바란다.

✚ 콘택600에 숨겨져 있는 캡슐화와 캡슐화의 중요성

캡슐화를 콘택600에 비유하는 이유는 많은 학생들이 캡슐화와 정보은닉의 차이를 이해하지 못하기 때문이다. 따라서 이 비유를 통해서 필자가 말하고자 하는 바를 정확히 이해하기 바란다. 하나의 캡슐로 이뤄져 있는 콘택600이 복용자에게 제공되는 기능은 "재채기, 콧물, 코막힘"의 완화이다. 그런데 이러한 콘택600이 재채기용 캡슐, 콧물용 캡슐, 그리고 코막힘용 캡슐로 나눠져 있다면, 그래서 코감기에 걸렸을 때, 총 세 알의 캡슐을 복용해야 한다면, 이는 캡슐화가 성립되지 않는 상황이다. 그런데 콘택600은 '코감기의 강력한 처방'이라는 하나의 목적 하에 둘 이상의 기능이 모여서 하나의 목적을 달성하고 있다. 다시 말해서 캡슐화가 되어있는 상황이다. 그렇다면 이러한 캡슐화가 중요한 이유는 어디에 있을까? 이는 예제를 통해서 여러분에게 설명을 하겠다.

❖ Encaps1.cpp

```
1.  #include <iostream>
2.  using namespace std;
3.
```

```cpp
4.   class SinivelCap    // 콧물 처치용 캡슐
5.   {
6.   public:
7.       void Take() const {cout<<"콧물이 싹~ 납니다."<<endl;}
8.   };
9.
10.  class SneezeCap     // 재채기 처치용 캡슐
11.  {
12.  public:
13.      void Take() const {cout<<"재채기가 멎습니다."<<endl;}
14.  };
15.
16.  class SnuffleCap    // 코막힘 처치용 캡슐
17.  {
18.  public:
19.      void Take() const {cout<<"코가 뻥 뚫립니다."<<endl;}
20.  };
21.
22.  class ColdPatient
23.  {
24.  public:
25.      void TakeSinivelCap(const SinivelCap &cap) const {cap.Take();}
26.      void TakeSneezeCap(const SneezeCap &cap) const {cap.Take();}
27.      void TakeSnuffleCap(const SnuffleCap &cap) const{cap.Take();}
28.  };
29.
30.  int main(void)
31.  {
32.      SinivelCap scap;
33.      SneezeCap zcap;
34.      SnuffleCap ncap;
35.
36.      ColdPatient sufferer;
37.      sufferer.TakeSinivelCap(scap);
38.      sufferer.TakeSneezeCap(zcap);
39.      sufferer.TakeSnuffleCap(ncap);
40.      return 0;
41.  }
```

- 4, 10, 16행: 콧물, 재채기, 코막힘용 캡슐을 클래스로 정의하였다(물론 매우 간단히 정의하였다).
- 22행: 감기환자를 클래스로 간단히 정의하였다. 이 환자는 감기의 치료를 위해서 앞서 정의한 클래스의 객체를 복용해야 한다.
- 37~39행: 코감기의 처치를 위해서 콧물, 재채기, 코막힘을 치료하기 위한 캡슐을 순서대로 복용하고 있다.

❖ 실행결과: Encaps1.cpp

```
콧물이 싹~ 납니다.
재채기가 멎습니다.
코가 뻥 뚫립니다.
```

위 예제에 다음 내용을 가정해버리면, 캡슐화가 무너진 대표적인 사례가 된다.

"코감기는 항상 콧물, 재채기, 코막힘을 동반한다."

제일 먼저 눈으로 확인 가능한 문제점은 복용의 절차가 너무 복잡하다는데 있다. 코감기는 항상 콧물, 재채기, 코막힘을 동반하므로 위 예제 37~39행의 복용 과정을 항상 거쳐야만 한다. 그런데 이를 콘택600처럼 하나의 캡슐로 만들어 놓았다면(캡슐화 해 놓았다면), 37~39행의 복용 과정이 훨씬 간소화된다. 그런데 이보다도 큰 문제가 있다. 만약에 필자가 다음과 같은 가정을 한다면(이렇듯 진행순서가 중요한 상황은 얼마든지 있다), 위의 클래스 설계는 매우 위험한 구조가 될 수밖에 없다.

"약의 복용은 반드시 SinivelCap, SneezeCap, SnuffleCap 순으로 이뤄져야 한다."

이제 약의 복용을 위해서는 SinivelCap, SneezeCap, SnuffleCap 클래스들의 상호관계도 매우 잘 알아야 하는 상황에 놓였다. 만약에 순서가 틀어지면 부작용이라는 무서운 결과를 초래하기 때문이다. 정리하면, 캡슐화가 무너지면 객체의 활용이 매우 어려워진다. 뿐만 아니라, 캡슐화가 무너지면 클래스 상호관계가 복잡해지기 때문에 이는 프로그램 전체의 복잡도를 높이는 결과로 이어진다.

➕ 콘택600의 구현을 통한 캡슐화의 정확한 이해

캡슐화가 필요한 이유를 개념적으로 이해하였으니, 이번에는 이를 코드상에서 확인해 보겠다. 예제 Encaps1.cpp에 정의된 클래스에 캡슐화라는 처방을 내려보자!

❖ Encaps2.cpp

```
1.  #include <iostream>
2.  using namespace std;
3.
4.  class SinivelCap    // 콧물 처치용 캡슐
5.  {
6.  public:
7.      void Take() const {cout<<"콧물이 싹~ 납니다."<<endl;}
8.  };
```

```
9.
10. class SneezeCap      // 재채기 처치용 캡슐
11. {
12. public:
13.     void Take() const {cout<<"재채기가 멎습니다."<<endl;}
14. };
15.
16. class SnuffleCap     // 코막힘 처치용 캡슐
17. {
18. public:
19.     void Take() const {cout<<"코가 뻥 뚫립니다."<<endl;}
20. };
21.
22. class CONTAC600
23. {
24. private:
25.     SinivelCap sin;
26.     SneezeCap sne;
27.     SnuffleCap snu;
28.
29. public:
30.     void Take() const
31.     {
32.         sin.Take();
33.         sne.Take();
34.         snu.Take();
35.     }
36. };
37.
38. class ColdPatient
39. {
40. public:
41.     void TakeCONTAC600(const CONTAC600 &cap) const { cap.Take(); }
42. };
43.
44. int main(void)
45. {
46.     CONTAC600 cap;
47.     ColdPatient sufferer;
48.     sufferer.TakeCONTAC600(cap);
49.     return 0;
50. }
```

- 22행: 캡슐화가 되어있는 코 감기약 CONTAC600 클래스가 정의되어 있다.
- 38행: 이전 예제와 비교해서 ColdPatient 클래스가 매우 간결해졌음을 알 수 있다. 이는 이 클래스와 관련 있는 CONTAC600 클래스의 적절한 캡슐화의 결과이다.

- 48행: 약의 복용 역시 매우 간결해졌음을 알 수 있다. 그리고 이제는 약의 복용순서를 고민하지 않아도 된다. 약의 복용순서가 바뀌어도 ColdPatient 클래스의 입장에서는 고민할 필요가 없다. 30행에 정의되어 있는 take 함수 내에서만 변경이 발생하기 때문이다.

실행결과는 이전 예제와 동일하므로 생략하겠다. 참고로, 캡슐화를 한다고 해서 하나의 클래스로만 모든 것을 구성해야 하는 것은 아니다. 위 예제에서 보이듯이 다른 클래스를 활용해도 된다. CONTAC600 클래스가 SinivelCap, SneezeCap, SnuffleCap 객체를 멤버로 둔 것처럼 말이다. 문제는 어떻게 구성을 하느냐가 아니고, 어떠한 내용으로 구성을 하느냐에 있다.

✚ 그럼, 제대로 캡슐화하려면 기침, 몸살, 두통까지 넣어야 하지 않나요?

당연히 이런 질문을 할 수 있다. 그런데 이에 대한 논의에 앞서 여러분께 드리고 싶은 질문이 있다. 여러분은 캡슐화가 쉽게 느껴지는가? 어렵게 느껴지는가? 관련 있는 함수와 변수를 하나의 클래스 안에 묶는 것이 캡슐화이므로(결론적으로는 그렇다), 별로 어렵게 느껴지지 않을 수 있다. 그러나 **캡슐화는 어려운 개념이다. 왜냐하면 캡슐화의 범위를 결정하는 일이 쉽지 않기 때문이다.** 제대로 캡슐화를 하려면 기침, 몸살, 두통까지 넣어야 하지 않느냐는 질문도 캡슐화의 범위와 관련이 있는 문제이기 때문에 쉽게 답을 할 수 없다.

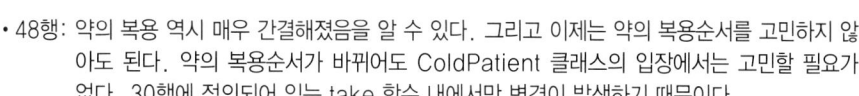

정보를 은닉시키기는 쉽다. 그러나 캡슐화는 어렵다.

경험 많은 객체지향 프로그래머를 구분하는 첫 번째 기준은 캡슐화이다. 캡슐화는 일관되게 적용할 수 있는 단순한 개념이 아니고, 구현하는 프로그램의 성격과 특성에 따라서 적용하는 범위가 달라지는, 흔히 하는 말로 정답이란 것이 딱히 없는 개념이기 때문이다.

캡슐화를 위해서 과연 CONTAC600 클래스에 기침, 몸살, 두통까지 넣어야 할까? 이에 대한 답변은 상황에 따라 달라지므로, 몇 가지 상황을 가정하여 답변을 제시해 보겠다. 먼저 다음 상황을 가정하여 이야기해 보자.

"감기는 코감기, 목감기, 몸살감기가 항상 함께 동반된다."

이러한 경우에는 CONTAC600 클래스 역시 캡슐화가 적절히 이뤄지지 않은 클래스로 평가 받을 수 있다. 코감기, 목감기, 몸살감기가 항상 함께 동반된다는 것은 CONTAC600이외의 클래스가 항시 필요

C++ 프로그래밍

하다는 뜻이 되므로, Encaps1.cpp에서 보인 상황을 그대로 연출하게 된다. 따라서 이러한 경우에는 CONTAC600 클래스가 종합감기약으로 거듭나야 한다. 그럼 이번에는 다음 상황을 가정하여 이야기해 보자. 이는 훨씬 더 애매모호한 상황이다.

"감기는 코감기, 목감기, 몸살감기가 함께 동반되기도 하고, 개별적으로 진행되기도 한다."

이 경우에는 답을 내릴 수 없다. 보다 구체적인 정보와 가정이 필요하다. 종합감기약이 답일 수도 있고, 목 감기약, 코 감기약, 몸살 감기약이 별도로 존재하는 것이 답일 수도 있다. 그래서 클래스를 캡슐화시키는 능력은 오랜 시간을 두고 다양한 사례를 접하면서 길러져야 한다.

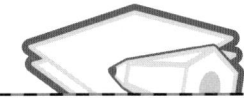

캡슐화에는 정보은닉이 기본적으로 포함된다.

캡슐화는 감싸는 개념이다. 그런데 감싸려면 안전하게 감싸야 한다. 다시 말해서 이왕이면 멤버변수가 보이지 않게 정보를 은닉해서 감싸는 것이 좋다. 그래서 캡슐화는 기본적으로 정보은닉을 포함하는 개념이라고도 이야기한다. 그러나 지금 여러분에겐 이 둘을 별개의 개념으로 접근하고 이해하는 것이 우선이다.

문 제 04-2 [다양한 클래스의 정의]

다음의 Point 클래스를 기반으로 하여(활용하여) 원을 의미하는 Circle 클래스를 정의하자.

```cpp
class Point
{
private:
    int xpos, ypos;
public:
    void Init(int x, int y)
    {
        xpos=x;
        ypos=y;
    }
    void ShowPointInfo() const
    {
        cout<<"["<<xpos<<", "<<ypos<<"]"<<endl;
```

        }
    };

Circle 객체에는 좌표상의 위치 정보(원의 중심좌표)와 반지름의 길이 정보를 저장 및 출력할 수 있어야 한다. 그리고 여러분이 정의한 Circle 클래스를 기반으로 Ring 클래스도 정의하자. 링은 두 개의 원으로 표현 가능하므로(바깥쪽 원과 안쪽 원), 두 개의 Circle 객체를 기반으로 정의가 가능하다. 참고로 안쪽 원과 바깥쪽 원의 중심좌표가 동일하다면 두께가 일정한 링을 표현하는 셈이 되며, 중심좌표가 동일하지 않다면 두께가 일정하지 않은 링을 표현하는 셈이 된다. 이렇게 해서 클래스의 정의가 완료되었다면, 다음 main 함수를 기반으로 실행을 시키자.

```
int main(void)
{
    Ring ring;
    ring.Init(1, 1, 4, 2, 2, 9);
    ring.ShowRingInfo();
    return 0;
}
```

Init의 함수호출을 통해서 전달된 1, 1, 4는 안쪽 원의 정보에 해당하며(순서대로 X좌표, Y좌표, 반지름), 이어서 전달된 2, 2, 9는 바깥쪽 원의 정보에 해당한다(순서대로 X좌표, Y좌표, 반지름). 그리고 실행결과는 다음과 같거나 유사해야 한다.

[실행의 예]

```
Inner Circle Info...
radius: 4
[1, 1]
Outter Circle Info...
radius: 9
[2, 2]
```

참고로 하나의 클래스를 정의하더라도, 항상 캡슐화를 고민하기 바란다. 이 문제의 답안도 캡슐화에 대한 고민여부에 따라서 차이를 보일 수 있다.

04-3 : 생성자(Constructor)와 소멸자(Destructor)

지금까지는 객체를 생성하고 객체의 멤버변수 초기화를 목적으로 InitMembers라는 이름의 함수를 정의하고 호출하였다. 정보은닉을 목적으로 멤버변수들을 private으로 선언했으니 이는 어쩔 수 없는 일이다. 그러나 이는 여간 불편한 게 아니다. 다행히 '생성자'라는 것을 이용하면 객체도 생성과 동시에 초기화할 수 있다.

✚ 생성자의 이해

생성자의 이해를 위해서 간단한 클래스 하나를 정의하겠다.

```cpp
class SimpleClass
{
private:
    int num;
public:
    SimpleClass(int n)     // 생성자(constructor)
    {
        num=n;
    }
    int GetNum() const
    {
        return num;
    }
};
```

위의 클래스 정의에서 다음의 형태를 띠는 함수가 있다.

- 클래스의 이름과 함수의 이름이 동일하다.
- 반환형이 선언되어 있지 않으며, 실제로 반환하지 않는다.

이러한 유형의 함수를 가리켜 '생성자(constructor)'라 하며, 이는 다음의 특징을 갖는다.

"객체 생성시 딱 한번 호출된다."

이전에 생성자를 정의하지 않았을 때, 우리는 다음과 같은 방식으로 객체를 생성하였다.

```
SimpleClass sc;                              // 전역, 지역 및 매개변수의 형태
SimpleClass * ptr = new SimpleClass;         // 동적 할당의 형태
```

그러나 생성자가 정의되었으니, 객체생성과정에서 자동으로 호출되는 생성자에게 전달할 인자의 정보를 다음과 같이 추가해야 한다.

```
SimpleClass sc(20);                          // 생성자에 20을 전달
SimpleClass * ptr = new SimpleClass(30);     // 생성자에 30을 전달
```

사실 생성자는 어렵지 않다. 따라서 지금 설명한 내용을 바탕으로 예제를 통해서 다음 두 가지 사실을 추가로 설명하겠다.

- 생성자도 함수의 일종이니 오버로딩이 가능하다.
- 생성자도 함수의 일종이니 매개변수에 '디폴트 값'을 설정할 수 있다.

그럼 예제를 최대한 간단히 작성하여, 이 두 가지 사실도 함께 보이겠다.

❖ Constructor1.cpp

```
1.  #include <iostream>
2.  using namespace std;
3.
4.  class SimpleClass
5.  {
6.  private:
7.      int num1;
8.      int num2;
9.  public:
10.     SimpleClass()
11.     {
12.         num1=0;
13.         num2=0;
14.     }
15.     SimpleClass(int n)
16.     {
17.         num1=n;
18.         num2=0;
19.     }
20.     SimpleClass(int n1, int n2)
21.     {
22.         num1=n1;
23.         num2=n2;
24.     }
25.
```

```
26.     /*
27.     SimpleClass(int n1=0, int n2=0)
28.     {
29.         num1=n1;
30.         num2=n2;
31.     }
32.     */
33.
34.     void ShowData() const
35.     {
36.         cout<<num1<<' '<<num2<<endl;
37.     }
38. };
39.
40. int main(void)
41. {
42.     SimpleClass sc1;
43.     sc1.ShowData();
44.
45.     SimpleClass sc2(100);
46.     sc2.ShowData();
47.
48.     SimpleClass sc3(100, 200);
49.     sc3.ShowData();
50.     return 0;
51. }
```

❖ 실행결과: Constructor1.cpp

```
command prompt
0 0
100 0
100 200
```

우선 컴파일 및 실행결과를 통해서 생성자의 오버로딩이 가능하다는 사실을 확인할 수 있다. 그리고 10, 15, 20행에 정의되어 있는 생성자를 모두 주석처리하고, 대신에 27행에 정의되어 있는 생성자의 주석을 해제해서 컴파일 및 실행을 하면, 매개변수의 디폴트 값 설정도 가능함을 확인할 수 있다(실행결과는 물론 동일하다). 참고로 다른 생성자를 주석처리 하지 않고, 27행의 생성자까지 주석을 해제하면, 컴파일 시 다음과 같은 오류메시지를 접하게 된다.

"어떤 생성자를 호출할지 아주 애매모호합니다."

오류의 원인이 무엇인지 알겠는가? 다음과 같이 객체를 생성하면,

```
SimpleClass sc2(100);
```

15행에 정의된 생성자도 호출이 가능하고, 27행에 정의된 생성자도 호출이 가능하기 때문에 호출할 생성자를 결정 못해서 발생하는 에러이다. 그럼 이어서 생성자를 하나씩 설명하겠다(설명이 조금 중복되긴 하지만). 먼저 15행에 정의된 생성자를 보자. 이 생성자는 int형 데이터를 인자로 요구하므로, 이 생성자를 이용해서 객체를 생성하려면 다음과 같이 문장을 구성해야 한다.

```
SimpleClass sc2(100);                         // 전역 및 지역변수의 형태
SimpleClass * ptr2=new SimpleClass(100);      // 동적 할당의 형태
```

그리고 20행에 정의된 생성자를 이용해서 객체를 생성하려면 다음과 같이 문장을 구성해야 한다.

```
SimpleClass sc3(100, 200);
SimpleClass * ptr3=new SimpleClass(100, 200);
```

그러나 10행에 정의된 생성자를 이용해서 객체를 생성하기 위해, 다음과 같이 문장을 구성하면 안 된다.

```
SimpleClass sc1();                            (×)
```

대신 다음과 같이 구성을 해야 한다.

```
SimpleClass sc1;                              (○)
SimpleClass * ptr1=new SimpleClass;           (○)
SimpleClass * ptr1=new SimpleClass();         (○)
```

매개변수가 선언되어 있지 않으니, 다음과 같이 소괄호의 생략을 허용하는 것은 충분히 이해할 수 있다.

```
SimpleClass * ptr1=new SimpleClass;           (○)
```

그렇다면, 다음 문장도 허용을 해야 하는 게 아닌가?

```
SimpleClass sc1();                            (×)
```

이 문장을 허용할 수 없는 이유를 다음 예제를 통해서 보이겠으니, 일단 여러분 스스로 예제만 보고서 결론을 내려보기 바란다.

❖ Constructor2.cpp

```cpp
1.  #include <iostream>
2.  using namespace std;
3.
4.  class SimpleClass
5.  {
6.  private:
7.      int num1;
8.      int num2;
9.  public:
10.     SimpleClass(int n1=0, int n2=0)
11.     {
12.         num1=n1;
13.         num2=n2;
14.     }
15.     void ShowData() const
16.     {
17.         cout<<num1<<' '<<num2<<endl;
18.     }
19. };
20.
21. int main(void)
22. {
23.     SimpleClass sc1();      // 함수의 원형 선언!
24.     SimpleClass mysc=sc1();
25.     mysc.ShowData();
26.     return 0;
27. }
28.
29. SimpleClass sc1()
30. {
31.     SimpleClass sc(20, 30);
32.     return sc;
33. }
```

- 23행: main 함수 내에 지역적으로 함수의 원형이 선언되었다. 이는 29행에 정의되어 있는 함수의 호출을 위한 것이다.
- 24행: sc1 함수를 호출하여, 이 때 반환되는 객체의 값으로 mysc 객체를 초기화하고 있다.

❖ 실행결과: Constructor2.cpp

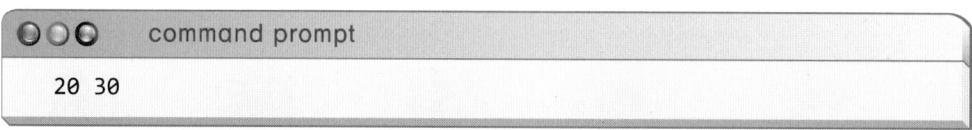

```
20 30
```

이제 이해가 되는가? 보통 함수의 원형은 전역적으로(함수 밖에) 선언하지만, 위 예제에서 보이듯이 함수 내에 지역적으로도 선언 가능하다. 그리고 위의 23행 문장은 이러한 함수의 원형 선언에 해당한다. 즉, 이 문장을 void형(인자를 받지 않는) 생성자의 호출문으로 인정해 버리면, 컴파일러는 이러한 문장을 만났을 때, 이것이 객체생성문인지 함수의 원형선언인지를 구분할 수 없게 된다. 그래서 이러한 유형의 문장은 객체생성이 아닌, 함수의 원형선언에만 사용하기로 약속하였다.

✚ 이전 예제에 대한 생성자의 활용

생성자가 무엇인지 알았으니, Chapter 03의 예제 FruitSaleSim1.cpp에 생성자를 적용해보겠다.

❖ FruitSaleSim2.cpp

```cpp
1.  #include <iostream>
2.  using namespace std;
3.
4.  class FruitSeller
5.  {
6.  private:
7.      int APPLE_PRICE;
8.      int numOfApples;
9.      int myMoney;
10. public:
11.     FruitSeller(int price, int num, int money)
12.     {
13.         APPLE_PRICE=price;
14.         numOfApples=num;
15.         myMoney=money;
16.     }
17.     int SaleApples(int money)
18.     {
19.         int num=money/APPLE_PRICE;
20.         numOfApples-=num;
21.         myMoney+=money;
22.         return num;
23.     }
24.     void ShowSalesResult() const
25.     {
26.         cout<<"남은 사과: "<<numOfApples<<endl;
27.         cout<<"판매 수익: "<<myMoney<<endl<<endl;
28.     }
29. };
30.
31. class FruitBuyer
32. {
33. private:
34.     int myMoney;
35.     int numOfApples;
```

```
36.    public:
37.        FruitBuyer(int money)
38.        {
39.            myMoney=money;
40.            numOfApples=0;
41.        }
42.        void BuyApples(FruitSeller &seller, int money)
43.        {
44.            numOfApples+=seller.SaleApples(money);
45.            myMoney-=money;
46.        }
47.        void ShowBuyResult() const
48.        {
49.            cout<<"현재 잔액: "<<myMoney<<endl;
50.            cout<<"사과 개수: "<<numOfApples<<endl<<endl;
51.        }
52. };
53.
54. int main(void)
55. {
56.     FruitSeller seller(1000, 20, 0);
57.     FruitBuyer buyer(5000);
58.     buyer.BuyApples(seller, 2000);
59.
60.     cout<<"과일 판매자의 현황"<<endl;
61.     seller.ShowSalesResult();
62.     cout<<"과일 구매자의 현황"<<endl;
63.     buyer.ShowBuyResult();
64.     return 0;
65. }
```

- 11행: 생성자가 추가되었다. 그리고 56행에서는 이 생성자를 기반으로 객체를 생성하고 있다.
- 37행: 역시 생성자가 추가되었다. 그리고 57행에서는 이 생성자를 기반으로 객체를 생성하고 있다.

❖ 실행결과: FruitSaleSim2.cpp

```
과일 판매자의 현황
남은 사과: 18
판매 수익: 2000

과일 구매자의 현황
현재 잔액: 3000
사과 개수: 2
```

참고로, 이전에 정의했던 InitMembers 함수를 지우지 않고, 생성자 내에서 이 함수를 호출하게끔 해도 된다. 그리고 실제로 생성자 내에서 멤버의 초기화를 목적으로 함수를 호출하기도 한다. 그럼 이어서 다음의 파일로 구성된, 앞서 제시한 예제에도 생성자를 적용해 보겠다.

- `Point.h, Point.cpp,` Point 클래스의 선언 및 정의
- `Rectangle.h, Rectangle.cpp` Rectangle 클래스의 선언 및 정의
- `RectangleFaultFind.cpp` 실행을 위한 main 함수의 정의

먼저 Point 클래스에 생성자를 적용해보겠다. 이는 그리 어렵지 않은 문제다. 일단 클래스의 선언을 다음과 같이 변경한다.

```
class Point
{
private:
    int x;
    int y;
public:
    Point(const int &xpos, const int &ypos);    // 생성자
    int GetX() const;
    int GetY() const;
    bool SetX(int xpos);
    bool SetY(int ypos);
};
```

그리고 위에 추가된 Point 생성자를 다음과 같이 정의하면 된다. 참고로 지금부터는 생성자의 설명에 초점을 맞추기 위해서, 조건에 맞지 않는 값이 전달된 상황의 대처를 위한 코드(값이 잘못 전달되었다는 메시지의 전달을 위한 cout 문장 등을 의미함)는 생략하겠다.

```
Point::Point(const int &xpos, const int &ypos)
{
    x=xpos;
    y=ypos;
}
```

하지만 Rectangle 클래스의 생성자 정의는 조금 더 생각을 해야 한다. Rectangle 클래스는 두 개의 Point 객체를 멤버로 지니고 있어서 Rectangle 객체가 생성되면, 두 개의 Point 객체가 함께 생성된다. 따라서 다음과 같은 생각을 하지 않을 수 없다.

"Rectangle 객체를 생성하는 과정에서 Point 클래스의 생성자를 통해서 Point 객체를 초기화할 수 없을까?"

C++ 프로그래밍

생성자는 멤버변수의 초기화를 목적으로 정의가 되니, 객체 생성과정에서의 생성자 호출은 객체의 초기화를 한결 수월하게 한다. 따라서 위와 같은 생각을 하지 않을 수 없다. 다행히 멤버 이니셜라이저 (member initializer)'라는 것을 사용하면 우리가 원하는 것을 할 수 있다.

■ '멤버 이니셜라이저(Member Initializer)'를 이용한 멤버 초기화

다음은 생성자가 추가된 Rectangle 클래스의 선언이다.

```
class Rectangle
{
private:
    Point upLeft;
    Point lowRight;
public:
    Rectangle(const int &x1, const int &y1, const int &x2, const int &y2);
    void ShowRecInfo() const;
};
```

생성자는 직사각형을 이루는 두 점의 정보를 직접 전달할 수 있게 정의하였다. 물론 이 정보를 통해서 두 개의 Point 객체가 초기화되어야 한다. 그럼 이어서 Rectangle 클래스의 생성자 정의를 보이겠다.

```
Rectangle::Rectangle(const int &x1, const int &y1, const int &x2, const int &y2)
        :upLeft(x1, y1), lowRight(x2, y2)
{
    // empty
}
```

이 중에서 다음의 내용이 '멤버 이니셜라이저'이다.

```
:upLeft(x1, y1), lowRight(x2, y2)
```

그리고 이것이 의미하는 바는 각각 다음과 같다.

"객체 upLeft의 생성과정에서 x1과 y1을 인자로 전달받는 생성자를 호출하라."

"객체 lowRight의 생성과정에서 x2와 y2을 인자로 전달받는 생성자를 호출하라."

이렇듯 멤버 이니셜라이저는 멤버변수로 선언된 객체의 생성자 호출에 활용된다. 그럼 Point, Rectangle 클래스와 관련해서 완성된 전체예제를 보이겠다.

❖ Point.h: 생성자 추가 버전

```
1.  #ifndef __POINT_H_
2.  #define __POINT_H_
3.
4.  class Point
5.  {
6.  private:
7.      int x;
8.      int y;
9.  public:
10.     Point(const int &xpos, const int &ypos);
11.     int GetX() const;
12.     int GetY() const;
13.     bool SetX(int xpos);
14.     bool SetY(int ypos);
15. };
16. #endif
```

❖ Point.cpp: 생성자 추가 버전

```
1.  #include <iostream>
2.  #include "Point.h"
3.  using namespace std;
4.
5.  Point::Point(const int &xpos, const int &ypos)
6.  {
7.      x=xpos;
8.      y=ypos;
9.  }
10.
11. int Point::GetX() const { return x; }
12. int Point::GetY() const { return y; }
13.
14. bool Point::SetX(int xpos)
15. {
16.     if(0>xpos || xpos>100)
17.     {
18.         cout<<"벗어난 범위의 값 전달"<<endl;
19.         return false;
20.     }
21.     x=xpos;
22.     return true;
23. }
24. bool Point::SetY(int ypos)
25. {
26.     if(0>ypos || ypos>100)
```

```
27.     {
28.         cout<<"벗어난 범위의 값 전달"<<endl;
29.         return false;
30.     }
31.     y=ypos;
32.     return true;
33. }
```

❖ Rectangle.h: 생성자 추가 버전

```
1.  #ifndef __RECTANGLE_H_
2.  #define __RECTANGLE_H_
3.
4.  #include "Point.h"
5.
6.  class Rectangle
7.  {
8.  private:
9.      Point upLeft;
10.     Point lowRight;
11. public:
12.     Rectangle(const int &x1, const int &y1, const int &x2, const int &y2);
13.     void ShowRecInfo() const;
14. };
15. #endif
```

❖ Rectangle.cpp: 생성자 추가 버전

```
1.  #include <iostream>
2.  #include "Rectangle.h"
3.  using namespace std;
4.
5.  Rectangle::Rectangle(const int &x1, const int &y1, const int &x2, const int &y2)
6.      :upLeft(x1, y1), lowRight(x2, y2)
7.  {
8.      // empty
9.  }
10.
11. void Rectangle::ShowRecInfo() const
12. {
13.     cout<<"좌 상단: "<<'['<<upLeft.GetX()<<", ";
14.     cout<<upLeft.GetY()<<']'<<endl;
15.     cout<<"우 하단: "<<'['<<lowRight.GetX()<<", ";
16.     cout<<lowRight.GetY()<<']'<<endl<<endl;
17. }
```

❖ RectangleConstructor.cpp

```
1.   #include<iostream>
2.   #include "Point.h"
3.   #include "Rectangle.h"
4.   using namespace std;
5.
6.   int main(void)
7.   {
8.       Rectangle rec(1, 1, 5, 5);
9.       rec.ShowRecInfo();
10.      return 0;
11.  }
```

이로써 제법 클래스다운 모습을 갖추었다. 참고로 멤버 이니셜라이저를 사용하다 보면, 생성자의 몸체 부분이 그냥 비는 일이 종종 발생하니, 이를 이상하게 여길 필요는 없다. 다음은 위의 파일들을 묶어서 실행했을 때의 실행결과이다.

❖ 실행결과: Point.h, Point.cpp, Rectangle.h, Rectangle.cpp, RectangleConstructor.cpp

```
좌 상단: [1, 1]
우 하단: [5, 5]
```

마지막으로 우리는 객체의 생성과정을 다음과 같이 정리할 수 있다.

- 1단계: 메모리 공간의 할당
- 2단계: 이니셜라이저를 이용한 멤버변수(객체)의 초기화
- 3단계: 생성자의 몸체부분 실행

C++의 모든 객체는 위의 세가지 과정을 순서대로 거쳐서 생성이 완성된다. 물론 이니셜라이저가 선언되지 않았다면, 메모리 공간의 할당과 생성자의 몸체부분의 실행으로 객체생성은 완성된다.

"그럼, 생성자도 정의되어 있지 않으면, 메모리 공간의 할당만으로 객체생성이 완료되겠네요?"

그건 아니다! 생성자는 이니셜라이저처럼 선택적으로 존재하는 대상이 아니다. 우리가 처음에 정의했던 클래스에는 생성자가 존재하지 않았다. 따라서 생성자는 있을 수도 있고, 없을 수도 있는 것으로 생

각하기 쉽다. 하지만 생성자는 반드시 호출이 된다. 우리가 생성자를 정의하지 않으면, '디폴트 생성자(default constructor)'라는 게 자동으로 삽입되어 호출이 되는데, 이와 관련해서는 잠시 후에 설명하겠다. 아직 이니셜라이저에 대한 이야기가 끝이 나지 않았기 때문이다.

✚ '멤버 이니셜라이저(Member Initializer)'를 이용한 변수 및 const 상수(변수) 초기화

'멤버 이니셜라이저'는 객체가 아닌 멤버의 초기화에도 사용할 수 있다. 이와 관련해서 소스코드를 하나 제시하겠다.

```
class SoSimple
{
private:
    int num1;
    int num2;
public:
    SoSimple(int n1, int n2) : num1(n1)
    {
        num2=n2;
    }
    . . . . .
};
```

위의 클래스에서 보이듯이 객체가 아닌 멤버변수도 이니셜라이저를 통해서 초기화가 가능하다. 이니셜라이저의 다음 문장은

```
num1(n1)
```

num1을 n1의 값으로 초기화하라는 뜻이 된다. 따라서 프로그래머는 생성자의 몸체에서 초기화 하는 방법과 이니셜라이저를 이용하는 초기화 방법 중에서 선택이 가능하다. 그러나 일반적으로 멤버변수의 초기화에 있어서는 이니셜라이저를 선호하는 편이다. 여기에는 다음 두 가지 이점이 있기 때문이다.

- 초기화의 대상을 명확히 인식할 수 있다.
- 성능에 약간의 이점이 있다.

많은 C++ 프로그래머들은 이니셜라이저가 더 명확한 표현이라고 생각한다(C++ 창시자의 의견이기도 하다). 그리고 성능상의 이점도 있는데, 이는 한참 뒤에서나 자세히 설명이 가능하다. 그러나 다음의 특징은 지금 이야기할 수 있다. 위의 코드에서 보인 다음의 초기화는,

```
num1(n1)
```

다음의 문장에 비유할 수 있다.

```
int num1=n1;
```

이니셜라이저를 통해서 초기화되는 멤버는 선언과 동시에 초기화가 이뤄지는 것과 같은 유형의 바이너리 코드를 구성하기 때문이다. 반면, 생성자의 몸체에서 보인 다음의 초기화는,

```
num2=n2;
```

다음의 두 문장에 비유할 수 있다.

```
int num2;
num2=n2;
```

즉, **이니셜라이저를 이용하면 선언과 동시에 초기화가 이뤄지는 형태로 바이너리 코드가 생성된다**. 반면, 생성자의 몸체부분에서 대입연산을 통한 초기화를 진행하면, 선언과 초기화를 각각 별도의 문장에서 진행하는 형태로 바이너리 코드가 생성된다. 그리고 우리는 이러한 사실로부터 다음의 가능성을 발견하게 된다. const 변수는 선언과 동시에 초기화해야 하기 때문이다.

"const 멤버변수도 이니셜라이저를 이용하면 초기화가 가능하다!"

그리고 이는 사실이다. 따라서 앞서 보인 예제 FruitSaleSim2.cpp에서 정의한 FruitSeller 클래스의 멤버변수 APPLE_PRICE는 const로 선언이 가능하다. 그럼 이니셜라이저를 이용하는 형태로 이 예제를 재 구현해 보겠다.

❖ FruitSaleSim3.cpp

```cpp
1.  #include <iostream>
2.  using namespace std;
3.
4.  class FruitSeller
5.  {
6.  private:
7.      const int APPLE_PRICE;
8.      int numOfApples;
9.      int myMoney;
10. public:
11.     FruitSeller(int price, int num, int money)
12.         : APPLE_PRICE(price), numOfApples(num), myMoney(money)
13.     {
14.     }
15.     int SaleApples(int money)
16.     {
17.         // 예제 FruitSaleSim2.cpp와 동일하므로 생략합니다.
18.     }
19.     void ShowSalesResult() const
```

```
20.     {
21.         // 예제 FruitSaleSim2.cpp와 동일하므로 생략합니다.
22.     }
23. };
24.
25. class FruitBuyer
26. {
27. private:
28.     int myMoney;
29.     int numOfApples;
30. public:
31.     FruitBuyer(int money)
32.         : myMoney(money), numOfApples(0)
33.     {
34.     }
35.     void BuyApples(FruitSeller &seller, int money)
36.     {
37.         // 예제 FruitSaleSim2.cpp와 동일하므로 생략합니다.
38.     }
39.     void ShowBuyResult() const
40.     {
41.         // 예제 FruitSaleSim2.cpp와 동일하므로 생략합니다.
42.     }
43. };
44.
45. int main(void)
46. {
47.     // 예제 FruitSaleSim2.cpp와 동일하므로 생략합니다.
48. }
```

코드의 상당부분이 이전예제와 중복되므로, 중복되는 부분은 생략을 하였다. 그리고 main 함수와 그에 따른 실행결과도 예제 FruitSaleSim2.cpp와 동일하므로 생략하였다. 하지만 위의 예제에서는, const 멤버변수가 이니셜라이저를 통해서 초기화가 가능하다는 사실만 확인하면 된다.

참고

const 변수와 const 상수

const는 변수를 상수화시키는 키워드이다. 따라서 const 선언에 의해서 상수화 된 변수를 가리켜 'const 변수'라고도 하고, 'const 상수'라고도 한다. 즉, 이 둘은 같은 의미로 상용이 된다.

✚ 이니셜라이저의 이러한 특징은 멤버변수로 참조자를 선언할 수 있게 합니다.

const 변수와 마찬가지로 '참조자'도 선언과 동시에 초기화가 이뤄져야 한다. 따라서 이니셜라이저를 이용하면 참조자도 멤버변수로 선언될 수 있다. 이러한 특성을 파악하기 위한 간단한 예제를 보이겠다.

❖ ReferenceMember.cpp

```
1.   #include <iostream>
2.   using namespace std;
3.
4.   class AAA
5.   {
6.   public:
7.       AAA()
8.       {
9.           cout<<"empty object"<<endl;
10.      }
11.      void ShowYourName()
12.      {
13.          cout<<"I'm class AAA"<<endl;
14.      }
15.  };
16.
17.  class BBB
18.  {
19.  private:
20.      AAA &ref;
21.      const int &num;
22.
23.  public:
24.      BBB(AAA &r, const int &n)
25.          : ref(r), num(n)
26.      { // empty constructor body
27.      }
28.      void ShowYourName()
29.      {
30.          ref.ShowYourName();
31.          cout<<"and"<<endl;
32.          cout<<"I ref num "<<num<<endl;
33.      }
34.  };
35.
36.  int main(void)
37.  {
38.      AAA obj1;
39.      BBB obj2(obj1, 20);
40.      obj2.ShowYourName();
```

```
41.        return 0;
42. }
```

- 9행: 38행의 객체생성시 실제로 생성자가 호출되는지 확인하기 위해서 삽입한 출력문이다.
- 20행: 참조자가 멤버변수로 선언되었다. 따라서 이니셜라이저를 통해서 초기화를 해야 한다.
- 21행: const 참조자가 선언되었다. 따라서 이니셜라이저를 통해서 정수형 상수로도 초기화가 가능하다.

❖ 실행결과: ReferenceMember.cpp

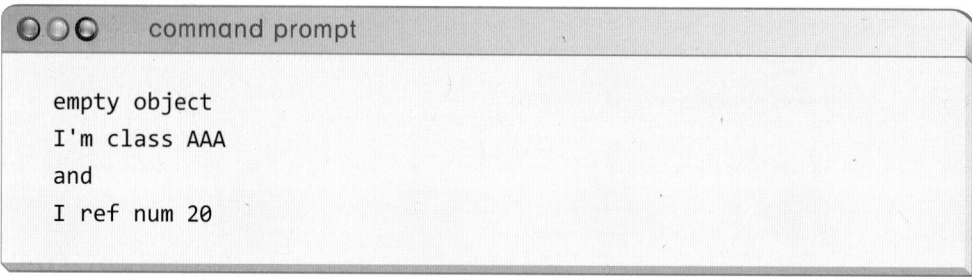

```
empty object
I'm class AAA
and
I ref num 20
```

참조자를 멤버변수로 선언하는 경우가 흔한 것은 아니다. 하지만 이와 유사한 코드를 보았을 때 그 의미를 이해할 수 있도록 이러한 세세한 내용까지 언급하였다.

➕디폴트 생성자(Default Constructor)

메모리 공간의 할당 이후에 생성자의 호출까지 완료되어야 '객체'라 할 수 있다. 즉, **객체가 되기 위해서는 반드시 하나의 생성자가 호출되어야 한다**. 그리고 이러한 기준에 예외를 두지 않기 위해서 생성자를 정의하지 않는 클래스에는 C++ 컴파일러에 의해서 디폴트 생성자라는 것이 자동으로 삽입된다. 그런데 디폴트 생성자는 인자를 받지 않으며, 내부적으로 아무런 일도 하지 않는 생성자이다. 따라서 다음과 같이 정의된 클래스는,

```
class AAA
{
private:
    int num;
public:
    int GetNum { return num; }
};
```

디폴트 생성자가 삽입되므로, 다음의 클래스 정의와 완전히 동일하다.

```
class AAA
{
private:
    int num;
public:
    AAA(){ }    // 디폴트 생성자
    int GetNum { return num; }
};
```

따라서, 모든 객체는 한번의 생성자 호출을 동반한다. 이는 new 연산자를 이용한 객체의 생성에도 해당하는 이야기다. 즉, 위의 클래스를 다음의 형태로 생성해도 객체의 생성과정에서 생성자가 호출된다.

```
AAA * ptr=new AAA;
```

단, 다음과 같이 new 연산자가 아닌, C언어의 malloc 함수를 대신 이용하면 생성자는 호출되지 않는다.

```
AAA * ptr=(AAA*)malloc(sizeof(AAA));
```

malloc 함수호출 시, 실제로는 AAA 클래스의 크기정보만 바이트 단위로 전달되기 때문에 생성자가 호출될 리 없다. 따라서 객체를 동적으로 할당하려는 경우에는 반드시 new 연산자를 이용해야 한다.

✚생성자 불일치

앞서 보인, 매개변수가 void형으로 선언되는 디폴트 생성자는, 생성자가 하나도 정의되어 있지 않을 때에만 삽입이 된다. 즉, 다음과 같이 정의된 클래스에는 디폴트 생성자가 삽입되지 않는다.

```
class SoSimple
{
private:
    int num;
public:
    SoSimple(int n) : num(n) { }
};
```

따라서 다음의 형태로는 객체생성이 가능하지만,

```
SoSimple simObj1(10);                        (○)
SoSimple * simPtr1=new SoSimple(2);          (○)
```

다음의 형태로는 객체생성이 불가능하다. 다음 문장에서 요구하는 생성자가 정의되지도, 자동으로 삽입 되지도 않았기 때문이다.

    SoSimple simObj2;   (×)
    SoSimple * simPtr2=new SoSimple;   (×)

따라서 위의 형태로 객체를 생성하기 원한다면, 다음의 형태로 생성자를 추가해야 한다.

    SoSimple() : num(0) { }

이로써 생성자에 대한 문법적인 설명은 어느 정도 정리가 되었다.

⁺private 생성자

앞서 보인 생성자들은 모두 public으로 선언되었다. 객체의 생성이 클래스의 외부에서 진행되기 때문에 생성자는 public으로 선언되어야 한다.

"그럼 클래스 내부에서 객체를 생성한다면, 생성자가 private으로 선언되어도 되는 건가요?"

그렇다! 그래서 클래스 내부에서만 객체의 생성을 허용하려는 목적으로 생성자를 private으로 선언하기도 한다. 그럼 생성자의 public과 private 선언에 따른 차이점을 확인하기 위한 예제를 제시하겠다.

❖ PrivateConstructor.cpp

```
1.  #include <iostream>
2.  using namespace std;
3.
4.  class AAA
5.  {
6.  private:
7.      int num;
8.  public:
9.      AAA() : num(0) {}
10.     AAA& CreateInitObj(int n) const
11.     {
12.         AAA * ptr=new AAA(n);
13.         return *ptr;
14.     }
15.     void ShowNum() const { cout<<num<<endl; }
16. private:
17.     AAA(int n) : num(n) {}
18. };
19.
20. int main(void)
```

```
21. {
22.     AAA base;
23.     base.ShowNum();
24.
25.     AAA &obj1=base.CreateInitObj(3);
26.     obj1.ShowNum();
27.
28.     AAA &obj2=base.CreateInitObj(12);
29.     obj2.ShowNum();
30.
31.     delete &obj1;
32.     delete &obj2;
33.     return 0;
34. }
```

- 9행: public 생성자가 정의되었다. 따라서 클래스 외부에서는 이 생성자를 기반으로 객체를 생성해야 한다.
- 10행: 함수 내에서, 17행에 정의된 private 생성자를 이용해서 AAA 객체를 생성 및 반환하고 있다.

❖ 실행결과: PrivateConstructor.cpp

```
command prompt

0
3
12
```

위 예제에서는 힙 영역에 생성된 객체를 참조의 형태로 반환하고 있다. 이는 앞서 설명한 '힙에 할당된 메모리 공간은 변수로 간주하여, 참조자를 통한 참조가 가능하다.'라는 사실을 다시 한번 확인시켜 준다. 그리고 위 예제에서는 단순히 private으로 선언된 생성자를 통해서도 객체의 생성이 가능함을 보였다(그 이상의 의미를 담고 있는 예제는 아니다). 하지만 private 생성자도 때로는 유용하게 사용이 된다. 특히 객체의 생성방법을 제한하고자 하는 경우에는 매우 유용하게 사용이 된다.

소멸자의 이해와 활용

객체생성시 반드시 호출되는 것이 생성자라면, 객체소멸시 반드시 호출되는 것은 소멸자이다. 소멸자는 다음의 형태를 갖는다.

- 클래스의 이름 앞에 '~'가 붙은 형태의 이름을 갖는다.

C++ 프로그래밍

- 반환형이 선언되어 있지 않으며, 실제로 반환하지 않는다.
- 매개변수는 void형으로 선언되어야 하기 때문에 오버로딩도, 디폴트 값 설정도 불가능하다.

예를 들어서 AAA라는 클래스가 정의되어 있다면, 다음의 형태를 갖춘 것이 소멸자이다.

~AAA() { . . . . }

이 소멸자는 객체소멸 과정에서 자동으로 호출이 된다. 그리고 프로그래머가 직접 소멸자를 정의하지 않으면, 디폴트 생성자와 마찬가지로 아무런 일도 하지 않는 디폴트 소멸자가 자동으로 삽입된다. 즉, 다음의 클래스 정의는,

```
class AAA
{
    // empty class
};
```

다음의 클래스 정의와 100% 동일하다.

```
class AAA
{
public:
    AAA() { }
    ~AAA() { }
};
```

이러한 소멸자는 대개 생성자에서 할당한 리소스의 소멸에 사용된다. 예를 들어서 생성자 내에서 new 연산자를 이용해서 할당해 놓은 메모리 공간이 있다면, 소멸자에서는 delete 연산자를 이용해서 이 메모리 공간을 소멸한다. 그럼 이와 관련해서 예제를 제시하겠다.

❖ Destructor.cpp

```
1.  #include <iostream>
2.  #include <cstring>
3.  using namespace std;
4.
5.  class Person
6.  {
7.  private:
8.      char * name;
9.      int age;
10. public:
11.     Person(char * myname, int myage)
```

```
12.     {
13.         int len=strlen(myname)+1;
14.         name=new char[len];
15.         strcpy(name, myname);
16.         age=myage;
17.     }
18.     void ShowPersonInfo() const
19.     {
20.         cout<<"이름: "<<name<<endl;
21.         cout<<"나이: "<<age<<endl;
22.     }
23.     ~Person()
24.     {
25.         delete []name;
26.         cout<<"called destructor!"<<endl;
27.     }
28. };
29.
30. int main(void)
31. {
32.     Person man1("Lee dong woo", 29);
33.     Person man2("Jang dong gun", 41);
34.     man1.ShowPersonInfo();
35.     man2.ShowPersonInfo();
36.     return 0;
37. }
```

- 13, 14행: 불필요한 메모리 공간의 낭비 또는 부족을 막기 위해서 문자열의 길이만큼 메모리 공간을 동적 할당하고 있다.
- 23행: 소멸자이다! 소멸자에는 생성자에서 할당한 메모리 공간의 소멸에 대한 코드가 삽입되어 있다.

❖ 실행결과: Destructor.cpp

```
이름: Lee dong woo
나이: 29
이름: Jang dong gun
나이: 41
called destructor!
called destructor!
```

C++ 프로그래밍

위 예제에서 보이듯이, 소멸자를 통해서 객체소멸과정에서 처리해야 할 일들을 자동으로 처리할 수 있다. 소멸자가 실제 사용이 되는 예는 위 예제에서 보여준 내용과 큰 차이가 없으니, 이 정도로 설명을 마무리하겠다.

문 제 04-3 [C++ 기반의 데이터 입출력]

▶ 문제 1

앞서 제시한 문제 04-2를 해결하였는가? 당시만 해도 생성자를 설명하지 않은 상황이기 때문에 별도의 초기화 함수를 정의 및 호출해서 Point, Circle, Ring 클래스의 객체를 초기화하였다. 이 때 구현한 답에 대해서 모든 클래스에 생성자를 정의해 보자.

▶ 문제 2(이 문제의 답안은 문제 05-1에서 사용되기 때문에 가지고 있어야 한다)

명함을 의미하는 NameCard 클래스를 정의해보자. 이 클래스에는 다음의 정보가 저장되어야 한다.
- 성명
- 회사이름
- 전화번호
- 직급

단, 직급 정보를 제외한 나머지는 문자열의 형태로 저장을 하되, 길이에 딱 맞는 메모리 공간을 할당 받는 형태로 정의하자(동적 할당하라는 의미이다). 그리고 직급 정보는 int형 멤버변수를 선언해서 저장을 하되, 아래의 enum 선언을 활용해야 한다.

```
enum {CLERK, SENIOR, ASSIST, MANAGER};
```

위의 enum 선언에서 정의된 상수는 순서대로 사원, 주임, 대리, 과장을 뜻한다. 그럼 다음 main 함수와 실행의 예를 참조하여, 이 문제에서 원하는 형태대로 NameCard 클래스를 완성해보자.

```cpp
int main(void)
{
    NameCard manClerk("Lee", "ABCEng", "010-1111-2222", COMP_POS::CLERK);
    NameCard manSENIOR("Hong", "OrangeEng", "010-3333-4444", COMP_POS::SENIOR);
    NameCard manAssist("Kim", "SoGoodComp", "010-5555-6666", COMP_POS::ASSIST);
    manClerk.ShowNameCardInfo();
    manSENIOR.ShowNameCardInfo();
    manAssist.ShowNameCardInfo();
    return 0;
}
```

[실행의 예]

```
이름: Lee
회사: ABCEng
전화번호: 010-1111-2222
직급: 사원

이름: Hong
회사: OrangeEng
전화번호: 010-3333-4444
직급: 주임

이름: Kim
회사: SoGoodComp
전화번호: 010-5555-6666
직급: 대리
```

참고로 이 문제의 해결을 위해서는 Chapter 03의 예제 RacingCarEnum.cpp를 참고하면 도움이 될 수 있다.

04-4 : 클래스와 배열 그리고 this 포인터

C언어를 공부하면서 구조체 배열을 선언해 본 적 있을 것이다. 그리고 구조체 포인터 배열도 선언해 본 적 있을 것이다. 객체 배열 및 객체 포인터 배열은 이와 유사하다.

C++ 프로그래밍

✚ 객체 배열

객체 기반의 배열은 다음의 형태로 선언한다(SoSimple이 클래스 이름이다).

```
SoSimple arr[10];
```

이를 동적으로 할당하는 경우에는 다음의 형태로 선언한다.

```
SoSimple * ptrArr=new SoSimple[10];
```

이러한 형태로 배열을 선언하면, 열 개의 SoSimple 객체가 모여서 배열을 구성하는 형태가 된다. 이렇듯 구조체 배열의 선언과 차이가 없다. 하지만 배열을 선언하는 경우에도 생성자는 호출이 된다. 단, 배열의 선언과정에서는 호출할 생성자를 별도로 명시하지 못한다(생성자에 인자를 전달하지 못한다). 즉, 위의 형태로 배열이 생성되려면 다음 형태의 생성자가 반드시 정의되어 있어야 한다.

```
SoSimple() { . . . . }
```

그리고 배열선언 이후에 각각의 요소를 여러분이 원하는 값으로 초기화시키길 원한다면, 일일이 초기화의 과정을 별도로 거쳐야 한다. 그럼 이전 예제에서 정의한 Person 클래스 기반의 예제를 통해서 객체 배열을 조금 더 살펴보겠다.

❖ ObjArr.cpp

```
1.  #include <iostream>
2.  #include <cstring>
3.  using namespace std;
4.
5.  class Person
6.  {
7.  private:
8.      char * name;
9.      int age;
10. public:
11.     Person(char * myname, int myage)
12.     {
13.         int len=strlen(myname)+1;
14.         name=new char[len];
15.         strcpy(name, myname);
16.         age=myage;
17.     }
18.     Person()
19.     {
20.         name=NULL;
21.         age=0;
22.         cout<<"called Person()"<<endl;
```

```
23.     }
24.     void SetPersonInfo(char * myname, int myage)
25.     {
26.         name=myname;
27.         age=myage;
28.     }
29.     void ShowPersonInfo() const
30.     {
31.         cout<<"이름: "<<name<<", ";
32.         cout<<"나이: "<<age<<endl;
33.     }
34.     ~Person()
35.     {
36.         delete []name;
37.         cout<<"called destructor!"<<endl;
38.     }
39. };
40.
41. int main(void)
42. {
43.     Person parr[3];
44.     char namestr[100];
45.     char * strptr;
46.     int age;
47.     int len;
48.
49.     for(int i=0; i<3; i++)
50.     {
51.         cout<<"이름: ";
52.         cin>>namestr;
53.         cout<<"나이: ";
54.         cin>>age;
55.         len=strlen(namestr)+1;
56.         strptr=new char[len];
57.         strcpy(strptr, namestr);
58.         parr[i].SetPersonInfo(strptr, age);
59.     }
60.     parr[0].ShowPersonInfo();
61.     parr[1].ShowPersonInfo();
62.     parr[2].ShowPersonInfo();
63.     return 0;
64. }
```

- 18행: 배열 생성시 필요한 생성자를 추가하였다.
- 24행: 원하는 데이터로의 초기화를 목적으로 정의된 함수이다.
- 49~59행: 반복문 안에서 이름과 나이 정보를 입력 받아서, 객체를 초기화하고 있다.

C++ 프로그래밍

❖ 실행결과: ObjArr.cpp

```
called Person()
called Person()
called Person()
이름: 한지수
나이: 21
이름: 양은정
나이: 31
이름: 이한영
나이: 34
이름: 한지수, 나이: 21
이름: 양은정, 나이: 31
이름: 이한영, 나이: 34
called destructor!
called destructor!
called destructor!
```

위의 실행결과를 통해서 객체 배열 생성시 void형 생성자가 호출됨을 확인할 수 있다. 그리고 배열 소멸 시에도 그 배열을 구성하는 객체의 소멸자가 호출됨을 확인할 수 있다.

✚ 객체 포인터 배열

객체 배열이 객체로 이뤄진 배열이라면, 객체 포인터 배열은 객체의 주소 값 저장이 가능한 포인터 변수로 이뤄진 배열이다. 이에 대한 소개를 위해서 앞서 보인 예제 ObjArr.cpp를 객체 포인터 배열 기반으로 변경해보겠다.

❖ ObjPtrArr.cpp

```
1.  #include <iostream>
2.  #include <cstring>
3.  using namespace std;
4.
5.  class Person
6.  {
7.      // 예제 ObjArr.cpp의 Person 클래스와 동일하므로 생략합니다.
8.  };
9.
10. int main(void)
11. {
```

```
12.     Person * parr[3];
13.     char namestr[100];
14.     int age;
15.
16.     for(int i=0; i<3; i++)
17.     {
18.         cout<<"이름: ";
19.         cin>>namestr;
20.         cout<<"나이: ";
21.         cin>>age;
22.         parr[i]=new Person(namestr, age);
23.     }
24.
25.     parr[0]->ShowPersonInfo();
26.     parr[1]->ShowPersonInfo();
27.     parr[2]->ShowPersonInfo();
28.     delete parr[0];
29.     delete parr[1];
30.     delete parr[2];
31.     return 0;
32. }
```

- 12행: 포인터 배열이 선언되었다. 이는 객체의 주소 값 3개를 저장할 수 있는 배열이다.
- 22행: 객체를 생성해서, 이 객체의 주소 값을 배열에 저장하고 있다.
- 28~31행: 총 3회에 걸쳐서 new 연산을 진행했으니, 총 3회에 걸쳐서 delete 연산을 진행해야 한다.

❖ 실행결과: ObjPtrArr.cpp

```
○○○             command prompt
이름: 안수희
나이: 31
이름: 이한오
나이: 39
이름: 강인한
나이: 19
이름: 안수희, 나이: 31
이름: 이한오, 나이: 39
이름: 강인한, 나이: 19
called destructor!
called destructor!
called destructor!
```

객체를 저장할 때에는 위의 예제에서 보인 두 가지 방법 중 하나를 택해야 한다. 즉, 저장의 대상을 객체로 하느냐, 객체의 주소 값으로 하느냐를 결정해야 한다. 그러니 위의 두 예제를 통해서 '객체 배열'과 '객체 포인터 배열'의 차이점을 정확히 이해하기 바란다.

✛this 포인터의 이해

멤버함수 내에서는 this라는 이름의 포인터를 사용할 수 있는데, 이는 객체 자신을 가리키는 용도로 사용되는 포인터이다. 그럼 간단한 예제를 통해서 this 포인터의 이해를 돕겠다. 여러분은 이 예제만 잘 관찰해도 this 포인터의 정체를 알 수 있을 것이다.

❖ PointerThis.cpp

```cpp
1.  #include <iostream>
2.  #include <cstring>
3.  using namespace std;
4.
5.  class SoSimple
6.  {
7.  private:
8.      int num;
9.  public:
10.     SoSimple(int n) : num(n)
11.     {
12.         cout<<"num="<<num<<", ";
13.         cout<<"address="<<this<<endl;
14.     }
15.     void ShowSimpleData()
16.     {
17.         cout<<num<<endl;
18.     }
19.     SoSimple * GetThisPointer()
20.     {
21.         return this;
22.     }
23. };
24.
25. int main(void)
26. {
27.     SoSimple sim1(100);
28.     SoSimple * ptr1=sim1.GetThisPointer();    // sim1 객체의 주소 값 저장
29.     cout<<ptr1<<", ";
30.     ptr1->ShowSimpleData();
31.
32.     SoSimple sim2(200);
```

```
33.     SoSimple * ptr2=sim2.GetThisPointer();    // sim2 객체의 주소 값 저장
34.     cout<<ptr2<<", ";
35.     ptr2->ShowSimpleData();
36.     return 0;
37. }
```

- 21행: this를 반환하고 있다. 이는 이 문장을 실행하는 객체의 포인터를 반환하라는 의미이다. 그래서 반환형도 SoSimple* 형으로 선언되어 있다.
- 28행: 객체 sim1에 의해 반환된 this를 ptr1에 저장하고 있다. 이 때 this는 SoSimple의 포인터이므로 SoSimple형 포인터 변수에 저장해야 한다.
- 29행: ptr1에 저장된 주소 값을 출력하고 있다.
- 30행: ptr1이 가리키는 객체의 ShowSimpleData 함수를 호출하고 있다.

❖ 실행결과: PointerThis.cpp

```
num=100, address=0012FF60
0012FF60, 100
num=200, address=0012FF48
0012FF48, 200
```

소스코드와 실행결과를 통해서 this는 객체자신의 주소 값을 의미한다는 사실을 확인 및 이해했을 것이다. 이렇듯 this 포인터는 그 주소 값과 자료형이 정해져 있지 않은 포인터이다. 0x12FF번지에 할당된 SoSimple 객체 내에서 사용이 되면, this는 SoSimple형의 포인터이면서 그 값은 0x12FF를 의미하게 되고, 0x52AA번지에 할당된 SoComplex 객체 내에서 사용이 되면, this는 SoComplex형의 포인터이면서 그 값은 0x52AA번지를 의미하게 된다.

✚this 포인터의 활용

이러한 this 포인터는 제법 유용하게 사용되는데, 이에 대한 설명에 앞서 먼저 다음 클래스를 관찰하기 바란다.

```
class ThisClass
{
private:
    int num;      // 207이 저장됨
```

```
public:
    void ThisFunc(int num)
    {
        this->num=207;
        num=105;      // 매개변수의 값을 105로 변경함
    }
    . . . . .
};
```

위의 클래스에서 ThisFunc 함수의 매개변수 이름은 num이다. 그런데 이 이름은 멤버변수의 이름과 동일하기 때문에 ThisFunc 함수 내에서의 num은 매개변수 num을 의미하게 된다. 따라서 변수의 이름만 참조하는 방법으로는 ThisFunc 함수 내에서 멤버변수 num에 접근이 불가능하다. 그러나 this 포인터를 활용하면 가능하다.

```
this->num=207;
```

위 문장에서 this는 객체를 참조하는 포인터이다. 그럼 객체의 포인터를 가지고 접근하는 변수 num은 멤버변수 num이겠는가? 지역변수(매개변수) num이겠는가? 객체의 포인터를 가지고는 지역변수에 접근이 불가능하다. 따라서 이는 멤버변수 num을 의미하는 것이다. 이러한 특성을 활용하면, 매개변수의 이름을 멤버변수의 이름과 달리하기 위해서 고민할 필요가 없다. 다음 예제에서 보이듯이 말이다.

❖ UsefulThisPtr.cpp

```
1.  #include <iostream>
2.  using namespace std;
3.
4.  class TwoNumber
5.  {
6.  private:
7.      int num1;
8.      int num2;
9.  public:
10.     TwoNumber(int num1, int num2)
11.     {
12.         this->num1=num1;
13.         this->num2=num2;
14.     }
15.     /*
16.     TwoNumber(int num1, int num2)
17.         : num1(num1), num2(num2)
18.     {
19.         // empty
20.     }
21.     */
```

```
22.     void ShowTwoNumber()
23.     {
24.         cout<<this->num1<<endl;
25.         cout<<this->num2<<endl;
26.     }
27. };
28.
29. int main(void)
30. {
31.     TwoNumber two(2, 4);
32.     two.ShowTwoNumber();
33.     return 0;
34. }
```

- 12, 13행: this->num1, this->num2는 멤버변수를, num1, num2는 매개변수를 의미하니, 매개변수 num1, num2를 통해서 전달된 값이 멤버변수 num1, num2에 저장된다.
- 17행: 멤버 이니셜라이저에서는 this 포인터를 사용할 수 없다. 대신에 저장하는 변수는 멤버변수로, 저장되는 값은(소괄호 안의 변수 및 상수는) 매개변수로 인식을 하기 때문에 여기서 보이는 형태의 문장 구성이 가능하다. 즉, 16행의 생성자는 10행의 생성자를 대신할 수 있다.
- 24, 25행: this 포인터를 사용함으로써, 멤버변수에 접근함을 명확히 하였다. 그러나 일반적으로 이러한 경우에는 this 포인터를 생략해서 표현한다.

❖ 실행결과: UsefulThisPtr.cpp

```
command prompt

2
4
```

변수의 이름을 짓는 것은 의외로 신경이 쓰이는 일이다. 특히 유사한 성격을 지니는 두 변수의 이름을 구별되게 짓는 것은 고민스럽기까지 하다. 그래서 위 예제에서 보이듯이 멤버변수와 매개변수의 이름을 동일하게 짓고, this 포인터를 이용해서 이 둘을 구분하는 것을 좋아하는 프로그래머들도 있다.

➕Self-Reference의 반환

Self-Reference란 객체 자신을 참조할 수 있는 참조자를 의미한다. 우리는 this 포인터를 이용해서, 객체가 자신의 참조에 사용할 수 있는 참조자의 반환문을 구성할 수 있다. 그럼 이와 관련해서 다음 예제를 보자.

❖ SelfRef.cpp

```cpp
1.  #include <iostream>
2.  using namespace std;
3.
4.  class SelfRef
5.  {
6.  private:
7.      int num;
8.  public:
9.      SelfRef(int n) : num(n)
10.     {
11.         cout<<"객체생성"<<endl;
12.     }
13.     SelfRef& Adder(int n)
14.     {
15.         num+=n;
16.         return *this;
17.     }
18.     SelfRef& ShowTwoNumber()
19.     {
20.         cout<<num<<endl;
21.         return *this;
22.     }
23. };
24.
25. int main(void)
26. {
27.     SelfRef obj(3);
28.     SelfRef &ref=obj.Adder(2);
29.
30.     obj.ShowTwoNumber();
31.     ref.ShowTwoNumber();
32.
33.     ref.Adder(1).ShowTwoNumber().Adder(2).ShowTwoNumber();
34.     return 0;
35. }
```

- 13행: 함수 Adder에서는 선언된 반환형과 반환의 내용을 함께 살펴야 한다. 반환의 내용은 *this 인데, 이는 이 문장을 실행하는 객체 자신의 포인터가 아닌, 객체 자신을 반환하겠다는 의미가 된다. 그런데 반환형이 참조형 SelfRef&으로 선언되었다. 따라서 객체 자신을 참조할 수 있는 **'참조의 정보(이하 '참조 값'이라 표현하겠다)'**가 반환된다.
- 18행: 13행에 정의된 함수와 마찬가지로 객체 자신을 참조할 수 있는 참조 값을 반환하도록 정의되었다.
- 28행: 객체 obj의 Adder 함수를 호출하였다. 그런데 이 함수는 객체 자신의 참조 값을 반환한다. 즉, 객체 obj의 참조 값을 반환한다. 따라서 참조자 ref는 객체 obj를 참조하게 된다.

- 30, 31행: 28행에서 일어나는 일의 확인을 위해서 객체에 저장되어 있는 값을 출력하고 있다.
- 33행: 먼저 객체 ref의 Adder 함수가 호출된다. 그런데 Adder 함수는 참조 값을 반환하므로, 반환된 참조 값을 이용해서 다시 ShowTwoNumber 함수를 호출하게 된다. 그리고 마찬가지로 반환되는 참조 값을 이용해서 다시 Adder 함수를 호출하고, 또 이어서 ShowTwoNumber 함수를 호출한다. 이는 두 함수 Adder와 ShowTwoNumber가 객체의 참조 값을 반환하기 때문에 구성이 가능한 문장이다.

❖ 실행결과: SelfRef.cpp

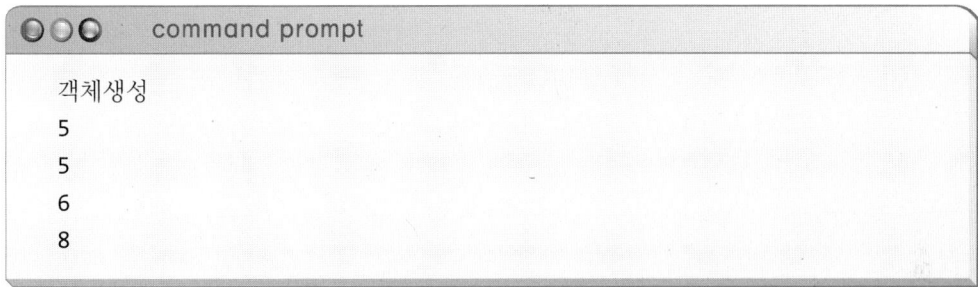

실행결과에서 보이듯이, 위 예제에서는 하나의 객체만 생성하였다. 다만, 그 객체가 반환하는 참조 값을 대상으로 다양한 방법으로 멤버함수를 호출했을 뿐이다.

⁺참조의 정보(참조 값)에 대한 이해

필자는 위의 예제를 통해서 '참조의 정보' 또는 '참조 값'이라는 표현을 사용하였다. 그런데 여기서 말하는 참조 값이 무엇을 뜻하는지 헷갈릴 수 있으니, 조금 더 설명을 하겠다. 먼저 다음 코드를 보자.

```
int main(void)
{
    int num=7;
    int &ref=num;       // 무엇이 전달된다고 해야 할까?
    . . . .
```

여러분도 알다시피 위의 두 번째 대입연산에 의해서 변수 num을 참조자 ref가 참조하게 된다. 그렇다면 대입연산의 과정에서 참조자 ref에 무엇이 전달된다고 해야 할까? 한가지 확실한 것은 num에 저장된 정수 값은 아니다. 그래서 대입연산에 어울리게 다음과 같이 표현하기도 한다.

"변수 num을 참조할 수 있는 참조의 정보가 전달된다."

즉, 다음과 같이 이해를 하는 것이 자연스러운 측면도 있다.

C++ 프로그래밍

"변수 num을 참조할 수 있는 참조 값이 참조자 ref에 전달되어, ref가 변수 num을 참조하게 된다."

이제 참조 값이 의미하는 바를 이해하겠는가? 대입 연산자의 왼편에 '참조자의 선언'이 오거나, 반환형으로 '참조형'이 선언되면, 그 때 전달되는 정보를 표현하기 위해서 '참조의 정보' 또는 '참조 값'이라는 표현을 사용한 것이다.

04-5 : OOP 단계별 프로젝트 02단계

두 번째 단계별 프로젝트를 진행할 차례가 되었다. 그런데 첫 번째 단계에서는 프로젝트의 틀의 구성하는 것이 목적이었으니, 본격적인 프로젝트의 시작은 이제부터인 셈이다.

✚ 프로젝트 02단계의 도입

여러분은 이미 클래스에 대한 기본적인 내용들을 공부하였다. 이제부터는 자잘한 문법적 요소에 신경쓰기보다는 무엇을 클래스로 만들 것이며, 어떻게 클래스를 정의할 것인가에 더 신경을 써야 한다. C++ 문법의 80%만 이해하고 있어도 실무 프로젝트를 무리 없이 진행할 수 있다고 한다. 혼자서 프로젝트를 진행하는 상황이라면 더더욱 그러하다. 그러나 클래스를 제대로 만들어 내지 못한다면 아무리 문법을 100% 이해하고 있어도 프로젝트의 진행 자체가 불가능해진다.

✚ 프로그램 설명

Banking System의 버전을 0.1에서 0.2로 업그레이드 시켜보자. 아직은 클래스를 설계하는 게 익숙지 않은 단계이니, 버전 0.1에서 정의한 구조체 Account를 클래스 Account로 변경해 보겠다. 이는 키워드 struct를 class로 변경하라는 뜻이 아니다. 다음과 같은 내용들을 더불어 고민하라는 뜻이다.

"어떻게 캡슐화를 시키고 정보를 은닉시켜야 할까?"

"생성자와 소멸자는 어떻게 정의해야 할까?"

추가로, 구현하는데 있어서 두 가지만 제약을 하겠다. 버전 0.1의 Account 구조체는 char형 배열을 멤버로 둬서 고객의 이름을 저장했는데, 버전 0.2의 Account 클래스에서는 이를 동적 할당의 형태로 구현하기로 하자. 즉, Account 클래스는 멤버변수로 문자열 포인터(char형 포인터)를 지니고 있어야 한다.

또 한가지는 객체를 저장하는 배열에 관한 것이다. 객체 배열을 선언하지 말고, 객체 포인터 배열을 선언해서 객체를 저장하기 바란다. 버전 0.1에서는 구조체 배열을 선언하였으니, 이를 포인터 배열로 변경해야 한다.

✚ 구현의 예

이번에도 여러분의 구현결과와 비교할 수 있도록 구현의 예를 제시하겠다. 이는 여러분의 구현내용과 다소 차이가 있을 수 있다. 특히 캡슐화를 어떻게 했느냐에 따라서 큰 차이를 보이기도 한다. 여러분이 더 합리적으로 Account 클래스를 캡슐화 했을 수도 있고, 반대로 필자가 더 합리적으로 캡슐화를 했을 수도 있으니, 여러분의 구현결과와 필자의 구현결과를 비교해보기 바란다.

❖ BankingSystemVer02.cpp

```cpp
/*
 * Banking System Ver 0.2
 * 작성자: 윤성우
 * 내 용: Account 클래스 정의, 객체 포인터 배열 적용
 */

#include <iostream>
#include <cstring>

using namespace std;
const int NAME_LEN=20;

void ShowMenu(void);           // 메뉴출력
void MakeAccount(void);        // 계좌개설을 위한 함수
void DepositMoney(void);       // 입    금
void WithdrawMoney(void);      // 출    금
void ShowAllAccInfo(void);     // 잔액조회

enum {MAKE=1, DEPOSIT, WITHDRAW, INQUIRE, EXIT};

class Account
{
private:
    int accID;          // 계좌번호
    int balance;        // 잔    액
    char * cusName;     // 고객이름

public:
    Account(int ID, int money, char * name)
        : accID(ID), balance(money)
    {
```

```cpp
        cusName=new char[strlen(name)+1];
        strcpy(cusName, name);
    }

    int GetAccID() { return accID; }

    void Deposit(int money)
    {
        balance+=money;
    }

    int Withdraw(int money)    // 출금액 반환, 부족 시 0 반환
    {
        if(balance<money)
            return 0;

        balance-=money;
        return money;
    }

    void ShowAccInfo()
    {
        cout<<"계좌ID: "<<accID<<endl;
        cout<<"이 름: "<<cusName<<endl;
        cout<<"잔 액: "<<balance<<endl;
    }

    ~Account()
    {
        delete []cusName;
    }
};

Account * accArr[100];    // Account 저장을 위한 배열
int accNum=0;             // 저장된 Account 수

int main(void)
{
    int choice;

    while(1)
    {
        ShowMenu();
        cout<<"선택: ";
        cin>>choice;
        cout<<endl;

        switch(choice)
        {
        case MAKE:
            MakeAccount();
            break;
        case DEPOSIT:
            DepositMoney();
            break;
        case WITHDRAW:
            WithdrawMoney();
            break;
        case INQUIRE:
```

```cpp
                    ShowAllAccInfo();
                    break;
            case EXIT:
                for(int i=0; i<accNum; i++)
                    delete accArr[i];
                return 0;
            default:
                cout<<"Illegal selection.."<<endl;
        }
    }

    return 0;
}

void ShowMenu(void)
{
    cout<<"-----Menu------"<<endl;
    cout<<"1. 계좌개설"<<endl;
    cout<<"2. 입  금"<<endl;
    cout<<"3. 출  금"<<endl;
    cout<<"4. 계좌정보 전체 출력"<<endl;
    cout<<"5. 프로그램 종료"<<endl;
}

void MakeAccount(void)
{
    int id;
    char name[NAME_LEN];
    int balance;

    cout<<"[계좌개설]"<<endl;
    cout<<"계좌ID: ";   cin>>id;
    cout<<"이 름: ";    cin>>name;
    cout<<"입금액: ";   cin>>balance;
    cout<<endl;

    accArr[accNum++]=new Account(id, balance, name);
}

void DepositMoney(void)
{
    int money;
    int id;
    cout<<"[입  금]"<<endl;
    cout<<"계좌ID: ";   cin>>id;
    cout<<"입금액: ";   cin>>money;

    for(int i=0; i<accNum; i++)
    {
        if(accArr[i]->GetAccID()==id)
        {
            accArr[i]->Deposit(money);
            cout<<"입금완료"<<endl<<endl;
            return;
        }
    }
    cout<<"유효하지 않은 ID 입니다."<<endl<<endl;
}
```

```cpp
void WithdrawMoney(void)
{
    int money;
    int id;
    cout<<"[출    금]"<<endl;
    cout<<"계좌ID: "; cin>>id;
    cout<<"출금액: "; cin>>money;

    for(int i=0; i<accNum; i++)
    {
        if(accArr[i]->GetAccID()==id)
        {
            if(accArr[i]->Withdraw(money)==0)
            {
                cout<<"잔액부족"<<endl<<endl;
                return;
            }

            cout<<"출금완료"<<endl<<endl;
            return;
        }
    }
    cout<<"유효하지 않은 ID 입니다."<<endl<<endl;
}

void ShowAllAccInfo(void)
{
    for(int i=0; i<accNum; i++)
    {
        accArr[i]->ShowAccInfo();
        cout<<endl;
    }
}
```

04 ; 프로그래밍 문제의 답안

문제 04-1의 답안

❖ 소스코드 답안

```cpp
1.  #include <iostream>
2.  using namespace std;
3.
4.  class FruitSeller
5.  {
6.  private:
7.      int APPLE_PRICE;
8.      int numOfApples;
9.      int myMoney;
10.
11. public:
12.     void InitMembers(int price, int num, int money)
13.     {
14.         APPLE_PRICE=price;
15.         numOfApples=num;
16.         myMoney=money;
17.     }
18.     int SaleApples(int money)
19.     {
20.         if(money<0)
21.         {
22.             cout<<"잘못된 정보가 전달되어 판매를 취소합니다."<<endl;
23.             return 0;
24.         }
25.
26.         int num=money/APPLE_PRICE;
27.         numOfApples-=num;
28.         myMoney+=money;
29.         return num;
30.     }
31.     void ShowSalesResult() const
32.     {
33.         cout<<"남은 사과: "<<numOfApples<<endl;
34.         cout<<"판매 수익: "<<myMoney<<endl<<endl;
35.     }
36. };
37.
38. class FruitBuyer
39. {
40. private:
41.     int myMoney;
42.     int numOfApples;
43. public:
44.     void InitMembers(int money)
45.     {
```

```cpp
46.            myMoney=money;
47.            numOfApples=0;
48.        }
49.        void BuyApples(FruitSeller &seller, int money)
50.        {
51.            if(money<0)
52.            {
53.                cout<<"잘못된 정보가 전달되어 구매를 취소합니다."<<endl;
54.                return;
55.            }
56.
57.            numOfApples+=seller.SaleApples(money);
58.            myMoney-=money;
59.        }
60.        void ShowBuyResult() const
61.        {
62.            cout<<"현재 잔액: "<<myMoney<<endl;
63.            cout<<"사과 개수: "<<numOfApples<<endl<<endl;
64.        }
65. };
66.
67. int main(void)
68. {
69.     FruitSeller seller;
70.     seller.InitMembers(1000, 20, 0);
71.     FruitBuyer buyer;
72.     buyer.InitMembers(5000);
73.     buyer.BuyApples(seller, 2000);
74.
75.     cout<<"과일 판매자의 현황"<<endl;
76.     seller.ShowSalesResult();
77.     cout<<"과일 구매자의 현황"<<endl;
78.     buyer.ShowBuyResult();
79.     return 0;
80. }
```

문제 04-2의 답안

❖ 소스코드 답안

```cpp
1.  #include <iostream>
2.  using namespace std;
3.
4.  class Point
5.  {
6.  private:
7.      int xpos, ypos;
8.  public:
9.      void Init(int x, int y)
10.     {
11.         xpos=x;
12.         ypos=y;
13.     }
14.     void ShowPointInfo() const
```

```
15.     {
16.         cout<<"["<<xpos<<", "<<ypos<<"]"<<endl;
17.     }
18. };
19.
20. class Circle
21. {
22. private:
23.     int rad;            // 반지름
24.     Point center;       // 원의 중심
25. public:
26.     void Init(int x, int y, int r)
27.     {
28.         rad=r;
29.         center.Init(x, y);
30.     }
31.
32.     void ShowCircleInfo() const
33.     {
34.         cout<<"radius : "<<rad<<endl;
35.         center.ShowPointInfo();
36.     }
37. };
38.
39. class Ring
40. {
41. private:
42.     Circle inCircle;
43.     Circle outCircle;
44. public:
45.     void Init(int inX, int inY, int inR, int outX, int outY, int outR)
46.     {
47.         inCircle.Init(inX, inY, inR);
48.         outCircle.Init(outX, outY, outR);
49.     }
50.     void ShowRingInfo() const
51.     {
52.         cout<<"Inner Circle Info..."<<endl;
53.         inCircle.ShowCircleInfo();
54.         cout<<"Outter Circle Info..."<<endl;
55.         outCircle.ShowCircleInfo();
56.     }
57. };
58.
59. int main(void)
60. {
61.     Ring ring;
62.     ring.Init(1, 1, 4, 2, 2, 9);
63.     ring.ShowRingInfo();
64.     return 0;
65. }
```

위의 코드에서 특히 주목할 부분은 다음과 같다.

- Ring 클래스의 ShowRingInfo 함수에서는 Circle 클래스의 ShowCircleInfo 함수를 호출한다.

- Circle 클래스의 ShowCircleInfo 함수에서는 Point 클래스의 ShowPointInfo 함수를 호출한다.

즉, Ring 클래스, Circle 클래스, Point 클래스 모두 자신의 정보를 출력하기 위한 함수를 멤버에 포함시켜서 캡슐화를 완성하였다.

문제 04-3의 답안

▶ 문제 1

❖ 소스코드 답안

```cpp
1.  #include <iostream>
2.  using namespace std;
3.
4.  class Point
5.  {
6.  private:
7.      int xpos, ypos;
8.  public:
9.      Point(int x, int y): xpos(x), ypos(y)
10.     { }
11.     void ShowPointInfo() const
12.     {
13.         cout<<"["<<xpos<<", "<<ypos<<"]"<<endl;
14.     }
15. };
16.
17. class Circle
18. {
19. private:
20.     int rad;          // 반지름
21.     Point center;     // 원의 중심
22. public:
23.     Circle(int x, int y, int r): center(x, y)
24.     {
25.         rad=r;
26.     }
27.     void ShowCircleInfo() const
28.     {
29.         cout<<"radius : "<<rad<<endl;
30.         center.ShowPointInfo();
31.     }
32. };
33.
34. class Ring
35. {
36. private:
37.     Circle inCircle;
38.     Circle outCircle;
39. public:
40.     Ring(int inX, int inY, int inR, int outX, int outY, int outR)
41.         :inCircle(inX, inY, inR), outCircle(outX, outY, outR)
```

```
42.        { }
43.        void ShowRingInfo() const
44.        {
45.            cout<<"Inner Circle Info..."<<endl;
46.            inCircle.ShowCircleInfo();
47.            cout<<"Outter Circle Info..."<<endl;
48.            outCircle.ShowCircleInfo();
49.        }
50. };
51.
52. int main(void)
53. {
54.     Ring ring(1, 1, 4, 2, 2, 9);
55.     ring.ShowRingInfo();
56.     return 0;
57. }
```

▶ 문제 2

❖ 소스코드 답안

```
1.  #include <iostream>
2.  #include <cstring>
3.  using namespace std;
4.
5.  namespace COMP_POS
6.  {
7.      enum {CLERK, SENIOR, ASSIST, MANAGER};
8.
9.      void ShowPositionInfo(int pos)
10.     {
11.         switch(pos)
12.         {
13.         case CLERK:
14.             cout<<"사원"<<endl;
15.             break;
16.         case SENIOR:
17.             cout<<"주임"<<endl;
18.             break;
19.         case ASSIST:
20.             cout<<"대리"<<endl;
21.             break;
22.         case MANAGER:
23.             cout<<"과장"<<endl;
24.         }
25.     }
26. }
27.
28. class NameCard
29. {
30. private:
31.     char * name;
32.     char * company;
33.     char * phone;
34.     int position;
```

```
35.   public:
36.       NameCard(char * _name, char * _company, char * _phone, int pos)
37.           : position(pos)
38.       {
39.           name=new char[strlen(_name)+1];
40.           company=new char[strlen(_company)+1];
41.           phone=new char[strlen(_phone)+1];
42.           strcpy(name, _name);
43.           strcpy(company, _company);
44.           strcpy(phone, _phone);
45.       }
46.       void ShowNameCardInfo()
47.       {
48.           cout<<"이름: "<<name<<endl;
49.           cout<<"회사: "<<company<<endl;
50.           cout<<"전화번호: "<<phone<<endl;
51.           cout<<"직급: "; COMP_POS::ShowPositionInfo(position);
52.           cout<<endl;
53.       }
54.       ~NameCard()
55.       {
56.           delete []name;
57.           delete []company;
58.           delete []phone;
59.       }
60. };
61.
62. int main(void)
63. {
64.     NameCard manClerk("Lee", "ABCEng", "010-1111-2222", COMP_POS::CLERK);
65.     NameCard manSENIOR("Hong", "OrangeEng", "010-3333-4444", COMP_POS::SENIOR);
66.     NameCard manAssist("Kim", "SoGoodComp", "010-5555-6666", COMP_POS::ASSIST);
67.     manClerk.ShowNameCardInfo();
68.     manSENIOR.ShowNameCardInfo();
69.     manAssist.ShowNameCardInfo();
70.     return 0;
71. }
```

Chapter 05

복사 생성자
(Copy Constructor)

누구나 C++을 공부하면서 '복사 생성자'라는 녀석 때문에 골치를 썩는다고 한다. 이는 필자 역시 마찬가지였다. 당시에는 인터넷이 발달하지 않아서 복사 생성자에 대한 정보를 얻기가 쉽지 않은 상황이었다. 결국 대학 도서관에 비치된 C++ 책들을 다 모아놓고 복사 생성자를 설명한 부분만 모조리 읽어서, 겨우 만족할만한 수준으로 복사 생성자를 이해한 경험이 있다. 이러한 필자의 경험 때문에 필자는 복사 생성자를 한 Chapter에 걸쳐서 설명하려고 한다. 복사 생성자를 한 Chapter에 걸쳐서 설명하는 책은 이 책이 처음이자 마지막이 되지 않을까!

C++ 프로그래밍

05-1 : '복사 생성자'와의 첫 만남

소문만 듣고 복사 생성자에 대해 겁부터 먹을 필요는 없다. 복사 생성자가 조금 생소하긴 해도 생성자의 한 형태일 뿐이니, 어렵지 않다. 앞서 설명한 참조자와 생성자에 대해서 잘 이해하고 있다면, 매우 쉽게 공부할 수 있는 것이 복사 생성자이기도 하다.

✚ C++ 스타일의 초기화

우리는 지금까지 다음과 같은 방식으로 변수와 참조자를 선언 및 초기화해 왔다.

```
int num=20;
int &ref=num;
```

하지만 C++에서는 다음의 방식으로 선언 및 초기화가 가능하다.

```
int num(20);
int &ref(num);
```

위의 두 가지 초기화 방식은 결과적으로 동일하다. 즉, C++에서는 위의 두 가지 초기화 방식을 동시에 지원하고 있다. 그렇다면 이야기를 객체의 생성으로 옮겨가 보자. 그리고 이를 위해서 다음과 같이 클래스를 하나 간단히 정의하겠다.

```
class SoSimple
{
private:
    int num1;
    int num2;
public:
    SoSimple(int n1, int n2) : num1(n1), num2(n2)
    { }
    void ShowSimpleData()
    {
        cout<<num1<<endl;
        cout<<num2<<endl;
    }
};
```

이어서 다음 코드의 실행결과를 예상해보자. 단순히 출력결과만 예상할 것이 아니라, 객체의 생성관계를 예측해보기 바란다.

```
int main(void)
{
    SoSimple sim1(15, 20);
    SoSimple sim2=sim1;        // 어떠한 형태의 대입연산이 진행되겠는가?
    sim2.ShowSimpleData();
    return 0;
}
```

위의 코드 중에서 main 함수의 두 번째 문장에 해당하는 다음 문장은 객체의 생성 및 초기화를 연상시킨다.

```
SoSimple sim2=sim1;
```

즉, sim2 객체를 새로 생성해서, 객체 sim1과 sim2간의 멤버 대 멤버 복사가 일어난다고 예상해 볼 수 있다. 그런데 실제로 그러한 일이 일어난다. 다음 그림에서 보이듯이 sim2 객체가 생성된 다음에, sim1과 sim2간의 멤버 대 멤버 복사가 일어난다(참고로 아래 그림에서는 객체의 멤버변수만을 대상으로 객체를 표현해 놓았다).

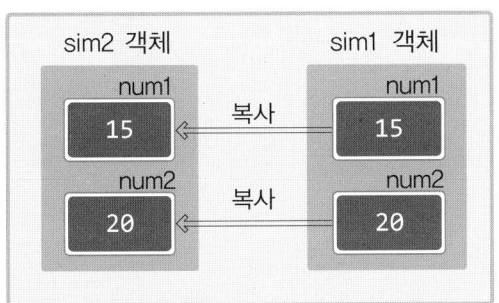

▶ [그림 05-1 : 객체 생성 및 초기화의 결과]

따라서 위의 main 함수를 실제 실행해보면, num1과 num2에 저장된 값 15와 20이 출력된다. 그리고 다음 두 문장이 동일한 의미로 해석되듯이,

```
int num1=num2;
```

```
int num1(num2);
```

다음 두 문장도 동일한 의미로 해석이 된다.

```
SoSimple sim2=sim1;
```

```
SoSimple sim2(sim1);
```

C++ 프로그래밍

그런데 한가지 이상한 생각이 들지 않는가? C++의 모든 객체는 생성자의 호출을 동반한다고 했는데, sim2의 생성자 호출에 대해서는 언급한 바가 없다. 과연 sim2는 어떠한 과정을 거쳐서 생성되는 것일까?

✚ SoSimple sim2(sim1);

다음 문장을 다시 한번 관찰하자. 그리고 생성자의 호출관점에서 이를 재분석해보자.

```
SoSimple sim2(sim1);
```

이 문장에 담겨있는 내용을 정리하면 다음과 같다.

- SoSimple형 객체를 생성해라.
- 객체의 이름은 sim2로 정한다.
- sim1을 인자로 받을 수 있는 생성자의 호출을 통해서 객체생성을 완료한다.

위의 내용과 관련해서는 추가적인 설명은 필요 없을 것이다. 즉, 위의 객체생성문에서 호출하고자 하는 생성자는 다음과 같이 SoSimple 객체를 인자로 받을 수 있는 생성자이다.

```
SoSimple(SoSimple &copy)
{
    . . . .
}
```

그리고 다음의 문장도,

```
SoSimple sim2=sim1;
```

실은 다음의 형태로 묵시적 변환이 되어서(자동으로 변환이 되어서) 객체가 생성되는 것이다.

```
SoSimple sim2(sim1);
```

그런데 앞서 정의한 SoSimple 클래스에는 이러한 유형의 생성자가 정의되어 있지 않았다. 그럼 혹시 앞서 제시한 클래스와 main 함수는 제대로 컴파일되지 않는, 문제가 있는 코드는 아닐까? 이에 대한 이해를 위해서 먼저 다음 예제를 관찰해보자. 그리고 나서 '디폴트 복사 생성자'에 대한 이해를 통해서 이 부분에 대한 답을 내려 보자.

❖ ClassInit.cpp

```
1.  #include <iostream>
2.  using namespace std;
3.
4.  class SoSimple
```

```
5.  {
6.  private:
7.      int num1;
8.      int num2;
9.  public:
10.     SoSimple(int n1, int n2)
11.         : num1(n1), num2(n2)
12.     {
13.         // empty
14.     }
15.     SoSimple(SoSimple &copy)
16.         : num1(copy.num1), num2(copy.num2)
17.     {
18.         cout<<"Called SoSimple(SoSimple &copy)"<<endl;
19.     }
20.     void ShowSimpleData()
21.     {
22.         cout<<num1<<endl;
23.         cout<<num2<<endl;
24.     }
25. };
26.
27. int main(void)
28. {
29.     SoSimple sim1(15, 30);
30.     cout<<"생성 및 초기화 직전"<<endl;
31.     SoSimple sim2=sim1;      // SoSimple sim2(sim1); 으로 변환!
32.     cout<<"생성 및 초기화 직후"<<endl;
33.     sim2.ShowSimpleData();
34.     return 0;
35. }
```

- 15행: SoSimple 객체를 인자로 받는 생성자가 추가되었다. 16행에서는 이니셜라이저를 이용해서 멤버 대 멤버의 복사를 진행하고, 생성자의 호출을 확인하기 위한 문장이 18행에 삽입되었다.
- 31행: 이 문장에 의한 객체생성 과정에서 15행에 정의된 생성자가 호출된다. 그리고 이는 실행결과를 통해서 확인이 가능하다.

❖ 실행결과: ClassInit.cpp

```
○○○            command prompt

생성 및 초기화 직전
Called SoSimple(SoSimple &copy)
생성 및 초기화 직후
```

```
15
30
```

위의 예제는, 31행의 문장이 묵시적으로(자동으로) 변환된다는 사실만 제외하면 특별할 게 없는 예제이다. 특히 15행에 정의된 생성자도 우리가 이해할만한 수준의 생성자이다. 그런데 이러한 생성자를 가리켜 별도로 **'복사 생성자(copy constructor)'**라 부른다. 이는 생성자의 정의형태가 독특해서 붙은 이름이 아니다. 다만 이 생성자가 호출되는 시점이 다른 일반 생성자와 차이가 있기 때문에 붙은 것이다. 즉, 복사 생성자를 정확히 이해하기 위해서는 복사 생성자의 호출시점을 확실히 이해해야 한다.

그리고 위 예제에 정의된 복사 생성자는 다음과 같이 좀더 예쁘게(?) 정의를 해야 일반적인 복사 생성자가 된다.

```cpp
SoSimple(const SoSimple &copy)
    : num1(copy.num1), num2(copy.num2)
{
    cout<<"Called SoSimple(SoSimple &copy)"<<endl;
}
```

멤버 대 멤버의 복사에 사용되는 원본을 변경시키는 것은 복사의 개념을 무너뜨리는 행위가 되니(실수로 발생하는 일이니), 키워드 const를 삽입해서 이러한 실수를 막아 놓는 것이 좋다.

✚ 자동으로 삽입이 되는 디폴트 복사 생성자

앞서 우리는 복사 생성자의 삽입 없이도 멤버 대 멤버의 복사가 진행된 것을 경험하였다. 기억이 없다면, 간단한 예제를 만들어서 지금 한번 경험해 보기 바란다. 그렇다면 이는 어떻게 가능한 것일까?

> "복사 생성자를 정의하지 않으면, 멤버 대 멤버의 복사를 진행하는 **디폴트 복사 생성자**가 자동으로 삽입된다."

위의 문장이 이야기하듯이 생성자가 존재하더라도, 복사 생성자가 정의되어 있지 않으면 디폴트 복사 생성자라는 것이 삽입되어 멤버 대 멤버의 복사를 진행한다. 따라서 다음의 클래스 정의는,

```cpp
class SoSimple
{
private:
    int num1;
    int num2;
public:
    SoSimple(int n1, int n2) : num1(n1), num2(n2)
```

```
        { }
        . . . .
};
```

다음의 클래스 정의와 완전히 동일하다. 디폴트 복사 생성자가 자동으로 삽입되기 때문이다.

```
class SoSimple
{
private:
    int num1;
    int num2;
public:
    SoSimple(int n1, int n2) : num1(n1), num2(n2)
    { }
    SoSimple(const SoSimple &copy) : num1(copy.num1), num2(copy.num2)
    { }
};
```

이로써 복사 생성자와 관련된 기본적인 설명은 다하였다. 그런데 여기까지만 이해하고 나면 다음과 같은 질문을 할지도 모르겠다.

"멤버 대 멤버의 복사가 진행되는 디폴트 복사 생성자가 자동으로 삽입되니까, 굳이 복사 생성자를 직접 정의할 필요는 없겠네요."

실제로, 많은 경우에 있어서 복사 생성자를 직접 정의하지 않아도 된다. 그러나 반드시 복사 생성자를 정의해야 하는 경우도 있다. 이와 관련해서는 잠시 후에 별도로 언급하겠다.

✚변환에 의한 초기화! 키워드 explicit으로 막을 수 있다!

복사 생성자에 대한 첫 소개를 끝내기에 앞서 키워드 explicit를 소개하고자 한다. 앞서 다음의 문장은,

```
SoSimple sim2=sim1;
```

다음의 형태로 묵시적 변환이 일어나서 복사 생성자가 호출된다고 설명하였다.

```
SoSimple sim2(sim1);
```

이는 결국, 복사 생성자가 묵시적으로 호출된 것으로 볼 수 있다. 따라서 위와 같은 유형의 변환이 마음에 들지 않는다면, 복사 생성자의 묵시적 호출을 허용하지 않으면 된다. 그리고 이러한 목적으로 사용되는 키워드가 explicit이다. 위에서 정의한 복사 생성자를 다음과 같이 정의하면,

```
explicit SoSimple(const SoSimple &copy)
        : num1(copy.num1), num2(copy.num2)
{
    // empty!!
}
```

더 이상 묵시적 변환이 발생하지 않아서 대입 연산자를 이용한 객체의 생성 및 초기화는 불가능하다.

 묵시적 변환이 좋은 것만은 아니다.

자료형이든, 문장이든 자동으로 변환되는 것이 늘 반가운 것만은 아니다. 묵시적 변환이 많이 발생하는 코드일수록 코드의 결과를 예측하기가 어려워지기 때문이다. 따라서 키워드 explicit는 코드의 명확함을 더하기 위해서 자주 사용되는 키워드 중 하나이다.

그리고 이러한 문장의 묵시적 변환은 복사 생성자에서만 일어나는 게 아니다. 전달인자가 하나인 생성자가 있다면, 이 역시 묵시적 변환이 발생한다. 예를 들어서 다음과 같이 정의된 클래스가 있다면,

```
class AAA
{
private:
    int num;
public:
    AAA(int n) : num(n) { }
    . . . . .
};
```

다음의 문장을 통해서 객체생성이 가능하다.

```
AAA obj=3;      // AAA obj(3); 으로 변환!
```

그리고 이 경우에도 마찬가지로 키워드 explicit가 생성자에 선언되면, 묵시적인 변환을 허용하지 않기 때문에 다음의 형태로 객체를 생성할 수밖에 없다.

```
AAA obj(3);
```

그럼 이로써 복사 생성자에 대한 기본적인 설명은 마무리를 하고, 이어서 복사 생성자를 별도로 정의해야 하는 이유에 대해 설명하겠다.

> **참고** 복사 생성자의 매개변수는 반드시 참조형이어야 하는가?
>
> 앞서 예제에서도 보였지만, 복사 생성자의 매개변수 선언에 const는 필수가 아니다. 그러나 참조형의 선언을 의미하는 &는 반드시 삽입해야 한다. 아직은 여러분이 그 이유를 이해할 수 있는 상황이 아니다. 하지만 이번 Chapter의 마지막까지 공부하고, 복사 생성자가 호출되는 시점을 정확히 이해한다면, 그 이유를 알 수 있을 것이다. 결론만 이야기한다면, & 선언이 없다면 복사 생성자의 호출은 무한루프에 빠져버린다. 다행히 C++ 컴파일러는 & 선언을 하지 않으면 컴파일 에러를 발생시켜 주기 때문에 무한루프에 실제로 빠지는 일은 발생하지 않는다.

05-2 : '깊은 복사'와 '얕은 복사'

디폴트 복사 생성자는 멤버 대 멤버의 복사를 진행한다. 그리고 이러한 방식의 복사를 가리켜 '얕은 복사(shallow copy)'라 하는데, 이는 멤버변수가 힙의 메모리 공간을 참조하는 경우에 문제가 된다. 그럼 얕은 복사의 문제점 확인을 시작으로 이야기를 이어나가자.

✚ 디폴트 복사 생성자의 문제점

다음 예제는 앞서 생성자와 소멸자를 공부할 때 보았던 예제 Destructor.cpp의 main 함수를 조금 수정한 것이다. 컴파일은 제대로 되지만, 실행을 하면 문제가 발생하는데, 어떠한 문제가 발생하는지 확인을 하고, 그 원인까지도 유추해보기 바란다. 참고로 디버그 모드로 컴파일 및 실행을 해야 문제의 발견이 용이하다.

❖ ShallowCopyError.cpp

```
1.  #include <iostream>
2.  #include <cstring>
3.  using namespace std;
```

```cpp
4.
5.  class Person
6.  {
7.  private:
8.      char * name;
9.      int age;
10. public:
11.     Person(char * myname, int myage)
12.     {
13.         int len=strlen(myname)+1;
14.         name=new char[len];
15.         strcpy(name, myname);
16.         age=myage;
17.     }
18.     void ShowPersonInfo() const
19.     {
20.         cout<<"이름: "<<name<<endl;
21.         cout<<"나이: "<<age<<endl;
22.     }
23.     ~Person()
24.     {
25.         delete []name;
26.         cout<<"called destructor!"<<endl;
27.     }
28. };
29.
30. int main(void)
31. {
32.     Person man1("Lee dong woo", 29);
33.     Person man2=man1;
34.     man1.ShowPersonInfo();
35.     man2.ShowPersonInfo();
36.     return 0;
37. }
```

- 11, 23행: 생성자에서 new를 이용한 동적 할당을, 소멸자에서 delete를 이용한 메모리의 해제를 진행함에 주목하자.
- 33행: 별도의 복사 생성자가 정의되지 않았으므로, 디폴트 복사 생성자에 의한 멤버 대 멤버의 복사가 진행된다.

❖ 실행결과: ShallowCopyError.cpp

```
○○○        command prompt
이름: Lee dong woo
나이: 29
```

```
이름: Lee dong woo
나이: 29
called destructor!
```

위의 실행결과에서 주목할 부분은 문자열 "called destructor!"가 단 한번만 출력되었다는 점이다. 분명 두 개의 객체를 생성했으므로, 소멸자도 두 번 호출되어야 할 텐데, 실행결과를 보면 딱 한번만 호출되고 있다. 어떠한 문제가 있어서 이러한 결과를 보이게 되었는지, 여러분이 직접 찾아보는 시간을 갖기 바란다.

> **참고** 문자열 "called destructor!"가 두 번 다 제대로 출력되는데요?
>
> 컴파일러의 종류, 설정 및 환경에 따라서 아무런 문제도 일으키지 않고 문자열 "called destructor!"가 두 번 다 출력될 수도 있다. 그러나 이러한 경우에는 위에서 보인 실행결과를 여러분의 실행결과로 인식하고 예제의 문제점을 찾아보기 바란다. 참고로 위의 실행결과가 가장 일반적인 실행결과이다.

문제점이 무엇인지 찾아냈는가? 문제점은 예제 33행에 의해서 진행되는 얕은 복사에 있다. 33행의 다음 문장에 의해서 man2가 생성되면서 디폴트 복사 생성자가 호출된다.

    Person man2=man1;

그런데 디폴트 복사 생성자는 멤버 대 멤버를 단순히 복사만 하므로, 다음의 구조를 띠게 된다(객체 내에 함수는 표현하지 않았다).

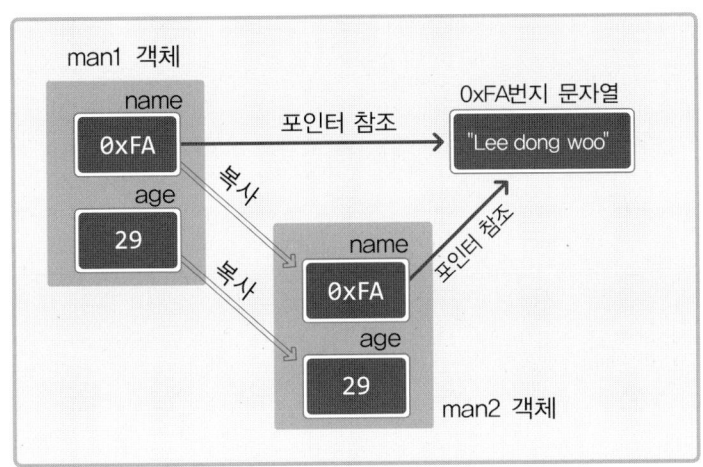

▶ [그림 05-2: 얕은 복사의 결과]

여러분이 예상한 복사의 결과가 위 그림에서 보이는 형태가 아니라, 멤버변수가 참조하는 문자열까지 복사를 해서 두 객체가 완전히 별개의 문자열을 소유하는, 다음 그림의 형태였다면 당황했을 수도 있다.

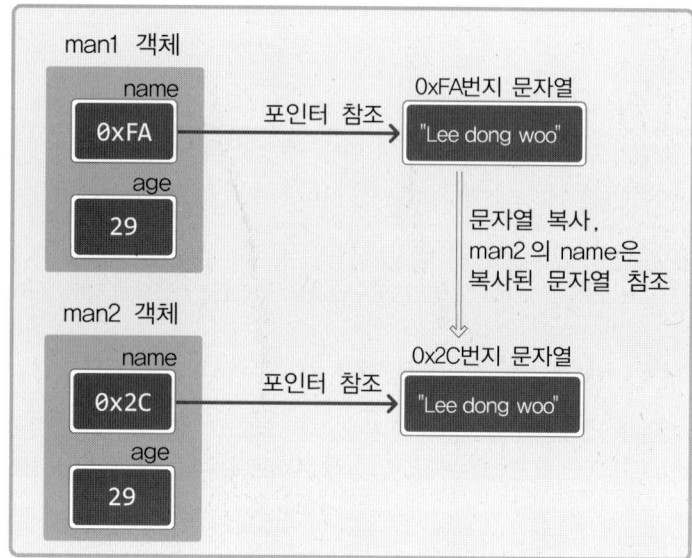

▶ [그림 05-3: 깊은 복사의 결과]

그러나 디폴트 복사 생성자는 멤버 대 멤버의 단순 복사를 진행하기 때문에 복사의 결과로 하나의 문자열을 두 개의 객체가 동시에 참조하는 꼴을 만들어버린다. 그리고 이로 인해서 객체의 소멸과정에서 문제가 발생한다. 그럼 어떠한 문제가 발생하는지 자세히 살펴보겠다. 그림 05-2의 상황에서 man2 객체가 먼저 소멸된 상황을 가정해보자. 그림 man2의 소멸자가 호출되면서 다음 문장도 실행이 된다.

```
delete []name;
```

즉, 객체 man2의 소멸로 인해서 그림 05-2는 다음의 상황에 놓이게 된다.

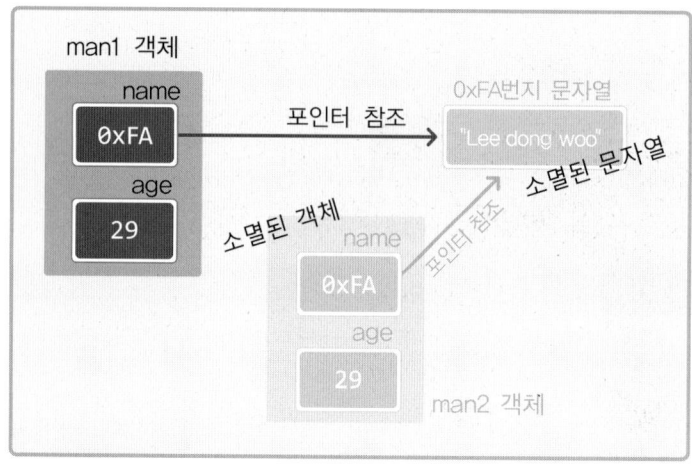

▶ [그림 05-4: man2 객체의 소멸]

이제 남아있는 man1 객체가 소멸될 차례이다. 따라서 man1 객체의 소멸자도 실행되어야 한다. 그런데 man1 객체의 멤버 name이 참조하는 문자열은 이미 소멸된 상태다. 조금 전에 man2의 소멸자가 호출되면서 소멸시켜버렸다. 즉, man1 객체의 소멸자에 포함되어 있는 다음 문장의 실행이 문제가 된다.

```
delete []name;
```

이미 지워진 문자열을 대상으로 delete 연산을 하기 때문에 문제가 된다. 따라서 복사 생성자를 정의할 때에는 이러한 문제가 발생하지 않도록 신경을 써야 한다.

＋'깊은 복사'를 위한 복사 생성자의 정의

그림 05-4에서 보인 문제의 해결방법으로 여러 가지를 생각해 볼 수 있다. 그런데 여기서는 그림 05-3의 형태로 복사가 이뤄지도록 복사 생성자를 정의함으로써 문제를 해결해보고자 한다. 그림 05-3의 형태로 복사가 되면, 객체 별로 각각 문자열을 참조하기 때문에, 위에서 언급한 객체 소멸과정에서의 문제는 발생하지 않는다. 참고로 이러한 형태의 복사를 가리켜 '깊은 복사(deep copy)'라 한다. 멤버뿐만 아니라, 포인터로 참조하는 대상까지 깊게 복사한다는 뜻으로 정해진 이름이다.

자! 그럼 예제 ShallowCopyError.cpp를 기반으로 '깊은 복사'가 이뤄지도록 복사 생성자를 정의해보자. 참고로, 이를 위해서는 그림 05-3에서 보이는 내용을 그대로 복사 생성자에 구현해 놓으면 된다. 즉, 별도의 설명이 필요한 내용이 아니라는 뜻이다. 그러니 여러분 스스로 도전해보기 바란다. 그리고 여러분의 구현결과와 이어서 제시하는 필자의 코드를 비교해보기 바란다(이것이 실력향상의 지름길이다).

```
Person(const Person& copy) : age(copy.age)
{
    name=new char[strlen(copy.name)+1];
    strcpy(name, copy.name);
}
```

예제 ShallowCopyError.cpp에 깊은 복사를 위한, 위의 생성자만 추가하면 되기 때문에, 전체코드를 싣지 않고, 생성자만 보였다. 그러나 전체코드는 DeepCopyCon.cpp라는 이름의 파일로 제공이 되니, 필요하다면 오렌지미디어 홈페이지에서 다운로드 하기바란다. 자! 위의 생성자가 하는 일은 다음 두가지이다.

- 멤버변수 age의 멤버 대 멤버 복사
- 메모리 공간 할당후 문자열 복사, 그리고 할당된 메모리의 주소 값을 멤버 name에 저장

따라서 그림 05-3의 형태로 객체복사가 이뤄진다. 이렇듯 복사 생성자의 정의는 어렵지 않다. 그리고 다양한 정의방법이 있는 게 아니기 때문에 구현에 있어서 그리 혼란스러울 것도 없다.

문제 05-1 [복사 생성자의 정의]

문제 04-3의 문제 2를 통해서 NameCard 클래스를 정의하였다. 그런데 이 클래스도 생성자 내에서 메모리 공간을 동적 할당하기 때문에 복사 생성자가 필요한 클래스이다. 이에 복사 생성자를 적절히 정의해보기 바라며, 복사 이후에 문제가 발생하지 않음을 다음 main 함수를 통해서 확인하기 바란다.

[main 함수의 예]
```cpp
int main(void)
{
    NameCard manClerk("Lee", "ABCEng", "010-1111-2222", COMP_POS::CLERK);
    NameCard copy1=manClerk;
    NameCard manSENIOR("Hong", "OrangeEng", "010-3333-4444", COMP_POS::SENIOR);
    NameCard copy2=manSENIOR;
    copy1.ShowNameCardInfo();
    copy2.ShowNameCardInfo();
    return 0;
}
```

05-3: 복사 생성자의 호출시점

이제 우리는 클래스 별로 필요한 복사 생성자를 정의할 수 있게 되었다. 이제 마지막으로 복사 생성자가 호출되는 세 가지 시점에 대해서 이야기하겠다.

✚ 복사 생성자가 호출되는 시점은?

일단 다음의 경우에 복사 생성자가 호출된다는 사실을 여러분은 이미 알고 있다(다음은 앞서 제시한 예제의 일부이다).

```
Person man1("Lee dong woo", 29);
Person man2=man1;       // 복사 생성자 호출
```

하지만 이것이 전부가 아니다. 이를 포함해서 복사 생성자가 호출되는 시점은 크게 세가지로 구분할 수 있는데, 그 세가지는 다음과 같다.

- case 1: 기존에 생성된 객체를 이용해서 새로운 객체를 초기화하는 경우(앞서 보인 경우)
- case 2: Call-by-value 방식의 함수호출 과정에서 객체를 인자로 전달하는 경우
- case 3: 객체를 반환하되, 참조형으로 반환하지 않는 경우

이들은 모두 다음의 공통점을 지닌다(어떻게 이것이 공통점인지는 잠시 후에 자세히 설명한다).
"객체를 새로 생성해야 한다. 단, 생성과 동시에 동일한 자료형의 객체로 초기화해야 한다!"

따라서 위의 문장이 의미하는 상황에서 복사 생성자가 호출된다고 말할 수 있다. 자! 그럼 이제 첫 번째를 제외한 나머지의 경우를 하나씩 살펴보기로 하겠다. 참고로 복사 생성자의 호출시기에 대한 이해는 이전에 비해서 점점 더 중요하게 여겨지고 있으니, 여러분도 이 내용을 완벽히 이해하기 바란다.

> **참고 | 말이 좀 달라졌네요?**
>
> 복사 생성자의 호출시기를 이해하는 것은 조금 어렵게 느껴질 수 있다. 그래서 개정 이전의 책에서는 뒤로 미뤄도 좋다고 이야기하였다. 그런데 이를 오해해서 "복사 생성자의 호출시기는 덜 중요하다."라고 생각하는 경우를 꽤 보았다. 그래서 개정판에서는 완벽히 이해할 것을 여러분에게 요구하고 있다. 복사 생성자의 호출횟수는 프로그램의 성능과도 관계가 있기 때문에, 호출의 시기를 이해하는 것은 매우 중요하다.

✚ 메모리 공간의 할당과 초기화가 동시에 일어나는 상황!

복사 생성자의 호출시기를 논하기에 앞서, 먼저 메모리 공간이 할당과 동시에 초기화되는 상황을 나열해 보자. 가장 대표적인 예는 다음과 같다.

```
int num1=num2;
```

이는 num1이라는 이름의 메모리 공간을 할당과 동시에 num2에 저장된 값으로 초기화시키는 문장이다.

C++ 프로그래밍

즉, 할당과 동시에 초기화가 이뤄진다. 그리고 다음의 경우에서도 할당과 동시에 초기화가 이뤄진다.

```
int SimpleFunc(int n)
{
    . . . . .
}
int main(void)
{
    int num=10;
    SimpleFunc(num);    // 호출되는 순간 매개변수 n이 할당과 동시에 초기화!
    . . . .
}
```

위의 코드에서 SimpleFunc 함수가 호출되는 순간에 매개변수 n이 할당과 동시에 변수 num에 저장되어 있는 값으로 초기화된다. 이렇듯 매개변수도 함수가 호출되는 순간에 할당되므로, 이 상황도 메모리 공간의 할당과 초기화가 동시에 일어나는 상황이다. 마지막으로 다음의 경우에도(사실 이 경우가 이해하기 가장 난해한 경우이다), 메모리 공간이 할당되면서 동시에 초기화가 이뤄진다.

```
int SimpleFunc(int n)
{
    . . . . .
    return n;    // 반환하는 순간 메모리 공간이 할당되면서 동시에 초기화!
}
int main(void)
{
    int num=10;
    cout<<SimpleFunc(num)<<endl;
    . . . .
}
```

위의 코드를 보면서 다음과 같이 의아해 할 수도 있다.

"정수를 반환하는데, 그 과정에서 메모리 공간이 할당된다고?"

"잘못된 설명 아닌가? 반환되는 값을 새로운 변수에 저장하는 것도 아니잖아!"

하지만, 이미 언급했듯이 반환되는 값을 별도의 변수에 저장하는 것과 별개로, 값을 반환하면 반환된 값은 별도의 메모리 공간이 할당되어서 저장이 된다. 이는 위의 코드에서 보이고 있는 다음 문장을 보면 쉽게 이해할 수 있다.

```
cout<<SimpleFunc(num)<<endl;
```

반환되는 값을 메모리 공간의 어딘가에 저장해 놓지 않았다면, cout에 의한 출력이 가능하겠는가? 값이 출력되기 위해서는 그 값을 참조할 수 있어야 하고, 참조가 가능 하려면 메모리 공간의 어딘가에 저장되어야 한다. 자! 결론을 내리겠다(사실 이 결론은 C언어를 공부하면서 내려야 할 결론이다).

"함수가 값을 반환하면, 별도의 메모리 공간이 할당되고, 이 공간에 반환 값이 저장된다(반환 값으로 초기화된다)."

이로써 메모리 공간이 할당되면서 동시에 초기화되는 세 가지 상황을 정리하였다. 그런데 이러한 세 가지 상황은 객체를 대상으로 해도 달라지지 않는다. 다음의 경우에는 당연히 obj2 객체가 생성되면서(obj2를 위한 메모리 공간이 할당되면서) 초기화도 이뤄진다.

```
SoSimple obj2=obj1;        // obj1도 SoSimple 객체라 가정
```

그리고 다음 함수호출의 경우에도 ob 객체가 생성되면서 전달되는 인자로 초기화된다.

```
SoSimple SimpleFuncObj(SoSimple ob)
{
    . . . . .
}
int main(void)
{
    SoSimple obj;
    SimpleFuncObj(obj);
    . . . .
}
```

위의 코드에서 SimpleFuncObj 함수가 호출되는 순간, 매개변수로 선언된 ob 객체가 생성되고(ob를 위한 메모리 공간이 할당되고), 이는 인자로 전달된 obj객체로 초기화된다. 즉, 메모리 공간이 할당되면서 동시에 초기화된다. 이렇듯 앞서 보인 기본 자료형의 인자전달과 차이가 없다. 할당되는 대상이 변수에서 객체로 바뀌었을 뿐이다. 마찬가지로 다음의 경우에도 객체가 생성되면서 동시에 초기화된다.

```
SoSimple SimpleFuncObj(SoSimple ob)
{
    . . . . .
    return ob;     // 반환하는 순간 메모리 공간이 할당되면서 동시에 초기화!
}
```

위의 return문이 실행되는 순간, SoSimple 객체를 위한 메모리 공간이 할당되고, 이 공간에 할당된 객체는 반환되는 객체 ob의 내용으로 초기화된다.

╋할당 이후, 복사 생성자를 통한 초기화

앞서 객체가 생성 및 초기화되는 세 가지 경우에 대해서 정리해 보았는데, 그렇다면 이 때 초기화는 어떻

C++ 프로그래밍

게 이뤄지겠는가? 일단 상황적으로 판단해 볼 때, 초기화는 멤버 대 멤버가 복사되는 형태로 이뤄져야 한다. 그래서 다음의 방식으로 초기화를 진행한다.

'복사 생성자의 호출'

디폴트 복사 생성자는 멤버 대 멤버가 복사되도록 정의가 되니, 이는 매우 적절한 초기화의 방식이라고 할 수 있다. 그럼 예제를 통해서 조금 더 정확히 이해해 보겠다. 먼저 다음 예제를 실행해보자. 그리고 언제 복사 생성자가 호출되는지 직접 확인해보자.

❖ PassObjCopycon.cpp

```cpp
1.  #include <iostream>
2.  using namespace std;
3.
4.  class SoSimple
5.  {
6.  private:
7.      int num;
8.  public:
9.      SoSimple(int n) : num(n)
10.     { }
11.     SoSimple(const SoSimple& copy) : num(copy.num)
12.     {
13.         cout<<"Called SoSimple(const SoSimple& copy)"<<endl;
14.     }
15.     void ShowData()
16.     {
17.         cout<<"num: "<<num<<endl;
18.     }
19. };
20.
21. void SimpleFuncObj(SoSimple ob)
22. {
23.     ob.ShowData();
24. }
25.
26. int main(void)
27. {
28.     SoSimple obj(7);
29.     cout<<"함수호출 전"<<endl;
30.     SimpleFuncObj(obj);
31.     cout<<"함수호출 후"<<endl;
32.     return 0;
33. }
```

- 11행: 복사 생성자의 호출시기를 알기 위해서 복사 생성자를 별도로 정의하였다. 디폴트 복사 생성자와의 유일한 차이점은 13행의 문자열 출력에 있다.
- 30행: 함수 SimpleFuncObj를 호출하면서 객체 obj를 인자로 전달하고 있다. 따라서 21행에 선언된 매개변수 ob의 복사 생성자가 호출되면서, 인자로 obj가 전달된다. 이와 관련해서는 아래에서 다시 설명을 한다.

❖ 실행결과: PassObjCopycon.cpp

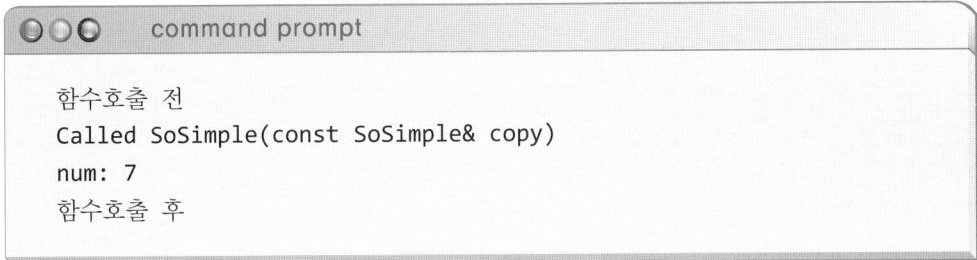

```
함수호출 전
Called SoSimple(const SoSimple& copy)
num: 7
함수호출 후
```

우선 실행결과를 통해서 함수에 인자를 전달하는 과정에서 복사 생성자가 호출됨을 확인하였다. 그리고 이로 인해서 멤버변수 num에 저장된 값이 복사 됨을 확인하였다. 그렇다면 복사 생성자의 호출주체가 누구인지는 파악을 하였는가? 즉, obj 객체의 복사 생성자가 호출되는 것인지, 아니면 ob 객체의 복사 생성자가 호출되는 것인지 헷갈리지는 않는가? 이와 관련해서 혼란스럽지 않도록 아래 그림을 통해서 복사 생성자의 호출관계를 별도로 정리하였다.

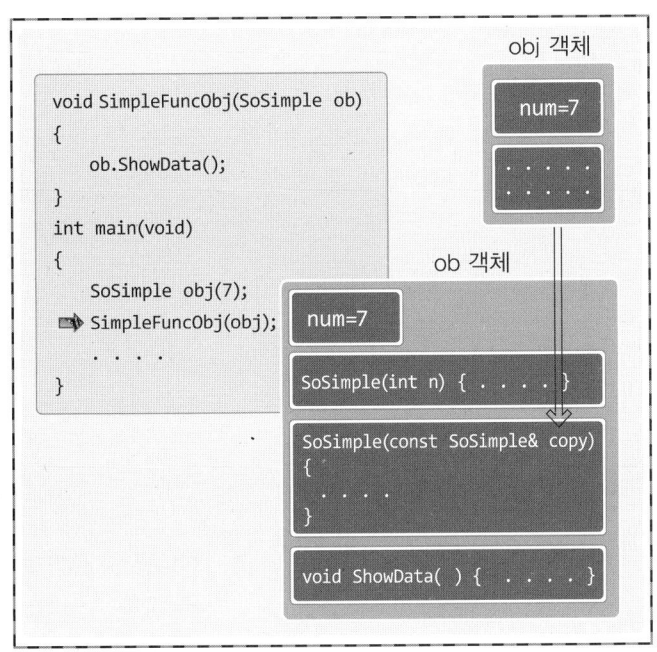

▶ [그림 05-5: 복사 생성자의 호출]

Chapter05 복사 생성자(Copy Constructor) **231**

위 그림에서 보이듯이 초기화의 대상은 obj 객체가 아닌, ob 객체이다. 그리고 ob 객체는 obj 객체로 초기화된다. 따라서 ob 객체의 복사 생성자가 호출되면서, obj 객체가 인자로 전달되어야 한다.

이로써 복사 생성자가 호출되는 두 번째 경우까지 설명하였다. 그럼 다음 예제를 통해서 복사 생성자가 호출되는 세 번째 경우에 대해서 설명하겠다. 참고로 이 예제는 다른 예제들보다 주의 깊게 관찰해야 한다.

❖ ReturnObjCopycon.cpp

```cpp
1.  #include <iostream>
2.  using namespace std;
3.
4.  class SoSimple
5.  {
6.  private:
7.      int num;
8.  public:
9.      SoSimple(int n) : num(n)
10.     { }
11.     SoSimple(const SoSimple& copy) : num(copy.num)
12.     {
13.         cout<<"Called SoSimple(const SoSimple& copy)"<<endl;
14.     }
15.     SoSimple& AddNum(int n)
16.     {
17.         num+=n;
18.         return *this;
19.     }
20.     void ShowData()
21.     {
22.         cout<<"num: "<<num<<endl;
23.     }
24. };
25.
26. SoSimple SimpleFuncObj(SoSimple ob)
27. {
28.     cout<<"return 이전"<<endl;
29.     return ob;
30. }
31.
32. int main(void)
33. {
34.     SoSimple obj(7);
35.     SimpleFuncObj(obj).AddNum(30).ShowData();
36.     obj.ShowData();
37.     return 0;
38. }
```

해설

- 15행: 이 예제의 이해를 위해서는 참조형을 반환하는 AddNum 함수를 잘 이해해야 한다.
- 18행: 이 문장을 실행하는 객체 자신을 반환하고 있다. 그런데 반환형이 참조형이니, 참조 값이 반환된다. 이와 관련해서는 Chapter 04의 마지막 부분에서 자세히 설명하였다.
- 26행: 매개변수 선언을 보면, 인자의 전달과정에서 복사 생성자가 호출됨을 알 수 있다.
- 29행: ob 객체를 반환하고 있다. 그런데 반환형이 참조형이 아니다. 따라서 ob 객체의 복사본이 만들어지면서 반환이 진행된다. 이와 관련해서는 잠시 후에 별도로 설명하겠다.
- 35행: SimpleFuncObj 함수가 반환한 객체를 대상으로 AddNum 함수를 호출하고, 이어서 AddNum 함수가 반환하는 참조 값을 대상으로 ShowData 함수를 호출하고 있다.
- 36행: 35행의 출력결과와 비교하기 위해서, 34행에서 생성한 객체를 대상으로 ShowData 함수를 호출하고 있다.

❖ 실행결과: ReturnObjCopycon.cpp

```
Called SoSimple(const SoSimple& copy)
return 이전
Called SoSimple(const SoSimple& copy)
num: 37
num: 7
```

먼저 다음 두 문장의 실행결과를 차근차근 생각해보자.

```
int main(void)
{
    SoSimple obj(7);        // 34행
    SimpleFuncObj(obj);     // 35행의 일부!
    . . . . . .
}
```

일단, 인자 전달과정에서의 복사 생성자 호출은 이미 설명하였으니, 함수호출 이후의 다음 상황이 이해가 될 것이다.

C++ 프로그래밍

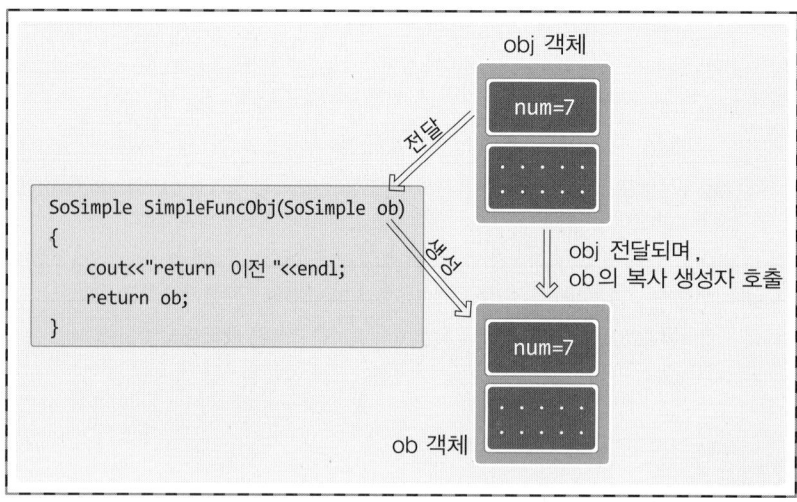

▶ [그림 05-6: 인자 전달에 의한 복사 생성자 호출]

이는 앞서 보인 그림 05-5와 의미하는 바가 동일한 그림이다. 그런데 이제 이 상황에서 매개변수로 선언된 객체 ob를 반환해야 한다. 이 반환의 과정을 위의 그림에 추가해 보겠다.

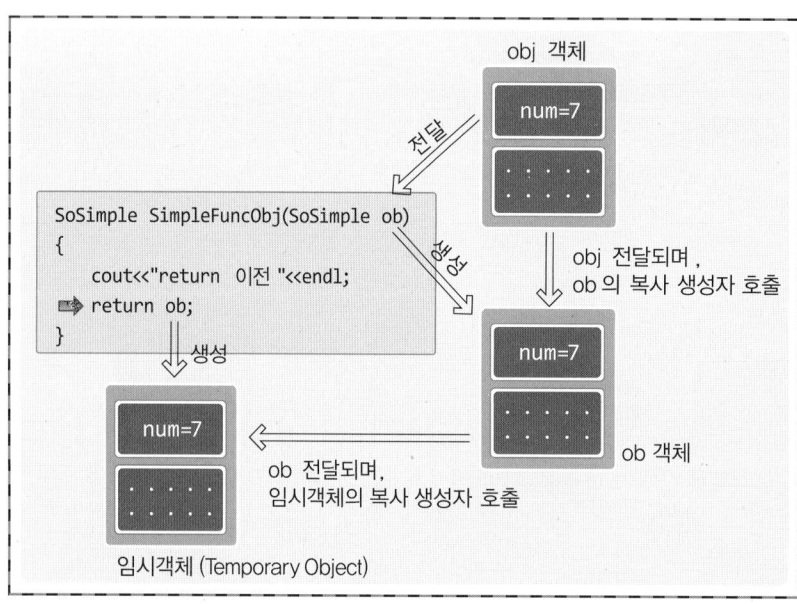

▶ [그림 05-7: 반환에 의한 복사 생성자 호출]

위 그림에서 보이듯이 객체를 반환하게 되면, '**임시객체**'라는 것이 생성되고(임시객체에 대해서는 잠시 후에 별도로 설명한다. 다만 지금은 임시로 생성되는 객체 정도로 이해하자), 이 객체의 복사 생성자가 호출되면서 return문에 명시된 객체가 인자로 전달된다. 즉, 최종적으로 반환되는 객체는 새롭게 생성되는 임시객체이다. 따라서 함수호출이 완료되고 나면, 지역적으로 선언된 객체 ob는 소멸되고 obj 객체와 임시객체만 남는다. 이제 앞서 보인 예제의 35행을 다시 보자.

```
SimpleFuncObj(obj).AddNum(30).ShowData();
```

SimpleFuncObj 함수의 호출결과로 반환된 임시객체를 대상으로, 바로 이어서 AddNum 함수를 호출하고 있다. 따라서 AddNum 함수의 호출로 인해, 임시객체에 저장된 값이 30 증가한다. 그리고 이어서 ShowData 함수호출을 통해서 임시객체에 저장된 값을 출력하고 있다. 그리고 이때 출력된 값은, 36행의 출력 값과 다르다(obj 객체를 대상으로 하는 출력). ShowData 함수의 호출대상인 두 객체가 서로 별개이기 때문에 이는 당연한 결과이다. 즉, 필자는 출력되는 값이 다르다는 사실을 통해서 임시객체의 존재를 확인시켜 드리고 싶었다.

✛반환할 때 만들어진 객체는 언제 사라져요?

'임시객체'의 등장이 여러분에게 아주 생소하게 느껴지지는 않았으리라 생각한다. Chapter 02에서 '임시변수'라는 것을 한 차례 소개한바 있으니 말이다. 임시객체도 임시변수와 마찬가지로 임시로 생성되었다가 소멸되는 객체이다. 그리고 임시객체는 우리가 임의로 만들 수도 있다. 그럼 임시객체의 실체를 이해하기 위해서 다음 예제를 실행해보자.

❖ IKnowTempObj.cpp

```
1.  #include <iostream>
2.  using namespace std;
3.
4.  class Temporary
5.  {
6.  private:
7.      int num;
8.  public:
9.      Temporary(int n) : num(n)
10.     {
11.         cout<<"create obj: "<<num<<endl;
12.     }
13.     ~Temporary()
14.     {
15.         cout<<"destroy obj: "<<num<<endl;
16.     }
17.     void ShowTempInfo()
18.     {
19.         cout<<"My num is "<<num<<endl;
20.     }
21. };
```

```
22.
23. int main(void)
24. {
25.     Temporary(100);
26.     cout<<"********** after make!"<<endl<<endl;
27.
28.     Temporary(200).ShowTempInfo();
29.     cout<<"********** after make!"<<endl<<endl;
30.
31.     const Temporary &ref=Temporary(300);
32.     cout<<"********** end of main!"<<endl<<endl;
33.     return 0;
34. }
```

- 25행: 이것이 임시객체를 직접 생성하는 방법이다. 이 문장에 의해서 100으로 초기화된 Temporary 임시객체가 생성된다.
- 28행: 임시객체를 생성하고, 이어서 이 객체를 대상으로 ShowTempInfo 함수를 호출하고 있다. 객체가 생성 및 반환되면, 생성 및 반환된 위치에 객체를 참조할 수 있는 참조 값이 반환되기 때문에 이러한 문장을 구성할 수 있는데 이에 대해서는 잠시 후에 별도로 정리하겠다.
- 31행: 이 문장에서도 임시객체를 생성했다. 단! 앞에서 생성한 다른 두 객체와 달리 여기서는 참조자 ref로 임시객체를 참조하고 있다.

❖ 실행결과: IKnowTempObj.cpp

```
◯◯◯         command prompt
 create obj: 100
 destroy obj: 100
 ********** after make!

 create obj: 200
 My num is 200
 destroy obj: 200
 ********** after make!

 create obj: 300
 ********** end of main!

 destroy obj: 300
```

실행결과를 가지고 이야기하기에 앞서 먼저 다음 문장에 대해서 설명을 좀 하고자 한다.

```
Temporary(200).ShowTempInfo();
```

클래스 외부에서 객체의 멤버함수를 호출하기 위해 필요한 것은 다음 세 가지 중 하나이다.

- 객체에 붙여진 이름
- 객체의 참조 값(객체 참조에 사용되는 정보)
- 객체의 주소 값

그런데 임시객체가 생성된 위치에는 임시객체의 참조 값이 반환된다. 즉, 위 문장의 경우 먼저 임시객체가 생성되면서 다음의 형태가 된다.

```
(임시객체의 참조 값).ShowTempInfo();
```

그래서, 이어서 멤버함수의 호출이 가능한 것이다. 또한 이렇듯 '참조 값'이 반환되기 때문에 다음과 같은 문장의 구성도 가능한 것이다.

```
const Temporary &ref=Temporary(300);
```

위의 경우는 임시객체 생성시 반환되는 '참조 값'이 참조자 ref에 전달되어, ref가 임시객체를 참조하게 된다. 그리고 앞서 보인 예제 ReturnObjCopycon.cpp의 다음 문장(35행의 일부) 구성이 가능한 이유도, 실제로는 임시객체가 통째로 반환되어서가 아니라, 임시객체는 메모리에 저장되고, 그 객체의 참조 값이 반환되었기 때문이다.

```
SimpleFuncObj(obj).AddNum(30);
```

즉, 반환을 위해서 임시객체가 생성은 되지만, 이 객체는 메모리 공간에 존재하고, 이 객체의 참조 값이 반환되어서 AddNum 함수의 호출이 진행된 것이다. 그럼 다시 본론으로 돌아와서, 위 예제의 실행결과를 보면서 어떠한 결론을 내릴 수 있는지 이야기해보자. 실행결과를 통해서(특히 소멸자의 출력결과를 통해서) 내릴 수 있는 결론 두 가지는 다음과 같다.

- 임시객체는 다음 행으로 넘어가면 바로 소멸되어 버린다.
- 참조자에 참조되는 임시객체는 바로 소멸되지 않는다.

3+5의 연산에 사용되는 상수 3과 5처럼 임시객체에는 이름이 없기 때문에 다음 행으로 넘어가면 어차피 접근이 불가능해진다. 따라서 접근이 불가능하게 된 임시객체는 바로 소멸을 시켜버린다. 반면 31행에서는 임시객체를 생성하고 참조자로 이를 참조한다. 즉, 다음 행에서도 접근이 가능하다. 따라서 바로 소멸을 시키지 않는 것이다. 그럼 이제, 반환할 때 만들어지는 임시객체의 소멸시기를 확인하기 위한 예제를 제시하겠다. 참고로 이 예제의 출력결과는 다소 복잡하지만, 객체의 생성과 소멸을 확인하기에 좋은 예제이다.

❖ ReturnObjDeadTime.cpp

```cpp
1.  #include <iostream>
2.  using namespace std;
3.
4.  class SoSimple
5.  {
6.  private:
7.      int num;
8.  public:
9.      SoSimple(int n) : num(n)
10.     {
11.         cout<<"New Object: "<<this<<endl;
12.     }
13.     SoSimple(const SoSimple& copy) : num(copy.num)
14.     {
15.         cout<<"New Copy obj: "<<this<<endl;
16.     }
17.     ~SoSimple()
18.     {
19.         cout<<"Destroy obj: "<<this<<endl;
20.     }
21. };
22.
23. SoSimple SimpleFuncObj(SoSimple ob)
24. {
25.     cout<<"Parm ADR: "<<&ob<<endl;
26.     return ob;
27. }
28.
29. int main(void)
30. {
31.     SoSimple obj(7);
32.     SimpleFuncObj(obj);
33.
34.     cout<<endl;
35.     SoSimple tempRef=SimpleFuncObj(obj);
36.     cout<<"Return Obj "<<&tempRef<<endl;
37.     return 0;
38. }
```

❖ 실행결과: ReturnObjDeadTime.cpp

```
◯◯◯                command prompt
New Object: 0012FF54      .....31행의 obj 생성
New Copy obj: 0012FE38    .....32행의 함수호출로 인한 23행의 매개변수 ob의 생성
```

```
Parm ADR: 0012FE38           .....25행의 실행을 통해서
New Copy obj: 0012FE64       .....26행의 반환으로 인한 임시객체 생성
Destroy obj: 0012FE38        .....매개변수 ob의 소멸
Destroy obj: 0012FE64        .....26행의 반환으로 생성된 임시객체의 소멸

New Copy obj: 0012FE38       .....35행의 함수호출로 인한 23행의 매개변수 ob의 생성
Parm ADR: 0012FE38           .....25행의 실행을 통해서
New Copy obj: 0012FF48       .....26행의 반환으로 인한 임시객체 생성
Destroy obj: 0012FE38        .....매개변수 ob의 소멸
Return Obj 0012FF48          .....36행의 실행결과 임시객체의 주소 값과 동일함에 주목!
Destroy obj: 0012FF48        .....tempRef가 참조하는 임시객체 소멸
Destroy obj: 0012FF54        .....31행의 obj 소멸
```

필자가 지금까지 설명한 내용을 잘 이해했다면, 위의 출력결과를 이해할 수 있을 것이다. 이 예제는 출력결과를 분석하는데 의미가 있다. 다만 다음 한가지만 설명을 더 하고자 한다. 위 예제 35행을 보자.

```
SoSimple tempRef=SimpleFuncObj(obj);
```

언뜻 보면, tempRef라는 새로운 객체를 생성해서, 반환되는 객체를 가지고 대입연산을 진행하는 것처럼 보인다. 그러나 위의 출력결과에서는 추가로 객체를 생성하지 않고, 반환되는 임시객체에 tempRef라는 이름을 할당하고 있음을 보여준다(객체의 생성 수를 하나 줄여서 효율성을 높이기 위해서). 그리고 여러분은 이러한 특성을 더불어 인지하고 있으면 좋겠다.

05-4 : OOP 단계별 프로젝트 03단계

이번 단계의 프로젝트에서는 우리가 정의한 Account 클래스에 깊은 복사를 진행하는 복사 생성자를 정의해보겠다. 이것이 이번 단계에서 진행할 일의 전부이니, 어렵지 않게 완성할 수 있을 것이다.

C++ 프로그래밍

➕ 프로젝트 03단계의 도입

깊은 복사를 원칙으로 한다면, 클래스의 생성자만 봐도 복사 생성자의 필요성을 판단할 수 있다. 실제 복사 생성자의 호출여부는 중요하지 않다. 클래스는 그 자체로 완성품이 되어야 하기 때문에, 당장 필요한 것만으로 채우지 않는다.

➕ 프로그램 설명

Account 클래스에 깊은 복사를 진행하는 복사 생성자를 정의하면서, Banking System의 버전을 0.2에서 0.3으로 업그레이드 시켜보겠다. 비록 복사 생성자가 호출되지는 않지만, 깊은 복사를 원칙으로 정하고 이를 위해서 복사 생성자를 추가하기로 하겠다.

➕ 구현의 예

Banking System 버전 0.2와 차이 나는 부분은 Account 클래스에 추가된 복사 생성자가 전부이므로, Account 클래스만 아래에서 보이겠다.

❖ BankingSystemVer03.cpp

```cpp
class Account
{
private:
    int accID;        // 계좌번호
    int balance;      // 잔    액
    char * cusName;   // 고객이름

public:
    Account(int ID, int money, char * name)
        : accID(ID), balance(money)
    {
        cusName=new char[strlen(name)+1];
        strcpy(cusName, name);
    }

    Account(const Account & ref)
        : accID(ref.accID), balance(ref.balance)
    {
        cusName=new char[strlen(ref.cusName)+1];
        strcpy(cusName, ref.cusName);
    }

    int GetAccID() { return accID; }

    void Deposit(int money)
    {
        balance+=money;
    }

    int Withdraw(int money)    // 출금액 반환, 부족 시 0 반환
    {
```

```
            if(balance<money)
                return 0;

        balance-=money;
        return money;
    }

    void ShowAccInfo()
    {
        cout<<"계좌ID: "<<accID<<endl;
        cout<<"이 름: "<<cusName<<endl;
        cout<<"잔 액: "<<balance<<endl;
    }

    ~Account()
    {
        delete []cusName;
    }
};
```

05 : 프로그래밍 문제의 답안

문제 05-1의 답안

❖ 소스코드 답안

```
1.  #include <iostream>
2.  #include <cstring>
3.  using namespace std;
4.
5.  namespace COMP_POS
6.  {
7.      // 문제 04-3, 문제 2의 답안과 동일하므로 생략합니다.
8.  }
9.
```

```cpp
10. class NameCard
11. {
12. private:
13.     char * name;
14.     char * company;
15.     char * phone;
16.     int position;
17. public:
18.     NameCard(char * name, char * company, char * phone, int pos)
19.         : position(pos)
20.     {
21.         this->name=new char[strlen(name)+1];
22.         this->company=new char[strlen(company)+1];
23.         this->phone=new char[strlen(phone)+1];
24.         strcpy(this->name, name);
25.         strcpy(this->company, company);
26.         strcpy(this->phone, phone);
27.     }
28.     NameCard(const NameCard & ref) : position(ref.position)
29.     {
30.         name=new char[strlen(ref.name)+1];
31.         company=new char[strlen(ref.company)+1];
32.         phone=new char[strlen(ref.phone)+1];
33.         strcpy(name, ref.name);
34.         strcpy(company, ref.company);
35.         strcpy(phone, ref.phone);
36.     }
37.     void ShowNameCardInfo()
38.     {
39.         cout<<"이름: "<<name<<endl;
40.         cout<<"회사: "<<company<<endl;
41.         cout<<"전화번호: "<<phone<<endl;
42.         cout<<"직급: "; COMP_POS::ShowPositionInfo(position);
43.         cout<<endl;
44.     }
45.     ~NameCard()
46.     {
47.         delete []name;
48.         delete []company;
49.         delete []phone;
50.     }
51. };
52.
53. int main(void)
54. {
55.     NameCard manClerk("Lee", "ABCEng", "010-1111-2222", COMP_POS::CLERK);
56.     NameCard copy1=manClerk;
57.     NameCard manSENIOR("Hong", "OrangeEng", "010-3333-4444", COMP_POS::SENIOR);
58.     NameCard copy2=manSENIOR;
59.     copy1.ShowNameCardInfo();
60.     copy2.ShowNameCardInfo();
61.     return 0;
62. }
```

Chapter 06
friend와 static 그리고 const

필자는 지금도 C++ 프로그래머들을 자주 만난다. 그들의 프로그래밍 스타일과 디자인 철학은 조금씩 다르지만, 그럼에도 불구하고 그들에겐 한가지 공통점이 있다. 그것은 자신들에게 최고의 즐거움을 주는 언어가 C++이라고 생각한다는 것이다. 이는 C++을 최고의 언어로 생각하는 것과는 다른 의미다.

C++은 다른 언어들보다 조금 복잡한 부분이 있다. 그리고 이로 인해서 많은 객체지향 전문가들로부터 외면을 받은 경험이 있는 언어이기도 하다. 하지만 그만큼 많은 것을 가능하게 하고, 그 가능성이 프로그래머들을 즐겁게 한다. 자바나 C#에서는 흔히 주고 받지 않는 대화가 있다.

A군 　　　　"어! 이런 코드도 작성이 가능하구나! 멋진걸"
B군 　　　　"자 봐. 이것도 가능해!"

이런 말을 주고받는 C++ 프로그래머들의 얼굴에는 항상 즐거움이 가득하다. 그리고 프로그래머들에게 즐거움을 주는 것만으로도 C++은 매우 매력적인 언어라고 생각한다. 그래서 필자는 MFC 이외에도 대중적으로 널리 사용 가능한 C++ 프레임워크가 등장하기를 간절히 바라고 있다. 덜 공부하고 더 많이 활용할 수 있는, 그리고 누구나 잘 활용할 수 있는 그런 프레임워크를 말이다.

06-1 : const와 관련해서 아직 못다한 이야기

C언어와 달리 C++에서는 const와 관련해서 참으로 할말이 많다. 이미 앞서 몇 가지 이야기를 했지만, 아직 다하지 못한 이야기가 있어서 PART 02의 마지막 Chapter를 const에 대한 보충에서부터 시작하고자 한다.

✚ const 객체와 const 객체의 특성들

다음과 같이 변수를 상수화 하듯이,

    const int num=10;

다음과 같이 객체도 상수화할 수 있다.

    const SoSimple sim(20);

그리고 이렇게 객체에 const 선언이 붙게 되면, 이 객체를 대상으로는 const 멤버함수만 호출이 가능하다. 이는 객체의 const 선언이 다음의 의미를 갖기 때문이다.

    "이 객체의 데이터 변경을 허용하지 않겠다!"

때문에 const 멤버함수의 호출만 허용하는 것이다. 물론 const로 선언되지 않은 함수 중에도 데이터를 변경하지 않는 함수가 있을 수 있다. 하지만 변경시킬 능력이 있는 함수는 아예 호출을 허용하지 않는 것이다(이와 유사한 이야기를 전에도 했다). 그럼 예제를 통해서 const 객체의 특성을 확인하겠다.

❖ ConstObject.cpp

```
1.  #include <iostream>
2.  using namespace std;
3.
4.  class SoSimple
5.  {
6.  private:
7.      int num;
8.  public:
9.      SoSimple(int n) : num(n)
10.     { }
11.     SoSimple& AddNum(int n)
12.     {
```

```
13.         num+=n;
14.         return *this;
15.     }
16.     void ShowData() const
17.     {
18.         cout<<"num: "<<num<<endl;
19.     }
20. };
21.
22. int main(void)
23. {
24.     const SoSimple obj(7);
25.     // obj.AddNum(20);
26.     obj.ShowData();
27.     return 0;
28. }
```

- 24행: const 객체를 생성하고 있다.
- 25행: 멤버함수 AddNum은 const 함수가 아니기 때문에 호출이 불가능하다.
- 26행: 멤버함수 ShowData는 const 함수이기 때문에 const 객체를 대상으로 호출이 가능하다.

❖ 실행결과: ConstObject.cpp

```
command prompt
num: 7
```

위 예제를 통해서도 알 수 있듯이, 멤버변수에 저장된 값을 수정하지 않는 함수는 가급적 const로 선언해서, const 객체에서도 호출이 가능하도록 할 필요가 있다. 아주 간단한 예제이지만 const 선언이 많을수록 좋은 이유를 더불어 확인시켜준 예제이다.

➕const와 함수 오버로딩

함수의 오버로딩이 성립하려면 매개변수의 수나 자료형이 달라야 한다. 하지만 다음과 같이 const의 선언유무도 함수 오버로딩의 조건에 해당이 된다.

```
void SimpleFunc() { . . . . }
void SimpleFunc() const { . . . . }
```

이러한 const 대상의 함수 오버로딩이 어떻게 활용되는지는 다음 기회에 이야기하기로 하고, 일단 이 사

C++ 프로그래밍

실을 단순히 문법적 차원에서 기억하기 바란다. 자! 그럼 다음 예제를 통해서 위의 두 함수가 어떠한 경우에 호출되는지 확인해보자.

❖ ConstOverloading.cpp

```cpp
1.  #include <iostream>
2.  using namespace std;
3.
4.  class SoSimple
5.  {
6.  private:
7.      int num;
8.  public:
9.      SoSimple(int n) : num(n)
10.     { }
11.     SoSimple& AddNum(int n)
12.     {
13.         num+=n;
14.         return *this;
15.     }
16.     void SimpleFunc()
17.     {
18.         cout<<"SimpleFunc: "<<num<<endl;
19.     }
20.     void SimpleFunc() const
21.     {
22.         cout<<"const SimpleFunc: "<<num<<endl;
23.     }
24. };
25.
26. void YourFunc(const SoSimple &obj)
27. {
28.     obj.SimpleFunc();
29. }
30.
31. int main(void)
32. {
33.     SoSimple obj1(2);
34.     const SoSimple obj2(7);
35.
36.     obj1.SimpleFunc();
37.     obj2.SimpleFunc();
38.
39.     YourFunc(obj1);
40.     YourFunc(obj2);
41.     return 0;
42. }
```

- 33, 34행: 일반 객체와 const 객체를 각각 생성하고 있다.
- 36, 37행: 일반 객체를 대상으로 SimpleFunc 함수를 호출하면 16행의 일반 멤버함수가, const 객체를 대상으로 SimpleFunc 함수를 호출하면 20행의 const 멤버함수가 호출된다.
- 39, 40행: 26행에 정의된 YourFunc 함수는 전달되는 인자를 참조자로, 그것도 const 참조자로 받는다. 따라서 참조자를 이용한 28행의 함수호출의 결과로 20행의 const 멤버함수가 호출된다.

❖ 실행결과: ConstOverloading.cpp

```
SimpleFunc: 2
const SimpleFunc: 7
const SimpleFunc: 2
const SimpleFunc: 7
```

위 예제는 오버로딩 된 const 함수가 호출되는 상황을 보이기 위한 목적으로 간단히 작성되었다. 그러니 실행결과만 보더라도 const 함수가 호출되는 상황을 파악할 수 있을 것이다.

06-2 : 클래스와 함수에 대한 friend 선언

여러분도 알다시피 friend는 친구라는 뜻이다. 따라서 friend 선언은 "넌 오늘부터 내 친구야!"라는 영화대사에 비유할 수 있다.

➕ 클래스의 friend 선언

A라는 클래스와 B라는 클래스가 있다고 가정해보자. 이 상황에서 A 클래스는 B 클래스에게 다음과 같

C++ 프로그래밍

이 외친다.

"야, B 클래스! 넌 이제부터 나의 친구다!"

그리고는 그 다음부터 A 클래스는 B 클래스에게 자신의 속마음을 다 내보인다. 그런데 아직 B 클래스는 A 클래스를 친구로 생각하지 않고 있다. 따라서 B 클래스는 A 클래스에게 자신의 속마음을 다 내보이지 않는다.
시간이 지나서 B 클래스도 A 클래스의 선언에 진실함이 묻어 있음을 알고선 B 클래스 역시 다음과 같이 외친다.

"그래 A 클래스! 넌 정말 나의 친구다!"

그리고는 그 다음부터 B 클래스 역시 A 클래스에게 자신의 속마음을 다 내보인다. 결국 둘은 자신의 개인적인(private) 부분까지도 다 내보이는 사이가 되었다. 지금 이야기한 내용에 C++의 friend 선언이 의미하는 바가 모두 담겨있다. 이를 정리하면 다음과 같다.

- A 클래스가 B 클래스를 대상으로 friend 선언을 하면, B 클래스는 A 클래스의 private 멤버에 직접 접근이 가능하다.

- 단, A 클래스도 B 클래스의 private 멤버에 직접 접근이 가능 하려면, B 클래스가 A 클래스를 대상으로 friend 선언을 해줘야 한다.

이렇듯 friend 선언은 private 멤버의 접근을 허용하는 선언이다. 그럼 friend 선언을 하고 있는 다음 클래스를 보자.

```cpp
class Boy
{
private:
    int height;           // 키
    friend class Girl;    // Girl 클래스를 friend로 선언함
public:
    Boy(int len) : height(len)
    { }
    . . . . .
};
```

위의 Boy 클래스는 Girl 클래스를 friend로 선언하였다. 따라서 Girl 클래스 내에서는 Boy 클래스의 모든 private 멤버에 직접 접근이 가능하다. 참고로 friend 선언은 클래스 내에 어디든 위치할 수 있다. private 영역에 존재하든, public 영역에 존재하든 상관없다. 다음은 friend로 선언된 Girl 클래스의 예이다.

```cpp
class Girl
{
```

```
    private:
        char phNum[20];    // 전화번호
    public:
        Girl(char * num)
        {
            strcpy(phNum, num);
        }
        void ShowYourFriendInfo(Boy &frn)
        {
            cout<<"His height: "<<frn.height<<endl;    // private 멤버에 접근
        }
};
```

위 클래스의 ShowYourFriendInfo 함수 내에서 Boy 클래스의 private 멤버인 height에 직접 접근을 하고 있다. Girl 클래스는 Boy 클래스의 friend이므로, Girl 클래스 내에 선언된 모든 멤버함수는 이렇듯 Boy 클래스의 private 멤버에 접근이 가능하다. 그럼 이번에는 위의 두 클래스를 기반으로 예제를 하나 작성하겠다. 이 예제에서는 Boy 클래스와 Girl 클래스가 서로를 friend로 선언하도록 하겠다.

❖ **MyFriendClass.cpp**

```
1.  #include <iostream>
2.  #include <cstring>
3.  using namespace std;
4.
5.  class Girl;     // Girl이라는 이름이 클래스의 이름임을 알림
6.
7.  class Boy
8.  {
9.  private:
10.     int height;
11.     friend class Girl;    // Girl 클래스에 대한 friend 선언
12. public:
13.     Boy(int len) : height(len)
14.     { }
15.     void ShowYourFriendInfo(Girl &frn);
16. };
17.
18. class Girl
19. {
20. private:
21.     char phNum[20];
22. public:
23.     Girl(char * num)
24.     {
25.         strcpy(phNum, num);
```

```
26.    }
27.    void ShowYourFriendInfo(Boy &frn);
28.    friend class Boy;         // Boy 클래스에 대한 friend 선언
29. };
30.
31. void Boy::ShowYourFriendInfo(Girl &frn)
32. {
33.     cout<<"Her phone number: "<<frn.phNum<<endl;
34. }
35.
36. void Girl::ShowYourFriendInfo(Boy &frn)
37. {
38.     cout<<"His height: "<<frn.height<<endl;
39. }
40.
41. int main(void)
42. {
43.     Boy boy(170);
44.     Girl girl("010-1234-5678");
45.     boy.ShowYourFriendInfo(girl);
46.     girl.ShowYourFriendInfo(boy);
47.     return 0;
48. }
```

- 5행: 정의가 뒤에 나오는 함수의 호출을 위해서 함수의 원형을 선언하듯이, 이렇게 클래스도 선언이 가능하다. 이는 'Girl이 클래스의 이름임'을 알리는 것이다.
- 11행: private 영역에도 friend 선언이 가능함을 보이기 위해서 이곳에 friend 선언을 삽입하였다.
- 15행: 아직 정의되지 않은 Girl이라는 클래스의 이름이 등장한다. 그럼에도 불구하고 컴파일이 가능한 이유는 앞서 5행에서 Girl이 클래스의 이름임을 알렸기 때문이다.
- 18행: Girl 클래스가 정의되었다. Boy 클래스의 ShowYourFriendInfo 함수가 정의되기에 앞서 Girl 클래스가 등장했음에 주목하기 바란다.
- 31, 33행: 컴파일러가 33행을 제대로 컴파일하기 위해서는, Girl 클래스에 멤버변수 phNum이 존재한다는 사실을 알아야 한다. 그래서 이 함수의 정의가 Girl 클래스의 정의보다 뒤에 위치한 것이다.
- 36, 38행: Boy 클래스가 앞서 정의되었기 때문에 컴파일러는 Boy 클래스에 멤버변수 height이 존재함을 안다. 따라서 무리 없이 컴파일 된다.

❖ 실행결과: MyFriendClass.cpp

```
○○○         command prompt

Her phone number: 010-1234-5678
His height: 170
```

friend 선언의 방법과 그 의미는 소스코드상에서 충분히 파악이 가능하기 때문에, 위의 소스해설에서는 클래스의 선언과 정의되는 위치에 대해 설명하였다. 참고로, 위 예제는 5행의 클래스 선언이 없어도 컴파일 된다. 11행의 다음 선언은 Girl이 클래스의 이름임을 알리는 역할도 담당하기 때문이다.

```
friend class Girl;
```

즉, 위의 문장은 다음 두 가지를 동시에 선언하는 셈이다.

- Girl은 클래스의 이름이다!
- 그리고 바로 그 Girl 클래스를 friend로 선언한다.

✚ friend 선언은 언제?

사실 C++ 문법 중에서 제법 논란이 되었던 것 중 하나가(그렇다면 하나가 아니라는 뜻?) 바로 이 friend 선언이다. friend 선언은 객체지향의 대명사 중 하나인 '정보은닉'을 무너뜨리는 문법이기 때문이다.

"그럼 왜 존재하는 거죠? friend 선언은 하지 말아야 하나요?"

실력과 상관없이 이를 딱 잘라 말할 수 있는 사람은 없다고 생각한다(용기가 있다면 가능하다). 그러나 friend 선언과 관련해서 다음 사실은 확실히 말할 수 있다.

"friend 선언은 지나치면 아주 위험할 수 있습니다. friend 선언은 필요한 상황에서 극히 소극적으로 사용해야 합니다."

필자는 초보 C++ 프로그래머들이 얽히고 설킨 클래스의 관계를 풀기 위해서 friend 선언을 남용하는 경우를 종종 보아왔다. 하지만 이는 작은 문제의 해결을 위해서 더 큰 문제를 만드는 꼴이 된다. 자! 일단 여러분은 friend를 문법적으로만 이해하자. 그리고 가급적 사용하지 않는 연습을 하자. 여러분이 friend 선언에 대한 나름의 기준이 설 때까지는 friend 선언을 사용하지 말자! 그것이 friend를 더 잘 이해하고 더 잘 사용하는 길이 될 수 있으니 말이다.

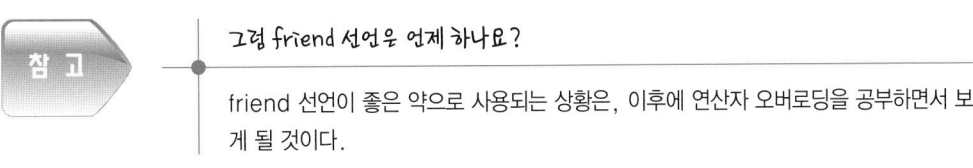

그럼 friend 선언은 언제 하나요?

friend 선언이 좋은 약으로 사용되는 상황은, 이후에 연산자 오버로딩을 공부하면서 보게 될 것이다.

✚ 함수의 friend 선언

전역함수를 대상으로도, 클래스의 멤버함수를 대상으로도 friend 선언이 가능하다. 물론 friend로 선

C++ 프로그래밍

언된 함수는 자신이 선언된 클래스의 private 영역에 접근이 가능하다. 그럼 이번에도 예제를 통해서 함수 대상의 friend 선언방법을 보이겠다.

❖ MyFriendFunction.cpp

```cpp
1.  #include <iostream>
2.  using namespace std;
3.
4.  class Point;        // Point가 클래스의 이름임을 선언
5.
6.  class PointOP
7.  {
8.  private:
9.      int opcnt;
10. public:
11.     PointOP() : opcnt(0)
12.     { }
13.
14.     Point PointAdd(const Point&, const Point&);
15.     Point PointSub(const Point&, const Point&);
16.     ~PointOP()
17.     {
18.         cout<<"Operation times: "<<opcnt<<endl;
19.     }
20. };
21.
22. class Point
23. {
24. private:
25.     int x;
26.     int y;
27. public:
28.     Point(const int &xpos, const int &ypos) : x(xpos), y(ypos)
29.     { }
30.     friend Point PointOP::PointAdd(const Point&, const Point&);
31.     friend Point PointOP::PointSub(const Point&, const Point&);
32.     friend void ShowPointPos(const Point&);
33. };
34.
35. Point PointOP::PointAdd(const Point& pnt1, const Point& pnt2)
36. {
37.     opcnt++;
38.     return Point(pnt1.x+pnt2.x, pnt1.y+pnt2.y);
39. }
40.
41. Point PointOP::PointSub(const Point& pnt1, const Point& pnt2)
42. {
```

```
43.        opcnt++;
44.        return Point(pnt1.x-pnt2.x, pnt1.y-pnt2.y);
45. }
46.
47. int main(void)
48. {
49.     Point pos1(1, 2);
50.     Point pos2(2, 4);
51.     PointOP op;
52.
53.     ShowPointPos(op.PointAdd(pos1, pos2));
54.     ShowPointPos(op.PointSub(pos2, pos1));
55.     return 0;
56. }
57.
58. void ShowPointPos(const Point& pos)
59. {
60.     cout<<"x: "<<pos.x<<", ";
61.     cout<<"y: "<<pos.y<<endl;
62. }
```

- 4행: 14, 15행을 컴파일하기 위해서는 Point가 클래스의 이름임을 컴파일러에게 알려줘야 한다. 그런데 Point 클래스는 뒤에서 등장하기 때문에 이렇게 별도로 Point가 클래스의 이름임을 선언해야 한다.
- 30, 31행: PointOP 클래스의 멤버함수 PointAdd와 PointSub에 대해 friend 선언을 하고 있다.
- 32행: 58행에 정의된 함수 ShowPointPos에 대해 friend 선언을 하고 있다.
- 38, 44행: PointAdd와 PointSub 함수는 Point 클래스의 friend로 선언되었기 때문에 private 멤버에 접근이 가능하다.
- 60, 61행: ShowPointPos 함수도 Point 클래스의 friend로 선언되었기 때문에 private 멤버에 접근이 가능하다.

❖ 실행결과: MyFriendFunction.cpp

```
○○○      command prompt
  x: 3, y: 6
  x: 1, y: 2
  Operation times: 2
```

위 예제를 통해서 전역함수와 멤버함수에 대한 friend 선언방법을 이해하기 바란다. 참고로 하나만 더 이야기하자면, 위 예제에서 보인 다음 friend 선언에는,

    friend void ShowPointPos(const Point&);

friend 선언 이외에, 다음의 함수원형 선언이 포함되어 있다.

    void ShowPointPos(const Point&);

따라서 friend 선언을 위해서 별도의 함수원형을 선언할 필요는 없다.

06-3 : C++에서의 static

이미 여러분이 잘 알고 있는, C언어에서의 static은 C++에서도 그대로 통용된다. 그러나 C++에서는 멤버변수와 멤버함수에 static 선언을 추가할 수 있다. 따라서 이것이 의미하는 바를 살펴보고자 한다.

✢ C언어에서 이야기한 static

static 멤버변수와 static 멤버함수를 소개하기에 앞서, C언어에서 공부한 static의 개념을 정리해보고자 한다.

- 전역변수에 선언된 static의 의미
    ➡ 선언된 파일 내에서만 참조를 허용하겠다는 의미
- 함수 내에 선언된 static의 의미
    ➡ 한번만 초기화되고, 지역변수와 달리 함수를 빠져나가도 소멸되지 않는다.

그럼 이 중에서 함수 내에 선언된 static의 의미를 확인할 수 있는 간단한 예제를 하나 제시하겠다.

❖ CComStatic.cpp

```
1.   #include <iostream>
2.   using namespace std;
3.
4.   void Counter()
5.   {
6.       static int cnt;
7.       cnt++;
8.       cout<<"Current cnt: "<<cnt<<endl;
9.   }
10.
11.  int main(void)
12.  {
13.      for(int i=0; i<10; i++)
14.          Counter();
15.      return 0;
16.  }
```

- 6행: static 변수는 전역변수와 마찬가지로 초기화하지 않으면 0으로 초기화된다. 그리고 이 문장은 딱 한번 실행이 된다. 즉, cnt는 Counter 함수가 호출될 때마다 새롭게 할당되는 지역변수가 아니다.

❖ 실행결과: CComStatic.cpp

```
○○○    command prompt
  Current cnt: 1
  Current cnt: 2
  Current cnt: 3
  Current cnt: 4
  Current cnt: 5
  Current cnt: 6
  Current cnt: 7
  Current cnt: 8
  Current cnt: 9
  Current cnt: 10
```

이는 어디까지나 복습을 위한 예제이니, 이 이상 상세한 설명은 생략하겠다. 그리고 이어서 C++의 static 멤버에 대해서 설명하겠다.

C++ 프로그래밍

✚ 전역변수가 필요한 상황

C++에서의 static이 지니는 의미를 이야기하기에 앞서, 간단한 예제 하나를 소개하겠다. 이 예제에서는 객체가 생성될 때마다 "n번째 객체가 생성되었습니다." 라는 메시지를 출력하도록 임의의 클래스를 디자인하였다. 이는 어디까지나 전역변수가 필요한 상황을 연출하기 위한 것이다.

❖ **NeedGlobal.cpp**

```cpp
1.   #include <iostream>
2.   using namespace std;
3.
4.   int simObjCnt=0;
5.   int cmxObjCnt=0;
6.
7.   class SoSimple
8.   {
9.   public:
10.      SoSimple()
11.      {
12.          simObjCnt++;
13.          cout<<simObjCnt<<"번째 SoSimple 객체"<<endl;
14.      }
15.  };
16.
17.  class SoComplex
18.  {
19.  public:
20.      SoComplex()
21.      {
22.          cmxObjCnt++;
23.          cout<<cmxObjCnt<<"번째 SoComplex 객체"<<endl;
24.      }
25.      SoComplex(SoComplex &copy)
26.      {
27.          cmxObjCnt++;
28.          cout<<cmxObjCnt<<"번째 SoComplex 객체"<<endl;
29.      }
30.  };
31.
32.  int main(void)
33.  {
34.      SoSimple sim1;
35.      SoSimple sim2;
36.
37.      SoComplex com1;
38.      SoComplex com2=com1;
39.      SoComplex();
```

```
40.     return 0;
41. }
```

- 4, 5행: 두 개의 전역변수가 선언되었다. 하나는 SoSimple의 객체 수를 세기 위한 것이고, 다른 하나는 SoComplex의 객체 수를 세기 위한 것이다.
- 12, 22, 27행: 객체가 생성될 때마다 해당 전역변수의 값이 증가하도록, 생성자 내에서 증가연산을 하고 있다.

❖ 실행결과: NeedGlobal.cpp

```
1번째 SoSimple 객체
2번째 SoSimple 객체
1번째 SoComplex 객체
2번째 SoComplex 객체
3번째 SoComplex 객체
```

위 예제를 보면 다음 사실을 알 수 있다.

- simObjCnt는 SoSimple 클래스를 위한 전역변수이다.
- cmxObjCnt는 SoComplex 클래스를 위한 전역변수이다.

즉, simObjCnt는 SoSimple 객체들이 공유하는 변수이다. 그리고 cmxObjCnt는 SoComplex 객체들이 공유하는 변수이다. 그런데 이 둘은 모두 전역변수이기 때문에 이러한 제한을 지켜 줄만한 아무런 장치도 존재하지 않는다(어디서든 접근이 가능하므로). 따라서 문제를 일으킬 소지가 매우 높다. 그러나 simObjCnt를 SoSimple 클래스의 static 멤버로, cmxObjCnt를 SoComplex 클래스의 static 멤버로 선언하면, 이러한 문제의 소지를 없앨 수 있다.

⁺static 멤버변수(클래스 변수)

static 멤버변수는 '클래스 변수'라고도 한다. 일반적인 멤버변수와 달리 클래스당 하나씩만 생성되기 때문이다. 다음은 전역변수 simObjCnt를 SoSimple 클래스의 static 변수로 선언한 예이다.

```
class SoSimple
{
private:
```

```
        static int simObjCnt;        // static 멤버변수, 클래스 변수
    public:
        SoSimple()
        {
            simObjCnt++;
            cout<<simObjCnt<<"번째 SoSimple 객체"<<endl;
        }
    };
    int SoSimple::simObjCnt=0;      // static 멤버변수의 초기화(잠시 후 설명)
```

위의 코드에 선언된 static 변수 simObjCnt는 SoSimple 객체가 생성될 때마다 함께 생성되어 객체별로 유지되는 변수가 아니다. 객체를 생성하건 생성하지 않건, 메모리 공간에 딱 하나만 할당이 되어서 공유되는 변수이다. 예를 들어서 다음과 같이 총 3개의 SoSimple 객체를 생성하게 되면,

```
    int main(void)
    {
        SoSimple sim1;
        SoSimple sim2;
        SoSimple sim3;
        . . . .
    }
```

다음과 같이 sim1, sim2, sim3 객체가 static 변수 simObjCnt를 공유하는 구조가 된다.

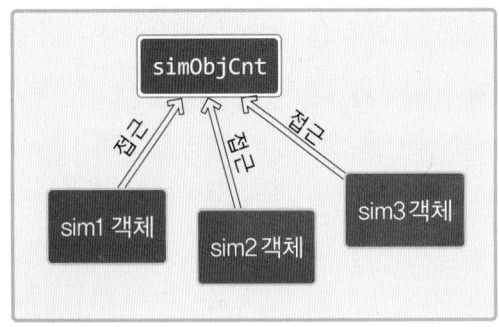

▶ [그림 06-1: static 멤버변수와 객체의 관계]

때문에 sim1, sim2, sim3 객체의 멤버함수(생성자)에서는 simObjCnt에 멤버변수에 접근하듯이 접근이 가능하다. 하지만 그렇다고 해서 객체 내에 simObjCnt가 존재하는 것은 아니다. 이 변수는 객체 외부에 있다. 다만 객체에게 멤버변수처럼 접근할 수 있는 권한을 줬을 뿐이다.

이렇듯 SoSimple 클래스 안에 선언된 static 변수는 모든 SoSimple 객체가 공유하는 구조이다. 그리고 생성 및 소멸의 시점도 전역변수와 동일하다. 따라서 이를 이용하면 앞서 보인 예제 NeedGlobal. cpp를 다음과 같이 보다 안정적으로 재 구현할 수 있다.

❖ StaticMember.cpp

```cpp
1.  #include <iostream>
2.  using namespace std;
3.
4.  class SoSimple
5.  {
6.  private:
7.      static int simObjCnt;
8.  public:
9.      SoSimple()
10.     {
11.         simObjCnt++;
12.         cout<<simObjCnt<<"번째 SoSimple 객체"<<endl;
13.     }
14. };
15. int SoSimple::simObjCnt=0;
16.
17. class SoComplex
18. {
19. private:
20.     static int cmxObjCnt;
21. public:
22.     SoComplex()
23.     {
24.         cmxObjCnt++;
25.         cout<<cmxObjCnt<<"번째 SoComplex 객체"<<endl;
26.     }
27.     SoComplex(SoComplex &copy)
28.     {
29.         cmxObjCnt++;
30.         cout<<cmxObjCnt<<"번째 SoComplex 객체"<<endl;
31.     }
32. };
33. int SoComplex::cmxObjCnt=0;
34.
35. int main(void)
36. {
37.     SoSimple sim1;
38.     SoSimple sim2;
39.
40.     SoComplex cmx1;
41.     SoComplex cmx2=cmx1;
42.     SoComplex();
43.     return 0;
44. }
```

- 7행: SoSimple 내에 선언된 static 변수이니, SoSimple 객체에 의해서 공유된다.
- 11, 12행: 이렇듯 SoSimple의 멤버함수(생성자) 내에서는 마치 멤버변수인 것처럼 접근이 가능하다. 그렇다고 static 변수를 멤버변수로 오해하면 안 된다.
- 15행: static 변수의 초기화 방법을 보이고 있다. 이렇듯 생성자가 아닌, 클래스 외부에서 초기화를 해야 하는 이유에 대해서는 잠시 후에 별도로 설명하겠다.
- 20행: SoComplex 내에 선언된 static 변수이니, SoComplex 객체에 의해서 공유된다.
- 24, 25, 29, 30행: 이렇듯 SoComplex의 멤버함수(생성자) 내에서는 마치 멤버변수인 것처럼 접근이 가능하다.
- 33행: SoComplex에 선언된 static 변수를 초기화하고 있다.

❖ 실행결과: StaticMember.cpp

위 예제를 통해서 형성되는 객체와 변수와의 관계는 다음과 같다. 그리고 그림에서 보이듯이 simObjCnt에 접근을 허용하는 객체와 cmxObjCnt에 접근을 허용하는 객체가 구분되기 때문에 각각의 변수에 다른 영역에서 잘못 접근하는 일은 발생하지 않는다.

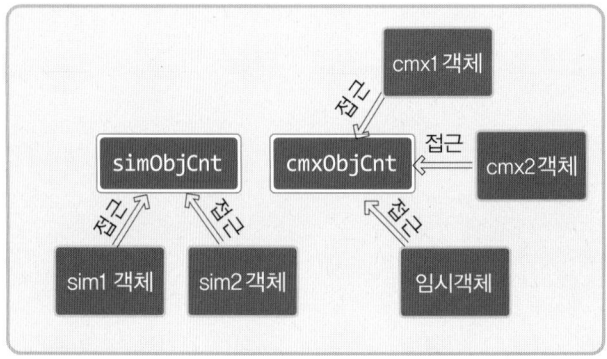

▶ [그림 06-2: static 변수의 공유구조]

그럼 이제 static 변수를 생성자에서 초기화하면 안 되는 이유에 대해서 설명하겠다. 만약에 SoSimple의 생성자를 다음과 같이 정의한다면, 객체가 생성될 때마다 변수 simObjCnt는 0으로 초기화된다.

```
SoSimple()
{
    simObjCnt=0;
    simObjCnt++;
    cout<<simObjCnt<<"번째 SoSimple 객체"<<endl;
}
```

왜냐하면 변수 simObjCnt는 객체가 생성될 때 동시에 생성되는 변수가 아니고, 이미 메모리 공간에 할당이 이뤄진 변수이기 때문이다. 그래서 static 멤버변수의 초기화 문법은 다음과 같이 별도로 정의되어 있다.

```
int SoSimple::simObjCnt=0;
```

이는 SoSimple 클래스의 static 멤버변수 simObjCnt가 메모리 공간에 저장될 때 0으로 초기화하라는 뜻이다. 이제 static 멤버변수의 초기화를 별도의 방식으로 진행하는 이유가 이해되었는가?

➕static 멤버변수의 또 다른 접근방법

사실 static 멤버변수는 어디서든 접근이 가능한 변수이다. 예제 StaticMember.cpp에서와 같이 static 멤버가 private으로 선언되면, 해당 클래스의 객체들만 접근이 가능하지만, public으로 선언되면, 클래스의 이름 또는 객체의 이름을 통해서 어디서든 접근이 가능하다. 이와 관련해서 다음 예제를 보겠다. 참고로 이 예제에서는 static 멤버변수가 객체 내에 존재하지 않는다는 사실도 더불어서 증명하고 있다.

❖ PublicStaticMember.cpp

```
1.  #include <iostream>
2.  using namespace std;
3.
4.  class SoSimple
5.  {
6.  public:
7.      static int simObjCnt;
8.  public:         // 불필요하지만 변수와 함수의 구분을 목적으로 삽입하기도 함
9.      SoSimple()
10.     {
11.         simObjCnt++;
12.     }
13. };
14. int SoSimple::simObjCnt=0;
15.
16. int main(void)
17. {
```

```
18.     cout<<SoSimple::simObjCnt<<"번째 SoSimple 객체"<<endl;
19.     SoSimple sim1;
20.     SoSimple sim2;
21.
22.     cout<<SoSimple::simObjCnt<<"번째 SoSimple 객체"<<endl;
23.     cout<<sim1.simObjCnt<<"번째 SoSimple 객체"<<endl;
24.     cout<<sim2.simObjCnt<<"번째 SoSimple 객체"<<endl;
25.     return 0;
26. }
```

- 7행: static 멤버변수가 public으로 선언되었다.
- 14행: static 멤버변수는 항상 이렇게 초기화를 진행한다.
- 18행: 현재 SoSimple 객체를 하나도 생성하지 않은 상태이다. 그럼에도 불구하고 클래스의 이름을 이용해서 simObjCnt에 접근하고 있다(static 멤버변수가 객체 내에 존재하지 않음을 증명하는 내용이다). 즉, public으로 선언된 static 멤버는 이런 식으로 어디서든 접근이 가능하다.
- 23, 24행: 이 두 문장에서 보이듯이 객체 sim1, sim2를 이용해서도 static 멤버변수에 접근이 가능하다. 하지만 이러한 형태의 접근은 추천하지 않는다. 멤버변수에 접근하는 것과 같은 오해를 불러일으키기 때문이다.

❖ **실행결과: PublicStaticMember.cpp**

```
0번째 SoSimple 객체
2번째 SoSimple 객체
2번째 SoSimple 객체
2번째 SoSimple 객체
```

실행결과를 통해서도 알 수 있듯이, 다음 세 문장은 동일한 변수에 접근해서 동일한 출력을 보이게 된다.

    cout<<SoSimple::simObjCnt;

    cout<<sim1.simObjCnt;

    cout<<sim2.simObjCnt;

그런데, 이 중에서 두 번째, 세 번째 문장은 sim1의 멤버변수와 sim2의 멤버변수에 접근하는 것과 같은 오해를 불러일으킨다. 따라서 public static 멤버에 접근할 때에는 첫 번째 문장에서 보이듯이 클래스의 이름을 이용해서 접근하는 것이 좋다.

static 멤버함수

static 멤버함수 역시 그 특성이 static 멤버변수와 동일하다. 따라서 위에서 설명한 다음 특성이 그대로 적용된다.

- 선언된 클래스의 모든 객체가 공유한다.
- public으로 선언이 되면, 클래스의 이름을 이용해서 호출이 가능하다.
- 객체의 멤버로 존재하는 것이 아니다.

여기서 특히 주목할 것은 객체의 멤버로 존재하지 않는다는 사실이다. 때문에 다음과 같은 코드는 컴파일 에러를 일으킨다.

```
class SoSimple
{
private:
    int num1;
    static int num2;
public:
    SoSimple(int n): num1(n)
    { }
    static void Adder(int n)
    {
        num1+=n;        // 컴파일 에러 발생
        num2+=n;
    }
};
int SoSimple::num2=0;
```

static 멤버함수인 Adder에서 멤버변수인 num1에 접근하는 것이 왜? 잘못된 것인지는 논리적으로도 이해가 가능하다.

"객체의 멤버가 아닌데, 어떻게 멤버변수에 접근을 하겠는가?"

"객체생성 이전에도 호출이 가능하다. 그런데 어떻게 멤버변수에 접근이 가능하겠는가?"

"멤버변수에 접근을 한다고 치자. 그렇다면 어떤 객체의 멤버변수에 접근을 해야겠는가?"

이렇듯, 논리적으로 판단해도 static 멤버함수 내에서는, static으로 선언되지 않은 멤버변수의 접근도 멤버함수의 호출도 불가능함을 알 수 있다. 이를 달리 말하면 다음과 같이 정리할 수 있다.

"static 멤버함수 내에서는 static 멤버변수와 static 멤버함수만 호출이 가능하다."

그리고 이러한 특성을 지니는 static 멤버변수와 static 멤버함수를 잘 활용하면, 대부분의 경우에 있어

C++ 프로그래밍

서 전역변수와 전역함수를 대체할 수 있다.

✚ const static 멤버

앞서 Chapter 04에서 보였듯이, 클래스 내에 선언된 const 멤버변수(상수)의 초기화는 이니셜라이저를 통해야만 한다. 그러나 const static으로 선언되는 멤버변수(상수)는 다음과 같이 선언과 동시에 초기화가 가능하다.

❖ ConstStaticMember.cpp

```
1.   #include <iostream>
2.   using namespace std;
3.
4.   class CountryArea
5.   {
6.   public:
7.       const static int RUSSIA       =1707540;
8.       const static int CANADA       =998467;
9.       const static int CHINA        =957290;
10.      const static int SOUTH_KOREA  =9922;
11.  };
12.
13.  int main(void)
14.  {
15.      cout<<"러시아 면적: "<<CountryArea::RUSSIA<<"㎢"<<endl;
16.      cout<<"캐나다 면적: "<<CountryArea::CANADA<<"㎢"<<endl;
17.      cout<<"중국 면적: "<<CountryArea::CHINA<<"㎢"<<endl;
18.      cout<<"한국 면적: "<<CountryArea::SOUTH_KOREA<<"㎢"<<endl;
19.      return 0;
20.  }
```

- 4행: 국가별 면적의 크기를 저장해 놓은 클래스이다. 이렇듯 const static 상수는 하나의 클래스에 둘 이상 모이는 것이 보통이다.
- 15~18행: 7~10행에 정의된 상수에 접근하기 위해서 굳이 객체를 생성할 필요는 없다. 이렇듯 클래스의 이름을 통해서 접근하는 것이 편하기도 하고, 접근하는 대상에 대한 정보를 쉽게 노출하는 방법이 되기도 한다.

❖ 실행결과: ConstStaticMember.cpp

```
○○○   command prompt

러시아 면적: 1707540㎢
캐나다 면적: 998467㎢
```

```
중국 면적: 957290km²
한국 면적: 9922km²
```

const static 멤버변수는, 클래스가 정의될 때 지정된 값이 유지되는 상수이기 때문에, 위 예제에서 보이는 바와 같이 초기화가 가능하도록 문법으로 정의하고 있다.

✚ 키워드 mutable

앞서 여러분은 const와 explicit 키워드에 대해서 공부하였다. 이 둘은 나름의 의미가 있으며, 또 매우 유용하게 사용되는 키워드들이다. 그런데 이번에 설명하는 mutable이라는 키워드는 사용의 빈도수가 낮은, 아니 가급적 사용의 빈도수를 낮춰야 하는 키워드이다. 그 이유는 잠시 후에 설명하기로 하고, 먼저 키워드 mutable의 의미부터 설명하겠다.

"const 함수 내에서의 값의 변경을 예외적으로 허용한다."

이어서 다음 예제를 통해서 위의 문장이 의미하는 바를 설명하겠다. 이 예제를 보면, mutable이 갖는 의미를 이해할 수 있을 것이다.

❖ Mutable.cpp

```
1.  #include <iostream>
2.  using namespace std;
3.
4.  class SoSimple
5.  {
6.  private:
7.      int num1;
8.      mutable int num2;    // const 함수에 대해 예외를 둔다!
9.  public:
10.     SoSimple(int n1, int n2)
11.         : num1(n1), num2(n2)
12.     { }
13.     void ShowSimpleData() const
14.     {
15.         cout<<num1<<", "<<num2<<endl;
16.     }
17.     void CopyToNum2() const
18.     {
19.         num2=num1;
20.     }
21. };
```

```
22.
23. int main(void)
24. {
25.     SoSimple sm(1, 2);
26.     sm.ShowSimpleData();
27.     sm.CopyToNum2();
28.     sm.ShowSimpleData();
29.     return 0;
30. }
```

- 8행: num2가 mutable로 선언되었다. 때문에 이 변수는 const 함수 내에서의 변경이 허용된다.
- 19행: const 함수 내에서 num2에 저장된 값을 변경하고 있다. 이는 num2가 mutable로 선언 되었기 때문에 가능하다.

❖ 실행결과: Mutable.cpp

위 예제의 CopyToNum2 함수와 8행에 mutable로 선언된 변수 num2를 보면서 다음과 같이 좋게 평가를 할 수도 있다.

"흠, num2가 mutable로 선언되고, CopyToNum2 함수가 const로 선언되었으니, 이 함수 내에서 실수로 num1의 값이 변경되는 일은 발생하지 않겠군!"

즉, 다음과 같이 대입연산을 거꾸로 진행하는 상황을 방지한다는 측면에서 좋게 평가할 수도 있는데,

    num1=num2;   // 대입의 대상이 서로 뒤바뀐 상황

그렇게 판단을 한다면, C++의 거의 모든 함수는 const로 선언을 해야 하고, 대다수의 멤버변수는 mutable로 선언을 해야만 한다. 즉, 위의 평가는 과장된 측면이 있다. mutable은 제한적으로, 매우 예외적인 경우에 한해서 사용하는 키워드이다. mutable의 과도한 사용은 C++에 있어서 그 중요성을 인정받은 키워드인 const의 선언을 의미 없게 만들어버린다.

06-4 : OOP 단계별 프로젝트 04단계

이번 단계의 프로젝트에서 해야 할 일도 매우 간단하다. 하지만 간단하다고 해서 중요도가 덜 한 것은 아니다. 이번 단계의 프로젝트 진행을 통해서 우리가 구현하고 있는 프로젝트의 완성도는 조금 더 높아진다.

✚ 프로젝트 04단계의 도입

여러 Chapter를 통해서 const에 대해 설명하였으니, 우리가 진행하는 프로젝트에도 const 선언을 추가해서 코드의 안전성을 높여보겠다.

✚ 프로그램 설명

Account 클래스의 멤버함수 중 일부를 const로 선언하면서 Banking System의 버전을 0.3에서 0.4으로 업그레이드 시키겠다. const로 선언이 가능한 모든 멤버함수를 const로 선언하자.

✚ 구현의 예

Banking System 버전 0.3과 차이 나는 부분은 Account 클래스의 멤버함수에 const 선언이 추가된 것뿐이니, Account 클래스만 아래에서 보이겠다.

❖ BankingSystemVer04.cpp

```
class Account
{
private:
    int accID;        // 계좌번호
    int balance;      // 잔    액
    char * cusName;   // 고객이름

public:
    Account(int ID, int money, char * name)
        : accID(ID), balance(money)
    {
        cusName=new char[strlen(name)+1];
        strcpy(cusName, name);
    }

    Account(const Account & ref)
        : accID(ref.accID), balance(ref.balance)
    {
        cusName=new char[strlen(ref.cusName)+1];
```

```cpp
        strcpy(cusName, ref.cusName);
    }

    int GetAccID() const { return accID; }

    void Deposit(int money)
    {
        balance+=money;
    }

    int Withdraw(int money)
    {
        if(balance<money)
            return 0;

        balance-=money;
        return money;
    }

    void ShowAccInfo() const
    {
        cout<<"계좌ID: "<<accID<<endl;
        cout<<"이 름: "<<cusName<<endl;
        cout<<"잔 액: "<<balance<<endl;
    }

    ~Account()
    {
        delete []cusName;
    }
};
```

Part 03

객체지향의 전개

Chapter 07
상속(Inheritance)의 이해

객체지향이 지니는 이점은 모델링(modeling)에 근거를 둔다. 그러나 모델링은 C++의 문법을 공부하는 우리들에게 지금 당장 와 닿지 않는 이야기이다. 하지만 우리는 지금 당장이라도 객체지향의 매력을 느끼고 싶다. 그리고 상속은 우리의 이러한 욕구를 1차적으로 채워주기에 충분할 것이다. 그러나 오해하지 말자. 상속을 통해 확인하는 객체지향의 우수성은 일각에 지나지 않으니 말이다. 그럼, 이제 서서히 객체지향의 매력에 빠져들어보자.

C++ 프로그래밍

07-1 : 상속에 들어가기에 앞서

상속은 특히 적용이 중요한 문법이다. 이는 많은 부분에 있어서 상속이라는 문법을 적용해야 한다는 뜻이 아니라, 적절한 때에 선별적으로 적용할 수 있어야 한다는 뜻이다.

✚ 상속(Inheritance)의 이해를 위한 이 책의 접근방식

다음과 같이 설명하면, 상속을 설명하는 필자도 편하고, 상속을 공부하는 여러분도 편하다.

"상속은 이러한 것이고, 이렇게 사용하면 되는 겁니다."

그러나 이러한 방식으로 상속을 공부하는 것은 절대로 무의미하다. 물론 상속이 지니는 문법적 요소를 이해해야 한다. 그러나 이보다도 중요한 것은 상속이 가져다 주는 이점을 정확히 이해하는 것이다. 여러분 스스로 공부하는 중간에 '아!' 하는 감탄사가 나올 정도의 느낌을 받아야만 상속을 잘 이해했다고 말할 수 있다. 그래서 필자는 여러분의 감탄사를 유도하기 위해서 이번 Chapter와 다음 Chapter에 걸쳐서 다음의 순서로 상속을 설명하고자 한다.

> ◆ 1단계: 문제의 제시
> 상속과 더불어 다형성의 개념을 적용해야만 해결 가능한 문제를 먼저 제시한다.

> ◆ 2단계: 기본개념 소개
> 상속의 문법적 요소를 하나씩 소개해 나간다. 그리고 그 과정에서 앞서 제시한 문제의 해결책을 함께 고민해 나간다.

> ◆ 3단계: 문제의 해결
> 처음 제시한 문제를, 상속을 적용하여 해결한다. 그리고 이 때 여러분의 감탄사를 기대한다.

참고로 이러한 접근방식이 도움은 많이 되지만, 그만큼 많은 생각을 요구한다는 사실을 기억하기 바란다. 따라서 서두르지 말고 천천히, 생각을 많이 하면서 따라오기 바란다. 필자 역시 여러분이 잘 이해할 수 있도록 최대한 친절하게 여러분을 이끌 것이다.

✚ 상속에 대한 새로운 관점의 이해

90년대 후반부터 객체지향은 매우 급속히 확산되어왔다. 그리고 그 과정에서 '상속'에 대한 관점도 많이 달라졌다. C++의 상속은 그 단어의 의미처럼 물려 받는다는 성격이 강하다. 따라서 과거에는 다음과 같은 생각을 가지고 상속을 바라봐 왔다.

"기존에 정의해 놓은 클래스의 재활용을 목적으로 만들어진 문법적 요소가 상속이다."

물론 상속에는 이러한 이점도 존재하지만, 이는 '상속'을 적용하는 근본적인 이유가 되지는 않는다. 그래서 필자는 '상속은 재활용의 목적으로만 존재하는 문법적 요소가 아님'을 여러분께 강조하고자 한다. 그리고 과거의 관점으로 상속을 바라보지 않고, 새로운 관점으로 상속을 바라볼 수 있도록 유도할 것이다. 자! 그럼 상대적으로 긴, '상속'을 이해하기 위한 여행을 시작해보자.

➕ 문제의 제시를 위한 시나리오의 도입

먼저, 문제의 제시를 위해서 예제를 하나 소개하겠다. 이 예제는 OrangeMedia라는 회사가 운영하는 '급여관리 시스템'이다(물론 가정이다). 이 회사가 처음 이 시스템을 도입할 당시만해도 직원의 근무형태는 '정규직(Permanent)' 하나였다. 따라서 이 시스템은 정규직 직원을 관리하기 위한 형태로 설계되었다. 그럼 일단 정규직 직원의 관리를 목적으로 정의된 클래스를 하나 소개하겠다.

❖ EmployeeManager1.cpp의 PermanentWorker 클래스 정의

```
1.  class PermanentWorker
2.  {
3.  private:
4.      char name[100];
5.      int salary;     // 매달 지불해야 하는 급여액
6.  public:
7.      PermanentWorker(char* name, int money)
8.          : salary(money)
9.      {
10.         strcpy(this->name, name);
11.     }
12.     int GetPay() const
13.     {
14.         return salary;
15.     }
16.     void ShowSalaryInfo() const
17.     {
18.         cout<<"name: "<<name<<endl;
19.         cout<<"salary: "<<GetPay()<<endl<<endl;
20.     }
21. };
```

C++ 프로그래밍

이 회사의 정규직 급여는 입사 당시 정해진다(급여 인상부분은 고려하지 말자). 따라서 이름과 급여정보를 저장할 수 있도록 클래스를 정의하였다. 다음은 위에서 정의한 클래스의 객체를 저장 및 관리하기 위한 클래스이다. PermanentWorker 객체의 저장을 목적으로 배열을 멤버로 지니고 있으며, 저장된 객체의 급여 정보를 출력하기 위한 함수를 멤버로 지니고 있다.

❖ EmployeeManager1.cpp의 EmployeeHandler 클래스 정의

```cpp
1.  class EmployeeHandler
2.  {
3.  private:
4.      PermanentWorker* empList[50];
5.      int empNum;
6.  public:
7.      EmployeeHandler() : empNum(0)
8.      { }
9.      void AddEmployee(PermanentWorker* emp)
10.     {
11.         empList[empNum++]=emp;
12.     }
13.     void ShowAllSalaryInfo() const
14.     {
15.         for(int i=0; i<empNum; i++)
16.             empList[i]->ShowSalaryInfo();
17.     }
18.     void ShowTotalSalary() const
19.     {
20.         int sum=0;
21.         for(int i=0; i<empNum; i++)
22.             sum+=empList[i]->GetPay();
23.         cout<<"salary sum: "<<sum<<endl;
24.     }
25.     ~EmployeeHandler()
26.     {
27.         for(int i=0; i<empNum; i++)
28.             delete empList[i];
29.     }
30. };
```

위의 클래스는 앞서 정의한 PermanentWorker 클래스와 성격이 다르다는 점에 주목하기 바란다. 앞서 정의한 PermanentWorker 클래스는 데이터적 성격이 강하다. 반면, 위에서 정의한 클래스는 기능적 성격이 강하다. 쉽게 말해서 기록의 보전을 위해서 파일에 저장할 데이터를 가지고 있는 것은 PermanentWorker 객체인 반면, EmployeeHandler 객체는 프로그램을 구성하는 대표적인 다음의 기능들을 처리하는 클래스이다.

- 새로운 직원정보의 등록　　　　　　　　AddEmployee
- 모든 직원의 이번 달 급여정보 출력　　　ShowAllSalaryInfo
- 이번 달 급여의 총액 출력　　　　　　　ShowTotalSalary

그리고 이렇게 **기능의 처리를 실제로 담당하는 클래스를 가리켜 '컨트롤(control) 클래스' 또는 '핸들러(handler) 클래스'라 한다.**

> **참고 | 컨트롤 클래스**
>
> 컨트롤 클래스와 관련해서 한가지 힌트를 더 드리고자 한다. PermanentWorker 클래스만 놓고 보면, 이 프로그램이 어떠한 기능을 제공하는지 구체적으로 알 수 없다. 하지만 EmployeeHandler 클래스를 보면, 이 프로그램이 어떠한 기능을 제공하는지 구체적으로 알 수 있다. 이렇듯 컨트롤 클래스는 기능 제공의 핵심이 되기 때문에 모든 객체지향 프로그램에서 반드시 존재하는 클래스이다.

그럼, 이제 마지막으로 위의 두 클래스를 기반으로 작성된 main 함수를 제시하겠다.

❖ EmployeeManager1.cpp의 main 함수의 정의

```cpp
1.  int main(void)
2.  {
3.      // 직원관리를 목적으로 설계된 컨트롤 클래스의 객체생성
4.      EmployeeHandler handler;
5.
6.      // 직원 등록
7.      handler.AddEmployee(new PermanentWorker("KIM", 1000));
8.      handler.AddEmployee(new PermanentWorker("LEE", 1500));
9.      handler.AddEmployee(new PermanentWorker("JUN", 2000));
10.
11.     // 이번 달에 지불해야 할 급여의 정보
12.     handler.ShowAllSalaryInfo();
13.
14.     // 이번 달에 지불해야 할 급여의 총합
15.     handler.ShowTotalSalary();
16.     return 0;
17. }
```

C++ 프로그래밍

❖ 실행결과: EmployeeManager1.cpp

```
name: KIM
salary: 1000

name: LEE
salary: 1500

name: JUN
salary: 2000

salary sum: 4500
```

지금 소개한 예제는 언뜻 큰 문제가 없어 보인다. 복잡한 예제도 아니고, 실행결과도 명확하기 때문이다. 하지만 객체지향에서, 아니 모든 소프트웨어의 설계에 있어서 중요시하는 것 중 하나는 다음과 같다.

"요구사항의 변경에 대응하는 프로그램의 유연성"

"기능의 추가에 따른 프로그램의 확장성"

예를 들어서, 프로그램 사용자의 업무형태가 바뀌어서 프로그램 변경을 요구할 수도 있는 일이고, 회사의 업무가 확장되어 프로그램의 기능추가를 요구할 수도 있는 일이다. 그런데 좋은 프로그램은 이러한 변경의 요구에 대처가 가능해야 한다. 즉, 프로그램 사용자의 요구에 다음과 같이 이야기하는 일은 없어야 한다.

"그 기능을 변경하려면, 프로그램을 거의 처음부터 다시 만들다시피 해야 하는데요."

사실 요구사항의 변경에 대한 프로그램의 유연성과 확장성의 확보는 쉽지 않은 일이다. 따라서 이를 100% 만족하는 프로그램을 구현한다는 것은 생각하기 힘들다. 다만, 조금이라도 더 유연하게, 조금이라도 더 확장성이 좋게 프로그램을 디자인하려고 노력할 뿐이다. 자! 그럼 이제 우리가 구현한 위의 예제는 유연성과 확장성이 얼마나 확보되어 있는지 확인해보자.

✚ 문제의 제시

우리가 구현한 프로그램을 사용하던 OrangeMedia에서 다음과 같이 요구를 해 왔다.

"덕분에 회사가 많이 번창했습니다. 이제 부서도 세분화되었고 직원도 늘어나게 되었죠. 그러다 보니 예전에 쓰던 프로그램이 이제는 조금 맞지가 않네요. 왜냐하면 직원의 고용형태가 조금 다양해졌거든요."

이전에는 직원의 고용형태가 '정규직(Permanent)' 하나였는데, 이제는 다음과 같이 새로운 고용형태가 등장했다는 것이다.
- 영업직(Sales)　　　　조금 특화된 형태의 고용직이다. 인센티브 개념이 도입
- 임시직(Temporary)　학생들을 대상으로 하는 임시고용 형태, 흔히 아르바이트라 함

이 중에서 영업직은 판매의 장려를 위해서 기본급여뿐 아니라, 판매실적에 따른 인센티브 제도까지 적용받는 고용형태이다. 그리고 임시직은 학생들이 방학기간에 일할 수 있도록 돕는 고용형태이다. 그런데, 사실 고용의 형태가 다양하더라도 급여의 계산방식만 동일하면 이를 특별히 구분할 필요가 없다. 하지만 안타깝게도 이들은 급여의 계산방식에 있어서 다음과 같은 차이를 보인다.
- 고용직 급여　　　　연봉제! 따라서 매달의 급여가 정해져 있다.
- 영업직 급여　　　　'기본급여 + 인센티브'의 형태
- 임시직 급여　　　　'시간당 급여 × 일한 시간'의 형태

따라서 우리가 OrangeMedia의 요구사항을 만족시키기 위해서는 영업직과 임시직의 특성을 프로그램 내에 반영해야 한다. 그리고 이 문제를 다음과 같이 매우 쉽게 생각할 수도 있다.

> "흠, 영업직을 의미하는 SalesMan 클래스와 임시직을 의미하는 Temporary 클래스를 추가하면 되겠군. 그러면 끝나는 것 아닌가?"

하지만, 문제는 전혀 다른 곳에 있다. SalesMan 클래스와 Temporary 클래스를 추가했을 때, 이를 반영하기 위해서 EmployeeHandler 클래스가 어떻게 변경되어야 하는지 생각해보자.

> "일단, SalesMan 객체와 Temporary 객체의 저장을 위한 배열을 두 개 추가하고, 각각의 배열에 저장된 객체의 수를 별도로 세어야 하니, 정수형 변수도 멤버로 두 개 추가해야 하네."

그런데 이게 끝이 아니다.

> "AddEmployee 함수는 SalesMan 객체용과 Temporary 객체용으로 각각 추가되어야 하고, 급여정보를 출력하는 나머지 두 멤버함수는 총 3개의 배열을 대상으로 연산을 진행해야 하니까, 반복문이 추가로 각각 두 개씩 더 삽입되어야 하는군!"

결과적으로 바뀌지 않는 구석이 하나도 없다. 즉, 대대적인 공사에 들어가야 하는 것이다. 따라서 우리가 구현한 위의 예제는 확장성에 있어서 좋은 점수를 줄 수 없는 상태이다. 좋은 점수를 받으려면, SalesMan 클래스와 Temporary 클래스의 추가로 인한 변경을 최소화할 수 있어야 한다. 이왕이면, 특히 변화가 심한 EmployeeHandler 클래스를 조금도 변경하지 않아도 된다면, 매우 좋은 점수를 줄 수 있을 것이다.

> "그런데 그게 가능한가요? 그게 가능하다면 박수라도 칠 수 있을 것 같은데요."

그렇다면, 박수칠 준비라도 해 두는 것이 좋을 듯 하다(지금 저자 혼자 주거니 받거니 이야기하고 있는데

여기에 여러분도 동참하기 바란다). 이제부터 우리가 공부할 '상속'을 적용하면 이러한 일도 가능하니 말이다. 그럼 이제 이 문제의 해결을 목적으로 '상속'에 대한 공부를 시작해보자. 여러분이 상속을 제대로 공부한다면, 그리고 정확히 이해한다면, 이 문제를 해결할 수 있을 것이다.

> **참고** — 오렌지미디어 급여관리 확장성 문제
>
> 바로 위에서 언급한 문제를 가리켜 '오렌지미디어 급여관리 확장성 문제'라 하겠다. 그리고 이 문제의 해결은 이번 Chapter가 아닌, 다음 Chapter에서 이뤄지니, 이제 잠시 이 문제를 잊고, 상속의 문법적 이해에 전념하기 바란다. 이 문제의 해결을 위해서는 공부할 것이 제법 많으니 말이다.

07-2 : 상속의 문법적인 이해

일단 상속을 단순히 문법적으로 이해해보자. 그리고 상속을 하는 이유에 대해서는 그 후에 살펴보기로 하자.

✚ 상속이란?

상속이라 하면 흔히 재산의 상속을 생각하기 마련이다. 그러나 상속의 대상은 재산뿐만 아니라, 다음 문장에서 보이듯이, 한 사람의 좋은 품성이나 특성도 될 수 있다.

"철수는 아버지로부터 좋은 목소리와 큰 키를 물려받았다(상속받았다)."

철수는 아버지로부터 좋은 목소리와 큰 키를 물려 받았다. 따라서 철수는 자신이 지니고 있는 고유의 특성 이외에 아버지로부터 물려 받은 좋은 목소리와 큰 키라는 또 다른 특성을 함께 지니게 되었다. 이것이 바로 '상속'이 갖는 의미이다! 그럼 이제 이러한 상속의 특성을 클래스로 옮겨서 이야기해보자.

"UnivStudent 클래스가 Person 클래스를 상속한다."

UnivStudent 클래스가 Person 클래스를 상속하게 되면, UnivStudent 클래스는 Person 클래스가 지니고 있는 모든 멤버를 물려받는다. 즉, UnivStudent 객체에는 UnivStudent 클래스에 선언되어 있는 멤버뿐만 아니라 Person 클래스에 선언되어 있는 멤버도 존재하게 된다.

상속의 방법과 그 결과

그럼 예제를 통해서 실제 상속의 결과를 확인해보겠다. 그리고 이를 위해서 먼저 Person 클래스를 다음과 같이 정의하겠다.

```cpp
class Person
{
private:
    int age;            // 나이
    char name[50];      // 이름
public:
    Person(int myage, char * myname) : age(myage)
    {
        strcpy(name, myname);
    }
    void WhatYourName() const
    {
        cout<<"My name is "<<name<<endl;
    }
    void HowOldAreYou() const
    {
        cout<<"I'm "<<age<<" years old"<<endl;
    }
};
```

이 클래스와 관련해서는 추가로 설명이 필요치 않으니, 이어서 바로 UnivStudent 클래스를 소개하겠다.

```cpp
class UnivStudent : public Person    // Person 클래스의 상속을 의미함
{
private:
    char major[50];    // 전공과목
public:
    UnivStudent(char * myname, int myage, char * mymajor)
        : Person(myage, myname)
    {
```

```
        strcpy(major, mymajor);
    }
    void WhoAreYou() const
    {
        WhatYourName();
        HowOldAreYou();
        cout<<"My major is "<<major<<endl<<endl;
    }
};
```

위의 클래스 정의에서 다음의 선언이 의미하는 바는 'public 상속'이다.

```
class UnivStudent : public Person
{
    . . . .
}
```

그런데 public의 의미는 잠시 후에 살펴보기로 하고, 우선은 Person 클래스를 '상속' 했다는데 주목하기 바란다. 그럼 이번에는 멤버함수 WhoAreYou를 살펴보자(생성자는 곧이어 설명한다).

```
void WhoAreYou() const
{
    WhatYourName();
    HowOldAreYou();
    cout<<"My major is "<<major<<endl<<endl;
}
```

UnivStudent 클래스에는 WhatYourName 함수와 HowOldAreYou 함수가 정의되어 있지 않음에도 불구하고, 이 두 함수를 호출할 수 있는 이유는 UnivStudent 클래스가 Person 클래스를 상속했기 때문이다. 즉, 이 두 함수는 Person 클래스의 멤버함수이기 때문에 호출이 가능하다. 그리고 이것이 바로 상속의 가장 두드러진 특징이다. 자! 그럼 이번에는 UnivStudent 클래스의 객체가 생성되었을 때의 모습을 그림으로 그려보겠다.

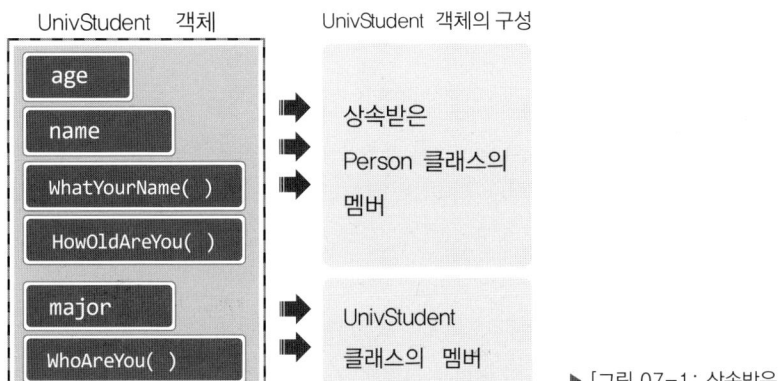

▶ [그림 07-1: 상속받은 클래스의 객체]

위 그림에서도 보여주듯이 상속을 하게 되면, 상속의 대상이 되는 클래스의 멤버까지도 객체 내에 포함이 된다. 그래서 UnivStudent 클래스의 WhoAreYou 함수 내에서 Person 클래스의 멤버함수인 WhatYourName과 HowOldAreYou를 호출할 수 있었던 것이다. 자! 그럼 이어서, 지금쯤 여러분이 매우 궁금해할 생성자에 대해서 이야기해 보겠다.

✚상속받은 클래스의 생성자 정의

앞서 정의한 UnivStudent 클래스의 생성자는 다음과 같이 정의되어 있다.

```
UnivStudent(char * myname, int myage, char * mymajor)
    : Person(myage, myname)
{
    strcpy(major, mymajor);
}
```

일단 위의 생성자 코드를 유심히 한번 관찰하기 바란다(이해되지 않는 부분이 있어도 괜찮다). 그리고 나서 다음 질문에 답을 해보자.

✔ Question A:
UnivStudent 클래스의 생성자는 Person 클래스의 멤버까지 초기화해야 할 의무가 있을까?

어떻게 답을 하였는가? 앞서 보인 그림을 통해서도 확인했듯이 UnivStudent 객체가 생성되면, 그 객체 안에는 다음의 멤버변수가 존재하게 된다.

- Person의 멤버변수   age, name
- UnivStudent의 멤버변수   major

C++ 프로그래밍

따라서 UnivStudent 클래스의 생성자에서는 이들 모두에 대한 초기화에 책임을 져야 한다.

✔ **Answer A:**
UnivStudent 클래스의 생성자는 Person 클래스의 멤버까지 초기화해야 할 의무가 있다.

이어서 다음 질문에도 답을 해보자.

✔ **Question B:**
UnivStudent 클래스의 생성자가 Person 클래스의 멤버를 어떻게 초기화하는 것이 좋겠는가?

멤버는 클래스가 정의될 때, 멤버의 초기화를 목적으로 정의된 생성자를 통해서 초기화하는 것이 가장 안정적이다(당시에 초기화의 내용 및 방법이 결정되므로). 그것이 비록 상속의 관계로 묶여있다 할지라도 말이다. 따라서 위 질문에 대해서는 다음과 같이 답할 수 있다.

✔ **Answer B:**
UnivStudent 클래스의 생성자는, Person 클래스의 생성자를 호출해서 Person 클래스의 멤버를 초기화하는 것이 좋다.

그럼 지금 진행한 두 개의 Q&A 결과를 정리해 보겠다.

"UnivStudent 클래스의 생성자는 자신이 상속한 Person 클래스의 멤버를 초기화할 의무를 지닌다. 그래서 UnivStudent의 생성자는 Person의 생성자를 호출하는 형태로 Person 클래스의 멤버를 초기화하는 것이 좋다."

자! 그럼 이제 UnivStudent 클래스의 생성자를 살펴보기로 하자(앞서 한번 코드를 제시했지만). 위의 문장을 잘 이해했다면, 아래의 코드가 어떠한 의미를 지니는지 금새 알아차릴 수 있을 것이다.

```
UnivStudent(char * myname, int myage, char * mymajor)
    : Person(myage, myname)
{
    strcpy(major, mymajor);
}
```

생성자의 매개변수 선언을 보면, UnivStudent의 멤버뿐만 아니라, Person의 멤버를 초기화하기 위한 인자의 전달까지 요구하고 있음을 알 수 있다. 그리고 이어서, 이니셜라이저가 등장하는데, 이것이 의미하는 바는 생성자의 호출이다. 즉, Person 클래스의 생성자를 호출하면서 인자로 myage와 myname에 저장된 값을 전달하는 것이다. 이렇듯, UnivStudent 클래스와 같이 상속받는 클래스는 이니셜라이저를 이용해서 상속하는 클래스의 생성자 호출을 명시할 수 있다.

✦ 상속관련 완전한 예제의 확인 및 실행

아직 상속과 관련해서 알아야 할 것들이 매우 많이 남아있다. 하지만 여러분이 앞서 이해한 내용도 적은 것은 아니다. 그럼, 지금까지 설명한 내용을 정리하는 차원에서 예제를 실행해 보겠다.

❖ UnivStudentInheri.cpp

```
1.  #include <iostream>
2.  #include <cstring>
3.  using namespace std;
4.
5.  class Person
6.  {
7.  private:
8.      int age;            // 나이
9.      char name[50];      // 이름
10. public:
11.     Person(int myage, char * myname) : age(myage)
12.     {
13.         strcpy(name, myname);
14.     }
15.     void WhatYourName() const
16.     {
17.         cout<<"My name is "<<name<<endl;
18.     }
19.     void HowOldAreYou() const
20.     {
21.         cout<<"I'm "<<age<<" years old"<<endl;
22.     }
23. };
24.
25. class UnivStudent : public Person
26. {
27. private:
28.     char major[50];     // 전공과목
29. public:
30.     UnivStudent(char * myname, int myage, char * mymajor)
31.         : Person(myage, myname)
32.     {
33.         strcpy(major, mymajor);
34.     }
35.     void WhoAreYou() const
36.     {
37.         WhatYourName();
38.         HowOldAreYou();
39.         cout<<"My major is "<<major<<endl<<endl;
40.     }
```

```
41. };
42.
43. int main(void)
44. {
45.     UnivStudent ustd1("Lee", 22, "Computer eng.");
46.     ustd1.WhoAreYou();
47.
48.     UnivStudent ustd2("Yoon", 21, "Electronic eng.");
49.     ustd2.WhoAreYou();
50.     return 0;
51. }
```

❖ 실행결과: UnivStudentInheri.cpp

```
My name is Lee
I'm 22 years old
My major is Computer eng.

My name is Yoon
I'm 21 years old
My major is Electronic eng.
```

참고로 위의 예제를 보면서 다음의 내용이 궁금할 수도 있다.

"UnivStudent 클래스의 멤버함수(또는 생성자) 내에서는 Person 클래스에 private으로 선언된 멤버변수 age와 name에 접근이 가능한가요?"

만약에 private의 접근제한이 객체를 기준으로 결정된 거라면, 접근이 가능하다고 해야 옳다. 왜냐하면 UnivStudent의 객체에는 UnivStudent의 멤버함수와 Person의 멤버변수가 함께 존재하기 때문이다. 그러나 **접근제한의 기준은 클래스이다.** 클래스 외부에서는 private 멤버에 접근이 불가능하다. 따라서 UnivStudent의 멤버함수 내에서는 Person의 멤버변수에 직접 접근이 불가능하다.

"혹시 private으로 선언된 멤버는 상속이 안 되는 건 아닌가요?"

동일한 객체 내에서도 접근이 불가능하다고 하니, 이러한 생각을 할 수도 있다. 그러나 위의 예제에서도 보였듯이 상속은 이뤄진다. 그래서 초기화도 가능했고, 해당 정보가 출력된 것 아니겠는가? 다만, 직접 접근이 불가능하기 때문에 Person 클래스에 정의된 public 함수를 통해서 간접적으로 접근을 해야 한다. 이렇듯, **'정보의 은닉'은 하나의 객체 내에서도 진행이 된다.**

용어의 정리

이쯤에서 한차례 용어를 정리할 필요가 있다. 앞으로도 계속해서 '상속을 한' 또는 '상속을 받은'과 같은 표현을 쓸 순 없지 않은가? Person과 같이 상속의 대상이 되는 클래스와 UnivStudent와 같이 상속을 하는 클래스를 가리켜 각각 다음과 같이 표현한다.

Person	↔	UnivStudent
상위 클래스	↔	하위 클래스
기초(base) 클래스	↔	유도(derived) 클래스
슈퍼(super) 클래스	↔	서브(sub) 클래스
부모 클래스	↔	자식 클래스

이 책에서는 이 중에서 '기초 클래스'와 '유도 클래스'라는 C++에서 가장 일반적으로 사용되는 표현을 주로 사용하겠다.

유도 클래스의 객체 생성과정

유도 클래스의 객체 생성과정은 매우 중요하기 때문에 조금 더 정확히 이해하고 넘어가고자 한다. 먼저 다음 예제의 실행결과를 통해서 유도 클래스의 객체 생성과정을 나름대로 정리하기 바란다. 참고로 여기서 중요한 것은 기초 클래스의 생성자 호출이다.

❖ DerivCreOrder.cpp

```cpp
1.  #include <iostream>
2.  using namespace std;
3.
4.  class SoBase
5.  {
6.  private:
7.      int baseNum;
8.  public:
9.      SoBase() : baseNum(20)
10.     {
11.         cout<<"SoBase()"<<endl;
12.     }
13.     SoBase(int n) : baseNum(n)
14.     {
15.         cout<<"SoBase(int n)"<<endl;
16.     }
17.     void ShowBaseData()
18.     {
19.         cout<<baseNum<<endl;
```

```
20.        }
21. };
22.
23. class SoDerived : public SoBase
24. {
25. private:
26.     int derivNum;
27. public:
28.     SoDerived() : derivNum(30)
29.     {
30.         cout<<"SoDerived()"<<endl;
31.     }
32.     SoDerived(int n) : derivNum(n)
33.     {
34.         cout<<"SoDerived(int n)"<<endl;
35.     }
36.     SoDerived(int n1, int n2) : SoBase(n1), derivNum(n2)
37.     {
38.         cout<<"SoDerived(int n1, int n2)"<<endl;
39.     }
40.     void ShowDerivData()
41.     {
42.         ShowBaseData();
43.         cout<<derivNum<<endl;
44.     }
45. };
46.
47. int main(void)
48. {
49.     cout<<"case1..... "<<endl;
50.     SoDerived dr1;
51.     dr1.ShowDerivData();
52.     cout<<"-------------------"<<endl;
53.     cout<<"case2..... "<<endl;
54.     SoDerived dr2(12);
55.     dr2.ShowDerivData();
56.     cout<<"-------------------"<<endl;
57.     cout<<"case3..... "<<endl;
58.     SoDerived dr3(23, 24);
59.     dr3.ShowDerivData();
60.     return 0;
61. }
```

- 28행: 이 생성자를 살펴보면, 기초 클래스의 생성자 호출에 대한 언급이 없음을 알 수 있다.
- 32행: 이 생성자 역시 기초 클래스의 생성자 호출에 대한 언급이 전혀 없다.
- 36행: 이 생성자의 경우에는 n1을 인자로 받는 기초 클래스의 생성자 호출을 직접 명시하고 있다.

❖ 실행결과: DerivCreOrder.cpp

```
case1.....
SoBase()
SoDerived()
20
30
------------------
case2.....
SoBase()
SoDerived(int n)
20
12
------------------
case3.....
SoBase(int n)
SoDerived(int n1, int n2)
23
24
```

소스코드와 실행결과를 주의 깊게 살펴보았는가? 그렇다면 다음 두 가지 사실을 알 수 있을 것이다.

"유도 클래스의 객체생성 과정에서 기초 클래스의 생성자는 100% 호출된다."

"유도 클래스의 생성자에서 기초 클래스의 생성자 호출을 명시하지 않으면, 기초 클래스의 void 생성자가 호출된다."

앞서 언급하지는 않았지만, 유도 클래스의 객체생성 과정에서는 생성자가 두 번 호출된다. 하나는 기초 클래스의 생성자이고, 다른 하나는 유도 클래스의 생성자이다. 그럼 이번에는 위 예제의 main 함수에 있는 문장을 참조해서 객체의 생성과정을 함께 관찰하겠다. 먼저 다음 문장을 보자.

```
SoDerived dr3(23, 24);
```

기본적으로 메모리 공간이 할당된 다음에 생성자가 호출되어야 하니, 첫 번째로 메모리 공간의 할당이 진행된다(아래의 그림에서 생성자는 생략하였다).

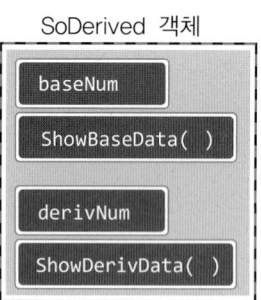

위 그림에는 'SoDerived 객체'라고 표시되어 있지만, 사실 생성자의 호출이 완료되지 않았으므로, 객체라 부를 수 없는 상태이다. 그럼 이어서 생성자가 호출되어야 한다. 객체 생성문에 의해서 23과 24가 전달되면서 유도 클래스의 생성자가 다음과 같이 호출된다.

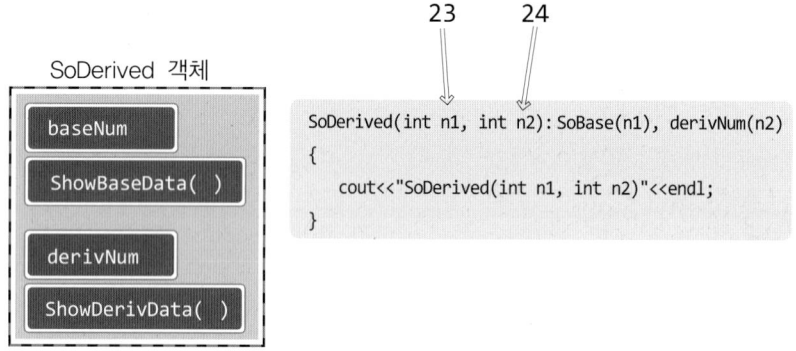

▶ [그림 07-3: 유도 클래스의 생성자 호출]

그런데, 생성자가 호출되었다고 해서 실행까지 완료되는 것은 아니다. 호출하고 보니, SoBase 클래스를 상속하고 있는 게 아닌가! 그래서 기초 클래스의 생성자 호출을 위해 이니셜라이저를 살피게 된다. 그리고는 다음 구문을 찾아낸다.

    SoBase(n1)

그리하여, 매개변수 n1으로 전달된 값을 인자로 전달받을 수 있는 SoBase 클래스의 생성자를 호출하게 된다.

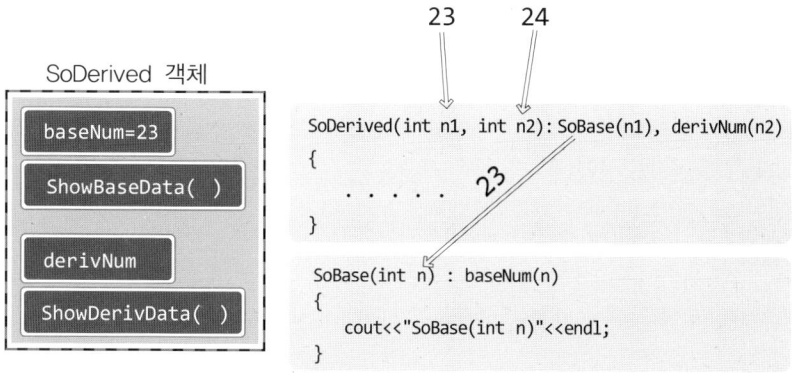

▶ [그림 07-4: 기초 클래스의 생성자 호출]

이렇게 해서 기초 클래스의 생성자 호출이 완료되고, 이로 인해서 기초 클래스의 멤버변수가 먼저 초기화 된다. 그리고 이어서, 호출은 되었지만 아직 완전히 실행이 끝나지 않은 유도 클래스의 생성자 실행이 완료되면서, 다음 그림과 같이 유도 클래스의 멤버변수도 초기화가 완료된다.

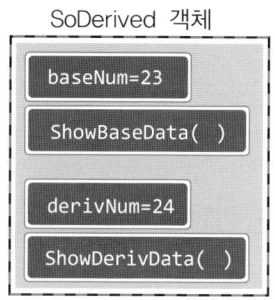

▶ [그림 07-5: 완성된 객체]

여기까지 진행이 되어야 비로소 객체라 부를 수 있는 상태가 되는 것이다. 다소 순서가 복잡해진 것 같지만, **실제로는 기초 클래스의 생성자 호출이 추가된 것이 전부**이다. 그럼 이어서 다음 문장을 기준으로도 객체의 생성과정을 함께 살펴보겠다.

```
SoDerived dr1;
```

먼저 메모리 공간이 할당된다. 그리고 유도 클래스의 void 생성자가 호출된다.

Chapter07 상속(Inheritance)의 이해 **289**

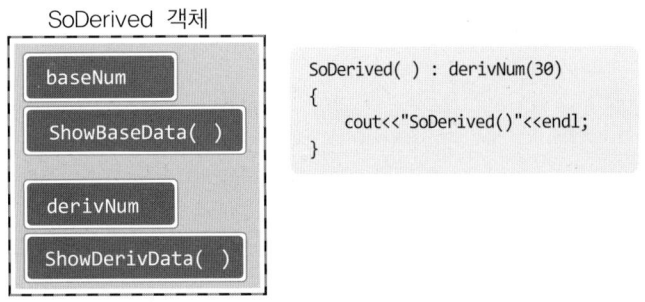

▶ [그림 07-6: 메모리 할당과 유도 클래스의 void 생성자 호출]

이어서 SoDerived 클래스는 유도 클래스이므로, 이니셜라이저 부분에서 기초 클래스의 생성자 호출과 관련해서 명시된 내용을 찾는다. 하지만 아무런 내용도 명시되어 있지 않다! 그래서 기초 클래스의 void 생성자를 대신 호출하게 된다.

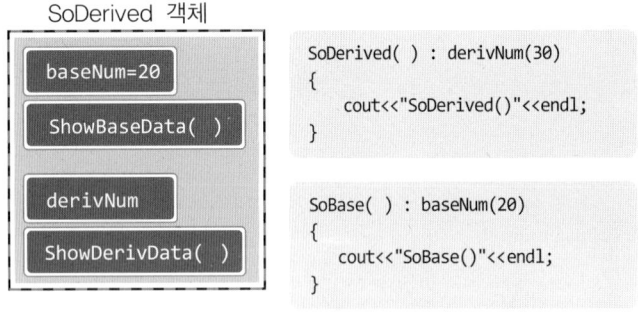

▶ [그림 07-7: 기초 클래스의 void 생성자 호출]

이렇게 해서 기초 클래스의 멤버변수 초기화가 완료되고, 이어서 유도 클래스 생성자의 나머지 부분이 실행되면서 다음과 같이 완전히 초기화된 객체가 생성된다.

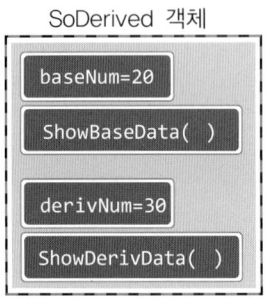

▶ [그림 07-8: 완성된 객체]

이렇게 해서 유도 클래스의 객체생성 과정에 대한 설명을 모두 마쳤다. 객체생성의 과정을 구체적으로 설명한 이유에는 여러 가지가 있지만, 기초 클래스의 생성자와 유도 클래스의 생성자가 모두 호출된다는 사실을 여러분에게 알려서, **다음의 기본 원칙이 유도 클래스의 객체 생성과정에서도 지켜져야 함**을 알리고자 하였다.

"클래스의 멤버는 해당 클래스의 생성자를 통해서 초기화해야 한다."

✚ 유도 클래스 객체의 소멸과정

유도 클래스의 객체 생성과정에서는 생성자가 두 번 호출됨을 알았으니, 유도 클래스의 객체 소멸과정에서도 소멸자가 두 번 호출됨을 유추할 수 있을 것이다. 그럼 먼저 간단한 예제를 통해서 실제로 그런지 확인해보겠다.

❖ DerivDestOrder.cpp

```
1.  #include <iostream>
2.  using namespace std;
3.
4.  class SoBase
5.  {
6.  private:
7.      int baseNum;
8.  public:
9.      SoBase(int n) : baseNum(n)
10.     {
11.         cout<<"SoBase() : "<<baseNum<<endl;
12.     }
13.     ~SoBase()
14.     {
15.         cout<<"~SoBase() : "<<baseNum<<endl;
16.     }
17. };
18.
19. class SoDerived : public SoBase
20. {
21. private:
22.     int derivNum;
23. public:
24.     SoDerived(int n) : SoBase(n), derivNum(n)
25.     {
26.         cout<<"SoDerived() : "<<derivNum<<endl;
27.     }
28.     ~SoDerived()
29.     {
```

```
30.         cout<<"~SoDerived() : "<<derivNum<<endl;
31.     }
32. };
33.
34. int main(void)
35. {
36.     SoDerived drv1(15);
37.     SoDerived drv2(27);
38.     return 0;
39. }
```

❖ 실행결과: DerivDestOrder.cpp

```
command prompt
    SoBase() : 15
    SoDerived() : 15
    SoBase() : 27
    SoDerived() : 27
    ~SoDerived() : 27
    ~SoBase() : 27
    ~SoDerived() : 15
    ~SoBase() : 15
```

위의 실행결과를 통해서 알 수 있는 사실을 나열해보면 다음과 같다.

"유도 클래스의 객체가 소멸될 때에는, 유도 클래스의 소멸자가 실행되고 난 다음에 기초 클래스의 소멸자가 실행된다."

"스택에 생성된 객체의 소멸순서는 생성순서와 반대이다."

여기서 중요한 사실은 기초 클래스의 소멸자도, 유도 클래스의 소멸자도 호출된다는 사실이다. 그리고 이러한 객체소멸의 특성 때문에 상속과 연관된 클래스의 소멸자는 다음의 원칙을 지켜서 정의해야 한다.

"생성자에서 동적 할당한 메모리 공간은 소멸자에서 해제한다."

그럼 이와 관련된 예제를 하나 제시하겠다. 이 예제에서는 유도 클래스의 생성자 및 소멸자 정의의 모델을 제시한다.

❖ DestModel.cpp

```cpp
1.  #include <iostream>
2.  #include <cstring>
3.  using namespace std;
4.
5.  class Person
6.  {
7.  private:
8.      char * name;
9.  public:
10.     Person(char * myname)
11.     {
12.         name=new char[strlen(myname)+1];
13.         strcpy(name, myname);
14.     }
15.     ~Person()
16.     {
17.         delete []name;
18.     }
19.     void WhatYourName() const
20.     {
21.         cout<<"My name is "<<name<<endl;
22.     }
23. };
24.
25. class UnivStudent : public Person
26. {
27. private:
28.     char * major;
29. public:
30.     UnivStudent(char * myname, char * mymajor)
31.         : Person(myname)
32.     {
33.         major=new char[strlen(mymajor)+1];
34.         strcpy(major, mymajor);
35.     }
36.     ~UnivStudent()
37.     {
38.         delete []major;
39.     }
40.     void WhoAreYou() const
41.     {
42.         WhatYourName();
43.         cout<<"My major is "<<major<<endl<<endl;
44.     }
45. };
```

```
46.
47. int main(void)
48. {
49.     UnivStudent st1("Kim", "Mathematics");
50.     st1.WhoAreYou();
51.     UnivStudent st2("Hong", "Physics");
52.     st2.WhoAreYou();
53.     return 0;
54. }
```

- 12, 17행: UnivStudent의 기초 클래스인 Person 클래스의 소멸자는 생성자에서 할당한 메모리 공간을 해제하도록 정의하였다.
- 33, 38행: UnivStudent의 소멸자에서도 자신의 생성자에서 할당한 메모리 공간에 대한 해제만을 책임지고 있다. 어차피 기초 클래스의 소멸자가 호출이 되면서 기초 클래스의 생성자에서 할당한 메모리 공간을 해제하기 때문이다.

❖ 실행결과: DestModel.cpp

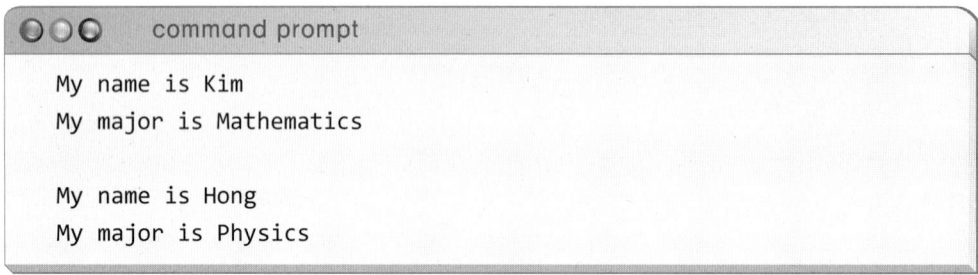

```
My name is Kim
My major is Mathematics

My name is Hong
My major is Physics
```

위 예제는 이번 Chapter에서 설명한 내용의 대부분을 담고 있는 예제이니, 이 예제를 통해서 지금까지 설명한 내용을 복습하기 바란다.

문 제 07-1 [상속과 생성자의 호출]

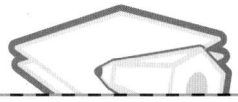

▶ 문제 1

앞서 상속관계에 놓여있는 클래스의 생성자 정의 및 호출 방식에 대해 설명하였다. 이 내용을 바탕으로 다음 클래스에 적절한 생성자를 삽입해보자. 그리고 이의 확인을 위한 main 함수를 적절히 정의해 보자.

```cpp
class Car      // 기본 연료 자동차
{
private:
    int gasolineGauge;
public:
    int GetGasGauge()
    {
        return gasolineGauge;
    }
};

class HybridCar : public Car      // 하이브리드 자동차
{
private:
    int electricGauge;
public:
    int GetElecGauge()
    {
        return electricGauge;
    }
};

class HybridWaterCar : public HybridCar      // 하이브리드 워터카
{
private:
    int waterGauge;
public:
    void ShowCurrentGauge()
    {
        cout<<"잔여 가솔린: "<<GetGasGauge()<<endl;
        cout<<"잔여 전기량: "<<GetElecGauge()<<endl;
        cout<<"잔여 워터량: "<<waterGauge<<endl;
    }
};
```

참고로, Car 클래스는 가솔린으로 동작하는 자동차를 표현한 것이고, HybridCar 클래스는 가솔린과 전기로 동작하는 자동차를 표현한 것이다. 그리고 마지막으로 HybridWaterCar 클래스는 가솔린과 전기뿐만 아니라, 물도 동시에 연료로 사용할 수 있는, 가상의 자동차를 표현한 것이다. 그러나 이 문제는 위의 클래스들이 의미하는 바를 몰라도 해결이 가능하다.

그리고 위의 코드에서는 앞서 보인 예제들과 달리 상속의 깊이(몇 단계에 걸쳐서 상속이 이뤄지고 있는가를 의미함)가 한 단계 더해졌지만, 그로 인해서 여러분이 더 알아야 할 문법적 지식이 있거나, 해석하는 방식에 있어서 차이가 있는 것은 아니니, 이 부분에 부담을 느끼지 않았으면 좋겠다.

▶ **문제 2**
다음 두 클래스에 적절한 생성자와 소멸자를 정의해보자. 그리고 이의 확인을 위한 main 함수를 정의해 보자.

```cpp
class MyFriendInfo
{
private:
    char * name;
    int age;
public:
    void ShowMyFriendInfo()
    {
        cout<<"이름: "<<name<<endl;
        cout<<"나이: "<<age<<endl;
    }
};

class MyFriendDetailInfo : public MyFriendInfo
{
private:
    char * addr;
    char * phone;
public:
    void ShowMyFriendDetailInfo()
    {
        ShowMyFriendInfo();
        cout<<"주소: "<<addr<<endl;
        cout<<"전화: "<<phone<<endl<<endl;
    }
};
```

07-3: protected 선언과 세 가지 형태의 상속

앞서, 멤버들에 대한 public과 private 선언에 대해서는 설명을 했지만, protected 선언은 상속과 관련이 있기 때문에 설명을 미루었다. 그런데 이제 상속을 이해했으니, protected 선언에 대해서도 설명을 하고자 한다.

➕ protected로 선언된 멤버가 허용하는 접근의 범위

C++의 접근제어 지시자에는 private, protected, public 이렇게 세가지가 존재한다. 그리고 이들이 허용하는 접근의 범위에는 다음의 관계가 있다.

```
private < protected < public
```

즉, public이 허용하는 접근의 범위가 가장 넓고, private이 허용하는 접근의 범위가 가장 좁다. 반면, protected는 그 중간 범위의 접근을 허용한다. 하지만 protected는 private과 매우 유사하다. 그럼 먼저 protected의 이해를 위해서 다음 클래스를 살펴보자.

```cpp
class Base
{
private:
    int num1;
protected:
    int num2;
public:
    int num3;
    void ShowData()
    {
        cout<<num1<<", "<<num2<<", "<<num3;
    }
};
```

멤버변수 num1은 private으로 선언되어 있고, num2는 protected로 선언되어 있다. 그러나 이 상태에서는 private과 protected가 차이를 보이지 않는다. 둘 다 클래스의 외부에서는 접근이 불가능한 반면, 클래스 내부에서는 접근이 가능하기 때문이다. 하지만, 이 클래스가 상속이 되면, 이야기는 달라진다.

```
class Derived : public Base
{
public:
    void ShowBaseMember()
    {
        cout<<num1;        // 컴파일 에러
        cout<<num2;        // 컴파일 OK!
        cout<<num3;        // 컴파일 OK!
    }
};
```

위의 클래스는 Base 클래스를 상속하고 있다. 따라서 public으로 선언된 멤버변수 num3에 접근이 가능하지만 private으로 선언된 멤버변수 num1에는 접근이 불가능하다. 그렇다면 protected로 선언된 num2는 어떨까?

"protected로 선언된 멤버변수는 이를 상속하는 유도 클래스에서 접근이 가능합니다!"

위의 문장이 언급하고 있듯이 protected 멤버는 유도 클래스에서 접근이 가능하다. 그리고 이것이 private과 protected의 유일한 차이점이다! 참고로 이러한 특성을 갖는 protected 선언은 private과 public에 비해 그리 많이 사용되지 않는다. 물론 유도 클래스에게만 제한적으로 접근을 허용한다는 측면에서 유용하게 사용될 수 있는 키워드이다. 하지만 기본적으로는 **기초 클래스와 이를 상속하는 유도 클래스 사이에서도 '정보은닉'은 지켜지는 게 좋다.**

✚ 세가지 형태의 상속

앞서 정의한 유도 클래스를 다시 한번 보자.

```
class Derived : public Base
{
    . . . . .
}
```

상속을 명시하는데 있어서 public이 사용되었음을 알 수 있다. 따라서 이러한 경우 Base 클래스는 "public으로 상속되었다." 라고 한다. 반면 다음과 같은 형태의 상속도 가능하다. 그리고 이를 가리켜 '**protected 상속**'이라고 한다.

```
class Derived : protected Base
{
    . . . . .
}
```

마지막으로 다음은 '**private 상속**'을 보여준다.

```
class Derived : private Base
{
    . . . . .
}
```

이렇듯 상속에는 세가지 형태의 상속이 존재한다. 그리고 키워드 public, protected, private은 멤버의 접근권한을 명시하는 용도로도 사용되지만, 위에서 보이듯이 상속의 형태를 명시하는 용도로도 사용된다. 그럼 이제 각각의 특성에 대해서 살펴보겠다.

➕ protected 상속

다음 Base 클래스를 보자. 이 클래스에는 private, protected, public 멤버가 각각 하나씩 선언되어 있다.

```
class Base
{
private:
    int num1;
protected:
    int num2;
public:
    int num3;
};
```

이제 이 클래스를 다음과 같이 protected로 상속해 보겠다. 참고로 상속의 유형을 설명하는데 있어서 유도 클래스의 멤버는 필요가 없어서 빈 상태로 정의하였다.

```
class Derived : protected Base
{
    // empty!
};
```

위의 클래스가 보이는 'protected 상속'이 의미하는 바는 다음과 같다.

"protected보다 접근의 범위가 넓은 멤버는 protected로 변경시켜서 상속하겠다."

그런데 protected보다 접근범위가 넓은 멤버는 public 멤버뿐이니, protected 상속을 한 Derived 클래스는 다음의 형태가 된다(상속한 멤버를 Derived 클래스 내에 직접 표시했기 때문에 상속의 선언을 흐리게 표시하였다).

```
class Derived : protected Base
{
private:
    int num1;
protected:
    int num2;
protected:
    int num3;
};
```

그런데 이는 잘못 표현한 것이다. 위의 코드처럼 num1이 그대로 private이 된다면, 이 멤버는 Derived 클래스 내에서 접근이 가능할 게 아닌가? 그런데 num1은 선언이 된 Base 클래스 이외의 영역에서 접근이 불가능하므로, 다음과 같이 표현을 해야 옳다.

```
class Derived : protected Base
{
접근불가:
    int num1;
protected:
    int num2;
protected:
    int num3;
};
```

'접근불가'라는 키워드는 존재하지 않지만, 존재는 하되 접근이 불가능함을 의미하기 위해서 이렇게 표현하였다. 그럼 예제를 통해서 이렇듯 멤버의 접근제어 범위가 변경되는지 확인해 보겠다.

❖ ProtectedHeri.cpp

```
1.  #include <iostream>
2.  using namespace std;
3.
4.  class Base
5.  {
6.  private:
7.      int num1;
8.  protected:
9.      int num2;
10. public:
11.     int num3;
12.
13.     Base() : num1(1), num2(2), num3(3)
14.     { }
```

```
15. };
16.
17. class Derived : protected Base { };    // empty!
18.
19. int main(void)
20. {
21.     Derived drv;
22.     cout<<drv.num3<<endl;       // 컴파일 에러 발생!
23.     return 0;
24. }
```

위 예제는 22행에서 컴파일 에러가 발생한다. 이유는 Base 클래스를 protected로 상속했기 때문이다. protected로 상속했기 때문에 public 멤버변수인 num3는 Derived 클래스에서 protected 멤버가 된다. 그리고 이로 인해서 외부에서는 접근이 불가능한 멤버가 된 것이다.

✚private 상속

필자가 비록 protected 상속 하나만을 설명했지만, 개념적으로 설명했기 때문에 public 상속과 private 상속에 대해서도 이해가 가능할 것이다. 이 둘의 설명을 위해서 앞서 정의한 클래스를 다시 한번 싣겠다.

```
class Base
{
private:
    int num1;
protected:
    int num2;
public:
    int num3;
};
```

이제 이 클래스를 private으로 상속해 보겠다.

```
class Derived : private Base
{
    // empty!
};
```

위의 클래스가 보이는 'private 상속'이 의미하는 바는 다음과 같다.

"private보다 접근의 범위가 넓은 멤버는 private으로 변경시켜서 상속하겠다."

그런데 private보다 접근범위가 넓은 멤버는 protected와 public이니, 위의 Derived 클래스는 다음의 형태가 된다.

```
class Derived : private Base
{
접근불가:
    int num1;
private:
    int num2;
private:
    int num3;
};
```

때문에 num2와 num3는 Derived 클래스 내에서만 접근이 가능한 멤버가 된다. 그리고 다른 클래스가 이 클래스를 다음과 같이 다시 상속한다면,

```
class DeDerived : public Derived
{
    // empty!
};
```

Derived 클래스의 모든 멤버가 private 또는 '접근불가'이기 때문에 다음과 같은 형태가 된다.

```
class DeDerived : public Derived
{
접근불가:
    int num1;
접근불가:
    int num2;
접근불가:
    int num3;
};
```

이렇듯, private 상속이 이뤄진 클래스를 다시 상속할 경우, 멤버함수를 포함하여 모든 멤버가 '접근불가'가 되기 때문에 사실상 의미 없는 상속이 되고 만다.

✚ public 상속

이제 마지막으로 public 상속을 설명한다. 여러분도 이미 파악했다시피 public 상속이 의미하는 바는

다음과 같다.

"public보다 접근의 범위가 넓은 멤버는 public으로 변경시켜서 상속하겠다."

그런데 public이 가장 넓은 범위의 접근을 허용하기 때문에 이는 다음과 같이 달리 표현하는 것이 좋다.

"private을 제외한 나머지는 그냥 그대로 상속한다."

즉, private 멤버는 '접근불가'의 형태로 상속을 하지만 protected 멤버는 protected로, public 멤버는 public으로 상속이 진행된다. 그리고 참고로 기억할 것은, 이 책의 예제에서 보이듯이 상속의 대부분은 public 상속이라는 사실이다. 어느 교수님은 다음과 같이 학생들을 가르치기도 한다고 들었다.

"C++의 상속은 public 상속만 있다고 생각을 해라."

실제로 public 이외의 상속은 다중상속과 같이 특별한 경우가 아니면 잘 사용하지 않는다. 그래서 필자는 위와 같이 말씀하신 분의 의도를 이해할 수 있을 것 같다.

07-4 : 상속을 위한 조건

상속을 위한 조건! 제목에서 이야기하듯이 상속으로 클래스의 관계를 구성하기 위해서는 조건이 필요하다. 그리고 조건과 그에 따른 필요가 충족되지 않으면, 상속은 하지 않는 것만 못하다고 전문가들은 이야기한다. 참고로 이어서 하는 이야기는 '상속을 언제? 왜? 하는가'에 대한 답이 되지 않는다. 이에 대한 답은 다음 Chapter에서, 앞서 제시한 '오렌지미디어 급여관리 확장성 문제'를 해결하면서 내리게 되고, 여기서는 상속을 위한 최소한의 조건만 말하려 한다.

✚ 상속을 위한 기본 조건인 IS-A 관계의 성립

상속의 기본 문법에서 보이듯이, 유도 클래스는 기초 클래스가 지니는 모든 것을 지니고, 거기에다가 유도 클래스만의 추가적인 특성이 더해진다. 그렇다면 현실 세계에서는 이러한 상황이 언제 연출이 될까? 필자는 다음 두 가지를 예로 들어보겠다.

- 전화기 → 무선 전화기
- 컴퓨터 → 노트북 컴퓨터

요즘 시대에 맞게 무선이라는 이슈로 예를 들어보았다. 위의 예에서 보인 전화기와 컴퓨터의 기본 기능은 각각 '통화'와 '계산'이다. 그런데, 무선 전화기와 노트북 컴퓨터는 여기에다가 '이동성'이라는 특성이 추가되었다. 따라서 전화기와 컴퓨터를 기초 클래스로, 무선 전화기와 노트북 컴퓨터를 각각의 유도 클래스로 정의하는 것은 매우 타당하다. 그리고 이러한 상속 관계가 성립하면, 다음과 같은 문장이 구성되는 특징이 있다.

- 무선 전화기는 일종의 전화기입니다.
- 노트북 컴퓨터는 일종의 컴퓨터입니다.

다시 말해서 무전 전화기도 전화기이고, 노트북 컴퓨터도 컴퓨터인 것이다. 이 두 문장을 영어 반, 한글 반 섞어서 표현하면 다음과 같다(영어로 "is a"는 한글로 "일종의 ~이다."로 해석된다).

- 무선 전화기 is a 전화기
- 노트북 컴퓨터 is a 컴퓨터

즉, 상속관계가 성립하려면 기초 클래스와 유도 클래스간에 IS-A 관계가 성립해야 한다. 만약에 여러분이 상속관계로 묶고자 하는 두 클래스가 IS-A 관계로 표현되지 않는다면, 이는 적절한 상속의 관계가 아닐 확률이 매우 높은 것이니, 신중한 판단이 필요하다. 그럼 이와 관련해서 간단한 예제를 보이되, 지금까지와는 달리 상속의 깊이를(몇 단계에 걸쳐서 상속이 이뤄지고 있는가를 의미함) 하나 더 해서 예제를 작성하겠다.

❖ ISAInheritance.cpp

```
1.   #include <iostream>
2.   #include <cstring>
3.   using namespace std;
4.
5.   class Computer
6.   {
7.   private:
8.       char owner[50];
9.   public:
10.      Computer(char * name)
11.      {
12.          strcpy(owner, name);
13.      }
```

```
14.     void Calculate()
15.     {
16.         cout<<"요청 내용을 계산합니다."<<endl;
17.     }
18. };
19.
20. class NotebookComp : public Computer
21. {
22. private:
23.     int Battery;
24. public:
25.     NotebookComp(char * name, int initChag)
26.         : Computer(name), Battery(initChag)
27.     { }
28.     void Charging() { Battery+=5; }
29.     void UseBattery() { Battery-=1; }
30.     void MovingCal()
31.     {
32.         if(GetBatteryInfo()<1)
33.         {
34.             cout<<"충전이 필요합니다."<<endl;
35.             return;
36.         }
37.         cout<<"이동하면서 ";
38.         Calculate();
39.         UseBattery();
40.     }
41.     int GetBatteryInfo() { return Battery; }
42. };
43.
44. class TabletNotebook : public NotebookComp
45. {
46. private:
47.     char regstPenModel[50];
48. public:
49.     TabletNotebook(char * name, int initChag, char * pen)
50.         : NotebookComp(name, initChag)
51.     {
52.         strcpy(regstPenModel, pen);
53.     }
54.     void Write(char * penInfo)
55.     {
56.         if(GetBatteryInfo()<1)
57.         {
58.             cout<<"충전이 필요합니다."<<endl;
59.             return;
60.         }
```

```
61.        if(strcmp(regstPenModel, penInfo)!=0)
62.        {
63.            cout<<"등록된 펜이 아닙니다.";
64.            return;
65.        }
66.        cout<<"필기 내용을 처리합니다."<<endl;
67.        UseBattery();
68.    }
69. };
70.
71. int main(void)
72. {
73.     NotebookComp nc("이수종", 5);
74.     TabletNotebook tn("정수영", 5, "ISE-241-242");
75.     nc.MovingCal();
76.     tn.Write("ISE-241-242");
77.     return 0;
78. }
```

- 5~18행: 모든 컴퓨터의 공통적인 특성을 Computer 클래스 하나에 표현하였다. 모든 컴퓨터는 소유자가 있으니 소유자 정보를 저장할 수 있도록 정의했고, 또 계산의 기능도 있으니 계산과 관련된 함수를 하나 정의하였다.
- 20~42행: NotebookComp는 노트북 컴퓨터를 표현한 클래스이다. 노트북 컴퓨터는 배터리가 있어서 이동이 가능하므로 이와 관련된 변수 및 함수를 추가하였고, 컴퓨터를 사용할 때마다(MovingCal 함수가 호출될 때마다) 배터리가 소모되는 상황을 표현하였다.
- 44~69행: TabletNotebook은 펜이 있어서 필기가 가능한 노트북 컴퓨터를 표현한 클래스이다. 펜을 등록하고 등록이 된 펜을 사용해야 필기가 가능한 상황을 표현하였다(실제와는 조금 다르지만).

❖ 실행결과: ISAInheritance.cpp

```
○○○        command prompt
이동하면서 요청 내용을 계산합니다.
필기 내용을 처리합니다.
```

위 예제에서 보인 TabletNotebook 클래스의 객체생성 과정에서는 TabletNotebook 클래스가 상속하는 NotebookComp 클래스의 생성자와, NotebookComp 클래스가 상속하는 Computer 클래스의 생성자가 모두 호출된다. 호출의 과정은 여러분이 지금까지 공부한 내용을 통해서 충분히 이해할 수 있을 것이다. 만약에 직접 그 과정을 확인하고 싶다면, 생성자 내에서 문자열이 출력되게 해서 이 문자열들이 출력됨을 확인하기 바란다. 그럼 다시 본론으로 돌아와서, 현실세계에서는 다음의 관계가 성립한다.

- NotebookComp(노트북 컴퓨터)는 Computer(컴퓨터)이다.
- TabletNotebook(타블렛 컴퓨터)는 NotebookComp(노트북 컴퓨터)이다.

뿐만 아니라, 다음의 관계도 성립이 된다.
- TabletNotebook(타블렛 컴퓨터)는 Computer(컴퓨터)이다.

때문에 IS-A 관계의 관점에서만 보면 위 클래스들의 상속관계는 적절했다고 볼 수 있다. 참고로 위 예제의 클래스 관계를 'UML(Unified Modeling Language)'이라는 표기법으로 표현하면 다음과 같다.

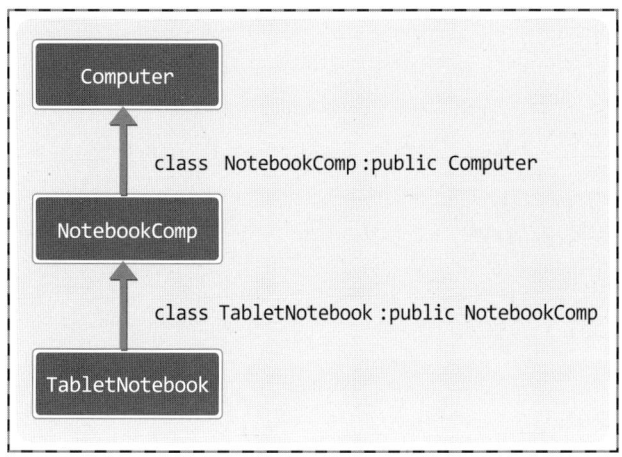

▶ [그림 07-9: UML의 상속 표현]

위 그림에서 화살표는 상속을 의미하는데, 화살표의 머리는 기초 클래스를 향하도록 표시해야 한다. 이 기호는 자주 사용이 되니, 이 정도는 기억하기 바란다.

✚ HAS-A 관계도 상속의 조건은 되지만 복합 관계로 이를 대신하는 것이 일반적이다.

여러분은 "IS-A 관계 외에도 상속이 형성될만한 관계가 있지 않은가?"라고 질문할 수 있다. 물론 한가지 더 있다. 바로 '소유'의 관계이다. 상속의 기본문법이 보여주듯이, 유도 클래스는 기초 클래스가 지니고 있는 모든 것을 소유한다. 따라서 다음 예제와 같이 소유의 관계도 상속으로 표현이 가능하다.

❖ HASInheritance.cpp

```
1.  #include <iostream>
2.  #include <cstring>
3.  using namespace std;
4.
5.  class Gun
```

```cpp
6.  {
7.  private:
8.      int bullet;        // 장전된 총알의 수
9.  public:
10.     Gun(int bnum) : bullet(bnum)
11.     { }
12.     void Shot()
13.     {
14.         cout<<"BBANG!"<<endl;
15.         bullet--;
16.     }
17. };
18.
19. class Police : public Gun
20. {
21. private:
22.     int handcuffs;      // 소유한 수갑의 수
23. public:
24.     Police(int bnum, int bcuff)
25.         : Gun(bnum), handcuffs(bcuff)
26.     { }
27.     void PutHandcuff()
28.     {
29.         cout<<"SNAP!"<<endl;
30.         handcuffs--;
31.     }
32. };
33.
34. int main(void)
35. {
36.     Police pman(5, 3);      // 총알 5, 수갑 3
37.     pman.Shot();
38.     pman.PutHandcuff();
39.     return 0;
40. }
```

- 5~17행: Gun은 총을 표현한 클래스이다. 표현의 간결함을 위해서 총알을 추가로 장전하는 등의 기능은 생략하였다.
- 19~32행: Police는 경찰을 표현한 클래스이다. 경찰은 기본적으로 수갑을 지닌다고 가정하였고, 수갑을 추가로 지니는 등의 기능은 예제의 간결함을 위해 생략하였다.

❖ 실행결과: HASInheritance.cpp

```
BBANG!
SNAP!
```

위 예제는 권총을 소유하는 경찰을 표현하고 있다. 따라서 이를 영어 반, 한글 반 섞어서 표현하면 "경찰 has a 총"이 된다(영어로 "has a"는 한글로 "~을 소유한다."로 해석이 된다). 즉, HAS-A 관계도 상속으로 표현할 수 있다. 그런데 이러한 소유의 관계는 다른 방식으로도 얼마든지 표현이 가능하다. 다음 예제에서는 HASInheritance.cpp에서 보여주는 관계를 상속이 아닌 다른 방식으로 표현하고 있다.

❖ HASComposite.cpp

```cpp
1.  #include <iostream>
2.  #include <cstring>
3.  using namespace std;
4.
5.  class Gun
6.  {
7.  private:
8.      int bullet;     // 장전된 총알의 수
9.  public:
10.     Gun(int bnum) : bullet(bnum)
11.     { }
12.     void Shot()
13.     {
14.         cout<<"BBANG!"<<endl;
15.         bullet--;
16.     }
17. };
18.
19. class Police
20. {
21. private:
22.     int handcuffs;    // 소유한 수갑의 수
23.     Gun * pistol;     // 소유하고 있는 권총
24. public:
25.     Police(int bnum, int bcuff)
26.         : handcuffs(bcuff)
27.     {
28.         if(bnum>0)
29.             pistol=new Gun(bnum);
30.         else
```

```
31.            pistol=NULL;
32.        }
33.        void PutHandcuff()
34.        {
35.            cout<<"SNAP!"<<endl;
36.            handcuffs--;
37.        }
38.        void Shot()
39.        {
40.            if(pistol==NULL)
41.                cout<<"Hut BBANG!"<<endl;
42.            else
43.                pistol->Shot();
44.        }
45.        ~Police()
46.        {
47.            if(pistol!=NULL)
48.                delete pistol;
49.        }
50. };
51.
52. int main(void)
53. {
54.     Police pman1(5, 3);
55.     pman1.Shot();
56.     pman1.PutHandcuff();
57.
58.     Police pman2(0, 3);      // 권총을 소유하지 않은 경찰
59.     pman2.Shot();
60.     pman2.PutHandcuff();
61.     return 0;
62. }
```

- 23, 29행: 이전 예제와 달리 Gun 클래스를 상속하는 것이 아니라, 생성자에서 Gun 객체를 생성해서 이를 참조하고 있다.

- 38행: Gun 클래스를 상속한다면 별도의 Shot 함수를 정의할 필요가 없다. 그러나 Gun 객체를 멤버변수를 통해 참조하는 구조이기 때문에 이렇게 별도의 함수를 정의해야 한다.

- 58행: 총을 소유하지 않은 경찰을 객체로 생성하고 있다. 생성자의 첫 번째 인자로 0이 전달되면, 23행의 멤버변수는 NULL로 초기화되어, 총의 사용이 불가능해진다(총을 소유하지 않은 상태의 표현이다).

❖ 실행결과: HASComposite.cpp

```
BBANG!
SNAP!
Hut BBANG!
SNAP!
```

이전 예제와 비교해서 어떠한 느낌이 드는가? 일반적인 상황에서는 앞서 보여드린 상속 기반의 예제보다 위의 예제가 보다 좋은 모델이다. "코드의 양이 늘었는데요?"라고 질문하는 분도 계실 것이다. 그러나 이 상황에서 이는 큰 문제가 되지 않는다. 아니, 오히려 HASInheritance.cpp의 코드 양이 훨씬 더 많아질 가능성이 매우 높다. 왜냐하면 HASInheritance.cpp에서 보여준 방식으로는 다음의 요구사항을 반영하기가 쉽지 않기 때문이다.

- 권총을 소유하지 않은 경찰을 표현해야 합니다.
- 경찰이 권총과 수갑뿐만 아니라, 전기봉도 소유하기 시작했습니다.

상속으로 묶인 두 개의 클래스는 강한 연관성을 띤다. 즉, Gun 클래스를 상속하는 Police 클래스로는 총을 소유하는 경찰만 표현 가능하다. 하지만 바로 위의 예제에서는 멤버변수 pistol을 NULL로 초기화함으로써 권총을 소유하지 않은 경찰을 매우 간단히 표현하였다. 그리고 예제 HASComposite.cpp에서 보이는 방식으로는 전기봉을 소유하는 경찰의 표현을 위해서 Police 클래스를 확장하는 것도 어렵지 않다. 전기봉을 표현하는 객체를 참조하는 멤버변수만 하나 추가하면 되기 때문이다. 그러나 HASInheritance.cpp에서 보이는 방식으로는 이 상황을 대처하기가 매우 난감하다. 예를 들어서 전기봉을 의미하는 ElecStick이라는 이름의 클래스를 정의했다고 가정해보자. 이 클래스를 어느 클래스가 상속하도록 하겠는가? Police 클래스가 상속하도록 만들겠는가? 그렇다면 다중상속이 된다. 물론 C++은 다중상속이라는 것을 지원하지만, 이러한 구현방식은 더 복잡한 문제로 이어질 수 있다. 그렇다면 Gun 클래스가 상속하도록 만들겠는가? 그럼 이건 봉 달린 총이라고 해야 하는가? 이런 건 제다이(Jedi)들도 사용해 본 경험이 없을 것이다.

자! 결론을 내려보자. 상속은 IS-A 관계의 표현에 매우 적절하다. 그리고 경우에 따라서는 HAS-A 관계의 표현에도(소유 관계의 표현에도) 사용될 수 있으나, 이는 프로그램의 변경에 많은 제약을 가져다 줄 수 있다.

> **참고** IS-A랑 HAS-A 이외의 관계에서도 상속이 형성될만한 상황이 있지 않을까요?
>
> 없다! 사실 HAS-A도 많이 봐 준거다. 필자가 10년을 넘게 알고 지내온 많은 객체지향 전문가들 역시 IS-A와 HAS-A 이외의 관계를 상속으로 표현하지 않았다. 아니 그럴 생각조차 하지 않고 있다.

문제 07-2 [IS-A 관계의 상속]

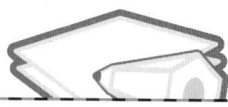

▶ 문제 1

정사각형을 의미하는 Square 클래스와 직사각형을 의미하는 Rectangle 클래스를 정의하고자 한다. 그런데 정사각형은 직사각형의 일종이므로, 다음의 형태로 클래스의 상속관계를 구성하고자 한다.

```
class Rectangle
{
    . . . .
};

class Square : public Rectangle
{
    . . . .
};
```

이에 다음 main 함수와 함께 실행이 가능하도록 위의 클래스를 완성해보자. 참고로 상속을 한다고 해서 유도 클래스에 무엇인가를 많이 담아야 한다는 생각을 버리자!

[main 함수]
```
int main(void)
{
    Rectangle rec(4, 3);
    rec.ShowAreaInfo();

    Square sqr(7);
    sqr.ShowAreaInfo();
    return 0;
}
```

[실행의 예]
```
면적: 12
면적: 49
```

▶ 문제 2

'책'을 의미하는 Book 클래스와 '전자 책'을 의미하는 Ebook 클래스를 정의하고자 한다. 그런데 '전자 책'도 '책'의 일종이므로, 다음의 형태로 클래스의 상속관계를 구성하고자 한다(클래스에 선언되어야 할 멤버변수만 제시하였다).

```cpp
class Book
{
private:
    char * title;    // 책의 제목
    char * isbn;     // 국제표준도서번호
    int price;       // 책의 정가
    . . . .
};

class EBook : public Book
{
private:
    char * DRMKey;   // 보안관련 키
    . . . .
};
```

위의 EBook 클래스에 선언된 멤버 DRMKey는 전자 책에 삽입이 되는 보안관련 키(key)의 정보를 의미한다. 그럼 다음 main 함수와 함께 실행이 가능하도록 위의 클래스를 완성해보자.

[main 함수]
```cpp
int main(void)
{
    Book book("좋은 C++", "555-12345-890-0", 20000);
    book.ShowBookInfo();
    cout<<endl;
    EBook ebook("좋은 C++ ebook", "555-12345-890-1", 10000, "fdx9w0i8kiw");
    ebook.ShowEBookInfo();
    return 0;
}
```

[실행의 예]

제목: 좋은 C++
ISBN: 555-12345-890-0
가격: 20000

제목: 좋은 C++ ebook
ISBN: 555-12345-890-1
가격: 10000
인증키: fdx9w0i8kiw

C++ 프로그래밍

07-5 : OOP 단계별 프로젝트 05단계

앞서 필자는 예제 EmployeeManager1.cpp를 통해서 '컨트롤 클래스'를 처음 소개하였다. 바로 그 컨트롤 클래스를, 단계별 프로젝트에 적용하고자 한다.

➕ 프로젝트 05단계의 도입

지금까지 우리가 구현해온 단계별 프로젝트의 결과물에는 기능 제공의 핵심이 되는 클래스가 정의되어 있지 않다. 즉, '컨트롤 클래스'가 정의되어 있지 않다. 하지만 C++ 프로그램에는 항상 컨트롤 클래스가 등장하기 마련이니, 이에 우리도 컨트롤 클래스를 정의해 보고자 한다. 복습 삼아서 컨트롤 클래스와 관련해서 앞서 공부한 내용을 정리해 보겠다.

✔ 컨트롤 클래스의 특징
- 프로그램 전체의 기능을 담당한다. 따라서 기능적 성격이 강한 클래스이다.
- 컨트롤 클래스만 봐도 프로그램의 전체 기능과 흐름을 파악할 수 있다.

반면, 컨트롤 클래스가 아닌 대부분의 클래스를 가리켜 'Entity 클래스'라 한다. Entity 클래스의 특징은 다음과 같다.

✔ Entity 클래스의 특징
- 데이터적 성격이 강하다. 따라서 파일 및 데이터 베이스에 저장되는 데이터를 소유하고 있다.
- 프로그램의 기능을 파악하는데 도움을 주지는 못한다.
- 그러나 프로그램상에서 관리되는 데이터의 종류를 파악하는 데는 도움이 된다.

참고로, 예제 EmployeeManager1.cpp의 EmployeeHandler 클래스가 컨트롤 클래스라면, 그 이외의 나머지 클래스들은 모두 Entity 클래스에 해당한다.

➕ 프로그램 설명

우리가 구현하고 있는 Banking System의 주요기능은 다음과 같다.

- 계좌개설
- 입 금
- 출 금

- 계좌정보 전체 출력

이러한 기능은 전역함수를 통해서 구현되어 있다. 그러나 객체지향에는 '전역'이라는 개념이 존재하지 않는다. 비록 C++에서는 전역함수와 전역변수의 선언을 허용하고 있지만, 이는 객체지향 프로그래밍을 위한 것은 아니니 가급적 사용하지 않는 것이 좋다.

기능적 성격이 강한 컨트롤 클래스를 등장시키면, 우리가 구현하고 있는 단계별 프로젝트에서 전역함수들을 없앨 수 있다. 이들을 하나의 컨트롤 클래스로 묶을 수 있기 때문이다. 이렇게 되면 컨트롤 클래스는 프로그램의 기능적 측면을 담당하게 되므로, 컨트롤 클래스의 성격에도 부합한다. 그럼 이번 단계에서 구현해야 할 컨트롤 클래스의 구현방법에 대해서 간단히 말씀 드리겠다.

- AccountHandler라는 이름의 컨트롤 클래스를 정의하고, 앞서 정의한 전역함수들을 이 클래스의 멤버함수에 포함시킨다.
- Account 객체의 저장을 위해 선언한 배열과 변수도 이 클래스의 멤버에 포함시킨다.
- AccountHandler 클래스 기반으로 프로그램이 실행되도록 main 함수를 변경한다.

그리고 앞서 소개한 예제 EmployeeManager1.cpp가 참고가 될 수 있으니, 이 예제를 참고해서 프로젝트를 완성하기 바란다.

✛구현의 예

필자는 이전 버전과 달리 가독성을 높이기 위해, 클래스 내에는 멤버함수의 선언만 두고, 정의는 클래스 외부로 빼 내었다.

❖ BankingSystemVer05.cpp

```cpp
/*
 * Banking System Ver 0.5
 * 작성자: 윤성우
 * 내 용: AccountHandler라는 이름의 컨트롤 클래스 정의
 */

#include <iostream>
#include <cstring>

using namespace std;
const int NAME_LEN=20;

enum {MAKE=1, DEPOSIT, WITHDRAW, INQUIRE, EXIT};

/*
 * 클래스 이름: Account
 * 클래스 유형: Entity 클래스
 */

class Account
{
```

```cpp
private:
    int accID;
    int balance;
    char * cusName;
public:
    Account(int ID, int money, char * name);
    Account(const Account & ref);

    int GetAccID() const;
    void Deposit(int money);
    int Withdraw(int money) ;
    void ShowAccInfo() const ;
    ~Account();
};

Account::Account(int ID, int money, char * name)
    : accID(ID), balance(money)
{
    cusName=new char[strlen(name)+1];
    strcpy(cusName, name);
}

Account::Account(const Account & ref)
    : accID(ref.accID), balance(ref.balance)
{
    cusName=new char[strlen(ref.cusName)+1];
    strcpy(cusName, ref.cusName);
}

int Account::GetAccID() const { return accID; }

void Account::Deposit(int money)
{
    balance+=money;
}

int Account::Withdraw(int money)
{
    if(balance<money)
        return 0;

    balance-=money;
    return money;
}

void Account::ShowAccInfo() const
{
    cout<<"계좌ID: "<<accID<<endl;
    cout<<"이 름: "<<cusName<<endl;
    cout<<"잔 액: "<<balance<<endl;
}

Account::~Account()
{
    delete []cusName;
}


/*
```

```cpp
 * 클래스 이름: AccountHandler
 * 클래스 유형: 컨트롤(Control) 클래스
 */

class AccountHandler
{
private:
    Account * accArr[100];
    int accNum;
public:
    AccountHandler();
    void ShowMenu(void) const;
    void MakeAccount(void);
    void DepositMoney(void);
    void WithdrawMoney(void);
    void ShowAllAccInfo(void) const;
    ~AccountHandler();
};

void AccountHandler::ShowMenu(void) const
{
    cout<<"-----Menu------"<<endl;
    cout<<"1. 계좌개설"<<endl;
    cout<<"2. 입 금"<<endl;
    cout<<"3. 출 금"<<endl;
    cout<<"4. 계좌정보 전체 출력"<<endl;
    cout<<"5. 프로그램 종료"<<endl;
}

void AccountHandler::MakeAccount(void)
{
    int id;
    char name[NAME_LEN];
    int balance;

    cout<<"[계좌개설]"<<endl;
    cout<<"계좌ID: "; cin>>id;
    cout<<"이 름: "; cin>>name;
    cout<<"입금액: "; cin>>balance;
    cout<<endl;

    accArr[accNum++]=new Account(id, balance, name);
}

void AccountHandler::DepositMoney(void)
{
    int money;
    int id;
    cout<<"[입   금]"<<endl;
    cout<<"계좌ID: "; cin>>id;
    cout<<"입금액: "; cin>>money;

    for(int i=0; i<accNum; i++)
    {
        if(accArr[i]->GetAccID()==id)
        {
            accArr[i]->Deposit(money);
            cout<<"입금완료"<<endl<<endl;
            return;
```

```cpp
            }
        }
        cout<<"유효하지 않은 ID 입니다."<<endl<<endl;
}

void AccountHandler::WithdrawMoney(void)
{
    int money;
    int id;
    cout<<"[출    금]"<<endl;
    cout<<"계좌ID: "; cin>>id;
    cout<<"출금액: "; cin>>money;

    for(int i=0; i<accNum; i++)
    {
        if(accArr[i]->GetAccID()==id)
        {
            if(accArr[i]->Withdraw(money)==0)
            {
                cout<<"잔액부족"<<endl<<endl;
                return;
            }

            cout<<"출금완료"<<endl<<endl;
            return;
        }
    }
    cout<<"유효하지 않은 ID 입니다."<<endl<<endl;
}

AccountHandler::AccountHandler() : accNum(0)
{ }

void AccountHandler::ShowAllAccInfo(void) const
{
    for(int i=0; i<accNum; i++)
    {
        accArr[i]->ShowAccInfo();
        cout<<endl;
    }
}

AccountHandler::~AccountHandler()
{
    for(int i=0; i<accNum; i++)
        delete accArr[i];
}


/*
 * 컨트롤 클래스 AccountHandler 중심으로 변경된 main 함수
 */

int main(void)
{
    AccountHandler manager;
    int choice;

    while(1)
```

```cpp
    {
        manager.ShowMenu();
        cout<<"선택: ";
        cin>>choice;
        cout<<endl;

        switch(choice)
        {
        case MAKE:
            manager.MakeAccount();
            break;
        case DEPOSIT:
            manager.DepositMoney();
            break;
        case WITHDRAW:
            manager.WithdrawMoney();
            break;
        case INQUIRE:
            manager.ShowAllAccInfo();
            break;
        case EXIT:
            return 0;
        default:
            cout<<"Illegal selection.."<<endl;
        }
    }
    return 0;
}
```

07 : 프로그래밍 문제의 답안

문제 07-1의 답안

▶ 문제 1

❖ 소스코드 답안

```cpp
1.  #include <iostream>
2.  using namespace std;
3.
4.  class Car      // 기본 연료 자동차
5.  {
6.  private:
7.      int gasolineGauge;
8.  public:
9.      Car(int gas): gasolineGauge(gas)
10.     { }
11.     int GetGasGauge()
12.     {
13.         return gasolineGauge;
14.     }
15. };
16.
17. class HybridCar : public Car     // 하이브리드 자동차
18. {
19. private:
20.     int electricGauge;
21. public:
22.     HybridCar(int gas, int elec)
23.         : Car(gas), electricGauge(elec)
24.     { }
25.     int GetElecGauge()
26.     {
27.         return electricGauge;
28.     }
29. };
30.
31. class HybridWaterCar : public HybridCar    // 하이브리드 워터카
32. {
33. private:
34.     int waterGauge;
35. public:
36.     HybridWaterCar(int gas, int elec, int water)
37.         : HybridCar(gas, elec), waterGauge(water)
38.     { }
39.     void ShowCurrentGauge()
40.     {
41.         cout<<"잔여 가솔린: "<<GetGasGauge()<<endl;
42.         cout<<"잔여 전기량: "<<GetElecGauge()<<endl;
43.         cout<<"잔여 워터량: "<<waterGauge<<endl;
```

```
44.     }
45. };
46.
47. int main(void)
48. {
49.     HybridWaterCar wCar(79, 65, 35);
50.     wCar.ShowCurrentGauge();
51.     return 0;
52. }
```

▶ 문제 2

❖ 소스코드 답안

```
1.  #include <iostream>
2.  #include <cstring>
3.  using namespace std;
4.
5.  class MyFriendInfo
6.  {
7.  private:
8.      char * name;
9.      int age;
10. public:
11.     MyFriendInfo(char * fname, int fage) : age(fage)
12.     {
13.         name=new char[strlen(fname)+1];
14.         strcpy(name, fname);
15.     }
16.     void ShowMyFriendInfo()
17.     {
18.         cout<<"이름: "<<name<<endl;
19.         cout<<"나이: "<<age<<endl;
20.     }
21.     ~MyFriendInfo()
22.     {
23.         delete []name;
24.     }
25. };
26.
27. class MyFriendDetailInfo : public MyFriendInfo
28. {
29. private:
30.     char * addr;
31.     char * phone;
32. public:
33.     MyFriendDetailInfo(char * fname, int fage, char * adr, char * pnum)
34.         : MyFriendInfo(fname, fage)
35.     {
36.         addr=new char[strlen(adr)+1];
37.         phone=new char[strlen(pnum)+1];
38.         strcpy(addr, adr);
39.         strcpy(phone, pnum);
40.     }
41.     void ShowMyFriendDetailInfo()
```

```
42.     {
43.         ShowMyFriendInfo();
44.         cout<<"주소: "<<addr<<endl;
45.         cout<<"전화: "<<phone<<endl<<endl;
46.     }
47.     ~MyFriendDetailInfo()
48.     {
49.         delete []addr;
50.         delete []phone;
51.     }
52. };
53.
54. int main(void)
55. {
56.     MyFriendDetailInfo fren1("김진성", 22, "충남 아산", "010-1234-00XX");
57.     MyFriendDetailInfo fren2("이주성", 19, "경기 인천", "010-3333-00XX");
58.     fren1.ShowMyFriendDetailInfo();
59.     fren2.ShowMyFriendDetailInfo();
60.     return 0;
61. }
```

문제 07-2의 답안

▶ 문제 1

❖ 소스코드 답안

```
1.  #include <iostream>
2.  using namespace std;
3.
4.  class Rectangle
5.  {
6.  private:
7.      int width;
8.      int height;
9.  public:
10.     Rectangle(int wid, int hei)
11.         : width(wid), height(hei)
12.     { }
13.     void ShowAreaInfo()
14.     {
15.         cout<<"면적: "<< width*height<<endl;
16.     }
17. };
18.
19. class Square: public Rectangle
20. {
21. public:
22.     Square(int side)
23.         : Rectangle(side, side)
24.     { }
25. };
26.
```

```
27. int main(void)
28. {
29.     Rectangle rec(4, 3);
30.     rec.ShowAreaInfo();
31. 
32.     Square sqr(7);
33.     sqr.ShowAreaInfo();
34.     return 0;
35. }
```

▶ 문제 2

❖ 소스코드 답안

```
1.  #include <iostream>
2.  #include <cstring>
3.  using namespace std;
4.  
5.  class Book
6.  {
7.  private:
8.      char * title;
9.      char * isbn;
10.     int price;
11. public:
12.     Book(char * title, char * isbn, int value)
13.         :price(value)
14.     {
15.         this->title=new char[strlen(title)+1];
16.         this->isbn=new char[strlen(isbn)+1];
17.         strcpy(this->title, title);
18.         strcpy(this->isbn, isbn);
19.     }
20.     void ShowBookInfo()
21.     {
22.         cout<<"제목: "<<title<<endl;
23.         cout<<"ISBN: "<<isbn<<endl;
24.         cout<<"가격: "<<price<<endl;
25.     }
26.     ~Book()
27.     {
28.         delete []title;
29.         delete []isbn;
30.     }
31. };
32. 
33. class EBook : public Book
34. {
35. private:
36.     char * DRMKey;
37. public:
38.     EBook(char * title, char * isbn, int value, char * key)
39.         :Book(title, isbn, value)
40.     {
41.         DRMKey=new char[strlen(key)+1];
```

```
42.            strcpy(DRMKey, key);
43.        }
44.
45.        void ShowEBookInfo()
46.        {
47.            ShowBookInfo();
48.            cout<<"인증키: "<<DRMKey<<endl;
49.        }
50.        ~EBook()
51.        {
52.            delete []DRMKey;
53.        }
54. };
55.
56. int main(void)
57. {
58.     Book book("좋은 C++", "555-12345-890-0", 20000);
59.     book.ShowBookInfo();
60.     cout<<endl;
61.     EBook ebook("좋은 C++ ebook", "555-12345-890-1", 10000, "fdx9w0i8kiw");
62.     ebook.ShowEBookInfo();
63.     return 0;
64. }
```

Chapter 08

상속과 다형성

드디어 객체지향에서 가장 중요하다고 할 수 있는 '다형성(Polymorphism)'을 공부할 때가 왔다. Chapter 08은 이 책 전체의 내용 중에서 가장 중요하다고 할 수 있으니 집중해서 공부하기 바란다. 그리고 Chapter 07에서 제시한 '오렌지미디어 급여관리 확장성 문제' 역시 이번 Chapter에서 해결할 것이다.

C++ 프로그래밍

08-1 : 객체 포인터의 참조관계

Chapter 07에서, 상속은 IS-A 관계의 표현을 위한 수단임을 설명하였다. 따라서 이제부터는 IS-A 관계에 초점을 맞춰서 모든 이야기를 전개해 나가겠다.

+객체 포인터 변수: 객체의 주소 값을 저장하는 포인터 변수

이전에 제시한 예제들을 통해서도 보았듯이, 클래스를 기반으로도 포인터 변수를 선언할 수 있다. 예를 들어서 Person이라는 이름의 클래스가 정의되었다면, Person 객체의 주소 값 저장을 위해서(Person 객체를 가리키기 위해서) 다음과 같이 포인터 변수를 선언할 수 있다.

```
Person * ptr;         // 포인터 변수 선언
ptr=new Person();     // 포인터 변수의 객체 참조
```

위의 두 문장이 실행되면, 포인터 ptr은 Person 객체를 가리키게 된다. 그런데 **Person형 포인터는 Person 객체뿐만 아니라, Person을 상속하는 유도 클래스의 객체도 가리킬 수 있다.** 예를 들어서 Person을 상속하는 Student 클래스가 다음과 같이 정의되었을 때,

```
class Student : public Person
{
    .....
};
```

Person형 포인터 변수는 아래의 문장에서 보이듯이 Student 객체도 가리킬 수 있다.

```
Person * ptr=new Student();
```

그리고 Student 클래스를 상속하는 유도 클래스 PartTimeStudent가 다음의 형태로 정의되었다고 가정하면,

```
class PartTimeStudent : public Student
{
    .....
};
```

Person형 포인터 변수는 아래의 문장에서 보이듯이 PartTimeStudent 객체도 가리킬 수 있다.

```
Person * ptr=new PartTimeStudent();
```

뿐만 아니라, Student형 포인터 변수도 아래의 문장에서 보이듯이 PartTimeStudent 객체를 가리킬 수 있다.

```
Student * ptr=new PartTimeStudent();
```

자! 그럼 지금까지 설명한 내용을 하나의 문장으로 정리해보겠다(참고로 아래의 문장에서 말하는 간접 상속은 위에서 언급한 Person 클래스와 PartTimeStudent 클래스의 관계를 말하는 것이다. PartTimeStudent는 Person을 직접 상속하지는 않지만, Person을 상속하는 Student를 상속함으로써, Person 클래스를 간접 상속하고 있다).

> "C++에서, AAA형 포인터 변수는 AAA 객체 또는 AAA를 직접 혹은 간접적으로 상속하는 모든 객체를 가리킬 수 있다(객체의 주소 값을 저장할 수 있다)."

그렇다면, 도대체 어떻게 이러한 일이 가능한 것일까? 그리고 이것이 C++에서 어떠한 의미가 있을까? 이 둘에 대해서 모두 답을 할 수 있어야 하는데, 우선 다음 예제를 통해서 실제로 이러한 일이 가능함을 먼저 확인하고 나서 설명을 이어가겠다.

❖ ObjectPointer.cpp

```cpp
1.  #include <iostream>
2.  using namespace std;
3.
4.  class Person
5.  {
6.  public:
7.      void Sleep() { cout<<"Sleep"<<endl; }
8.  };
9.
10. class Student : public Person
11. {
12. public:
13.     void Study() { cout<<"Study"<<endl; }
14. };
15.
16. class PartTimeStudent : public Student
17. {
18. public:
19.     void Work() { cout<<"Work"<<endl; }
20. };
21.
22. int main(void)
23. {
24.     Person * ptr1=new Student();
```

```
25.     Person * ptr2=new PartTimeStudent();
26.     Student * ptr3=new PartTimeStudent();
27.     ptr1->Sleep();
28.     ptr2->Sleep();
29.     ptr3->Study();
30.     delete ptr1; delete ptr2; delete ptr3;
31.     return 0;
32. }
```

- 24행: Student는 Person을 상속하므로, Person형 포인터 변수는 Student 객체를 가리킬 수 있다.
- 25행: PartTimeStudent는 Person을 간접 상속하므로, Person형 포인터 변수는 PartTimeStudent 객체를 가리킬 수 있다.
- 26행: PartTimeStudent는 Student를 상속하므로, Student형 포인터 변수는 PartTimeStudent 객체를 가리킬 수 있다.

❖ 실행결과: ObjectPointer.cpp

```
command prompt
    Sleep
    Sleep
    Study
```

위 예제에서 PartTimeStudent 클래스는 회사생활과 학업을 동시에 병행하는 학생, 또는 대학에서 장학금을 받으면서 학사행정과 관련된 일을 돕는 '근로학생'을 표현한 것이다. 그래서 멤버함수로 Work라는 이름의 함수를 정의하였다. 그리고 위 예제는 실행결과가 중요한 것이 아니고, 24~26행이 무리 없이 컴파일되고 실행되었다는 사실이 중요한 것이다. 이는 앞서 필자가 말한 사실을 확인시켜주기 때문이다.

✚유도 클래스의 객체까지 가리킬 수 있다니!

예제 ObjectPointer.cpp를 보면서 다음과 같이 불평을 했을지도 모르겠다.

"뭐 하러 이런걸 가능하게 만들어 놓은 거야? 전혀 논리적이지도 않잖아!"

하지만 객체 포인터의 다음 특성은, 상속의 IS-A 관계를 통해서 논리적으로 이해가 가능하다.

"C++에서, AAA형 포인터 변수는 AAA 객체 또는 AAA를 직접 혹은 간접적으로 상속하는 모든 객체를 가리킬 수 있다(객체의 주소 값을 저장할 수 있다)."

그럼 논리적인 이해를 시작해보자. 예제 ObjectPointer.cpp에서 보인 상속은 다음과 같이 IS-A 관계가 성립하기 때문에 적절한 상속이라 할 수 있다.

"학생(Student)은 사람(Person)이다."

"근로학생(PartTimeStudent)은 학생(Student)이다."

"근로학생(PartTimeStudent)은 사람(Person)이다."

이는 다음과 같이 표현할 수도 있다. 모두 IS-A 관계를 표현한 것이다.

"학생(Student)은 사람(Person)의 일종이다."

"근로학생(PartTimeStudent)은 학생(Student)의 일종이다."

"근로학생(PartTimeStudent)은 사람(Person)의 일종이다."

실제로 객체지향에서는 위의 문장들이 성립함으로 인해서(IS-A 관계의 성립으로 인해서), Student 객체와 PartTimeStudent 객체를 Person 객체의 일종으로 간주한다. 그리고 PartTimeStudent 객체도 Student 객체의 일종으로 간주한다. 때문에 Person형 포인터 변수를 이용해서 Student 객체와 PartTimeStudent 객체를 가리킬 수 있는 것이고, Student형 포인터 변수를 이용해서 PartTimeStudent 객체를 가리킬 수 있는 것이다. 그럼, 이러한 포인터의 특성을 임의의 클래스 AAA, BBB, CCC를 이용해서 정리해 보겠다.

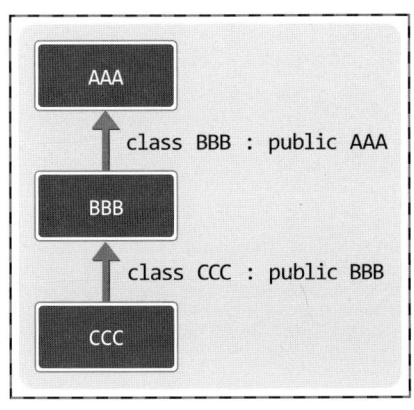

▶ [그림 08-1: 일반적인 클래스의 상속표현]

위의 경우 기본적으로 다음 두 문장이 성립한다.

"BBB는 AAA이다."   또는   "BBB는 AAA의 일종이다."

"CCC는 BBB이다."   또는   "CCC는 BBB의 일종이다."

그리고 IS-A 관계는 간접 상속의 관계 속에서도 유지가 되므로(유지되어야 하므로), 다음 문장도 성립한다.

"CCC는 AAA이다."   또는   "CCC는 AAA의 일종이다."

따라서, AAA형 포인터 변수는 AAA 객체뿐만 아니라, BBB 객체와 CCC 객체도 가리킬 수 있으며, BBB형 포인터 변수로는 BBB 객체뿐만 아니라 CCC 객체도 가리킬 수 있는 것이다.

✚ '오렌지미디어 급여관리 확장성 문제'의 1차적 해결과 함수 오버라이딩

위에서 설명한 포인터의 특성은 Chapter 07에서 소개한 '오렌지미디어 급여관리 확장성 문제' 해결의 1차적인 실마리가 된다(이 문제가 잘 기억나지 않는다면 Chapter 07에서 이 부분만 복습을 하자). 왜냐하면, 당시에 추가해야 한다고 논의가 된 '영업직(Sales)'과 '임시직(Temporary)'은 다음의 관계를 갖기 때문이다.

"정규직, 영업직, 임시직 모두 고용의 한 형태이다(고용인이다)."

"영업직은 정규직의 일종이다."

따라서 다음과 같이 클래스를 정의하면,

- 고용인   Employee
- 정규직   PermanentWorker
- 영업직   SalesWorker
- 임시직   TemporaryWorker

IS-A 관계를 기반으로 다음과 같이 상속의 관계를 구성할 수 있다.

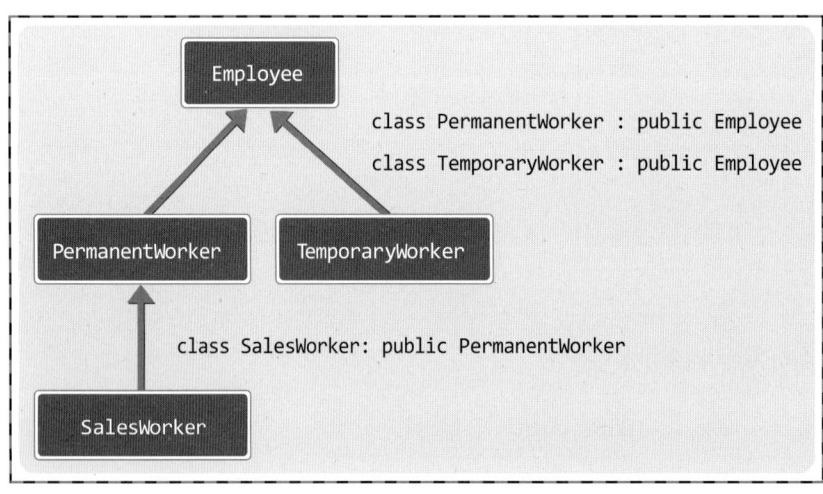

▶ [그림 08-2: 급여관리 시스템의 확장에 대한 1차 실마리]

그리고 이는 EmployeeHandler 클래스(Chapter 07의 예제 EmployeeManager1.cpp 참조)를 다음과 같이 설계할 수 있다는 뜻이 되기 때문에, 문제해결의 첫 번째 실마리가 된다.

"EmployeeHandler 클래스가 저장 및 관리하는 대상이 Employee 객체가 되게 하면, 이후에 Employee 클래스를 직접 혹은 간접적으로 상속하는 클래스가 추가되었을 때, EmployeeHandler 클래스에는 변화가 발생하지 않는다."

자! 그럼 일단 EmployeeManager1.cpp에 Employee 클래스를 도입하자. 그리고 나서 영업직과 임시직 관련 클래스를 추가하면서 위의 문장이 의미하는 바를 이해해보자. 다음 예제는 이전 예제에 Employee 클래스만 도입한 것이다.

❖ EmployeeManager2.cpp

```
1.   #include <iostream>
2.   #include <cstring>
3.   using namespace std;
4.
5.   class Employee
6.   {
7.   private:
8.       char name[100];
9.   public:
10.      Employee(char * name)
11.      {
12.          strcpy(this->name, name);
13.      }
14.      void ShowYourName() const
15.      {
16.          cout<<"name: "<<name<<endl;
17.      }
18.   };
19.
20.   class PermanentWorker : public Employee
21.   {
22.   private:
23.       int salary;      // 월 급여
24.   public:
25.       PermanentWorker(char* name, int money)
26.           : Employee(name), salary(money)
27.       { }
28.       int GetPay() const
29.       {
30.           return salary;
31.       }
32.       void ShowSalaryInfo() const
33.       {
```

```cpp
34.          ShowYourName();
35.          cout<<"salary: "<<GetPay()<<endl<<endl;
36.      }
37. };
38.
39. class EmployeeHandler
40. {
41. private:
42.      Employee* empList[50];
43.      int empNum;
44. public:
45.      EmployeeHandler() : empNum(0)
46.      { }
47.      void AddEmployee(Employee* emp)
48.      {
49.          empList[empNum++]=emp;
50.      }
51.      void ShowAllSalaryInfo() const
52.      {
53.          /*
54.          for(int i=0; i<empNum; i++)
55.              empList[i]->ShowSalaryInfo();
56.          */
57.      }
58.      void ShowTotalSalary() const
59.      {
60.          int sum=0;
61.          /*
62.          for(int i=0; i<empNum; i++)
63.              sum+=empList[i]->GetPay();
64.          */
65.          cout<<"salary sum: "<<sum<<endl;
66.      }
67.      ~EmployeeHandler()
68.      {
69.          for(int i=0; i<empNum; i++)
70.              delete empList[i];
71.      }
72. };
73.
74. int main(void)
75. {
76.      // 직원관리를 목적으로 설계된 컨트롤 클래스의 객체생성
77.      EmployeeHandler handler;
78.
79.      // 직원 등록
80.      handler.AddEmployee(new PermanentWorker("KIM", 1000));
```

```
81.     handler.AddEmployee(new PermanentWorker("LEE", 1500));
82.     handler.AddEmployee(new PermanentWorker("JUN", 2000));
83.
84.     // 이번 달에 지불해야 할 급여의 정보
85.     handler.ShowAllSalaryInfo();
86.
87.     // 이번 달에 지불해야 할 급여의 총합
88.     handler.ShowTotalSalary();
89.     return 0;
90. }
```

- 5행: 고용인을 의미하는 Employee 클래스가 추가되었다. 모든 고용인은 이름이 있으므로, 이와 관련된 멤버들을 기반으로 정의하였다.
- 20행: 이전의 PermanentWorker 클래스와의 차이점은 Employee 클래스를 상속한다는 점이다. 때문에 이름과 관련된 멤버는 모두 제거하였다.
- 39행: 이전의 EmployeeHandler 클래스와 비교해볼 필요가 있다. 저장의 대상이 PermanentWorker 객체에서 Employee 객체로 변경되었다. 그러나 PermanentWorker 객체 역시 Employee 객체의 일종이므로 저장이 가능하다.
- 42행: Employee 객체의 주소 값을 저장하는 방식으로 객체를 저장한다. 따라서 Employee 클래스를 상속하는 클래스의 객체도 이 배열에 함께 저장이 가능하다. 그리고 바로 이것이 핵심이다!
- 47행: AddEmployee 함수의 인자로 Employee 객체의 주소 값을 전달해야 한다. 따라서 Employee 클래스를 상속하는 PermanentWorker 객체의 주소 값도 전달이 가능하다.
- 54, 55행: 55행의 함수호출문이 컴파일 에러를 일으키기 때문에 주석처리 하였다. 이에 대해서는 잠시 후에 별도로 설명한다.
- 62, 63행: 63행의 함수호출문이 컴파일 에러를 일으키기 때문에 주석처리 하였다. 이와 관련해서도 잠시 후에 별도로 설명한다.

❖ 실행결과: EmployeeManager2.cpp

위의 예제에서 주석처리 된 부분이 많이 거슬릴 것이다. 이로 인해서 의미 없는 실행결과만 출력되었기 때문이다. 하지만 이는 잠시 후에 해결하기로 하고 위 예제의 EmployeeHandler 객체가 여전히 PermanentWorker 객체를 저장 및 관리하고 있다는 점에만 주목하기 바란다. 이제, Chapter 07에서 이야기한 다음 두 고용형태에 해당하는 클래스를 추가로 정의해보겠다.

- 영업직 급여   '기본급여(월 기본급여) + 인센티브'의 형태

- 임시직 급여   '시간당 급여 × 일한 시간' 의 형태

먼저 '임시직'에 해당하는 클래스를 정의해보겠다.

```cpp
class TemporaryWorker : public Employee
{
private:
    int workTime;      // 이 달에 일한 시간의 합계
    int payPerHour;    // 시간당 급여
public:
    TemporaryWorker(char * name, int pay)
        : Employee(name), workTime(0), payPerHour(pay)
    { }
    void AddWorkTime(int time)   // 일한 시간의 추가
    {
        workTime+=time;
    }
    int GetPay() const    // 이 달의 급여
    {
        return workTime*payPerHour;
    }
    void ShowSalaryInfo() const
    {
        ShowYourName();
        cout<<"salary: "<<GetPay()<<endl<<endl;
    }
};
```

PermanentWorker와 달리 실제 일을 한 시간을 기준으로 급여를 계산하도록 클래스가 정의되었다. 그럼 이어서 '영업직'에 해당하는 클래스를 정의해보겠다. 여기서 주의할 점은 영업직도 정규직의 일종이므로, 이 클래스는 Employee가 아닌 PermanentWorker를 상속한다는 점이다.

```cpp
class SalesWorker : public PermanentWorker
{
private:
    int salesResult;      // 월 판매실적
    double bonusRatio;    // 상여금 비율
public:
    SalesWorker(char * name, int money, double ratio)
        : PermanentWorker(name, money), salesResult(0), bonusRatio(ratio)
    { }
    void AddSalesResult(int value)
```

```
    {
        salesResult+=value;
    }
    int GetPay() const
    {
        return PermanentWorker::GetPay()    // PermanentWorker의 GetPay 함수 호출
                    + (int)(salesResult*bonusRatio);
    }
    void ShowSalaryInfo() const
    {
        ShowYourName();
        cout<<"salary: "<<GetPay()<<endl<<endl;    // SalesWorker의 GetPay 함수가 호출됨
    }
};
```

이 클래스는 PermanentWorker를 상속함으로써 기본급여와 관련된 부분을 멤버로 포함시켰으며, 나머지 상여금에 대한 부분만 멤버로 추가하였다. 자! 이 클래스에 대해선 여러분도 느꼈겠지만, 설명이 조금 필요하다. 먼저 다음 사실에 대해서 이야기해 보자.

"어! PermanentWorker 클래스에도 GetPay 함수와 ShowSalaryInfo 함수가 있는데, 유도 클래스인 SalesWorker 클래스에서도 동일한 이름과 형태로 두 함수를 정의하였네."

이를 가리켜 '함수 오버라이딩(function overriding)'이라 한다(함수 오버로딩과 혼동하지 말자). 그리고 이렇게 함수가 오버라이딩 되면, 오버라이딩 된 기초 클래스의 함수는, 오버라이딩을 한 유도 클래스의 함수에 가려진다. 그래서 위의 SalesWorker 클래스 내에서 GetPay 함수를 호출하면, SalesWorker 클래스에 정의된 GetPay 함수가 호출된다. 그리고 다음의 형태로 함수를 호출하는 경우에도,

```
int main(void)
{
    SalesWorker seller("Hong", 1000, 0.1);
    cout<<seller.GetPay()<<endl;
    seller.ShowSalaryInfo();
    . . . .
}
```

SalesWorker 클래스의 GetPay 함수와 ShowSalaryInfo 함수가 호출된다. 그런데 SalesWorker 클래스에 정의된 GetPay 함수를 보면, 다음의 구문이 보인다.

```
PermanentWorker::GetPay()
```

이는 오버라이딩 된 기초 클래스의 GetPay 함수를 호출하는 구문이다. 이렇듯, 클래스의 이름을 명시

C++ 프로그래밍

함으로 인해서 기초 클래스의 오버라이딩 된 함수를 호출할 수 있다. 그리고 다음의 형태로도 호출이 가능하다.

```cpp
int main(void)
{
    SalesWorker seller("Hong", 1000, 0.1);
    cout<<seller.PermanentWorker::GetPay()<<endl;
    seller.PermanentWorker::ShowSalaryInfo();
    . . . .
}
```

위의 코드에서 다음 문장을 보자.

```
seller.PermanentWorker::ShowSalaryInfo();
```

이것이 의미하는 바는 다음과 같다.

"seller 객체의 PermanentWorker 클래스에 정의된 ShowSalaryInfo 함수를 호출해라."

사실 조금 조잡하다는 느낌이 들 수 있다. 그런데 이렇게까지 해서 오버라이딩 된 기초 클래스의 함수를 호출하는 일은 거의 없으므로, 이러한 문장의 구성이 가능하다는 사실 정도만 기억하기 바란다.

> **참 고**
>
> **함수 오버라이딩 vs. 함수 오버로딩**
>
> 기초 클래스와 동일한 이름의 함수를 유도 클래스에서 정의한다고 해서 무조건 함수 오버라이딩이 되는 것은 아니다. 매개변수의 자료형 및 개수가 다르면, 이는 함수 오버로딩이 되어, 전달되는 인자에 따라서 호출되는 함수가 결정된다. 즉, 함수 오버로딩은 상속의 관계에서도 구성이 될 수 있다.

자! 이제 이렇게 정의된 두 클래스를 추가해서 예제 EmployeeManager2.cpp를 확장할 차례이다.

❖ EmployeeManager3.cpp

```cpp
1.  #include <iostream>
2.  #include <cstring>
3.  using namespace std;
4.
5.  class Employee
6.  {
7.      // 예제 EmployeeManager2.cpp와 동일하므로 생략합니다.
```

```cpp
8.  };
9.
10. class PermanentWorker : public Employee
11. {
12.     // 예제 EmployeeManager2.cpp와 동일하므로 생략합니다.
13. };
14.
15. class TemporaryWorker : public Employee
16. {
17.     // 앞서 제시하였으니 생략하겠습니다.
18. };
19.
20. class SalesWorker : public PermanentWorker
21. {
22.     // 앞서 제시하였으니 생략하겠습니다.
23. };
24.
25. class EmployeeHandler
26. {
27.     // 예제 EmployeeManager2.cpp와 동일하므로 생략합니다.
28. };
29.
30. int main(void)
31. {
32.     // 직원관리를 목적으로 설계된 컨트롤 클래스의 객체생성
33.     EmployeeHandler handler;
34.
35.     // 정규직 등록
36.     handler.AddEmployee(new PermanentWorker("KIM", 1000));
37.     handler.AddEmployee(new PermanentWorker("LEE", 1500));
38.
39.     // 임시직 등록
40.     TemporaryWorker * alba=new TemporaryWorker("Jung", 700);
41.     alba->AddWorkTime(5);      // 5시간 일한결과 등록
42.     handler.AddEmployee(alba);
43.
44.     // 영업직 등록
45.     SalesWorker * seller=new SalesWorker("Hong", 1000, 0.1);
46.     seller->AddSalesResult(7000);     // 영업실적 7000
47.     handler.AddEmployee(seller);
48.
49.     // 이번 달에 지불해야 할 급여의 정보
50.     handler.ShowAllSalaryInfo();
51.
52.     // 이번 달에 지불해야 할 급여의 총합
53.     handler.ShowTotalSalary();
54.     return 0;
55. }
```

- 15, 20행: TemporaryWorker 클래스와 SalesWorker 클래스를 추가하였다. 앞서 소개한 코드가 그대로 들어가기 때문에 여기서는 몸체부분을 생략하였다.
- 25행: 두 개의 클래스가 추가되었지만, EmployeeHandler 클래스에는 조금도 변화가 발생하지 않았다. 그래서 이 클래스 역시 몸체부분을 생략하였는데, 이렇듯 새로운 클래스가 추가되었음에도 불구하고 변화가 발생하지 않았다는 사실이 매우 중요하다.

❖ 실행결과: EmployeeManager3.cpp

```
salary sum: 0
```

EmployeeHandler 객체에 새로 추가된 클래스의 객체를 저장하는 방법도 동일하고, 또 실제로 저장도 되기 때문에, 이제 주석처리 된 부분만 해제를 해서 실행이 되면 '오렌지미디어 급여관리 확장성 문제'는 완전히 해결하는 셈이다. 그러나 주석을 해제하면(이미 해보았겠지만), 컴파일 에러가 발생한다. 그렇다면 이 부분에서 문제가 발생하는 이유는 무엇일까? 이제 그 이유를 알아보고 해결할 차례이다.

✚ SalesWorker 클래스에서 ShowSalaryInfo 함수를 오버라이딩 한 이유는?

EmployeeManager3.cpp에서 주석을 해제하면 컴파일 에러가 발생하는 이유에 대한 설명과 해결책은 이어서 전개되는 '08-2 가상함수(Virtual Function)' 부분에서 이뤄진다. 그런데 이에 앞서 잠시 PermanentWorker 클래스와 이를 상속하는 SalesWorker 클래스의 ShowSalaryInfo 함수를 다시 한번 살펴보고자 한다.

```cpp
class PermanentWorker : public Employee
{
private:
    . . . .
public:
    . . . .
    int GetPay() const { return salary; }
    void ShowSalaryInfo() const
    {
        ShowYourName();
        cout<<"salary: "<<GetPay()<<endl<<endl;
    }
};
```

```
class SalesWorker : public PermanentWorker
{
private:
    . . . .
public:
    . . . .
    int GetPay() const
    {
        return PermanentWorker::GetPay()    // PermanentWorker의 GetPay 함수 호출
                    + (int)(salesResult*bonusRatio);
    }
    void ShowSalaryInfo() const    // PermanentWorker 클래스의 ShowSalaryInfo와 동일!
    {
        ShowYourName();
        cout<<"salary: "<<GetPay()<<endl<<endl;    // SalesWorker의 GetPay 함수가 호출됨
    }
};
```

혹시 위의 두 클래스를 보면서 다음과 같이 고민하지는 않았는가?

"SalesWorker 클래스의 ShowSalaryInfo 함수는 PermanentWorker 클래스의 ShowSalaryInfo 함수
와 완전히 동일한데 굳이 오버라이딩을 한 이유가 무엇일까?"

PermanentWorker 클래스의 ShowSalaryInfo 함수는 상속에 의해서 SalesWorker 객체에도 존재하게 된다. 그러나 비록 상속이 되었다고는 하나 PermanentWorker 클래스의 ShowSalaryInfo 함수 내에서 호출되는 GetPay 함수는 PermanentWorker 클래스에 정의된 GetPay 함수의 호출로 이어지고 만다. 따라서 SalesWorker 클래스에 정의된 GetPay 함수가 호출되도록 SalesWorker 클래스에 별도의 ShowSalaryInfo 함수를 정의해야만 한다. 비록 함수의 몸체부분이 동일하더라도 말이다. 그래서 SalesWorker 클래스에서 ShowSalaryInfo 함수를 별도로 정의하고 있는 것이다.

C++ 프로그래밍

08-2 : 가상함수(Virtual Function)

이어서 설명하는 가상함수는 C++에서 매우 중요한 위치를 차지하는 문법이다. 뿐만 아니라, '오렌지미디어 급여관리 확장성 문제'를 완전히 해결하는데 필요한 도구이기도 하다.

➕ 기초 클래스의 포인터로 객체를 참조하면,

다음 코드를 보자. 그리고 이 코드는 정상적으로 컴파일 된 코드라고 가정하자.

```
int main(void)
{
    Simple * sim1=new . . . . ;
    Simple * sim2=new . . . . ;
    . . . .
}
```

위의 코드에서는 두 개의 포인터 변수가 선언이 되고, 이 포인터 변수는 new 연산에 의해 생성된 객체를 가리킨다. 그렇다면 이 두 포인터 변수가 가리키는 객체의 자료형은 각각 무엇이겠는가? 위의 부족한 정보만을 관찰해서 나름대로 답을 해 보자.

> "한가지 분명한 건요. sim1, sim2가 가리키는 객체는 Simple 클래스, 또는 Simple 클래스를 상속하는 클래스의 객체라는 사실이에요."

위와 같이 답을 했다면, 지금까지 공부한 내용을 잘 이해하고 있다는 뜻이 된다. 그리고 이는 실제 컴파일러가 포인터 변수를 바라보는 방식이기도 하다. 예를 들어서 다음과 같이 상속으로 연결된 두 클래스가 정의되어 있다고 가정해보자.

```
class Base
{
public:
    void BaseFunc() { cout<<"Base Function"<<endl; }
};

class Derived : public Base
{
public:
```

```
        void DerivedFunc() { cout<<"Derived Function"<<endl; }
};
```

그렇다면, 컴파일러는 main 함수에 삽입된, 다음 문장을 문제없이 컴파일 한다.

```
int main(void)
{
    Base * bptr=new Derived();    // 컴파일 OK!
    . . . .
}
```

그러나 이어서 등장하는 다음 문장에서는 "DerivedFunc는 Base 클래스의 멤버가 아닙니다."라는 메시지를 전달하면서 컴파일 에러를 발생시킨다.

```
int main(void)
{
    Base * bptr=new Derived();    // 컴파일 OK!
    bptr->DerivedFunc();          // 컴파일 Error!
    . . . .
}
```

왜냐하면 bptr이 Base형 포인터이기 때문이다.

"그래도 실제로 가리키는 대상은 Derived 객체이니까 위의 문장은 컴파일되어야 정상이 아닌가요?"

이 부분에서 여러분이 다소 혼란스러울 수 있는데, **C++ 컴파일러는 포인터 연산의 가능성 여부를 판단할 때, 포인터의 자료형을 기준으로 판단하지, 실제 가리키는 객체의 자료형을 기준으로 판단하지 않는다.** 따라서 다음과 같은 코드도 컴파일 에러를 일으킨다. 포인터 bptr의 포인터 형만을 가지고 대입의 가능성을 판단하기 때문이다.

```
int main(void)
{
    Base * bptr=new Derived();    // 컴파일 OK!
    Derived * dptr=bptr;          // 컴파일 Error!
    . . . .
}
```

자! 이렇게 이해하면 좋겠다. 먼저 위의 두 문장 중 첫 번째 문장을 보면서, 컴파일러는 다음과 같이 판단을 한다.

"Derived 클래스는 Base 클래스의 유도 클래스이니까 Base 클래스의 포인터 변수로 Derived 객체의 참조가 가능하다! 그러니 문제없이 컴파일이 가능해!"

그런데, 이어서 등장하는 다음 문장을 보게 되면,

```
Derived * dptr=bptr;        // 컴파일 Error!
```

컴파일러는 앞서 bptr이 실제로 가리키는 객체가 Derived 객체라는 사실을 기억하지 않는다. 그리고는 다음과 같이 판단을 하고 컴파일 에러를 발생시킨다.

"bptr은 Base형 포인터이니까, bptr이 가리키는 대상은 Base 객체일 수도 있는 거잖아! 그럴 경우에는 이 문장이 성립하지 않으니까, 컴파일 에러를 발생시켜야겠다."

반면, 다음의 코드는 문제없이 컴파일이 된다.

```
int main(void)
{
    Derived * dptr=new Derived();    // 컴파일 OK!
    Base * bptr=dptr;                // 컴파일 OK!
    . . . .
}
```

컴파일러는, 위의 코드에서 두 번째 문장을 보면서 다음과 같이 판단하기 때문이다.

"dptr은 Derived 클래스의 포인터 변수니까, 이 포인터가 가리키는 객체는 분명 Base 클래스를 직접 혹은 간접적으로 상속하는 객체이다. 그러니 Base형 포인터 변수로도 참조가 가능하다!"

> **참고** — 혹시 컴파일러가 바보 같다고 생각이 되나요?
>
> 필자가 앞서 다음과 같이 이야기하였다.
>
> "C++ 컴파일러는 포인터를 이용한 연산의 가능성 여부를 판단할 때, 포인터의 자료형을 기준으로 판단하지, 실제 가리키는 객체의 자료형을 기준으로 판단하지 않는다."
>
> 그래서 컴파일러가 조금 덜 현명하다고 생각할 수 있다. 하지만, 이는 불필요한 포인터 연산을 허용하지 않음으로 인해서 문제의 발생확률을 최소화시킬 수 있도록 정의된 C++의 문법에 근거를 하는 것이다.

╋위에서 한 이야기의 복습

위에서 설명한 포인터 연산의 특성은 중요하면서도 헷갈리는 내용이기 때문에, 복습 삼아서 비슷한 유형의 예를 하나 더 들어보겠다. 먼저 다음 클래스 정의를 보자.

```
class First
{
public:
    void FirstFunc() { cout<<"FirstFunc"<<endl; }
};

class Second: public First
{
public:
    void SecondFunc() { cout<<"SecondFunc"<<endl; }
};

class Third: public Second
{
public:
    void ThirdFunc() { cout<<"ThirdFunc"<<endl; }
};
```

이러한 상속의 관계를 갖고 있기 때문에 다음의 문장은 모두 정상적으로 컴파일이 된다.

```
int main(void)
{
    Third * tptr=new Third();
    Second * sptr=tptr;
    First * fptr=sptr;
    . . . .
}
```

Third형 포인터 변수 tptr이 가리키는 객체는 무조건 Second형 포인터 변수 sptr도 가리킬 수 있으므로, 그리고 Second형 포인터 변수 sptr이 가리키는 객체는 무조건 First형 포인터 변수 fptr도 가리킬 수 있으므로, 위의 코드에서는 컴파일 오류가 발생하지 않는다. 그러나 객체를 참조하는 포인터의 형에 따라서 호출할 수 있는 함수의 종류에는 다음과 같이 제한이 따른다.

```
int main(void)
{
    Third * tptr=new Third();
    Second * sptr=tptr;
```

```
        First * fptr=sptr;

        tptr->FirstFunc();      ( ○ )
        tptr->SecondFunc();     ( ○ )
        tptr->ThirdFunc();      ( ○ )

        sptr->FirstFunc();      ( ○ )
        sptr->SecondFunc();     ( ○ )
        sptr->ThirdFunc();      ( × )

        fptr->FirstFunc();      ( ○ )
        fptr->SecondFunc();     ( × )
        fptr->ThirdFunc();      ( × )
        . . . .
}
```

결론적으로는 **포인터 형에 해당하는 클래스에 정의된 멤버에만 접근이 가능**한 것이다. 하지만 앞서 이야기한 원론적인 이해가 뒷받침 될 필요가 있다. 중요하니 하나의 문장으로 또 한번 정리해 놓겠다.

"C++ 컴파일러는 포인터를 이용한 연산의 가능성 여부를 판단할 때, 포인터의 자료형을 기준으로 판단하지, 실제 가리키는 객체의 자료형을 기준으로 판단하지 않는다."

이 모든 것이 잘 이해되었다면, 예제 EmployeeManager2.cpp와 EmployeeManager3.cpp에 주석처리 된 부분에서 컴파일 에러를 일으키는 원인을 설명할 수 있을 것이다.

➕ 함수의 오버라이딩과 포인터 형

이번에는 예제를 하나 제시하면서 가상함수에 대한 이야기를 시작하고자 한다. 가상함수는 EmployeeManager2.cpp와 EmployeeManager3.cpp의 주석을 해제하는데 필요한 해답이 된다.

❖ FunctionOverride.cpp

```cpp
1.  #include <iostream>
2.  using namespace std;
3.
4.  class First
5.  {
6.  public:
7.      void MyFunc() { cout<<"FirstFunc"<<endl; }
8.  };
9.
10. class Second: public First
11. {
```

```
12. public:
13.     void MyFunc() { cout<<"SecondFunc"<<endl; }
14. };
15.
16. class Third: public Second
17. {
18. public:
19.     void MyFunc() { cout<<"ThirdFunc"<<endl; }
20. };
21.
22. int main(void)
23. {
24.     Third * tptr=new Third();
25.     Second * sptr=tptr;
26.     First * fptr=sptr;
27.
28.     fptr->MyFunc();
29.     sptr->MyFunc();
30.     tptr->MyFunc();
31.     delete tptr;
32.     return 0;
33. }
```

- 7, 13, 19행: 총 3개의 클래스가 상속관계로 연결되어 있으며, 이들은 모두 MyFunc 함수를 통해서 오버라이딩 관계를 형성하고 있다.
- 24~26행: Third 객체를 생성한 다음, Third형, Second형, 그리고 First형 포인터 변수로 이를 참조하고 있다.
- 28~30행: 각 포인터 형 변수를 이용해서 MyFunc 함수를 호출하고 있다.

❖ 실행결과: FunctionOverride.cpp

```
FirstFunc
SecondFunc
ThirdFunc
```

실행결과만 놓고 보면 다음과 같이 이야기할 수 있다.

"First형 포인터 변수를 이용하면 First 클래스에 정의된 MyFunc 함수가 호출되고, Second형 포인터 변수를 이용하면 Second 클래스에 정의된 MyFunc 함수가 호출되고, Third형 포인터 변수를 이용하면 Third 클래스에 정의된 MyFunc 함수가 호출되는구나!"

물론 이것도 맞는 말이다. 그러나 조금 더 넓게 이해할 필요가 있다. 먼저 위 예제의 28행에 삽입된 다음 문장을 보자.

    fptr->MyFunc();

컴파일러는 이 문장을 보면서 다음과 같이 판단한다.

> "fptr이 First형 포인터이니, 이 포인터가 가리키는 객체를 대상으로 First 클래스에 정의된 MyFunc 함수는 무조건 호출할 수 있겠구나!"

그래서 First 클래스에 정의된 MyFunc 함수가 호출된다. 이어서 29행의 다음 문장을 보자.

    sptr->MyFunc();

이 문장을 본 컴파일러는 다음과 같이 판단을 한다.

> "sptr이 Second형 포인터이니, 이 포인터가 가리키는 객체에는 First의 MyFunc 함수와 Second의 MyFunc 함수가 오버라이딩 관계로 존재하는군! 그럼 오버라이딩을 한 Second의 MyFunc 함수를 호출해야겠다!"

마지막으로 30행의 다음 문장을 보자.

    tptr->MyFunc();

여기서 컴파일러는 tptr이 Third형 포인터라는 사실을 기억한다. 따라서 이 포인터 변수가 참조하는 객체에는 총 세 개의 MyFunc 함수가 존재하고, 이들은 오버라이딩 관계를 갖기 때문에 가장 마지막에 오버라이딩을 한 Third 클래스의 MyFunc 함수가 호출되어야 한다는 사실을 알고 있다. 그래서 위 예제의 실행결과에서 보이듯이, Third 클래스의 MyFunc 함수가 호출이 된다.

✚ 가상함수(Virtual Function)

예제 FunctionOverride.cpp를 보면서 다음과 같은 생각을 해볼 수도 있다.

> "함수를 오버라이딩을 했다는 것은, 해당 객체에서 호출되어야 하는 함수를 바꾼다는 의미인데, 포인터 변수의 자료형에 따라서 호출되는 함수의 종류가 달라지는 것은 문제가 있어 보입니다."

이는 실제로 멋진 판단이 아닐 수 없다. 앞서 우리가 정의한 SalesWorker 클래스의 경우에도 급여의 계산방식이 다르기 때문에 GetPay 함수를 오버라이딩 하였다. 그런데 포인터의 자료형을 이유로 PermanentWorker 클래스의 GetPay 함수가 대신 호출되어서 급여가 결정된다면, 이에 대해서는 다음과 같이 항의해야만 하는 사안이 된다.

"뭐야! 판매실적에 따른 상여금을 지급하지 않겠다는 거야?"

그래서 C++은 이러한 상황이 발생하지 않도록 '가상함수'라는 것을 제공하고 있다. 그런데 이 가상함수라는 것은 C++의 개념이 아닌 객체지향의 개념이다. 따라서 C++뿐만이 아니라 JAVA, C#과 같은 객체지향 언어에서도 이와 동일한 개념의 문법이 제공되고 있다. 물론 적용하는 방법에는 아주 약간의 차이를 보인다.

자! 그럼 가상함수의 동작방식을 이해하기 위해서 예제 FunctionOverride.cpp에서 정의한 First 클래스의 MyFunc 함수를 다음과 같이 가상함수로 선언하겠다!

```cpp
class First
{
public:
    virtual void MyFunc() { cout<<"FirstFunc"<<endl; }
};
```

이렇듯, 가상함수의 선언은 virtual 키워드의 선언을 통해서 이뤄진다. 그리고 이렇게 가상함수가 선언되고 나면, 이 함수를 오버라이딩 하는 함수도 가상함수가 된다. 따라서 위와 같이 First 클래스의 MyFunc 함수가 virtual로 선언되면, 이를 오버라이딩 하는 Second 클래스의 MyFunc 함수도, 그리고 이를 오버라이딩 하는 Third 클래스의 MyFunc 함수도 가상함수가 된다. 그럼 다음 예제의 실행을 통해서 가상함수의 특성을 관찰해보자.

❖ FunctionVirtualOverride.cpp

```cpp
1.  #include <iostream>
2.  using namespace std;
3.
4.  class First
5.  {
6.  public:
7.      virtual void MyFunc() { cout<<"FirstFunc"<<endl; }
8.  };
9.
10. class Second: public First
11. {
12. public:
13.     virtual void MyFunc() { cout<<"SecondFunc"<<endl; }
14. };
15.
16. class Third: public Second
17. {
18. public:
19.     virtual void MyFunc() { cout<<"ThirdFunc"<<endl; }
20. };
```

```
21.
22. int main(void)
23. {
24.     Third * tptr=new Third();
25.     Second * sptr=tptr;
26.     First * fptr=sptr;
27.
28.     fptr->MyFunc();
29.     sptr->MyFunc();
30.     tptr->MyFunc();
31.     delete tptr;
32.     return 0;
33. }
```

- 7, 13, 19행: 7행의 MyFunc 함수가 virtual로 선언되었으니, 13, 19행의 함수에는 굳이 virtual 선언을 추가하지 않아도 가상함수가 된다. 그러나 이렇게 virtual 선언을 넣어서 함수가 가상함수임을 알리는 것이 좋다.
- 24~31행: 앞서 보인 예제 FunctionOverride.cpp의 main 함수와 완전히 동일하다.

❖ 실행결과: FunctionVirtualOverride.cpp

```
command prompt

ThirdFunc
ThirdFunc
ThirdFunc
```

위의 실행결과에서 보이듯이, 함수가 가상함수로 선언되면, 해당 함수호출 시, 포인터의 자료형을 기반으로 호출대상을 결정하지 않고, 포인터 변수가 실제로 가리키는 객체를 참조하여 호출의 대상을 결정한다. 그래서 위와 같은 출력결과를 보이게 된 것이다.

✚ '오렌지미디어 급여관리 확장성 문제'의 완전한 해결

예제 EmployeeManager3.cpp에서 문제가 되어 주석처리 했던 부분은 다음과 같다.

```
class EmployeeHandler
{
private:
    Employee* empList[50];
    int empNum;
```

```
public:
    EmployeeHandler() : empNum(0) { }
    void AddEmployee(Employee* emp) { . . . . }
    void ShowAllSalaryInfo() const
    {
        /*
        for(int i=0; i<empNum; i++)
            empList[i]->ShowSalaryInfo();
        */
    }
    void ShowTotalSalary() const
    {
        int sum=0;
        /*
        for(int i=0; i<empNum; i++)
            sum+=empList[i]->GetPay();
        */
        cout<<"salary sum: "<<sum<<endl;
    }
    ~EmployeeHandler() { . . . . }
};
```

배열을 구성하는 포인터 변수가 Employee형 포인터 변수이므로, Employee 클래스의 멤버가 아닌 GetPay 함수와 ShowSalaryInfo 함수의 호출부분에서 컴파일 에러가 발생해서 주석처리 한 것이다. 그렇다면 이 문제를 어떻게 해결해야겠는가? Employee형 포인터 변수를 대상으로 이 두 함수를 호출할 수 있도록 해야 한다. 그리고 이를 위해서는 다음 예제에서 보이듯이, Employee 클래스에 GetPay 함수와 ShowSalaryInfo 함수를 추가로 정의하고, 이를 가상함수로 선언하면 된다.

❖ EmployeeManager4.cpp

```
1.  #include <iostream>
2.  #include <cstring>
3.  using namespace std;
4.
5.  class Employee
6.  {
7.  private:
8.      char name[100];
9.  public:
10.     Employee(char * name)
11.     {
12.         strcpy(this->name, name);
13.     }
```

```cpp
14.     void ShowYourName() const
15.     {
16.         cout<<"name: "<<name<<endl;
17.     }
18.     virtual int GetPay() const
19.     {
20.         return 0;
21.     }
22.     virtual void ShowSalaryInfo() const
23.     { }
24. };
25.
26. class PermanentWorker : public Employee
27. {
28.     // 예제 EmployeeManager3.cpp와 동일하므로 생략합니다.
29. };
30.
31. class TemporaryWorker : public Employee
32. {
33.     // 예제 EmployeeManager3.cpp와 동일하므로 생략합니다.
34. };
35.
36. class SalesWorker : public PermanentWorker
37. {
38.     // 예제 EmployeeManager3.cpp와 동일하므로 생략합니다.
39. };
40.
41. class EmployeeHandler
42. {
43. private:
44.     Employee* empList[50];
45.     int empNum;
46. public:
47.     EmployeeHandler() : empNum(0)
48.     { }
49.     void AddEmployee(Employee* emp)
50.     {
51.         empList[empNum++]=emp;
52.     }
53.     void ShowAllSalaryInfo() const
54.     {
55.         for(int i=0; i<empNum; i++)
56.             empList[i]->ShowSalaryInfo();
57.     }
58.     void ShowTotalSalary() const
59.     {
60.         int sum=0;
```

```
61.            for(int i=0; i<empNum; i++)
62.                sum+=empList[i]->GetPay();
63.
64.            cout<<"salary sum: "<<sum<<endl;
65.        }
66.        ~EmployeeHandler()
67.        {
68.            for(int i=0; i<empNum; i++)
69.                delete empList[i];
70.        }
71. };
72.
73. int main(void)
74. {
75.     // 직원관리를 목적으로 설계된 컨트롤 클래스의 객체생성
76.     EmployeeHandler handler;
77.
78.     // 정규직 등록
79.     handler.AddEmployee(new PermanentWorker("KIM", 1000));
80.     handler.AddEmployee(new PermanentWorker("LEE", 1500));
81.
82.     // 임시직 등록
83.     TemporaryWorker * alba=new TemporaryWorker("Jung", 700);
84.     alba->AddWorkTime(5);
85.     handler.AddEmployee(alba);
86.
87.     // 영업직 등록
88.     SalesWorker * seller=new SalesWorker("Hong", 1000, 0.1);
89.     seller->AddSalesResult(7000);
90.     handler.AddEmployee(seller);
91.
92.     // 이번 달에 지불해야 할 급여의 정보
93.     handler.ShowAllSalaryInfo();
94.
95.     // 이번 달에 지불해야 할 급여의 총합
96.     handler.ShowTotalSalary();
97.     return 0;
98. }
```

- 18, 22행: 이 두 함수가 추가된 것이 이전 예제와의 유일한 차이점이다. 물론, 이 두 함수의 추가로 인해서 앞서 있었던 주석이 해제되었다.
- 56, 62행: ShowSalaryInfo 함수와 GetPay 함수는 가상함수이므로 가장 마지막에 오버라이딩을 진행한 함수가 호출된다.

❖ 실행결과: EmployeeManager4.cpp

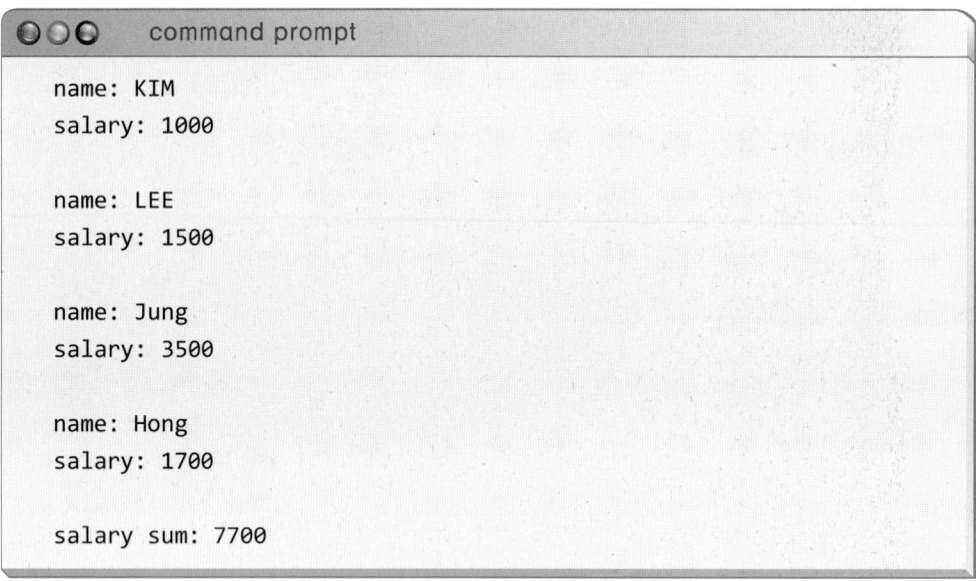

자! 이로써 '오렌지미디어 급여관리 확장성 문제'는 완전히 해결되었다. 물론 해결보다 중요한 것은 과정과 결과를 정확히 이해하는 것이다.

⁺'오렌지미디어 급여관리 확장성 문제'의 해결을 통해서 확인한 상속의 이유

자! 이제 다음의 질문에 답을 해보자.

"상속을 하는 이유는 무엇인가?"

이를 다소 전문적으로 표현하면 다음과 같이 답을 할 수 있다(솔직히 바로 와 닿지 않는 문장이다).

"상속을 통해 연관된 일련의 클래스에 대해 공통적인 규약을 정의할 수 있습니다."

필자는 이 문구의 이해를 돕기 위해서 '오렌지미디어 급여관리 확장성 문제'와 관련해서 다음과 같이 문장을 재구성해 보겠다.

"상속을 통해 연관된 일련의 클래스 PermanentWorker, TemporaryWorker, SalesWorker에 공통적인 규약을 정의할 수 있습니다."

일련의 클래스 PermanentWorker, TemporaryWorker, SalesWorker에 적용된 공통규약은 Employee 클래스이다. 달리 말하면, 적용하고픈 공통규약을 모아서 Employee 클래스를 정의하였고, 이로 인해서 Employee 클래스를 상속하는 모든 클래스의 객체는 Employee 객체로 바라볼 수 있게 된 것이다.

실제로 EmployeeHandler 클래스는 저장되는 모든 객체를 Employee 객체로 바라보고 있다. 때문에 새로운 클래스가 추가되어도 EmployeeHandler 클래스는 변경될 필요가 없는 것이다. 물론, 객체의 자료형에 따라서 행동의 방식에는 차이가 있어야 한다(호출되는 함수에는 차이가 있어야 한다). 그런데 이 문제조차 함수 오버라이딩과 가상함수의 개념으로 해결이 된다. 따라서 EmployeeHandler 클래스는 저장되는 모든 객체를 Employee 객체로 바라볼 수 있는 것이다.

✚ 순수 가상함수(Pure Virtual Function)와 추상 클래스(Abstract Class)

예제 EmployeeManager4.cpp의 Employee 클래스를 다시 한번 관찰하자. 이 클래스는 조금 더 개선할만한 여지가 남아있다.

```
class Employee
{
private:
    char name[100];
public:
    Employee(char * name) { . . . . }
    void ShowYourName() const { . . . . }
    virtual int GetPay() const
    {
        return 0;
    }
    virtual void ShowSalaryInfo() const
    { }
};
```

이 클래스는 기초 클래스로서만 의미를 가질 뿐, 객체의 생성을 목적으로 정의된 클래스는 아니다. 이렇듯 **클래스 중에서는 객체생성을 목적으로 정의되지 않는 클래스도 존재한다.** 따라서 다음과 같은 문장이 만들어진다면, 이는 프로그래머의 실수가 틀림이 없다.

```
Employee * emp=new Employee("Lee Dong Sook");
```

하지만, 이는 문법적으로 아무런 문제가 없는 문장이기 때문에, 이러한 실수는 컴파일러에 의해서 발견되지 않는다. 따라서 이러한 경우에는 다음코드에서 보이듯이, 가상함수를 '순수 가상함수'로 선언하여 객체의 생성을 문법적으로 막는 것이 좋다.

```
class Employee
{
private:
    char name[100];
public:
```

```
        Employee(char * name) { . . . . }
        void ShowYourName() const { . . . . }
        virtual int GetPay() const = 0;           // 순수 가상함수
        virtual void ShowSalaryInfo() const = 0;  // 순수 가상함수
    };
```

'순수 가상함수'란 '함수의 몸체가 정의되지 않은 함수'를 의미한다. 그리고 이를 표현하기 위해서, 위에서 보이듯이 '0의 대입'을 표시한다. 그런데 이것은 0의 대입을 의미하는 게 아니고, '명시적으로 몸체를 정의하지 않았음'을 컴파일러에게 알리는 것이다. 따라서 컴파일러는 이 부분에서 함수의 몸체가 정의되지 않았다고 컴파일 오류를 일으키지 않는다. 그러나 Employee 클래스는 순수 가상함수를 지닌, 완전하지 않은 클래스가 되기 때문에 다음과 같이 객체를 생성하려 들면 컴파일 에러가 발생한다.

```
    Employee * emp=new Employee("Lee Dong Sook");
```

자! 여기서 우리는 두 가지 이점을 얻었다. 하나는 잘못된 객체의 생성을 막을 수 있다는 것이다. 그리고 또 하나는 Employee 클래스의 GetPay 함수와 ShowSalaryInfo 함수는 유도 클래스에 정의된 함수가 호출되게끔 돕는데 의미가 있었을 뿐, 실제로 실행이 되는 함수는 아니었는데, 이를 보다 명확히 명시하는 효과도 얻게 되었다. 그리고 이렇듯 하나 이상의 멤버함수를 순수 가상함수로 선언한 클래스를 가리켜 '추상 클래스(abstract class)'라 한다. 이는 완전하지 않은, 그래서 객체생성이 불가능한 클래스라는 의미를 지닌다.

문 제 08-1 [상속 관계의 확장과 추상 클래스]

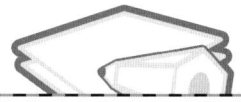

예제 EmployeeManager4.cpp를 확장하여 다음 특성에 해당하는 ForeignSalesWorker 클래스를 추가로 정의해보자.

"영업직 직원 중 일부는 오지산간으로 시장개척을 진행하고 있다. 일부는 아마존에서, 또 일부는 테러의 위험이 있는 지역에서 영업활동을 진행 중에 있다. 따라서 이러한 직원들을 대상으로 별도의 위험수당을 지급하고자 한다."

위험수당의 지급방식은 '위험의 노출도'에 따라서 다음과 같이 나뉘며, 한번 결정된 직원의 '위험 노출도'는 변경되지 않는다고 가정한다(이는 const 멤버변수의 선언을 유도하는 것이다).
- 리스크 A: 영업직의 기본급여와 인센티브 합계 총액의 30%를 추가로 지급한다.
- 리스크 B: 영업직의 기본급여와 인센티브 합계 총액의 20%를 추가로 지급한다.
- 리스크 C: 영업직의 기본급여와 인센티브 합계 총액의 10%를 추가로 지급한다.

다음 main 함수와 함께 동작하도록 ForeignSalesWorker 클래스를 정의하기 바라며, Employee 클래스는 객체 생성이 불가능한 추상 클래스로 정의하기 바란다.

[main 함수]
```
int main(void)
```

```
{
    // 직원관리를 목적으로 설계된 컨트롤 클래스의 객체생성
    EmployeeHandler handler;

    // 해외 영업직 등록
    ForeignSalesWorker * fseller1=new ForeignSalesWorker("Hong", 1000, 0.1, RISK_LEVEL::RISK_A);
    fseller1->AddSalesResult(7000);    // 영업실적 7000
    handler.AddEmployee(fseller1);

    ForeignSalesWorker * fseller2=new ForeignSalesWorker("Yoon", 1000, 0.1, RISK_LEVEL::RISK_B);
    fseller2->AddSalesResult(7000);    // 영업실적 7000
    handler.AddEmployee(fseller2);

    ForeignSalesWorker * fseller3=new ForeignSalesWorker("Lee", 1000, 0.1, RISK_LEVEL::RISK_C);
    fseller3->AddSalesResult(7000);    // 영업실적 7000
    handler.AddEmployee(fseller3);

    // 이번 달에 지불해야 할 급여의 정보
    handler.ShowAllSalaryInfo();
    return 0;
}
```

위의 main 함수에서 보이는 RISK_LEVEL 이름공간의 RISK_A, RISK_B, RISK_C는 enum 형으로 선언된 상수이다. 그럼 이어서 실행결과를 보이겠다.

[실행의 예]
```
name: Hong
salary: 1700
risk pay: 510
sum: 2210

name: Yoon
salary: 1700
risk pay: 340
sum: 2040

name: Lee
salary: 1700
risk pay: 170
sum: 1870
```

위의 실행결과에서 salary 내역은 일반 영업직 직원의 급여 계산결과이며(기본급에 상여금을 더한 결과), risk pay가 위험수당에 속한다.

C++ 프로그래밍

✚ 다형성(Polymorphism)

이제 '다형성'이란 단어를 소개하면서 이야기를 한차례 마무리하겠다. 지금까지 설명한 가상함수의 호출 관계에서 보인 특성을 가리켜 '다형성'이라 한다. 그리고 이는 C++, 아니 객체지향을 설명하는데 있어서 매우 중요한 요소이기도 하다. '다형성(polymorphism)'이란 '동질이상(同質異像)'을 의미한다. 즉, 다음의 의미를 담고 있다.

"모습은 같은데 형태는 다르다."

이를 C++에 적용하면, 다음과 같이 이야기할 수 있다.

"문장은 같은데 결과는 다르다."

그렇다면 언제 문장은 같은데 다른 결과를 보이는가? 이의 확인을 위해서 다음 클래스를 관찰하자.

```cpp
class First
{
public:
    virtual void SimpleFunc() { cout<<"First"<<endl; }
};

class Second: public First
{
public:
    virtual void SimpleFunc() { cout<<"Second"<<endl; }
};
```

그리고 위의 클래스를 기반으로 다음의 코드를 실행한다고 가정해보자.

```cpp
int main(void)
{
    First * ptr=new First();
    ptr->SimpleFunc();      // 아래에 동일한 문장이 존재한다.
    delete ptr;

    ptr=new Second();
    ptr->SimpleFunc();      // 위에 동일한 문장이 존재한다.
    delete ptr;
    return 0;
}
```

위의 main 함수에는 다음의 문장이 두 번 등장한다.

```
        ptr->SimpleFunc();
```

그런데 ptr은 동일한 포인터 변수이다. 그럼에도 불구하고 실행결과는 다르다. 포인터 변수 ptr이 참조하는 객체의 자료형이 다르기 때문이다. 이것이 바로 C++에서의 '다형성'의 예이다.

08-3 : 가상 소멸자와 참조자의 참조 가능성

가상함수 말고도 virtual 키워드를 붙여줘야 할 대상이 하나 더 있다. 그건 바로 소멸자이다. 즉, virtual 선언은 소멸자에도 올 수 있다.

✚ 가상 소멸자(Virtual Destructor)

virtual로 선언된 소멸자를 가리켜 '가상 소멸자'라 하는데, 이것이 필요한 이유의 설명을 위해서 예제를 하나 제시하겠으니, 실행결과도 함께 참조하여 이 예제의 문제점을 지적해보자.

❖ VirtualDestructor.cpp

```cpp
1.  #include <iostream>
2.  using namespace std;
3.
4.  class First
5.  {
6.  private:
7.      char * strOne;
8.  public:
9.      First(char * str)
10.     {
11.         strOne=new char[strlen(str)+1];
12.     }
13.     ~First()
```

```cpp
14.     {
15.         cout<<"~First()"<<endl;
16.         delete []strOne;
17.     }
18. };
19.
20. class Second: public First
21. {
22. private:
23.     char * strTwo;
24. public:
25.     Second(char * str1, char * str2) : First(str1)
26.     {
27.         strTwo=new char[strlen(str2)+1];
28.     }
29.     ~Second()
30.     {
31.         cout<<"~Second()"<<endl;
32.         delete []strTwo;
33.     }
34. };
35.
36. int main(void)
37. {
38.     First * ptr=new Second("simple", "complex");
39.     delete ptr;
40.     return 0;
41. }
```

- 11, 16행: First 클래스의 생성자에서 동적 할당이 있었기 때문에 소멸자가 적절히 정의되었다.
- 27, 32행: Second 클래스의 생성자에서 동적 할당이 있었기 때문에 소멸자가 적절히 정의되었다.
- 38, 39행: 38행에서 생성한 객체를 39행에서 소멸하고 있다. 따라서 이 경우에는 First 클래스의 소멸자와 Second 클래스의 소멸자가 동시에 호출되어야 한다. 실제로 그렇게 호출이 이뤄지는지 예제를 통해서 확인해보자.

❖ 실행결과: VirtualDestructor.cpp

```
○○○   command prompt

~First()
```

실행결과에서도 보이듯이 객체의 소멸을 First형 포인터로 명령하니, First 클래스의 소멸자만 호출되었다. 따라서 이러한 경우에는 메모리의 누수(leak)가 발생하게 된다. 그러니 객체의 소멸과정에서는 delete 연산자에 사용된 포인터 변수의 자료형에 상관없이 모든 소멸자가 호출되어야 한다. 그리고 이를 위해서는 다음과 같이 소멸자에 virtual 선언을 추가하면 된다.

```
virtual ~First()
{
    cout<<"~First()"<<endl;
    delete []strOne;
}
```

가상함수와 마찬가지로 소멸자도 상속의 계층구조상 맨 위에 존재하는 기초 클래스의 소멸자만 virtual로 선언하면, 이를 상속하는 유도 클래스의 소멸자들도 모두 '가상 소멸자'로 선언이 된다(별도로 virtual 선언을 추가하지 않아도). 그리고 가상 소멸자가 호출되면, 상속의 계층구조상 맨 아래에 존재하는 유도 클래스의 소멸자가 대신 호출되면서, 기초 클래스의 소멸자가 순차적으로 호출된다. 즉, 다음과 같이 클래스가 정의된 상태에서,

```
class First
{
    . . . .
public:
    virtual ~First() { . . . . }
};

class Second: public First
{
    . . . .
public:
    virtual ~Second() { . . . . }
};

class Third: public Second
{
    . . . .
public:
    virtual ~Third() { . . . . }
};
```

다음의 문장이 실행되면,

```
int main(void)
```

```
{
    First * ptr=new Third();
    delete ptr;
    . . . .
}
```

다음의 과정을 거치면서 모든 소멸자가 호출된다.

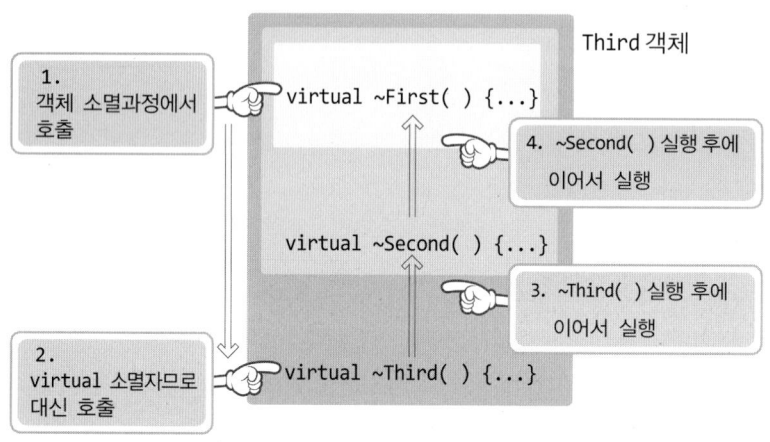

▶ [그림 08-3: 가상 소멸자의 호출과정]

자! 이제 '가상 소멸자'에 대해서도 알았으니, 앞서 보인 예제 VirtualDestructor.cpp의 소멸자에 virtual 선언을 추가하여 실행결과를 확인하자.

참조자의 참조 가능성

앞서 포인터와 관련해서 다음과 같이 이야기하였다.

"C++에서, AAA형 포인터 변수는 AAA 객체 또는 AAA를 직접 혹은 간접적으로 상속하는 모든 객체를 가리킬 수 있다(객체의 주소 값을 저장할 수 있다)."

그런데, 이러한 특성은 참조자에도 적용이 된다. 따라서 다음의 문장도 성립한다.

"C++에서, AAA형 참조자는 AAA 객체 또는 AAA를 직접 혹은 간접적으로 상속하는 모든 객체를 참조할 수 있다."

뿐만 아니라, 예제 FunctionOverride.cpp의 실행결과를 놓고 다음과 같이 이야기하였는데,

"First형 포인터 변수를 이용하면 First 클래스에 정의된 MyFunc 함수가 호출되고, Second형 포인터 변수를 이용하면 Second 클래스에 정의된 MyFunc 함수가 호출되고, Third형 포인터 변수를 이용하

면 Third 클래스에 정의된 MyFunc 함수가 호출되는구나!"

이러한 특성도 참조자에 그대로 적용된다. 따라서 다음의 문장도 성립한다.

"First형 참조자를 이용하면 First 클래스에 정의된 MyFunc 함수가 호출되고, Second형 참조자를 이용하면 Second 클래스에 정의된 MyFunc 함수가 호출되고, Third형 참조자를 이용하면 Third 클래스에 정의된 MyFunc 함수가 호출되는구나!"

뿐만 아니라 가상함수의 개념도 포인터와 마찬가지로 참조자에도 그대로 적용된다. 그럼 하나의 예제를 통해서 이 모두를 함께 보이겠다.

❖ ReferenceAttribute.cpp

```cpp
1.  #include <iostream>
2.  using namespace std;
3.
4.  class First
5.  {
6.  public:
7.      void FirstFunc() { cout<<"FirstFunc()"<<endl; }
8.      virtual void SimpleFunc() { cout<<"First's SimpleFunc()"<<endl; }
9.  };
10.
11. class Second: public First
12. {
13. public:
14.     void SecondFunc() { cout<<"SecondFunc()"<<endl; }
15.     virtual void SimpleFunc() { cout<<"Second's SimpleFunc()"<<endl; }
16. };
17.
18. class Third: public Second
19. {
20. public:
21.     void ThirdFunc() { cout<<"ThirdFunc()"<<endl; }
22.     virtual void SimpleFunc() { cout<<"Third's SimpleFunc()"<<endl; }
23. };
24.
25. int main(void)
26. {
27.     Third obj;
28.     obj.FirstFunc();
29.     obj.SecondFunc();
30.     obj.ThirdFunc();
31.     obj.SimpleFunc();
32.
33.     Second & sref=obj;
```

```
34.        sref.FirstFunc();
35.        sref.SecondFunc();
36.        sref.SimpleFunc();
37.
38.        First & fref=obj;
39.        fref.FirstFunc();
40.        fref.SimpleFunc();
41.        return 0;
42. }
```

- 33행: obj는 Second를 상속하는 Third 객체이므로, Second형 참조자로 참조가 가능하다.
- 34, 35행: 컴파일러는 참조자의 자료형을 가지고 함수의 호출 가능성을 판단하기 때문에 First 클래스에 정의된 FirstFunc 함수와 Second 클래스에 정의된 SecondFunc 함수는 호출이 가능하지만, Third 클래스에 정의된 ThirdFunc 함수는 호출이 불가능하다.
- 36행: SimpleFunc 함수는 가상함수이므로, Third 클래스에 정의된 SimpleFunc 함수가 호출된다.
- 38행: obj를 First를 간접 상속하는 Third 객체이므로, First형 참조자로 참조가 가능하다.
- 39, 40행: 컴파일러는 참조자의 자료형을 가지고 함수의 호출 가능성을 판단하기 때문에 First 클래스에 정의된 함수만 호출 가능하다. 그런데 이 중에서 SimpleFunc는 가상함수이므로, Third 클래스에 정의된 SimpleFunc 함수가 호출된다.

❖ 실행결과: ReferenceAttribute.cpp

```
FirstFunc()
SecondFunc()
ThirdFunc()
Third's SimpleFunc()
FirstFunc()
SecondFunc()
Third's SimpleFunc()
FirstFunc()
Third's SimpleFunc()
```

위 예제를 이해하였으니, 이제 다음과 같이 정의된 함수를 보게 되면,

　　void GoodFunction(const First &ref) { . . . . }

다음과 같이 판단할 수 있어야 한다.

"음, First 객체 또는 First를 직접 혹은 간접적으로 상속하는 클래스의 객체가 인자의 대상이 되는구나!"

"인자로 전달되는 객체의 실제 자료형에 상관없이 함수 내에서는 First 클래스에 정의된 함수만 호출할 수 있겠구나!"

그리고 이러한 사실을 고려해서 함수를 정의할 수 있어야 한다.

08-4 : OOP 단계별 프로젝트 06단계

상속의 목적이 명확하지 않다면, 상속은 하지 않는 편이 나을 수도 있다. 그런데 우리는 앞서 상속이 필요한 가장 대표적이고도 중요한 이유를 확인하였다. 그리고 그 때 얻게 되는 이점이 무엇인지도 확인하였다. 이번 단계의 프로젝트에서는 이를 적용해보고자 한다.

프로젝트 06단계의 도입

본 단계의 프로젝트에서는 이전에 정의한 Account 클래스를 상속하는 다음 두 클래스를 추가로 정의하고자 한다.

- NormalAccount   보통예금계좌
- HighCreditAccount   신용신뢰계좌

앞서 정의한 Account 클래스는 이자와 관련된 내용이 없다(실제 이자가 지급되지 않는 계좌도 있다). 그런데 일반 사용자가 이용하는 예금에는 적게나마 이자가 지급이 되니, 이자의 지급 및 처리방식에 따라서 위의 두 클래스를 추가로 정의하고자 한다.

위에서 말하는 '보통예금계좌'는 우리가 흔히 사용하는, 최소한의 이자를 지급하는 자율 입출금식 계좌이다. 반면 '신용신뢰계좌'는 신용도가 높은 고객에게만 개설을 허용하는 높은 이율의 계좌를 의미한다.

C++ 프로그래밍

✢ 프로그램 설명

'보통예금계좌'를 의미하는 NormalAccount 클래스는 객체의 생성과정에서(생성자를 통해서) 이율정보(이자비율의 정보)를 등록할 수 있도록 정의하자. 반면 '신용신뢰계좌'를 의미하는 HighCreditAccount 클래스에는 다음의 특성을 부여해서 정의하자.

- NormalAccount 클래스와 마찬가지로 객체 생성과정에서 기본이율을 등록할 수 있다.
- 고객의 신용등급을 A, B, C로 나누고 계좌개설 시 이 정보를 등록한다.
- A, B, C 등급별로 각각 기본이율에 7%, 4%, 2%의 이율을 추가로 제공한다.

사실 이자는 시간이 지나야 발생하지만, 우리는 구현의 편의상 입금 시에 이자가 원금에 더해지는 것으로 간주한다. 그리고 모든 계좌에 대해 공히 다음의 조건을 적용하자.

- 계좌개설 과정에서 초기 입금되는 금액에 대해서는 이자를 계산하지 않는다.
- 계좌개설 후 별도의 입금과정을 거칠 때에만 이자가 발생하는 것으로 간주한다.
- 이자의 계산과정에서 발생하는 소수점 이하의 금액은 무시한다.

그리고 컨트롤 클래스인 AccountHandler 클래스에는 큰 변화가 없어야 한다. 단, 계좌의 종류가 늘어난 만큼 메뉴의 선택과 데이터의 입력과정에서의 불가피한 변경은 허용을 한다.

✢ 프로젝트의 난이도에 대한 조언

이번 프로젝트에서 요구하는 상속의 구조를 판단했다 하더라도 실제 구현과정에서 어려움을 느낄 수 있다. 무언가 특별한 기술이 필요해서가 아니라, 구현해야 할 코드의 분량이 적지 않기 때문이다. 그런데 필자가 제공하는 답안을 보면(해결이전에 보라는 뜻은 아니다), 지금까지의 내용을 잘 소화한 사람이면 누구나 이해할 수 있는 수준의 코드임을 알 수 있을 것이다. 그리고 답안의 수준이 그렇다는 것은 여러분도 시간과 노력을 들여서 얼마든지 완성할 수 있다는 뜻이기도 하다.

스스로 노력해서 완성한다면, 그 결과에 상관없이 보람도 느끼고 자신감도 붙을 것이다. 그러나 구현하지 못했다고 해서 실망할 필요도 없고, 자책할 필요도 없다. 시간이 지나면 누구나 다 잘할 수 있는 일이니 말이다.

하나씩 해도 된다!

문제에서는 총 2개의 클래스를 추가하라고 했지만, 다음의 순서대로 하나씩 추가해도 된다.

- NormalAccount   보통예금계좌
- HighCreditAccount   신용신뢰계좌

물론 하나의 클래스만 추가한 상태에서 다음단계의 프로젝트를 진행해도 문제가 없으니, 조급해하지 말고 조금씩 진행을 하자.

+실행의 예

여기서 제시하는 '실행의 예'를 통해서 여러분이 구현해야 할 프로그램의 기능을 보다 정확히 이해하기 바란다.

[계좌의 개설과정1]

```
-----Menu------
1. 계좌개설
2. 입 금
3. 출 금
4. 계좌정보 전체 출력
5. 프로그램 종료
선택: 1

[계좌종류선택]
1.보통예금계좌 2.신용신뢰계좌
선택: 1
[보통예금계좌 개설]
계좌ID: 123
이  름: LeeHong
입금액: 0
이자율: 3
```

[계좌의 개설과정2]

```
-----Menu------
1. 계좌개설
2. 입 금
3. 출 금
4. 계좌정보 전체 출력
5. 프로그램 종료
선택: 1

[계좌종류선택]
1.보통예금계좌 2.신용신뢰계좌
선택: 2
[신용신뢰계좌 개설]
계좌ID: 7272
이  름: ParkJun
입금액: 10000
```

C++ 프로그래밍

```
이자율: 9
신용등급(1toA, 2toB, 3toC): 2
```

위의 실행결과에서 보이듯이, 프로그램 사용자가 '계좌개설'을 선택할 경우 두 가지 계좌 중에서 한가지 계좌를 선택하도록 유도해야 한다.

✚ 구현의 예

여러분의 구현결과와 필자의 구현결과에 차이는 있을 수 있다. 그러나 상속의 구조에는 차이가 없어야 한다. 또한 필자가 변경한 것 이상으로 AccountHandler 클래스에 변화가 있어서도 안 된다. 혹시라도 그러한 변화가 있었다면, 상속을 잘못했거나 상속을 잘 활용하지 못한 건 아닌지 점검하기 바란다.

❖ BankingSystemVer06.cpp

```cpp
/*
 * Banking System Ver 0.6
 * 작성자: 윤성우
 * 내  용: 이자관련 계좌 클래스의 추가
 */

#include <iostream>
#include <cstring>

using namespace std;
const int NAME_LEN=20;

// 프로그램 사용자의 선택 메뉴
enum {MAKE=1, DEPOSIT, WITHDRAW, INQUIRE, EXIT};

// 신용등급
enum {LEVEL_A=7, LEVEL_B=4, LEVEL_C=2};

// 계좌의 종류
enum {NORMAL=1, CREDIT=2};

/*
 * 클래스 이름: Account
 * 클래스 유형: Entity 클래스
 */
class Account
{
private:
    int accID;
    int balance;
    char * cusName;

public:
    Account(int ID, int money, char * name);
```

```cpp
    Account(const Account & ref);

    int GetAccID() const;
    virtual void Deposit(int money);
    int Withdraw(int money) ;
    void ShowAccInfo() const ;
    ~Account();
};

Account::Account(int ID, int money, char * name)
    : accID(ID), balance(money)
{
    cusName=new char[strlen(name)+1];
    strcpy(cusName, name);
}

Account::Account(const Account & ref)
    : accID(ref.accID), balance(ref.balance)
{
    cusName=new char[strlen(ref.cusName)+1];
    strcpy(cusName, ref.cusName);
}

int Account::GetAccID() const { return accID; }

void Account::Deposit(int money)
{
    balance+=money;
}

int Account::Withdraw(int money)
{
    if(balance<money)
        return 0;

    balance-=money;
    return money;
}

void Account::ShowAccInfo() const
{
    cout<<"계좌ID: "<<accID<<endl;
    cout<<"이 름: "<<cusName<<endl;
    cout<<"잔 액: "<<balance<<endl;
}

Account::~Account()
{
    delete []cusName;
}


/*
 * 클래스 이름: NormalAccount
 * 클래스 유형: Entity 클래스
 */

class NormalAccount : public Account
{
```

```cpp
private:
    int interRate;        // 이자율 %단위
public:
    NormalAccount(int ID, int money, char * name, int rate)
        : Account(ID, money, name), interRate(rate)
    { }

    virtual void Deposit(int money)
    {
        Account::Deposit(money);            // 원금추가
        Account::Deposit(money*(interRate/100.0));  // 이자추가
    }
};


/*
 * 클래스 이름: HighCreditAccount
 * 클래스 유형: Entity 클래스
 */

class HighCreditAccount : public NormalAccount
{
private:
    int specialRate;
public:
    HighCreditAccount(int ID, int money, char * name, int rate, int special)
        : NormalAccount(ID, money, name, rate), specialRate(special)
    { }

    virtual void Deposit(int money)
    {
        NormalAccount::Deposit(money);      // 원금과 이자추가
        Account::Deposit(money*(specialRate/100.0));    // 특별이자추가
    }
};


/*
 * 클래스 이름: AccountHandler
 * 클래스 유형: 컨트롤(Control) 클래스
 */

class AccountHandler
{
private:
    Account * accArr[100];
    int accNum;

public:
    AccountHandler();
    void ShowMenu(void) const;
    void MakeAccount(void);
    void DepositMoney(void);
    void WithdrawMoney(void);
    void ShowAllAccInfo(void) const;
    ~AccountHandler();

protected:
    void MakeNormalAccount(void);
```

```cpp
    void MakeCreditAccount(void);
};

void AccountHandler::ShowMenu(void) const
{
    cout<<"-----Menu------"<<endl;
    cout<<"1. 계좌개설"<<endl;
    cout<<"2. 입  금"<<endl;
    cout<<"3. 출  금"<<endl;
    cout<<"4. 계좌정보 전체 출력"<<endl;
    cout<<"5. 프로그램 종료"<<endl;
}

void AccountHandler::MakeAccount(void)
{
    int sel;
    cout<<"[계좌종류선택]"<<endl;
    cout<<"1.보통예금계좌 ";
    cout<<"2.신용신뢰계좌 "<<endl;
    cout<<"선택: ";
    cin>>sel;

    if(sel==NORMAL)
        MakeNormalAccount();
    else
        MakeCreditAccount();
}

void AccountHandler::MakeNormalAccount(void)
{
    int id;
    char name[NAME_LEN];
    int balance;
    int interRate;

    cout<<"[보통예금계좌 개설]"<<endl;
    cout<<"계좌ID: "; cin>>id;
    cout<<"이 름: "; cin>>name;
    cout<<"입금액: "; cin>>balance;
    cout<<"이자율: "; cin>>interRate;
    cout<<endl;

    accArr[accNum++]=new NormalAccount(id, balance, name, interRate);
}

void AccountHandler::MakeCreditAccount(void)
{
    int id;
    char name[NAME_LEN];
    int balance;
    int interRate;
    int creditLevel;

    cout<<"[신용신뢰계좌 개설]"<<endl;
    cout<<"계좌ID: "; cin>>id;
    cout<<"이 름: "; cin>>name;
    cout<<"입금액: "; cin>>balance;
    cout<<"이자율: "; cin>>interRate;
    cout<<"신용등급(1toA, 2toB, 3toC): "; cin>>creditLevel;
```

```cpp
        cout<<endl;

        switch(creditLevel)
        {
        case 1:
            accArr[accNum++]=new HighCreditAccount(id, balance, name, interRate, LEVEL_A);
            break;
        case 2:
            accArr[accNum++]=new HighCreditAccount(id, balance, name, interRate, LEVEL_B);
            break;
        case 3:
            accArr[accNum++]=new HighCreditAccount(id, balance, name, interRate, LEVEL_C);
        }
}

void AccountHandler::DepositMoney(void)
{
    int money;
    int id;
    cout<<"[입    금]"<<endl;
    cout<<"계좌ID: "; cin>>id;
    cout<<"입금액: "; cin>>money;

    for(int i=0; i<accNum; i++)
    {
        if(accArr[i]->GetAccID()==id)
        {
            accArr[i]->Deposit(money);
            cout<<"입금완료"<<endl<<endl;
            return;
        }
    }
    cout<<"유효하지 않은 ID 입니다."<<endl<<endl;
}

void AccountHandler::WithdrawMoney(void)
{
    int money;
    int id;
    cout<<"[출    금]"<<endl;
    cout<<"계좌ID: "; cin>>id;
    cout<<"출금액: "; cin>>money;

    for(int i=0; i<accNum; i++)
    {
        if(accArr[i]->GetAccID()==id)
        {
            if(accArr[i]->Withdraw(money)==0)
            {
                cout<<"잔액부족"<<endl<<endl;
                return;
            }

            cout<<"출금완료"<<endl<<endl;
            return;
        }
    }
    cout<<"유효하지 않은 ID 입니다."<<endl<<endl;
}
```

```cpp
AccountHandler::AccountHandler() : accNum(0)
{ }

void AccountHandler::ShowAllAccInfo(void) const
{
    for(int i=0; i<accNum; i++)
    {
        accArr[i]->ShowAccInfo();
        cout<<endl;
    }
}

AccountHandler::~AccountHandler()
{
    for(int i=0; i<accNum; i++)
        delete accArr[i];
}


/*
 * 컨트롤 클래스 AccountHandler 중심의 main 함수
 */

int main(void)
{
    AccountHandler manager;
    int choice;

    while(1)
    {
        manager.ShowMenu();
        cout<<"선택: ";
        cin>>choice;
        cout<<endl;

        switch(choice)
        {
        case MAKE:
            manager.MakeAccount();
            break;
        case DEPOSIT:
            manager.DepositMoney();
            break;
        case WITHDRAW:
            manager.WithdrawMoney();
            break;
        case INQUIRE:
            manager.ShowAllAccInfo();
            break;
        case EXIT:
            return 0;
        default:
            cout<<"Illegal selection.."<<endl;
        }
    }
    return 0;
}
```

필자가 제시한 답안, 또는 여러분이 구현한 결과물을 보면서 정신이 없다는 생각이 들지 않는가? 필자가 제시한 코드를 기준으로 300라인을 넘어섰기 때문에 정신 없는 것이 당연하다. 그러나 걱정하지 말자. 다음 단계의 프로젝트에서는 파일을 정리할 테니 말이다.

08 : 프로그래밍 문제의 답안

✚ 문제 08-1의 답안

이 문제의 해결결과가 다음 두 가지를 만족하지 못하면, 정답으로 인정하기 어렵다.

- ForeignSalesWorker 클래스가 SalesWorker 클래스를 상속한다.
- EmployeeHandler 클래스에는 조금도 변화가 발생하지 않는다.

❖ 소스코드 답안

```
1.   #include <iostream>
2.   #include <cstring>
3.   using namespace std;
4.
5.   class Employee
6.   {
7.   private:
8.       char name[100];
9.   public:
10.      Employee(char * name)
11.      {
12.          strcpy(this->name, name);
13.      }
14.      void ShowYourName() const
15.      {
16.          cout<<"name: "<<name<<endl;
17.      }
18.      virtual int GetPay() const = 0;
19.      virtual void ShowSalaryInfo() const = 0;
20.  };
21.
```

```cpp
22. class PermanentWorker : public Employee
23. {
24.     // 이전 예제와 차이가 없으므로 생략합니다.
25. };
26.
27. class TemporaryWorker : public Employee
28. {
29.     // 이전 예제와 차이가 없으므로 생략합니다.
30. };
31.
32. class SalesWorker : public PermanentWorker
33. {
34.     // 이전 예제와 차이가 없으므로 생략합니다.
35. };
36.
37. namespace RISK_LEVEL
38. {
39.     enum {RISK_A=30, RISK_B=20, RISK_C=10};
40. }
41.
42. class ForeignSalesWorker : public SalesWorker
43. {
44. private:
45.     const int riskLevel;
46. public:
47.     ForeignSalesWorker(char * name, int money, double ratio, int risk)
48.         : SalesWorker(name, money, ratio), riskLevel(risk)
49.     { }
50.     int GetRiskPay() const
51.     {
52.         return (int)(SalesWorker::GetPay() * (riskLevel/100.0));
53.     }
54.     int GetPay() const
55.     {
56.         return SalesWorker::GetPay() + GetRiskPay();
57.     }
58.     void ShowSalaryInfo() const
59.     {
60.         ShowYourName();
61.         cout<<"salary: "<<SalesWorker::GetPay()<<endl;
62.         cout<<"risk pay: "<<GetRiskPay()<<endl;
63.         cout<<"sum: "<<GetPay()<<endl<<endl;
64.     }
65. };
66.
67. class EmployeeHandler
68. {
69.     // 이전 예제와 차이가 없으므로 생략합니다.
70. };
71.
72. int main(void)
73. {
74.     // 직원관리를 목적으로 설계된 컨트롤 클래스의 객체생성
75.     EmployeeHandler handler;
76.
77.     // 해외 영업직 등록
78.     ForeignSalesWorker * fseller1
79.         =new ForeignSalesWorker("Hong", 1000, 0.1, RISK_LEVEL::RISK_A);
80.     fseller1->AddSalesResult(7000);     // 영업실적 7000
```

```
81.        handler.AddEmployee(fseller1);
82.
83.        ForeignSalesWorker * fseller2
84.            =new ForeignSalesWorker("Yoon", 1000, 0.1, RISK_LEVEL::RISK_B);
85.        fseller2->AddSalesResult(7000);        // 영업실적 7000
86.        handler.AddEmployee(fseller2);
87.
88.        ForeignSalesWorker * fseller3
89.            =new ForeignSalesWorker("Lee", 1000, 0.1, RISK_LEVEL::RISK_C);
90.        fseller3->AddSalesResult(7000);        // 영업실적 7000
91.        handler.AddEmployee(fseller3);
92.
93.        // 이번 달에 지불해야 할 급여의 정보
94.        handler.ShowAllSalaryInfo();
95.        return 0;
96.    }
```

Chapter 09

가상(Virtual)의 원리와 다중상속

이번 Chapter에서는 virtual의 원리와 다중상속을 공부한다. 그런데 다양한 이유로 진도가 급한 상황이라면, 이번 Chapter는 그냥 넘어가도 좋다고 말씀 드리고 싶다. 여유가 있을 때, 아니면 이 책을 다 보고 난 다음에 편안한 마음으로 이 Chapter를 보는 것도 괜찮은 방법이다. 단, 이번 Chapter에 등장하는 OOP 프로젝트의 주제는 분리 컴파일이 가능하도록 파일을 적절히 나누는 것이므로, 그냥 지나치지 않기 바란다. 이는 이번 Chapter에서 설명하는 이론적인 내용과는 상관이 없으므로 얼마든지 진행할 수 있다.

09-1 : 멤버함수와 가상함수의 동작원리

지금까지는 객체 내에 멤버함수가 존재한다고 설명해왔다. 하지만 이는 사실이 아니다. 때문에 여기서는 멤버함수가 실제로 어디에 존재하는지를 설명하고자 한다. 단, 진실을 알고 난 이후에도 객체 내에 멤버함수가 존재한다고 인식하고 객체를 바라보기 바란다. 개념적으로는, 그리고 객체지향적 논리를 기준으로는, 객체 내에 멤버함수가 존재한다고 인식하는 게 옳으니 말이다. 사실 바로 이어서 설명하는 내용은 여러분의 궁금증을 풀어주는데 주목적이 있다.

✚ 객체 안에 정말로 멤버함수가 존재하는가?

지금부터 구조체 변수와 전역함수를 이용해서 클래스와 객체를 흉내 내보겠다. 다시 말해서, C언어의 문법만을 이용해서 클래스와 객체를 흉내 내겠다는 뜻이다. 이는 객체의 멤버함수와 멤버변수가 어떠한 형태로 구성되는지를 설명하기 위함이다. 그럼 먼저 흉내 낼 모델이 되는 C++ 코드를 제시하겠다.

❖ RealObjUnder1.cpp

```cpp
1.  #include <iostream>
2.  using namespace std;
3.
4.  class Data
5.  {
6.  private:
7.      int data;
8.  public:
9.      Data(int num): data(num)
10.     { }
11.     void ShowData() { cout<<"Data: "<<data<<endl; }
12.     void Add(int num) { data+=num; }
13. };
14.
15. int main(void)
16. {
17.     Data obj(15);
18.     obj.Add(17);
19.     obj.ShowData();
20.     return 0;
21. }
```

❖ 실행결과: RealObjUnder1.cpp

```
Data: 32
```

모델로 삼을 예제이기에 최대한 간단히 작성하였으니, 위 예제에 대한 별다른 설명은 필요 없을 것이다. 그럼 이어서 위 예제를 C언어 스타일의 구조체와 전역함수를 이용해서 흉내 내 보겠다. 참고로 이는 Data 클래스를 흉내 낸 것일 뿐, Data 클래스 자체가 될 순 없다. 그리고 아래의 예제를 이해하려면, 함수 포인터에 대한 지식이 있어야 한다.

❖ RealObjUnder2.cpp

```cpp
1.  #include <iostream>
2.  using namespace std;
3.
4.  // 클래스 Data를 흉내 낸 영역
5.  typedef struct Data
6.  {
7.      int data;
8.      void (*ShowData)(Data*);
9.      void (*Add)(Data*, int);
10. } Data;
11.
12. void ShowData(Data* THIS) { cout<<"Data: "<<THIS->data<<endl; }
13. void Add(Data* THIS, int num) { THIS->data+=num; }
14.
15. // 적절히 변경된 main 함수
16. int main(void)
17. {
18.     Data obj1={15, ShowData, Add};
19.     Data obj2={7, ShowData, Add};
20.
21.     obj1.Add(&obj1, 17);
22.     obj2.Add(&obj2, 9);
23.     obj1.ShowData(&obj1);
24.     obj2.ShowData(&obj2);
25.     return 0;
26. };
```

- 8, 9행: 함수 포인터 변수가 구조체의 멤버로 등장하였다. 8행의 포인터 변수는 12행에 정의된 함수의 주소 값을 저장하기 위한 것이고, 9행의 포인터 변수는 13행에 정의된 함수의 주소 값을 저장하기 위한 것이다.

- 18, 19행: obj1과 obj2를 객체라 할 때, 이 두 객체는 ShowData 함수와 Add 함수를 공유하는 셈이 된다. 이 두 함수를 이용해서 멤버인 함수 포인터 변수를 초기화했으니 말이다.
- 21, 22행: obj1과 obj2에 존재하는 멤버함수 Add를 호출하는 것처럼 보이지 않는가?
- 23, 24행: 마찬가지로 멤버함수 ShowData를 호출하는 것처럼 보인다.

❖ 실행결과: RealObjUnder2.cpp

우선 위 예제의 18행이 실행되고 나면, 다음의 구조가 된다.

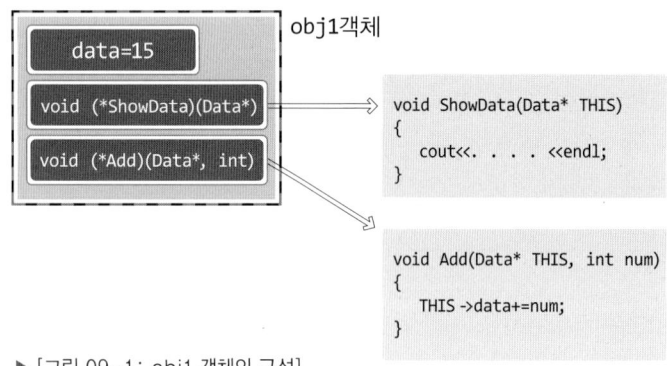

▶ [그림 09-1: obj1 객체의 구성]

이어서 위 예제의 19행이 실행되고 나면, 다음의 구조가 된다.

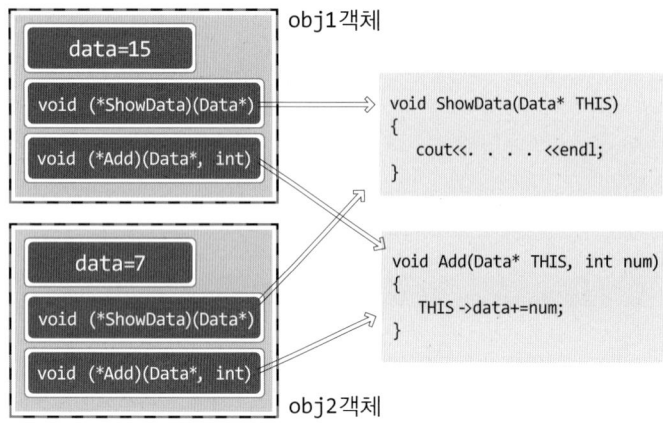

▶ [그림 09-2: obj1과 obj2의 구성]

위 그림의 핵심은 두 개의 구조체 변수(객체)가 함수를 공유하고 있다는 사실이다. 그리고 실제로 C++의 객체와 멤버함수는 이러한 관계를 갖는다. 즉, 객체가 생성되면 멤버변수는 객체 내에 존재하지만, 멤버함수는 메모리의 한 공간에 별도로 위치하고선, 이 함수가 정의된 클래스의 모든 객체가 이를 공유하는 형태를 취한다. 그리고 예제에서 보이듯이 객체가 지니고 있는 멤버변수 대상의 연산이 진행되도록 함수를 호출하는 것이다. 이 정도면, 멤버함수의 존재에 대한 궁금증이 어느 정도 풀렸으리라 생각한다. 그럼 이어서 가상함수의 동작원리를 설명하겠다.

✦ 가상함수의 동작원리와 가상함수 테이블

이번에 설명하는 가상함수의 동작원리를 알게 되면, 가상함수의 특성을 조금 더 이해할 수 있게 된다. 따라서 앞서 설명한 멤버함수의 동작원리마냥 궁금증의 해소만을 목적으로 설명하는 것은 아니다. 가상함수의 동작원리를 이해하면, C++이 C보다 느린 이유를 조금이나마 알 수 있게 된다.

먼저 다음 예제를 보자. 이는 가상함수의 원리를 설명하기 위해서 매우 간단히 만든 예제이다.

❖ VirtualInternal.cpp

```cpp
1.  #include <iostream>
2.  using namespace std;
3.
4.  class AAA
5.  {
6.  private:
7.      int num1;
8.  public:
9.      virtual void Func1() { cout<<"Func1"<<endl; }
10.     virtual void Func2() { cout<<"Func2"<<endl; }
11. };
12.
13. class BBB: public AAA
14. {
15. private:
16.     int num2;
17. public:
18.     virtual void Func1() { cout<<"BBB::Func1"<<endl; }
19.     void Func3() { cout<<"Func3"<<endl; }
20. };
21.
22. int main(void)
23. {
24.     AAA * aptr=new AAA();
25.     aptr->Func1();
26.
27.     BBB * bptr=new BBB();
28.     bptr->Func1();
```

```
29.        return 0;
30.    }
```

❖ 실행결과: VirtualInternal.cpp

```
○○○           command prompt

    Func1
    BBB::Func1
```

AAA 클래스와 BBB 클래스의 멤버변수들은 형식적으로 선언한 것이므로 무시해도 좋다. 그래서 멤버변수의 초기화에 필요한 생성자도 정의하지 않았다. 그럼 먼저 AAA 클래스를 보자. virtual로 선언된 가상함수가 존재한다. 이렇듯 한 개 이상의 가상함수를 포함하는 클래스에 대해서는 컴파일러가 다음 그림과 같은 형태의 '가상함수 테이블'이란 것을 만든다. 이를 간단히 'V-Table(Virtual Table)'이라고도 하는데, 이는 실제 호출되어야 할 함수의 위치정보를 담고 있는 테이블이다.

key	value
void AAA::Func1( )	0x1024 번지
void AAA::Func2( )	0x2048 번지

▶ [그림 09-3: AAA 클래스의 가상함수 테이블]

위의 가상함수 테이블을 보면, key가 있고 value가 있다. 여기서 key는 호출하고자 하는 함수를 구분 지어주는 구분자의 역할을 한다. 그리고 value는 구분자에 해당하는 함수의 주소정보를 알려주는 역할을 한다. 그래서 AAA 객체의 Func1 함수를 호출해야 할 경우, 위의 테이블에 첫 번째 행의 정보를 참조하여, 0x1024번지에 등록되어 있는 Func1 함수를 호출하게 되는 것이다. 그럼 이어서 BBB 클래스를 보자. 역시 한 개 이상의 가상함수를 포함하고 있으므로 다음의 형태로 가상함수 테이블이 생성된다.

key	value
void BBB::Func1( )	0x3072 번지
void AAA::Func2( )	0x2048 번지
void BBB::Func3( )	0x4096 번지

▶ [그림 09-4: BBB 클래스의 가상함수 테이블]

위의 가상함수 테이블을 보면, 다음의 특징을 발견할 수 있다.

"AAA 클래스의 오버라이딩 된 가상함수 Func1에 대한 정보가 존재하지 않는다."

이렇듯, 오버라이딩 된 가상함수의 주소정보는 유도 클래스의 가상함수 테이블에 포함되지 않는다. 때문에 오버라이딩 된 가상함수를 호출하면, 무조건 가장 마지막에 오버라이딩을 한 유도 클래스의 멤버함수가 호출되는 것이다.

✚ 가상함수 테이블이 참조되는 방식

앞서 소개한 예제 VirtualInternal.cpp가 실행되면, main 함수가 호출되기 이전에 다음의 구조로 가상함수 테이블이 메모리 공간에 할당된다. 참고로 가상함수 테이블은 객체의 생성과 상관없이 메모리 공간에 할당된다. 이는 가상함수 테이블이 멤버함수의 호출에 사용되는 일종의 데이터이기 때문이다.

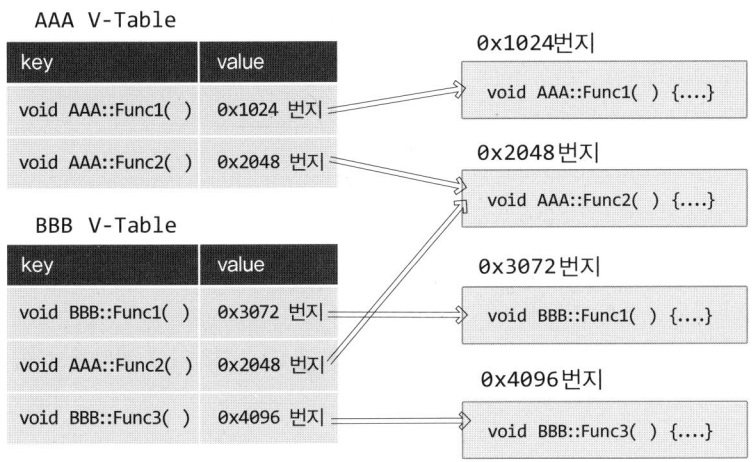

▶ [그림 09-5: 가상함수 테이블과 가상함수와의 관계]

이어서, main 함수가 호출되어 객체가 생성되고 나면, 다음의 구조로 참조관계를 구성한다. 참고로 아래의 그림은 AAA 객체와 BBB 객체가 각각 두 개씩 생성되었을 때를 예로 들고 있다.

C++ 프로그래밍

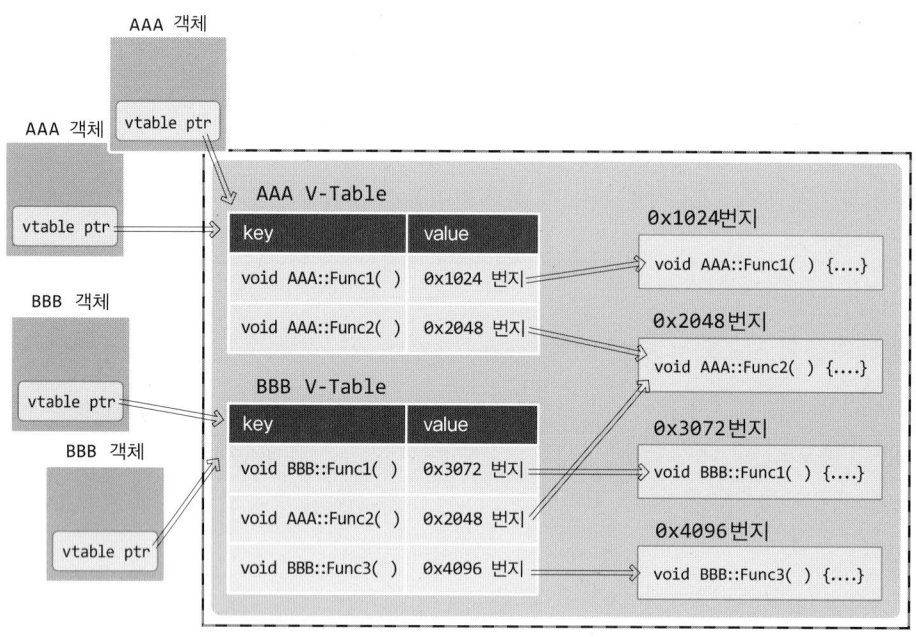

▶ [그림 09-6: 객체의 가상함수 테이블 참조]

위 그림에서 보여주듯이, AAA 객체에는 AAA 클래스의 가상함수 테이블의 주소 값이 저장되고, BBB 객체에는 BBB 클래스의 가상함수 테이블의 주소 값이 저장된다. 즉, 가상함수를 하나이상 멤버로 지니는 클래스의 객체에는 가상함수 테이블의 주소 값이 저장된다. 물론 이 주소 값은 우리가 직접 참조할 수 있는 주소 값은 아니다. 다만 내부적으로 필요에 의해서 참조되는 주소 값일 뿐이다.

그럼 위의 그림과 같은 상황에서 AAA 객체를 통해서 Func1 함수가 호출되었다고 가정해보자. 그럼 Func1 함수의 위치 확인을 위해서 AAA 클래스의 가상함수 테이블이 참조되고, 결국 0x1024번지에 위치한 함수가 실행된다. 이와 유사하게, BBB 객체의 Func1 함수가 호출되는 경우에는 BBB 클래스의 가상함수 테이블이 참조되고, 이 테이블에서는 함수의 위치를 0x3072번지로 기록하고 있으므로, 0x3072번지에 위치한 BBB 클래스의 Func1 함수가 실행된다.

이제 결론을 내려보자. BBB 클래스의 가상함수 테이블을 살펴보면, 오버라이딩 된 AAA 클래스의 Func1 함수에 대한 정보가 없음을 알 수 있다. 그래서 BBB 클래스의 Func1 함수가 대신 호출되는데, 이것이 바로 가상함수의 호출원리이다.

> **참고** 가상함수 테이블에 의한 속도의 저하
>
> 위에서 설명했듯이 클래스에 가상함수가 포함되면, 가상함수 테이블이 생성되고, 또 이 테이블을 참조하여 호출될 함수가 결정되기 때문에 실행속도가 감소하기 마련이다. 하지만 그 속도의 차이가 극히 미미하고 또 이러한 단점에도 불구하고 가상함수는 많은 장점을 제공하기 때문에 유용하게 활용되는 것이다.

09-2 : 다중상속(Multiple Inheritance)에 대한 이해

다중상속이란, 둘 이상의 클래스를 동시에 상속하는 것을 말한다. 그리고 C++은 다중상속을 지원하는 객체지향 언어이다. 그런데 다중상속은 제법 논란이 되는 문법이므로, 문법적인 설명에 앞서 이에 대한 프로그래머들의 의견을 먼저 소개하겠다.

✚ 다중상속에 대한 견해

다중상속에 대한 프로그래머들의 첫 번째 의견은 다음과 같다.

"다중상속은 득보다 실이 더 많은 문법이다. 그러니 절대로 사용하지 말아야 하며, 가능하다면 C++의 기본문법에서 제외시켜야 한다!"

다음은 이보다 조금 부드러운 의견이다.

"일반적인 경우에서 다중상속은 다양한 문제를 동반한다. 따라서 가급적 사용하지 않아야 함에는 동의를 한다. 그러나 예외적으로 매우 제한적인 사용까지 부정할 필요는 없다고 본다."

실제로 다중상속으로만 해결이 가능한 문제는 존재하지 않으니, 굳이 다중상속을 하기 위해 노력할 필요는 없다. 하지만 우리가 접하는 라이브러리에는 다중상속을 적용한 예가 있기 때문에, 그리고 누군가는 다중상속을 예외적으로, 매우 제한적으로 적용할 수도 있는 일이므로, 이에 대한 이해를 위해서라도 다중상속을 공부할 필요는 있다.

✚ 다중상속의 기본방법

다중상속과 관련해서는 그럴듯한, 다중상속이 유용하게 보일만한 예제를 제시하기 보다는(사실 그런 예제를 만든다는 것 자체가 모순이다) 단순히 문법의 설명을 목적으로 하는 예제를 제시하면서 설명을 진행하겠다. 그럼 먼저 다음 예제를 통해서 다중상속의 방법을 소개하겠다.

❖ MultiInheri1.cpp

```
1.  #include <iostream>
2.  using namespace std;
3.
4.  class BaseOne
5.  {
```

```
6.     public:
7.         void SimpleFuncOne() { cout<<"BaseOne"<<endl; }
8.     };
9.
10.    class BaseTwo
11.    {
12.    public:
13.        void SimpleFuncTwo() { cout<<"BaseTwo"<<endl; }
14.    };
15.
16.    class MultiDerived : public BaseOne, protected BaseTwo
17.    {
18.    public:
19.        void ComplexFunc()
20.        {
21.            SimpleFuncOne();
22.            SimpleFuncTwo();
23.        }
24.    };
25.
26.    int main(void)
27.    {
28.        MultiDerived mdr;
29.        mdr.ComplexFunc();
30.        return 0;
31.    }
```

- 16행: 이렇듯 콤마(쉼표)를 이용해서 상속의 대상이 되는 클래스를 구분해서 명시할 수 있다. 그리고 이 구문에서 보이듯이 기초 클래스를 상속하는 형태는 각각 별도로 지정이 가능하다.
- 21, 22행: BaseOne 클래스의 멤버함수와 BaseTwo 클래스의 멤버함수를 각각 호출하고 있다. 다중상속을 했기 때문에 가능한 일이다.

❖ 실행결과: MultiInheri1.cpp

위의 예제에서 보이듯이, 여러분이 이미 알고 있는 상속의 문법을 바탕으로, 다중상속을 쉽게 이해할 수 있다. 그럼 이어서 다중상속으로 인해 발생하는 문제와 그에 대한 해결책을 살펴보겠다.

┿다중상속의 모호성(Ambiguous)

다중상속의 대상이 되는 두 기초 클래스에 동일한 이름의 멤버가 존재하는 경우에는 문제가 발생할 수 있다. 이러한 경우에는 유도 클래스 내에서 멤버의 이름만으로 접근이 불가능하기 때문이다. 만약에 이름만으로 접근하려 든다면 컴파일러는 다음과 같이 불만을 토로할 것이다.

"도대체 어느 클래스에 선언된 멤버에 접근을 하라는 거야?"

자! 그럼 이러한 상황을 보이는 예제를 제시하면서, 동시에 해결책도 제시하겠다.

❖ MultiInheri2.cpp

```cpp
1.  #include <iostream>
2.  using namespace std;
3.
4.  class BaseOne
5.  {
6.  public:
7.      void SimpleFunc() { cout<<"BaseOne"<<endl; }
8.  };
9.
10. class BaseTwo
11. {
12. public:
13.     void SimpleFunc() { cout<<"BaseTwo"<<endl; }
14. };
15.
16. class MultiDerived : public BaseOne, protected BaseTwo
17. {
18. public:
19.     void ComplexFunc()
20.     {
21.         BaseOne::SimpleFunc();
22.         BaseTwo::SimpleFunc();
23.     }
24. };
25.
26. int main(void)
27. {
28.     MultiDerived mdr;
29.     mdr.ComplexFunc();
30.     return 0;
31. }
```

C++ 프로그래밍

해 설

- 7, 13행: 두 클래스에 정의된 멤버함수의 이름이 동일하다.
- 21, 22행: BaseOne 클래스에도, BaseTwo 클래스에도 SimpleFunc라는 이름의 멤버함수가 존재하기 때문에, 이 둘을 상속하는 유도 클래스에서 SimpleFunc 함수를 호출할 때에는, 이렇듯 어느 클래스에 정의된 함수의 호출을 원하는지 명시해야 한다.

❖ 실행결과: MultiInheri2.cpp

```
BaseOne
BaseTwo
```

위 예제를 통해서, 어떠한 경우에 다중상속으로 인한 모호성이 발생하는지 이해하였을 것이다. 그리고 이에 대한 해결방법도 이해하였을 것이다.

가상 상속(Virtual Inheritance)

함수 호출관계의 모호함은 다른 상황에서도 발생할 수 있다. 이 상황을 다음 예제를 통해서 소개하겠으니 (더불어 해결의 방법도), 무엇이 모호함의 원인인지 관찰해보자.

❖ MultiInheri3.cpp

```cpp
1.  #include <iostream>
2.  using namespace std;
3.
4.  class Base
5.  {
6.  public:
7.      Base() { cout<<"Base Constructor"<<endl; }
8.      void SimpleFunc() { cout<<"BaseOne"<<endl; }
9.  };
10.
11. class MiddleDerivedOne : virtual public Base
12. {
13. public:
14.     MiddleDerivedOne() : Base()
15.     {
16.         cout<<"MiddleDerivedOne Constructor"<<endl;
17.     }
18.     void MiddleFuncOne()
19.     {
```

```cpp
20.         SimpleFunc();
21.         cout<<"MiddleDerivedOne"<<endl;
22.     }
23. };
24.
25. class MiddleDerivedTwo : virtual public Base
26. {
27. public:
28.     MiddleDerivedTwo() : Base()
29.     {
30.         cout<<"MiddleDerivedTwo Constructor"<<endl;
31.     }
32.     void MiddleFuncTwo()
33.     {
34.         SimpleFunc();
35.         cout<<"MiddleDerivedTwo"<<endl;
36.     }
37. };
38.
39. class LastDerived : public MiddleDerivedOne, public MiddleDerivedTwo
40. {
41. public:
42.     LastDerived() : MiddleDerivedOne(), MiddleDerivedTwo()
43.     {
44.         cout<<"LastDerived Constructor"<<endl;
45.     }
46.     void ComplexFunc()
47.     {
48.         MiddleFuncOne();
49.         MiddleFuncTwo();
50.         SimpleFunc();
51.     }
52. };
53.
54. int main(void)
55. {
56.     cout<<"객체생성 전 ..... "<<endl;
57.     LastDerived ldr;
58.     cout<<"객체생성 후 ..... "<<endl;
59.     ldr.ComplexFunc();
60.     return 0;
61. }
```

- 11, 25행: 이 구문에서 보이는 것이 '가상 상속'이다. 즉, 가상 상속은 키워드 virtual의 선언을 통해서 이뤄지는데, 이것이 의미하는 바는 잠시 후에 별도로 설명하겠다. 참고로, 실행 결과를 보면 LastDerived 객체 생성시 Base 클래스의 생성자가 한 번만 호출되는 것을 확인할 수 있는데, 이것은 virtual 선언과 관련이 있다.

C++ 프로그래밍

- 14, 28, 42행: 기초 클래스의 생성자 호출을 명시하지 않아도 되는 상황이다. 그러나 기초 클래스의 생성자가 호출됨을 강조하기 위해서 이렇듯 별도로 명시하였다.

❖ 실행결과: MultiInheri3.cpp

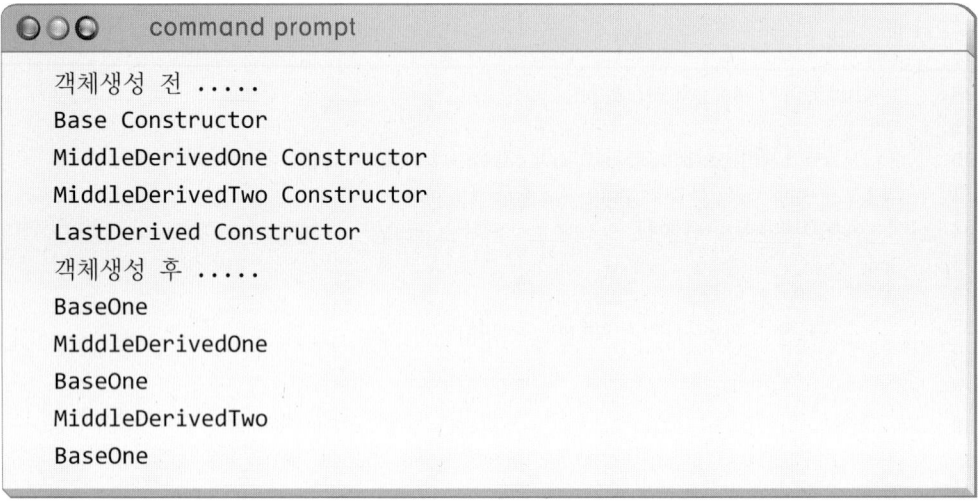

위 예제에서 보이는 상속의 구조는 다음과 같다. 여기서 중요한 것은 LastDerived 클래스가 Base 클래스를 간접적으로 두 번 상속한다는 점이다.

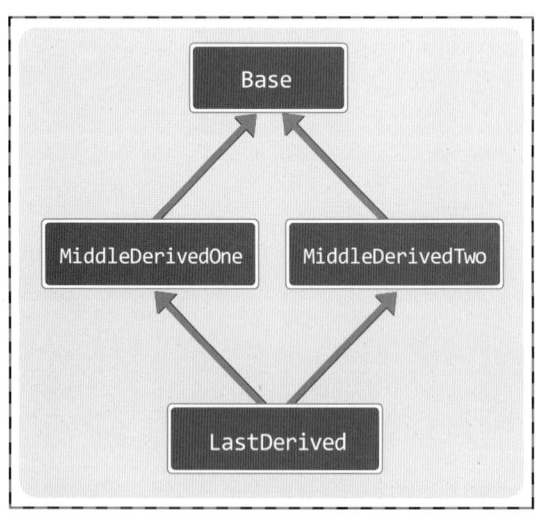

▶ [그림 09-7: 다중상속의 모호한 상황]

때문에 위 예제의 11행과 25행에 virtual 선언이 되지 않은 상태에서 객체가 생성되면 다음 그림의 형태가 된다. 이 그림에서 Base 클래스의 멤버가 두 번 포함되었음에 주목하기 바란다.

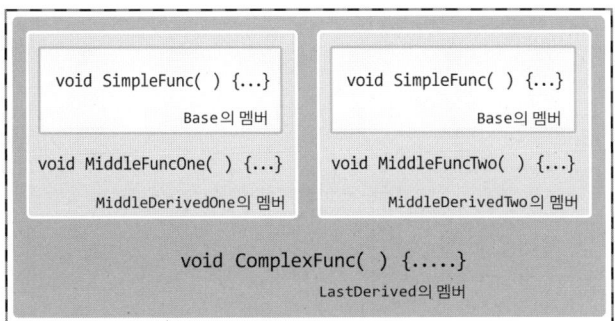

▶ [그림 09-8: Base 클래스를 두 번 상속하는 LastDerived 클래스의 객체]

이렇듯 하나의 객체 내에 두 개의 Base 클래스 멤버가 존재하기 때문에 위 예제 50행에서 보이듯이, ComplexFunc 함수 내에서 이름만 가지고 SimpleFunc 함수를 호출할 수는 없다(11행과 25행에 virtual 선언이 되지 않았다면). 따라서 이 경우에는 다음과 같이, 어느 클래스를 통해서 간접 상속한 Base 클래스의 멤버함수를 호출할 것인지 명시해야 한다.

- MiddleDerivedOne::SimpleFunc();
    // MiddleDerivedOne 클래스가 상속한 Base 클래스의 SimpleFunc 함수호출을 명령!

- MiddleDerivedTwo::SimpleFunc();
    // MiddleDerivedTwo 클래스가 상속한 Base 클래스의 SimpleFunc 함수호출을 명령!

그런데 이러한 상황에서, Base 클래스의 멤버가 LastDerived 객체에 하나씩만 존재하는 것이 타당한 경우가 대부분이다. 즉, Base 클래스를 딱 한번만 상속하게끔 하는 것이 더 현실적인 해결책이 될 수 있다. 그리고 이를 위한 문법이 바로 '가상 상속'이다. 가상으로 상속을 하는 방법은 위 예제의 11행과 25행에서 보이고 있다. 11행에서는 MiddleDerivedOne 클래스가 Base 클래스를 다음과 같이 가상으로 상속하고 있다.

```
class MiddleDerivedOne : virtual public Base { . . . . };
```

그리고 25행에서는 MiddleDerivedTwo 클래스가 Base 클래스를 다음과 같이 가상으로 상속하고 있다.

```
class MiddleDerivedTwo : virtual public Base { . . . . };
```

이렇듯, 가상으로 Base 클래스를 상속하는 두 클래스를 다음과 같이 다중으로 상속하게 되면,

```
class LastDerived : public MiddleDerivedOne, public MiddleDerivedTwo { . . . . };
```

다음 그림에서 보이듯이, LastDerived 객체 내에는 MiddleDerivedOne 클래스와 MiddleDerivedTwo 클래스가 동시에 상속하는 Base 클래스의 멤버가 하나씩만 존재하게 된다.

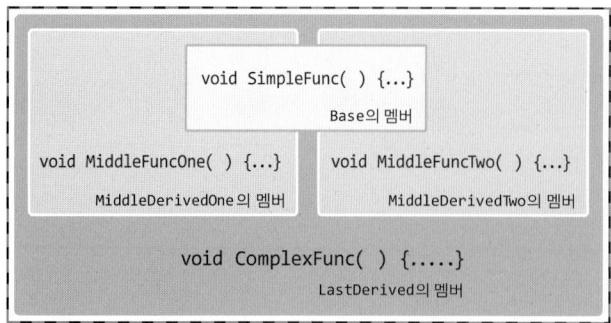

▶ [그림 09-9: 가상으로 상속하는 클래스의 객체구성]

그래서 위 예제 50행에서는 SimpleFunc 함수를 이름만 가지고 호출할 수 있는 것이다. 그리고 예제의 실행결과를 보면 실제로 Base 클래스의 생성자가 한번만 호출되는 것을 확인할 수 있다. 만약에 가상 상속을 하지 않는다면, Base 클래스의 생성자는 두 번 호출된다.

09-3 : OOP 단계별 프로젝트 07단계

단계별 프로젝트를 더 이상 진행하기에 앞서 하나의 파일을 여러 개로 나눠서 내용을 정리할 필요가 있다. 하나의 파일 안에 모든 것이 다 들어있어서 내용파악이 쉽지 않기 때문이다. 그래서 이번 단계에서는 파일을 분할하고자 한다.

✚프로젝트 07단계의 도입

각각의 클래스마다 선언은 .h 파일에, 정의는 .cpp 파일에 저장하는 것이 좋다. 이렇게 되면 프로그램을 관리하기도 좋고, 또 클래스의 구성이 한눈에 들어오기 때문에 프로그램의 내용을 파악하기도 수월해진다. 짧은 프로그램이라 할지라도 하나의 파일에 필요한 모든 요소를 담는 것은 바람직하지 못하다.

프로그램 설명

비록 조금 늦었지만, 지금이라도 프로그램을 여러 개의 파일에 나눠서 관리를 하자. 예를 들어서 Simple이라는 이름의 클래스가 있다면, Simple.h와 Simple.cpp 파일을 만들자. 그리고 Simple.h 에는 클래스의 선언을, Simple.cpp는 클래스의 정의(멤버함수의 정의)를 담자. 그리하여 다음의 구조로 파일을 분할하자.

- Account.h, Account.cpp   Account 클래스의 선언과 정의
- NormalAccount.h   NormalAccount 클래스의 선언과 정의
- HighCreditAccount.h   HighCreditAccount 클래스의 선언과 정의
- AccountHandler.h, AccountHandler.cpp   AccountHandler 클래스의 선언과 정의
- BankingCommonDecl.h   공통헤더 및 상수선언들
- BankingSystemMain.cpp   main 함수의 정의

여기서 NormalAccount 클래스와 HighCreditAccount 클래스는 크기가 작은 관계로 멤버함수의 정의를 별도의 파일에 분리하지 않고 헤더파일에 모두 삽입하는 형태로 파일을 분할하자.

구현의 예

필자는 전체 프로그램의 버전 이외에 파일 별로 버전을 관리하기로 결정하였다. 그래서 파일내용의 앞부분을 보면, 파일 별 버전정보가 기록되어 있음을 알 수 있다(모든 파일의 버전을 0.7로 명시하였다). 이렇듯 파일 별로 버전을 관리하면 변경사항에 대한 확인이 용이하다.

❖ Account.h

```
/*
 * 파일이름: Account.h
 * 작성자: 윤성우
 * 업데이트 정보: [2010, 01, 01] 파일버전 0.7
 */

#ifndef __ACCOUNT_H__
#define __ACCOUNT_H__

class Account
{
private:
    int accID;
    int balance;
    char * cusName;
public:
    Account(int ID, int money, char * name);
    Account(const Account & ref);

    int GetAccID() const;
    virtual void Deposit(int money);
    int Withdraw(int money) ;
    void ShowAccInfo() const ;
```

```cpp
    ~Account();
};
#endif
```

❖ Account.cpp

```cpp
/*
 * 파일이름: Account.cpp
 * 작성자: 윤성우
 * 업데이트 정보: [2010, 01, 01] 파일버전 0.7
 */

#include "BankingCommonDecl.h"
#include "Account.h"

Account::Account(int ID, int money, char * name)
    : accID(ID), balance(money)
{
    cusName=new char[strlen(name)+1];
    strcpy(cusName, name);
}

Account::Account(const Account & ref)
    : accID(ref.accID), balance(ref.balance)
{
    cusName=new char[strlen(ref.cusName)+1];
    strcpy(cusName, ref.cusName);
}

int Account::GetAccID() const { return accID; }

void Account::Deposit(int money)
{
    balance+=money;
}

int Account::Withdraw(int money)
{
    if(balance<money)
        return 0;

    balance-=money;
    return money;
}

void Account::ShowAccInfo() const
{
    cout<<"계좌ID: "<<accID<<endl;
    cout<<"이 름: "<<cusName<<endl;
    cout<<"잔 액: "<<balance<<endl;
}

Account::~Account()
{
    delete []cusName;
}
```

❖ NormalAccount.h

```cpp
/*
 * 파일이름: NormalAccount.h
 * 작성자: 윤성우
 * 업데이트 정보: [2010, 01, 01] 파일버전 0.7
 */

#ifndef __NORMAL_ACCOUNT_H__
#define __NORMAL_ACCOUNT_H__

#include "Account.h"

class NormalAccount : public Account
{
private:
    int interRate;    // 이자율 %단위
public:
    NormalAccount(int ID, int money, char * name, int rate)
        : Account(ID, money, name), interRate(rate)
    { }
    virtual void Deposit(int money)
    {
        Account::Deposit(money);         // 원금추가
        Account::Deposit(money*(interRate/100.0));   // 이자추가
    }
};
#endif
```

❖ HighCreditAccount.h

```cpp
/*
 * 파일이름: HighCreditAccount.h
 * 작성자: 윤성우
 * 업데이트 정보: [2010, 01, 01] 파일버전 0.7
 */

#ifndef __HIGHCREDIT_ACCOUNT_H__
#define __HIGHCREDIT_ACCOUNT_H__

#include "NormalAccount.h"

class HighCreditAccount : public NormalAccount
{
private:
    int specialRate;
public:
    HighCreditAccount(int ID, int money, char * name, int rate, int special)
        : NormalAccount(ID, money, name, rate), specialRate(special)
    { }
    virtual void Deposit(int money)
    {
        NormalAccount::Deposit(money);    // 원금과 이자추가
        Account::Deposit(money*(specialRate/100.0));    // 특별이자추가
    }
};
#endif
```

❖ AccountHandler.h

```cpp
/*
* 파일이름: AccountHandler.h
* 작성자: 윤성우
* 업데이트 정보: [2010, 01, 01] 파일버전 0.7
*/

#ifndef __ACCOUN_HANDLER_H__
#define __ACCOUN_HANDLER_H__

#include "Account.h"

class AccountHandler
{
private:
    Account * accArr[100];
    int accNum;
public:
    AccountHandler();
    void ShowMenu(void) const;
    void MakeAccount(void);
    void DepositMoney(void);
    void WithdrawMoney(void);
    void ShowAllAccInfo(void) const;
    ~AccountHandler();
protected:
    void MakeNormalAccount(void);
    void MakeCreditAccount(void);
};
#endif
```

❖ AccountHandler.cpp

```cpp
/*
* 파일이름: AccountHandler.cpp
* 작성자: 윤성우
* 업데이트 정보: [2010, 01, 01] 파일버전 0.7
*/

#include "BankingCommonDecl.h"
#include "AccountHandler.h"
#include "Account.h"
#include "NormalAccount.h"
#include "HighCreditAccount.h"

void AccountHandler::ShowMenu(void) const
{
    cout<<"-----Menu------"<<endl;
    cout<<"1. 계좌개설"<<endl;
    cout<<"2. 입 금"<<endl;
    cout<<"3. 출 금"<<endl;
    cout<<"4. 계좌정보 전체 출력"<<endl;
    cout<<"5. 프로그램 종료"<<endl;
}
```

```cpp
void AccountHandler::MakeAccount(void)
{
    int sel;
    cout<<"[계좌종류선택]"<<endl;
    cout<<"1.보통예금계좌 ";
    cout<<"2.신용신뢰계좌 "<<endl;
    cout<<"선택: ";
    cin>>sel;

    if(sel==NORMAL)
        MakeNormalAccount();
    else
        MakeCreditAccount();
}

void AccountHandler::MakeNormalAccount(void)
{
    int id;
    char name[NAME_LEN];
    int balance;
    int interRate;

    cout<<"[보통예금계좌 개설]"<<endl;
    cout<<"계좌ID: "; cin>>id;
    cout<<"이  름: "; cin>>name;
    cout<<"입금액: "; cin>>balance;
    cout<<"이자율: "; cin>>interRate;
    cout<<endl;
    accArr[accNum++]=new NormalAccount(id, balance, name, interRate);
}

void AccountHandler::MakeCreditAccount(void)
{
    int id;
    char name[NAME_LEN];
    int balance;
    int interRate;
    int creditLevel;

    cout<<"[신용신뢰계좌 개설]"<<endl;
    cout<<"계좌ID: "; cin>>id;
    cout<<"이  름: "; cin>>name;
    cout<<"입금액: "; cin>>balance;
    cout<<"이자율: "; cin>>interRate;
    cout<<"신용등급(1toA, 2toB, 3toC): "; cin>>creditLevel;
    cout<<endl;

    switch(creditLevel)
    {
    case 1:
        accArr[accNum++]=new HighCreditAccount(id, balance, name, interRate, LEVEL_A);
        break;
    case 2:
        accArr[accNum++]=new HighCreditAccount(id, balance, name, interRate, LEVEL_B);
        break;
    case 3:
        accArr[accNum++]=new HighCreditAccount(id, balance, name, interRate, LEVEL_C);
    }
}
```

```cpp
void AccountHandler::DepositMoney(void)
{
    int money;
    int id;
    cout<<"[입    금]"<<endl;
    cout<<"계좌ID: "; cin>>id;
    cout<<"입금액: "; cin>>money;

    for(int i=0; i<accNum; i++)
    {
        if(accArr[i]->GetAccID()==id)
        {
            accArr[i]->Deposit(money);
            cout<<"입금완료"<<endl<<endl;
            return;
        }
    }
    cout<<"유효하지 않은 ID 입니다."<<endl<<endl;
}

void AccountHandler::WithdrawMoney(void)
{
    int money;
    int id;
    cout<<"[출    금]"<<endl;
    cout<<"계좌ID: "; cin>>id;
    cout<<"출금액: "; cin>>money;

    for(int i=0; i<accNum; i++)
    {
        if(accArr[i]->GetAccID()==id)
        {
            if(accArr[i]->Withdraw(money)==0)
            {
                cout<<"잔액부족"<<endl<<endl;
                return;
            }

            cout<<"출금완료"<<endl<<endl;
            return;
        }
    }
    cout<<"유효하지 않은 ID 입니다."<<endl<<endl;
}

AccountHandler::AccountHandler() : accNum(0)
{ }

void AccountHandler::ShowAllAccInfo(void) const
{
    for(int i=0; i<accNum; i++)
    {
        accArr[i]->ShowAccInfo();
        cout<<endl;
    }
}

AccountHandler::~AccountHandler()
```

```
{
    for(int i=0; i<accNum; i++)
        delete accArr[i];
}
```

❖ BankingCommonDecl.h

```
/*
 * 파일이름: BankingCommonDecl.h
 * 작성자: 윤성우
 * 업데이트 정보: [2010, 01, 01] 파일버전 0.7
 */

#ifndef __BANKING_COMMON_H__
#define __BANKING_COMMON_H__

#include <iostream>
#include <cstring>

using namespace std;
const int NAME_LEN=20;

// 프로그램 사용자의 선택 메뉴
enum {MAKE=1, DEPOSIT, WITHDRAW, INQUIRE, EXIT};

// 신용등급
enum {LEVEL_A=7, LEVEL_B=4, LEVEL_C=2};

// 계좌의 종류
enum {NORMAL=1, CREDIT=2};

#endif;
```

❖ BankingSystemMain.cpp

```
/*
 * 소프트웨어 버전: Banking System Ver 0.7
 *
 * 파일이름: BankingSystemMain.cpp
 * 작성자: 윤성우
 * 업데이트 정보: [2010, 01, 01] 파일버전 0.7
 */

#include "BankingCommonDecl.h"
#include "AccountHandler.h"

int main(void)
{
    AccountHandler manager;
    int choice;

    while(1)
    {
```

```
        manager.ShowMenu();
        cout<<"선택: ";
        cin>>choice;
        cout<<endl;

        switch(choice)
        {
        case MAKE:
            manager.MakeAccount();
            break;
        case DEPOSIT:
            manager.DepositMoney();
            break;
        case WITHDRAW:
            manager.WithdrawMoney();
            break;
        case INQUIRE:
            manager.ShowAllAccInfo();
            break;
        case EXIT:
            return 0;
        default:
            cout<<"Illegal selection.."<<endl;
        }
    }
    return 0;
}
```

이로써 더 완성도를 높일 수 있는(다양한 시도가 가능한) 형태로 프로젝트를 정리하였다. 참고로, 우리는 프로젝트 진행중간에 파일을 분할하였지만, 원래는 프로젝트를 시작하면서 대략적인 파일의 분할원칙과 구조가 결정되어서, 이를 기준으로 파일을 분할해 나가야 한다.

Part 04

객체지향의 완성

Chapter 10

연산자 오버로딩 1

C++에서는 함수뿐만 아니라 연산자도 오버로딩이 가능하다. 그런데 연산자의 오버로딩은 좀 생소하게 느껴질 수 있다. 그러나 기본개념은 매우 단순하니 어렵지 않을 것이다. 참고로 연산자 오버로딩은 C++을 이해하는데 매우 중요한 요소이니, 관심을 갖고 공부하기 바란다. 그리고 초판과 달리 연산자 오버로딩에 대해서 상당부분 보강되어, 개정판에서는 두 개의 Chapter로 나눠서 연산자 오버로딩을 설명한다.

C++ 프로그래밍

10-1 : 연산자 오버로딩의 이해와 유형

함수가 오버로딩 되면, 오버로딩 된 수만큼 다양한 기능을 제공하게 된다. 즉, 이름은 하나이지만 기능은 (기능을 제공하는 함수는) 여러 가지가 되는 셈이다. 마찬가지로 연산자의 오버로딩을 통해서, 기존에 존재하던 연산자의 기본 기능 이외에 다른 기능을 추가할 수 있다.

✚ operator+ 라는 이름의 함수

다음 예제를 이해한다면, 연산자 오버로딩은 쉽게 정복이 가능하다. 그럼 예제를 보자. 참고로 이는 너무나도 쉬운, 그래서 별도의 설명 없이도 여러분이 분석 가능한 예제이다.

❖ FirstOperationOverloading.cpp

```cpp
1.  #include <iostream>
2.  using namespace std;
3.
4.  class Point
5.  {
6.  private:
7.      int xpos, ypos;
8.  public:
9.      Point(int x=0, int y=0) : xpos(x), ypos(y)
10.     { }
11.     void ShowPosition() const
12.     {
13.         cout<<'['<<xpos<<", "<<ypos<<']'<<endl;
14.     }
15.     Point operator+(const Point &ref)      // operator+라는 이름의 함수
16.     {
17.         Point pos(xpos+ref.xpos, ypos+ref.ypos);
18.         return pos;
19.     }
20. };
21.
22. int main(void)
23. {
24.     Point pos1(3, 4);
25.     Point pos2(10, 20);
26.     Point pos3=pos1.operator+(pos2);
27.
```

```
28.        pos1.ShowPosition();
29.        pos2.ShowPosition();
30.        pos3.ShowPosition();
31.        return 0;
32. }
```

- 15행: 함수의 이름이 operator+이다. 조금 독특하다고 생각해도 좋다. 이름의 형태가 조금 어색하지만 분명히 이는 함수의 이름이다.
- 26행: pos1 객체의 멤버함수 operator+를 호출하면서 인자로 pos2 객체를 전달하고 있다. 따라서 이 두 객체의 멤버 별 덧셈결과로 새로운 Point 객체가 만들어지고 이것이 반환되어 pos3를 초기화하게 된다(이 과정에서 복사 생성자가 호출된다).

❖ 실행결과: FirstOperationOverloading.cpp

```
[3, 4]
[10, 20]
[13, 24]
```

위 예제의 다음 문장은 pos1과 pos2의 덧셈 결과를 기반으로 객체를 생성하기 위한 문장이다.

```
Point pos3=pos1.operator+(pos2);
```

비록 이 문장에서는 pos1 객체의 operator+ 함수를 호출하고 있지만, 다음과 같이 pos2 객체의 멤버 함수를 호출하는 형태로 문장을 구성해도 그 결과는 같다.

```
Point pos3=pos2.operator+(pos1);
```

그럼 이어서 위에서 정의한 클래스를 대상으로 main 함수만 변경해서 예제를 다시 한번 실행해 보겠다.

❖ OverloadingOperation.cpp

```
1.  #include <iostream>
2.  using namespace std;
3.
4.  class Point
5.  {
6.      // 예제 FirstOperationOverloading.cpp의 Point 클래스와 동일하므로 생략합니다.
7.  };
8.
```

C++ 프로그래밍

```
9.   int main(void)
10.  {
11.      Point pos1(3, 4);
12.      Point pos2(10, 20);
13.      Point pos3=pos1+pos2;
14.
15.      pos1.ShowPosition();
16.      pos2.ShowPosition();
17.      pos3.ShowPosition();
18.      return 0;
19.  }
```

❖ 실행결과: OverloadingOperation.cpp

```
[3, 4]
[10, 20]
[13, 24]
```

위 예제의 13행에 있는 다음 문장을 보면, 누구나 pos1과 pos2를 더하여 그 결과를 pos3에 저장하라는 의미로 해석할 것이다.

```
Point pos3=pos1+pos2;
```

그렇다면 이러한 문장이 컴파일 가능할까? 실행결과에서 보이듯이 컴파일이 가능할 뿐만 아니라, 우리의 기대대로 pos3 객체에는 pos1과 pos2의 덧셈결과가 저장되었다는 사실도 확인이 가능하다. 혹시 필자가 지금까지 설명한 내용만을 가지고도 다음과 같은 사실을 발견했다면,

"음 아마도 pos1+pos2가 pos1.operator+(pos2)의 다른 표현일거야"

그리고 다음과 같은 생각을 했다면,

"pos1+pos2가 pos1.operator+(pos2)의 다른 표현이 되기 위해서 약속된 변환의 규칙이 있을 것 같은데"

여러분은 이미 연산자 오버로딩을 50% 정도 이해한 셈이나 다름이 없다.

✢ 대화로 풀어보는 연산자 오버로딩

연산자 오버로딩이란 C++이 우리에게 제시하는 하나의 약속에 지나지 않는다. 다음 전개되는 대화를 통해서 연산자 오버로딩이 무엇인지를 이해해 보자. 상대적으로 개념을 잡기에 어려움이 있는 연산자 오버

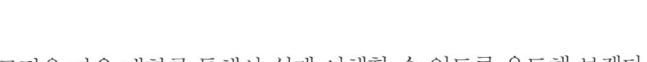

로딩을 다음 대화를 통해서 쉽게 이해할 수 있도록 유도해 보겠다.

C++	예제 OverloadingOperation.cpp를 접하면서 많이 당황했을 거야. 하지만 이건 내가 제시하는 단순한 약속에 지나지 않아. 중요한 것은 객체를 가지고 덧셈연산을 했다는 거지!
프로그래머	그래 분명히 객체를 가지고 덧셈연산을 했지. 그런데 이것이 어떠한 의미를 지니는데?
C++	난 객체도 기본 자료형 변수처럼 덧셈, 뺄셈, 혹은 곱셈과 같은 연산들을 가능하게 하려고 해. 이것이 나의 기본 철학이거든. 객체도 완벽히 기본 자료형 데이터처럼 취급할 수 있다! 이 얼마나 멋진 생각이냐고.
프로그래머	그래, 일리는 있다! 그래서 어떤 방법을 생각해 냈는데?
C++	내가 프로그래머들에게 제시하는 약속은 이런 거야! 'operator' 키워드와 '연산자'를 묶어서 함수의 이름을 정의하면, 함수의 이름을 이용한 함수의 호출뿐만 아니라, 연산자를 이용한 함수의 호출도 허용해 주겠다는 거야.
프로그래머	조금 더 구체적으로 설명해봐. 연산자를 이용한 함수의 호출이라는 것이 무엇을 의미하는데?
C++	예를 들어서, 앞의 예제처럼 pos1+pos2라는 연산이 있어. 이 때 pos1이 기본 자료형 변수라면(물론 pos2도 기본 자료형 변수이어야 한다), 그냥 덧셈을 하겠지?
프로그래머	물론 그렇겠지. 그럼 pos1이 객체라면 어떻게 하겠다는 건데?
C++	'pos1.operator+(pos2)'라는 문장으로 내가 바꿔서 해석하겠다는 거야.
프로그래머	아하! 그러니까 객체를 피연산자로 사용한 연산자의 이름 앞에 operator라는 이름을 붙여서 완성되는 이름의 함수를 호출하겠다는 거구나! 맞지?
C++	바로 그거야! 그렇다면 다음 연산문은 내가 어떻게 해석하겠니? pos1이 객체라면 말이야. 　　　`pos1-pos2;`
프로그래머	– 연산자 앞에 operator를 붙이면 operator – 가 되니까, operator – 라는 이름의 함수를 호출하겠다는 의도로 해석을 하겠군!
C++	그렇지! 그리고?
프로그래머	그러니까 연산자의 왼쪽에 있는 pos1 객체를 대상으로 operator – 함수를 호출하면서, – 연산자의 오른쪽에 있는 피연산자를 인자로 전달할 테니까, 다음과 같이 해석을 하겠네!

```
pos1.operator-(pos2);
```

**C++
프로그래머**   그래 바로 그거야! 어때 마음에 들지 않아?
분명! 멋진 구석이 있는 것 같다.

지금까지의 대화를 통해서, 연산자 오버로딩은 일종의 약속임을 알게 되었을 것이다. 이로써 연산자 오버로딩에 대한 밑그림이 머리 속에 그려졌다면 정말 다행이다. 하지만 그려지지 않았어도 문제될 것은 없다. 아직 본론으로 들어가지 않았으니 앞으로도 기회는 있다. 그러나 앞서 예제를 통해서 제시했던 pos1+pos2라는 연산문의 해석방법은 알고 있어야 하기에, 이를 그림을 통해 정리해보겠다.

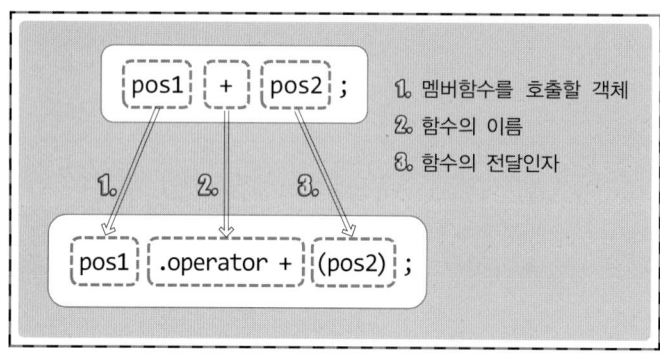

▶ [그림 10-1: 오버로딩 된 연산자의 해석]

위 그림에서 보여주듯이, 다음 문장과,

```
pos1+pos2;
```

다음 문장은 100% 동일한 문장이다.

```
pos1.operator+(pos2);
```

왜냐하면, pos1+pos2가 pos1.operator+(pos2)로 해석되어서 컴파일 되기 때문이다. 참고로 이는 멤버함수에 의한 연산자 오버로딩의 한 예이다. 연산자의 오버로딩 방법에는 멤버함수에 의한 방법과 전역함수에 의한 방법이 있다.

참고 — 연산자를 오버로딩 한 함수도 const로 선언이 가능하다.

혼란을 최소화하기 위해서 위에서 정의한 operator+ 함수는 const로 선언하지 않았다. 그러나 이 함수도 const로 선언을 하는 것이 좋다. 덧셈연산이라는 것이 원래 연산의 대상이 되는 피연산자의 값을 변경하는 게 아니라, 새로운 연산의 결과를 만들어내는 것이기 때문이다.

연산자를 오버로딩 하는 두 가지 방법

연산자를 오버로딩 하는 방법에는 다음 두 가지가 있다.

- 멤버함수에 의한 연산자 오버로딩
- 전역함수에 의한 연산자 오버로딩

앞서 보인 예제에서는 + 연산자를 멤버함수를 이용해서 오버로딩 하였다. 때문에 pos1+pos2는 다음과 같이 해석이 되었다.

```
pos1.operator+(pos2);
```

그런데 + 연산자는 전역함수를 이용해서도 오버로딩이 가능하다. 그리고 이렇게 전역함수를 이용해서 오버로딩을 하면 pos1+pos2는 다음과 같이 해석이 된다.

```
operator+(pos1, pos2);
```

즉, 어떻게 오버로딩을 했느냐에 따라서 해석하는 방법이 다음과 같이 두 가지로 나뉘게 된다.

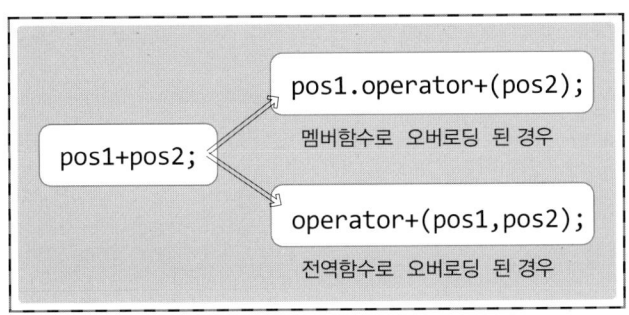

▶ [그림 10-2: 두 가지 해석의 방법]

참고로, 동일한 자료형을 대상으로 + 연산자를 전역함수 기반으로, 그리고 멤버함수 기반으로 동시에 오버로딩 할 경우, 멤버함수 기반으로 오버로딩 된 함수가 전역함수 기반으로 오버로딩 된 함수보다 우선시되어 호출된다. 단, 일부 오래된 컴파일러는 이러한 상황에서 컴파일 에러를 발생시키기도 하니, 이러한 상황은 가급적 만들지 않는 게 좋다. 자! 그럼 예제를 통해서 + 연산자를 전역함수 기반으로 오버로딩 해 보겠다.

❖ GFunctionOverloading.cpp

```
1.  #include <iostream>
2.  using namespace std;
3.
4.  class Point
5.  {
```

```cpp
6.  private:
7.      int xpos, ypos;
8.  public:
9.      Point(int x=0, int y=0) : xpos(x), ypos(y)
10.     { }
11.     void ShowPosition() const
12.     {
13.         cout<<'['<<xpos<<", "<<ypos<<']'<<endl;
14.     }
15.     friend Point operator+(const Point &pos1, const Point &pos2);
16. };
17.
18. Point operator+(const Point &pos1, const Point &pos2)
19. {
20.     Point pos(pos1.xpos+pos2.xpos, pos1.ypos+pos2.ypos);
21.     return pos;
22. }
23.
24. int main(void)
25. {
26.     Point pos1(3, 4);
27.     Point pos2(10, 20);
28.     Point pos3=pos1+pos2;
29.
30.     pos1.ShowPosition();
31.     pos2.ShowPosition();
32.     pos3.ShowPosition();
33.     return 0;
34. }
```

- 15행: 18행의 함수에 대해 private 영역의 접근을 허용하기 위해서 friend 선언을 하고 있다.
- 18행: + 연산자를 전역함수의 형태로 오버로딩 하였다. Point 클래스는 이 함수에 대해서 friend 선언을 하였으므로, 함수 내에서는 Point 클래스의 private 멤버에 접근이 가능하다.
- 28행: + 연산자가 전역함수의 형태로 오버로딩 되었으므로, + 연산은 'operator+(pos1, pos2)'로 해석이 된다.

❖ 실행결과: GFunctionOverloading.cpp

```
[3, 4]
[10, 20]
[13, 24]
```

위의 예제는 전역함수 기반의 연산자 오버로딩에 대한 일반적인 모델을 보여주고 있다. 특히 friend 선언이 적절히 사용된 예를 보이고 있다. 위 예제의 15행에 삽입된 friend 선언을 보면서 어떠한 생각이 드는가?

"아! operator+ 함수 내에서는 Point 클래스의 private 영역에 접근이 가능하겠구나!"

물론 위와 같은 생각도 든다. 그러나 이 문장은 이것 이상의 의미를 담고 있다.

"아! Point 클래스는 + 연산에 대해서 연산자 오버로딩이 되어 있구나!"

이렇듯 Point 클래스에 삽입된 friend 선언으로 인해서, 이 클래스는 + 연산에 대해서 오버로딩이 되어 있다는 정보를 쉽게 확인할 수 있다. 사실 객체지향에는 '전역(global)'에 대한 개념이 존재하지 않는다. 다만 C++은 C 스타일의 코드구현이 가능한 언어이기 때문에 전역에 대한 개념이 여전히 존재한다. 따라서 특별한 경우가 아니면(이 특별한 경우는 이후에 소개를 한다), 멤버함수를 기반으로 연산자를 오버로딩 하는 게 낫다. 물론 전역함수로 연산자를 오버로딩 해야만 하는 상황도 존재하는데, 이는 이후에 다시 소개를 하겠다.

문 제 10-1 [두 가지 방법의 연산자 오버로딩]

연산자 오버로딩을 이해하는 가장 좋은 방법은 연산자를 직접 오버로딩 해 보는 것이다. 연산자를 오버로딩 하는 과정에서 자신이 이해하지 못한 부분이 드러나면서, 그 부분을 이해하게 되는 경우가 많기 때문이다. 따라서 앞서 예제 GFunctionOverloading.cpp에서 보인 Point 클래스를 대상으로 아래의 요구대로 연산자를 오버로딩 해보자.

▶ 문제 1
Point 클래스에 대해서 다음 조건을 만족하는 형태로 - 연산자를 오버로딩 해보자.
- 전역함수 기반으로 오버로딩
- 멤버 별 - 연산의 결과를 담은 Point 객체 반환

▶ 문제 2
Point 클래스에 대해서 다음 조건을 만족하는 형태로 += 연산자와 -= 연산자를 오버로딩 해보자.
- 멤버함수 기반으로 오버로딩
- 연산 'pos1 += pos2'의 결과로 pos1의 멤버변수 값이 pos2의 멤버변수 값만큼 멤버 별 증가
- 연산 'pos1 -= pos2'의 결과로 pos1의 멤버변수 값이 pos2의 멤버변수 값만큼 멤버 별 감소
- 연산의 결과로 값이 증가 및 감소한 pos1의 객체를 반환하도록(이왕이면 참조형으로 반환하도록) 연산자 오버로딩

C++ 프로그래밍

> **▶ 문제 3**
>
> Point 클래스에 대해서 다음 조건을 만족하는 형태로 == 연산자와 != 연산자를 오버로딩 해보자.
> - 둘 다 전역함수의 형태로 오버로딩
> - 연산 'pos1 == pos2'의 결과로 모든 멤버의 값이 같다면 true, 그렇지 않다면 false 반환
> - 연산 'pos1 != pos2'의 결과로 모든 멤버의 값이 같다면 false, 그렇지 않다면 true 반환
> - 연산자 == 를 먼저 오버로딩 한 다음에, 이를 이용하는 형태로 != 연산자를 오버로딩
>
> 참고로 총 3문제이지만 하나의 답안에 이 모두를 담아도 된다. 필자 역시 그러한 형태로 답안을 제시하겠다.

✚ 오버로딩이 불가능한 연산자의 종류

C++의 모든 연산자들이 오버로딩의 대상이 되는 것은 아니다. 다음과 같이 오버로딩이 불가능한 연산자들도 있다.

.	멤버 접근 연산자
.*	멤버 포인터 연산자
::	범위 지정 연산자
?:	조건 연산자(3항 연산자)
sizeof	바이트 단위 크기 계산
typeid	RTTI 관련 연산자
static_cast	형변환 연산자
dynamic_cast	형변환 연산자
const_cast	형변환 연산자
reinterpret_cast	형변환 연산자

이들 연산자에 대해서 오버로딩을 제한하는 이유는 C++의 문법규칙을 보존하기 위해서다. 만약에 위의 연산자들까지 오버로딩을 허용해 버린다면, C++의 문법규칙에 어긋나는 문장의 구성이 가능해지고, 이는 C++을 보다 혼란스러운 언어로 만들 수 있기 때문이다.

참고로, 위의 연산자들을 오버로딩 해야만 하는 상황이 딱히 존재하지 않기 때문에 여러분도 필자와 마찬가지로 이들 연산자에 대해서는 오버로딩을 하고픈 생각조차 들지 않을 것이다. 그럼 이어서 **멤버함수 기반으로만 오버로딩이 가능한 연산자**를 소개하겠다.

=	대입 연산자
()	함수 호출 연산자
[]	배열 접근 연산자(인덱스 연산자)
->	멤버 접근을 위한 포인터 연산자

이들은 객체를 대상으로 진행해야 의미가 통하는 연산자들이기 때문에, 멤버함수 기반으로만 연산자의 오버로딩을 허용한다.

✚연산자를 오버로딩 하는데 있어서의 주의사항

아직은 + 연산자 하나만 오버로딩을 해 보았지만(물론 문제 10-1을 통해서 다양한 연산자를 오버로딩 해 보았다), 이어서 다양한 연산자들을 오버로딩 해 볼 것이다. 그런데 그에 앞서 여러분이 기억해야 할 주의사항 몇 가지를 말씀 드리겠다.

▼ 본래의 의도를 벗어난 형태의 연산자 오버로딩은 좋지 않다.

연산자 오버로딩은 잘못 사용하면 프로그램을 복잡하고, 이해하기 어렵게 만든다는 단점이 있다. 왜 그런지 예를 하나 들어보겠다. pos1과 pos2가 Point 객체라고 가정하고 다음 문장을 해석해보자.

```
pos1+pos2;
```

여러분은 위의 문장을 어떻게 이해하겠는가?

"pos1과 pos2의 멤버 별로 덧셈을 해서 그 결과로 객체를 만들어서 반환하는 연산 아닌가요?"

이것이 일반적인 + 연산의 이해이다. 그런데 이러한 우리의 기대를 저버리고, pos1의 값을 pos2의 값 만큼 증가시킨 다던지, 아니면 진짜 엉뚱하게, 연산의 결과로 pos2의 멤버변수에 저장된 값이 변경된다면, 프로그램의 코드를 상식적으로 이해할 수 있겠는가? 때문에 연산자를 오버로딩 할 때에는 연산자의 본래 의도를 가급적 충실히 반영해서, 연산자의 오버로딩으로 인해서 발생하는 혼란스러운 부분을 최소화해야 한다.

▼ 연산자의 우선순위와 결합성은 바뀌지 않는다.

연산자가 갖는 연산의 기능은 오버로딩 되어도, 연산자가 지니는 우선순위와 결합성은 그대로 따르게 되어 있다. 연산자의 우선순위와 결합성이 바뀔 수 있다는 것은 그야말로 대혼란을 초래하는 일이 되기 때문이다.

▼ 매개변수의 디폴트 값 설정이 불가능하다.

피연산자의 자료형에 따라서 연산자를 오버로딩 한 함수의 호출이 결정되는데, 매개변수의 디폴트 값을 설정한다는 것이 말이 되겠는가? 연산자 오버로딩의 특성상 매개변수의 디폴트 값이 설정되면, 함수의 호출관계가 매우 불분명해진다. 따라서 매개변수의 디폴트 값 설정은 허용되지 않는다.

▼ 연산자의 순수 기능까지 빼앗을 수는 없다.

다음의 형태로 연산자가 오버로딩 되어있다고 가정해보자. 그렇다면 어떠한 일이 벌어질지 여러분도 상상이 가지 않는가?

```
int operator+(const int num1, const int num2)    // 정의 불가능한 함수!
{
    return num1*num2;
}
```

int형 데이터의 + 연산은 이미 그 의미가 정해져 있다. 이것을 변경하는, 위와 같은 함수의 정의는 허용되지 않는다. 이처럼 연산자의 기본 기능을 변경하는 형태의 연산자 오버로딩은 허용되지 않는다.

✚ 연산자 오버로딩이라 이름이 붙은 이유를 이해하셨나요?

앞서 '연산자 오버로딩'이라 불리는 이유에 대해서 간단히 설명하였지만, 이를 조금 더 보충하고자 한다. 먼저 다음 문장을 보자.

```
int num = 3 + 4;
Point pos3 = pos1 + pos2;    // pos1과 pos2는 Point형 객체
```

함수가 오버로딩 되면 전달되는 인자에 따라서 호출되는 함수가 달라진다. 이와 유사하게, 위의 두 문장에서 보이듯이, 연산자가 오버로딩 되면, 피연산자의 종류에 따라서 연산의 방식이 달라진다. 그래서 연산자 오버로딩이라 불리는 것이다.

10-2 : 단항 연산자의 오버로딩

피연산자가 두 개인 이항 연산자와 피연산자가 한 개인 단항 연산자의 가장 큰 차이점은 피연산자의 개수이다. 그리고 이에 따른 연산자 오버로딩의 차이점은 매개변수의 개수에서 발견된다.

✚ 증가, 감소 연산자의 오버로딩

대표적인 단항 연산자로는 다음 두 가지가 있다.

- 1 증가 연산자   ++
- 1 감소 연산자   --

이에 앞서 보인 Point 클래스에 ++ 연산자가 오버로딩 되어있다고 가정해보자. 이러한 경우 다음의 형태로 문장 구성이 가능하다.

```
++pos;              // pos는 Point 객체!
```

그렇다면 이 문장은 어떻게 해석이 되겠는가? 이제는 여러분 스스로 다음과 같이 판단할 수 있기를 바란다.

"호출되는 함수의 이름은 ++연산자와 키워드 operator를 연결해서 완성되므로, operator++ 입니다."

함수의 이름을 알아냈으니, 멤버함수의 형태로 오버로딩 된 경우의 해석방법을 고민해보자. 그런데 멤버함수의 형태라면, pos의 멤버함수가 호출되는 형태이니, 다음과 같이 해석되어야 한다.

```
pos.operator++();
```

여기서 전달할 인자가 없는 이유는 단항 연산자를 오버로딩 했기 때문이다. 그나마 하나 있는 피연산자의 멤버함수를 호출하는 형태이기 때문이다. 그럼 이번에는 전역함수의 형태로 오버로딩 된 경우의 해석방법을 고민해보자. 그런데 전역함수의 형태라면 operator++ 가 전역함수의 이름이 되므로 다음과 같이 해석되어야 한다.

```
operator++(pos);
```

전역함수의 경우는 피연산자가 모두 인자로 전달되므로, 위의 형태로 해석이 된다. 자! 지금까지 설명한 내용을 정리하면 다음과 같다. 그리고 이것이 단항 연산자의 오버로딩에 있어서 여러분이 이해해야 할 내용의 대부분을 차지한다.

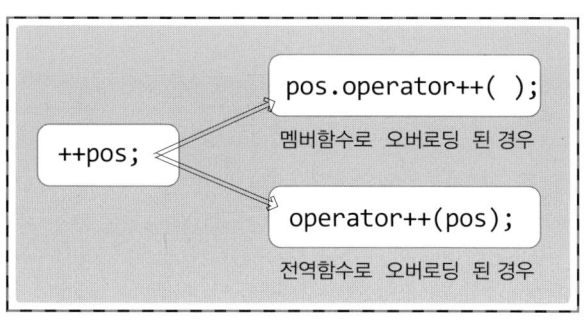

▶ [그림 10-3: 오버로딩 된 단항 연산자]

그럼 예제를 통해서 단항 연산자의 오버로딩을 확인해 보겠다. 다음 예제에서는 증가 연산자와 감소 연산자를 오버로딩 한다. 이 중 하나는 멤버함수를 기반으로, 다른 하나는 전역함수를 기반으로 연산자를 오버로딩 하였다.

❖ OneOpndOverloading.cpp

```
1.  #include <iostream>
2.  using namespace std;
3.
4.  class Point
5.  {
6.  private:
7.      int xpos, ypos;
8.  public:
9.      Point(int x=0, int y=0) : xpos(x), ypos(y)
10.     { }
11.     void ShowPosition() const
12.     {
13.         cout<<'['<<xpos<<", "<<ypos<<']'<<endl;
14.     }
15.     Point& operator++()
16.     {
17.         xpos+=1;
18.         ypos+=1;
19.         return *this;
20.     }
21.     friend Point& operator--(Point &ref);
22. };
23.
24. Point& operator--(Point &ref)
25. {
26.     ref.xpos-=1;
27.     ref.ypos-=1;
28.     return ref;
29. }
30.
31. int main(void)
32. {
33.     Point pos(1, 2);
34.     ++pos;
35.     pos.ShowPosition();
36.     --pos;
37.     pos.ShowPosition();
38.
39.     ++(++pos);
40.     pos.ShowPosition();
41.     --(--pos);
42.     pos.ShowPosition();
43.     return 0;
44. }
```

- 15행: ++ 연산자가 멤버함수의 형태로 오버로딩 되었다.
- 21행: 24행에 정의된 전역함수에 대해 friend 선언을 하고 있다.
- 24행: -- 연산자가 전역함수의 형태로 오버로딩 되었다.
- 34행: ++ 연산자는 멤버함수의 형태로 오버로딩 되었으므로, 이 문장은 pos.operator++(); 으로 해석된다.
- 36행: -- 연산자는 전역함수의 형태로 오버로딩 되었으므로, 이 문장은 operator--(pos); 으로 해석된다.
- 39, 41행: 이 두 문장이 어떻게 구성 가능한지 잠시 후에 설명하겠다.

❖ 실행결과: OneOpndOverloading.cpp

```
[2, 3]
[1, 2]
[3, 4]
[1, 2]
```

위의 예제에서 15행에 정의된 멤버함수를 보자. 이 함수의 return문과 반환형이 어떠한 의미를 지니는지는 앞서 Chapter 04의 예제 SelfRef.cpp를 통해서 이미 설명하였다.

```
Point& operator++()
{
    xpos+=1;
    ypos+=1;
    return *this;
}
```

this는 객체자신의 포인터 값을 의미하므로, *this는 객체자신을 의미한다. 즉, 위의 함수에서는 객체자신을 반환한다. 그런데 반환형이 참조형으로 선언되었다. 따라서 위 함수의 호출결과로 객체 자신을 참조할 수 있는 '참조 값(참조 값이 의미하는 바는 Chapter 04에서 설명하였다)'이 반환된다. 물론 반환형으로 Point형이 선언된다면, 객체 자신의 복사본을 만들어서 반환을 하게 된다. 그럼 위 예제의 39행을 보자.

```
++(++pos);
```

이 문장에서는 먼저 소괄호 부분이 다음의 형태로 해석이 되어서 실행된다.

```
++(pos.operator++());
```

실행의 결과로 pos 객체의 멤버변수 값은 1씩 증가하고 pos의 참조 값이 반환되므로, 다음의 형태가 된다.

　　++(pos의 참조 값);

그리고 이 문장은 다음과 같이 이어서 해석이 된다.

　　(pos의 참조 값).operator++();

그런데 pos의 참조 값을 대상으로 하는 연산은 pos 객체를 대상으로 하는 연산이기 때문에 결과적으로 위의 문장이 실행되면서 pos 객체의 멤버변수 값은 다시 1씩 증가한다. 즉, 39행의 문장으로 인해서 pos의 멤버변수에 저장된 값은 각각 2씩 증가한다. 이런 연산의 과정을 정리하면 다음과 같다.

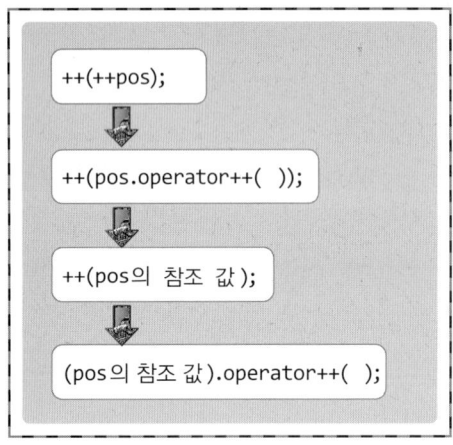

▶ [그림 10-4: 연산의 과정1]

정리하면, 위 예제의 operator++ 함수에서 객체 자신을 참조할 수 있는 참조 값을 반환하는 이유는 일반적인 ++ 연산자와 마찬가지로 위 예제의 39행과 같은 형태의 연산이 가능하게 하기 위함이다. 그럼 이어서 이번에는 41행을 보겠다.

　　--(--pos);

위의 문장은 일단 다음의 형태로 해석이 되어서 소괄호 안에 존재하는 연산자가 먼저 실행된다.

　　--(operator--(pos));

그런데, operator-- 연산자는 다음과 같이 정의되어 있다.

```
Point& operator--(Point &ref)
{
    ref.xpos-=1;
    ref.ypos-=1;
    return ref;
}
```

즉, 인자로 전달된 pos 객체를 참조자 ref로 받아서, 이를 그대로 참조형으로 다시 반환을 한다. 따라서 다음 연산의 결과는,

   `--(operator--(pos));`

다음과 같다.

   `--(pos의 참조 값);`

그리고 이 문장은 이어서 다음과 같이 해석이 된다.

   `operator--(pos의 참조 값);`

마찬가지로 pos의 참조 값을 대상으로 하는 -- 연산은 pos 객체를 대상으로 하는 연산이기 때문에, 결과적으로 위의 문장이 실행되면서 pos 객체에 저장된 멤버변수의 값이 다시 1씩 감소한다. 즉, 41행의 문장으로 인해서 pos의 멤버변수에 저장된 값은 각각 2씩 감소한다. 이런 연산의 과정을 정리하면 다음과 같다.

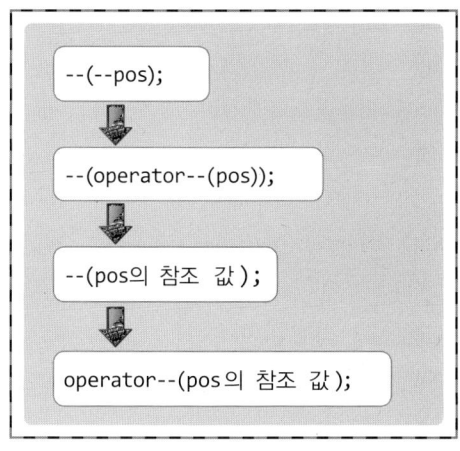

▶ [그림 10-5: 연산의 과정2]

이렇듯, 위 예제의 operator -- 함수도 참조 값을 반환함으로써, 일반적인 --연산자와 마찬가지로 41행의 형태로 연산이 가능하게 하였다.

C++ 프로그래밍

문제 10-2 [단항 연산자 오버로딩]

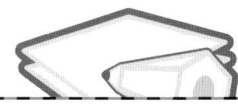

예제 OneOpndOverloading.cpp에서 보인 Point 클래스를 대상으로 아래의 요구대로 연산자를 오버로딩 해보자.

▶ 문제 1: 멤버함수의 형태로 오버로딩

부호 연산자로서 -는 단항 연산자이다. 이 연산자는 피연산자의 부호를 반전시킨 결과를 반환한다. 예를 들어서 다음 문장이 실행되면,

```
int num2 = -num1;
```

num2에는 num1과 절대값은 같지만 부호가 다른 값이 저장된다. 물론 num1의 값에는 영향을 미치지 않는다. 이와 유사하게 Point 클래스를 대상으로 - 연산자를 오버로딩 해 보자. 다음의 문장이 실행되면,

```
Point pos2 = -pos1;
```

pos2의 멤버변수는 pos1의 멤버변수 값과 다른 부호의 값으로 초기화되도록 오버로딩 해보자.

▶ 문제 2: 전역함수의 형태로 오버로딩

~ 연산자는 단항 연산자로서 비트단위 not의 의미를 갖는다. 즉, ~ 연산자는 비트단위로 1은 0으로, 0은 1로 바꾼다. 이에 우리는 Point 객체를 대상으로 다음과 같이 연산이 가능하도록 ~ 연산자를 오버로딩 하고자 한다.

```
Point pos2 = ~pos1;
```

위의 ~ 연산의 결과로 반환된 객체의 xpos 멤버에는 pos1의 ypos 값이, 반환된 객체의 ypos 멤버에는 pos1의 xpos 값이 저장되어야 한다.

이번에도 하나의 답안에 위의 두 문제에 대한 답을 모두 담기로 하자. 필자도 그러한 형태로 답안을 제시하겠다.

✚ 전위증가와 후위증가의 구분

여러분도 알다시피, 그리고 다음 예제에서 보이듯이 ++ 연산자와 -- 연산자는 피연산자의 위치에 따라서 의미가 달라진다.

```
int main(void)
{
    int num=10;
    cout<<num++<<endl;    // 출력 후 num의 값 증가!
```

```
        cout<<++num<<endl;     // num의 값 증가 후 출력!
        return 0;
}
```

그렇다면 예제 OneOpndOverloading.cpp의 Point 클래스에서 오버로딩 한 ++ 연산자와 -- 연산자는 전위연산에 해당할까 후위연산에 해당할까? 오버로딩 한 내용만 봐도, 오버로딩 한 연산자를 호출하는 형태만 봐도, 전위증가, 전위감소 연산에 해당한다는 사실을 쉽게 알 수 있다. 그렇다면, 후위증가, 후위감소 연산에 대한 연산자 오버로딩은 어떻게 해야 할까? C++에서는 전위 및 후위 연산에 대한 해석 방식에 대해 다음의 규칙을 정해놓고 있다.

```
++pos       →      pos.operator++();
pos++       →      pos.operator++(int);
```

마찬가지로,

```
--pos       →      pos.operator--();
pos--       →      pos.operator--(int);
```

즉, 키워드 int를 이용해서 후위연산에 대한 함수를 전위연산에 대한 함수와 구분하고 있다. 물론 여기서 사용된 int는 단지 후위연산을 구분하기 위한 목적으로 선택된 것일 뿐, int형 데이터를 인자로 전달하라는 뜻과는 거리가 멀다. 아니, 아무 상관이 없다. 자! 그럼 이제 ++ 연산자와 -- 연산자를 후위증가, 후위감소의 형태로 오버로딩 해보자. 물론 여기서 중요한 것은 실제로 후위연산의 결과를 보이도록 연산자를 오버로딩 하는 것이다.

❖ PostOpndOverloading.cpp

```
1.  #include <iostream>
2.  using namespace std;
3.
4.  class Point
5.  {
6.  private:
7.      int xpos, ypos;
8.  public:
9.      Point(int x=0, int y=0) : xpos(x), ypos(y)
10.     { }
11.     void ShowPosition() const
12.     {
13.         cout<<'['<<xpos<<", "<<ypos<<']'<<endl;
14.     }
15.     Point& operator++()    // 전위증가
16.     {
17.         xpos+=1;
```

```
18.          ypos+=1;
19.          return *this;
20.      }
21.      const Point operator++(int)      // 후위증가
22.      {
23.          const Point retobj(xpos, ypos);   // const Point retobj(*this);
24.          xpos+=1;
25.          ypos+=1;
26.          return retobj;
27.      }
28.      friend Point& operator--(Point &ref);
29.      friend const Point operator--(Point &ref, int);
30. };
31.
32. Point& operator--(Point &ref)    // 전위감소
33. {
34.      ref.xpos-=1;
35.      ref.ypos-=1;
36.      return ref;
37. }
38.
39. const Point operator--(Point &ref, int)    // 후위감소
40. {
41.      const Point retobj(ref);   // const 객체라 한다.
42.      ref.xpos-=1;
43.      ref.ypos-=1;
44.      return retobj;
45. }
46.
47. int main(void)
48. {
49.      Point pos(3, 5);
50.      Point cpy;
51.      cpy=pos--;
52.      cpy.ShowPosition();
53.      pos.ShowPosition();
54.
55.      cpy=pos++;
56.      cpy.ShowPosition();
57.      pos.ShowPosition();
58.      return 0;
59. }
```

- 21행: ++를 후위증가의 형태로 연산자 오버로딩하고 있다. 반환형이 const인 이유에 대해서는 잠시 후에 설명하겠다.
- 23~25행: 23행에서는 값의 증가에 앞서 반환에 사용할 복사본을 만들어 놓고 있다. 그리고 이

복사본은 값이 변경되면 안되기 때문에 const로 선언하였다. 또한 주석에서 보이듯이, 23행의 문장은 복사 생성자를 호출하는 형태로도 구현이 가능하다.
- 26행: 멤버의 값이 증가하기 이전에 만들어둔 복사본을 반환하고 있다. 이것이 후위증가의 효과를 내는 방법이다.
- 39행: --를 후위감소의 형태로 연산자를 오버로딩 하되, 전역함수의 형태로 오버로딩 하는 방법을 보이고 있다. 이 경우에도 멤버함수의 경우와 마찬가지로, 매개변수의 선언에 int를 추가함으로써 후위감소임을 명시하게 된다.

❖ 실행결과: PostOpndOverloading.cpp

```
[3, 5]
[2, 4]
[2, 4]
[3, 5]
```

위의 실행결과는 오버로딩 된 연산자가 실제로 후위증가 및 후위감소의 효과를 나타내고 있음을 보이고 있다.

➕ 반환형에서의 const 선언과 const 객체

자! 그럼 위 예제의 다음 두 함수를 조금 더 관찰해보자(참고로, 이 내용은 필자가 개인적으로 많은 분들께 받은 질문을 토대로 개정판에 추가한 내용이다).

```cpp
const Point operator++(int)    // Point 클래스의 멤버함수
{
    const Point retobj(xpos, ypos);  // 함수 내에서 retobj의 변경을 막겠다!
    xpos+=1;
    ypos+=1;
    return retobj;
}

const Point operator--(Point &ref, int)
{
    const Point retobj(ref);      // 함수 내에서 retobj의 변경을 막겠다!
    ref.xpos-=1;
    ref.ypos-=1;
    return retobj;
}
```

후위증가 연산자와 후위감소 연산자를 오버로딩 한 함수들인데, 반환형이 const로 선언되었다. 이유가 무엇인지 알겠는가?

"반환의 대상이 되는 retobj 객체가 const로 선언되어 있어서 그런 것 아닌가요?"

아니다! 그렇지 않다! retobj 객체가 반환되면, 반환의 과정에서 새로운 객체가 생성되기 때문에(복사 생성자에서 이야기한 내용), retobj 객체의 const 선언유무는 retobj 객체의 반환에 아무런 영향을 미치지 않는다. 그렇다면 반환형으로 선언된 const는 어떠한 의미를 지닐까? 이것이 의미하는 바는 다음과 같다.

"operator-- 함수의 반환으로 인해서 생성되는 임시객체를 const 객체로 생성하겠다!"

무슨 뜻인지 이해가 되는가? const 객체(상수 객체)를 직접 설명한 바는 없지만, 위의 두 함수에서 retobj 객체를 const 객체로 선언하고 있다. 즉, 다음과 같이 선언되는 객체가 const 객체이다.

```
const Point pos(3, 4);
```

이는 pos 객체를 상수화해서 pos 객체에 저장된 값의 변경을 허용하지 않겠다는 뜻이다. 그래서 const 객체인 pos를 대상으로는 const로 선언된 함수만 호출이 가능하다. 이는 Chapter 04에서 설명한 const 함수의 다음 특성과 일맥상통한다.

"const 함수 내에서는 const 함수의 호출만 허용하도록 제한한다!"

즉, const 객체를 대상으로는 값의 변경능력을 지니는, const로 선언되지 않은 함수의 호출을 허용하지 않겠다는 뜻이다. 실제 값의 변경유무에 상관없이 말이다. 그리고 이러한 const 객체를 대상으로 참조자를 선언할 때에는 참조자도 const로 선언해야 한다. 다음 코드에서 보이듯이 말이다.

```
int main(void)
{
    const Point pos(3, 4);
    const Point &ref=pos;     // 컴파일 OK!
    . . . .
}
```

그래야 참조자를 통한 pos 객체의 변경을 허용하지 않을 수 있기 때문이다.

✚다시 본론으로 돌아와서

const 객체에 대해서도 이해하였으니, 그럼 이제 이 긴 이야기를 마무리해 보겠다. 우선 설명의 편의를 위해서 지금 논의 중에 있는 두 함수를 다시 보이겠다.

```
const Point operator++(int)    // Point 클래스의 멤버함수
{
    const Point retobj(xpos, ypos);    // const Point retobj(*this);
    xpos+=1;
    ypos+=1;
    return retobj;
}

const Point operator--(Point &ref, int)
{
    const Point retobj(ref);
    ref.xpos-=1;
    ref.ypos-=1;
    return retobj;
}
```

위의 두 함수는 객체를 반환한다. 그리고 그 과정에서 생성되는 임시객체는 반환형의 const 선언으로 인해서 값의 변경을 허용하지 않는 const 객체(상수 객체)가 된다. 따라서 이 객체를 대상으로는 const로 선언되지 않은 멤버함수의 호출이 불가능하다. 때문에 반환형의 const 선언으로 인해서 다음의 문장구성은 불가능하다.

```
int main(void)
{
    Point pos(3, 5);
    (pos++)++;    // 컴파일 Error!
    (pos--)--;    // 컴파일 Error!
    . . . .
}
```

그럼 컴파일 에러가 발생하는 이유에 대해서 간단히 정리해보겠다. pos++ 연산과 pos-- 연산으로 인해서 반환되는 것은 const 객체이니 다음 두 문장의 1차 실행결과는,

(pos++)++;

(pos--)--;

다음과 같다.

(Point형 const 임시객체)++;

(Point형 const 임시객체)--;

그리고 이 두 문장은 각각 다음과 같이 해석이 된다.

```
(Point형 const 임시객체).operator++();    // operator++(int)의 호출
operator--(Point형 const 임시객체);      // operator--(Point &ref, int)의 호출
```

여기서 operator++ 멤버함수는 const로 선언된 함수가 아니기 때문에 const 임시객체를 대상으로는 호출이 불가능해서 컴파일 에러가 발생한다. 그리고 operator-- 전역함수의 경우는 매개변수로 참조자가 선언되었는데, 이 참조자가 const로 선언되지 않았기 때문에 컴파일 에러가 발생한다.

자! 그럼 지금까지 설명한 내용에 대한 결론을 내려보겠다. 후위증가 및 후위감소 연산에 대해서 오버로딩 한 함수의 반환형을 const로 선언한 이유는 다음의 두 문장에서 컴파일 에러를 일으키기 위함이다.

```
(pos++)++;       // 컴파일 Error!
(pos--)--;       // 컴파일 Error!
```

그리고 이는 다음의 연산은 허용을 하되,

```
int main(void)
{
    int num=100;
    ++(++num);   // 컴파일 OK!
    --(--num);   // 컴파일 OK!
    . . . .
}
```

다음의 연산을 허용하지 않는 C++의 연산특성을 그대로 반영한 결과이다.

```
int main(void)
{
    int num=100;
    (num++)++;   // 컴파일 Error!
    (num--)--;   // 컴파일 Error!
    . . . .
}
```

다소 긴, 그리고 생각을 좀 많이 해야 하는 설명이 일단락되었다. 필자 개인적으로는 초판의 부족함에 대한 반성의 의미로 가급적 상세히 설명하려고 노력하였는데, 그만큼 여러분에게 만족스러운 설명이 되었으면 좋겠다.

10-3 : 교환법칙 문제의 해결

교환법칙이란 'A+B의 결과는 B+A의 결과와 같음'을 뜻한다. 즉, 연산자를 중심으로 한 피연산자의 위치는 연산의 결과에 아무런 영향을 미치지 않는다는 법칙이다. 대표적으로 교환법칙이 성립하는 연산으로는 곱셈연산과 덧셈연산이 있다.

✚ 자료형이 다른 두 피연산자를 대상으로 하는 연산

교환법칙의 성립과 관련된 이야기에 앞서 예제를 하나 소개하겠다. 이 예제에서는 연산자 오버로딩을 통해서, 서로 다른 자료형의 두 데이터간의 연산을 가능하게 하고 있다. 기본적으로 연산에 사용되는 두 피연산자의 자료형은 일치해야 한다. 그리고 일치하지 않으면, 형 변환의 규칙에 따라서 변환이 진행된 다음에 연산이 이뤄져야 한다. 그러나 다음 예제에서 보이듯이 연산자 오버로딩을 이용하면, 이러한 연산 규칙에 예외를 둘 수 있다.

❖ PointMultipleOperation.cpp

```cpp
1.  #include <iostream>
2.  using namespace std;
3.
4.  class Point
5.  {
6.  private:
7.      int xpos, ypos;
8.  public:
9.      Point(int x=0, int y=0) : xpos(x), ypos(y)
10.     { }
11.     void ShowPosition() const
12.     {
13.         cout<<'['<<xpos<<", "<<ypos<<']'<<endl;
14.     }
15.     Point operator*(int times)
16.     {
17.         Point pos(xpos*times, ypos*times);
18.         return pos;
19.     }
20. };
21.
22. int main(void)
23. {
```

```
24.        Point pos(1, 2);
25.        Point cpy;
26.
27.        cpy=pos*3;
28.        cpy.ShowPosition();
29.
30.        cpy=pos*3*2;
31.        cpy.ShowPosition();
32.        return 0;
33.    }
```

- 15행: 곱셈 연산자를 오버로딩 하였다. 따라서 Point 객체와 정수간의 곱셈이 가능하게 되었다.
- 17, 18행: 곱의 배수만큼 xpos와 ypos의 값이 증가된 Point 객체를 생성 및 반환하는 형태로 연산자를 오버로딩 하였다.
- 27행: 이 문장에서 보이는 곱셈연산은 pos.operator*(3)으로 해석된다. 그리고 이렇게 해석이 되기 위해서는 Point 객체가 곱셈 연산자의 왼편에 와야 한다.
- 30행: 3을 곱했을 때 반환되는 객체를 대상으로 다시 2를 곱하는 연산을 하고 있다. 그리고 그 연산의 결과가 cpy 객체에 저장된다.

❖ 실행결과: PointMultipleOperation.cpp

```
[3, 6]
[6, 12]
```

위 예제에서 오버로딩 한 곱셈 연산자의 경우, Point 클래스의 멤버함수 형태로 정의했기 때문에 27행과 30행에서 보이듯이 Point 객체가 * 연산자의 왼편에 와야 한다. 그러나 여러분도 알다시피 곱셈연산은 교환법칙이 성립한다. 따라서 27행의 다음 문장은,

    cpy = pos * 3;

다음의 형태로 문장을 구성해도 동일한 결과를 보여야 한다(보이도록 구현하는 것이 좋다).

    cpy = 3 * pos;   // 3.operator*(pos)로는 해석 불가능!

그러나 위 예제에서 오버로딩 한 형태로는 이 연산이 불가능하다. 멤버함수의 형태로 오버로딩이 되면, 멤버함수가 정의된 클래스의 객체가 오버로딩 된 연산자의 왼편에 와야 하기 때문이다.

> **참고** 객체간의 대입연산
>
> 예제 PointMultipleOperation.cpp의 27행과 30행을 보면, 이미 생성된 객체를 대상으로 대입연산을 진행하고 있다. 그리고 그 결과 객체간 멤버 대 멤버 복사가 진행된 것을 알 수 있다. 이 역시 연산자의 오버로딩과 관계가 있는데, 이와 관련해서는 다음 Chapter에서 설명을 진행하니, 일단은 동일한 자료형의 두 객체를 대상으로 대입연산이 가능하고, 그 결과로 멤버 대 멤버의 복사가 이뤄진다는 사실만 기억하기 바란다.

➕ 교환법칙의 성립을 위한 구현

그럼 이제 교환법칙이 성립하도록 예제를 확장해보자. 일단 다음의 곱셈연산이 가능 하려면,

    cpy = 3 * pos;

전역함수의 형태로 곱셈 연산자를 오버로딩 하는 수 밖에 없다. 즉, 위의 문장이 다음과 같이 해석이 되도록 연산자를 오버로딩 해야 한다.

    cpy=operator*(3, pos);

그리고 이를 위해서는 operator* 함수를 다음과 같이 정의해야 한다.

```
Point operator*(int times, Point& ref)
{
    Point pos(ref.xpos*times, ref.ypos*times);
    return pos;
}
```

그런데, 다음과 같이 '3*pos'를 'pos*3'이 되도록 바꾸는 형태로 오버로딩을 해도 된다.

```
Point operator*(int times, Point& ref)
{
    return ref*times;
}
```

그럼 이를 반영해서 교환법칙이 성립하도록 예제를 확장해보겠다.

❖ CommuMultipleOperation.cpp

```
1.  #include <iostream>
2.  using namespace std;
3.
```

```
4.   class Point
5.   {
6.   private:
7.       int xpos, ypos;
8.   public:
9.       Point(int x=0, int y=0) : xpos(x), ypos(y)
10.      { }
11.      void ShowPosition() const
12.      {
13.          cout<<'['<<xpos<<", "<<ypos<<']'<<endl;
14.      }
15.      Point operator*(int times)
16.      {
17.          Point pos(xpos*times, ypos*times);
18.          return pos;
19.      }
20.      friend Point operator*(int times, Point& ref);
21.  };
22.
23.  Point operator*(int times, Point& ref)
24.  {
25.      return ref*times;
26.  }
27.
28.  int main(void)
29.  {
30.      Point pos(1, 2);
31.      Point cpy;
32.
33.      cpy=3*pos;
34.      cpy.ShowPosition();
35.
36.      cpy=2*pos*3;
37.      cpy.ShowPosition();
38.      return 0;
39.  }
```

- 23행: 교환법칙의 성립을 목적으로 함수가 추가로 정의되었다.
- 33행: 교환법칙이 성립됨을 보이고 있다.
- 36행: 교환법칙이 성립되면, 이렇듯 보다 자연스러운 연산문의 구성이 가능하다.

❖ 실행결과: CommuMultipleOperation.cpp

```
[3, 6]
[6, 12]
```

위 예제에서 보이듯이, 전역함수를 기반으로 연산자를 오버로딩 해야 하는 경우도 있으니, 전역함수 기반의 연산자 오버로딩에도 익숙해지기 바란다.

10-4 : cout, cin 그리고 endl의 정체

이제 여러분은 어느 정도 연산자 오버로딩에 대한 이해를 갖추었다. 따라서 C++의 콘솔 입출력에 사용되는 cout과 cin, 그리고 endl의 개념을 이해할 수 있는 기본이 갖춰진 셈이다. 그러니 이와 관련해서는 필자가 여러 말 할 필요도 없을 것 같다. 예제만 제시해도 여러분 스스로 이해할 수 있는 수준에 이르렀으니 말이다.

✚ cout과 endl 이해하기

다음은 C++의 콘솔 입출력에 사용되는 cout과 endl의 이해를 돕기 위한 예제이다. 이 예제에서는 cout과 endl을 아주 조금 흉내 내서 이 둘에 대한 이해를 돕고 있다. 이미 앞에서 한번씩은 언급했던 내용을 기반으로 구현 된 예제이므로 여러분 스스로 이해할 수 있을 것이다.

❖ ConsoleOutput.cpp

```
1.  #include <iostream>
2.  namespace mystd
3.  {
4.      using namespace std;
```

```
5.
6.      class ostream
7.      {
8.      public:
9.          void operator<< (char * str)
10.         {
11.             printf("%s", str);
12.         }
13.         void operator<< (char str)
14.         {
15.             printf("%c", str);
16.         }
17.         void operator<< (int num)
18.         {
19.             printf("%d", num);
20.         }
21.         void operator<< (double e)
22.         {
23.             printf("%g", e);
24.         }
25.         void operator<< (ostream& (*fp)(ostream &ostm))
26.         {
27.             fp(*this);
28.         }
29.     };
30.
31.     ostream& endl(ostream &ostm)
32.     {
33.         ostm<<'\n';
34.         fflush(stdout);
35.         return ostm;
36.     }
37.
38.     ostream cout;
39. }
40.
41. int main(void)
42. {
43.     using mystd::cout;
44.     using mystd::endl;
45.
46.     cout<<"Simple String";
47.     cout<<endl;
48.     cout<<3.14;
49.     cout<<endl;
50.     cout<<123;
51.     endl(cout);
```

```
52.        return 0;
53.  }
```

- **2행**: cout과 endl을 직접 구현하기 위해서 선언한 이름공간이다.
- **4행**: 이 using 선언은 이름공간 mystd 내에서 지역적으로 이뤄졌으니, 이 지역 내에서만 유효한 선언이 된다. 그리고 이 선언은 C언어의 표준함수인 printf 함수의 호출을 위해서 삽입되었다(이와 관련해서는 Chapter 02의 뒷부분에서 설명하였다).
- **9~28, 38행**: 여기서 보이듯이 cout은 객체의 이름이며, 이 객체 내에서는 다양한 기본 자료형 데이터를 대상으로 << 연산자를 오버로딩 하고 있다. 특히 25행에 정의된 함수의 경우, 31행에 정의된 함수를 인자로 전달받을 수 있도록 정의되어 있다. 만약에 25행에 정의된 함수의 매개변수 형이 낯설다면, C언어의 함수포인터 부분을 참고하기 바란다.
- **31~36행**: endl은 이렇듯 함수의 형태를 띤다. 그리고 34행에서 보이듯이 버퍼를 비우는 작업까지 함께 진행한다.
- **43, 44행**: 이름공간 mystd 내에 선언된 cout과 endl의 사용을 위해서 지역적으로 using 선언을 하였다. 따라서 main 함수 내에서의 cout과 endl은 이름공간 mystd 내에 선언된 것을 의미하게 된다.

❖ 실행결과: ConsoleOutput.cpp

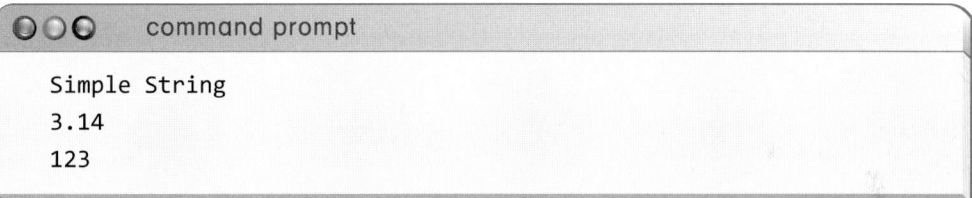

위 예제 46, 48, 50행의 문장은 각각 다음과 같이 해석이 된다.

```
cout.operator<<("Simple String");

cout.operator<<(3.14);

cout.operator<<(123);
```

물론, 이 때 사용된 cout은 이름공간 mystd 내에 선언된 cout이다. 그리고 47행과 49행은 둘 다 다음과 같이 해석된다.

```
cout.operator<<(endl);
```

즉, 이름공간 mystd 내에 선언된 함수 endl을 인자로 전달하면서 25행에 정의된 멤버함수를 호출하는 문장이다. 그리고 51행에서는 함수 endl을 호출하면서 인자로 cout을 전달하고 있는데, 실제로, endl이 이렇게 호출 가능한 함수인지 궁금할 것이다. 그렇다면 위 예제 43행과 44행을 다음의 선언으로 대체

C++ 프로그래밍

해서 실행해보기 바란다. 그럼 실제로 호출이 가능한지 확인할 수 있다.

    using std::cout;

    using std::endl;

확인해 보았는가? 그렇다면, 실제로 호출이 가능함을 알았을 것이다. 자! 이로써 cout과 << 연산, 그리고 endl이 의미하는 바를 이해하였을 것이다. 참고로, 별도로 설명하지는 않았지만, cin과 >> 연산이 의미하는 바도 이와 동일하다.

그런데 위의 예제는 한가지 문제점을 지니고 있다. 다음 형태의 문장은 컴파일 오류를 발생시키기 때문이다. 어디를 어떻게 변경해야 다음 문장을 실행할 수 있겠는가?

    cout<<123<<endl<<3.14<<endl;

<< 연산자는 왼쪽에서 오른쪽으로 진행이 된다. 따라서 위의 문장은 다음의 순서로 연산이 이뤄진다.

    ((((cout<<(123)) << endl) << 3.14) << endl);

즉, 모든 << 연산의 결과로는 cout이 반환되어야 한다. 그래야 연이은 << 연산을 진행할 수 있다. 그런데 앞서 보인 예제의 << 연산자는 cout을 반환하지 않았다. 그래서 컴파일 에러가 발생한 것이다. 그럼 답은 나온 셈이니, 앞서 보인 예제를 확장해보자.

❖ IterateConsoleOutput.cpp

```
1.   #include <iostream>
2.
3.   namespace mystd
4.   {
5.       using namespace std;
6.
7.       class ostream
8.       {
9.       public:
10.          ostream& operator<< (char * str)
11.          {
12.              printf("%s", str);
13.              return *this;
14.          }
15.          ostream& operator<< (char str)
16.          {
17.              printf("%c", str);
18.              return *this;
19.          }
20.          ostream& operator<< (int num)
21.          {
```

```
22.                printf("%d", num);
23.                return *this;
24.            }
25.            ostream& operator<< (double e)
26.            {
27.                printf("%g", e);
28.                return *this;
29.            }
30.            ostream& operator<< (ostream& (*fp)(ostream &ostm))
31.            {
32.                return fp(*this);
33.            }
34.        };
35.
36.        ostream& endl(ostream &ostm)
37.        {
38.            ostm<<'\n';
39.            fflush(stdout);
40.            return ostm;
41.        }
42.        ostream cout;
43.    }
44.
45.    int main(void)
46.    {
47.        using mystd::cout;
48.        using mystd::endl;
49.        cout<<3.14<<endl<<123<<endl;
50.        return 0;
51.    }
```

- 10~29행: cout 객체의 참조값을 반환하는 형태로 확장하였다.
- 36, 40행: endl 함수는 인자로 전달된 객체의 참조값을 반환하므로, 반환된 값을 재 반환하는 형태로 연산자를 오버로딩 하였다.

❖ 실행결과: IterateConsoleOutput.cpp

```
command prompt
3.14
123
```

C++ 프로그래밍

위의 예제를 이해하는데 큰 어려움은 없었으리라 생각한다. 그리고 처음에는 낯설었던 cout과 << 연산자의 조합, 그리고 그 끝에 등장하는 endl에 대해서도 그 정체를 알았으니, 속도 좀 후련해졌으리라 생각한다.

<<, >> 연산자의 오버로딩

cout과 endl의 이해를 돕는 예제의 작성과정에서 << 연산자를 오버로딩 해 보았다. 그래서 이번에는 앞서 정의한 Point 클래스를 대상으로 << 연산자와 >> 연산자를 오버로딩 해 보고자 한다. 즉, 다음과 같은 유형의 연산이(출력이) 가능하게 하고자 한다.

```
int main(void)
{
    Point pos(3, 4);
    cout<<pos<<endl;      // [3, 4] 출력!
    . . . .
}
```

그런데 이러한 문제의 해결을 위해서는 연산자를 오버로딩 해야 하므로, 다음의 사실을 알고 있어야 한다.

- cout은 ostream 클래스의 객체이다.
- ostream은 이름공간 std 안에 선언되어 있으며, 이의 사용을 위해서는 헤더파일 <iostream>을 포함해야 한다.

자! 그럼 문제의 해결을 위해서 출력문의 일부인 다음 구문을 관찰하자.

```
cout<<pos
```

이것이 가능하기 위해서는 << 연산자가 오버로딩 되어 있어야 한다. 그리고 만약에 멤버함수의 형태로 오버로딩을 한다면, 다음과 같이 해석이 가능해야 하고,

```
cout.operator<<(pos)
```

전역함수의 형태로 오버로딩을 한다면, 다음과 같이 해석이 가능해야 한다.

```
operator<<(cout, pos)
```

우리는 어떠한 방법을 선택해야 하겠는가? 멤버함수에 의한 방법인가, 아니면 전역함수에 의한 방법인가? 멤버함수에 의한 방법을 선택하려면 cout 객체의 멤버함수를 하나 추가해야 하므로, ostream 클래스를 정정해야 한다. 그런데 이는 불가능한 방법이니, 전역함수에 의한 방법을 택하는 수밖에 없다. 때문에 우리는 다음의 형태로 전역함수를 정의해야 한다.

```
ostream& operator<< (ostream& os, const Point& pos) { . . . . }
```

그럼 다음 예제를 통해서 최종 결과를 확인하자.

❖ PointConsoleOutput.cpp

```
1.   #include <iostream>
2.   using namespace std;
3.
4.   class Point
5.   {
6.   private:
7.       int xpos, ypos;
8.   public:
9.       Point(int x=0, int y=0) : xpos(x), ypos(y)
10.      { }
11.      void ShowPosition() const
12.      {
13.          cout<<'['<<xpos<<", "<<ypos<<']'<<endl;
14.      }
15.      friend ostream& operator<<(ostream&, const Point&);
16.  };
17.
18.  ostream& operator<<(ostream& os, const Point& pos)
19.  {
20.      os<<'['<<pos.xpos<<", "<<pos.ypos<<']'<<endl;
21.      return os;
22.  }
23.
24.  int main(void)
25.  {
26.      Point pos1(1, 3);
27.      cout<<pos1;
28.      Point pos2(101, 303);
29.      cout<<pos2;
30.      return 0;
31.  }
```

- 20행: 인자로 전달된 cout의 참조자를 통한 출력을 구성하였다.
- 27, 29행: 이 두 문장으로 인해서 18행에 정의된 함수가 호출된다. 이는 << 연산자의 오른편에 등장한 것이 Point 객체이기 때문이다.

C++ 프로그래밍

❖ 실행결과: PointConsoleOutput.cpp

```
[1, 3]
[101, 303]
```

이제 Point 클래스를 대상으로 한 >> 연산자의 오버로딩에 대해서 살펴볼 차례이다. 그런데 이는 다음의 정보를 알려 드리면서, 여러분이 직접 해결할 수 있는 기회를 드리고자 한다.

- cin은 istream 클래스의 객체이다.
- istream은 이름공간 std 안에 선언되어 있으며, 이의 사용을 위해서는 헤더파일 〈iostream〉을 포함해야 한다.

그럼 이어서 등장하는 문제를 기회로 하여, Point 클래스를 대상으로 한 >> 연산자의 오버로딩을 직접 완성하기 바란다.

문제 10-3 [입력을 위한 >> 연산자의 오버로딩]

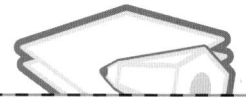

예제 PointConsoleOutput.cpp에서 정의한 Point 클래스를 대상으로 아래의 main 함수가 보이는 대로 데이터의 입력이 가능하도록, 그리고 실행의 예에서 보이는 대로 출력이 이뤄지도록 >> 연산자를 오버로딩 하자.

[main 함수]
```cpp
int main(void)
{
    Point pos1;
    cout<<"x, y 좌표 순으로 입력: ";
    cin>>pos1;
    cout<<pos1;

    Point pos2;
    cout<<"x, y 좌표 순으로 입력: ";
    cin>>pos2;
    cout<<pos2;
    return 0;
}
```

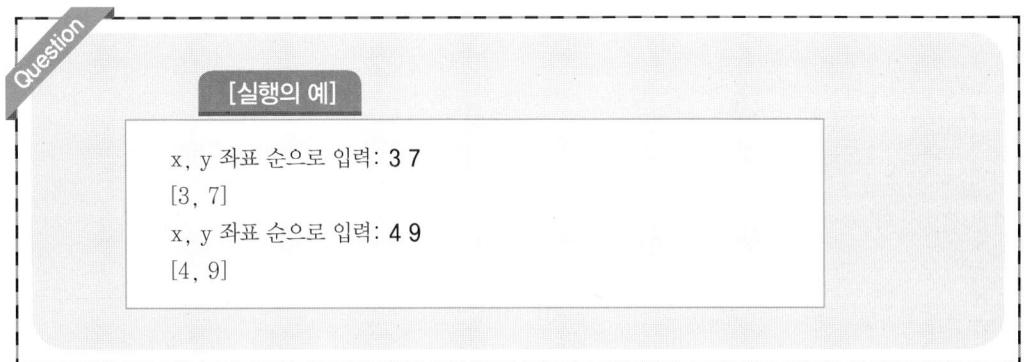

```
x, y 좌표 순으로 입력: 3 7
[3, 7]
x, y 좌표 순으로 입력: 4 9
[4, 9]
```

10 : 프로그래밍 문제의 답안

✚ 문제 10-1의 답안

세 문제의 답안을 아래의 예제 하나에 묶어 놓았다.

❖ 소스코드 답안

```
1.  #include <iostream>
2.  using namespace std;
3.
4.  class Point
5.  {
6.  private:
7.      int xpos, ypos;
8.  public:
9.      Point(int x=0, int y=0) : xpos(x), ypos(y)
10.     { }
11.     void ShowPosition() const
12.     {
13.         cout<<'['<<xpos<<", "<<ypos<<']'<<endl;
14.     }
15.     Point& operator+=(const Point & ref)
```

```cpp
16.     {
17.         xpos+=ref.xpos;
18.         ypos+=ref.ypos;
19.         return *this;
20.     }
21.     Point& operator-=(const Point & ref)
22.     {
23.         xpos-=ref.xpos;
24.         ypos-=ref.ypos;
25.         return *this;
26.     }
27.     friend Point operator-(const Point &, const Point &);
28.     friend bool operator==(const Point &, const Point &);
29.     friend bool operator!=(const Point &, const Point &);
30. };
31.
32. Point operator-(const Point &pos1, const Point &pos2)
33. {
34.     Point pos(pos1.xpos-pos2.xpos, pos1.ypos-pos2.ypos);
35.     return pos;
36. }
37.
38. bool operator==(const Point &pos1, const Point &pos2)
39. {
40.     if(pos1.xpos==pos2.xpos && pos1.ypos==pos2.ypos)
41.         return true;
42.     else
43.         return false;
44. }
45.
46. bool operator!=(const Point &pos1, const Point &pos2)
47. {
48.     return !(pos1==pos2);       // 오버로딩 된 == 연산자를 호출하고 있다.
49. }
50.
51. int main(void)
52. {
53.     Point pos1(20, 30);
54.     Point pos2(5, 7);
55.     Point pos3(5, 7);
56.
57.     (pos1-pos2).ShowPosition();     // 객체를 반환하므로 함수호출 가능
58.     (pos2+=pos3).ShowPosition();    // 반환형이 참조형이므로 함수호출 가능
59.
60.     if(pos2==pos3)
61.         cout<<"equal"<<endl;
62.     else
63.         cout<<"not equal"<<endl;
64.
65.     (pos2-=pos3).ShowPosition();    // 반환형이 참조형이므로 함수호출 가능
66.
67.     if(pos2!=pos3)
68.         cout<<"not equal"<<endl;
69.     else
70.         cout<<"equal"<<endl;
71.     return 0;
72. }
```

문제 10-2의 답안

두 문제의 답안을 아래의 예제 하나에 묶어 놓았다.

❖ 소스코드 답안

```cpp
1.  #include <iostream>
2.  using namespace std;
3.
4.  class Point
5.  {
6.  private:
7.      int xpos, ypos;
8.  public:
9.      Point(int x=0, int y=0) : xpos(x), ypos(y)
10.     { }
11.     void ShowPosition() const
12.     {
13.         cout<<'['<<xpos<<", "<<ypos<<']'<<endl;
14.     }
15.     Point operator- ()
16.     {
17.         Point pos(-xpos, -ypos);
18.         return pos;
19.     }
20.     friend Point operator~ (const Point &);
21. };
22.
23. Point operator~ (const Point &ref)
24. {
25.     Point pos(ref.ypos, ref.xpos);
26.     return pos;
27. }
28.
29. int main(void)
30. {
31.     Point pos1(9, -7);
32.     pos1.ShowPosition();
33.     Point pos2=-pos1;
34.     pos2.ShowPosition();
35.     (~pos2).ShowPosition();
36.     pos2.ShowPosition();
37.     return 0;
38. }
```

문제 10-3의 답안

❖ 소스코드 답안

```cpp
1.  #include <iostream>
2.  using namespace std;
3.
4.  class Point
5.  {
```

```
6.    private:
7.        int xpos, ypos;
8.    public:
9.        Point(int x=0, int y=0) : xpos(x), ypos(y)
10.       { }
11.       void ShowPosition() const
12.       {
13.           cout<<'['<<xpos<<", "<<ypos<<']'<<endl;
14.       }
15.       friend ostream& operator<<(ostream&, const Point&);
16.       friend istream& operator>>(istream&, Point& pos);
17. };
18.
19. ostream& operator<<(ostream& os, const Point& pos)
20. {
21.     os<<'['<<pos.xpos<<", "<<pos.ypos<<']'<<endl;
22.     return os;
23. }
24.
25. istream& operator>>(istream& is, Point& pos)
26. {
27.     is>>pos.xpos>>pos.ypos;
28.     return is;
29. }
30.
31. int main(void)
32. {
33.     Point pos1;
34.     cout<<"x, y 좌표 순으로 입력: ";
35.     cin>>pos1;
36.     cout<<pos1;
37.
38.     Point pos2;
39.     cout<<"x, y 좌표 순으로 입력: ";
40.     cin>>pos2;
41.     cout<<pos2;
42.     return 0;
43. }
```

Chapter 11
연산자 오버로딩 2

이번 Chapter에서는 대입 연산자의 오버로딩을 시작으로 Chapter 10 에서 설명한 내용을 이어간다. 혹시 연산자 오버로딩만 계속 설명을 하니 좀 지루한가? 그래서 다음 Chapter로 넘어가고 싶은가? 그렇다 해도 대입 연산자의 오버로딩은 반드시 공부해야 한다. 왜냐하면 대 입 연산자의 오버로딩은 클래스 정의에 있어서 생성자, 복사 생성자 와 함께 빠질 수 없는 요소이기 때문이다.

C++ 프로그래밍

11-1 : 반드시 해야 하는 대입 연산자의 오버로딩

이번에 설명하는 대입 연산자의 오버로딩은 그 성격이 복사 생성자와 매우 유사하다. 따라서 복사 생성자에 대한 이해를 바탕으로 대입 연산자를 이해하기 바란다.

✚ 객체간 대입연산의 비밀: 디폴트 대입 연산자

잠시 복사 생성자에 대해서 복습하겠다. 다음은 이전에 설명한 복사 생성자의 대표적인 특성이다.

- 정의하지 않으면 디폴트 복사 생성자가 삽입된다.
- 디폴트 복사 생성자는 멤버 대 멤버의 복사(얕은 복사)를 진행한다.
- 생성자 내에서 동적 할당을 한다면, 그리고 깊은 복사가 필요하다면 직접 정의해야 한다.

그리고 다음은 이어서 설명할 대입 연산자의 대표적인 특성이다.

- 정의하지 않으면 **디폴트 대입 연산자**가 삽입된다.
- 디폴트 대입 연산자는 멤버 대 멤버의 복사(얕은 복사)를 진행한다.
- 연산자 내에서 동적 할당을 한다면, 그리고 깊은 복사가 필요하다면 직접 정의해야 한다.

어떤가? 정말 유사하지 않은가? 하지만 호출되는 시점에는 차이가 있다. 복사 생성자가 호출되는 대표적인 상황은 다음과 같다.

```
int main(void)
{
    Point pos1(5, 7);
    Point pos2=pos1;
    . . . . .
}
```

여기서 중요한 사실은 새로 생성하는 객체 pos2의 초기화에 기존에 생성된 객체 pos1이 사용되었다는 점이다. 다음은 대입 연산자가 호출되는 대표적인 상황이다.

```
int main(void)
{
    Point pos1(5, 7);
    Point pos2(9, 10);
```

```
            pos2=pos1;
            . . . .
    }
```

여기서 중요한 사실은 **pos2도, 그리고 pos1도 이미 생성 및 초기화가 진행된 객체라는 사실**이다. 즉, 기존에 생성된 두 객체간의 대입연산 시에는 대입 연산자가 호출된다. 그런데 우리는 이미 연산자 오버로딩을 공부한 상태이니, 그냥 딱 봐도 다음의 문장은

```
pos2=pos1;
```

멤버함수 방식의 오버로딩을 기준으로, 다음의 형태로 해석됨을 알 수 있다.

```
pos2.operator=(pos1);
```

그럼 지금까지 언급한 대입 연산자의 특성을 확인하기 위한 예제를 하나 제시하겠다. 이 예제에서는 두 개의 클래스를 정의하는데, 한 클래스에는 대입 연산자를 정의했고, 다른 클래스에는 대입 연산자를 정의하지 않았다.

❖ FirstOperationOverloading.cpp

```
1.  #include <iostream>
2.  using namespace std;
3.
4.  class First
5.  {
6.  private:
7.      int num1, num2;
8.  public:
9.      First(int n1=0, int n2=0) : num1(n1), num2(n2)
10.     { }
11.     void ShowData() { cout<<num1<<", "<<num2<<endl; }
12. };
13.
14. class Second
15. {
16. private:
17.     int num3, num4;
18. public:
19.     Second(int n3=0, int n4=0) : num3(n3), num4(n4)
20.     { }
21.     void ShowData() { cout<<num3<<", "<<num4<<endl; }
22.
23.     Second& operator=(const Second& ref)
24.     {
25.         cout<<"Second& operator=()"<<endl;
```

```
26.            num3=ref.num3;
27.            num4=ref.num4;
28.            return *this;
29.        }
30. };
31.
32. int main(void)
33. {
34.     First fsrc(111, 222);
35.     First fcpy;
36.     Second ssrc(333, 444);
37.     Second scpy;
38.     fcpy=fsrc;
39.     scpy=ssrc;
40.     fcpy.ShowData();
41.     scpy.ShowData();
42.
43.     First fob1, fob2;
44.     Second sob1, sob2;
45.     fob1=fob2=fsrc;
46.     sob1=sob2=ssrc;
47.
48.     fob1.ShowData();
49.     fob2.ShowData();
50.     sob1.ShowData();
51.     sob2.ShowData();
52.     return 0;
53. }
```

- 4행: First 클래스에는 대입 연산자를 오버로딩 하지 않았다.
- 14, 23행: Second 클래스에는 멤버 대 멤버의 복사가 진행되도록, 대입 연산자를 오버로딩 하였다. 특히 오버로딩 된 대입 연산자의 반환형이 참조형임에 주목하기 바란다.
- 25행: 대입 연산자의 호출을 확인하기 위한 문자열 출력이다.
- 38행: 이 문장은 'fcpy.operator=(fsrc)'로 해석된다. 그리고 이로 인해서 디폴트로 삽입된 대입 연산자가 호출된다.
- 39행: 이 문장은 'scpy.operator=(ssrc)'로 해석된다. 그리고 이로 인해서 23행에 정의된 대입 연산자가 호출된다.
- 45행: 대입 연산자는 오른쪽에서 왼쪽으로 진행된다(결합방향에 의해). 따라서 이 문장이 실행된다는 사실을 통해서 디폴트 대입 연산자의 반환형을 유추할 수 있다.

❖ 실행결과: FirstOperationOverloading.cpp

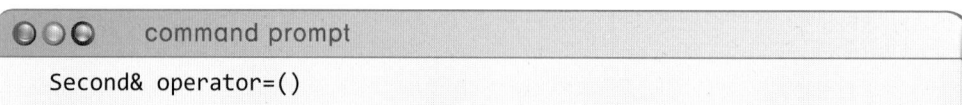

```
111, 222
333, 444
Second& operator=()
Second& operator=()
111, 222
111, 222
333, 444
333, 444
```

위의 실행결과를 통해서 확인할 수 있는 사실은 다음과 같다.

"분명 디폴트 대입 연산자가 삽입되어 멤버 대 멤버의 복사가 진행된다."

게다가, 45행에서 보인 연산문을 통해서 반환형도 예측이 가능하다. 즉, 위에서 정의한 First 클래스에 자동으로 삽입된 디폴트 대입 연산자는 다음과 같다.

```
First& operator=(const First& ref)
{
    num1=ref.num1;
    num2=ref.num2;
    return *this;
}
```

따라서 위의 함수를 First 클래스에 직접 삽입해도 실행결과에는 차이가 없다. 참고로 우리는 다음의 문장을 보면,

```
int main(void)
{
    Second s1(10, 20)
    Second s2(11, 22);
    s2=s1;
    . . . .
}
```

다음과 같이 생각하기 쉽다.

"어라? 동일한 자료형의 두 객체간에 대입연산이 허용되네!"

그리고 멤버 대 멤버의 복사가 이뤄지는 것을 보면서, C언어의 구조체 변수간 대입연산의 결과와 비슷하다고 생각하기 쉽다. 그러나 앞서 보였듯이, 객체간의 대입연산은 C언어의 구조체 변수간의 대입연산과

본질적으로 다르다. 이는 단순한 대입연산이 아닌, 대입 연산자를 오버로딩 한 함수의 호출이기 때문이다.

디폴트 대입 연산자의 문제점

지금부터 디폴트 대입 연산자의 문제점을 언급하고 이에 대한 해결책을 제시할 텐데, 그 문제라는 것이 디폴트 복사 생성자에서 보인 문제와 유사하고(사실 동일하다). 그 해결책도 매우 유사하니(이건 차이가 좀 있다), 쉽게 이해할 수 있을 것이다. 먼저 다음 예제를 통해서 문제점을 언급하겠다. 참고로 이 예제는 Chapter 05에서 디폴트 복사 생성자의 문제점을 언급할 때 사용한 예제를 조금 수정한 것이다.

❖ **AssignShallowCopyError.cpp**

```cpp
1.  #include <iostream>
2.  #include <cstring>
3.  using namespace std;
4.
5.  class Person
6.  {
7.  private:
8.      char * name;
9.      int age;
10. public:
11.     Person(char * myname, int myage)
12.     {
13.         int len=strlen(myname)+1;
14.         name=new char[len];
15.         strcpy(name, myname);
16.         age=myage;
17.     }
18.     void ShowPersonInfo() const
19.     {
20.         cout<<"이름: "<<name<<endl;
21.         cout<<"나이: "<<age<<endl;
22.     }
23.     ~Person()
24.     {
25.         delete []name;
26.         cout<<"called destructor!"<<endl;
27.     }
28. };
29.
30. int main(void)
31. {
32.     Person man1("Lee dong woo", 29);
33.     Person man2("Yoon ji yul", 22);
34.     man2=man1;
```

```
35.         man1.ShowPersonInfo();
36.         man2.ShowPersonInfo();
37.         return 0;
38. }
```

- 5행: Chapter 05의 예제 ShallowCopyError.cpp의 Person 클래스를 그대로 사용하였다.
- 34행: 대입 연산자가 호출된다. 그런데 Person 클래스에는 대입 연산자가 정의되어 있지 않으니, 디폴트 대입 연산자가 호출된다.

❖ 실행결과: AssignShallowCopyError.cpp

```
이름: Lee dong woo
나이: 29
이름: Lee dong woo
나이: 29
called destructor!
```

실행결과를 보면, 문자열 "called destructor!"가 딱 한번 출력되었으니, 이전에 디폴트 복사 생성자의 문제점을 설명하면서 보인 상황과 마찬가지로 소멸자의 호출과정에서 문제가 발생했음을 알 수 있다. 그럼 무엇이 문제이겠는가?

> **복사 생성자를 설명할 때도 언급했지만**
>
> 컴파일러의 종류, 설정 및 환경에 따라서 아무런 문제도 일으키지 않고 문자열 "called destructor!"가 두 번 다 출력될 수도 있다. 그러나 이러한 경우에는 위에서 보인 실행결과를 여러분의 실행결과로 인식하고 예제의 문제점을 찾아보기 바란다. 참고로 위의 실행결과가 가장 일반적인 실행결과이다.

자! 지금부터 디폴트 대입 연산자의 문제점을 설명하는데, 그 설명의 내용이 이전에 설명한 디폴트 복사 생성자의 문제점과 많이 유사하다. 그래서 설명이 중복되지만, 중요한 내용이니 그냥 설명하겠다. 자! 그럼 문제점을 찾아보자. 문제점은 위 예제 34행에 의해서 진행되는 얕은 복사에 있다. 다음 문장에 의해서 디폴트 대입 연산자가 호출되면,

```
man2=man1;
```

디폴트 대입 연산자는 멤버 대 멤버를 단순히 복사만 하므로, 다음의 구조를 띠게 된다(객체 내에 함수는 표현하지 않았다).

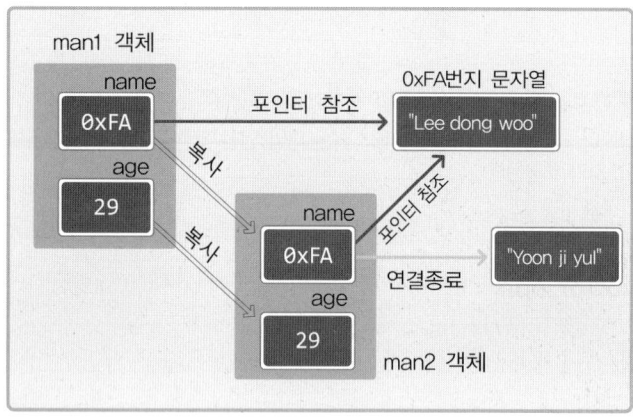

▶ [그림 11-1: 얕은 복사의 결과]

이렇듯 하나의 문자열을 두 개의 객체가 동시에 참조하는 상황이 벌어지게 되며, 이로 인해 다음의 두 가지 문제가 발생하게 된다.

- 문자열 "Yoon ji yul"을 가리키던 문자열의 주소 값을 잃게 된다.
- 얕은 복사로 인해서, 객체 소멸과정에서 지워진 문자열을 중복 소멸하는 문제가 발생한다.

우선 문자열 "Yoon ji yul"을 가리키던 주소 값을 잃게 되므로, 더 이상 이 문자열에 접근이 불가능하다. 때문에 소멸도 불가능한 상태가 되어 메모리의 누수로 이어지게 된다. 그리고 위 그림의 상황에서 두 객체 중 하나가 소멸되면서(man2 객체가 소멸되면서), 소멸자의 다음 문장이 실행되고,

```
delete []name;
```

이로 인해서 문자열 "Lee dong woo"도 함께 소멸이 되어 다음의 형태가 된다(여전히 문자열 "Yoon ji yul"은 누수 된 상태로 존재한다).

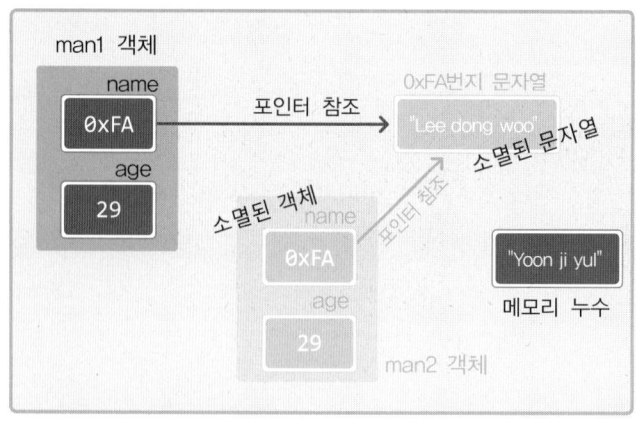

▶ [그림 11-2: man2 객체의 소멸]

이어서 남아있는 man1 객체가 소멸될 차례이다. 따라서 man1 객체의 소멸자에 의해 다음 문장이 실행되어야 한다.

    delete []name;

그런데 name이 가리키는 문자열은 조금 전에 man2 객체가 소멸되면서 소멸시켜버렸다. 따라서 이미 소멸된 문자열을 재 소멸하는 문제가 발생하게 된다. 정리하면, 생성자 내에서 동적 할당을 하는 경우, 디폴트 대입 연산자는 두 가지 문제를 일으키므로 다음의 형태로 직접 대입 연산자를 정의해야 한다.

    "깊은 복사를 진행하도록 정의한다."
    "메모리 누수가 발생하지 않도록, 깊은 복사에 앞서 메모리 해제의 과정을 거친다."

대입 연산자를 어떻게 정의해야 하는지 결론을 내렸으므로, 예제 AssignShallowCopyError.cpp의 Person 클래스를 대상으로 대입 연산자를 직접 정의해보기 바란다. 참고로 이미 정의해 놓은 생성자를 참고하면 쉽게 구현이 가능하다. 그럼 필자는 여러분이 직접 대입 연산자의 구현을 시도해 보았다고 가정하고, 대입 연산자의 오버로딩 결과를 제시하겠다.

```cpp
Person& operator=(const Person& ref)
{
    delete []name;      // 메모리의 누수를 막기 위한 메모리 해제 연산
    int len=strlen(ref.name)+1;
    name= new char[len];
    strcpy(name, ref.name);
    age=ref.age;
    return *this;
}
```

여러분도 이와 같이 구현하였는가? 위의 함수를 예제 AssignShallowCopyError.cpp의 Person 클래스에 삽입하면, 정상적인 실행의 결과를 확인할 수 있다.

✛ 상속 구조에서의 대입 연산자 호출

대입 연산자는 생성자가 아니다! 이 이야기를 하는 이유는, 유도 클래스의 생성자에는 아무런 명시를 하지 않아도 기초 클래스의 생성자가 호출되지만, **유도 클래스의 대입 연산자에는 아무런 명시를 하지 않으면, 기초 클래스의 대입 연산자가 호출되지 않는다**는 사실을 말하기 위해서이다. 자! 그럼 다음 예제를 보고, 그 결과를 관찰하자. 그리고 디폴트 대입 연산자에 대한 나름의 결론을 내려보기 바란다.

❖ InheritAssignOperation.cpp

```cpp
1.  #include <iostream>
2.  using namespace std;
```

```
3.
4.  class First
5.  {
6.  private:
7.      int num1, num2;
8.  public:
9.      First(int n1=0, int n2=0) : num1(n1), num2(n2)
10.     { }
11.     void ShowData() { cout<<num1<<", "<<num2<<endl; }
12.
13.     First& operator=(const First& ref)
14.     {
15.         cout<<"First& operator=()"<<endl;
16.         num1=ref.num1;
17.         num2=ref.num2;
18.         return *this;
19.     }
20. };
21.
22. class Second : public First
23. {
24. private:
25.     int num3, num4;
26. public:
27.     Second(int n1, int n2, int n3, int n4)
28.         : First(n1, n2), num3(n3), num4(n4)
29.     { }
30.     void ShowData()
31.     {
32.         First::ShowData();
33.         cout<<num3<<", "<<num4<<endl;
34.     }
35.
36.     /*
37.     Second& operator=(const Second& ref)
38.     {
39.         cout<<"Second& operator=()"<<endl;
40.         num3=ref.num3;
41.         num4=ref.num4;
42.         return *this;
43.     }
44.     */
45. };
46.
47. int main(void)
48. {
49.     Second ssrc(111, 222, 333, 444);
```

```
50.        Second scpy(0, 0, 0, 0);
51.        scpy=ssrc;
52.        scpy.ShowData();
53.        return 0;
54. }
```

- 13행: 기초 클래스에는 멤버 대 멤버의 복사가 이뤄지도록 대입 연산자를 오버로딩 하였다.
- 37행: 유도 클래스에도 멤버 대 멤버의 복사가 이뤄지도록 대입 연산자를 오버로딩 하였다. 그러나 일단은 이 부분을 주석처리 하고 실행해보자. 그리고 그 결과를 통해서 디폴트 대입 연산자의 특성을 발견해보자.

❖ 실행결과1: InheritAssignOperation.cpp

```
First& operator=()
111, 222
333, 444
```

위의 실행결과는 유도 클래스에 삽입된 디폴트 대입 연산자가 기초 클래스의 대입 연산자까지 호출한다는 사실을 우리에게 알려준다. 자! 그렇다면 이번에는 예제의 주석을 해제하고 다시 컴파일 및 실행해보자.

❖ 실행결과2: InheritAssignOperation.cpp

```
Second& operator=()
0, 0
333, 444
```

실행결과를 통해서 다음 사실을 알 수 있다.

"유도 클래스의 대입 연산자 정의에서, 명시적으로 기초 클래스의 대입 연산자 호출문을 삽입하지 않으면, 기초 클래스의 대입 연산자는 호출되지 않아서, 기초 클래스의 멤버변수는 멤버 대 멤버의 복사 대상에서 제외된다."

때문에 유도 클래스의 대입 연산자를 정의해야 하는 상황에 놓이게 되면, 기초 클래스의 대입 연산자를 명시적으로 호출해야 한다. 즉, 위 예제에서 Second 클래스의 대입 연산자는 다음의 형태로 정의가 되어야 한다.

```
Second& operator=(const Second& ref)
{
    cout<<"Second& operator=()"<<endl;
    First::operator=(ref);      // 기초 클래스의 대입 연산자 호출을 명령!
    num3=ref.num3;
    num4=ref.num4;
    return *this;
}
```

그런데 상속을 공부한지가 제법 시간이 지났다면, 기초 클래스의 대입 연산자 호출문을 보면서 다음과 같이 질문할 수도 있겠다.

"ref는 Second형 참조자인데, 이를 First형 참조자로 매개변수를 선언한 operator= 함수의 인자로 전달이 가능한가요?"

실제로 이러한 내용이 궁금하다면, 이는 상속과 관련해서 복습을 할 때가 되었다는 의미가 된다. 이전에 Chapter 08의 뒷부분에서 다음과 같이 이야기한 사실을 기억하는가?

"C++에서, AAA형 참조자는 AAA 객체 또는 AAA를 직접 혹은 간접적으로 상속하는 모든 객체를 참조할 수 있다."

이 문장만 보고도 떠오르는 바가 없다면, 이 기회에 Chapter 07에서부터 시작하는 상속에 대한 내용을 복습하기 바란다.

문 제 11-1 [깊은 복사를 하는 대입 연산자의 정의]

▶ 문제 1

Chapter 07에서는 예제 HASComposite.cpp를 통해서 다음의 두 클래스를 정의하였다(완전한 클래스의 정의는 예제를 참고하자).

```
class Gun
{
     . . . .
}

class Police
{
private:
    int handcuffs;    // 소유한 수갑의 수
    Gun * pistol;     // 소유하고 있는 권총
public:
     . . . .
}
```

> **Question**
>
> 이에 Police 클래스를 대상으로 깊은 복사가 이뤄지도록 대입 연산자와 복사 생성자를 동시에 정의하고 이의 확인을 위한 main 함수도 적절히 정의해보자.
>
> ▶ **문제 2**
>
> Chapter 07의 문제 07-2의 두 번째 문제에서는 다음의 두 클래스 정의를 요구하였다.
>
> ```
> class Book
> {
> private:
>     char * title;    // 책의 제목
>     char * isbn;     // 국제표준도서번호
>     int price;       // 책의 정가
>     . . . .
> };
>
> class EBook : public Book
> {
> private:
>     char * DRMKey;   // 보안관련 키
>     . . . .
> };
> ```
>
> 이 때 정의한 두 클래스를 대상으로 Book 클래스도, EBook 클래스도 깊은 복사가 진행이 되도록 복사 생성자와 대입 연산자를 정의하고, 이의 확인을 위한 main 함수도 적절히 정의해보자. 참고로 이 문제의 해결을 위해서는 여러분이 생각해봐야 할 요소들이 몇 가지 존재한다. 특히 앞서 말한 다음 사실을 완전히 이해한 다음에 이 문제를 해결하기 바란다.
>
> "C++에서, AAA형 참조자는 AAA 객체 또는 AAA를 직접 혹은 간접적으로 상속하는 모든 객체를 참조할 수 있다."

✚ **이니셜라이저가 성능 향상에 도움을 준다고 했던 것을 기억하나요?**

Chapter 04에서 이니셜라이저를 설명하면서, 이니셜라이저를 이용하면 성능이 조금 향상된다고 언급한적이 있다. 이제 복사 생성자와 대입 연산자를 모두 이해한 상황이니 다음 예제를 통해서 성능이 향상되는 이유를 확인해보자.

❖ **ImproveInit.cpp**

```
1.  #include <iostream>
2.  using namespace std;
3.
4.  class AAA
5.  {
6.  private:
```

```cpp
7.        int num;
8.    public:
9.        AAA(int n=0): num(n)
10.       {
11.           cout<<"AAA(int n=0)"<<endl;
12.       }
13.       AAA(const AAA& ref): num(ref.num)
14.       {
15.           cout<<"AAA(const AAA& ref)"<<endl;
16.       }
17.       AAA& operator=(const AAA& ref)
18.       {
19.           num=ref.num;
20.           cout<<"operator=(const AAA& ref)"<<endl;
21.           return *this;
22.       }
23.   };
24.
25.   class BBB
26.   {
27.   private:
28.       AAA mem;
29.   public:
30.       BBB(const AAA& ref) : mem(ref) { }
31.   };
32.
33.   class CCC
34.   {
35.   private:
36.       AAA mem;
37.   public:
38.       CCC(const AAA& ref) { mem=ref; }
39.   };
40.
41.   int main(void)
42.   {
43.       AAA obj1(12);
44.       cout<<"********************"<<endl;
45.       BBB obj2(obj1);
46.       cout<<"********************"<<endl;
47.       CCC obj3(obj1);
48.       return 0;
49.   }
```

- 25, 30행: BBB 클래스는 이니셜라이저를 이용해서 멤버를 초기화하고 있다.
- 33, 38행: CCC 클래스는 대입연산을 이용해서 멤버를 초기화하고 있다. 그리고 이러한 초기화 방식의 차이가 BBB 클래스와 CCC 클래스의 유일한 차이점이다.

❖ 실행결과: ImproveInit.cpp

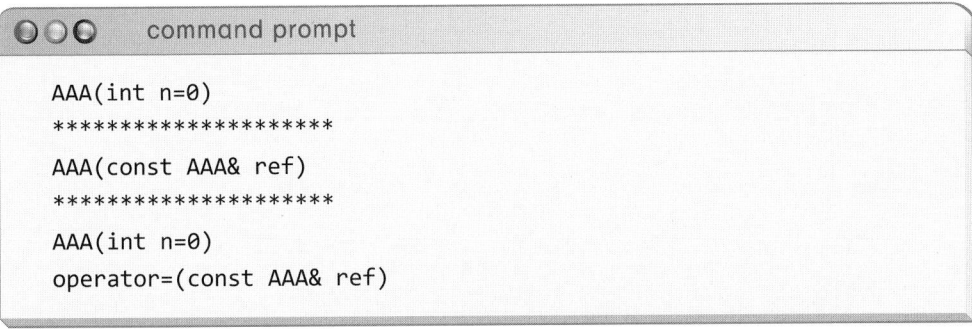

실행결과를 보면, BBB 객체의 생성과정에서는 복사 생성자만 호출되었는데, CCC 객체의 생성과정에서는 생성자와 대입 연산자까지 호출되었다. 즉, CCC 객체의 생성과정에서 호출된 함수의 수가 하나 더 많다. 그렇다면 이러한 차이점은 왜 발생한 것일까? 먼저 BBB 클래스의 생성자를 보자.

```
BBB(const AAA& ref) : mem(ref) { }
```

Chapter 04에서 필자는 다음과 같이 이야기한적이 있다.

"이니셜라이저를 이용하면 선언과 동시에 초기화가 이뤄지는 형태로 바이너리 코드가 생성된다."

즉, 위의 이니셜라이저를 통한 초기화 구문은 다음의 문장에 비유할 수 있다.

```
AAA mem=ref;
```

그래서 복사 생성자만 호출되었던 것이다. 그럼 이번에는 CCC 클래스의 생성자를 보자.

```
CCC(const AAA& ref) { mem=ref; }
```

필자는 Chapter 04에서 다음과 같이 이야기한적이 있다.

"생성자의 몸체부분에서 대입연산을 통한 초기화를 진행하면, 선언과 초기화를 각각 별도의 문장에서 진행하는 형태로 바이너리 코드가 생성된다."

그래서 객체 mem의 초기화 과정에서(생성 과정에서), 생성자와 대입 연산자가 각각 한 번씩 호출된 것이다. 이렇듯 위 예제에서 보이듯이 이니셜라이저를 이용해서 초기화를 진행하면, 함수의 호출횟수를 줄일 수 있어서, 그리고 초기화의 과정을 단순화시킬 수 있어서 약간의 성능향상을 기대할 수 있다.

C++ 프로그래밍

11-2 : 배열의 인덱스 연산자 오버로딩

이번에는 배열요소에 접근할 때 사용하는 [ ] 연산자를 오버로딩 하고자 한다. 이는 다른 연산자들과 달리 피연산자가 연산자 기호 안으로 들어가기 때문에 다소 어색하거나 생소하게 느낄 수 있다. 또한 앞서 Chapter 10에서도 언급했듯이, 이 연산자는 연산의 기본 특성상 멤버함수 기반으로만 오버로딩 하도록 제한되어 있다.

✚ 배열보다 나은 배열 클래스

C, C++의 기본 배열은 다음의 단점을 지니고 있다.

"경계검사를 하지 않는다."

때문에 다음과 같은 엉뚱한 코드가 만들어 질 수도 있다. 컴파일도 되고, 실행도 무리 없이 진행되기 때문이다.

```
int main(void)
{
    int arr[3]={1, 2, 3};
    cout<<arr[-1]<<endl;      // 'arr의 주소 + sizeof(int) × -1' 의 위치에 접근
    cout<<arr[-2]<<endl;      // 'arr의 주소 + sizeof(int) × -2' 의 위치에 접근
    cout<<arr[3]<<endl;
    cout<<arr[4]<<endl;
    . . . .
}
```

물론 이러한 특성이 유용하게 활용될 수도 있지만, 지금은 이러한 특성의 부정적 측면만을 고려해서 이야기를 전개하고자 한다. 그리고 이러한 단점의 해결을 위해서 '배열 클래스'라는 것을 디자인해 볼 텐데, 여기서 말하는 배열 클래스라는 것은 '배열의 역할을 하는 클래스'를 뜻하는 것이다. 그런데 이에 앞서 배열요소의 접근에 사용되는 [ ] 연산자의 오버로딩에 대해서 조금 정리할 필요가 있다. 다음 문장을 보자.

```
arrObject[2];
```

여기서 arrObject가 객체의 이름이라고 가정할 때, 이 문장은 어떻게 해석이 되겠는가? 여러분 나름대로 엉성하게나마 짜맞춰보기 바란다. 그런데 사실 다음 세 가지 사항만 정리되면, 어렵지 않게 짜맞출 수 있다.

- 객체 arrObject의 멤버함수 호출로 이어진다.
- 연산자가 [ ] 이므로 멤버함수의 이름은 'operator [ ]' 이다.
- 함수호출 시 전달되는 인자의 값은 정수 2이다.

그럼, 함수의 이름이 operator[ ] 이고, 인자로 전달되는 값이 정수 2이니, 반환형에 대한 정보는 확인이 안되지만, 다음의 형태로 정의된 멤버함수의 호출이라는 사실 정도는 파악이 된다(int로 선언된 반환형은 임의로 결정한 것이다. 이는 반환하는 값의 자료형에 따라 달라진다).

```
int operator[ ] (int idx) { . . . . }
```

따라서 다음의 문장은,

```
arrObject[2];
```

다음과 같이 해석이 됨을, 이제는 알 수 있다.

```
arrObject.operator[ ] (2);
```

[ ] 연산자에 뭔가를 넣어야 할 것만 같은 생각에 위의 문장이 어색하게 느껴질 수 있지만, [ ] 연산자가 여기서는 함수이름의 일부로 사용되었다는 사실만 인식한다면, 어렵게 느낄만한 것도 없다. 자! 그럼 필자가 먼저 배열 클래스를 정의해서 제시하겠다. 참고로 배열 클래스는 여러분이 지금까지 공부한 내용만으로도 충분히 정의가 가능하다. 그리고 거창하게 느껴지지만, 사실 매우 간단히 정의 가능한 클래스이다.

❖ **ArrayClass.cpp**

```
1.  #include <iostream>
2.  #include <cstdlib>
3.  using namespace std;
4.
5.  class BoundCheckIntArray
6.  {
7.  private:
8.      int * arr;
9.      int arrlen;
10. public:
11.     BoundCheckIntArray(int len) :arrlen(len)
12.     {
13.         arr=new int[len];
14.     }
15.     int& operator[] (int idx)
16.     {
17.         if(idx<0 || idx>=arrlen)
18.         {
19.             cout<<"Array index out of bound exception"<<endl;
```

```
20.              exit(1);
21.          }
22.          return arr[idx];
23.      }
24.      ~BoundCheckIntArray()
25.      {
26.          delete []arr;
27.      }
28. };
29.
30. int main(void)
31. {
32.      BoundCheckIntArray arr(5);
33.      for(int i=0; i<5; i++)
34.          arr[i]=(i+1)*11;
35.      for(int i=0; i<6; i++)
36.          cout<<arr[i]<<endl;
37.      return 0;
38. }
```

- 15, 22행: 이 함수의 반환형에 특히 주목하자. return문에서는 인자로 전달된 인덱스에 해당하는 배열요소를 반환하는데, 반환형이 참조형이다. 때문에 배열요소의 참조값이 반환되고, 이 값을 이용해서 배열요소에 저장 된 값의 참조뿐만 아니라 변경도 가능하다.
- 34행: 접근하는 문장만 놓고 보면, 배열에 직접 접근하는 느낌을 준다. 이렇듯 실제로 배열처럼 느끼고 사용할 수 있다.
- 35행: 벗어난 범위의 배열접근 결과의 확인을 위해서 반복의 범위를 0~5로 지정하였다.

❖ 실행결과: ArrayClass.cpp

```
command prompt
11
22
33
44
55
Array index out of bound exception
```

위 예제에서 보이듯이, 실행결과를 통해서 잘못된 배열접근이 있었음이 확인되었다. 때문에 위 유형의 클래스 정의를 통해서 배열접근의 안전성을 보장받을 수 있다. 그리고 만약에 안전성을 더 높이기 위해서 다음과 같은 코드의 실행을 허용하지 않고자 한다면,

```
    int main(void)
    {
        BoundCheckIntArray arr(5);
        for(int i=0; i<5; i++)
            arr[i]=(i+1)*11;

        BoundCheckIntArray cpy1(5);
        cpy1=arr;          // 안전하지 않은 코드(이유는 이어서 바로 설명)
        BoundCheckIntArray copy=arr;      // 역시! 안전하지 않은 코드
        . . . .
    }
```

다음과 같이 복사 생성자와 대입 연산자를 private으로 선언해서, 복사 또는 대입을 원천적으로 막을 수도 있다(다음은 소스파일 StableArrayClass.cpp의 일부이다. ArrayClass.cpp와 차이가 거의 없어서 책에는 싣지 않았으니, 필요하다면 파일을 다운받아서 확인하자).

```
    class BoundCheckIntArray
    {
    private:
        int * arr;
        int arrlen;
        BoundCheckIntArray(const BoundCheckIntArray& arr) { }
        BoundCheckIntArray& operator=(const BoundCheckIntArray& arr) { }
    public:
        . . . . .
    }
```

예제 ArrayClass.cpp에서 정의한 BoundCheckIntArray 클래스 객체의 복사 또는 대입은 얕은 복사로 이어지기 때문에, 단순히 코드만 놓고 보면, 깊은 복사가 진행되도록 복사 생성자와 대입 연산자를 별도로 정의해야 한다고 생각할 수 있다. 그러나 배열은 저장소의 일종이고, 저장소에 저장된 데이터는 '유일성'이 보장되어야 하기 때문에, 대부분의 경우 저장소의 복사는 불필요하거나 잘못된 일로 간주된다. 따라서 깊은 복사가 진행되도록 클래스를 정의할 것이 아니라, 위의 코드에서 보이듯이 빈 상태로 정의된 복사 생성자와 대입 연산자를 private 멤버로 둠으로써 복사와 대입을 원천적으로 막는 것이 좋은 선택이 되기도 한다.

✚const 함수를 이용한 오버로딩의 활용

앞서 정의한 BoundCheckIntArray 클래스에는 제약이 존재한다. 어떠한 제약이 존재하는지 다음 예제의 컴파일 결과를 통해서 확인해 보자(컴파일 에러가 발생한다). 참고로 이 예제에서는 앞서 간단히 정의한 BoundCheckIntArray 클래스에 배열의 길이를 반환하는 함수를 추가하였다.

❖ StableConstArrayProb.cpp

```cpp
1.  #include <iostream>
2.  #include <cstdlib>
3.  using namespace std;
4.
5.  class BoundCheckIntArray
6.  {
7.  private:
8.      int * arr;
9.      int arrlen;
10.     BoundCheckIntArray(const BoundCheckIntArray& arr) { }
11.     BoundCheckIntArray& operator=(const BoundCheckIntArray& arr) { }
12.
13. public:
14.     BoundCheckIntArray(int len) :arrlen(len)
15.     {
16.         arr=new int[len];
17.     }
18.     int& operator[] (int idx)
19.     {
20.         if(idx<0 || idx>=arrlen)
21.         {
22.             cout<<"Array index out of bound exception"<<endl;
23.             exit(1);
24.         }
25.         return arr[idx];
26.     }
27.     int GetArrLen() const { return arrlen; }
28.     ~BoundCheckIntArray() { delete []arr; }
29. };
30.
31. void ShowAllData(const BoundCheckIntArray& ref)
32. {
33.     int len=ref.GetArrLen();
34.     for(int idx=0; idx<len; idx++)
35.         cout<<ref[idx]<<endl;
36. }
37.
38. int main(void)
39. {
40.     BoundCheckIntArray arr(5);
41.     for(int i=0; i<5; i++)
42.         arr[i]=(i+1)*11;
43.
44.     ShowAllData(arr);
45.     return 0;
46. }
```

위 예제에는 BoundCheckIntArray 객체의 배열에 저장된 모든 요소를 출력하는 ShowAllData 함수가 추가되었다. 그리고 이 함수의 매개변수 형은 다음과 같이 선언되었다.

    const BoundCheckIntArray& ref

함수 내에서 배열에 저장된 데이터를 변경하지 못하도록 매개변수 형이 const로 선언되었다. 그리고 이는 매우 좋은 선언이라 할 수 있다. 그런데 문제는 이 선언으로 인해서 35행이 원인이 되어 컴파일 에러가 발생한다는 것이다. 왜냐하면 35행의 인덱스 연산은 다음과 같이 해석이 되며,

    ref.operator[ ] (idx);

이 때 호출되는 operator[ ] 함수는 const 함수가 아니기 때문이다. 자! 그렇다면 어떻게 해야 하겠는가?

"위에서 정의한 operator[ ] 함수에 const 선언을 추가하면 됩니다!"

그런데 이렇게 되면, 배열을 멤버로 선언하는 경우에는 저장 자체가 불가능해지기 때문에 다른 부분에서 컴파일 에러가 발생하게 되며, 데이터를 저장하는 배열의 특성을 고려해보면, 이는 배열 클래스로서 적절한 해결책이 아님을 알 수 있다. 따라서 여러분은 앞서 필자가 Chapter 06에서 언급한 다음의 사실을 떠올려야 한다.

"const의 선언유무도 함수 오버로딩의 조건에 해당합니다."

그리고 이로 인해서 위에서 보인 예제는 다음과 같이 확장이 가능하다. 다음 예제에서는 const의 선언유무를 이용해서 operator[ ] 함수를 오버로딩하고 있다.

❖ StableConstArraySolu.cpp

```
1.  #include <iostream>
2.  #include <cstdlib>
3.  using namespace std;
4.
5.  class BoundCheckIntArray
6.  {
7.  private:
8.      int * arr;
9.      int arrlen;
10.     BoundCheckIntArray(const BoundCheckIntArray& arr) { }
11.     BoundCheckIntArray& operator=(const BoundCheckIntArray& arr) { }
12.
13. public:
14.     BoundCheckIntArray(int len) :arrlen(len) { arr=new int[len]; }
15.     int& operator[] (int idx)
16.     {
17.         if(idx<0 || idx>=arrlen)
18.         {
```

```
19.            cout<<"Array index out of bound exception"<<endl;
20.            exit(1);
21.        }
22.        return arr[idx];
23.    }
24.    int operator[] (int idx) const
25.    {
26.        if(idx<0 || idx>=arrlen)
27.        {
28.            cout<<"Array index out of bound exception"<<endl;
29.            exit(1);
30.        }
31.        return arr[idx];
32.    }
33.    int GetArrLen() const { return arrlen; }
34.    ~BoundCheckIntArray() { delete []arr; }
35. };
36.
37. void ShowAllData(const BoundCheckIntArray& ref)
38. {
39.     int len=ref.GetArrLen();
40.     for(int idx=0; idx<len; idx++)
41.         cout<<ref[idx]<<endl;
42. }
43.
44. int main(void)
45. {
46.     BoundCheckIntArray arr(5);
47.     for(int i=0; i<5; i++)
48.         arr[i]=(i+1)*11;
49.     ShowAllData(arr);
50.     return 0;
51. }
```

- 24행: const 멤버함수가 추가되었다. 이 함수는 15행에 정의된 함수와 오버로딩의 관계를 가지며, 참조값이 아닌, 배열요소의 값을 단순히 반환하는 형태로 정의되었다.
- 41행: const 참조자를 이용한 연산이니, 24행에 정의된 const 함수가 호출된다.
- 48행: const로 선언되지 않은 arr을 이용한 연산이니, 15행에 정의된 함수가 호출된다.

❖ 실행결과: StableConstArraySolu.cpp

```
○○○         command prompt
11
22
33
```

```
44
55
```

Chapter 06에서, const 대상의 함수 오버로딩이 어떻게 활용되는지 다음 기회에 이야기한다고 하였는데, 그 때 말한 다음 기회가 바로 지금이다! 그러니 위의 예제를 하나의 모델로 해서 const 기반의 함수 오버로딩이 유용하게 사용될 수 있음을 기억하면 좋겠다.

➕ 객체의 저장을 위한 배열 클래스의 정의

이번에 설명할 내용은 다양한 예제를 제시한다는 측면에서 의미를 갖는다. 앞서 보인 예제가 기본자료형 대상의 배열 클래스였기 때문에, 객체 대상의 배열 클래스를 제시하고자 한다. 저장의 대상은 다음과 같다.

```
class Point
{
private:
    int xpos, ypos;
public:
    Point(int x=0, int y=0) : xpos(x), ypos(y) { }
    friend ostream& operator<<(ostream& os, const Point& pos);
};
ostream& operator<<(ostream& os, const Point& pos)
{
    os<<'['<<pos.xpos<<", "<<pos.ypos<<']'<<endl;
    return os;
}
```

위 클래스의 객체를 저장할 수 있는 배열 클래스를 정의하되, 다음의 두 가지 형태로 각각 정의해 보고자 한다.

- Point 객체의 주소 값을 저장하는 배열 기반의 클래스
- Point 객체를 저장하는 배열 기반의 클래스

즉, 저장의 대상이 객체이냐, 아니면 객체의 주소 값이냐에 차이가 있는 것이다. 그럼 먼저 Point 객체를 저장하는 배열 기반의 클래스를 보이겠다.

❖ StablePointObjArray.cpp

```
1.  #include <iostream>
2.  #include <cstdlib>
```

```
3.   using namespace std;
4.
5.   class Point
6.   {
7.   private:
8.       int xpos, ypos;
9.   public:
10.      Point(int x=0, int y=0) : xpos(x), ypos(y) { }
11.      friend ostream& operator<<(ostream& os, const Point& pos);
12.  };
13.
14.  ostream& operator<<(ostream& os, const Point& pos)
15.  {
16.      os<<'['<<pos.xpos<<", "<<pos.ypos<<']'<<endl;
17.      return os;
18.  }
19.
20.  class BoundCheckPointArray
21.  {
22.  private:
23.      Point * arr;
24.      int arrlen;
25.
26.      BoundCheckPointArray(const BoundCheckPointArray& arr) { }
27.      BoundCheckPointArray& operator=(const BoundCheckPointArray& arr) { }
28.
29.  public:
30.      BoundCheckPointArray(int len) :arrlen(len)
31.      {
32.          arr=new Point[len];
33.      }
34.      Point& operator[] (int idx)
35.      {
36.          if(idx<0 || idx>=arrlen)
37.          {
38.              cout<<"Array index out of bound exception"<<endl;
39.              exit(1);
40.          }
41.          return arr[idx];
42.      }
43.      Point operator[] (int idx) const
44.      {
45.          if(idx<0 || idx>=arrlen)
46.          {
47.              cout<<"Array index out of bound exception"<<endl;
48.              exit(1);
49.          }
```

```
50.         return arr[idx];
51.     }
52.     int GetArrLen() const { return arrlen; }
53.     ~BoundCheckPointArray() { delete []arr; }
54. };
55.
56. int main(void)
57. {
58.     BoundCheckPointArray arr(3);
59.     arr[0]=Point(3, 4);
60.     arr[1]=Point(5, 6);
61.     arr[2]=Point(7, 8);
62.
63.     for(int i=0; i<arr.GetArrLen(); i++)
64.         cout<<arr[i];
65.
66.     return 0;
67. }
```

- 32행: Point 객체로 이뤄진 배열을 생성하고 있다. 인자를 받지 않는 void 생성자의 호출을 통해서 배열요소를 이루는 객체가 생성되므로, 10행에 정의된 생성자에 설정된 디폴트 값에 의해 객체의 모든 멤버가 0으로 초기화된다.

- 59~61행: 임시객체를 생성해서 배열요소를 초기화하고 있다. 물론 초기화의 과정에서 디폴트 대입 연산자가 호출되어 멤버 대 멤버의 복사가 진행된다. 저장의 대상이 객체라면, 여기서 보이는 것과 같이 대입 연산자를 통해서 객체에 저장된 값을 복사해야 한다.

❖ 실행결과: StablePointObjArray.cpp

```
[3, 4]
[5, 6]
[7, 8]
```

위 예제에서 보이듯이, 객체의 저장은 객체간의 대입연산을 기반으로 한다. 따라서 다음 예제에서 보이는 주소 값을 저장하는 방식이 보다 많이 사용된다.

❖ StablePointPtrArray.cpp

```
1. #include <iostream>
2. #include <cstdlib>
3. using namespace std;
```

```
4.
5.  class Point
6.  {
7.  private:
8.      int xpos, ypos;
9.  public:
10.     Point(int x=0, int y=0) : xpos(x), ypos(y) { }
11.     friend ostream& operator<<(ostream& os, const Point& pos);
12. };
13.
14. ostream& operator<<(ostream& os, const Point& pos)
15. {
16.     os<<'['<<pos.xpos<<", "<<pos.ypos<<']'<<endl;
17.     return os;
18. }
19.
20. typedef Point * POINT_PTR;
21.
22. class BoundCheckPointPtrArray
23. {
24. private:
25.     POINT_PTR * arr;
26.     int arrlen;
27.
28.     BoundCheckPointPtrArray(const BoundCheckPointPtrArray& arr) { }
29.     BoundCheckPointPtrArray& operator=(const BoundCheckPointPtrArray& arr) { }
30.
31. public:
32.     BoundCheckPointPtrArray(int len) :arrlen(len)
33.     {
34.         arr=new POINT_PTR[len];
35.     }
36.     POINT_PTR& operator[] (int idx)
37.     {
38.         if(idx<0 || idx>=arrlen)
39.         {
40.             cout<<"Array index out of bound exception"<<endl;
41.             exit(1);
42.         }
43.         return arr[idx];
44.     }
45.     POINT_PTR operator[] (int idx) const
46.     {
47.         if(idx<0 || idx>=arrlen)
48.         {
49.             cout<<"Array index out of bound exception"<<endl;
50.             exit(1);
```

```
51.         }
52.         return arr[idx];
53.     }
54.     int GetArrLen() const { return arrlen; }
55.     ~BoundCheckPointPtrArray() { delete []arr; }
56. };
57.
58. int main(void)
59. {
60.     BoundCheckPointPtrArray arr(3);
61.     arr[0]=new Point(3, 4);
62.     arr[1]=new Point(5, 6);
63.     arr[2]=new Point(7, 8);
64.
65.     for(int i=0; i<arr.GetArrLen(); i++)
66.         cout<<*(arr[i]);
67.     delete arr[0];
68.     delete arr[1];
69.     delete arr[2];
70.     return 0;
71. }
```

- 20행: Point 포인터 형을 의미하는 POINT_PTR을 정의하였다. 저장의 대상, 또는 연산의 주 대상이 포인터인 경우, 이렇듯 별도의 자료형을 정의하는 것이 좋다.
- 34행: 저장의 대상이 Point 객체의 주소 값이기 때문에 POINT_PTR 배열을 생성하였다.
- 61~63행: Point 객체의 주소 값을 저장하고 있다. 이렇듯 객체의 주소 값을 저장할 경우, 깊은 복사냐 얕은 복사냐 하는 문제를 신경 쓰지 않아도 된다.

❖ 실행결과: StablePointPtrArray.cpp

```
[3, 4]
[5, 6]
[7, 8]
```

위의 예제와 같이 주소 값을 저장하는 경우, 객체의 생성과 소멸을 위한 new, delete 연산 때문에 더 신경 쓸 것이 많아 보이지만, 깊은 복사냐 얕은 복사냐 하는 문제를 신경 쓰지 않아도 되기 때문에 이 방법이 더 많이 사용된다.

C++ 프로그래밍

문제 11-2 [C++ 기반의 데이터 입출력]

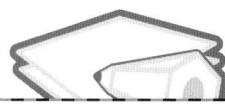

▶ 문제 1

예제 StablePointPtrArray.cpp의 65, 66행을 다음과 같이 구성할 수 있도록 Point 클래스를 대상으로 연산자 오버로딩을 진행해보자.

```
for(int i=0; i<arr.GetArrLen(); i++)
    cout<<arr[i];
```

물론, 실행결과에는 변함이 없도록 연산자를 오버로딩 해야 한다.

▶ 문제 2

이번에는 재미 삼아서(정말로 재미 삼아서이다) 2차원 배열접근에 대한 연산자 오버로딩을 진행하고자 한다. 실제로 이렇게까지 연산자를 직접 오버로딩 하는 경우는 거의 없다. 다만, 필자는 호기심을 유발 및 충족시킨다는 측면에서 이 문제를 제시하는 것이다. 그러니 여러분도 이 문제에 단순한 호기심과 즐거움을 느꼈으면 좋겠다. 그럼 문제를 제시하겠다. 다음의 이름으로 클래스를 정의하자.

```
class BoundCheck2DIntArray { . . . . }
```

이 클래스는 BoundCheckIntArray 클래스의 2차원 배열 버전이다. 따라서 다음과 같이 객체를 생성하면,

```
BoundCheck2DIntArray arr2d(3, 4);
```

세로와 가로의 길이가 각각 3과 4인, int형 2차원 배열처럼 동작하는 arr2d 객체가 생성되어, 다음의 형태로 데이터를 저장 및 참조할 수 있어야 한다.

```
for(int n=0; n<3; n++)
    for(int m=0; m<4; m++)
        arr2d[n][m]=n+m;

for(int n=0; n<3; n++)
{
    for(int m=0; m<4; m++)
        cout<<arr2d[n][m]<<' ';
    cout<<endl;
}
```

참고로 두 개의 [ ] 연산자를 동시에 오버로딩 하는 것은 허용되지 않기 때문에, 위의 다음 문장은,

```
arr2d[n][m];
```

> 두 번의 [ ] 연산자 호출을 동반하게끔 구현해야 한다. 즉, 첫 번째 [ ] 연산에 의해서 위의 문장은 다음과 같이 해석되어야 하며,
>
>   (arr2d.operator[](n))[m];
>
> 그리고 arr2d.operator[](n) 연산의 반환 값을 이용해서 두 번째 [ ] 연산은 다음과 같이 해석되어야 한다.
>
>   ((반환 값).operator[])(m);
>
> 참고로 이는 호기심 유발 이상의 의미를 갖지는 않지만, 제법 수준이 높은 문제이니(본서의 검토 과정에서 제법 수준이 높은 게 아니고 많이 수준이 높다는 의견이 있었다), 풀지 못했다고 해서 실망할 필요는 없다.

11-3 : 그 이외의 연산자 오버로딩

new와 delete도 연산자이기 때문에 오버로딩이 가능하다. 그래서 이 두 연산자의 오버로딩에 대해서 예를 보이겠다. 또한 포인터 연산자를 오버로딩 하면서 개념적으로 어렵다고 이야기하는 '스마트 포인터(smart pointer)'와 '펑터(functor)'에 대해서도 간단히 설명하겠다.

지금부터 설명하는 내용은, 어렵게 느껴지면 그냥 부록이려니

Chapter 11-3에서 설명하는 내용은 책을 개정하면서 추가된 내용들이다. 따라서 어렵다고 생각이 된다면, 그냥 건너뛰어도 좋다. 그래도 이 책을 마지막까지 공부하는데 있어서 지장은 없으니 말이다. 건너뛸 때도 아주 가볍고 즐거운 마음으로 건너뛰기 바란다. 그리고 나중에 관련내용이 필요할 때 참고하거나 책을 두 번째 볼 때 공부하기로 하자.

C++ 프로그래밍

✛ new 연산자 오버로딩에 대한 상세한 이해

시작하기에 앞서 미리 말해두지만, new와 delete 연산자의 오버로딩은 앞서 보였던 연산자 오버로딩과 많이 다르다. 이 책의 초판을 쓸 당시에는 제법 수준이 높은 내용이라는 의견이 많아서, 초판에는 싣지 않았던 내용이다. 그러나 이제는 이 내용도 포함시키는 것이 좋겠다는 생각이 들어서 추가하는 것이니, 조금 더 공부할 마음을 가지고 아래의 내용을 시작하기 바란다(솔직히 조금 어려운 내용이니, 약간의 각오가 필요하다. 그리고 이해가 되지 않는다고 실망할 필요 없다. 그냥 다음에 다시 공부하면 되니 말이다).

new와 delete를 C++의 문법을 구성하는 단순한 키워드 정도로만 인식하는 경우가 많은데, 이 둘은 분명 연산자이다. 따라서 연산자 오버로딩이 가능하며, 이 둘을 이용해서 클래스 별로 독특한 객체의 생성과정을 정의할 수도 있다. 그런데 이 둘에 대한 연산자 오버로딩은 이전에 보았던 연산자 오버로딩과는 다소 차이가 있다. 그럼 간단한 예제를 통해서 이 두 연산자가 어떻게 오버로딩 되는지 살펴보겠다. new, delete 연산자를 오버로딩 할 대상 클래스는 다음과 같다.

```cpp
class Point
{
private:
    int xpos, ypos;
public:
    Point(int x=0, int y=0) : xpos(x), ypos(y) { }
    friend ostream& operator<<(ostream& os, const Point& pos);
};

ostream& operator<<(ostream& os, const Point& pos)
{
    os<<'['<<pos.xpos<<", "<<pos.ypos<<']'<<endl;
    return os;
}
```

자! 그럼 위의 클래스를 대상으로 new 연산문 하나를 작성해 보겠다.

```cpp
Point * ptr = new Point(3, 4);
```

이 때 new 연산자가 오버로딩 되어 있다면, 위의 문장은 어떻게 해석이 되겠는가? 나름대로 해석을 시도해 보기 바란다. 시도해보았는가? 그런데 아쉽게도 마땅한 해석의 방법을 찾지는 못했을 것이다. 혹, 그럴듯하게 해석했다 해도 답이 될 수 없다. 이유는 오버로딩 된 new 연산자는, 기본적으로 제공되는 new 연산자를 완벽히 대체하는 연산자가 아니기 때문이다. 지금껏 우리가 사용해온, 기본적으로 제공되는 new 연산자가 하는 일은 다음과 같다.

1. 메모리 공간의 할당
2. 생성자의 호출
3. 할당하고자 하는 자료형에 맞게 반환된 주소 값의 형 변환

이 중에서 세 번째 내용은 C언어에서 사용하던 malloc 함수와 달리, new 연산자가 반환하는 주소 값을 형 변환할 필요가 없음을 의미한다. 자! 그럼 이쯤에서 new 연산자의 오버로딩과 관련해서 C++ 컴파일러의 의견을 들어보자!

> "객체의 생성과정은 다소 복잡한 과정을 거치니까, 생성자의 호출과 반환된 주소 값의 형 변환은 계속해서 내가 책임질게, 그러니 new 연산자를 오버로딩 할 때에는 메모리 공간의 할당만 책임을 져!"

즉, 우리는 위에서 말한 new 연산자가 진행하는 세 가지 작업 중에서 1번에 해당하는 메모리 공간의 할당만 오버로딩 할 수 있는 것이다. 그리고 나머지 두 가지 작업은 여전히 C++ 컴파일러에 의해서 진행이 되며, 오버로딩 할 수 있는 대상도 아니다. 그렇다면 new 연산자는 어떻게 오버로딩 해야 할까? 이는 다음과 같이 오버로딩 하도록 이미 약속이 되어있다.

```
void * operator new (size_t size) { . . . . }
```

반환형은 반드시 void 포인터 형이어야 하고, 매개변수형은 size_t이어야 한다. 그리고 이렇게 오버로딩 된 함수는 컴파일러에 의해서 호출이 이뤄진다. 컴파일러는 Point 클래스를 대상으로 new 연산자가 오버로딩 된 상태에서 다음 문장을 만나면,

```
Point * ptr = new Point(3, 4);
```

먼저 필요한 메모리 공간을 계산한다. 그리고 그 크기가 계산되면, operator new 함수를 호출하면서 계산된 크기의 값을 인자로 전달한다. 여기서 중요한 것은 크기정보는 바이트 단위로 계산되어 전달된다는 점이다. 따라서 우리는 대략 다음의 형태로 operator new 함수를 정의해야 한다.

```
void * operator new (size_t size)
{
    void * adr=new char[size];
    return adr;
}
```

컴파일러에 의해서, 필요한 메모리 공간의 크기가 바이트 단위로 계산되어서 인자로 전달되니, 크기가 1바이트인 char 단위로 메모리 공간을 할당해서 반환하였다. 물론 이것이 operator new 함수의 전부라면, 굳이 new 연산자를 오버로딩 할 필요는 없다. 하지만 이는 operator new 함수가 반드시 해야 할 일이 '메모리 공간의 할당'임을 알리기 위한 것이며, 여러분은 이 이상의 일을 하도록 operator new 함수를 정의해야 한다. new 연산자를 오버로딩 했다면 말이다.

이렇게 해서 operator new 함수가 할당한 메모리 공간의 주소 값을 반환하면, 컴파일러는 생성자를 호출해서 메모리 공간을 대상으로 초기화를 진행한다. 그리고는 마지막으로, 완성된 객체의 주소 값을 Point 클래스의 포인터 형으로 형 변환해서 반환을 한다. 정리하면, 다음 문장에서

```
Point * ptr = new Point(3, 4);
```

new 연산자가 반환하는 값은 operator new 함수가 반환하는 값이 아니다. operator new 함수가 반환하는 값은, 컴파일러에 의해 적절히 형 변환이 된 값이다. 또한 생성자의 호출정보는 operator new 함수와 아무런 상관이 없다. 생성자의 호출은 여전히 컴파일러의 몫이기 때문에 이 정보는 컴파일러에 의해서 참조될 뿐이다.

지금까지 설명한 내용이 모두 이해되었는가? 예제를 보고픈 생각이 들 것이다. 그러나 잠시만 기다리자. 이왕 이야기 나온 김에 delete 연산자에 대한 설명까지 마치고 예제를 제시하겠다. 그리고 아직 new 연산자의 오버로딩에 대해서도 전부 설명한 게 아니다. 지금 설명한 내용을 모두 이해했다 하더라도 궁금한 내용이 남아있어야 정상이다. 예를 들어서 현재까지 설명한 내용을 가지고는 다음과 같은 사실이 궁금할 수밖에 없다.

> "new 연산자가 멤버함수의 형태로 오버로딩 되었다면, 객체가 생성된 이후에 호출이 되어야 하잖아! 근데 new 연산자는 객체를 생성할 때 사용하는 연산자란 말이야!"

조금만 기다리자 모든 궁금증이 풀릴 테니 말이다(new 연산자의 오버로딩은 많은 설명이 필요한 내용이다 보니, 필자 역시 공부하는 여러분만큼 지금 식은땀 흘리며 설명하고 있다).

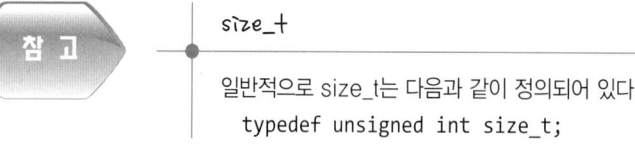

size_t

일반적으로 size_t는 다음과 같이 정의되어 있다.
   typedef unsigned int size_t;

그래서 0 이상의 값을 표현할 목적으로 정의된 자료형이다.

+delete 연산자 오버로딩에 대한 상세한 이해와 예제

앞서 설명한 내용을 잘 이해했다면, delete 연산자의 오버로딩에 대해서는 쉽게 이해할 수 있다. 다음과 같이 객체생성 이후에,

   Point * ptr = new Point(3, 4);

다음의 문장으로 객체의 소멸을 명령하면,

   delete ptr;

컴파일러는 먼저 ptr이 가리키는 객체의 소멸자를 호출한다. 그리고는 다음의 형태로 정의된 함수에 ptr에 저장된 주소 값을 전달한다.

   void operator delete (void * adr) { . . . . }

따라서 delete 함수는 다음의 형태로 정의해야 한다. 즉, 소멸자는 오버로딩 된 함수가 호출되기 전에 호출이 되니 오버로딩 된 함수에서는 메모리 공간의 소멸을 책임져야 한다. 물론, 그 이외에 필요한 내용은 얼마든지 추가로 담을 수 있다.

```
void operator delete (void * adr)
{
    delete []adr;
}
```

참고로, 사용하는 컴파일러에서 void 포인터 형 대상의 delete 연산을 허용하지 않는다면, 위의 delete 문을 다음과 같이 작성하면 된다. 즉, char 포인터 형으로 변환해서 delete 연산을 진행하면 된다.

```
delete []((char*)adr);
```

자! 그럼 이제 new와 delete 연산자를 오버로딩 해보자. 이 예제를 통해서 아직 풀리지 않은 궁금증도 해결해보겠다.

❖ NewDeleteOverloading.cpp

```
1.  #include <iostream>
2.  using namespace std;
3.
4.  class Point
5.  {
6.  private:
7.      int xpos, ypos;
8.  public:
9.      Point(int x=0, int y=0) : xpos(x), ypos(y) { }
10.     friend ostream& operator<<(ostream& os, const Point& pos);
11.
12.     void * operator new (size_t size)
13.     {
14.         cout<<"operator new : "<<size<<endl;
15.         void * adr=new char[size];
16.         return adr;
17.     }
18.     void operator delete (void * adr)
19.     {
20.         cout<<"operator delete ()"<<endl;
21.         delete []adr;
22.     }
23. };
24.
25. ostream& operator<<(ostream& os, const Point& pos)
26. {
```

```
27.        os<<'['<<pos.xpos<<", "<<pos.ypos<<']'<<endl;
28.        return os;
29. }
30.
31. int main(void)
32. {
33.        Point * ptr=new Point(3, 4);
34.        cout<<*ptr;
35.        delete ptr;
36.        return 0;
37. }
```

- 15행: 바이트 단위로 필요한 메모리 공간을 할당하고 있다. 할당에 사용되는 크기정보는 컴파일러가 계산해서 전달해준다. 참고로 이렇듯 char형을 대상으로 new 연산을 하는 문장은 malloc 함수의 호출문으로 대신할 수 있으며, 실제로 malloc 함수를 대신 호출하기도 한다.
- 21행: 15행에서 배열의 형태로 할당했기 때문에 배열의 삭제를 위한 delete문을 구성하였다. 그리고 이 역시도 char형으로 할당된 메모리 공간을 해제하는 것이기 때문에 free 함수의 호출문으로 대신할 수 있으며, 실제로 free 함수를 대신 호출하기도 한다.

❖ 실행결과: NewDeleteOverloading.cpp

```
operator new : 8
[3, 4]
operator delete ()
```

실행결과를 통해서 멤버함수 operator new와 멤버함수 operator delete가 호출되는 것은 확인을 하였다. 그렇다면, 위 예제 33행의 다음 문장에서

```
Point * ptr=new Point(3, 4);
```

아직 객체생성이 완성된 상태가 아닌데, 어떻게 멤버함수의 호출이 가능했을지 생각해보자.

"아! operator new 함수와 operator delete 함수가 static으로 선언된 함수라면, 말이 되는데요."

그렇다! operator new 함수와 operator delete 함수가 static으로 선언된 함수라면 말이 된다. 그렇다면, 위 예제의 이 두 함수를 각각 static으로 선언해서 컴파일 및 실행해보자.

"우와~ 컴파일도 되고 실행도 되는데요."

사실 operator new 함수와 operator delete 함수는 static 함수이다. 비록 멤버함수의 형태로 선언

을 해도 이 둘은 static 함수로 간주가 된다. 그래서 객체생성의 과정에서 호출이 가능했던 것이다. 이로써 new와 delete의 연산자 오버로딩에 대한 기본적인 설명을 마치겠다.

operator new & operator new [ ]

앞서 설명한 내용을 잘 이해했다면, 이번에 설명하는 내용은 쉽게 이해할 수 있으니, 조금 속도를 내겠다. new 연산자는 다음 두 가지의 형태로 오버로딩이 가능하다.

```
void * operator new (size_t size) { . . . . }
void * operator new[] (size_t size) { . . . . }
```

첫 번째 함수는 앞서 설명한 것이고, 두 번째 함수는 new 연산자를 이용한 배열할당 시 호출되는 함수이다. 즉, 다음의 문장을 만나면,

```
Point * arr=new Point[3];
```

컴파일러는 세 개의 Point 객체에 필요한 메모리 공간을 바이트 단위로 계산해서, 이를 인자로 전달하면서 다음 함수를 호출한다.

```
void * operator new[] (size_t size) { . . . . }
```

즉, 배열할당 시 호출되는 함수라는 사실을 제외하고는 operator new 함수와 차이가 없다. 마찬가지로 delete 연산자도 다음 두 가지의 형태로 오버로딩이 가능하다.

```
void operator delete (void * adr) { . . . . }
void operator delete[] (void * adr) { . . . . }
```

첫 번째 함수는 앞서 설명한 것이고, 두 번째 함수는 delete 연산자를 이용한 배열소멸 시 호출되는 함수이다. 즉, 다음의 문장을 만나면,

```
delete []arr;
```

컴파일러는 소멸자를 호출한 이후에 arr에 저장된 주소 값을 전달하면서 다음 함수를 호출한다.

```
void operator delete[] (void * adr) { . . . . }
```

이렇듯, 이 함수 역시도 배열소멸 시 호출되는 함수라는 사실을 제외하면, operator delete 함수와 차이가 없다. 그럼 예제를 통해서 이 내용을 확인해보자.

❖ ArrayNewDeleteOverloading.cpp

```cpp
1.  #include <iostream>
2.  using namespace std;
3.
4.  class Point
5.  {
6.  private:
7.      int xpos, ypos;
8.  public:
9.      Point(int x=0, int y=0) : xpos(x), ypos(y) { }
10.     friend ostream& operator<<(ostream& os, const Point& pos);
11.
12.     void * operator new (size_t size)
13.     {
14.         cout<<"operator new : "<<size<<endl;
15.         void * adr=new char[size];
16.         return adr;
17.     }
18.     void * operator new[] (size_t size)
19.     {
20.         cout<<"operator new [] : "<<size<<endl;
21.         void * adr=new char[size];
22.         return adr;
23.     }
24.
25.     void operator delete (void * adr)
26.     {
27.         cout<<"operator delete ()"<<endl;
28.         delete []adr;
29.     }
30.     void operator delete[] (void * adr)
31.     {
32.         cout<<"operator delete[] ()"<<endl;
33.         delete []adr;
34.     }
35. };
36.
37. ostream& operator<<(ostream& os, const Point& pos)
38. {
39.     os<<'['<<pos.xpos<<", "<<pos.ypos<<']'<<endl;
40.     return os;
41. }
42.
43. int main(void)
44. {
45.     Point * ptr=new Point(3, 4);
```

```
46.     Point * arr=new Point[3];
47.     delete ptr;
48.     delete []arr;
49.     return 0;
50. }
```

- 46행: 배열의 생성과정에서 총 세 개의 Point 객체가 생성된다. 이 세 Point 객체의 할당에 필요한 메모리 공간은 18행에 정의된 멤버함수(사실은 static 함수)의 호출에 의해서 완성된다.
- 48행: 46행에서 할당한 배열의 소멸을 명령하고 있다. 객체로 구성된 배열이기 때문에 모든 객체의 소멸자가 호출된 다음에 30행에 정의된 멤버함수(static 함수)가 호출된다.

❖ 실행결과: NewDeleteOverloading.cpp

```
operator new : 8
operator new [] : 24
operator delete ()
operator delete[] ()
```

위 예제에서는 함수의 호출시점을 확인하기 위한 용도로 간단히 정의하였다. 그리고 이로써 new와 delete 연산자의 오버로딩에 대한 설명을 마무리 하겠다. 그런데 여러분이 직접 new와 delete 연산자를 오버로딩 할 수 있어야만 의미가 있는 것은 아니다. 이 두 연산자들이 오버로딩 가능하다는 사실을 인식하고, 또 어떻게 오버로딩이 가능한지를 이해하는 것 만으로도 큰 의미가 있다. 혹시라도 여러분이 사용하고 있는 라이브러리에서 new와 delete 연산자를 오버로딩 하고 있다면, 지금까지 필자가 설명한 내용을 떠올리기 바란다. 그러면 그 라이브러리를 조금 더 잘 사용할 수 있고, 또 조금 더 깊이 이해할 수 있을 것이다.

✚ 포인터 연산자 오버로딩

포인터를 기반으로 하는 연산자 모두를 포인터 연산자라 한다. 그런데 그 중에서도 대표적인 포인터 연산자 둘은 다음과 같다.

- ->   포인터가 가리키는 객체의 멤버에 접근
- *   포인터가 가리키는 객체에 접근

이 두 연산자의 오버로딩은 일반적인 연산자의 오버로딩과 크게 차이가 없으니(달리 말하면, 차이가 좀 있다는 뜻이다), 그 자체만 가지고는 부담을 가질 필요가 없다. 다만, 둘 다 피 연산자가 하나인 단항 연산자의 형태로 오버로딩 된다는 특징만 기억하면 된다. 그럼 간단히 두 연산자를 오버로딩 해 보겠다. 참

C++ 프로그래밍

고로 이어서 소개하는 예제는 포인터 연산자의 오버로딩 방식을 보여줄 뿐, 그 이상의 의미는 갖지는 않는다. 하지만 이를 이해하는 것도 간단하지만은 않다.

❖ PointerOperatorOverloading.cpp

```
1.   #include <iostream>
2.   using namespace std;
3.
4.   class Number
5.   {
6.   private:
7.       int num;
8.   public:
9.       Number(int n) : num(n) { }
10.      void ShowData() { cout<<num<<endl; }
11.
12.      Number * operator->()
13.      {
14.          return this;
15.      }
16.
17.      Number& operator*()
18.      {
19.          return *this;
20.      }
21.  };
22.
23.  int main(void)
24.  {
25.      Number num(20);
26.      num.ShowData();
27.
28.      (*num)=30;
29.      num->ShowData();
30.      (*num).ShowData();
31.      return 0;
32.  }
```

- 12행: 이 함수는 객체자신의 주소 값을 반환하도록 -> 연산자를 오버로딩 하고 있다. -> 연산자를 다른 형태로 오버로딩 하는 것도 가능하지만, 이 연산자의 오버로딩을 허용하는 이유는, 주소 값의 반환이 목적이기 때문에 다른 형태로는 오버로딩 하지 않는 것이 좋다.
- 17행: 이 함수는 객체자신을 참조의 형태로 반환하도록 * 연산자를 오버로딩 하고 있다.
- 28, 30행: 객체 num이 포인터 변수인 것처럼 연산문이 구성되었다. 이는 * 연산자의 오버로딩 결과이다.
- 29행: 이 문장에서도 num이 포인터 변수처럼 사용되었다. 이는 -> 연산자의 오버로딩 결과인데, 이 문장의 해석방법은 잠시 후에 별도로 설명하겠다.

❖ 실행결과: PointerOperatorOverloading.cpp

```
20
30
30
```

위의 예제에서 다음 두 문장은,

    (*num)=30;

    (*num).ShowData();

각각 다음과 같이 해석이 된다. 그리고 실제로 이렇게 문장을 구성해도 실행이 가능하다.

    (num.operator*())=30;

    (num.operator*()).ShowData();

이는 오버로딩 된 다른 연산자들의 해석방법과 차이가 없으니 어려울 게 없다. 그런데 위 예제의 다음 문장에,

    num->ShowData();

일반적인 해석의 방법을 적용하면 다음과 같이 된다.

    num.operator->() ShowData();

그런데 멤버함수 operator->()가 반환하는 것은 주소 값이니, ShowData 함수의 호출은 문법적으로 성립하지 않는다. 때문에 반환되는 주소 값을 대상으로 적절한 연산이 가능하도록 -> 연산자를 하나 더 추가하여, 다음과 같이 해석을 진행한다.

    num.operator->() -> ShowData();

operator-> 함수가 반환하는 것이 주소 값이니, 이를 통한 멤버의 접근을 위해서 -> 연산자를 하나 더 추가시켜서 해석한 것이다. 자! 이로써 포인터 관련 * 연산자와 -> 연산자의 오버로딩 방법에 대해서 설명하였다. 그럼 이어서 스마트 포인터에 대한 설명을 통해서 이 두 연산자가 어떻게 활용되는지 간단히 살펴보겠다. 사실 * 연산자와 -> 연산자의 오버로딩을 설명해 놓고, 스마트 포인터를 설명하지 않으려니 마음이 불편하다. 그러니 필자 입장에서도 스마트 포인터를 설명할 수밖에 없다.

C++ 프로그래밍

해서는 안될 일

위의 예제 PointerOperatorOverloading.cpp에 정의된 Number 클래스의 멤버함수 operator->는 private으로 선언된 변수의 주소 값을 반환한다. 따라서 main 함수에서는 private으로 선언된 멤버변수 num의 값을 변경할 수 있다. 그리고 이는 분명 적절치 못한 구현이다. 그런데 이는 어디까지나 연산자 오버로딩을 통해서 포인터처럼 행동이 가능함을 보이기 위한 것일 뿐이니, 이러한 구현의 예를 모델로 삼는 일은 없기 바란다. 잠시 후에 소개하는 스마트 포인터에서는 이 멤버함수를 const로 선언해서, 참조는 가능하되, 변경은 불가능하도록 할 것이다.

✚ 스마트 포인터(Smart Pointer)

스마트 포인터란 말 그대로 똑똑한 포인터이다. 우리가 알고 있는 포인터는 자기 스스로 하는 일이 아무 것도 없지만, 스마트 포인터는 자기 스스로 하는 일이 존재하는 포인터이다.

"그런 똑똑한 포인터를 어디서 구해야 하나요?"

사실 스마트 포인터는 객체이다. 포인터의 역할을 하는 객체를 뜻하는 것이다. 따라서 구해야 할 대상이 아닌, 구현해야 할 대상인 것이다. 이 책에서는 스마트 포인터에 대한 개념을 설명한다. 따라서 라이브러리에서 제공하는 스마트 포인터의 사용방법을 설명하지 않고, 간단한 그리고 좀 덜 똑똑한 스마트 포인터를 직접 구현해 본다. 이는 이후에 여러분이 프로그램의 개발을 목적으로 라이브러리에서 제공하는 스마트 포인터를 사용할 때 큰 도움이 될 것이다. 자! 그럼 먼저 필자가 스마트 포인터를 하나 정의해 보겠다. 생각만큼 거창하지 않으니, 보고 나서 이야기를 이어나가자.

❖ SmartPointer.cpp

```
1.  #include <iostream>
2.  using namespace std;
3.
4.  class Point
5.  {
6.  private:
7.      int xpos, ypos;
8.  public:
9.      Point(int x=0, int y=0) : xpos(x), ypos(y)
10.     {
11.         cout<<"Point 객체 생성"<<endl;
12.     }
13.     ~Point()
14.     {
15.         cout<<"Point 객체 소멸"<<endl;
```

```
16.     }
17.     void SetPos(int x, int y)
18.     {
19.         xpos=x;
20.         ypos=y;
21.     }
22.     friend ostream& operator<<(ostream& os, const Point& pos);
23. };
24. ostream& operator<<(ostream& os, const Point& pos)
25. {
26.     os<<'['<<pos.xpos<<", "<<pos.ypos<<']'<<endl;
27.     return os;
28. }
29.
30. class SmartPtr
31. {
32. private:
33.     Point * posptr;
34. public:
35.     SmartPtr(Point * ptr) : posptr(ptr)
36.     { }
37.
38.     Point& operator*() const
39.     {
40.         return *posptr;
41.     }
42.     Point* operator->() const
43.     {
44.         return posptr;
45.     }
46.     ~SmartPtr()
47.     {
48.         delete posptr;
49.     }
50. };
51.
52. int main(void)
53. {
54.     SmartPtr sptr1(new Point(1, 2));
55.     SmartPtr sptr2(new Point(2, 3));
56.     SmartPtr sptr3(new Point(4, 5));
57.     cout<<*sptr1;
58.     cout<<*sptr2;
59.     cout<<*sptr3;
60.
61.     sptr1->SetPos(10, 20);
62.     sptr2->SetPos(30, 40);
```

```
63.     sptr3->SetPos(50, 60);
64.     cout<<*sptr1;
65.     cout<<*sptr2;
66.     cout<<*sptr3;
67.     return 0;
68. }
```

- 38, 42행: 스마트 포인터의 가장 기본은 이 두 함수의 정의에 있다. 스마트 포인터는 포인터처럼 동작하는 객체이다. 따라서 이 두 함수의 정의는 필수이다. 그리고 정의의 형태도 여기서 크게 벗어나지 않는다. 물론 스마트 포인터가 똑똑해 질수록 이 두 함수도 하는 일이 더 많아지겠지만, 기본적으로는 여기 정의된 형태의 일을 포함해서 정의하게 되어있다.
- 35, 46행: 생성자에서 동적 할당을 하지 않음에도 불구하고, 소멸자에서 delete 연산을 하는 것이 다소 생소하게 느껴질 수 있다. 그런데 여기에는 생성자의 인자로 전달되는 주소 값은, new 연산에 의해서 동적 할당된 객체의 주소 값이라는 가정이 포함되어 있다.
- 54~56행: Point 객체를 생성하면서, 동시에 스마트 포인터 SmartPtr 객체가 이를 가리키게끔 하고 있다. 이로써 sptr1, sptr2, sptr3는 Point 객체를 가리키는 포인터처럼 동작한다.
- 57~59행: sptr1, sptr2, sptr3는 포인터처럼 * 연산을 진행한다.
- 61~63행: 마찬가지로 sptr1, sptr2, sptr3는 포인터처럼 -> 연산을 진행한다.

❖ 실행결과: SmartPointer.cpp

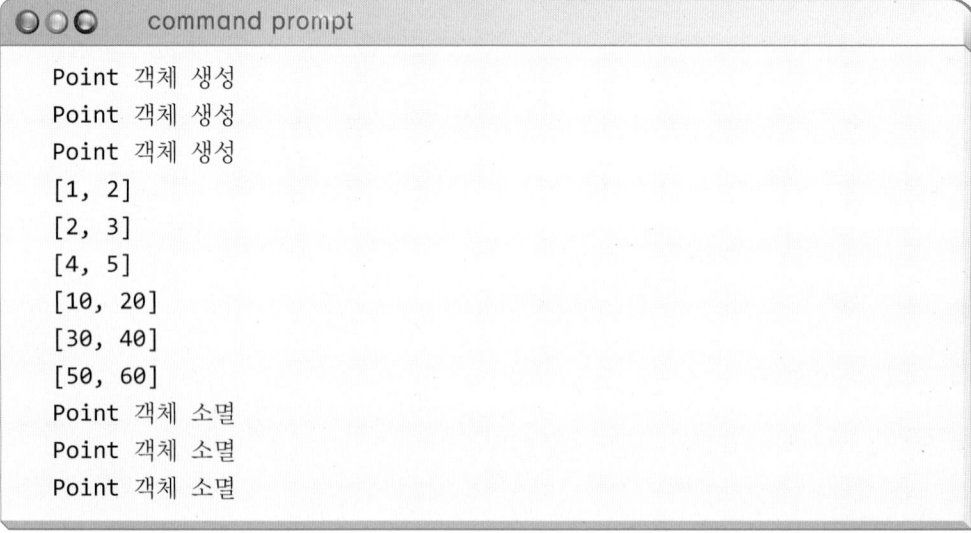

위의 예제에서 가장 중요한 사실은, Point 객체의 소멸을 위한 delete 연산이 자동으로 이뤄졌다는 사실이다. 그리고 바로 이것이 스마트 포인터의 똑똑함이다.

앞서 말했듯이 위 예제는 스마트 포인터에 대한 개념적인 이해를 돕기 위해 작성하였다. 스마트 포인터는 전문 개발자들이 개발한 이후에도 오랜 시간 실무에 사용하면서 다듬어 가는 클래스이다. 그래서 보통은 스마트 포인터를 개인적으로 구현해서 사용하는 경우는 드물며, 오랜 시간 다듬어진, 그래서 라이브러리의 일부로 포함되어 있는 스마트 포인터를 활용하는 경우가 대부분이다. 또한 스마트 포인터도 그 성격에 따라서 종류가 여러 가지가 있으니, 라이브러리에 포함된 스마트 포인터를 사용하기 위해서도 공부가 필요하다. 바로 그 공부를 돕기 위해서 필자는 이 책을 통해서 여러분에게 스마트 포인터를 소개하였다.

✚ () 연산자의 오버로딩과 펑터(Functor)

함수의 호출에 사용되는, 인자의 전달에 사용되는 ()도 연산자라는 사실을 알고 있는가? 때문에 이 역시도 오버로딩이 가능한 연산자이다. 그리고 이 연산자를 오버로딩 하면, 객체를 함수처럼 사용할 수 있게 된다.

"객체를 함수처럼 사용해서 어디에다 써먹으려고요!"

물론 필자는 객체를 함수처럼 사용했을 때 얻게 되는 이점을 설명할 것이다. 그러나 C++을 잘하려면 필자가 '객체를 함수처럼 사용할 수 있습니다.' 라고 말했을 때, 다음과 같은 반응을 보이는 것도 괜찮다.

"오~ 객체를 함수처럼 사용할 수 있다니, 그건 어떻게 하는 거에요?"

이는 C++을 즐겨 하는 필자 주변에 있는 이들의 공통된 특징이다! 필자? 필자는 "객체를 함수처럼 사용해서 어디에다 써먹으려고요!"라고 답하는 성향의 프로그래머다. 그래서 필자의 친구들이 필자보다 C++을 더 즐거워한다. 자! 그럼 다시 본론으로 돌아와서 () 연산자의 오버로딩에 대해서 살펴보자. 객체의 이름이 adder이고 이 객체에 () 연산자가 멤버함수로 오버로딩 되어 있는 상태라면, 다음의 문장은 어떻게 해석이 되겠는가?

```
adder(2, 4);
```

우선 연산자가 ()이니 멤버함수의 이름은 operator()이다. 그리고 함수에 전달되는 인자의 정보는 2와 4이니 이는 다음과 같이 해석이 된다.

```
adder.operator()(2, 4);
```

이 내용만 알면 () 연산자의 오버로딩에 대해서는 더 설명할 게 없다. 그럼 예제를 통해서 () 연산자의 오버로딩 형태를 보이겠다.

❖ Functor.cpp

```
1.  #include <iostream>
2.  using namespace std;
3.
4.  class Point
5.  {
```

```cpp
6.   private:
7.       int xpos, ypos;
8.   public:
9.       Point(int x=0, int y=0) : xpos(x), ypos(y)
10.      { }
11.      Point operator+(const Point& pos) const
12.      {
13.          return Point(xpos+pos.xpos, ypos+pos.ypos);
14.      }
15.      friend ostream& operator<<(ostream& os, const Point& pos);
16.  };
17.
18.  ostream& operator<<(ostream& os, const Point& pos)
19.  {
20.      os<<'['<<pos.xpos<<", "<<pos.ypos<<']'<<endl;
21.      return os;
22.  }
23.
24.  class Adder
25.  {
26.  public:
27.      int operator()(const int& n1, const int& n2)
28.      {
29.          return n1+n2;
30.      }
31.      double operator()(const double& e1, const double& e2)
32.      {
33.          return e1+e2;
34.      }
35.      Point operator()(const Point& pos1, const Point& pos2)
36.      {
37.          return pos1+pos2;
38.      }
39.  };
40.
41.  int main(void)
42.  {
43.      Adder adder;
44.      cout<<adder(1, 3)<<endl;
45.      cout<<adder(1.5, 3.7)<<endl;
46.      cout<<adder(Point(3, 4), Point(7, 9));
47.      return 0;
48.  }
```

- 11행: Point 객체에 대한 + 연산자를 오버로딩 하였다.
- 13행: Point형 임시객체를 생성과 동시에 반환하고 있다. 이렇듯 return문에서도 임시객체를 생

성과 동시에 반환하는 것이 가능하다.
- 24행: 이 클래스에서는 두 개의 숫자 또는 Point 객체에 대한 덧셈결과를 반환하도록 () 연산자가 총 3회 오버로딩 되었다.
- 44, 45행: adder라는 이름의 함수를 호출하고, 이 때 반환되는 값을 출력하는 모습이다. 즉, adder는 객체임에도 불구하고 함수처럼 동작한다.
- 46행: Point형 임시객체를 두 개 생성해서 함수의 인자로 전달하고 있다. 이렇듯, 함수의 호출문에서도 임시객체를 생성하는 것이 가능하다.

❖ 실행결과: Functor.cpp

```
4
5.2
[10, 13]
```

위 예제에서 정의한 Adder 클래스와 같이 함수처럼 동작하는 클래스를 가리켜 '펑터(Functor)'라 한다. 그리고 '함수 오브젝트(Function Object)'라고도 불린다. 그런데 펑터라는 전문적인 표현에 비해 () 연산자의 오버로딩이나 펑터 자체를 이해하는 것은 그리 어려운 일이 아니다. 그렇다면 이러한 펑터는 어떠한 경우에 유용하게 사용이 될까?

➕ 펑터의 위력

펑터는 함수 또는 객체의 동작방식에 유연함을 제공할 때 주로 사용된다. 그럼 예제를 통해서 펑터가 어떻게 사용될 수 있는지 보이도록 하겠다. 참고로 이 예제에서는 '버블정렬(bubble sort)'이라는 정렬 알고리즘이 사용되는데, 혹 이 알고리즘을 접해본 경험이 없다고 해도, 예제를 통해서 펑터를 이해하는 데는 지장이 없으니, 이에 대해 부담을 느끼지 않았으면 좋겠다. 그럼 예제가 좀 긴 관계로 먼저 펑터로 정의된 세 클래스를 소개하겠다.

```cpp
class SortRule
{
public:
    virtual bool operator()(int num1, int num2) const =0;
};
```

위의 클래스는 추상클래스로 정의되었다. 그리고 operator() 함수도 순수가상함수로 정의되었다. 이는 이 함수의 기능을 유도 클래스에서 확정 짓겠다는 의미이다. 이어서 위의 클래스를 상속하는 유도 클래스 하나를 소개하겠다.

```
class AscendingSort : public SortRule     // 오름차순
{
public:
    bool operator()(int num1, int num2) const
    {
        if(num1>num2)
            return true;
        else
            return false;
    }
};
```

위의 클래스에 정의된 operator() 함수는 두 정수의 대소비교를 진행하고 있다. num1이 크면 true를, 그렇지 않으면 false를 반환한다. 이후에 이 함수가 어떠한 용도로 사용되는지 관찰하기 바란다.

```
class DescendingSort : public SortRule     // 내림차순
{
public:
    bool operator()(int num1, int num2) const
    {
        if(num1<num2)
            return true;
        else
            return false;
    }
};
```

위의 클래스에 정의된 operator() 함수도 두 정수의 대소비교를 진행하고 있다. 단, 이 클래스가 true와 false를 반환하는 기준은 앞서 보인 AscendingSort 클래스의 operator() 함수와 반대이다. 자! 그럼 이제 위에 정의된 펑터가 사용된 예를 보이겠다.

❖ SortFunctor.cpp

```
1.  #include <iostream>
2.  using namespace std;
3.
4.  class SortRule
5.  {
6.  public:
7.      virtual bool operator()(int num1, int num2) const =0;
8.  };
9.
10. class AscendingSort : public SortRule     // 오름차순
```

```
11. {
12.     // 앞서 소개했으니, 몸체부분을 생략합니다.
13. };
14.
15. class DescendingSort : public SortRule      // 내림차순
16. {
17.     // 앞서 소개했으니, 몸체부분을 생략합니다.
18. };
19.
20. class DataStorage        // int형 정수의 저장소
21. {
22. private:
23.     int * arr;
24.     int idx;
25.     const int MAX_LEN;
26. public:
27.     DataStorage(int arrlen) :idx(0), MAX_LEN(arrlen)
28.     {
29.         arr=new int[MAX_LEN];
30.     }
31.     void AddData(int num)
32.     {
33.         if(MAX_LEN<=idx)
34.         {
35.             cout<<"더 이상 저장이 불가능합니다."<<endl;
36.             return;
37.         }
38.         arr[idx++]=num;
39.     }
40.     void ShowAllData()
41.     {
42.         for(int i=0; i<idx; i++)
43.             cout<<arr[i]<<' ';
44.         cout<<endl;
45.     }
46.     void SortData(const SortRule& functor)
47.     {
48.         for(int i=0; i<(idx-1); i++)
49.         {
50.             for(int j=0; j<(idx-1)-i; j++)
51.             {
52.                 if(functor(arr[j], arr[j+1]))
53.                 {
54.                     int temp=arr[j];
55.                     arr[j]=arr[j+1];
56.                     arr[j+1]=temp;
57.                 }
```

```
58.            }
59.         }
60.     }
61. };
62.
63. int main(void)
64. {
65.     DataStorage storage(5);
66.     storage.AddData(40);
67.     storage.AddData(30);
68.     storage.AddData(50);
69.     storage.AddData(20);
70.     storage.AddData(10);
71.
72.     storage.SortData(AscendingSort());
73.     storage.ShowAllData();
74.
75.     storage.SortData(DescendingSort());
76.     storage.ShowAllData();
77.     return 0;
78. }
```

- 20행: 단순히 정수 데이터를 저장할 수 있도록 설계된 클래스이다.
- 27, 29행: 생성자의 인자를 통해서, 저장할 정수의 최대 개수를 결정할 수 있도록 정의하였다.
- 31행: 정수형 데이터의 저장을 목적으로 정의된 함수이다.
- 40행: 데이터를 배열에 저장된 순서대로 출력하는 함수이다.
- 46, 52행: 이 예제에서 가장 주목해서 볼 부분이다. 이 함수는 버블정렬을 진행하는데, 52행을 보면, functor의 함수호출 결과를 통해서 정렬이 진행됨을 알 수 있다. 즉, functor가 true를 반환하는 조건에 따라서 정렬의 방식이 달라진다. 이 부분은 단순하게 생각해도 된다. 정렬과정에서 호출하는 함수가 값을 반환하는 기준을 달리하면, 정렬의 방식에도 변화가 있지 않겠는가!
- 72행: 데이터를 저장한 후에 정렬을 진행하고 있다. 그런데 이때 AscendingSort 객체를 임시객체의 형태로 생성해서 전달하고 있다.
- 75행: 이번에는 DescendingSort 객체를 임시객체의 형태로 생성해서 인자로 전달하고 있다. 따라서 72행의 정렬결과와는 다른 방식으로 정렬이 이뤄질 것이다.

❖ 실행결과: SortFunctor.cpp

```
10 20 30 40 50
50 40 30 20 10
```

위 예제의 46행에 정의된 멤버함수는 다음의 형태를 띤다.

```
void SortData(const SortRule& functor)
{
    . . . . .
        if(functor(arr[j], arr[j+1]))
        {
            . . . .
        }
    . . . . .
}
```

매개변수 형이 SortRule의 참조형이므로, SortRule 클래스를 상속하는 AscendingSort 클래스와 DescendingSort 클래스의 객체는 인자로 전달 가능하다. 그리고 SortRule의 operator() 함수는 virtual로 선언되었으니, 유도 클래스의 operator() 함수가 대신 호출된다. 때문에 펑터로 무엇이 전달되느냐에 따라서 정렬의 기준이 바뀌게 된다. 그리고 이것이 펑터를 정의하는 이유이다.

✛임시객체로의 자동 형 변환과 형 변환 연산자(Conversion Operator)

이제 마지막으로 형 변환 연산자의 오버로딩에 대해서 소개하겠다. 다음의 예와 같이 C++에서는 객체간의 대입연산을 허용한다.

```
class Number
{
private:
    int num;
public:
    Number(int n=0) : num(n)
    { }
    void ShowNumber() { cout<<num<<endl; }
};

int main(void)
{
    Number num1(100);
    Number num2(0);
    num2=num1;      // 동일 자료형의 객체간 대입연산
    num2.ShowNumber();   // 100이 출력된다!
    return 0;
}
```

C++ 프로그래밍

물론 두 객체의 자료형이 일치할 때에만 대입연산이 가능하다. 이는 오버로딩 된 대입 연산자를 통해서 충분히 설명한 내용이므로 더 이상 설명하지 않겠다. 그렇다면 객체와 정수간의 대입연산도 가능할까? 즉, 위의 Number 클래스를 대상으로 다음과 같이 main 함수를 구성해도 컴파일 및 실행이 가능할까?

```cpp
int main(void)
{
    Number num;
    num=30;      // 일치하지 않는 자료형간의 대입연산
    num.ShowNumber();
    return 0;
}
```

코드만 놓고 보면 안될 것 같지만, 이 역시 컴파일 및 실행에 무리가 없다. 그럼 어떠한 과정을 거쳐서 위의 대입연산이 완료되는지 확인할 수 있는 예제를 하나 제시하겠다.

❖ ConvToObject.cpp

```cpp
1.  #include <iostream>
2.  using namespace std;
3.
4.  class Number
5.  {
6.  private:
7.      int num;
8.  public:
9.      Number(int n=0) : num(n)
10.     {
11.         cout<<"Number(int n=0)"<<endl;
12.     }
13.     Number& operator=(const Number& ref)
14.     {
15.         cout<<"operator=()"<<endl;
16.         num=ref.num;
17.         return *this;
18.     }
19.     void ShowNumber() { cout<<num<<endl; }
20. };
21.
22. int main(void)
23. {
24.     Number num;
25.     num=30;
26.     num.ShowNumber();
27.     return 0;
28. }
```

- 13행: 굳이 대입 연산자를 오버로딩 할 필요가 없는 상황이지만, 대입 연산자의 호출을 확인하기 위해서 오버로딩 하였다. 문자열을 출력하는 것 말고는 디폴트 대입 연산자와 차이가 없다.
- 25행: 서로 다른 두 자료형의 피연산자를 대상으로 대입연산을 진행하고 있다. 출력되는 문자열을 보면 이 연산이 어떻게 진행되는지 알 수 있을 것이다.

❖ 실행결과: ConvToObject.cpp

```
Number(int n=0)
Number(int n=0)
operator=()
30
```

출력결과를 통해서 위 예제 25행의 대입연산이 어떻게 이뤄졌는지 판단이 서는가? 25행의 문장에서 일어난 일을 조금 풀어서(?) 써보면 다음과 같다.

```
num=Number(30);              // 1단계. 임시객체의 생성
num.operator=(Number(30));   // 2단계. 임시객체를 대상으로 하는 대입 연산자의 호출
```

여기서의 핵심은 임시객체의 생성이다. 그리고 이러한 임시객체의 생성을 통해서 대입연산이 진행되는 데에는 다음과 같은 문법적 기준이 존재한다.

"A형 객체가 와야 할 위치에 B형 데이터(또는 객체)가 왔을 경우, B형 데이터를 인자로 전달받는 A형 클래스의 생성자 호출을 통해서 A형 임시객체를 생성한다."

때문에 위의 예제에서는 'Number형 객체가 와야 할 위치에 int형 데이터가 와서, int형 데이터를 인자로 전달받는 Number 클래스의 생성자 호출을 통해서 Number형 임시객체를 생성한 것'이다. 그리고 나서 두 Number 객체를 대상으로 대입연산을 진행하였다.

이렇듯, 기본 자료형 데이터를 객체로 형 변환하는 것은 적절한 생성자의 정의를 통해서 얼마든지 가능하다. 그렇다면 반대로 객체를 기본 자료형 데이터로 형 변환하는 것도 가능할까? 물론 가능하다! 예를 들어서 앞서 정의한 Number 클래스를 대상으로 다음과 같은 덧셈연산이 가능 하려면,

```
int main(void)
{
    Number num1;
    num1=30;
    Number num2=num1+20;
    num2.ShowNumber();
    return 0;
}
```

C++ 프로그래밍

Number 클래스가 + 연산자를 오버로딩 하고 있거나, num1이 int형 데이터로 변환이 되어야 한다. 그런데 + 연산자를 오버로딩 하는 방법은 우리가 이미 알고 있으니, 여기서는 int형 데이터로 변환되어서 덧셈연산이 진행되도록 해 보겠다.

❖ **ConvToPrimitive.cpp**

```cpp
1.  #include <iostream>
2.  using namespace std;
3.
4.  class Number
5.  {
6.  private:
7.      int num;
8.  public:
9.      Number(int n=0) : num(n)
10.     {
11.         cout<<"Number(int n=0)"<<endl;
12.     }
13.     Number& operator=(const Number& ref)
14.     {
15.         cout<<"operator=()"<<endl;
16.         num=ref.num;
17.         return *this;
18.     }
19.     operator int ()      // 형 변환 연산자의 오버로딩
20.     {
21.         return num;
22.     }
23.     void ShowNumber() { cout<<num<<endl; }
24. };
25.
26. int main(void)
27. {
28.     Number num1;
29.     num1=30;
30.     Number num2=num1+20;
31.     num2.ShowNumber();
32.     return 0;
33. }
```

- 19행: 이것이 형 변환 연산자의 오버로딩이다. 우선 반환형이 없음에도 불구하고 반환을 하고 있다는 사실만 확인하기 바란다.
- 30행: 'num1+20'이 먼저 진행되어야 하는 상황인데, operator+ 함수가 정의되어 있지 않으니, 덧셈이 가능 하려면 num1이 int형으로 변환이 되어야만 한다. 바로 이 때 호출되는 것이 형 변환 연산자이다.

❖ 실행결과: ConvToPrimitive.cpp

```
Number(int n=0)
Number(int n=0)
operator=()
Number(int n=0)
50
```

위 예제에서 정의한 형 변환 연산자는 다음과 같다.

```
operator int ()
{
    return num;
}
```

이렇듯 형 변환 연산자는 반환형을 명시하지 않는다. 하지만 return문에 의한 값의 반환은 얼마든지 가능하다. 그리고 오버로딩 된 연산자의 이름이 operator+ 이면, + 연산자가 등장했을 때 호출되는 것과 유사하게 operator int는 다음의 의미로 이해하면 된다(물론 int 대신에 다른 자료형의 이름이 올 수 있다).

"int형으로 형 변환해야 하는 상황에서 호출되는 함수이다."

즉, int형으로 형 변환되어야 하는 상황에서 호출이 되며, 이 때 return문에 의해 반환되는 값이 int형으로의 형 변환 결과가 되는 것이다. 그래서 다음 문장의 실행과정에서,

```
Number num2=num1+20;
```

num1 객체의 operator int 함수가 호출되어, 이 때 반환되는 값 30과 20의 덧셈연산이 진행되며, 이 연산의 결과로 num2 객체가 생성된 것이다. 이로써 길고 길었던 연산자 오버로딩에 대한 이론적인 설명을 마치고 다음 Chapter에서는 이를 이용해서 String 클래스를 직접 정의해 보겠다.

C++ 프로그래밍

11-4 ⫶ OOP 단계별 프로젝트 08단계

이번 단계에서는 예제 StablePointPtrArray.cpp에서 정의한 BoundCheckPointPtrArray 클래스를 본 프로젝트에 맞게 변경시켜서 적용하고자 한다. 그리고 일부 클래스에 대해 깊은 복사를 진행하도록 대입 연산자도 오버로딩 하고자 한다.

✚ 프로젝트 08단계의 도입

Account 클래스는 깊은 복사를 진행하도록 복사 생성자가 정의되어 있다. 따라서 대입 연산자도 깊은 복사가 진행되도록 정의하는 것이 좋다. 그리고 AccountHandler 클래스에는 배열이 멤버로 선언되어서 객체의 저장을 주도 하는데, 이를 이번 Chapter에서 정의한 BoundCheckPointPtrArray 배열 클래스로 대체하고자 한다. 물론, 이를 위해서는 약간의 수정이 필요하며, 클래스의 이름도 적당히 변경할 필요가 있다.

✚ 프로그램 설명

실제 변경이 발생하는 헤더파일과 소스파일은 다음과 같다.

- **Account.h, Account.cpp**   대입 연산자의 정의
- **AccountHandler.h**   BoundCheckPointPtrArray 클래스의 적용

따라서 이들 파일에 대한 버전정보를 갱신하기 바란다. 또한 배열 클래스의 추가를 위해서 다음의 소스파일과 헤더파일을 추가하기로 하자.

- **AccountArray.h, AccountArray.cpp**   배열 클래스의 선언과 정의

혹, 위에서 언급한 파일과 BankingCommonDecl.h를 제외한 다른 파일에서 수정이 발생했다면, 무엇인가 잘못되었거나 불필요한 수정이 가해졌을 수도 있으니, 다시 한번 확인하기 바란다(필자와 구현방법을 달리한다면, AccountHandler.cpp의 수정이 불가피할 수는 있다).

✚ 구현의 예

헤더파일 〈cstdlib〉의 선언이 추가된 BankingCommonDecl.h를 제외하고, 실제 변경되거나 새로 추가된 파일들만 아래에 나열하겠다.

❖ Account.h

```
/*
 * 파일이름: Account.h
 * 작성자: 윤성우
 * 업데이트 정보: [2010, 02, 01] 파일버전 0.8
 */

#ifndef __ACCOUNT_H__
#define __ACCOUNT_H__

class Account
{
private:
    int accID;
    int balance;
    char * cusName;
public:
    Account(int ID, int money, char * name);
    Account(const Account& ref);
    Account& operator=(const Account& ref);    // 추가된 문장

    int GetAccID() const;
    virtual void Deposit(int money);
    int Withdraw(int money) ;
    void ShowAccInfo() const ;
    ~Account();
};
#endif
```

❖ Account.cpp

```
/*
 * 파일이름: Account.cpp
 * 작성자: 윤성우
 * 업데이트 정보: [2010, 02, 01] 파일버전 0.8
 */

#include "BankingCommonDecl.h"
#include "Account.h"

Account::Account(int ID, int money, char * name) : accID(ID), balance(money)
{
    cusName=new char[strlen(name)+1];
    strcpy(cusName, name);
}

Account::Account(const Account& ref) : accID(ref.accID), balance(ref.balance)
{
    cusName=new char[strlen(ref.cusName)+1];
    strcpy(cusName, ref.cusName);
}

Account& Account::operator=(const Account& ref)    // 추가된 정의
{
    accID=ref.accID;
```

```cpp
        balance=ref.balance;

        delete []cusName;
        cusName=new char[strlen(ref.cusName)+1];
        strcpy(cusName, ref.cusName);
        return *this;
}

int Account::GetAccID() const { return accID; }

void Account::Deposit(int money)
{
    balance+=money;
}

int Account::Withdraw(int money)
{
    if(balance<money)
        return 0;

    balance-=money;
    return money;
}

void Account::ShowAccInfo() const
{
    cout<<"계좌ID: "<<accID<<endl;
    cout<<"이 름: "<<cusName<<endl;
    cout<<"잔 액: "<<balance<<endl;
}

Account::~Account()
{
    delete []cusName;
}
```

❖ AccountHandler.h

```cpp
/*
 * 파일이름: AccountHandler.h
 * 작성자: 윤성우
 * 업데이트 정보: [2010, 02, 01] 파일버전 0.8
 */

#ifndef __ACCOUN_HANDLER_H__
#define __ACCOUN_HANDLER_H__

#include "Account.h"
#include "AccountArray.h"

class AccountHandler
{
private:
    BoundCheckAccountPtrArray accArr;       // 변경된 문장
    int accNum;
public:
    AccountHandler();
```

```
    void ShowMenu(void) const;
    void MakeAccount(void);
    void DepositMoney(void);
    void WithdrawMoney(void);
    void ShowAllAccInfo(void) const;
    ~AccountHandler();
protected:
    void MakeNormalAccount(void);
    void MakeCreditAccount(void);
};
#endif
```

❖ AccountArray.h

```
/*
 * 파일이름: AccountArray.h
 * 작성자: 윤성우
 * 업데이트 정보: [2010, 02, 01] 파일버전 0.1
 */

#ifndef __ACCOUN_ARRAY_H__
#define __ACCOUN_ARRAY_H__

#include "Account.h"
typedef Account * ACCOUNT_PTR;

class BoundCheckAccountPtrArray
{
private:
    ACCOUNT_PTR * arr;
    int arrlen;
    BoundCheckAccountPtrArray(const BoundCheckAccountPtrArray& arr) { }
    BoundCheckAccountPtrArray& operator=(const BoundCheckAccountPtrArray& arr) { }

public:
    BoundCheckAccountPtrArray(int len=100);
    ACCOUNT_PTR& operator[] (int idx);
    ACCOUNT_PTR operator[] (int idx) const;
    int GetArrLen() const;
    ~BoundCheckAccountPtrArray();
};
#endif
```

❖ AccountArray.cpp

```
/*
 * 파일이름: AccountArray.cpp
 * 작성자: 윤성우
 * 업데이트 정보: [2010, 02, 01] 파일버전 0.1
 */

#include "BankingCommonDecl.h"
#include "AccountArray.h"
```

```cpp
BoundCheckAccountPtrArray::BoundCheckAccountPtrArray(int len) :arrlen(len)
{
    arr=new ACCOUNT_PTR[len];
}

ACCOUNT_PTR& BoundCheckAccountPtrArray::operator[] (int idx)
{
    if(idx<0 || idx>=arrlen)
    {
        cout<<"Array index out of bound exception"<<endl;
        exit(1);
    }
    return arr[idx];
}

ACCOUNT_PTR BoundCheckAccountPtrArray::operator[] (int idx) const
{
    if(idx<0 || idx>=arrlen)
    {
        cout<<"Array index out of bound exception"<<endl;
        exit(1);
    }
    return arr[idx];
}

int BoundCheckAccountPtrArray::GetArrLen() const
{
    return arrlen;
}

BoundCheckAccountPtrArray::~BoundCheckAccountPtrArray()
{
    delete []arr;
}
```

11 ; 프로그래밍 문제의 답안

문제 11-1의 답안

▶문제 1

❖ 소스코드 답안

```
1.  #include <iostream>
2.  #include <cstring>
3.  using namespace std;
4.
5.  class Gun
6.  {
7.  private:
8.      int bullet;      // 장전된 총알의 수
9.  public:
10.     Gun(int bnum) : bullet(bnum) { }
11.     void Shot() {
12.         cout<<"BBANG!"<<endl;
13.         bullet--;
14.     }
15. };
16.
17. class Police
18. {
19. private:
20.     int handcuffs;    // 소유한 수갑의 수
21.     Gun * pistol;     // 소유하고 있는 권총
22. public:
23.     Police(int bnum, int bcuff)
24.         : handcuffs(bcuff)
25.     {
26.         if(bnum>0)
27.             pistol=new Gun(bnum);
28.         else
29.             pistol=NULL;
30.     }
31.     Police(const Police& ref)
32.         : handcuffs(ref.handcuffs)
33.     {
34.         if(ref.pistol!=NULL)
35.             pistol=new Gun(*(ref.pistol));    // Gun의 복사 생성자 호출
36.         else
37.             pistol=NULL;
38.     }
39.     Police& operator=(const Police& ref)
40.     {
41.         if(pistol!=NULL)
42.             delete pistol;
43.
44.         if(ref.pistol!=NULL)
45.             pistol=new Gun(*(ref.pistol));
```

```
46.         else
47.             pistol=NULL;
48.
49.         handcuffs=ref.handcuffs;
50.         return *this;
51.     }
52.     void PutHandcuff()
53.     {
54.         cout<<"SNAP!"<<endl;
55.         handcuffs--;
56.     }
57.     void Shot()
58.     {
59.         if(pistol==NULL)
60.             cout<<"Hut BBANG!"<<endl;
61.         else
62.             pistol->Shot();
63.     }
64.     ~Police()
65.     {
66.         if(pistol!=NULL)
67.             delete pistol;
68.     }
69. };
70.
71. int main(void)
72. {
73.     Police pman1(5, 3);
74.     Police pman2=pman1;      // 복사 생성자의 호출
75.     pman2.PutHandcuff();
76.     pman2.Shot();
77.
78.     Police pman3(2, 4);
79.     pman3=pman1;             // 대입 연산자의 호출
80.     pman3.PutHandcuff();
81.     pman3.Shot();
82.     return 0;
83. }
```

▶문제 2

❖ 소스코드 답안

```
1.  #include <iostream>
2.  #include <cstring>
3.  using namespace std;
4.
5.  class Book
6.  {
7.  private:
8.      char * title;
9.      char * isbn;
10.     int price;
11. public:
12.     Book(char * title, char * isbn, int value) : price(value)
13.     {
14.         this->title=new char[strlen(title)+1];
15.         this->isbn=new char[strlen(isbn)+1];
16.         strcpy(this->title, title);
```

```
17.             strcpy(this->isbn, isbn);
18.         }
19.         Book(const Book& ref) : price(ref.price)
20.         {
21.             title=new char[strlen(ref.title)+1];
22.             isbn=new char[strlen(ref.isbn)+1];
23.             strcpy(title, ref.title);
24.             strcpy(isbn, ref.isbn);
25.         }
26.         Book& operator=(const Book& ref)
27.         {
28.             delete []title;
29.             delete []isbn;
30.
31.             title=new char[strlen(ref.title)+1];
32.             isbn=new char[strlen(ref.isbn)+1];
33.             strcpy(title, ref.title);
34.             strcpy(isbn, ref.isbn);
35.             price=ref.price;
36.             return *this;
37.         }
38.         void ShowBookInfo()
39.         {
40.             cout<<"제목: "<<title<<endl;
41.             cout<<"ISBN: "<<isbn<<endl;
42.             cout<<"가격: "<<price<<endl;
43.         }
44.         ~Book()
45.         {
46.             delete []title;
47.             delete []isbn;
48.         }
49. };
50.
51. class EBook : public Book
52. {
53. private:
54.     char * DRMKey;
55. public:
56.     EBook(char * title, char * isbn, int value, char * key)
57.         :Book(title, isbn, value)
58.     {
59.         DRMKey=new char[strlen(key)+1];
60.         strcpy(DRMKey, key);
61.     }
62.     EBook(const EBook& ref)
63.         : Book(ref)
64.     {
65.         DRMKey=new char[strlen(ref.DRMKey)+1];
66.         strcpy(DRMKey, ref.DRMKey);
67.     }
68.     EBook& operator=(const EBook& ref)
69.     {
70.         Book::operator=(ref);
71.         delete []DRMKey;
72.         DRMKey=new char[strlen(ref.DRMKey)+1];
73.         strcpy(DRMKey, ref.DRMKey);
74.         return *this;
75.     }
76.     void ShowEBookInfo()
```

```
77.     {
78.         ShowBookInfo();
79.         cout<<"인증키: "<<DRMKey<<endl;
80.     }
81.     ~EBook()
82.     {
83.         delete []DRMKey;
84.     }
85. };
86.
87. int main(void)
88. {
89.     EBook ebook1("좋은 C++ ebook", "555-12345-890-1", 10000, "fdx9w0i8kiw");
90.     EBook ebook2=ebook1;    // 복사 생성자의 호출
91.     ebook2.ShowEBookInfo();
92.     cout<<endl;
93.     EBook ebook3("dumy", "dumy", 0, "dumy");
94.     ebook3=ebook2;     // 대입 연산자의 호출
95.     ebook3.ShowEBookInfo();
96.     return 0;
97. }
```

문제 11-2의 답안

▶문제 1

❖ 소스코드 답안

```
1.  #include <iostream>
2.  #include <cstdlib>
3.  using namespace std;
4.
5.  class Point
6.  {
7.  private:
8.      int xpos, ypos;
9.  public:
10.     Point(int x=0, int y=0) : xpos(x), ypos(y) { }
11.     friend ostream& operator<<(ostream& os, const Point& pos);
12.     friend ostream& operator<<(ostream& os, const Point* pos);
13. };
14.
15. ostream& operator<<(ostream& os, const Point& pos)
16. {
17.     os<<'['<<pos.xpos<<", "<<pos.ypos<<']'<<endl;
18.     return os;
19. }
20.
21. ostream& operator<<(ostream& os, const Point* pos)
22. {
23.     os<<'['<<pos->xpos<<", "<<pos->ypos<<']'<<endl;
24.     return os;
25. }
26.
27.
28. typedef Point * POINT_PTR;
```

```
29.
30. class BoundCheckPointPtrArray
31. {
32.     // 예제 StablePointPtrArray.cpp의 BoundCheckPointPtrArray 클래스와 동일
33. };
34.
35. int main(void)
36. {
37.     BoundCheckPointPtrArray arr(3);
38.     arr[0]=new Point(3, 4);
39.     arr[1]=new Point(5, 6);
40.     arr[2]=new Point(7, 8);
41.
42.     for(int i=0; i<arr.GetArrLen(); i++)
43.         cout<<arr[i];
44.
45.     delete arr[0];
46.     delete arr[1];
47.     delete arr[2];
48.     return 0;
49. }
```

▶문제 2

여러분의 응용력을 제한할 여지가 있어서 미리 힌트로 제시하지는 않았지만, 여기서 요구한 문제의 해결을 위해서, 앞서 정의한 BoundCheckIntArray 클래스를 활용하는 것은 매우 좋은 선택이 될 수 있다. 그렇게하면 채 50줄도 되지 않은 클래스의 정의를 통해서 문제에서 요구한바를 완성할 수 있다.

❖ 소스코드 답안

```
1.  #include <iostream>
2.  using namespace std;
3.
4.  class BoundCheckIntArray
5.  {
6.  private:
7.      int * arr;
8.      int arrlen;
9.      BoundCheckIntArray(const BoundCheckIntArray& arr) { }
10.     BoundCheckIntArray& operator=(const BoundCheckIntArray& arr) { }
11.
12. public:
13.     BoundCheckIntArray(int len) :arrlen(len)
14.     {
15.         arr=new int[len];
16.     }
17.     int& operator[] (int idx)
18.     {
19.         if(idx<0 || idx>=arrlen)
20.         {
21.             cout<<"Array index out of bound exception"<<endl;
22.             exit(1);
23.         }
24.         return arr[idx];
25.     }
26.     int operator[] (int idx) const
27.     {
28.         if(idx<0 || idx>=arrlen)
```

```cpp
29.        {
30.            cout<<"Array index out of bound exception"<<endl;
31.            exit(1);
32.        }
33.        return arr[idx];
34.    }
35.    int GetArrLen() const
36.    {
37.        return arrlen;
38.    }
39.    ~BoundCheckIntArray()
40.    {
41.        delete []arr;
42.    }
43. };
44.
45. typedef BoundCheckIntArray* BoundCheckIntArrayPtr;
46.
47. class BoundCheck2DIntArray
48. {
49. private:
50.     BoundCheckIntArray **arr;
51.     int arrlen;
52.     BoundCheck2DIntArray(const BoundCheck2DIntArray& arr) { }
53.     BoundCheck2DIntArray& operator=(const BoundCheck2DIntArray& arr) { }
54.
55. public:
56.     BoundCheck2DIntArray(int col, int row) :arrlen(col)
57.     {
58.         arr=new BoundCheckIntArrayPtr[col];
59.         for(int i=0; i<col; i++)
60.             arr[i]=new BoundCheckIntArray(row);
61.     }
62.     BoundCheckIntArray& operator[] (int idx)
63.     {
64.         if(idx<0 || idx>=arrlen) {
65.             cout<<"Array index out of bound exception"<<endl;
66.             exit(1);
67.         }
68.         return *(arr[idx]);
69.     }
70.     ~BoundCheck2DIntArray() {
71.         for(int i=0; i<arrlen; i++)
72.             delete arr[i];
73.         delete []arr;
74.     }
75. };
76.
77. int main(void)
78. {
79.     BoundCheck2DIntArray arr2d(3, 4);
80.
81.     for(int n=0; n<3; n++)
82.         for(int m=0; m<4; m++)
83.             arr2d[n][m]=n+m;
84.     for(int n=0; n<3; n++)
85.     {
86.         for(int m=0; m<4; m++)
87.             cout<<arr2d[n][m]<<' ';
88.         cout<<endl;
89.     }
90.     return 0;
91. }
```

Chapter 12
String 클래스의 디자인

이번 Chapter에서는 C++ 표준 라이브러리에서 제공하는 string 클래스에 대해서 살펴볼 것이다. 사실 string 클래스 자체를 공부하는 데 주 목적이 있는 게 아니라, string 클래스를 모델로 삼아서 연산자가 어떠한 형태로 오버로딩 되어 있는지 고민해 보고, 이와 유사한 문자열 처리 클래스를 직접 구현해 보는데 목적이 있다. 이는 표준 string 클래스를 사용하는 것 이상의 의미가 있다고 필자는 생각한다.

C++ 프로그래밍

12-1 : C++의 표준과 표준 string 클래스

C++이 한 단계 도약을 시도하고 있다. 필자가 초판과 달리 '연산자 오버로딩'과 다음 두 Chapter에 걸쳐서 설명하는 '템플릿(template)'을 보강해서 개정판을 낸 이유도 이러한 흐름에 어울리는 책이 되게 하기 위함이다.

✚ C++의 새로운 표준안

필자가 집필한 이 책의 초판에서는 이 즈음에서 책을 한 권 소개하였다. 이 책과 유사한 C++의 문법서가 아닌, 곁에 두고 참조할 수 있는(물론 공부하는 데에도 도움이 되는) 라이브러리의 성격이 강한 서적이었다. 그런데 지금 C++은 새로운 표준안을 준비하고 있다. 그리고 새로운 표준안이 확정되고 발표가 되면, 라이브러리의 확장으로 인해서 기존에 출간된 라이브러리의 성격을 갖는 서적들은 개정이 불가피하다. 또한 새로운 표준안이 발표되면, 그와 관련해서 좋은 서적들이 출간되기도 하니, 필자 생각엔 그 때가 되어서 여러분께 책을 추천해 드리는 게 옳을 것 같다. 따라서 이후에 C++의 새로운 표준안이 발표되고 나면, 다양한 경로를 통해서(필자가 운영하는 카페를 통해서도) 여러분에게 좋은 서적들을 추천해 드리고자 한다.

참고로, 새로운 표준안은 기존의 C++ 문법을 포함하는 상태에서 문법의 일부를 확장하고, 라이브러리의 상당 부분을 추가하는 형태로 완성되기 때문에, 여러분이 지금 공부하고 있는 이 책의 내용을 의심할 필요는 없다. 어차피 새로운 표준안이 발표되어도, 이 책에서 설명하는 기본 문법을 탄탄히 한 다음에, 라이브러리를 공부하면서 새로운 표준안과 관련된 부분을 공부해야 한다.

✚ 표준 string 클래스

C++ 표준 라이브러리에는 string이라는 이름의 클래스가 정의되어 있다. 클래스의 이름이 의미하는 것처럼, 문자열의 처리를 목적으로 정의된 클래스이며, 이 클래스의 사용을 위해서는 헤더파일 <string>을 포함해야 한다.

일단 string 클래스의 사용 예를 여러분에게 보이겠다. 그런데 잠시 후에 우리는, string 클래스와 유사한 문자열 처리 클래스를 직접 정의할 예정이니, 이 예제를 통해서 string 클래스가 어떻게 정의되어 있을지 고민해 보기 바란다.

❖ STDString.cpp

```
1.  #include <iostream>
2.  #include <string>
3.  using namespace std;
```

```
4.
5.  int main(void)
6.  {
7.      string str1="I like ";
8.      string str2="string class";
9.      string str3=str1+str2;
10.
11.     cout<<str1<<endl;
12.     cout<<str2<<endl;
13.     cout<<str3<<endl;
14.
15.     str1+=str2;
16.     if(str1==str3)
17.         cout<<"동일 문자열!"<<endl;
18.     else
19.         cout<<"동일하지 않은 문자열!"<<endl;
20.
21.     string str4;
22.     cout<<"문자열 입력: ";
23.     cin>>str4;
24.     cout<<"입력한 문자열: "<<str4<<endl;
25.     return 0;
26. }
```

- 9행: string 객체간 덧셈연산이 가능함을 알 수 있다. 그리고 이는 operator + 연산자의 오버로딩으로 인해 가능하다는 사실도 여러분은 알고 있다.
- 11~13행: string 클래스가 << 연산자에 대해서도 오버로딩 되어있음을 확인할 수 있다.
- 15~19행: 15행의 += 연산의 결과로 문자열 str1의 끝에 문자열 str2가 덧붙여 졌음을 "동일 문자열!"이라는 문자열의 출력을 통해서 알 수 있다.
- 23행: string 클래스는 >> 연산자에 대해서도 오버로딩이 되어있다. 따라서 이러한 형태로 string 객체를 통해서 문자열을 입력 받는 것이 가능하다.

❖ 실행결과: STDString.cpp

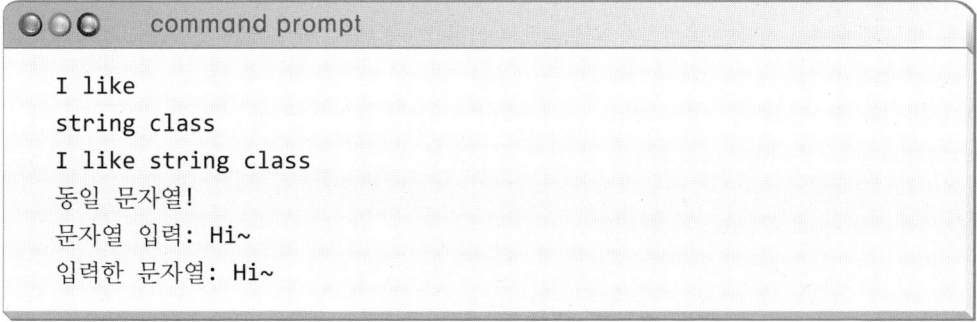

C++ 프로그래밍

실제 string 클래스는 위 예제에서 보여주는 것 이상의 기능을 지니고 있다. 그러나 우리의 목적은 이와 유사한 성격의 클래스를 직접 정의하는 것이므로, 이 정도로 마무리하고자 한다.

12-2 : 문자열 처리 클래스의 정의

이번에는 예제 STDString.cpp에서 string 클래스를 대체할 수 있는 String 클래스(우리가 정의하는 클래스는 앞의 S가 대문자이다)를 구현해 보고자 한다.

✚ 표준 string 클래스의 분석

먼저, 예제 STDString.cpp의 string 클래스를 대체하는 String 클래스의 정의를 위해서 어떠한 것들이 요구되는지 하나씩 정리해 보겠다.

♥ 하나. 문자열을 인자로 전달받는 생성자의 정의

앞서 보인 예제에서는 다음의 형태로 string 객체를 생성한다.

```
string str1="I like ";
string str2="string class";
```

그런데, 이는 문자열을 전달받는 생성자의 호출로 이어진다. 즉, 다음의 문장과 동일한 문장이다.

```
string str1("I like ");
string str2("string class");
```

따라서 이에 적절한 생성자를 정의해야 한다.

♥ 둘. 생성자, 소멸자, 복사 생성자 그리고 대입 연산자의 정의

우리가 구현할 String 클래스는 문자열을 저장 및 표현하는 클래스이다. 그런데 저장하고자 하는 문자열의 길이가 일정치 않다. 따라서 문자열의 저장을 위한 메모리 공간을 생성자 내에서 동적 할당해야 한다. 그리고 이로 인해서 소멸자를 정의해야 하며, 깊은 복사를 하는 복사 생성자와 대입 연산자까지 함께 정의하고자 한다.

✔ 셋. 결합된 문자열로 초기화된 객체를 반환하는 + 연산자의 오버로딩

예제 STDString.cpp의 9행에는 다음의 문장이 있다.

```
string str3=str1+str2;
```

이 연산의 결과로 str1과 str2에는 변화가 없지만, str3는 str1과 str2가 지니는 문자열을 합한 문자열로 초기화된다. 이는 str1과 str2의 연산결과로 반환된 값이 str3의 생성자로 전달된 결과이다. 이 상황에서 생각해볼 수 있는 + 연산자의 반환 값은 다음 두 가지이다.

- 문자열의 주소 값(str1과 str2가 지니고 있는 문자열을 합한 문자열의 주소 값)
- string 객체(str1과 str2가 지니고 있는 문자열을 합한 문자열을 저장하고 있는 객체)

어떠한 값을 반환하도록 오버로딩을 해도 동일한 결과를 보장할 수 있지만, 우리는 여기서 + 연산의 결과로 객체가 반환되도록 정의하겠다.

✔ 넷. 문자열을 덧붙이는 += 연산자의 오버로딩

예제 STDString.cpp의 15행에는 다음의 문장이 있다.

```
str1+=str2;
```

그리고 연산의 결과로 str2가 지니고 있는 문자열이 str1이 지니는 문자열의 뒤에 덧붙여진 것을 예제를 통해서 확인하였다. 이렇게 동작하도록 += 연산자를 오버로딩 해야 한다.

✔ 다섯. 내용비교를 진행하는 == 연산자의 오버로딩

예제 STDString.cpp의 main 함수에 삽입된 if문에서 == 연산을 통해 str1과 str3가 지니는 문자열의 내용비교를 하는 부분이 존재한다. == 연산자가 문자열의 내용비교를 한다는 사실은 실행결과를 통해서 알 수 있다. 따라서 == 연산자가 객체에 저장된 문자열의 내용을 비교하도록 오버로딩 해야 한다.

✔ 여섯. 콘솔입출력이 가능하도록 ⟨⟨, ⟩⟩ 연산자의 오버로딩

예제 STDString.cpp에서 string 객체를 대상으로 ⟨⟨ 연산자를 이용한 출력과 ⟩⟩ 연산자를 이용한 입력을 보이고 있다. 이것이 가능하도록 ⟨⟨ 연산자와 ⟩⟩ 연산자를 오버로딩 해야 한다.

위에서 정리한 여섯 가지 기능을 모두 완성해서 String 클래스를 정의하면, 예제 STDString.cpp에서 표준 string 클래스를 대체할 수 있다. 그런데 여러분은 이미 이러한 기능을 완성할 수 있는 능력을 갖추었다. 따라서 여러분이 직접 String 클래스를 정의해 보기 바란다. 그 다음에 필자가 구현한 String 클

C++ 프로그래밍

래스와 비교를 한다면, 여러분의 실력향상에 많은 도움이 될 것이다.

✛ String 클래스의 완성

String 클래스를 구현해 보았는가? 이를 직접 구현하는 것은 앞서 공부한 연산자 오버로딩과 관련해서 많은 복습이 되기 때문에 의미가 있다. 그럼 필자가 정의한 String 클래스를 소개하겠다. 코드의 양이 좀 많은 관계로 부분부분 나눠서 소개를 하겠다.

❖ StringClass.cpp의 String 클래스 선언부분

```cpp
1.  #include <iostream>
2.  #include <cstring>
3.  using namespace std;
4.
5.  class String
6.  {
7.  private:
8.      int len;
9.      char * str;
10. public:
11.     String();
12.     String(const char * s);
13.     String(const String& s);
14.     ~String();
15.     String& operator= (const String& s);
16.     String& operator+= (const String& s);
17.     bool operator== (const String& s);
18.     String operator+ (const String& s);
19.
20.     friend ostream& operator<< (ostream& os, const String& s);
21.     friend istream& operator>> (istream& is, String& s);
22. };
```

위의 클래스 선언에서는 특별히 설명할게 없다. 다만, 앞서 정리한 string 클래스의 여섯 가지 기능을 모두 만족시키기 위해서 멤버함수 또는 전역함수가 추가되었다는 사실 정도만 확인하면 된다.

❖ StringClass.cpp의 멤버함수와 전역함수 정의부분

```cpp
1.  String::String()
2.  {
3.      len=0;
4.      str=NULL;
5.  }
```

```
6.
7.  String::String(const char* s)
8.  {
9.      len=strlen(s)+1;
10.     str=new char[len];
11.     strcpy(str, s);
12. }
13.
14. String::String(const String& s)
15. {
16.     len=s.len;
17.     str=new char[len];
18.     strcpy(str, s.str);
19. }
20.
21. String::~String()
22. {
23.     if(str!=NULL)
24.         delete []str;
25. }
26.
27. String& String::operator= (const String& s)
28. {
29.     if(str!=NULL)
30.         delete []str;
31.     len=s.len;
32.     str=new char[len];
33.     strcpy(str, s.str);
34.     return *this;
35. }
36.
37. String& String::operator+= (const String& s)
38. {
39.     len+=(s.len-1);
40.     char* tempstr=new char[len];
41.     strcpy(tempstr, str);
42.     strcat(tempstr, s.str);
43.
44.     if(str!=NULL)
45.         delete []str;
46.     str=tempstr;
47.     return *this;
48. }
49.
50. bool String::operator== (const String& s)
51. {
52.     return strcmp(str, s.str) ? false : true;
```

```
53. }
54.
55. String String::operator+ (const String& s)
56. {
57.     char* tempstr=new char[len+s.len-1];
58.     strcpy(tempstr, str);
59.     strcat(tempstr, s.str);
60.
61.     String temp(tempstr);   // String temp=tempstr;
62.     delete []tempstr;
63.     return temp;
64. }
65.
66. ostream& operator<< (ostream& os, const String& s)
67. {
68.     os<<s.str;
69.     return os;
70. }
71.
72. istream& operator>> (istream& is, String& s)
73. {
74.     char str[100];
75.     is>>str;
76.     s=String(str);
77.     return is;
78. }
```

정의된 함수가 많은 편이지만, 여러분이 이해하기 힘든 부분은 없을 것이다. 그러나 이해에 어려움이 있는 분들을 위해서 몇몇 함수들에 대해서는 약간의 설명을 보태고자 한다. 먼저 생성자를 보자.

```
String::String()
{
    len=0;
    str=NULL;
}
```

이는 문자열을 입력 받을 목적으로, 다음의 형태로 객체를 생성할 수 있게 하기 위해서 정의된 생성자이다.

```
String emptystr;
```

때문에 멤버변수 str에는 NULL이 저장될 수도 있다. 그래서 멤버변수 str을 대상으로 delete 연산을 하기에 앞서, str에 저장된 값이 NULL인지를 검사하는 코드를 소멸자를 포함해서 곳곳에서 확인할 수 있다. 그리고 복사 생성자, 대입 연산자는 깊은 복사를 진행하도록 정의되었다는 점을 제외하곤 특별한

게 없다. 그럼 이번에는 오버로딩 된 + 연산자를 보자.

```
String String::operator+ (const String& s)
{
    char* tempstr=new char[len+s.len-1];
    strcpy(tempstr, str);
    strcat(tempstr, s.str);

    String temp(tempstr);
    delete []tempstr;
    return temp;
}
```

\+ 연산자는 원래 새로운 값을 만들어 내는 연산자이지, 피연산자의 값을 변경시키는 연산자가 아니다. 그래서 위의 함수에서도 피연산자의 문자열 정보를 참조해서 새로운 객체를 만들어 반환하고 있다. 그리고 할당할 메모리 공간의 길이를 계산하는데 있어 −1을 한 이유는 멤버변수 len에 저장된 문자열의 길이 정보에 문자열의 끝을 의미하는 NULL 문자도 포함되어 있기 때문이다. NULL이 두 번 계산되었으니, 하나를 빼는 것은 당연하다. 다음은 문자열을 추가하는 += 연산자의 오버로딩 결과이다.

```
String& String::operator+= (const String& s)
{
    len+=(s.len-1);
    char* tempstr=new char[len];
    strcpy(tempstr, str);
    strcat(tempstr, s.str);

    if(str!=NULL)
        delete []str;
    str=tempstr;
    return *this;
}
```

위 함수에서, 배열은 확장이 불가능하기 때문에 덧붙여질 문자열의 길이를 감안해서 배열을 재할당한 다음에, 원본 문자열을 복사하고, 추가할 문자열을 덧붙이고 있다. 참고로 위 예제에서 정의한 += 연산자는 오버로딩 된 + 연산자를 이용해서 다음과 같이 간단하게도 정의가 가능하다.

```
String& String::operator+= (const String& s)
{
    *this=*this+s;
    return *this;
}
```

C++ 프로그래밍

이러한 형태의 정의는 간결해 보이고 이해하기도 좋지만, 덧셈의 과정에서 객체가 추가로 생성된다는 단점이 있다. 하지만 컴퓨팅 파워가 좋은 환경이라면 이 정도는 단점이 될 수 없으니, 이러한 형태의 구현도 생각해볼 만하다.

위에 정의된 함수들과 관련해서는 이 정도면 충분히 설명되었다고 생각한다. 혹, 이해되지 않는 부분이 있다면, 앞서 공부한 연산자의 오버로딩에 대한 이해가 부족한 것이니, 이 부분에 대한 복습을 부탁한다. 그럼 이제 우리가 정의한 String 클래스가 제대로 동작하는지 확인해보자.

❖ StringClass.cpp의 main 함수부분

```cpp
1.  int main(void)
2.  {
3.      String str1="I like ";
4.      String str2="string class";
5.      String str3=str1+str2;
6.
7.      cout<<str1<<endl;
8.      cout<<str2<<endl;
9.      cout<<str3<<endl;
10.
11.     str1+=str2;
12.     if(str1==str3)
13.         cout<<"동일 문자열!"<<endl;
14.     else
15.         cout<<"동일하지 않은 문자열!"<<endl;
16.
17.     String str4;
18.     cout<<"문자열 입력: ";
19.     cin>>str4;
20.     cout<<"입력한 문자열: "<<str4<<endl;
21.     return 0;
22. }
```

위의 main 함수는 앞서 소개한 예제 STDString.cpp의 main 함수와 동일하다. 다만 표준 string 클래스를 대신해서 우리가 정의한 String 클래스를 사용한 것이 유일한 차이점이다.

❖ 실행결과: StringClass.cpp

```
I like
string class
I like string class
동일 문자열!
문자열 입력: Hi~
입력한 문자열: Hi~
```

12-3 : OOP 단계별 프로젝트 09단계

본 단계의 프로젝트는 이번 Chapter에서 우리가 직접 구현한 String 클래스를 적용하는데 목적이 있다. 따라서 String 클래스를 완성하는 것이 우선이다.

➕ 프로젝트 09단계의 도입

경험이 부족하면, 자신이 정의한 클래스를 프로그램 전체에 적절히 적용하는데 어려움을 느낄 수 있다. 따라서 클래스를 정의하는 것만큼은 아니지만, 자신이 정의한 클래스를 활용하는 데도 연습이 필요하다. 이에 앞서 예제 StringClass.cpp를 통해서 우리가 정의한 String 클래스를 단계별 프로젝트에 적용해 보고자 한다.

➕ 프로그램 설명

우리가 정의한 Account 클래스는 생성자에서 문자열을 동석 할당하기 때문에, 소멸사 그리고 깊은 복사를 위한 복사 생성자와 대입 연산자가 정의되어 있다. 그런데 이번에 적용할 String 클래스는 메모리 공간을 동적 할당하고, 깊은 복사를 진행하는 형태로 복사 생성자와 대입 연산자가 정의되어 있기 때문

C++ 프로그래밍

에, 이를 이용하면 Account 클래스의 구현이 한결 간단해진다. 조금 더 자세히 설명하면, Account 클래스의 생성자 내에서의 동적 할당이 불필요해지며, 이로 인해서 직접 정의한 소멸자와 복사 생성자 그리고 대입 연산자가 모두 불필요해진다. 바로 이러한 사실을 확인하고 다음의 결론을 스스로 내리는 것이 이번 프로젝트의 핵심이라 할 수 있다.

"적절한 클래스의 등장은 다른 클래스의 정의를 간결하게 해 준다."

참고로 String 클래스를 등장시켰다고 해서 char형 포인터 기반의 문자열 표현을 억지로 제한할 필요는 없다. 그러나 본 프로젝트의 목적 중 하나는 직접 정의한 클래스를 적용하는데 있으니, 가급적 String 객체를 이용해서 문자열을 표현하기로 하자. 마지막으로 실제 변경이 발생하는 헤더파일과 소스파일은 다음과 같다.

- Account.h, Account.cpp
- NormalAccount.h
- HighCreditAccount.h
- AccountHandler.cpp

그리고 String 클래스의 추가를 위해서 다음의 소스파일과 헤더파일을 추가하였다.

- String.h, String.cpp   String 클래스의 선언과 정의

✚ 구현의 예

이번에도 추가 및 변경된 파일만 나열을 하되, 이전 버전과의 차이점을 쉽게 관찰할 수 있도록 변경 및 삭제된 부분은 주석 처리하였다.

❖ Account.h

```
/*
 * 파일이름: Account.h
 * 작성자: 윤성우
 * 업데이트 정보: [2010, 03, 01] 파일버전 0.9
 */

#ifndef __ACCOUNT_H__
#define __ACCOUNT_H__

#include "String.h"

class Account
{
private:
    int accID;
    int balance;
    String cusName; // char * cusName;
public:
    Account(int ID, int money, String name);
    // Account(int ID, int money, char * name);
```

```
    // Account(const Account& ref);
    // Account& operator=(const Account& ref);

    int GetAccID() const;
    virtual void Deposit(int money);
    int Withdraw(int money) ;
    void ShowAccInfo() const ;
    // ~Account();
};
#endif
```

❖ Account.cpp

```
/*
 * 파일이름: Account.cpp
 * 작성자: 윤성우
 * 업데이트 정보: [2010, 03, 01] 파일버전 0.9
 */

#include "BankingCommonDecl.h"
#include "Account.h"

Account::Account(int ID, int money, String name)
    : accID(ID), balance(money)
{
    // cusName=new char[strlen(name)+1];
    // strcpy(cusName, name);
    cusName=name;
}

// Account::Account(const Account& ref) {....}
// Account& Account::operator=(const Account& ref) {....}

int Account::GetAccID() const { return accID; }

void Account::Deposit(int money)
{
    balance+=money;
}

int Account::Withdraw(int money)
{
    if(balance<money)
        return 0;

    balance-=money;
    return money;
}

void Account::ShowAccInfo() const
{
    cout<<"계좌ID: "<<accID<<endl;
    cout<<"이  름: "<<cusName<<endl;
    cout<<"잔  액: "<<balance<<endl;
}

// Account::~Account() {....}
```

❖ NormalAccount.h

```cpp
/*
 * 파일이름: NormalAccount.h
 * 작성자: 윤성우
 * 업데이트 정보: [2010, 03, 01] 파일버전 0.8
 */

#ifndef __NORMAL_ACCOUNT_H__
#define __NORMAL_ACCOUNT_H__

#include "Account.h"
#include "String.h"

class NormalAccount : public Account
{
private:
    int interRate;      // 이자율 %단위
public:
    // NormalAccount(int ID, int money, char * name, int rate)
    NormalAccount(int ID, int money, String name, int rate)
        : Account(ID, money, name), interRate(rate)
    { }
    virtual void Deposit(int money)
    {
        Account::Deposit(money);                        // 원금추가
        Account::Deposit(money*(interRate/100.0));      // 이자추가
    }
};
#endif
```

❖ HighCreditAccount.h

```cpp
/*
 * 파일이름: HighCreditAccount.h
 * 작성자: 윤성우
 * 업데이트 정보: [2010, 03, 01] 파일버전 0.9
 */

#ifndef __HIGHCREDIT_ACCOUNT_H__
#define __HIGHCREDIT_ACCOUNT_H__

#include "NormalAccount.h"
#include "String.h"

class HighCreditAccount : public NormalAccount
{
private:
    int specialRate;
public:
    // HighCreditAccount(int ID, int money, char * name, int rate, int special)
    HighCreditAccount(int ID, int money, String name, int rate, int special)
        : NormalAccount(ID, money, name, rate), specialRate(special)
    { }
    virtual void Deposit(int money)
    {
        NormalAccount::Deposit(money);          // 원금과 이자추가
```

```
            Account::Deposit(money*(specialRate/100.0));    // 특별이자추가
    }
};
#endif
```

❖ AccountHandler.cpp

```cpp
/*
 * 파일이름: AccountHandler.cpp
 * 작성자: 윤성우
 * 업데이트 정보: [2010, 03, 01] 파일버전 0.8
 */

#include "BankingCommonDecl.h"
#include "AccountHandler.h"
#include "Account.h"
#include "NormalAccount.h"
#include "HighCreditAccount.h"
#include "String.h"

void AccountHandler::ShowMenu(void) const
{
    cout<<"-----Menu------"<<endl;
    cout<<"1. 계좌개설"<<endl;
    cout<<"2. 입 금"<<endl;
    cout<<"3. 출 금"<<endl;
    cout<<"4. 계좌정보 전체 출력"<<endl;
    cout<<"5. 프로그램 종료"<<endl;
}

void AccountHandler::MakeAccount(void)
{
    int sel;
    cout<<"[계좌종류선택]"<<endl;
    cout<<"1.보통예금계좌 ";
    cout<<"2.신용신뢰계좌 "<<endl;
    cout<<"선택: ";
    cin>>sel;

    if(sel==NORMAL)
        MakeNormalAccount();
    else
        MakeCreditAccount();
}

void AccountHandler::MakeNormalAccount(void)
{
    int id;
    // char name[NAME_LEN];
    String name;
    int balance;
    int interRate;

    cout<<"[보통예금계좌 개설]"<<endl;
    cout<<"계좌ID: "; cin>>id;
    cout<<"이 름: ";  cin>>name;
    cout<<"입금액: "; cin>>balance;
```

```cpp
        cout<<"이자율: "; cin>>interRate;
        cout<<endl;

        accArr[accNum++]=new NormalAccount(id, balance, name, interRate);
    }

    void AccountHandler::MakeCreditAccount(void)
    {
        int id;
        // char name[NAME_LEN];
        String name;
        int balance;
        int interRate;
        int creditLevel;

        cout<<"[신용신뢰계좌 개설]"<<endl;
        cout<<"계좌ID: "; cin>>id;
        cout<<"이  름: "; cin>>name;
        cout<<"입금액: "; cin>>balance;
        cout<<"이자율: "; cin>>interRate;
        cout<<"신용등급(1toA, 2toB, 3toC): ";   cin>>creditLevel;
        cout<<endl;

        switch(creditLevel)
        {
        case 1:
            accArr[accNum++]=new HighCreditAccount(id, balance, name, interRate, LEVEL_A);
            break;
        case 2:
            accArr[accNum++]=new HighCreditAccount(id, balance, name, interRate, LEVEL_B);
            break;
        case 3:
            accArr[accNum++]=new HighCreditAccount(id, balance, name, interRate, LEVEL_C);
        }
    }

    void AccountHandler::DepositMoney(void)
    {
        int money;
        int id;
        cout<<"[입    금]"<<endl;
        cout<<"계좌ID: "; cin>>id;
        cout<<"입금액: "; cin>>money;

        for(int i=0; i<accNum; i++)
        {
            if(accArr[i]->GetAccID()==id)
            {
                accArr[i]->Deposit(money);
                cout<<"입금완료"<<endl<<endl;
                return;
            }
        }
        cout<<"유효하지 않은 ID 입니다."<<endl<<endl;
    }

    void AccountHandler::WithdrawMoney(void)
    {
        int money;
```

```
        int id;
        cout<<"[출  금]"<<endl;
        cout<<"계좌ID: "; cin>>id;
        cout<<"출금액: "; cin>>money;

        for(int i=0; i<accNum; i++)
        {
            if(accArr[i]->GetAccID()==id)
            {
                if(accArr[i]->Withdraw(money)==0)
                {
                    cout<<"잔액부족"<<endl<<endl;
                    return;
                }

                cout<<"출금완료"<<endl<<endl;
                return;
            }
        }
        cout<<"유효하지 않은 ID 입니다."<<endl<<endl;
}

AccountHandler::AccountHandler() : accNum(0)
{ }

void AccountHandler::ShowAllAccInfo(void) const
{
    for(int i=0; i<accNum; i++)
    {
        accArr[i]->ShowAccInfo();
        cout<<endl;
    }
}

AccountHandler::~AccountHandler()
{
    for(int i=0; i<accNum; i++)
        delete accArr[i];
}
```

❖ String.h

```
/*
 * 파일이름: String.h
 * 작성자: 윤성우
 * 업데이트 정보: [2010, 03, 01] 파일버전 0.1
 */

#ifndef __STRING_H__
#define __STRING_H__

#include "BankingCommonDecl.h"

class String
{
private:
    int len;
```

```cpp
    char * str;
public:
    String();
    String(const char * s);
    String(const String& s);
    ~String();
    String& operator= (const String& s);
    String& operator+= (const String& s);
    bool operator== (const String& s);
    String operator+ (const String& s);

    friend ostream& operator<< (ostream& os, const String& s);
    friend istream& operator>> (istream& is, String& s);
};
#endif
```

❖ String.cpp

```cpp
/*
* 파일이름: String.cpp
* 작성자: 윤성우
* 업데이트 정보: [2010, 03, 01] 파일버전 0.1
*/

#include "String.h"

String::String()
{
    len=0;
    str=NULL;
}

String::String(const char* s)
{
    len=strlen(s)+1;
    str=new char[len];
    strcpy(str, s);
}

String::String(const String& s)
{
    len=s.len;
    str=new char[len];
    strcpy(str, s.str);
}

String::~String()
{
    if(str!=NULL)
        delete []str;
}

String& String::operator= (const String& s)
{
    if(str!=NULL)
        delete []str;
    len=s.len;
```

```
    str=new char[len];
    strcpy(str, s.str);
    return *this;
}

String& String::operator+= (const String& s)
{
    len+=(s.len-1);
    char* tempstr=new char[len];
    strcpy(tempstr, str);
    strcat(tempstr, s.str);

    if(str!=NULL)
        delete []str;
    str=tempstr;
    return *this;
}

bool String::operator== (const String& s)
{
    return strcmp(str, s.str) ? false : true;
}

String String::operator+ (const String& s)
{
    char* tempstr=new char[len+s.len-1];
    strcpy(tempstr, str);
    strcat(tempstr, s.str);

    String temp(tempstr);
    delete []tempstr;
    return temp;
}

ostream& operator<< (ostream& os, const String& s)
{
    os<<s.str;
    return os;
}

istream& operator>> (istream& is, String& s)
{
    char str[100];
    is>>str;
    s=String(str);
    return is;
}
```

Chapter 13

템플릿(Template) 1

모형자를 기억하는가? 필자의 초등학교 시절에는 학교 앞 문구점에서 50원 정도했던 것으로 기억하는데, 당시 유행하던 놀이 중 하나가 자 싸움이었다. 이 놀이는 책받침 싸움의 뒤를 잇는 진일보한 형태의 게임으로써 남학생들 사이에서는 최고의 놀이로 인정받았다. 아이들에게 있어서 자신의 자가 부서진다는 사실은 중요하지 않았다. 다만, 본인의 자가 부서져 나가기까지 얼마나 많은 적(?)을 물리칠 수 있느냐에 관심이 있을 뿐이었다. 혹시 지우개 싸움은 뭔지 알고 있는가? 갑자기 요즘 초등학생들은 학교에서 무엇을 하고 노는지 궁금해진다.

13-1 : 템플릿(Template)에 대한 이해와 함수 템플릿

템플릿에는 '모형자'라는 뜻이 담겨있다. 모형자는 모형을 그릴 때 사용한다. 빨간색 펜을 이용해서 모형을 그리면 빨간색 모형이 그려지고, 파란색 펜을 이용해서 모형을 그리면 파란색 모형이 그려지는 것이 모형자이다. C++의 템플릿도 이와 성격이 유사하다.

➕ 함수를 대상으로 템플릿 이해하기

다음은 모형자의 특징이다.

"모형을 만들어 낸다. 모형의 틀은 결정되어 있지만, 모형의 색은 결정되어 있지 않아서 결정해야 한다."

위의 문장에서 모형을 만들어 낸다는 것은 모형을 그린다는 뜻이다. 그럼 이번에는 '함수 템플릿'이란 것의 특징을 소개하겠다.

"함수 템플릿은 함수를 만들어 낸다. 함수의 기능은 결정되어 있지만, 자료형은 결정되어 있지 않아서 결정해야 한다."

아직 '함수 템플릿'이 무엇인지 설명하지는 않았지만, 위의 문장에는 매우 흥미로운 내용이 담겨있다.

"함수를 만들어 낸다고?"

그렇다! **'함수 템플릿'이라는 것은 함수를 만드는 도구가 된다**. 모형자가 모형을 만드는 도구가 되는 것처럼 말이다. 다만, 모형자가 만들어 내는 모형의 색이 결정되어 있지 않은 것처럼(가져다 대는 펜에 따라 달라지는 것처럼), 함수 템플릿이 만들어 내는 함수의 자료형도 결정되어 있지 않다. 다시 말해서 모형자가 다양한 색의 모형을 만들어 내는 것처럼, **함수 템플릿도 다양한 자료형의 함수를 만들어 낼 수 있다**. 그럼 예를 통해서 함수 템플릿을 구체적으로 이해해보자.

```
int Add(int num1, int num2)
{
    return num1+num2;
}
```

위 함수의 기능과 자료형은 다음과 같다.

- 함수의 기능   덧셈
- 대상 자료형   int형 데이터

이러한 함수를 만들어 낼 수 있는 템플릿(모형자)는 다음과 같이 정의한다.

```
T Add(T num1, T num2)
{
    return num1+num2;
}
```

이를 앞서 정의한 Add 함수와 비교해 보면, int형 선언을 T로 대신했음을 알 수 있는데, 이는 자료형을 결정짓지 않은, 그래서 나중에 T를 대신해서 실제 자료형을 결정하겠다는 뜻이다. 따라서 위 '함수 템플릿'의 기능과 자료형은 다음과 같다.

- 함수의 기능   덧셈
- 대상 자료형   결정되어 있지 않음

그런데 이것이 전부가 아니다. 우리는 컴파일러에게 다음과 같은 메시지를 전달해야 한다.

"T는 자료형을 결정짓지 않겠다는 의미로 사용한 것입니다. 즉, 함수를 만들어 내는 템플릿을 정의하기 위해서 사용된 것이지요."

그리고 이러한 메시지를 담아서 위의 '함수 템플릿'은 다음과 같이 완성해야 한다.

```
template <typename T>
T Add(T num1, T num2)
{
    return num1+num2;
}
```

위의 템플릿 정의에 다음 문장이 존재한다.

```
template <typename T>
```

이는 T라는 이름을 이용해서 아래의 함수를 템플릿으로 정의한다는 의미이다. 이렇게 해서 모형자에 비유되는 함수 템플릿을 만들었다.

> **참고** typename을 대신해서 class를 사용할 수도 있습니다.
>
> 다음 선언을 대신해서,
>   `template <typename T>`
>
> 다음 선언을 사용해도 된다.
>   `template <class T>`
>
> 둘 다 흔히 사용이 되니, 이 두 가지 선언은 같은 의미라는 사실을 기억해두기 바란다. 그리고 T라는 문자를 대신해서 다른 문자를 사용해도 된다.

그럼 이제 앞서 정의한 함수 템플릿을 이용해서 함수를 만들 차례이다. 필자는 다음과 같이 두 가지 종류의 함수를 만들 셈이다.

- int형 덧셈을 진행하는 Add 함수
- double형 덧셈을 진행하는 Add 함수

그런데 우리가 미리 만들어 두지 않아도 된다. 컴파일러가 함수의 호출문장을 보면서 필요한 함수들을 만들어내기 때문이다. 그럼 예제를 통해서 나머지를 설명하겠다.

❖ AddFunctionTemplate.cpp

```cpp
1.  #include <iostream>
2.  using namespace std;
3.
4.  template <typename T>
5.  T Add(T num1, T num2)
6.  {
7.      return num1+num2;
8.  }
9.
10. int main(void)
11. {
12.     cout<< Add<int>(15, 20)       <<endl;
13.     cout<< Add<double>(2.9, 3.7)  <<endl;
14.     cout<< Add<int>(3.2, 3.2)     <<endl;
15.     cout<< Add<double>(3.14, 2.75) <<endl;
16.     return 0;
17. }
```

위 예제 12행에 다음 구문이 등장한다.

```
Add<int>(15, 20)
```

여기서 <int>가 의미하는 바는 다음과 같다.

"T를 int로 해서 만들어진 Add 함수를 호출한다."

그래서 컴파일러는 이 문장을 보는 순간 다음의 형태로 함수를 하나 만든다.

```cpp
int Add(int num1, int num2)
{
    return num1+num2;
}
```

그리고는 인자로 15와 20을 전달하면서 이 함수를 호출하게 한다. 이어서 13행에서 다음 구문을 만나면,

```
Add<double>(2.9, 3.7)
```

컴파일러는 다음의 형태로 함수를 만들고,

```
double Add(double num1, double num2)
{
    return num1+num2;
}
```

인자로 2.9와 3.7을 전달하면서 이 함수를 호출하게 한다.

"그럼 함수를 템플릿으로 정의하면, 매 호출문장마다 함수를 만들게 되나요?"

아니다! 한번 함수가 만들어지면, 그 다음에는 만들어진 함수를 호출할 뿐 새로 함수를 만들지는 않는다. 즉, 위 예제 14, 15행의 문장을 컴파일 할 때에는 앞서 만들어 놓은 두 함수를 호출할 뿐, 새로 함수를 만들지는 않는다. 즉, 함수는 자료형당 하나씩만 만들어진다.

"컴파일 할 때 함수가 만들어진다고요? 그럼 그만큼 속도가 느리겠네요?"

물론 속도의 감소가 발생한다. 그런데 이는 컴파일 속도이지 실행속도가 아니다. 컴파일 할 때 함수가 만들어진다고 하지 않았는가? 때문에 컴파일 하는데 걸리는 시간이 아까운 상황이 아니라면, 속도의 감소는 신경 쓸 요소가 아니다. 그럼 이어서 실행결과를 보자.

❖ 실행결과: AddFunctionTemplate.cpp

```
35
6.6
6
5.89
```

위의 실행결과는 다음 함수의 호출결과로 6이 반환되었음을 확인시켜 준다.

```
Add<int>(3.2, 3.2)
```

T가 int인 함수를 호출하면서 double형 실수를 전달하니, 그 과정에서 값의 손실이 발생한 것이다. 참고로 함수 템플릿 Add를 기반으로 만들어진 함수는 다음과 같이 지칭한다.

- T가 int인 경우   Add⟨int⟩ 함수
- T가 double인 경우   Add⟨double⟩ 함수

즉, 위의 예제에서 함수 템플릿을 기반으로 만들어진 함수는 다음과 같이 표현하는 것이 더 정확하다.

```
int Add<int>(int num1, int num2)
{
    return num1+num2;
}

double Add<double>(double num1, double num2)
{
    return num1+num2;
}
```

그리고 이러한 형태의 함수이름 표현은 앞서 예제를 통해서 보았듯이 코드상에서도 사용이 된다.

✚ 호출하기가 좀 불편한 건 있네요

위에서 보인 예제 AddFunctionTemplate.cpp의 main 함수는 다음과 같이 변경해도 된다. 즉, 일반함수를 호출하듯이 호출할 수도 있다. 왜냐하면, 전달되는 인자의 자료형을 참조하여 호출될 함수의 유형을 컴파일러가 결정하기 때문이다.

```
int main(void)
{
    cout<< Add(15, 20)      <<endl;
    cout<< Add(2.9, 3.7)    <<endl;
    cout<< Add(3.2, 3.2)    <<endl;
    cout<< Add(3.14, 2.75)  <<endl;
    return 0;
}
```

예를 들어서 다음의 함수 호출문장을 보면,

```
Add(3.5, 4.5);
```

컴파일러는 다음과 같이 판단한다.

"전달되는 인자의 자료형이 double형이니, 함수 템플릿의 T가 double이 되어야 값의 손실 없이 인자를 전달받을 수 있겠구나!"

때문에 위의 변경된 main 함수를 대상으로 예제를 실행하면 다음의 실행결과를 확인하게 된다.
```
35
6.6
6.4
5.89
```

물론, 실행결과에 차이가 있다. 이전에는 Add⟨int⟩ 함수를 호출하면서 인자로 3.2와 3.2를 전달했지만, 위의 변경된 main 함수의 경우 3.2를 double로 판단해서 Add⟨double⟩ 함수를 호출하기 때문이다.

✚ 함수 템플릿과 템플릿 함수

앞서 보인 다음의 정의를 가리켜 '**함수 템플릿(function template)**'이라 한다.

```
template <typename T>
T Add(T num1, T num2)
{
    return num1+num2;
}
```

반면, 위의 템플릿을 기반으로 컴파일러가 만들어 내는 다음 유형의 함수들을 가리켜 '**템플릿 함수 (template function)**'이라 한다.

```
int Add<int>(int num1, int num2)
{
    return num1+num2;
}

double Add<double>(double num1, double num2)
{
    return num1+num2;
}
```

앞서 언급했듯이, 위의 템플릿 함수의 표시에서 ⟨int⟩와 ⟨double⟩은 일반함수가 아닌, 컴파일러가 만들어낸 템플릿 기반의 함수임을 표시한 것이다.

"함수 템플릿? 템플릿 함수? 좀 헷갈리는데요."

사실 헷갈린다. 그런데 이렇듯 두 개의 단어가 나란히 등장할 때에는 앞에 것이 뒤의 것을 부연 설명하는 구조임을 알면 헷갈리지 않는다. 예를 들어서 누군가를 가리켜 '의적 홍길동'이라 부르면, 이 사람의 정체는 '의적'이 아닌, '홍길동'이다. 의적은 홍길동을 부연 설명해줄 뿐이다. 마찬가지로, 누군가를 가리켜 '아프리카 인디언'이라고 부르면, 이는 그 사람이 '아프리카'라는 뜻이 아니고, '인디언'이라는 뜻이다. 자!

C++ 프로그래밍

그럼 본론으로 돌아와서 '함수 템플릿'은 다음의 의미를 지닌다.

"함수를 만드는데 사용되는 템플릿!"

즉, 호출이 가능한 함수가 아닌, 템플릿임을 강조한 것이다. 그리고 '템플릿 함수'는 다음의 의미를 지닌다.

"템플릿을 기반으로 만들어진 함수!"

즉, 템플릿을 기반으로 만들어진, 호출이 가능한 함수임을 강조한 것이다. 그런데 이렇게 만들어지는 템플릿 함수는 일반함수와 구분이 된다. 따라서 두 가지 모두 함께 존재할 수 있는데, 이는 다음 예제를 통해서 설명하겠다.

❖ TwoTypeAddFunction.cpp

```cpp
#include <iostream>
using namespace std;

template <typename T>
T Add(T num1, T num2)
{
    cout<<"T Add(T num1, T num2)"<<endl;
    return num1+num2;
}

int Add(int num1, int num2)
{
    cout<<"Add(int num1, int num2)"<<endl;
    return num1+num2;
}

double Add(double num1, double num2)
{
    cout<<"Add(double num1, double num2)"<<endl;
    return num1+num2;
}

int main(void)
{
    cout<< Add(5, 7)            <<endl;
    cout<< Add(3.7, 7.5)         <<endl;
    cout<< Add<int>(5, 7)        <<endl;
    cout<< Add<double>(3.7, 7.5) <<endl;
    return 0;
}
```

- 11, 17행: 일반함수의 형태로 Add 함수가 정의되었다. 이렇듯 템플릿이 정의되어도 일반함수를 정의할 수 있다. 템플릿 함수와 일반함수는 구분이 되기 때문이다.
- 25, 26행: 11행과 17행의 함수가 정의되어 있지 않으면 템플릿 함수가 호출되는데, 일반함수가 정의되어 있기 때문에 일반함수가 호출된다.
- 27, 28행: 일반함수가 정의되었기 때문에 〈int〉 그리고 〈double〉의 표시를 통해서 템플릿 함수의 호출을 명시해야 한다.

❖ 실행결과: TwoTypeAddFunction.cpp

```
Add(int num1, int num2)
12
Add(double num1, double num2)
11.2
T Add(T num1, T num2)
12
T Add(T num1, T num2)
11.2
```

물론, 위 예제에서 보이듯이 함수 템플릿을 정의한 상황에서 일반함수까지 정의하는 것은 바람직하지 못하다. 이 예제는 단지 컴파일러에 의해서 만들어지는 템플릿 함수가 일반함수와 구분된다는 사실을 보이기 위해서 만든 것이다.

템플릿 함수의 또 다른 표현

'템플릿 함수'는 컴파일러에 의해서 생성된 함수이기 때문에 '생성된 함수(Generated Function)'으로도 불린다. 그리고 잠시 후에 설명하는 '템플릿 클래스' 역시 '생성된 클래스(Generated Class)'로도 불린다.

➕둘 이상의 형(Type)에 대해 템플릿 선언하기

함수 템플릿을 정의할 때에는 기본 자료형 선언을 못하는 것으로 오해하는 경우가 있는데, 템플릿의 정의에도 다양한 자료형의 선언이 가능할 뿐만 아니라, 둘 이상의 형(type)에 대해서 템플릿을 선언할 수도 있다. 다음 예제에서는 이러한 템플릿의 특성을 보여준다.

C++ 프로그래밍

❖ PrimitiveFunctionTemplate.cpp

```
1.  #include <iostream>
2.  using namespace std;
3.
4.  template <class T1, class T2>
5.  void ShowData(double num)
6.  {
7.      cout<<(T1)num<<", "<<(T2)num<<endl;
8.  }
9.
10. int main(void)
11. {
12.     ShowData<char, int>(65);
13.     ShowData<char, int>(67);
14.     ShowData<char, double>(68.9);
15.     ShowData<short, double>(69.2);
16.     ShowData<short, double>(70.4);
17.     return 0;
18. }
```

- 4행: 이 문장에서 보이듯이 쉼표를 이용해서 둘 이상의 템플릿 타입을 명시할 수 있다. 그리고 여기서는 키워드 typename을 대신해서 키워드 class를 사용하였다.
- 5행: 함수 템플릿의 매개변수 조차도 기본 자료형으로 선언될 수 있다.
- 7행: 인자로 전달된 num의 값을 T1과 T2로 명시되는 자료형으로 형 변환해서 출력하고 있다.
- 12~16행: 위의 함수 템플릿은 매개변수 형이 double로 선언되었기 때문에 전달되는 인자를 통해서는 T1과 T2의 자료형을 결정짓지 못한다. 따라서 이러한 경우에는 템플릿 함수의 호출형식을 완전히 갖춰서 호출해야 한다.

❖ 실행결과: PrimitiveFunctionTemplate.cpp

```
command prompt
A, 65
C, 67
D, 68.9
69, 69.2
70, 70.4
```

위 예제의 4행에서는 'typename'을 대신해서 'class'를 사용했는데, 이 위치에서의 typename과 class는 같은 의미로 해석이 된다. 따라서 이 문장은 다음과 같이 선언해도 된다.

```
template <typename T1, typename T2>
```

참고로, 위 예제의 7행은 다음의 문장으로 대신할 수 있다.

cout<<T1(num)<<", "<<T2(num)<<endl;

이렇듯 C++에서는 데이터에 소괄호를 묶는 형태로 형 변환을 명령할 수 있다. 즉, 다음의 형 변환문은,

int num=(int)3.14;

다음의 형 변환문과 완전히 일치한다.

int num=int(3.14);

의외로 많이 사용되는 class!

C++의 초창기에는 템플릿의 선언에 키워드 class만 사용할 수 있었다. 그런데 이는 클래스의 선언에 사용되는 키워드와 동일하다는 지적에 의해서 이후에 typename이라는 키워드도 함께 사용할 수 있도록 정정되었다. 그러나 최근에 만들어진 C++ 관련 국내외 자료들을 보면 여전히 키워드 class가 많이 사용되는 것을 알 수 있다. 이유는 간단하다. typename보다 class가 입력하기 더 편하기 때문이다. 실제로 이런 이유 때문에 C++의 창시자인 Bjarne Stroustrup도 class 선언을 선호한다고 한다.

문 제 13-1 [함수 템플릿의 정의]

▶ 문제 1

인자로 전달되는 두 변수에 저장된 값을 서로 교환하는 SwapData라는 이름의 함수를 템플릿으로 정의해보자. 그리고 다음 Point 클래스를 대상으로 값의 교환이 이뤄짐을 확인할 수 있도록 main 함수를 구성해보자.

```
class Point
{
private:
    int xpos, ypos;
public:
    Point(int x=0, int y=0) : xpos(x), ypos(y)
    { }
    void ShowPosition() const
    {
```

```
            cout<<'['<<xpos<<", "<<ypos<<']'<<endl;
    }
};
```

▶ 문제 2

다음은 int형 배열에 저장된 값을 모두 더해서 그 결과를 반환하는 기능의 함수이다.

```
int SumArray(int arr[], int len)
{
    int sum=0;
    for(int i=0; i<len; i++)
        sum+=arr[i];
    return sum;
}
```

이 함수를 템플릿으로 정의하여, 다양한 자료형의 배열을 대상으로 합을 계산하는 예제를 작성해보자.

✚ 함수 템플릿의 특수화(Specialization)

이번에는 '함수 템플릿의 특수화'라는 것에 대해 설명할 텐데, 이에 앞서 다음 예제와 실행결과를 관찰해 보자.

❖ NeedSpecialFunctionTemplate.cpp

```
1.  #include <iostream>
2.  using namespace std;
3.
4.  template <typename T>
5.  T Max(T a, T b)
6.  {
7.      return a > b ? a : b ;
8.  }
9.
10. int main(void)
11. {
12.     cout<< Max(11, 15)           <<endl;
13.     cout<< Max('T', 'Q')         <<endl;
14.     cout<< Max(3.5, 7.5)         <<endl;
15.     cout<< Max("Simple", "Best") <<endl;
16.     return 0;
17. }
```

❖ 실행결과: NeedSpecialFunctionTemplate.cpp

```
15
T
7.5
Best
```

위 예제의 함수 템플릿 Max는 인자로 전달된 두 데이터 중 큰 값을 반환하도록 정의되어 있다. 그런데 15행에서와 같이 문자열을 대상으로 호출할 경우, 그 결과에 대해서는 아무런 의미도 부여할 수 없게 된다(단순히 주소 값의 비교결과가 반환되므로). 만약에 문자열의 길이비교가 목적이라면, 다음의 형태로 템플릿 함수가 구성되어야 의미가 있으며,

```cpp
const char* Max(const char* a, const char* b)
{
    return strlen(a) > strlen(b) ? a : b ;
}
```

사전편찬 순서의 비교가 목적이라면, 다음의 형태로 템플릿 함수가 구성되어야 의미를 갖는다.

```cpp
const char* Max(const char* a, const char* b)
{
    return strcmp(a, b) > 0 ? a : b ;
}
```

이렇듯 상황에 따라서 템플릿 함수의 구성방법에 예외를 둘 필요가 있는데, 이 때 사용되는 것이 '함수 템플릿의 특수화(specialization of function template)'이다. 그럼 다음 예제를 통해서 문자열의 길이와 사전편찬 순서 비교에 대해서 '함수 템플릿의 특수화'를 진행해 보겠다.

❖ SpecialFunctionTemplate.cpp

```cpp
1.  #include <iostream>
2.  #include <cstring>
3.  using namespace std;
4.
5.  template <typename T>
6.  T Max(T a, T b)
7.  {
8.      return a > b ? a : b ;
9.  }
10.
```

```
11. template <>
12. char* Max(char* a, char* b)
13. {
14.     cout<<"char* Max<char*>(char* a, char* b)"<<endl;
15.     return strlen(a) > strlen(b) ? a : b ;
16. }
17.
18. template <>
19. const char* Max(const char* a, const char* b)
20. {
21.     cout<<"const char* Max<const char*>(const char* a, const char* b)"<<endl;
22.     return strcmp(a, b) > 0 ? a : b ;
23. }
24.
25. int main(void)
26. {
27.     cout<< Max(11, 15)            <<endl;
28.     cout<< Max('T', 'Q')          <<endl;
29.     cout<< Max(3.5, 7.5)          <<endl;
30.     cout<< Max("Simple", "Best")  <<endl;
31.
32.     char str1[]="Simple";
33.     char str2[]="Best";
34.     cout<< Max(str1, str2)        <<endl;
35.     return 0;
36. }
```

- 11~16행: 함수 템플릿 Max를 char* 형에 대해서 특수화 하였다.
- 18~23행: 함수 템플릿 Max를 const char* 형에 대해서 특수화 하였다.
- 30행: 문자열의 선언으로 인해서 반환되는 주소 값의 포인터 형은 const char* 이다. 따라서 이 문장에 의해 호출되는 함수는 18~23행에 정의된 Max 함수이다.
- 34행: str1과 str2는 변수의 형태로 선언되었다. 따라서 str1과 str2의 포인터 형은 char* 이다. 따라서 이 문장에 의해 호출되는 함수는 11~16행에 정의된 Max 함수이다.

❖ 실행결과: SpecialFunctionTemplate.cpp

```
15
T
7.5
const char* Max<const char*>(const char* a, const char* b)
Simple
char* Max<char*>(char* a, char* b)
Simple
```

위 예제의 다음 정의는,

```
template <>
char* Max(char* a, char* b)
{
    cout<<"char* Max<char*>(char* a, char* b)"<<endl;
    return strlen(a) > strlen(b) ? a : b ;
}
```

컴파일러에게 다음의 메시지를 전달하는 것이다.

"char* 형 함수는 내가 이렇게 제시를 하니, char* 형 템플릿 함수가 필요한 경우에는 별도로 만들지 말고 이것을 써라!"

마찬가지로 다음 정의는,

```
template <>
const char* Max(const char* a, const char* b)
{
    cout<<"const char* Max<const char*>(const char* a, const char* b)"<<endl;
    return strcmp(a, b) > 0 ? a : b ;
}
```

컴파일러에게 다음의 메시지를 전달하는 것이다.

"const char* 형 함수는 내가 이렇게 제시를 하니, const char* 형 템플릿 함수가 필요한 경우에는 별도로 만들지 말고 이것을 써라!"

그리고 이 두 '함수 템플릿의 특수화' 정의 형태는, 특수화하는 자료형의 정보 〈char*〉와 〈const char*〉를 생략한 형태이며, 이를 생략하지 않고 정의를 하면 다음의 형태가 된다.

```
template <>
char* Max<char*>(char* a, char* b) { . . . . }

template <>
const char* Max<const char*>(const char* a, const char* b) { . . . . }
```

물론 특수화하는 자료형 정보를 생략하건 생략하지 않건 그 의미하는 바에 차이는 없으나, 가급적이면 자료형 정보를 명시하는 것이 뜻을 명확히 하는 방법이 된다.

13-2 : 클래스 템플릿 (Class Template)

앞서 함수를 템플릿으로 정의했듯이 클래스도 템플릿으로 정의가 가능하다. 그리고 이렇게 정의된 템플릿을 가리켜 '클래스 템플릿(class template)'이라 하며, 이를 기반으로 컴파일러가 만들어 내는 클래스를 가리켜 '템플릿 클래스(template class)'라 한다.

➕ 클래스 템플릿의 정의

앞서 Chapter 11에서 우리는 다음의 클래스들을 정의한바 있다.

```
class BoundCheckIntArray { . . . . };
class BoundCheckPointArray { . . . . };
class BoundCheckPointPtrArray { . . . . };
```

이들은 모두 배열 클래스들인데, 이렇듯 세 개씩이나 정의한 이유는 저장의 대상이 달랐기 때문이다. 제공되는 기능과 내부의 행동이 모두 동일한데, 저장의 대상이 다르다는 이유만으로 유사한 클래스를 세 개씩이나 정의한다는 것은 불합리하게 느껴진다. 이럴 때는 클래스 템플릿을 정의해서 이러한 불합리한 점을 해결할 수 있다. 그럼 배열 클래스를 템플릿으로 정의하기에 앞서 간단히 클래스 템플릿의 정의방법과 이를 대상으로 하는 객체의 생성방법에 대해 소개하겠다. 먼저 다음 클래스를 보자. 이 역시 앞서 정의한바 있는 Point 클래스이다.

```
class Point
{
private:
    int xpos, ypos;
public:
    Point(int x=0, int y=0) : xpos(x), ypos(y)
    { }
    void ShowPosition() const
    {
        cout<<'['<<xpos<<", "<<ypos<<']'<<endl;
    }
};
```

위의 클래스는 좌표정보를 정수로 표현하도록 정의되어 있다. 따라서 실수의 형태로 좌표를 표현해야 하거나, 문자의 형태로 좌표를 표현 및 출력해야 하는 경우에는 별도의 클래스를 정의해야만 한다. 그러나 위의 클래스를 다음과 같이 템플릿화 하면 별도의 클래스를 정의할 필요가 없다.

```
template <typename T>
class Point
{
private:
    T xpos, ypos;
public:
    Point(T x=0, T y=0) : xpos(x), ypos(y)
    { }
    void ShowPosition() const
    {
        cout<<'['<<xpos<<", "<<ypos<<']'<<endl;
    }
};
```

클래스 템플릿의 정의방법은 함수 템플릿의 정의방법과 동일하기 때문에 아마도 쉽게 이해가 되었을 것이다. 함수 템플릿의 정의와 마찬가지로 자료형을 결정짓지 않겠다는 의미로 문자 T(물론 다른 문자도 됨)가 사용되었고, T라는 이름을 이용해서 아래의 클래스를 템플릿으로 정의한다는 의미로 template <typename T>가 선언되었다. 그럼 예제를 통해서 위의 템플릿을 기반으로 객체를 생성해 보겠다.

❖ PointClassTemplate.cpp

```
1.  #include <iostream>
2.  using namespace std;
3.
4.  template <typename T>
5.  class Point
6.  {
7.  private:
8.      T xpos, ypos;
9.  public:
10.     Point(T x=0, T y=0) : xpos(x), ypos(y)
11.     { }
12.     void ShowPosition() const
13.     {
14.         cout<<'['<<xpos<<", "<<ypos<<']'<<endl;
15.     }
16. };
17.
18. int main(void)
19. {
20.     Point<int> pos1(3, 4);
```

```
21.        pos1.ShowPosition();
22.
23.        Point<double> pos2(2.4, 3.6);
24.        pos2.ShowPosition();
25.
26.        Point<char> pos3('P', 'F');      // 좌표정보를 문자로 표시하는 상황의 표현
27.        pos3.ShowPosition();
28.        return 0;
29. }
```

- 20행: 4~16행에 정의된 템플릿을 기반으로 컴파일러가 만들어 내는 템플릿 클래스 Point⟨int⟩의 객체 생성을 명령하고 있다. 여기서 ⟨int⟩는 T를 int로 하여 만든 템플릿 클래스를 의미한다.
- 23, 26행: 20행과 마찬가지로 템플릿 클래스 Point⟨double⟩과 Point⟨char⟩의 객체 생성을 명령하고 있다.

❖ 실행결과: PointClassTemplate.cpp

```
○○○          command prompt
[3, 4]
[2.4, 3.6]
[P, F]
```

함수 템플릿과 마찬가지로, 컴파일러는 '클래스 템플릿'을 기반으로 '템플릿 클래스'를 만들어낸다. 위 예제의 경우 총 3개의 템플릿 클래스가 만들어지며, 이들 각각은 다음과 같이 표현을 해서 일반 클래스와 구분을 짓는다.

- Point⟨int⟩ 템플릿 클래스
- Point⟨double⟩ 템플릿 클래스
- Point⟨char⟩ 템플릿 클래스

그리고 위의 예제를 보면서 다음과 같은 질문을 할 수도 있다.

"템플릿 함수를 호출할 때와 마찬가지로 템플릿 클래스의 객체를 생성할 때에도 ⟨int⟩, ⟨double⟩과 같은 자료형 정보를 생략할 수 있나요?"

하지만 안타깝게도 이 경우에는 생략이 불가능하다. 클래스 템플릿 기반의 객체생성에는 반드시 자료형 정보를 명시하도록 되어있다.

클래스 템플릿의 선언과 정의의 분리

클래스 템플릿도 멤버함수를 클래스 외부에 정의하는 것이 가능하다. 예를 들어서 다음과 같이 정의된 클래스 템플릿이 있다면,

```
template <typename T>
class SimpleTemplate
{
public:
    T SimpleFunc(const T& ref);
};
```

이 템플릿의 멤버함수 SimpleFunc는 다음과 같이 외부에 정의해야 한다.

```
template <typename T>
T SimpleTemplate<T>::SimpleFunc(const T& ref)
{
    . . . .
}
```

위의 함수정의에서 SimpleTemplate<T>가 의미하는 바는 다음과 같다.

"T에 대해 템플릿화 된 SimpleTemplate 클래스 템플릿"

그리고 간혹 함수를 외부에 정의하는 과정에서 template<typename T>을 빼먹는 경우가 있는데, 이러한 경우 컴파일러는 다음의 에러 메시지를 전달한다.

"T가 도대체 무어냐 말이다!"

위의 경우, 클래스 템플릿의 정의와 함수의 정의가 완전히 별개이기 때문에 각각에 대해서 문자 T가 무엇을 의미하는지 설명해야 한다. 그럼 앞서 제시한 예제 PointClassTemplate.cpp의 클래스 템플릿을 대상으로 함수의 정의를 분리해보겠다.

❖ PointClassTemplateFuncDef.cpp

```
1.  #include <iostream>
2.  using namespace std;
3.
4.  template <typename T>
5.  class Point
6.  {
7.  private:
8.      T xpos, ypos;
```

```
9.  public:
10.     Point(T x=0, T y=0);
11.     void ShowPosition() const;
12. };
13.
14. template <typename T>
15. Point<T>::Point(T x, T y) : xpos(x), ypos(y)
16. { }
17.
18. template <typename T>
19. void Point<T>::ShowPosition() const
20. {
21.     cout<<'['<<xpos<<", "<<ypos<<']'<<endl;
22. }
23.
24. int main(void)
25. {
26.     // 예제 PointClassTemplate.cpp의 main 함수와 동일하므로 생략!
27.     return 0;
28. }
```

- 10행: 일반적인 클래스의 정의와 마찬가지로 매개변수의 디폴트 값은 클래스 템플릿 내에만 표시한다.
- 15행: 일반적인 클래스의 정의와 마찬가지로 생성자를 외부에 정의할 때에는, 클래스 템플릿의 외부에 정의된 생성자에만 이니셜라이저를 삽입한다.

❖ 실행결과: PointClassTemplateFuncDef.cpp

```
command prompt
[3, 4]
[2.4, 3.6]
[P, F]
```

클래스 템플릿의 멤버함수를 외부에 정의하는 방법도 알았으니, 이번에는 위의 예제를 대상으로, 일반적으로 적용하는 파일의 분할원칙을 적용하여, 파일을 분할해서 컴파일 및 실행해 보겠다.

❖ PointTemplate.h

```
1. #ifndef __POINT_TEMPLATE_H_
2. #define __POINT_TEMPLATE_H_
```

```
3.
4.  template <typename T>
5.  class Point
6.  {
7.  private:
8.      T xpos, ypos;
9.  public:
10.     Point(T x=0, T y=0);
11.     void ShowPosition() const;
12. };
13. #endif
```

위에는 클래스 템플릿이 정의되어 있다. 단, 생성자와 멤버함수는 아래의 소스파일에 별도로 정의해 두었다.

❖ PointTemplate.cpp

```
1.  #include <iostream>
2.  #include "PointTemplate.h"
3.  using namespace std;
4.
5.  template <typename T>
6.  Point<T>::Point(T x, T y) : xpos(x), ypos(y)
7.  { }
8.
9.  template <typename T>
10. void Point<T>::ShowPosition() const
11. {
12.     cout<<'['<<xpos<<", "<<ypos<<']'<<endl;
13. }
```

위의 소스파일에는 클래스 템플릿 Point의 생성자와 멤버함수가 정의되어 있다. 일반적인 클래스의 선언과 정의를 각각 헤더파일과 소스파일에 나누어 담는 것과 차이가 없다.

❖ PointMain.cpp

```
1.  #include <iostream>
2.  #include "PointTemplate.h"
3.  using namespace std;
4.
5.  int main(void)
6.  {
```

```
7.        Point<int> pos1(3, 4);
8.        pos1.ShowPosition();
9.
10.       Point<double> pos2(2.4, 3.6);
11.       pos2.ShowPosition();
12.
13.       Point<char> pos3('P', 'F');
14.       pos3.ShowPosition();
15.       return 0;
16.   }
```

마지막으로 main 함수이다. Point⟨int⟩, Point⟨double⟩ 그리고 Point⟨char⟩ 템플릿 클래스의 객체가 생성되기 때문에 헤더파일 PointTemplate.h를 포함하였다. 이렇게 해서 일반적인 클래스를 대상으로 해 왔던 것과 동일한 방식으로 파일을 나누어보았다. 그런데 컴파일을 해보면 문제가 발생한다. 도대체 무엇이 잘못된 것일까?

✚ 파일을 나눌 때에는 고려할 사항이 있습니다.

컴파일은 파일단위로 이뤄진다는 사실을 이미 알고 있을 것이다(이는 C언어의 복습에 해당한다). 그렇다면 위의 main 함수를 다시 보자.

```
int main(void)
{
    Point<int> pos1(3, 4);      // Point<int> 템플릿 클래스 만들어지는 시점
    . . . .
    Point<double> pos2(2.4, 3.6);   // Point<double> 템플릿 클래스 만들어지는 시점
    . . . .
    Point<char> pos3('P', 'F');  // Point<char> 템플릿 클래스 만들어지는 시점
    . . . .
}
```

위의 main 함수가 정의된 소스파일 PointMain.cpp가 컴파일 될 때, 컴파일러는 총 3개의 템플릿 클래스를 생성해야 한다. 그리고 이를 위해서는 클래스 템플릿인 Point의 모든 것을 알아야 한다. 즉, 컴파일러에는 헤더파일 PointTemplate.h에 담긴 정보뿐만 아니라, PointTemplate.cpp에 담긴 정보도 필요하다. 그런데 main 함수가 정의된 소스파일에는 PointTemplate.cpp에 담긴 정보를 참조할 만한 어떠한 선언도 되어있지 않다. 그래서 컴파일러가 다음과 같이 불평을 하게 된다.

"클래스 템플릿인 Point에 대한 정보가 부족합니다."

혹, 컴파일러의 '파일단위 컴파일'에 대한 이해가 부족하다면 다음과 같이 질문할 수도 있다.

"컴파일러가 PointMain.cpp를 컴파일 할 때, PointTemplate.cpp도 함께 컴파일을 하니까, 컴파일러는 PointTemplate.cpp에 담긴 내용도 다 알고 있는 것 아닌가요?"

동시에 컴파일 되는 것은 맞다. 그러나 이 둘은 서로 다른 소스파일이기 때문에, 그리고 파일단위 컴파일 원칙에 의해서 PointMain.cpp를 컴파일 하면서 PointTemplate.cpp의 내용을 참조하지 않으며, PointTemplate.cpp를 컴파일 할 때에도 PointMain.cpp의 내용을 참조하지 않는다. 따라서 컴파일 에러가 발생하는 것이다. 그렇다면 해결책은 무엇일까? 문제의 원인을 알았으니 쉽게 해결책을 제시할 수 있다. 가장 기본적인 해결책은 다음과 같다.

"헤더파일 PointTemplate.h에 템플릿 Point의 생성자와 멤버함수의 정의를 모두 넣는다."

그리고 이것이 싫다면, PointMain.cpp에 다음과 같이 #include문을 하나 더 추가해야 한다.

```
#include <iostream>
#include "PointTemplate.h"
#include "PointTemplate.cpp"
using namespace std;
int main(void)
{
    . . . .
    return 0;
}
```

소스파일을 #include 문으로 포함시키니 다소 이상하게 보일 수 있지만, 템플릿의 경우에는 이러한 방법을 사용해서라도 템플릿의 모든 정보를 소스파일에 전달해야 한다. 그리고 실제로 이 #include 문의 삽입 하나로 위의 예제는 컴파일과 실행이 가능해진다.

➕ 배열 클래스의 템플릿화

앞서 클래스 템플릿의 이야기를 시작할 때, Chapter 11에서 정의한 다음 세 클래스를 하나의 클래스 템플릿 정의로 대체할 수 있음에 대해서 언급하였는데, 이제는 여러분이 직접 그러한 기능의 클래스 템플릿도 정의할 수 있을 정도가 되었다.

```
class BoundCheckIntArray { . . . . };

class BoundCheckPointArray { . . . . };

class BoundCheckPointPtrArray { . . . . };
```

그럼 지금까지 설명한 내용을 정리하는 의미에서 위의 세 클래스 정의를 대체할 수 있는 클래스 템플릿을 정의해보기로 하겠다. 이왕이면 여러분이 직접 정의한 다음에, 필자가 제시하는 코드와 비교해보기 바란다.

❖ ArrayTemplate.h

```cpp
1.  #ifndef __ARRAY_TEMPLATE_H_
2.  #define __ARRAY_TEMPLATE_H_
3.
4.  #include <iostream>
5.  #include <cstdlib>
6.  using namespace std;
7.
8.  template <typename T>
9.  class BoundCheckArray
10. {
11. private:
12.     T * arr;
13.     int arrlen;
14.
15.     BoundCheckArray(const BoundCheckArray& arr) { }
16.     BoundCheckArray& operator=(const BoundCheckArray& arr) { }
17.
18. public:
19.     BoundCheckArray(int len);
20.     T& operator[] (int idx);
21.     T operator[] (int idx) const;
22.     int GetArrLen() const;
23.     ~BoundCheckArray();
24. };
25.
26. template <typename T>
27. BoundCheckArray<T>::BoundCheckArray(int len) :arrlen(len)
28. {
29.     arr=new T[len];
30. }
31.
32. template <typename T>
33. T& BoundCheckArray<T>::operator[] (int idx)
34. {
35.     if(idx<0 || idx>=arrlen)
36.     {
37.         cout<<"Array index out of bound exception"<<endl;
38.         exit(1);
39.     }
40.     return arr[idx];
41. }
42.
43. template <typename T>
44. T BoundCheckArray<T>::operator[] (int idx) const
45. {
46.     if(idx<0 || idx>=arrlen)
```

```
47.     {
48.         cout<<"Array index out of bound exception"<<endl;
49.         exit(1);
50.     }
51.     return arr[idx];
52. }
53.
54. template <typename T>
55. int BoundCheckArray<T>::GetArrLen() const
56. {
57.     return arrlen;
58. }
59.
60. template <typename T>
61. BoundCheckArray<T>::~BoundCheckArray()
62. {
63.     delete []arr;
64. }
65.
66. #endif
```

위의 헤더파일 안에 클래스 템플릿 BoundCheckArray의 모든 것을 담아두었다. 따라서 이 헤더파일 하나만 포함을 하면, BoundCheckArray 템플릿 기반의 객체를 생성할 수 있다. 그럼 이어서 위의 클래스 템플릿과 함께 컴파일 할 파일들을 소개하겠다.

❖ Point.h

```
1.  #ifndef __POINT_H_
2.  #define __POINT_H_
3.
4.  #include <iostream>
5.  using namespace std;
6.
7.  class Point
8.  {
9.  private:
10.     int xpos, ypos;
11. public:
12.     Point(int x=0, int y=0);
13.     friend ostream& operator<<(ostream& os, const Point& pos);
14. };
15.
16. #endif
```

❖ Point.cpp

```
1.   #include <iostream>
2.   #include "Point.h"
3.   using namespace std;
4.
5.   Point::Point(int x, int y) : xpos(x), ypos(y) { }
6.
7.   ostream& operator<<(ostream& os, const Point& pos)
8.   {
9.       os<<'['<<pos.xpos<<", "<<pos.ypos<<']'<<endl;
10.      return os;
11.  }
```

BoundCheckArray〈Point〉 객체의 생성을 위해서 Point 클래스를 정의하였다. 이는 Chapter 11에서 정의한 클래스인데, 선언과 정의를 분리해서 헤더파일과 소스파일에 나눠서 저장한 것뿐이다.

❖ BoundArrayMain.cpp

```
1.   #include <iostream>
2.   #include "ArrayTemplate.h"
3.   #include "Point.h"
4.   using namespace std;
5.
6.   int main(void)
7.   {
8.       /*** int형 정수 저장 ***/
9.       BoundCheckArray<int> iarr(5);
10.      for(int i=0; i<5; i++)
11.          iarr[i]=(i+1)*11;
12.      for(int i=0; i<5; i++)
13.          cout<<iarr[i]<<endl;
14.
15.      /*** Point 객체 저장 ***/
16.      BoundCheckArray<Point> oarr(3);
17.      oarr[0]=Point(3, 4);
18.      oarr[1]=Point(5, 6);
19.      oarr[2]=Point(7, 8);
20.      for(int i=0; i<oarr.GetArrLen(); i++)
21.          cout<<oarr[i];
22.
23.      /*** Point 객체의 주소 값 저장 ***/
24.      typedef Point * POINT_PTR;
25.      BoundCheckArray<POINT_PTR> parr(3);
26.      parr[0]=new Point(3, 4);
```

```
27.     parr[1]=new Point(5, 6);
28.     parr[2]=new Point(7, 8);
29.     for(int i=0; i<parr.GetArrLen(); i++)
30.         cout<<*(parr[i]);
31.
32.     delete parr[0];
33.     delete parr[1];
34.     delete parr[2];
35.     return 0;
36. }
```

위의 main 함수는 Chapter 11에서 작성한 바 있는 main 함수를 모아놓은 것이며, 이 main 함수의 실행결과는 다음과 같다. 그리고 이 실행결과는 우리가 정의한 클래스 템플릿에 문제가 없음을 확인시켜 주고 있다.

❖ **실행결과: ArrayTemplate.h, Point.h, Point.cpp, BoundArrayMain.cpp**

```
command prompt
11
22
33
44
55
[3, 4]
[5, 6]
[7, 8]
[3, 4]
[5, 6]
[7, 8]
```

이로써 템플릿의 기본이 되는 설명을 마치고자 한다. 다음 Chapter에서는 이번 Chapter에 이어서 템플릿을 구성하는 다양한 문법적 요소를 추가로 설명하겠다.

문 제 13-2 [클래스 템플릿의 정의]

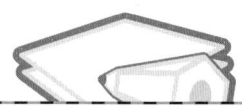

만약에 Chapter 11을 공부하면서 스마트 포인터도 공부를 했다면, 이 문제를 반드시 해결하고 넘어가기 바란다. 자! 그럼 문제를 제시하겠다. 우리는 앞서 Chapter 11에서 다음의 형태로 스마트 포인터를 정의하였다.

```cpp
class SmartPtr
{
private:
    Point * posptr;
public:
    SmartPtr(Point * ptr) : posptr(ptr) { }
    Point& operator*() const { return *posptr; }
    Point* operator->() const { return posptr; }
    ~SmartPtr() { delete posptr; }
};
```

이 스마트 포인터를 템플릿으로 정의하여, 어떠한 클래스의 객체도 참조할 수 있는 포인터가 되게 하자. 그리고는 아래의 Point 클래스와 main 함수를 기반으로 예제를 완성해보자. 참고로 스마트 포인터는 이렇듯 템플릿의 형태로 정의가 된다.

```cpp
class Point
{
private:
    int xpos, ypos;
public:
    Point(int x=0, int y=0) : xpos(x), ypos(y) { }
    void SetPos(int x, int y)
    {
        xpos=x;
        ypos=y;
    }
    void ShowPosition() const { cout<<'['<<xpos<<", "<<ypos<<']'<<endl; }
};

int main(void)
{
    SmartPtr<Point> sptr1(new Point(1, 2));
    SmartPtr<Point> sptr2(new Point(3, 4));
    sptr1->ShowPosition();
    sptr2->ShowPosition();
```

> ```
>     sptr1->SetPos(10, 20);
>     sptr2->SetPos(30, 40);
>     sptr1->ShowPosition();
>     sptr2->ShowPosition();
>     return 0;
> }
> ```

13-3 : OOP 단계별 프로젝트 10단계

본 단계에서는 프로젝트에서 사용중인 배열 클래스 BoundCheckAccountPtrArray를 '클래스 템플릿'으로 정의하여, 다양한 데이터를 저장할 수 있도록 일반화하는 것이 목표이다.

✚ 프로젝트 10단계의 도입

BoundCheckAccountPtrArray 클래스를 '클래스 템플릿'으로 변경하려면 먼저 이름부터 바꿀 필요가 있다. 따라서 다음의 형태로 파일과 클래스의 이름을 변경하겠다.

- 클래스 템플릿의 이름을 BoundCheckArray로 정의한다.
- 클래스 템플릿을 BoundCheckArray.h에 정의한다.
- AccountArray.h와 AccountArray.cpp를 삭제한다.

사실 본문에서 이미 BoundCheckArray라는 이름의 '클래스 템플릿'을 정의하였고, 이를 이번 프로젝트에 그대로 적용해도 된다. 하지만 프로젝트 중간에, 이미 정의된 클래스를 '클래스 템플릿'으로 변경하

C++ 프로그래밍

는것도 의미있는 일이니, 이번에는 여러분 스스로 변경의 작업을 진행해보기 바란다.

✚ 프로그램 설명

이미 정의된 배열 클래스를 클래스 템플릿으로 변경하는 것은 어려운 일이 아니다. 그리고 이로 인해서 변경되는 부분도 매우 제한적이기 때문에 어렵지 않게 이번 단계의 프로젝트를 완성할 수 있다. 앞서 언급했듯이 추가되는 파일은 다음과 같다.

- BoundCheckArray.h

그리고 클래스 템플릿의 정의로 인해서 변경이 발생하는 파일은 다음과 같다.

- AccountHandler.h

✚ 구현의 예

추가 및 변경된 두 헤더파일만 보이도록 하겠다.

❖ BoundCheckArray.h

```
/*
 * 파일이름: BoundCheckArray.h
 * 작성자: 윤성우
 * 업데이트 정보: [2010, 04, 01] 파일버전 0.1
 */

#ifndef __BOUND_CHECK_ARRAY_H__
#define __BOUND_CHECK_ARRAY_H__

template <typename T>
class BoundCheckArray
{
private:
    T * arr;
    int arrlen;
    BoundCheckArray(const BoundCheckArray& arr) { }
    BoundCheckArray& operator=(const BoundCheckArray& arr) { }
public:
    BoundCheckArray(int len=100);
    T& operator[] (int idx);
    T operator[] (int idx) const;
    int GetArrLen() const;
    ~BoundCheckArray();
};

template <typename T>
BoundCheckArray<T>::BoundCheckArray(int len) :arrlen(len)
{
    arr=new T[len];
}
```

```
template <typename T>
T& BoundCheckArray<T>::operator[] (int idx)
{
    if(idx<0 || idx>=arrlen)
    {
        cout<<"Array index out of bound exception"<<endl;
        exit(1);
    }
    return arr[idx];
}

template <typename T>
T BoundCheckArray<T>::operator[] (int idx) const
{
    if(idx<0 || idx>=arrlen)
    {
        cout<<"Array index out of bound exception"<<endl;
        exit(1);
    }
    return arr[idx];
}

template <typename T>
int BoundCheckArray<T>::GetArrLen() const
{
    return arrlen;
}

template <typename T>
BoundCheckArray<T>::~BoundCheckArray()
{
    delete []arr;
}

#endif
```

❖ AccountHandler.h

```
/*
 * 파일이름: AccountHandler.h
 * 작성자: 윤성우
 * 업데이트 정보: [2010, 04, 01] 파일버전 0.9
 */

#ifndef __ACCOUN_HANDLER_H__
#define __ACCOUN_HANDLER_H__

#include "Account.h"
#include "BoundCheckArray.h"

class AccountHandler
{
private:
    BoundCheckArray<Account*> accArr;
    int accNum;
public:
```

```
    AccountHandler();
    void ShowMenu(void) const;
    void MakeAccount(void);
    void DepositMoney(void);
    void WithdrawMoney(void);
    void ShowAllAccInfo(void) const;
    ~AccountHandler();
protected:
    void MakeNormalAccount(void);
    void MakeCreditAccount(void);
};
#endif
```

13 ; 프로그래밍 문제의 답안

문제 13-1의 답안

▶문제 1

❖ 소스코드 답안

```
1.  #include <iostream>
2.  using namespace std;
3.
4.  class Point
5.  {
6.  private:
7.      int xpos, ypos;
8.  public:
9.      Point(int x=0, int y=0) : xpos(x), ypos(y)
10.     { }
11.     void ShowPosition() const
12.     {
13.         cout<<'['<<xpos<<", "<<ypos<<']'<<endl;
14.     }
15. };
16.
```

```
17. template <typename T>
18. void SwapData(T& data1, T& data2)
19. {
20.     T temp=data1;
21.     data1=data2;
22.     data2=temp;
23. }
24.
25. int main(void)
26. {
27.     Point pos1(3, 4);
28.     Point pos2(10, 20);
29.     SwapData(pos1, pos2);
30.     pos1.ShowPosition();
31.     pos2.ShowPosition();
32.     return 0;
33. }
```

▶ 문제 2

❖ 소스코드 답안

```
1.  #include <iostream>
2.  using namespace std;
3.
4.  template <typename T>
5.  T SumArray(T arr[], int len)
6.  {
7.      T sum=(T)0;    // T 타입으로 캐스팅(사실상 형식적)
8.      for(int i=0; i<len; i++)
9.          sum+=arr[i];
10.     return sum;
11. }
12.
13. int main(void)
14. {
15.     int arr1[]={10, 20, 30};
16.     cout<<SumArray(arr1, sizeof(arr1)/sizeof(int))<<endl;
17.     double arr2[]={10.3, 20.4, 30.5};
18.     cout<<SumArray(arr2, sizeof(arr2)/sizeof(double))<<endl;
19.     return 0;
20. }
```

C++ 프로그래밍

문제 13-2의 답안

❖ 소스코드 답안

```cpp
1.  #include <iostream>
2.  using namespace std;
3.
4.  class Point
5.  {
6.  private:
7.      int xpos, ypos;
8.  public:
9.      Point(int x=0, int y=0) : xpos(x), ypos(y) { }
10.     void SetPos(int x, int y)
11.     {
12.         xpos=x;
13.         ypos=y;
14.     }
15.     void ShowPosition() const { cout<<'['<<xpos<<", "<<ypos<<']'<<endl; }
16. };
17.
18. template <typename T>
19. class SmartPtr
20. {
21. private:
22.     T * posptr;
23. public:
24.     SmartPtr(T * ptr) : posptr(ptr) { }
25.     T& operator*() const { return *posptr; }
26.     T* operator->() const { return posptr; }
27.     ~SmartPtr() { delete posptr; }
28. };
29.
30. int main(void)
31. {
32.     SmartPtr<Point> sptr1(new Point(1, 2));
33.     SmartPtr<Point> sptr2(new Point(3, 4));
34.     sptr1->ShowPosition();
35.     sptr2->ShowPosition();
36.
37.     sptr1->SetPos(10, 20);
38.     sptr2->SetPos(30, 40);
39.     sptr1->ShowPosition();
40.     sptr2->ShowPosition();
41.     return 0;
42. }
```

Chapter 14

템플릿(Template) 2

연산자 오버로딩과 마찬가지로 초판에 비해 개정판에서는 템플릿을 상당부분 보강하였다. 이는 보다 강력해지는 C++ 표준 라이브러리의 활용능력과도 관계가 있기 때문이다. C++ 표준 라이브러리는 템플릿을 기반으로 디자인된다. 따라서 템플릿을 잘 알면, 그만큼 라이브러리에 대한 이해도와 활용능력이 향상된다.

14-1 : Chapter 13에서 공부한 내용의 확장

이번 Chapter에서는 Chapter 13에 이어서 템플릿을 구성하는 문법에 대해 설명한다. 그런데 이에 앞서 Chapter 13에서 공부한 내용을 기반으로 확장된 예제를 작성하는 시간을 가져보겠다.

✚Point 클래스 템플릿과 배열 클래스 템플릿

Chapter 13에서 우리는 Point 클래스를 다음의 형태로 템플릿화 하였다.

```
template <typename T>
class Point
{
private:
    T xpos, ypos;
public:
    Point(T x=0, T y=0);
    void ShowPosition() const;
};
```

그리고 다음의 형태로 BoundCheckArray 클래스 템플릿을 정의하였다.

```
template <typename T>
class BoundCheckArray
{
private:
    T * arr;
    int arrlen;
    BoundCheckArray(const BoundCheckArray& arr) { }
    BoundCheckArray& operator=(const BoundCheckArray& arr) { }
public:
    BoundCheckArray(int len);
    T& operator[] (int idx);
    T operator[] (int idx) const;
    int GetArrLen() const;
    ~BoundCheckArray();
};
```

그렇다면, 위의 클래스 템플릿을 기반으로 Point⟨int⟩ 템플릿 클래스의 객체를 저장할 수 있는 객체는 어떻게 생성해야 할까? 클래스 템플릿 기반의 객체생성에는 일정한 규칙이 존재하기 때문에, 이는 사실 어려운 문제가 아니다. 다음과 같이 객체를 생성하면,

```
BoundCheckArray<int> iarr(50);
```

int형 데이터의 저장이 가능한 것처럼, 저장대상의 자료형이 Point⟨int⟩이니, 다음과 같이 객체를 생성하면, Point⟨int⟩ 템플릿 클래스의 객체를 저장할 수 있다.

```
BoundCheckArray<Point<int>> oarr(50);
```

그리고 저장대상이 Point⟨int⟩ 템플릿 클래스의 객체가 아닌 Point⟨int⟩형 포인터라면, 다음과 같이 객체를 생성하면 된다.

```
BoundCheckArray<Point<int>*> oparr(50);
```

또한 위의 문장은 typedef 선언을 통해서 다음과 같이 구성할 수도 있다.

```
typedef Point<int>* POINT_PTR;
```

```
BoundCheckArray<POINT_PTR> oparr(50);
```

그럼 예제를 통해서 이러한 객체생성의 규칙을 직접 확인해보겠다.

❖ PointTemplate.h

```
1.  #ifndef __POINT_TEMPLATE_H_
2.  #define __POINT_TEMPLATE_H_
3.
4.  template <typename T>
5.  class Point
6.  {
7.  private:
8.      T xpos, ypos;
9.  public:
10.     Point(T x=0, T y=0);
11.     void ShowPosition() const;
12. };
13.
14. template <typename T>
15. Point<T>::Point(T x, T y) : xpos(x), ypos(y)
16. { }
17.
18. template <typename T>
19. void Point<T>::ShowPosition() const
20. {
```

```
21.        cout<<'['<<xpos<<", "<<ypos<<']'<<endl;
22.    }
23.
24. #endif
```

❖ ArrayTemplate.h

```
1.  #ifndef __ARRAY_TEMPLATE_H_
2.  #define __ARRAY_TEMPLATE_H_
3.
4.  #include <iostream>
5.  #include <cstdlib>
6.  using namespace std;
7.
8.  template <typename T>
9.  class BoundCheckArray
10. {
11. private:
12.     T * arr;
13.     int arrlen;
14.     BoundCheckArray(const BoundCheckArray& arr) { }
15.     BoundCheckArray& operator=(const BoundCheckArray& arr) { }
16.
17. public:
18.     BoundCheckArray(int len);
19.     T& operator[] (int idx);
20.     T operator[] (int idx) const;
21.     int GetArrLen() const;
22.     ~BoundCheckArray();
23. };
24.
25. template <typename T>
26. BoundCheckArray<T>::BoundCheckArray(int len) :arrlen(len)
27. {
28.     arr=new T[len];
29. }
30.
31. template <typename T>
32. T& BoundCheckArray<T>::operator[] (int idx)
33. {
34.     if(idx<0 || idx>=arrlen)
35.     {
36.         cout<<"Array index out of bound exception"<<endl;
37.         exit(1);
38.     }
39.     return arr[idx];
```

```
40. }
41.
42. template <typename T>
43. T BoundCheckArray<T>::operator[] (int idx) const
44. {
45.     if(idx<0 || idx>=arrlen)
46.     {
47.         cout<<"Array index out of bound exception"<<endl;
48.         exit(1);
49.     }
50.     return arr[idx];
51. }
52.
53. template <typename T>
54. int BoundCheckArray<T>::GetArrLen() const
55. {
56.     return arrlen;
57. }
58.
59. template <typename T>
60. BoundCheckArray<T>::~BoundCheckArray()
61. {
62.     delete []arr;
63. }
64.
65. #endif
```

❖ BoundArrayMain.cpp

```
1.  #include <iostream>
2.  #include "ArrayTemplate.h"
3.  #include "PointTemplate.h"
4.  using namespace std;
5.
6.  int main(void)
7.  {
8.      BoundCheckArray<Point<int>> oarr1(3);
9.      oarr1[0]=Point<int>(3, 4);
10.     oarr1[1]=Point<int>(5, 6);
11.     oarr1[2]=Point<int>(7, 8);
12.
13.     for(int i=0; i<oarr1.GetArrLen(); i++)
14.         oarr1[i].ShowPosition();
15.
16.     BoundCheckArray<Point<double>> oarr2(3);
```

```
17.        oarr2[0]=Point<double>(3.14, 4.31);
18.        oarr2[1]=Point<double>(5.09, 6.07);
19.        oarr2[2]=Point<double>(7.82, 8.54);
20.
21.        for(int i=0; i<oarr2.GetArrLen(); i++)
22.            oarr2[i].ShowPosition();
23.
24.        typedef Point<int>* POINT_PTR;
25.        BoundCheckArray<POINT_PTR> oparr(3);
26.        oparr[0]=new Point<int>(11, 12);
27.        oparr[1]=new Point<int>(13, 14);
28.        oparr[2]=new Point<int>(15, 16);
29.
30.        for(int i=0; i<oparr.GetArrLen(); i++)
31.            oparr[i]->ShowPosition();
32.
33.        delete oparr[0]; delete oparr[1]; delete oparr[2];
34.        return 0;
35. }
```

앞서 설명한 객체의 생성방법을 확인하기 위해서 작성한 main 함수이니, 추가적인 설명은 필요하지 않으리라 생각된다. 그럼 이어서 실제로 컴파일이 되고 정상적으로 실행도 되는지 확인해보자.

❖ 실행결과: PointTemplate.h, ArrayTemplate.h, BoundArrayMain.cpp

```
command prompt
[3, 4]
[5, 6]
[7, 8]
[3.14, 4.31]
[5.09, 6.07]
[7.82, 8.54]
[11, 12]
[13, 14]
[15, 16]
```

위 예제에서도 보이듯이, 템플릿 클래스라 하여 일반 클래스와 비교해서 다른 문법체계를 지니는 것은 아니니, 우리가 알고 있는 C++ 문법의 이해를 기반으로 템플릿과 관련된 다양한 확장이 가능하다.

특정 템플릿 클래스의 객체를 인자로 받는 일반함수의 정의와 friend 선언

Point⟨int⟩, Point⟨double⟩과 같은 템플릿 클래스의 자료형을 대상으로도 템플릿이 아닌 일반함수의 정의가 가능하고, 클래스 템플릿 내에서 이러한 함수를 대상으로 friend 선언도 가능하다. 이와 관련해서 다음 예제를 보자.

❖ PointTemplateFriendFunction.cpp

```cpp
1.  #include <iostream>
2.  using namespace std;
3.
4.  template <typename T>
5.  class Point
6.  {
7.  private:
8.      T xpos, ypos;
9.  public:
10.     Point(T x=0, T y=0): xpos(x), ypos(y)
11.     { }
12.     void ShowPosition() const
13.     {
14.         cout<<'['<<xpos<<", "<<ypos<<']'<<endl;
15.     }
16.
17.     friend Point<int> operator+(const Point<int>&, const Point<int>&);
18.     friend ostream& operator<<(ostream& os, const Point<int>& pos);
19. };
20.
21. Point<int> operator+(const Point<int>& pos1, const Point<int>& pos2)
22. {
23.     return Point<int>(pos1.xpos+pos2.xpos, pos1.ypos+pos2.ypos);
24. }
25.
26. ostream& operator<<(ostream& os, const Point<int>& pos)
27. {
28.     os<<'['<<pos.xpos<<", "<<pos.ypos<<']'<<endl;
29.     return os;
30. }
31.
32. int main(void)
33. {
34.     Point<int> pos1(2, 4);
35.     Point<int> pos2(4, 8);
36.     Point<int> pos3=pos1+pos2;
37.     cout<<pos1<<pos2<<pos3;
38.     return 0;
39. }
```

C++ 프로그래밍

- 17, 18행: 21, 26행에 정의된 두 함수에 대해 friend 선언을 하고 있다. 이렇듯 클래스 템플릿에서도 일반함수에 대해 friend 선언을 할 수 있다.
- 21행: 언뜻 보면 함수 템플릿처럼 보인다. 그러나 이는 + 연산자를 오버로딩 하는 일반함수이다. 템플릿 클래스의 자료형을 뜻하는 Point〈int〉는 실제로 템플릿 클래스의 자료형 선언에 사용이 된다. 즉, 이 함수는 템플릿 클래스인 Point〈int〉의 객체 둘을 인자로 전달받는 일반함수이다.
- 26행: 이 함수도 마찬가지로 << 연산자를 오버로딩하고 있는 일반함수이다.

❖ 실행결과: PointTemplateFriendFunction.cpp

```
command prompt
[2, 4]
[4, 8]
[6, 12]
```

템플릿과 관련해서 무엇이 되고, 무엇이 안 되는지를 아는 것도 중요하지만, 템플릿 관련 코드를 보면서 이것이 의미하는 바가 무엇인지를 유추하는 것도 중요하다. 필자가 위의 예제에 대한 별도의 설명을 하지 않았어도 Chapter 13에서 설명한 내용을 근거로 위 예제를 분석할 수 있을 정도로 템플릿을 이해하기 바란다.

14-2 : 클래스 템플릿의 특수화(Class Template Specialization)

앞서 Chapter 13에서는 함수 템플릿의 특수화에 대해서 공부하였다. 이와 유사하게 클래스 템플릿도 특수화를 할 수 있다. 특수화의 방법 및 개념은 함수 템플릿과 매우 유사하다.

클래스 템플릿 특수화

Chapter 13에서 보았듯이 함수 템플릿을 특수화하는 이유는 특정 자료형에 대해서 구분이 되는 다른 행동을 보이기 위해서이다. 마찬가지로 **클래스 템플릿을 특수화하는 이유는 특정 자료형을 기반으로 생성된 객체에 대해, 구분이 되는 다른 행동양식을 적용하기 위해서이다.** 즉, 클래스 템플릿을 특수화하면, 템플릿을 구성하는 멤버함수의 일부 또는 전부를 다르게 행동하도록 정의할 수 있다. 클래스 템플릿을 특수화하는 방법은 다음과 같다. 먼저 다음과 같이 정의된 클래스 템플릿이 존재할 때,

```
template <typename T>
class SoSimple
{
public:
    T SimpleFunc(T num) { . . . . }
};
```

이를 기반으로 자료형 int에 대해 특수화 한 템플릿 클래스는 다음과 같이 정의한다.

```
template <>
class SoSimple<int>
{
public:
    int SimpleFunc(int num) { . . . . }
};
```

이렇게 int형에 대해서 특수화가 되고 나면, 다음의 형태로 객체생성 시,

```
SoSimple<int> obj;
```

특수화된 템플릿 클래스 SoSimple<int>를 대상으로 객체가 생성된다. 그럼 예제를 통해서 클래스 템플릿의 특수화를 진행해보겠다.

❖ ClassTemplateSpecialization.cpp

```
1.  #include <iostream>
2.  #include <cstring>
3.  using namespace std;
4.
5.  template <typename T>
6.  class Point
7.  {
8.  private:
9.      T xpos, ypos;
10. public:
```

```
11.     Point(T x=0, T y=0): xpos(x), ypos(y)
12.     { }
13.     void ShowPosition() const
14.     {
15.         cout<<'['<<xpos<<", "<<ypos<<']'<<endl;
16.     }
17. };
18.
19. template <typename T>
20. class SimpleDataWrapper
21. {
22. private:
23.     T mdata;
24. public:
25.     SimpleDataWrapper(T data) : mdata(data)
26.     { }
27.     void ShowDataInfo(void)
28.     {
29.         cout<<"Data: "<<mdata<<endl;
30.     }
31. };
32.
33. template <>
34. class SimpleDataWrapper <char*>
35. {
36. private:
37.     char* mdata;
38. public:
39.     SimpleDataWrapper(char* data)
40.     {
41.         mdata=new char[strlen(data)+1];
42.         strcpy(mdata, data);
43.     }
44.     void ShowDataInfo(void)
45.     {
46.         cout<<"String: "<<mdata<<endl;
47.         cout<<"Length: "<<strlen(mdata)<<endl;
48.     }
49.     ~SimpleDataWrapper() { delete []mdata; }
50. };
51.
52. template <>
53. class SimpleDataWrapper <Point<int>>
54. {
55. private:
56.     Point<int> mdata;
57. public:
```

```
58.     SimpleDataWrapper(int x, int y) : mdata(x, y)
59.     { }
60.     void ShowDataInfo(void)
61.     {
62.         mdata.ShowPosition();
63.     }
64. };
65.
66. int main(void)
67. {
68.     SimpleDataWrapper<int> iwrap(170);
69.     iwrap.ShowDataInfo();
70.     SimpleDataWrapper<char*> swrap("Class Template Specialization");
71.     swrap.ShowDataInfo();
72.     SimpleDataWrapper<Point<int>> poswrap(3, 7);
73.     poswrap.ShowDataInfo();
74.     return 0;
75. }
```

- 19~31행: 클래스 템플릿 SimpleDataWrapper가 정의되었다. 이는 간단히 하나의 데이터를 저장하고, 이 데이터에 담긴 정보를 출력하도록 정의하였다.

- 33~50행: 클래스 템플릿 SimpleDataWrapper를 char* 형에 대해서 특수화하였다. 이는 문자열을 저장하기 위한 것으로써, 이를 목적으로 동적할당 기반의 생성자와 소멸자를 별도로 정의하였으며, 데이터의 출력을 진행하는 ShowDataInfo 함수에서는 문자열의 길이정보도 함께 출력하도록 정의하였다.

- 52~64행: 이는 템플릿 클래스인 Point〈int〉형에 대해서 특수화하는 방법을 보이기 위한 것이다. 자료형의 이름을 Point〈int〉가 대신한다는 것 이외에 차이점은 없다.

- 68행: int형에 대해서는 특수화가 진행되지 않았으므로, 이 문장이 컴파일 될 때 템플릿 클래스인 SimpleDataWrapper〈int〉가 만들어지고, 이 클래스를 기반으로 객체가 생성된다.

- 70행: char* 형에 대해서 특수화가 진행되었으므로, 별도의 템플릿 클래스가 생성되지 않고, 33행에 정의된 템플릿 클래스의 객체가 생성된다.

- 72행: Point〈int〉 형에 대해서 특수화가 진행되었으므로, 별도의 템플릿 클래스가 생성되지 않고, 52행에서부터 정의된 템플릿 클래스의 객체가 생성된다.

❖ 실행결과: ClassTemplateSpecialization.cpp

```
Data: 170
String: Class Template Specialization
Length: 29
[3, 7]
```

위 예제에서는 char* 형과 템플릿 클래스의 자료형인 Point<int>형 대상의 특수화를 보이고 있는데, VC++ 2005 이상의 버전에서는 위의 예제가 정상적으로 컴파일 및 실행됨을 필자가 확인하였다. 그러나 일부 컴파일러는 아직도 클래스 템플릿의 특수화를 지원하지 않거나, 지원하더라도 제한된 형태로만 지원하고 있다. 따라서 이러한 사실을 알고, 여러분이 사용하는 컴파일러에서 위의 예제에 컴파일 오류를 보이더라도 당황하지 않기를 바란다. 참고로 이 책의 초판이 집필된 2004년도만 하더라도 클래스 템플릿의 특수화를 지원하는, 그것도 제한된 범위 내에서만 지원하는 컴파일러도 극소수였다.

＋클래스 템플릿의 부분 특수화

다음과 같이 정의된 클래스가 있다고 가정해보자.

```
template <typename T1, typename T2>
class MySimple { . . . . }
```

여기서 T1과 T2를 각각 char와 int로 하여 특수화를 진행하면 다음의 형태가 된다.

```
template <>
class MySimple<char, int> { . . . . }
```

템플릿의 정의에 사용된, 결정되지 않은 자료형의 수가 하나 더 늘어난 상황에서의 특수화를 보인 것뿐이니, 앞서 설명한 클래스 템플릿의 특수화를 이해했다면 특별히 관심을 둘만한 내용은 아니다. 그렇다면 다음은 어떠한 의미를 지니는 정의인지 유추해보지 않겠는가? 물론 이것도 위의 클래스 템플릿 MySimple과 관련 있는 정의이다.

```
template <typename T1>
class MySimple<T1, int> { . . . . }
```

유추해 보았는가? 이 역시 MySimple에 대한 특수화의 결과이다. 단, T1과 T2 모두에 대해서 특수화를 진행한 것이 아니고, T2 하나에 대해서만 부분적으로 특수화를 진행한 것이다. 그래서 이를 가리켜 '클래스 템플릿의 부분 특수화(class template partial specialization)'라 한다. 그럼 예제를 통해서 이에 대한 설명을 추가하겠다.

❖ ClassTemplatePartialSpecialization.cpp

```
1.  #include <iostream>
2.  using namespace std;
3.
4.  template <typename T1, typename T2>
5.  class MySimple
6.  {
7.  public:
```

```cpp
8.      void WhoAreYou()
9.      {
10.         cout<<"size of T1: "<<sizeof(T1)<<endl;
11.         cout<<"size of T2: "<<sizeof(T2)<<endl;
12.         cout<<"<typename T1, typename T2>"<<endl;
13.     }
14. };
15.
16. template <>
17. class MySimple<int, double>
18. {
19. public:
20.     void WhoAreYou()
21.     {
22.         cout<<"size of int: "<<sizeof(int)<<endl;
23.         cout<<"size of double: "<<sizeof(double)<<endl;
24.         cout<<"<int, double>"<<endl;
25.     }
26. };
27.
28. /*
29. template <typename T1>
30. class MySimple<T1, double>      // T2를 double로 부분 특수화
31. {
32. public:
33.     void WhoAreYou()
34.     {
35.         cout<<"size of T1: "<<sizeof(T1)<<endl;
36.         cout<<"size of double: "<<sizeof(double)<<endl;
37.         cout<<"<T1, double>"<<endl;
38.     }
39. };
40. */
41.
42. int main(void)
43. {
44.     MySimple<char, double> obj1;
45.     obj1.WhoAreYou();
46.     MySimple<int, long> obj2;
47.     obj2.WhoAreYou();
48.     MySimple<int, double> obj3;
49.     obj3.WhoAreYou();
50.     return 0;
51. }
```

C++ 프로그래밍

우선 위 예제의 29~39행이 주석처리 된 상태에서 보면, 〈int, double〉에 대해서만 특수화가 진행되어 있다. 따라서 48행에서는 〈int, double〉에 대해서 특수화된 템플릿 클래스의 객체가 생성되어, 다음의 실행결과를 보인다.

❖ 실행결과1: ClassTemplatePartialSpecialization.cpp

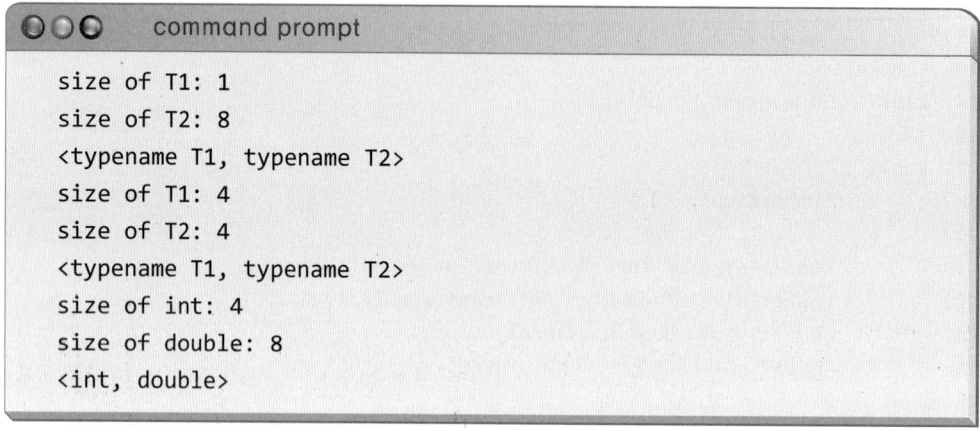

반면 주석을 해제하면, 〈T1, double〉에 대해서 부분 특수화가 진행된다. 따라서 T2에 double을 지정해서 객체를 생성하면, 〈T1, double〉에 대해 부분적으로 특수화된 클래스의 객체가 생성된다. 자! 그럼 주석을 해제한 상태에서의 실행결과를 보자.

❖ 실행결과2(주석해제): ClassTemplatePartialSpecialization.cpp

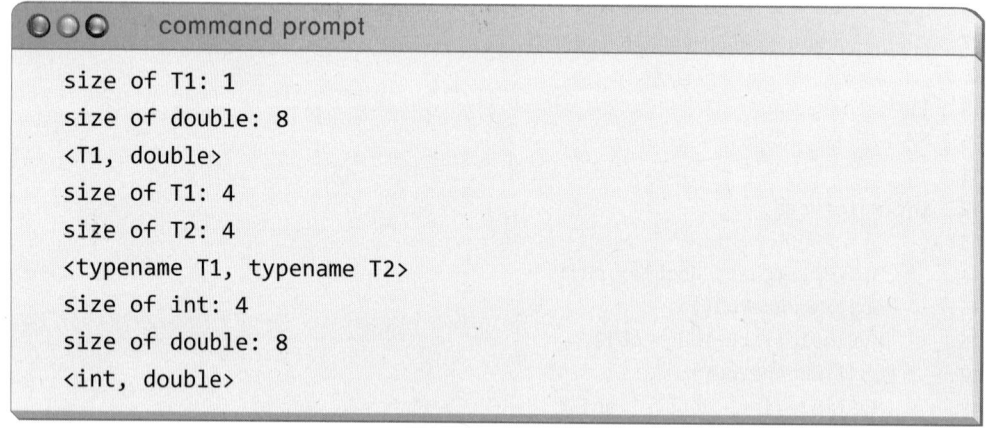

실행결과에서 보이듯이 44행의 다음 문장에서는 〈T1, double〉에 대해 부분적으로 특수화된 클래스의 객체가 생성되었다.

```
MySimple<char, double> obj1;
```

반면, 48행의 다음 문장에서는 ⟨int, double⟩에 대해 전체적으로 특수화된 클래스의 객체가 생성되었다.

    MySimple<int, double> obj3;

이렇듯 실행결과를 통해서, 부분 특수화와 전체 특수화의 두 가지 모두에 해당하는 객체생성 문장에서는 전체 특수화된 클래스를 대상으로 객체가 생성됨을 확인할 수 있다. 따라서 전체 특수화가 부분 특수화보다 우선시 된다고 정리해 두면 좋겠다.

14-3 : 템플릿 인자

템플릿을 정의할 때 결정되지 않은 자료형을 의미하는 용도로 사용되는 T 또는 T1, T2와 같은 문자를 가리켜 '템플릿 매개변수'라 한다. 그리고 템플릿 매개변수에 전달되는 자료형 정보를 가리켜 '템플릿 인자'라 한다.

┿템플릿 매개변수에는 변수의 선언이 올 수 있습니다.

다음의 클래스 템플릿 정의를 보자. 이 정의에서 독특한 사실은 템플릿 매개변수의 선언에 마치 함수처럼 변수의 선언이 등장했다는 점이다.

```
template <typename T, int len>
class SimpleArray
{
private:
    T arr[len];
public:
    T& operator[] (int idx)
    {
        return arr[idx];
    }
};
```

이렇듯 템플릿 매개변수에도 변수가 올 수 있다. 그리고 이를 기반으로 다음의 형태로 객체생성이 가능하다.

    SimpleArray<int, 5> i5arr;

    SimpleArray<double, 7> d7arr;

위의 두 문장에서 템플릿 매개변수 len에 전달된 인자 5와 7은 해당 템플릿 클래스에서 상수처럼 사용된다. 즉, len은 각각 5와 7로 치환되어, 컴파일러에 의해서 다음과 같이 SimpleArray<int, 5>형 템플릿 클래스와 SimpleArray<double, 7>형 템플릿 클래스가 각각 생성된다.

```
class SimpleArray<int, 5>
{
private:
    int arr[5];
public:
    int& operator[] (int idx) { return arr[idx]; }
};

class SimpleArray<double, 7>
{
private:
    double arr[7];
public:
    double& operator[] (int idx) { return arr[idx]; }
};
```

물론 위의 두 템플릿 클래스 SimpleArray<int, 5>와 SimpleArray<double, 7>은 서로 다른 자료형의 클래스로 구분된다.

> "위에서 보인 것처럼 배열의 길이를 결정하기 위해서 굳이 템플릿 매개변수에 정수를 전달하는 피곤한 작업까지는 하지 않아도 될 것 같은데요. 생성자를 이용하면 되잖아요."

물론 생성자를 이용해도 충분히 구현 가능하다. 그리고 여러분이 생각하는 것처럼 이것이 더 현실적이고 좋은 방법임에도 틀림이 없다. 그렇다면 이러한 C++의 문법에 어떠한 의미를 부여할 수 있을까? 이와 관련해서 다음의 예제를 보자.

❖ NonTypeTemplateParam.cpp

```
1.  #include <iostream>
2.  using namespace std;
3.
4.  template <typename T, int len>
5.  class SimpleArray
6.  {
```

```
7.  private:
8.      T arr[len];
9.  public:
10.
11.     T& operator[] (int idx) { return arr[idx]; }
12.     SimpleArray<T, len>& operator=(const SimpleArray<T, len>& ref)
13.     {
14.         for(int i=0; i<len; i++)
15.             arr[i]=ref.arr[i];
16.         return *this;
17.     }
18. };
19.
20. int main(void)
21. {
22.     SimpleArray<int, 5> i5arr1;
23.     for(int i=0; i<5; i++)
24.         i5arr1[i]=i*10;
25.
26.     SimpleArray<int, 5> i5arr2;
27.     i5arr2=i5arr1;
28.     for(int i=0; i<5; i++)
29.         cout<<i5arr2[i]<<", ";
30.     cout<<endl;
31.
32.     SimpleArray<int, 7> i7arr1;
33.     for(int i=0; i<7; i++)
34.         i7arr1[i]=i*10;
35.
36.     SimpleArray<int, 7> i7arr2;
37.     i7arr2=i7arr1;
38.     for(int i=0; i<7; i++)
39.         cout<<i7arr2[i]<<", ";
40.     cout<<endl;
41.     return 0;
42. }
```

- 27행: i5arr1과 i5arr2가 모두 SimpleArray<int, 5>형이기 때문에 대입연산이 가능하다.
- 37행: i7arr1과 i7arr2가 모두 SimpleArray<int, 7>형이기 때문에 대입연산이 가능하다.

❖ 실행결과: NonTypeTemplateParam.cpp

```
○○○         command prompt
 0, 10, 20, 30, 40,
 0, 10, 20, 30, 40, 50, 60,
```

C++ 프로그래밍

위 예제에서는 간단하게나마 배열 클래스를 만들었다. 그리고 이 예제를 통해서 주목할 사실은 다음과 같다.

"SimpleArray⟨int, 5⟩와 SimpleArray⟨int, 7⟩은 서로 다른 형(type)이다."

때문에 길이가 다른 두 배열 객체간의 대입은 허용되지 않는다. 즉, 다음의 대입연산에서는 컴파일 에러가 발생한다.

```
int main(void)
{
    SimpleArray<int, 5> i5arr1;
    SimpleArray<int, 7> i7arr1;
    i5arr1=i7arr1;      // 컴파일 Error!
    . . . . .
}
```

이렇듯, 템플릿 매개변수에 값을 전달받을 수 있는 변수를 선언하면, 변수에 전달되는 상수를 통해서 서로 다른 형의 클래스가 생성되게 할 수 있다. 따라서 위 예제의 경우, 길이가 다른 두 배열 객체간의 대입 및 복사에 대한 부분을 신경 쓰지 않아도 된다(이러한 연산이 불필요하다면 말이다). 자료형도 같고 길이도 같은 배열 객체에 대해서만 대입 및 복사가 허용되니 말이다. 만약에 생성자를 이용해서 배열의 길이를 결정하게 했다면, 길이가 같은 배열에 대해서만 대입을 허용하기 위해서 추가적인 코드의 삽입이 불가피하며, 이러한 추가적인 코드는 대입 및 복사의 과정에서 CPU가 수행해야 할 일을 늘리는 결과로 이어진다.

✚ 템플릿 매개변수는 디폴트 값 지정도 가능합니다.

함수의 매개변수에 디폴트 값의 지정이 가능하듯이, 템플릿 매개변수에도 디폴트 값의 지정이 가능하다. 이러한 템플릿 매개변수의 특성은 다음 예제를 통해서 간단히 보이겠다.

❖ TemplateParamDefaultValue.cpp

```
1.  #include <iostream>
2.  using namespace std;
3.
4.  template <typename T=int, int len=7>   // Default Value 지정!
5.  class SimpleArray
6.  {
7.  private:
8.      T arr[len];
9.  public:
10.     T& operator[] (int idx) { return arr[idx]; }
11.     SimpleArray<T, len>& operator=(const SimpleArray<T, len>&ref)
12.     {
```

```
13.         for(int i=0; i<len; i++)
14.             arr[i]=ref.arr[i];
15.         return *this;
16.     }
17. };
18.
19. int main(void)
20. {
21.     SimpleArray<> arr;
22.     for(int i=0; i<7; i++)
23.         arr[i]=i+1;
24.     for(int i=0; i<7; i++)
25.         cout<<arr[i]<<" ";
26.     cout<<endl;
27.     return 0;
28. }
```

- 4행: T에 int가, len에 7이 디폴트 값으로 지정되었다.
- 21행: 디폴트 값을 이용한 객체의 생성을 보이고 있다.

❖ 실행결과: TemplateParamDefaultValue.cpp

```
○○○  command prompt

   1 2 3 4 5 6 7
```

위 예제에서 보이듯이 템플릿 매개변수에 디폴트 값이 지정되어도, 템플릿 클래스의 객체생성을 의미하는 ◇ 기호는 반드시 추가되어야 한다. 비록 그 안을 비워둘지라도 말이다.

14-4: 템플릿과 static

골치 아픈 템플릿에 골치 아픈 static을 더해 놓았다고 겁부터 먹지말자. static을 잘 이해하고 있다면, 그리고 클래스 템플릿과 템플릿 클래스의 관계를 잘 이해하고 있다면, 이번에 설명하는 내용은 즐겁게 받아들일 수 있을 것이다.

▇함수 템플릿과 static 지역변수

딱 한번 초기화된 상태에서 그 값을 계속 유지하는 static 변수의 특성을 이미 잘 알고 있다고 가정하고 설명을 진행하겠다. 먼저 다음 함수 템플릿을 보자.

```cpp
template <typename T>
void ShowStaticValue(void)
{
    static T num=0;
    num+=1;
    cout<<num<<" ";
}
```

함수 템플릿 내에 지역변수 num이 static으로 선언되었다. 그런데 위의 '함수 템플릿'을 기반으로 컴파일러는 다음과 같이 '템플릿 함수'들을 만들어 낸다.

```cpp
void ShowStaticValue<int>(void)
{
    static int num=0;
    num+=1;
    cout<<num<<" ";
}

void ShowStaticValue<long>(void)
{
    static long num=0;
    num+=1;
    cout<<num<<" ";
}
```

따라서 static 지역변수도 템플릿 함수 별로 각각 존재하게 된다. 그럼 다음 예제를 통해서 이러한 사실을 확인해보자.

❖ FunctionTemplateStaticVar.cpp

```cpp
1.  #include <iostream>
2.  using namespace std;
3.
4.  template <typename T>
5.  void ShowStaticValue(void)
6.  {
7.      static T num=0;
8.      num+=1;
9.      cout<<num<<" ";
10. }
11.
12. int main(void)
13. {
14.     ShowStaticValue<int>();
15.     ShowStaticValue<int>();
16.     ShowStaticValue<int>();
17.     cout<<endl;
18.     ShowStaticValue<long>();
19.     ShowStaticValue<long>();
20.     ShowStaticValue<long>();
21.     cout<<endl;
22.     ShowStaticValue<double>();
23.     ShowStaticValue<double>();
24.     ShowStaticValue<double>();
25.     return 0;
26. }
```

❖ 실행결과: FunctionTemplateStaticVar.cpp

```
command prompt
1 2 3
1 2 3
1 2 3
```

실행결과는 컴파일러에 의해서 만들어진 템플릿 함수 별로 static 지역변수가 유지됨을 보이고 있다.

C++ 프로그래밍

╋ 클래스 템플릿과 static 멤버변수

static 멤버변수는 변수가 선언된 클래스의 객체간 공유가 가능한 변수이다. 따라서 다음과 같이 클래스 템플릿이 정의되면,

```cpp
template <typename T>
class SimpleStaticMem
{
private:
    static T mem;
public:
    void AddMem(T num) { mem+=num; }
    void ShowMem() { cout<<mem<<endl; }
};

template <typename T>
T SimpleStaticMem<T>::mem=0;        // 이는 템플릿 기반의 static 멤버 초기화 문장이다.
```

컴파일러에 의해서 다음과 같이 템플릿 클래스들이 생성되어,

```cpp
class SimpleStaticMem<int>
{
private:
    static int mem;
public:
    void AddMem(int num) { mem+=num; }
    void ShowMem() { cout<<mem<<endl; }
};

int SimpleStaticMem<int>::mem=0;

class SimpleStaticMem<double>
{
private:
    static double mem;
public:
    void AddMem(double num) { mem+=num; }
    void ShowMem() { cout<<mem<<endl; }
};

double SimpleStaticMem<double>::mem=0;
```

템플릿 클래스 별로 static 멤버변수를 유지하게 된다. 그럼 간단한 예제를 통해서 이러한 사실을 확인해 보겠다.

❖ ClassTemplateStaticMem.cpp

```cpp
1.  #include <iostream>
2.  using namespace std;
3.
4.  template <typename T>
5.  class SimpleStaticMem
6.  {
7.  private:
8.      static T mem;
9.  public:
10.     void AddMem(T num) { mem+=num; }
11.     void ShowMem() { cout<<mem<<endl; }
12. };
13.
14. template <typename T>
15. T SimpleStaticMem<T>::mem=0;    // static 멤버의 초기화 문장!
16.
17. int main(void)
18. {
19.     SimpleStaticMem<int> obj1;
20.     SimpleStaticMem<int> obj2;
21.     obj1.AddMem(2);
22.     obj2.AddMem(3);
23.     obj1.ShowMem();
24.     SimpleStaticMem<long> obj3;
25.     SimpleStaticMem<long> obj4;
26.     obj3.AddMem(100);
27.     obj4.ShowMem();
28.     return 0;
29. }
```

- 21~23행: 0으로 초기화 된 SimpleStaticMem<int>::mem의 값을 21행과 22행에서 각각 2와 3씩 증가시키고 있다. 따라서 23행에서 5가 출력된다.
- 26, 27행: 0으로 초기화 된 SimpleStaticMem<long>::mem의 값을 26행에서 100 증가시켰으니, 27행의 출력결과는 100이 된다.

❖ 실행결과: ClassTemplateStaticMem.cpp

```
○○○         command prompt

5
100
```

위의 예제를 보면서 템플릿 내에 선언된 static 멤버의 초기화 문장이 어떻게 구성된 것인지 이해하였는가? 혹시 다음과 같이 생각하고 있지는 않은가?

"여기다가 template〈typename T〉는 왜 붙여주는 거야!"

"가끔 등장하는 template 〈 〉 는 언제 사용하는 거야!"

지금쯤이면, 정확하지는 않더라도 나름의 기준을 가지고 다음 두 가지 질문에 답을 할 수 있어야 한다.

"언제 template 〈typename T〉 선언이 필요한가?"

"언제 template 〈 〉 선언이 필요한가?"

그렇지 않다면, 템플릿의 정의와 관련해서 무작정 외워왔다는 뜻이 되고, 그럼 이미 여러분이 받아들일 수 있는 템플릿의 내용은 초과되어서 지금 몹시 괴로운 상황에 있을 확률이 적지 않다. 그래서 잠시 이야기의 주제를 돌리고자 한다.

✚ 언제 template〈typename T〉를 쓰고 언제 template〈〉를 쓰는가?

보통은 템플릿을 공부하면서 자연스럽게 다음 두 가지 질문에 답을 할 수 있게 된다고 한다.

"언제 template 〈typename T〉 선언이 필요한가?"

"언제 template 〈 〉 선언이 필요한가?"

하지만 지금까지도 답을 하지 못하는 분들을 위해서 필자가 한차례 정리를 할 필요가 있어 보인다. 그리고 이 내용이 정리되면 앞서 설명한 특수화 관련 정의가 보다 쉽게 눈에 들어올 것이다. 먼저 다음 사실을 이미 파악했기를 바란다.

"템플릿 관련 정의에는 template〈typename T〉 또는 template〈〉와 같은 선언을 둬서, 템플릿의 일부 또는 전부를 정의하고 있다는 사실을 컴파일러에게 알려야 한다."

그럼 남은 것은 template〈typename T〉의 선언이 필요한 경우와 template〈〉의 선언이 필요한 경우를 구분하는 것이다. 그런데 모든 템플릿과 관련된 정의를 보면, 템플릿에 사용된 문자 T에 대한 정보가 필요한 정의가 있고, 필요치 않은 정의가 있다. 예를 들어서 다음 클래스 템플릿을 보자.

```
template <typename T>
class SoSimple
{
public:
    T SimpleFunc(T num) { . . . . }
};
```

이 경우에는 템플릿의 정의에 T가 등장하므로 template<typename T>의 선언을 통해서, T가 의미하는 바를 알려야 한다. 그럼 위의 클래스 템플릿을 int형에 대해서 특수화 한 결과를 보자.

```
template <>
class SoSimple<int>
{
public:
    int SimpleFunc(int num) { . . . . }
};
```

이 정의의 핵심은 〈int〉이다. 그런데 이 역시 템플릿 관련 정의이기 때문에, 이러한 사실을 알리기 위한 선언이 필요하다. 하지만 이 정의에서는 T라는 문자가 등장하지 않으니, template<>을 선언하는 것이다. 즉, 정의 부분에 T가 존재하면 T에 대한 설명을 위해서 〈typename T〉의 형태로 덧붙이면 되고, T가 존재하지 않으면 〈〉의 형태로 간단하게 선언하면 된다.

╋템플릿 static 멤버변수 초기화의 특수화

앞서 보인 예제에서는 다음의 형태로 static 멤버를 초기화하였다. 때문에 모든 mem은 0으로 초기화된다.

```
template <typename T>
T SimpleStaticMem<T>::mem=0;
```

예제에서 보였듯이, SimpleStaticMem〈int〉의 mem도 0으로 초기화되고, SimpleStaticMem〈long〉의 mem도 0으로 초기화된다. 그렇다면, SimpleStaticMem〈long〉의 mem을 0이 아닌, 5로 초기화하는 방법은 없겠는가? 물론 있다! 위의 초기화문에 대해서 특수화를 진행하면 된다. 특수화는 함수 템플릿 또는 클래스 템플릿만을 대상으로 진행할 수 있는 것이 아니다. 클래스 템플릿 정의의 일부인 초기화문을 대상으로도 진행이 가능하다. 방법도 간단하다. 앞서 보인 다양한 특수화와 마찬가지로 T를 대신해서 특수화하고자 하는 자료형의 이름을 삽입하면 된다. 다음과 같이 말이다.

```
template <>
long SimpleStaticMem<long>::mem=5;
```

T를 long으로 바꾼 결과로 T가 모두 사라졌다. 그래서 〈typename T〉를 대신해서 〈〉을 사용해서 템플릿 정의의 일부임을 알려야 한다. 그럼 앞서 보인 예제 ClassTemplateStaticMem.cpp에 위의 초기화문을 삽입해서 실행결과를 확인하자. SimpleStaticMem〈long〉의 mem이 5로 초기화 됨을 확인할 수 있을 것이다.

Chapter 15

예외처리(Exception Handling)

오래 전 일이다. 필자는 회사 직원들과 음료수를 마시기 위해서 자판기에 총 3,000원을 넣었다. 그 자리에 함께 있던 동료의 수는 필자를 포함해서 5명, 따라서 1인당 600원 이내의 메뉴를 선택하면 되는 상황이었다. 그래서 필자는 600원짜리 캔 커피를 선택했다. 그런데 중간에 한 녀석이 700원짜리 음료를 선택하는 것이 아닌가! 이렇게 해서 모두 600원짜리 음료수를 선택할 것이라는 필자의 예상에 어긋나는 '예외적인 상황'이 발생하였다. 결국 막내녀석은 500원의 한도 내에서 음료수를 선택해야만 하는 상황에 놓이게 되었다. 다행히도 필자의 주머니에는 100원짜리 동전이 하나 있었다. 결국 100원을 보태는 방식으로 '예외상황을 적절히 처리'해서 막내도 600원짜리 캔 커피를 마실 수 있었다.

15-1 : 예외상황과 예외처리의 이해

예외처리에서의 '예외'는 프로그램 실행 도중에 발생하는 '예외적인 상황'을 의미한다. 그리고 C++은 이러한 예외적인 상황의 처리를 위한 문법을 별도로 제공하고 있다.

✚ 예외상황을 처리하지 않았을 때의 결과

C++에서 말하는 '예외(exception)'는 프로그램의 실행 도중에 발생하는 문제상황을 의미한다. 따라서 컴파일 시 발생하는 문법적인 에러는 예외의 범주에 포함되지 않는다. 몇 가지 예외상황을 예로 들면 다음과 같다.

- 나이를 입력하라고 했는데, 0보다 작은 값이 입력되었다.
- 나눗셈을 위한 두 개의 정수를 입력 받는데, 제수(나누는 수)로 0이 입력되었다.
- 주민등록번호 13자리만 입력하라고 했더니, 중간에 -를 포함하여 14자리를 입력하였다.

이렇듯 '예외'라는 것은 문법적인 오류가 아닌, 프로그램의 논리에 맞지 않는 상황을 의미한다. 그럼 간단히 예외의 발생상황을 연출해보겠다.

❖ UnhandlingException.cpp

```cpp
1.  #include <iostream>
2.  using namespace std;
3.
4.  int main(void)
5.  {
6.      int num1, num2;
7.      cout<<"두 개의 숫자 입력: ";
8.      cin>>num1>>num2;
9.
10.     cout<<"나눗셈의 몫: "<< num1/num2 <<endl;
11.     cout<<"나눗셈의 나머지: "<< num1%num2 <<endl;
12.     return 0;
13. }
```

위 예제는 두 개의 정수를 입력 받아서 정수형 나눗셈의 결과를 출력하는 예제이다. 따라서 예외가 발생하지 않으면 다음의 실행결과를 보인다.

❖ 실행결과1: UnhandlingException.cpp

```
두 개의 숫자 입력: 9 2
나눗셈의 몫: 4
나눗셈의 나머지: 1
```

그런데 제수(나누는 수)로 사용되는 num2에 0이 입력되면 다음의 실행결과를 보인다. 0으로 나누는 연산은 불가능하므로, 프로그램이 강제로 종료되어버린다.

❖ 실행결과2: UnhandlingException.cpp

```
두 개의 숫자 입력: 7 0
        <더 이상 실행되지 않고 프로그램이 중단됩니다>
```

예외가 발생하면, 그에 따른 처리가 이뤄져야지, 위의 실행결과에서 보이듯이 그냥 프로그램이 종료되어버리는 상황을 만들어서는 안 된다. 그렇다면 어떻게 num2에 0이 입력된 예외상황을 처리해야 하겠는가?

✚ if문을 이용한 예외의 처리

우리가 알고 있는 예외의 처리는 if문을 이용하는 것이다. if문을 통해서 예외상황의 발생유무를 확인한 다음에 그에 따른 처리를 진행하는 것이 우리가 알고 있는 예외의 처리방식이다.

❖ HandlingExceptionUself.cpp

```cpp
1.  #include <iostream>
2.  using namespace std;
3.
4.  int main(void)
5.  {
6.      int num1, num2;
7.      cout<<"두 개의 숫자 입력: ";
8.      cin>>num1>>num2;
9.
10.     if(num2==0)
11.     {
12.         cout<<"제수는 0이 될 수 없습니다."<<endl;
```

```
13.         cout<<"프로그램을 다시 실행하세요."<<endl;
14.     }
15.     else
16.     {
17.         cout<<"나눗셈의 몫: "<< num1/num2 <<endl;
18.         cout<<"나눗셈의 나머지: "<< num1%num2 <<endl;
19.     }
20.     return 0;
21. }
```

❖ 실행결과: HandlingExceptionUself.cpp

위 예제에서 예외의 발생위치와 그 예외가 발견된 위치, 그리고 예외가 처리되는 위치는 각각 다음과 같다. 여기서 중요한 사실은 0이 입력된 순간이 예외가 발생한 순간임을 이해하는 것이다.

- 예외의 발생위치   8행
- 예외의 발견위치   10행
- 예외의 처리위치   12, 13행

이렇듯 '예외가 발견되는 위치'는 '예외가 발생하는 위치'와 다를 수 있다. 위 예제의 경우 if문 안에서 0이 입력될 수 없음을 알리고 프로그램의 재실행을 요구하는 방식으로 예외를 처리하고 있는데, 우리에게 익숙한 이러한 예외처리방식은 다음의 단점을 지닌다.

"예외처리를 위한 코드와 프로그램의 흐름을 구성하는 코드를 쉽게 구분하지 못합니다."

혹 다음과 같이 생각할지도 모르겠다.

"if문이 등장하면 예외처리를 위한 코드라고 생각하면 되잖아요. 아니면 주석을 달아도 되고요."

그러나 프로그램의 논리적인 기능의 완성을 위해서도 if문은 사용된다. 그리고 예외가 아닌 다른 정보의 기록을 위해서도 주석은 사용된다. 즉, if문과 주석만을 사용해서는 딱 보면, '아! 예외처리군!' 하고 판단하게끔 할 수 없다. 하지만 이어서 설명할 C++의 예외처리 메커니즘을 이용하면 이런 것이 가능해진다.

15-2: C++의 예외처리 메커니즘

C++은 구조적으로 예외를 처리할 수 있는 메커니즘을 제공한다. 이 메커니즘을 이용하면, 코드의 가독성과 유지보수성을 높일 수 있다. 예외의 처리를 프로그램의 일반적인 흐름에서 독립시키는 것이 가능하기 때문이다.

✤ C++의 예외처리 메커니즘 이해: try와 catch 그리고 throw의 이해

예외처리 메커니즘과 관련해서 익숙해져야 할 세 가지 키워드는 다음과 같다(아래의 한글 설명은 무시해도 된다).

- try   예외를 발견한다.
- catch   예외를 잡는다.
- throw   예외를 던진다.

일단 이들이 어떻게 사용되는지 개념적으로 설명할 테니, 가벼운 마음으로 읽기 바란다. 그리고 나서 예제를 통해 이 세 가지 키워드를 완벽히 이해하도록 하자.

▼ try 블록

try 블록은 예외발생에 대한 검사의 범위를 지정할 때 사용된다. 즉, try 블록 내에서 예외가 발생하면, 이는 C++의 예외처리 메커니즘에 의해서 처리가 된다.

```
try
{
    // 예외발생 예상지역
}
```

▼ catch 블록

catch 블록은 try 블록에서 발생한 예외를 처리하는 코드가 담기는 영역으로써, 그 형태가 마치 반환형 없는 함수와 유사하다.

```
catch(처리할 예외의 종류 명시)
{
    // 예외처리 코드의 삽입
}
```

C++ 프로그래밍

▼ **try 블록과 catch 블록**

catch 블록은 try 블록의 뒤에 이어서 등장하며, try 블록에서 발생한 예외는 이곳 catch 블록에서 처리가 된다.

```
try
{
    // 예외발생 예상지역
}
catch(처리할 예외의 종류 명시)
{
    // 예외처리 코드의 삽입
}
```

사실 try와 catch는 하나의 문장이다. 따라서 항상 이어서 등장해야 하며, 다음과 같이 중간에 다른 문장이 오면 안 된다.

```
try
{
    // 예외발생 예상지역
}
cout<<"Simple Message"<<endl;     // 컴파일 Error!
catch(처리할 예외의 종류 명시)
{
    // 예외처리 코드의 삽입
}
```

따라서 다음과 같이 하나의 문장을 구성해서 try와 catch를 이해하기 바란다.

"try 블록 내에서 발생하는 예외는 이어서 등장하는 catch 블록에 의해 처리된다."

▼ **throw**

키워드 throw는 예외가 발생했음을 알리는 문장의 구성에 사용된다.

```
throw expn;
```

위의 문장에서 expn은 변수, 상수 그리고 객체 등 표현 가능한 모든 데이터가 될 수 있으나, 예외상황에 대한 정보를 담은, 의미 있는 데이터이어야 한다. 그래서 위 문장에서 expn의 위치에 오는 데이터를 가리켜 그냥 '예외'라고 표현하기도 한다.

expn과 같은 예외상황을 알리는 데이터를 가리켜 그냥 '예외'라 표현하는 것이 일반적이나, 이는 혼란을 줄 수 있어서 필자는 이를 '예외 데이터' 또는 '예외객체'라고 구분 지어 표현하겠다. 그리고 위의 문장이 실행되면 C++의 예외처리 메커니즘이 동작하여, 일반적인 프로그램의 흐름과는 다른 예외처리의 흐름이 시작된다. 따라서 try와 catch 그리고 throw는 다음의 한 문장으로 정리될 수 있다.

> "throw에 의해 던져진 '예외 데이터'는, '예외 데이터'를 감싸는 try 블록에 의해서 감지가 되어 이어서 등장하는 catch 블록에 의해 처리된다."

그리고 이 문장이 의미하는 바를 그림으로 정리하면 다음과 같다.

```
try
{
    . . . . .
    if ( 예외가 발생한다면 )     ← 1. 예외의 발생
        throw  expn;
    . . . . .
}                              2. 예외 expn의 전달
catch (type exn)
{
    // 예외의 처리
}
```

▶ [그림 15-1: 예외의 발생과 처리]

위 그림에서 의미하는 바가 C++의 예외처리 메커니즘이다. 즉, 예외가 발생하면(throw절이 실행되면), 프로그램의 흐름이 중지되고, catch 블록에 의해서 예외의 처리과정을 거치게 되는데, 이것이 바로 C++의 예외처리 메커니즘이다.

✚ 예외처리 메커니즘의 적용

기본적인 C++의 예외처리 문법을 살펴봤으니, 이를 기반으로 예제를 만들어보겠다. 다음은 앞서 보인 예제 HandlingExceptionUseIf.cpp에 C++의 예외처리를 적용한 결과이다.

❖ HandlingExceptionTryCatch.cpp

```cpp
1.  #include <iostream>
2.  using namespace std;
3.
4.  int main(void)
5.  {
6.      int num1, num2;
7.      cout<<"두 개의 숫자 입력: ";
8.      cin>>num1>>num2;
9.
10.     try
11.     {
12.         if(num2==0)
```

```
13.            throw num2;
14.        cout<<"나눗셈의 몫: "<< num1/num2 <<endl;
15.        cout<<"나눗셈의 나머지: "<< num1%num2 <<endl;
16.    }
17.    catch(int expn)
18.    {
19.        cout<<"제수는 "<<expn<<"이 될 수 없습니다."<<endl;
20.        cout<<"프로그램을 다시 실행하세요."<<endl;
21.    }
22.    cout<<"end of main"<<endl;
23.    return 0;
24. }
```

- 8, 12행: 8행이 실행되고 나서, 이어서 등장하는 try 블록의 첫 행을 실행하게 된다. 이렇듯 try 블록을 만나면, 그 안에 삽입된 코드가 실행된다.
- 12, 13행: num2에 0이 입력되었다고 가정해보자. 그러면 12행의 if문은 '참'이 되어, 13행의 throw절이 실행된다. 그리고 이로 인해서 예외처리 메커니즘이 동작한다.
- 14, 15행: 예외가 발생하지 않아서 14행과 15행이 실행되고 나면, 이어서 등장하는 catch 블록은 건너뛰고 22행을 실행하게 된다.
- 17행: 예외상황이 발생해서 13행이 실행되면, 예외 데이터 num2의 값은 이어서 등장하는 catch 블록에 전달되는데, 이 때 전달의 방식은 함수의 호출과 유사하다. 즉, num2의 값이 인자로 전달되면서 catch 함수가 호출되고(사실 함수는 아니다), 이로 인해서 매개변수 expn은 num2에 저장된 값으로 초기화된다.
- 19, 20행: expn에 값이 전달되고 나면, 이제 남은 것은 catch 블록을 실행하는 일이다. 따라서 19행과 20행이 실행된다. 물론 catch 블록 안에서는 매개변수의 형태로 선언된 expn에 접근이 가능하다.
- 22행: 예외상황의 발생여부에 상관없이 이 문장이 실행됨에 주목하기 바란다.

정상적인 실행결과를 먼저 보이겠다. 이 실행결과는 try 블록 내에서 예외가 발생하지 않으면, catch 블록은 그냥 건너 뛰고 그 다음 행이 실행됨을 보인다.

❖ 실행결과1: HandlingExceptionTryCatch.cpp

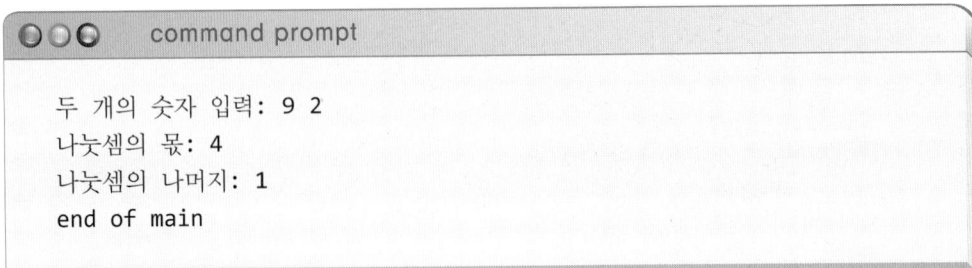

```
두 개의 숫자 입력: 9 2
나눗셈의 몫: 4
나눗셈의 나머지: 1
end of main
```

다음은 예외상황이 발생했을 때의 실행결과이다. 이 실행결과는 try 블록 내에서 예외가 발생하면, catch 블록이 실행되고 나서, **예외가 발생한 지점 이후를 실행하는 것이 아니라, catch 블록의 이후가 실행됨**을 보인다. 이렇듯, 예외가 발생하면, 예외가 발생한 지점 이후의 나머지 try 영역은 그냥 건너뛰게 된다.

❖ 실행결과2: HandlingExceptionTryCatch.cpp

```
두 개의 숫자 입력: 7 0
제수는 0이 될 수 없습니다.
프로그램을 다시 실행하세요.
end of main
```

그리고 위 예제에서 보이듯이, throw절에 의해 던져진 예외 데이터의 자료형과 catch 블록의 매개변수 자료형은 일치해야 한다. 만약에 일치하지 않으면, 던져진 예외 데이터는 catch 블록으로 전달되지 않는다(이로 인한 결과는 잠시 후에 설명한다).

이것저것 많은 것을 설명했는데, 이해가 되었는가? 사실 위의 예제는 예외처리를 적용한 첫 번째 예제이기 때문에 지금 당장은 좀 어색해 보일 수 있다. 그러나 익숙해지면 예외처리 코드가 catch 블록에 묶여 있어서 정상적인 프로그램의 흐름분석이 훨씬 편하다는 사실을 느끼게 될 것이다.

✚try 블록을 묶는 기준

앞서 보인 예제를 통해서 프로그램의 실행흐름과 관련하여 다음 사실을 파악할 수 있었다.

- try 블록을 만나면 그 안에 삽입된 문장이 순서대로 실행된다.
- try 블록 내에서 예외가 발생하지 않으면 catch 블록 이후를 실행한다.
- try 블록 내에서 예외가 발생하면, 예외가 발생한 지점 이후의 나머지 try 영역은 건너뛴다.

그렇다면 try 블록을 묶는 기준은 무엇일까?

"예외가 발생할만한 영역을 묶는 것 아닌가요?"

엄밀히 말하면 그렇지 않다! 예외가 발생할만한 영역만 묶는 게 아니라, 그와 관련된 모든 문장을 함께 묶어서 이를 하나의 '일(work)'의 단위로 구성하는 것이다. 앞서 보인 다음 try 블록을 다시 보자.

```
try
{
    if(num2==0)
```

```
            throw num2;
        cout<<"나눗셈의 몫: "<< num1/num2 <<endl;
        cout<<"나눗셈의 나머지: "<< num1%num2 <<endl;
    }
    catch(int expn) { . . . . }
```

만약에 위와 같이 묶이지 않고, 다음과 같이 묶였다면 어땠겠는가?

```
    try
    {
        if(num2==0)
            throw num2;
    }
    catch(int expn) { . . . . }

    cout<<"나눗셈의 몫: "<< num1/num2 <<endl;
    cout<<"나눗셈의 나머지: "<< num1%num2 <<endl;
```

예외가 발생했음을 인지했음에도 불구하고, 더불어 catch문에 의해서 예외가 처리되었음에도 불구하고, 실행해서는 안 될 문장을 실행하는 꼴이 되고 만다. 따라서 try 블록 밖으로 빠져 나온 위의 두 문장은 try 블록 안으로 넣어서 예외발생시 실행되지 않도록 해야 한다. 비록 간단한 하나의 예를 제시했을 뿐이지만, 어려운 개념은 아니기 때문에 이 정도로도 충분히 try 블록의 구성요령을 이해했으리라 믿는다. 이제 예외처리와 관련해서 다음의 실행특성을 보이도록 예외처리 메커니즘이 디자인 된 이유를 이해할 수 있을 것이다.

"try 블록 내에서 예외가 발생하면, 예외가 발생한 지점 이후의 나머지 try 영역은 건너뛴다."

15-3 : Stack Unwinding(스택 풀기)

throw절에 의해서 예외가 발생은 했는데, 이를 처리하지 않으면 어떻게 될까? 이번엔 이와 관련해서 이야기를 하고자 한다.

✚ 예외의 전달

MyFunc라는 함수를 호출했는데, 그 안에서 throw절이 실행되면서 예외가 발생했다. 그런데 이 함수 내에는 예외처리를 위한 try~catch문이 존재하지 않는다. 그렇다면 이 상황에서, 발생한 예외는 어떻게 처리되겠는가?

이러한 경우 **예외처리에 대한 책임은 MyFunc를 호출한 영역으로 넘어가게 된다**. 다시 말해서, 발생한 예외는 MyFunc를 호출한 영역으로 전달이 된다. 그럼 이와 관련해서 다음 예제를 보자.

❖ PassException.cpp

```cpp
1.  #include <iostream>
2.  using namespace std;
3.
4.  void Divide(int num1, int num2)
5.  {
6.      if(num2==0)
7.          throw num2;
8.      cout<<"나눗셈의 몫: "<< num1/num2 <<endl;
9.      cout<<"나눗셈의 나머지: "<< num1%num2 <<endl;
10. }
11.
12. int main(void)
13. {
14.     int num1, num2;
15.     cout<<"두 개의 숫자 입력: ";
16.     cin>>num1>>num2;
17.
18.     try
19.     {
20.         Divide(num1, num2);
21.         cout<<"나눗셈을 마쳤습니다."<<endl;
22.     }
23.     catch(int expn)
24.     {
25.         cout<<"제수는 "<<expn<<"이 될 수 없습니다."<<endl;
26.         cout<<"프로그램을 다시 실행하세요."<<endl;
27.     }
28.     return 0;
29. }
```

위 예제의 Divide 함수 내에서는, 매개변수 num2의 값이 0인 경우 예외가 발생하는데, 이 위치를 감싸는 try~catch문은 존재하지 않는다. 이런 경우 Divide 함수를 호출한 20행의 위치로 예외 데이터가 전달된다. 물론 예외 데이터가 전달되었으니, 예외처리에 대한 책임도 함께 넘어간다. 따라서 20행을 감싸는 try~catch문에 의해서 예외가 처리된다. 이 상황을 그림으로 표현하면 다음과 같다.

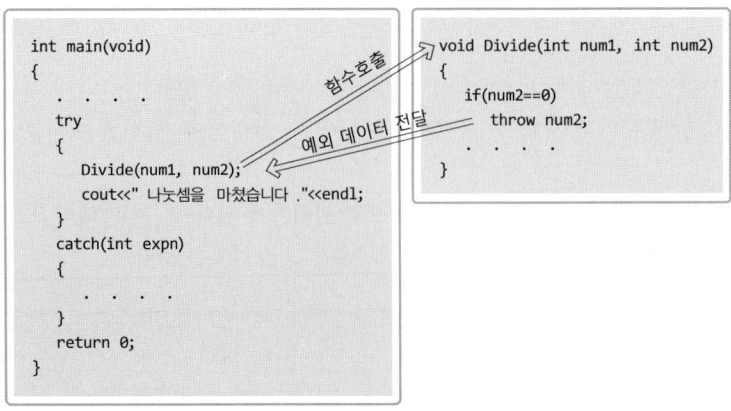

▶ [그림 15-2: 처리되지 않은 예외의 전달]

그림에서 보이듯이 예외 데이터의 전달은 함수호출에 따른 값의 반환과 그 형태가 매우 유사하다. 그럼 이어서 실행결과를 확인하자. 다음은 예외가 발생하지 않은 경우의 실행결과이다

❖ 실행결과1 : PassException.cpp

다음은 Divide 함수 내에서 예외가 발생한 경우의 실행결과이다. 여기서 한가지 더 주목할 것은, 예외 데이터가 main 함수영역으로 전달되고 나서, 그 예외가 처리된 이후의 실행위치이다. 이 경우에도 예외가 처리된 이후에는 catch 블록의 다음 문장을 실행하게 된다.

❖ 실행결과2 : PassException.cpp

위 예제를 통해서 알게 된 또 하나의 결론을 정리하면 다음과 같다.

"예외가 처리되지 않으면, 예외가 발생한 함수를 호출한 영역으로 예외 데이터가(더불어 예외처리에 대한 책임까지) 전달된다."

그리고 이러한 특성은 예외가 발생한 위치와 예외를 처리해야 하는 위치가 달라야만 하는 경우에 유용하게 활용되는 특성이다.

✚ 예외상황이 발생한 위치와 예외상황을 처리해야 하는 위치가 다른 경우

어떠한 경우에 예외의 발생위치와 예외의 처리위치가 달라야 하는지 예를 하나 들겠다. 참고로 대부분의 경우에 있어서 예외의 발생위치와 예외의 처리위치는 다르다.

❖ DiffHandlingPosition.cpp

```cpp
1.  #include <iostream>
2.  #include <cstring>
3.  #include <cmath>
4.  using namespace std;
5.
6.  int StoI(char * str)
7.  {
8.      int len=strlen(str);
9.      int num=0;
10.
11.     for(int i=0; i<len; i++)
12.     {
13.         if(str[i]<'0' || str[i]>'9')
14.             throw str[i];
15.         num += (int)(pow((double)10, (len-1)-i) * (str[i]+(7-'7')));
16.     }
17.     return num;
18. }
19.
20. int main(void)
21. {
22.     char str1[100];
23.     char str2[200];
24.
25.     while(1)
26.     {
27.         cout<<"두 개의 숫자 입력: ";
28.         cin>>str1>>str2;
29.
30.         try
31.         {
32.             cout<<str1<<" + "<<str2<<" = "<<StoI(str1)+StoI(str2)<<endl;
```

```
33.             break;
34.         }
35.         catch(char ch)
36.         {
37.             cout<<"문자 "<< ch <<"가 입력되었습니다."<<endl;
38.             cout<<"재입력 진행합니다."<<endl<<endl;
39.         }
40.     }
41.     cout<<"프로그램을 종료합니다."<<endl;
42.     return 0;
43. }
```

해 설

- 6행: 이 함수는 문자열을 정수로 변환하는 함수이다. 단, 양의 정수에 대해서만 동작하도록 정의되었다.
- 13, 14행: 인자로 전달된 문자열에 숫자가 아닌 형태의 문자가 존재하는 경우 예외를 발생시킨다. 그런데 이 예외에 대한 처리는 StoI 함수를 호출하는 대상 및 상황에 따라서 달라지기 때문에 예외의 처리는 StoI 함수를 호출한 영역으로 넘기는 것이 타당하다.
- 15행: 복잡해 보이지만 결국 문자열을 정수의 형태로 변환하는 문장이다. 이 기능의 표준함수가 정의되어 있지만 이 예제에서는 이를 직접 구현하였다.
- 25행: 정수로 변경 가능한 문자열을 입력 받을 때까지 계속해서 입력 받도록 반복문이 구성되었다.
- 33행: 덧셈연산이 성공하고 나면, 이 문장의 실행을 통해서 반복문을 빠져나간다.
- 37, 38행: 예외발생시 실행되는 catch 블록에는 break문이 존재하지 않는다. 따라서 예외가 발생하면 반복문 영역을 재실행하게 된다. 그리고 이것이 이 예제에서 보이는 예외의 처리방법이다.

❖ 실행결과: DiffHandlingPosition.cpp

```
O O O            command prompt

두 개의 숫자 입력: 123 3A5
문자 A가 입력되었습니다.
재입력 진행합니다.

두 개의 숫자 입력: 28F 211
문자 F가 입력되었습니다.
재입력 진행합니다.

두 개의 숫자 입력: 231 891
231 + 891 = 1122
프로그램을 종료합니다.
```

이는 비록 간단한 예제이지만, 예외의 발생과 처리에 대한 가장 일반적인 모델을 보여준다. 그리고 위 예제와 앞서 보인 예제 PassException.cpp를 통해서 다음 사실도 알 수 있다.

> "함수 내에서 함수를 호출한 영역으로 예외 데이터를 전달하면, 해당 함수는 더 이상 실행되지 않고 종료가 된다."

즉, 함수 내에서 예외 데이터를 전달하면, return문의 실행을 통한 함수의 종료와 마찬가지로 함수를 완전히 빠져 나오는 꼴이 된다.

✚ 스택 풀기(Stack Unwinding)

예외가 처리되지 않아서, 함수를 호출한 영역으로 예외 데이터가 전달되는 현상을 가리켜 '스택 풀기'라고 한다. 왜 이러한 이름이 붙게 되었는지 다음 예제를 통해서 이해해보자.

❖ StackUnwinding.cpp

```cpp
1.  #include <iostream>
2.  using namespace std;
3.
4.  void SimpleFuncOne(void);
5.  void SimpleFuncTwo(void);
6.  void SimpleFuncThree(void);
7.
8.  int main(void)
9.  {
10.     try
11.     {
12.         SimpleFuncOne();
13.     }
14.     catch(int expn)
15.     {
16.         cout<<"예외코드: "<< expn <<endl;
17.     }
18.     return 0;
19. }
20.
21. void SimpleFuncOne(void)
22. {
23.     cout<<"SimpleFuncOne(void)"<<endl;
24.     SimpleFuncTwo();
25. }
26. void SimpleFuncTwo(void)
27. {
28.     cout<<"SimpleFuncTwo(void)"<<endl;
29.     SimpleFuncThree();
```

```
30. }
31. void SimpleFuncThree(void)
32. {
33.     cout<<"SimpleFuncThree(void)"<<endl;
34.     throw -1;
35. }
```

❖ 실행결과: StackUnwinding.cpp

```
SimpleFuncOne(void)
SimpleFuncTwo(void)
SimpleFuncThree(void)
예외코드: -1
```

위 예제는 예외가 발생할 수밖에 없도록 구현되어 있다. 일단, 위 예제의 함수호출 순서는 다음과 같다.

main → SimpleFuncOne → SimpleFuncTwo → SimpleFuncThree

그리고 SimpleFuncThree 함수에서는 무조건 예외를 발생시킨다. 그런데 이 예외를 처리하기 위한 try~catch문이 main 함수에 정의되어 있어서 다음의 경로로 예외 데이터가 전달된다.

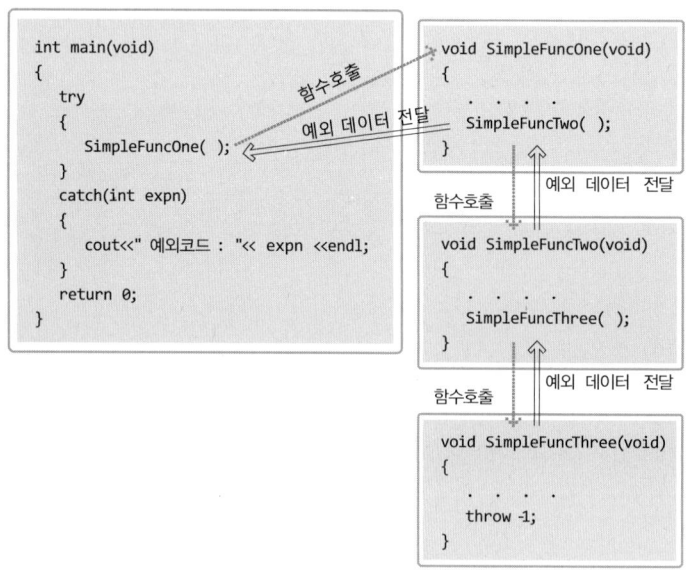

▶ [그림 15-3: 처리되지 않은 예외의 전달과정]

이렇듯 예외가 처리될 때까지, 호출된 함수의 역순으로 예외 데이터가 전달된다. 그리하여 결국 예외는 SimpleFuncThree 함수에서 발생했지만, 예외의 처리는 main 함수에서 이뤄지는 형태가 된다. 그런데 예외 데이터가 전달되면, 예외 데이터를 전달한 함수는 종료되기 때문에, 예외 데이터를 전달한 함수의 스택이 반환되는 것은 당연하다. 그래서 예외 데이터의 전달을 가리켜, '스택 풀기(스택의 반환)'라고 하는 것이다. 참고로, 위 예제에서 예외 데이터가 전달되면서 스택이 풀리는 과정은 다음과 같다.

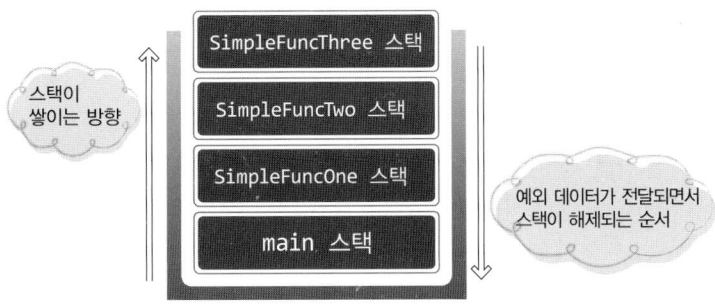

▶ [그림 15-4: 스택이 풀리는 과정]

만약에 앞서 보인 예제 StackUnwinding.cpp의 main 함수에 있는 try~catch문을 삭제하면 어떠한 일이 발생할까? 즉, 예외상황이 발생했는데, 이를 처리하지 않으면 어떠한 일이 발생하겠는가?

"예외가 처리되지 않아서, 예외 데이터가 main 함수에까지 도달했는데, main 함수에서조차 예외를 처리하지 않으면, terminate 함수(프로그램을 종료시키는 함수)가 호출되면서 프로그램이 종료되어 버립니다."

따라서 시스템 오류로 인해서 발생한 예외상황이 아니라면, 더 이상 프로그램의 실행이 불가능한 예외상황이 아니라면, 반드시 프로그래머가 예외상황을 처리해야 한다.

✚자료형이 일치하지 않아도 예외 데이터는 전달됩니다.

앞서 예외 데이터의 자료형과 catch의 매개변수 형이 일치해야 함을 설명하였다. 그렇다면 다음과 같이, 이 둘의 자료형이 일치하지 않으면 어떻게 되겠는가?

```
int SimpleFunc(void)
{
    . . . .
    try
    {
        if( . . . )
            throw -1;     // int형 예외 데이터의 발생!
    }
```

```
            catch(char expn) { . . . . }      // char형 예외 데이터를 전달하라!
            . . . .
    }
```

이 경우, 자료형의 불일치로 인해서 예외는 처리되지 않는다(catch 블록으로 값이 전달되지 않는다). 따라서 SimpleFunc 함수를 호출한 영역으로 예외 데이터가 전달된다.

✚ 하나의 try 블록과 다수의 catch 블록

하나의 try 블록 내에서 유형이 다른 둘 이상의 예외상황이 발생할 수도 있고, 이러한 경우 각각의 예외를 표현하기 위해 사용되는 예외 데이터의 자료형이 다를 수 있기 때문에, try 블록에 이어서 등장하는 catch 블록은 둘 이상이 될 수 있다. 다음은 이러한 문법적 구조를 설명하기 위해서 앞서 보인 예제 DiffHandlingPosition.cpp를 조금 확장하였다.

❖ CatchList.cpp

```
1.   #include <iostream>
2.   #include <cstring>
3.   #include <cmath>
4.   using namespace std;
5.
6.   int StoI(char * str)
7.   {
8.       int len=strlen(str);
9.       int num=0;
10.
11.      if(len!=0 && str[0]=='0')
12.          throw 0;
13.
14.      for(int i=0; i<len; i++)
15.      {
16.          if(str[i]<'0' || str[i]>'9')
17.              throw str[i];
18.          num += (int)(pow((double)10, (len-1)-i) * (str[i]+(7-'7')));
19.      }
20.      return num;
21.  }
22.
23.  int main(void)
24.  {
25.      char str1[100];
26.      char str2[200];
27.
28.      while(1)
```

```
29.         {
30.             cout<<"두 개의 숫자 입력: ";
31.             cin>>str1>>str2;
32.
33.             try
34.             {
35.                 cout<<str1<<" + "<<str2<<" = "<<StoI(str1)+StoI(str2)<<endl;
36.                 break;
37.             }
38.             catch(char ch)
39.             {
40.                 cout<<"문자 "<< ch <<"가 입력되었습니다."<<endl;
41.                 cout<<"재입력 진행합니다."<<endl<<endl;
42.             }
43.             catch(int expn)
44.             {
45.                 if(expn==0)
46.                     cout<<"0으로 시작하는 숫자는 입력불가."<<endl;
47.                 else
48.                     cout<<"비정상적 입력이 이루어졌습니다."<<endl;
49.
50.                 cout<<"재입력 진행합니다."<<endl<<endl;
51.             }
52.         }
53.         cout<<"프로그램을 종료합니다."<<endl;
54.         return 0;
55. }
```

- 11, 12행: 024, 0075와 같이 0으로 시작하는 수의 입력에 예외를 발생시키도록 하였다. 앞에 삽입된 0은 프로그램 사용자가 실수로 입력한 값일 확률이 높다고 판단한 것이다. 그리고 이러한 예외가 발생했을 때, 예외 데이터 0을 전달하도록 throw절을 구성하였다.

- 38, 43행: 38행의 catch 블록은 char형 예외 데이터를 처리하고, 43행의 catch 블록은 int형 예외 데이터를 처리한다. 이렇듯 catch 블록은 둘 이상이 이어서 올 수 있다.

- 45~48행: 예외 데이터의 값을 통해서 예외의 종류를 구분할 수 있음을 보이고 있다. 그런데 본 예제에서는 expn에 0이 아닌 값이 전달되지 않는다. 다만, 이러한 구성이 가능함을 보일 뿐이다.

❖ 실행결과: CatchList.cpp

```
command prompt

두 개의 숫자 입력: 12A 519
문자 A가 입력되었습니다.
재입력 진행합니다.
```

```
두 개의 숫자 입력: 082 910
0으로 시작하는 숫자는 입력불가.
재입력 진행합니다.

두 개의 숫자 입력: 123 456
123 + 456 = 579
프로그램을 종료합니다.
```

✚ 전달되는 예외의 명시

함수 내에서 발생할 수 있는 예외의 종류도 함수의 특징으로 간주된다. 따라서 이미 정의된 특정 함수의 호출을 위해서는 함수의 이름, 매개변수 선언, 반환형 정보에 더해서, 함수 내에서 전달될 수 있는 예외의 종류(예외 데이터의 자료형)과 그 상황도 알아야 한다. 그래야 해당 함수의 호출문장을 감싸는 적절한 try~catch 블록을 구성할 수 있지 않겠는가! 따라서 함수를 정의할 때에는 함수 내에서 발생 가능한 예외의 종류를 다음과 같이 명시해 주는 것이 좋다.

```cpp
int ThrowFunc(int num) throw (int, char)
{
    . . . .
}
```

위의 throw 선언은 ThrowFunc 함수 내에서 예외상황의 발생으로 인해서, int형 예외 데이터와 char형 예외 데이터가 전달될 수 있음을 알리는 것이다. 따라서 위의 원형 선언을 본 프로그래머는 다음의 형태로 함수의 호출문을 구성하게 된다.

```cpp
try
{
    . . . .
    ThrowFunc(20);
    . . . .
}
catch(int expn) { . . . . }
catch(char expn) { . . . . }
```

물론 위와 같이 함수가 선언되면, 함수로부터 int형 예외 데이터와 char형 예외 데이터만이 전달되어야 하며, 다른 자료형의 예외 데이터가 전달될 경우 terminate 함수의 호출로 인해서 프로그램은 종료되고 만다.

"그냥 종료가 된다고요? 그게 좀 단점인 것 같네요."

아니다! 이는 단점이 아니다. 함수에 선언된 것 이외의 예외 데이터가 전달되었다는 것은 프로그래머의 실수가 있었거나 프로그래머도 예상치 못했던 예외가 발생해서 이에 대한 대비가 전혀 되어 있지 않음을 뜻한다. 따라서 이러한 현상을 묵인하고 실행이 되도록 하는 것보다, 프로그램을 종료시켜서 문제의 원인을 찾고 또 발생 가능한 예외의 유형을 정확히 점검하도록 유도하는 것이 훨씬 바람직하다. 따라서 프로그램이 그냥 종료되는 것은 바람직한 현상이다. 그럼 이어서 다음의 함수선언은 어떠한 의미로 해석이 되는지 판단해보자.

```
int SimpleFunc(void) throw ( )
{
    . . . .
}
```

전달되는 예외의 자료형을 명시하는 부분이 비어있다. 즉, 이는 어떠한 예외도 전달하지 않음을 의미한다. 따라서 위의 함수가 예외를 전달할 경우 프로그램은 그냥 종료가 된다.

unexpected 함수

함수의 선언에 명시되지 않은 예외가 전달될 경우 unexpected라는 이름의 함수가 호출이 되며, 이 함수의 기본 기능은 '프로그램의 종료(terminate 함수의 호출)'이다. 때문에 명시되지 않은 예외가 전달될 경우 프로그램이 종료되는 것이다.

15-4 : 예외상황을 표현하는 예외 클래스의 설계

지금까지는 기본 자료형 데이터만을 예외 데이터로 사용했는데, 클래스의 객체도 예외 데이터가 될 수 있고 또 이것이 보다 일반적인 방법이다.

C++ 프로그래밍

예외 클래스와 예외객체

예외발생을 알리는데 사용되는 객체를 가리켜 '예외객체'라 하며, 예외객체의 생성을 위해 정의된 클래스를 '예외 클래스'라 한다. 그리고 객체를 이용해서 예외상황을 알리면, 예외가 발생한 원인에 대한 정보를 보다 자세히 담을 수 있다. 그럼 간단한 예제를 통해서 예외객체를 이용한 예외의 처리를 보이겠다. 다음 예제는 현금 인출기에서의 돈 인출과정을 간단히 시뮬레이션 한 것이다.

❖ ATMSim.cpp

```
1.   #include <iostream>
2.   #include <cstring>
3.   using namespace std;
4.
5.   class DepositException
6.   {
7.   private:
8.       int reqDep;      // 요청 입금액
9.   public:
10.      DepositException(int money) : reqDep(money)
11.      { }
12.      void ShowExceptionReason()
13.      {
14.          cout<<"[예외 메시지: "<<reqDep<<"는 입금불가]"<<endl;
15.      }
16.  };
17.
18.  class WithdrawException
19.  {
20.  private:
21.      int balance;     // 잔고
22.  public:
23.      WithdrawException(int money) : balance(money)
24.      { }
25.      void ShowExceptionReason()
26.      {
27.          cout<<"[예외 메시지: 잔액 "<<balance<<", 잔액부족]"<<endl;
28.      }
29.  };
30.
31.  class Account
32.  {
33.  private:
34.      char accNum[50];     // 계좌번호
35.      int balance;     // 잔고
36.  public:
37.      Account(char * acc, int money) : balance(money)
38.      {
```

```cpp
39.         strcpy(accNum, acc);
40.     }
41.     void Deposit(int money) throw (DepositException)
42.     {
43.         if(money<0)
44.         {
45.             DepositException expn(money);
46.             throw expn;
47.         }
48.         balance+=money;
49.     }
50.     void Withdraw(int money) throw (WithdrawException)
51.     {
52.         if(money>balance)
53.             throw WithdrawException(balance);
54.         balance-=money;
55.     }
56.     void ShowMyMoney()
57.     {
58.         cout<<"잔고: "<<balance<<endl<<endl;
59.     }
60. };
61.
62. int main(void)
63. {
64.     Account myAcc("56789-827120", 5000);
65.
66.     try
67.     {
68.         myAcc.Deposit(2000);
69.         myAcc.Deposit(-300);
70.     }
71.     catch(DepositException &expn)
72.     {
73.         expn.ShowExceptionReason();
74.     }
75.     myAcc.ShowMyMoney();
76.
77.     try
78.     {
79.         myAcc.Withdraw(3500);
80.         myAcc.Withdraw(4500);
81.     }
82.     catch(WithdrawException &expn)
83.     {
84.         expn.ShowExceptionReason();
85.     }
86.     myAcc.ShowMyMoney();
```

```
87.        return 0;
88. }
```

- 5행: DepositException은 예외 클래스이다. 입금의 과정에서 발생할 수 있는 예외상황을 알리기 위해서 정의된 클래스이다.
- 18행: WithdrawException도 예외 클래스이다. 출금의 과정에서 발생할 수 있는 잔액부족의 상황을 알리기 위해서 정의된 클래스이다.
- 45, 46행: 예외객체의 생성 및 전달의 과정을 보이고 있다. 기본 자료형 데이터를 이용하는 것과 차이가 없다.
- 53행: 예외객체를 전달하는 일반적인 방법을 보이고 있다. 어차피 예외객체는 C++의 예외처리 메커니즘에 의해 처리되기 때문에 코드상에서 이를 직접 참조할 필요가 없다. 따라서 예외객체는 임시객체의 형태로 생성하는 것이 보통이다.
- 71, 82행: 참조자를 선언해서 예외객체를 전달받고 있다. 굳이 예외객체를 복사할 필요가 없기 때문에 참조자를 선언하였다.

❖ 실행결과: ATMSim.cpp

```
[예외 메시지: -300는 입금불가]
잔고: 7000

[예외 메시지: 잔액 3500, 잔액부족]
잔고: 3500
```

위 예제에서 보이듯이 예외 클래스라고 해서 특별히 다른 것은 없다. 다만, 해당 예외상황을 잘 표현할 수 있도록 정의하면 된다. 그리고 너무 복잡하게 정의하지 않는 것이 좋다. 말 그대로 예외의 표현을 위한 최소한의 기능만 담아서 정의하면 된다.

✚상속관계에 있는 예외 클래스

예외 클래스도 상속의 관계를 구성할 수 있다. 앞서 예제 ATMSim.cpp에서 보인 두 예외 클래스는 다음과 같이 상속의 관계로 묶을 수 있다.

```
class AccountException
{
public:
    virtual void ShowExceptionReason()=0;   // 순수 가상함수
};
```

```cpp
class DepositException : public AccountException
{
private:
    int reqDep;
public:
    DepositException(int money) : reqDep(money)
    { }
    void ShowExceptionReason()
    {
        cout<<"[예외 메시지: "<<reqDep<<"는 입금불가]"<<endl;
    }
};

class WithdrawException : public AccountException
{
private:
    int balance;
public:
    WithdrawException(int money) : balance(money)
    { }
    void ShowExceptionReason()
    {
        cout<<"[예외 메시지: 잔액 "<<balance<<", 잔액부족]"<<endl;
    }
};
```

그리고 이렇듯 둘 이상의 예외 클래스를 상속의 관계로 묶어놓으면, 다음과 같이 예외의 처리를 단순화할 수 있다.

❖ ATMSim2.cpp

```
1.  #include <iostream>
2.  #include <cstring>
3.  using namespace std;
4.
5.  // AccountException, DepositException, WithdrawException 클래스는
6.  // 앞서 소개하였으므로 생략합니다.
7.
8.  class Account
9.  {
10. private:
11.     char accNum[50];
12.     int balance;
13. public:
14.     Account(char * acc, int money) : balance(money)
```

```cpp
15.     {
16.         strcpy(accNum, acc);
17.     }
18.     void Deposit(int money) throw (AccountException)
19.     {
20.         if(money<0)
21.         {
22.             DepositException expn(money);
23.             throw expn;
24.         }
25.         balance+=money;
26.     }
27.     void Withdraw(int money) throw (AccountException)
28.     {
29.         if(money>balance)
30.             throw WithdrawException(balance);
31.         balance-=money;
32.     }
33.     void ShowMyMoney()
34.     {
35.         cout<<"잔고: "<<balance<<endl<<endl;
36.     }
37. };
38.
39. int main(void)
40. {
41.     Account myAcc("56789-827120", 5000);
42.
43.     try
44.     {
45.         myAcc.Deposit(2000);
46.         myAcc.Deposit(-300);
47.     }
48.     catch(AccountException &expn)
49.     {
50.         expn.ShowExceptionReason();
51.     }
52.     myAcc.ShowMyMoney();
53.
54.     try
55.     {
56.         myAcc.Withdraw(3500);
57.         myAcc.Withdraw(4500);
58.     }
59.     catch(AccountException &expn)
60.     {
61.         expn.ShowExceptionReason();
62.     }
```

```
63.     myAcc.ShowMyMoney();
64.     return 0;
65. }
```

해 설

- 18행: 상속에 의해서 DepositException 객체도 AccountException 객체로 간주가 되기 때문에 이러한 선언이 가능하다.
- 27행: 마찬가지로 상속에 의해서 WithdrawException 객체도 AccountException 객체로 간주가 되기 때문에 이러한 선언이 가능하다.
- 48, 59행: 실제 전달되는 예외객체는 DepositException과 WithdrawException이지만, 상속의 관계로 이 둘이 묶여있기 때문에 catch 블록의 참조자를 AccountException 형으로 선언할 수 있다.

❖ 실행결과: ATMSim2.cpp

```
command prompt
[예외 메시지: -300는 입금불가]
잔고: 7000

[예외 메시지: 잔액 3500, 잔액부족]
잔고: 3500
```

이 예제에서 보이듯이 상속을 통해서 예외 클래스를 묶으면, 예외의 처리를 단순화시킬 수 있다. 물론 이것이 항상 좋은 것은 아니지만, 단순화해도 되는 상황에서는 유용하게 활용될 수 있다.

예외의 전달방식에 따른 주의사항

try 블록의 뒤를 이어서 등장하는 catch 블록이 둘 이상인 경우, 적절한 catch 블록을 찾는 과정은 다음과 같다.

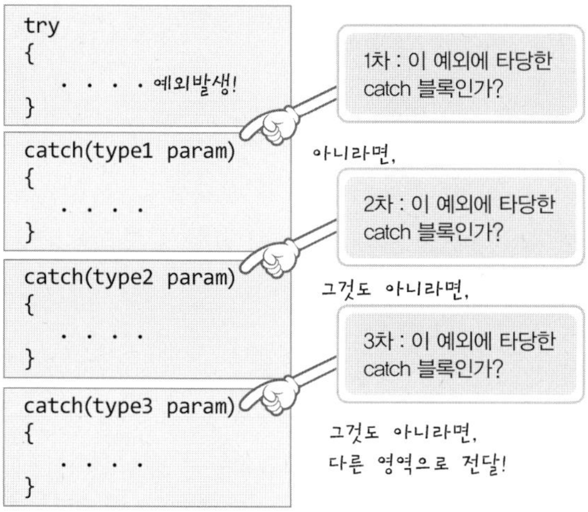

▶ [그림 15-5: catch 블록을 찾는 과정]

C++ 프로그래밍

즉, 예외가 발생하면, 해당 예외 데이터를 전달받을 수 있는 catch 블록을 위에서 아래로 찾아내려 간다. 그리고 적절한 catch 블록을 찾게 되면, 해당 catch 블록이 실행되면서 예외의 처리는 완료가 된다. 그리고 바로 이러한 특성 때문에 다음 예제와 같이 catch 블록을 구성하면 안 된다.

❖ CatchFlow.cpp

```
1.  #include <iostream>
2.  using namespace std;
3.
4.  class AAA
5.  {
6.  public:
7.      void ShowYou() { cout<<"AAA exception!"<<endl; }
8.  };
9.
10. class BBB : public AAA
11. {
12. public:
13.     void ShowYou() { cout<<"BBB exception!"<<endl; }
14. };
15.
16. class CCC : public BBB
17. {
18. public:
19.     void ShowYou() { cout<<"CCC exception!"<<endl; }
20. };
21.
22. void ExceptionGenerator(int expn)
23. {
24.     if(expn==1)
25.         throw AAA();
26.     else if(expn==2)
27.         throw BBB();
28.     else
29.         throw CCC();
30. }
31.
32. int main(void)
33. {
34.     try
35.     {
36.         ExceptionGenerator(3);
37.         ExceptionGenerator(2);
38.         ExceptionGenerator(1);
39.     }
40.     catch(AAA& expn)
41.     {
```

```
42.        cout<<"catch(AAA& expn)"<<endl;
43.        expn.ShowYou();
44.     }
45.     catch(BBB& expn)
46.     {
47.        cout<<"catch(BBB& expn)"<<endl;
48.        expn.ShowYou();
49.     }
50.     catch(CCC& expn)
51.     {
52.        cout<<"catch(CCC& expn)"<<endl;
53.        expn.ShowYou();
54.     }
55.     return 0;
56. }
```

- 4, 10, 16행: 예외 클래스가 상속의 관계로 묶여있다. 따라서 BBB 객체도 CCC 객체도 AAA 객체의 일종으로 인식된다.
- 36~38행: 예외가 발생할 수 밖에 없는 구조이기 때문에, 주석처리를 통해서 한 문장씩 실행해서 결과를 확인해야 한다.
- 40, 45, 50행: 예외에 적절한 catch 블록은 나열 순서대로 찾게 된다. 따라서 어떠한 예외가 발생하건 40행의 catch 블록을 대상으로 제일먼저 적합성 여부를 판단하게 된다.

❖ 실행결과: CatchFlow.cpp

```
catch(AAA& expn)
AAA exception!
```

위 예제의 문제점은 36, 37행에서 발생하는 모든 예외객체가 AAA 클래스를 상속하기 때문에, 40행의 catch 블록이 실행된다는데 있다. 즉, 위와 같은 구조로 catch 블록을 구성하면, 45행과 50행의 catch 블록은 실행되지 않는다. 그런데 위의 catch 블록을 구성한 프로그래머가 원한 것은 다음과 같았을 것이다.

"BBB 예외객체는 catch(BBB& expn) 블록에 의해서 처리가 되고, CCC 예외객체는 catch(CCC& expn) 블록에 의해서 처리가 된다."

그리고 이렇게 예외가 처리되기를 바란다면, catch 블록의 배치를 다음과 같이 변경해야 한다.

```
try
{
```

```
        ExceptionGenerator(3);
        ExceptionGenerator(2);
        ExceptionGenerator(1);
    }
    catch(CCC& expn)
    {
        cout<<"catch(CCC& expn)"<<endl;
        expn.ShowYou();
    }
    catch(BBB& expn)
    {
        cout<<"catch(BBB& expn)"<<endl;
        expn.ShowYou();
    }
    catch(AAA& expn)
    {
        cout<<"catch(AAA& expn)"<<endl;
        expn.ShowYou();
    }
```

BBB 객체는 일종의 AAA 객체이지만, AAA 객체가 일종의 BBB 객체는 아니며, CCC 객체도 일종의 AAA 객체이지만, AAA 객체가 일종의 CCC 객체는 아니기 때문에(상속에서 설명했던 내용이다), 원하는 결과를 얻을 수 있다.

15-5 : 예외처리와 관련된 또 다른 특성들

이제 마지막으로 지금까지 설명하지 못했던 예외처리의 나머지 특성들을 설명하고자 한다. 간단한 내용인 만큼 필자도 간단명료하게 설명하겠다.

✚ new 연산자에 의해서 발생하는 예외

new 연산에 의한 메모리 공간의 할당이 실패하면 bad_alloc이라는 예외가 발생한다. bad_alloc은 헤더파일 〈new〉에 선언된 예외 클래스로써 메모리 공간의 할당이 실패했음을 알리는 의도로 정의되었다. 그럼 이와 관련해서 다음 예제를 보자.

❖ BadAlloc.cpp

```
1.  #include <iostream>
2.  #include <new>
3.  using namespace std;
4.
5.  int main(void)
6.  {
7.      int num=0;
8.
9.      try
10.     {
11.         while(1)
12.         {
13.             num++;
14.             cout<<num<<"번째 할당 시도"<<endl;
15.             new int[10000][10000];
16.         }
17.     }
18.     catch(bad_alloc &bad)
19.     {
20.         cout<<bad.what()<<endl;
21.         cout<<"더 이상 할당 불가!"<<endl;
22.     }
23.     return 0;
24. }
```

- 15행: 메모리 할당관련 예외의 발생을 위해서 반복해서 메모리 공간을 할당만 하고 있다.
- 18행: bad_alloc 예외의 발생을 확인하기 위한 catch 블록이다.
- 20행: what 함수는 예외의 원인정보를 문자열의 형태로 반환하는데, 이 때 반환되는 문자열의 내용은 컴파일러에 따라서 달라진다.

❖ 실행결과: BadAlloc.cpp

```
○○○        command prompt
    1번째 할당 시도
    2번째 할당 시도
    3번째 할당 시도
```

```
4번째 할당 시도
5번째 할당 시도
bad allocation
더 이상 할당 불가!
```

위 예제에서 보이듯이 프로그래머가 정의하지 않아도 발생하는 예외도 있다. 그리고 다음 Chapter에서는 이러한 유형의 예외 중 하나로, 형 변환 시 발생하는 bad_cast 예외에 대해서 소개한다.

✚ 모든 예외를 처리하는 catch 블록

다음과 같이 catch 블록을 선언하면, try 블록 내에서 전달되는 모든 예외가 자료형에 상관없이 걸려든다.

```
try
{
    ....
}
catch(...)     // ... 은 전달되는 모든 예외를 다 받아주겠다는 선언
{
    ....
}
```

따라서 마지막 catch 블록에 덧붙여지는 경우가 많은데, 대신 catch의 매개변수 선언에서 보이듯이, 발생한 예외와 관련해서 그 어떠한 정보도 전달받을 수 없으며, 전달된 예외의 종류도 구분이 불가능하다.

✚ 예외 던지기

catch 블록에 전달된 예외는 다시 던져질 수 있다. 그리고 이로 인해서 하나의 예외가 둘 이상의 catch 블록에 의해서 처리되게 할 수 있다. 이와 관련해서 다음 예제를 보자.

❖ ReThrow.cpp

```
1.   #include <iostream>
2.   using namespace std;
3.
4.   void Divide(int num1, int num2)
5.   {
6.       try
7.       {
8.           if(num2==0)
```

```
9.              throw 0;
10.             cout<<"몫: "<<num1/num2<<endl;
11.             cout<<"나머지: "<<num1%num2<<endl;
12.         }
13.         catch(int expn)
14.         {
15.             cout<<"first catch"<<endl;
16.             throw;      // 예외를 다시 던진다!
17.         }
18. }
19.
20. int main(void)
21. {
22.     try
23.     {
24.         Divide(9, 2);
25.         Divide(4, 0);
26.     }
27.     catch(int expn)
28.     {
29.         cout<<"second catch"<<endl;
30.     }
31.     return 0;
32. }
```

- 16행: 이 문장에 의해서(키워드 throw는 참으로 다양하게 사용된다) catch 블록으로 전달된 예외가 소멸되지 않고, 다시 던져진다. 따라서 이 함수를 호출한 영역으로 예외가 전달된다.
- 27행: Divide 함수에 의해서 다시 전달된 예외가 이 catch 블록으로 전달된다.

❖ 실행결과: ReThrow.cpp

```
○○○         command prompt
몫: 4
나머지: 1
first catch
second catch
```

예외처리는 가급적 간결한 구조를 띠는게 좋다. 따라서 정말로 필요한 상황이 아니라면, 굳이 예외를 다시 던지기 위해서 노력할 필요는 없다.

C++ 프로그래밍

15-6 : OOP 단계별 프로젝트 11단계

이번이 본서에서 제공하는 OOP 단계별 프로젝트의 마지막 단계이다. 여기까지 잘 따라왔다면, C++의 첫 걸음을 성공적으로 내디뎠다고 말씀 드리고 싶다.

✚ 프로젝트 11단계의 도입

본 단계에서는 다음의 예외상황에 대한 처리를 C++의 예외처리 기반으로 적용하고자 한다.

- 계좌개설 이후, 예금된 금액보다 더 많은 금액의 출금을 요구하는 예외상황
- 계좌개설 이후, 입출금 진행 시 프로그램 사용자로부터 0보다 작은 값이 입력되는 예외상황

이 두 가지 예외상황의 처리를 위해서 예외상황 별로 각각 예외 클래스를 정의하기로 하고, 프로그램 사용자에게는 잘못된 입력이 이뤄졌음을 알리고 재 입력을 요구하는 방식으로 예외상황이 처리되도록 하자.

✚ 프로그램 설명

예외의 발생 및 처리의 위치를 여러분께 먼저 알려드리게 되면, 그만큼 이번 단계의 프로젝트를 무의미하게 만드는 셈이 된다. 따라서 이 모든 것을 여러분이 직접 결정하는 기회로 삼기 바란다. 참고로, 필자가 이후에 제시하는 답안과 차이가 있다고 해서 잘못된 것은 아니다. 예외의 처리는 다양한 방법으로 진행이 될 수 있기 때문에, 일단은 결과를 가지고 판단해야 한다. 따라서 위에서 말한 다음의 두 가지 요구사항을 모두 충족시킨다면,

"예외상황의 처리를 위해서 예외상황 별로 각각 예외 클래스를 정의한다."

"예외상황 발생시 재 입력을 요구하는 방식으로 예외상황을 처리하자."

일단 모범답안으로 인정할 수 있다. 물론 다양한 가능성을 놓고, 보다 나은 것은 무엇인지 고민하는 시간을 가질 필요는 있다.

✚ 구현의 예

이번이 프로젝트의 마지막 단계이니, 모든 소스코드를 싣도록 하겠다. 참고로 필자가 지정한 파일의 버전을 보면 마지막까지도 버전 0.x로 일관하고 있다. 배포 가능한 수준으로 완성이 되었다면 파일의 버전뿐만 아니라, 프로젝트의 버전도 1.0이 되어야 하지만, 이는 어디까지나 C++의 학습에 필요한 단계별

프로젝트인 관계로 1.0 미만의 버전을 넘버링 하면서 프로젝트를 완료하고자 한다. 이번 단계에서는 모든 파일의 버전을 내용변경의 유무에 관계없이 다음과 같이 올리고자 한다.

```
0.7 → 0.72, 0.8 → 0.82, 0.x → 0.x2
```

그래서 OOP 단계별 프로젝트에서 마지막으로 업그레이드시킨 파일임을 명시하겠다.

❖ Account.h

```
/*
 * 파일이름: Account.h
 * 작성자: 윤성우
 * 업데이트 정보: [2010, 09, 01] 파일버전 0.92
 */

#ifndef __ACCOUNT_H__
#define __ACCOUNT_H__

#include "String.h"

class Account
{
private:
    int accID;
    int balance;
    String cusName;     // char * cusName;
public:
    Account(int ID, int money, String name);
    int GetAccID() const;
    virtual void Deposit(int money);
    int Withdraw(int money) ;
    void ShowAccInfo() const ;
};
#endif
```

❖ Account.cpp

```
/*
 * 파일이름: Account.cpp
 * 작성자: 윤성우
 * 업데이트 정보: [2010, 09, 01] 파일버전 0.92
 */

#include "BankingCommonDecl.h"
#include "Account.h"
#include "AccountException.h"

Account::Account(int ID, int money, String name)
    : accID(ID), balance(money)
{
    cusName=name;
}

int Account::GetAccID() const { return accID; }
```

```cpp
void Account::Deposit(int money)
{
    if(money<0)
        throw MinusException(money);

    balance+=money;
}

int Account::Withdraw(int money)
{
    if(money<0)
        throw MinusException(money);

    if(balance<money)
        throw InsuffException(balance, money);

    balance-=money;
    return money;
}

void Account::ShowAccInfo() const
{
    cout<<"계좌ID: "<<accID<<endl;
    cout<<"이  름: "<<cusName<<endl;
    cout<<"잔  액: "<<balance<<endl;
}
```

❖ NormalAccount.h

```cpp
/*
 * 파일이름: NormalAccount.h
 * 작성자: 윤성우
 * 업데이트 정보: [2010, 09, 01] 파일버전 0.82
 */

#ifndef __NORMAL_ACCOUNT_H__
#define __NORMAL_ACCOUNT_H__

#include "Account.h"
#include "String.h"
#include "AccountException.h"

class NormalAccount : public Account
{
private:
    int interRate;    // 이자율 %단위
public:
    NormalAccount(int ID, int money, String name, int rate)
        : Account(ID, money, name), interRate(rate)
    { }
    virtual void Deposit(int money)
    {
        if(money<0)
            throw MinusException(money);
```

```
            Account::Deposit(money);                       // 원금추가
            Account::Deposit(money*(interRate/100.0));     // 이자추가
        }
    };
    #endif
```

❖ HighCreditAccount.h

```
    /*
     * 파일이름: HighCreditAccount.h
     * 작성자: 윤성우
     * 업데이트 정보: [2010, 09, 01] 파일버전 0.92
     */

    #ifndef __HIGHCREDIT_ACCOUNT_H__
    #define __HIGHCREDIT_ACCOUNT_H__

    #include "NormalAccount.h"
    #include "String.h"

    class HighCreditAccount : public NormalAccount
    {
    private:
        int specialRate;
    public:
        HighCreditAccount(int ID, int money, String name, int rate, int special)
            : NormalAccount(ID, money, name, rate), specialRate(special)
        { }
        virtual void Deposit(int money)
        {
            if(money<0)
                throw MinusException(money);

            NormalAccount::Deposit(money);                        // 원금과 이자추가
            Account::Deposit(money*(specialRate/100.0));          // 특별이자추가
        }
    };
    #endif
```

❖ AccountHandler.h

```
    /*
     * 파일이름: AccountHandler.h
     * 작성자: 윤성우
     * 업데이트 정보: [2010, 09, 01] 파일버전 0.92
     */

    #ifndef __ACCOUN_HANDLER_H__
    #define __ACCOUN_HANDLER_H__

    #include "Account.h"
    #include "BoundCheckArray.h"

    class AccountHandler
```

```cpp
{
private:
    BoundCheckArray<Account*> accArr;
    int accNum;
public:
    AccountHandler();
    void ShowMenu(void) const;
    void MakeAccount(void);
    void DepositMoney(void);
    void WithdrawMoney(void);
    void ShowAllAccInfo(void) const;
    ~AccountHandler();
protected:
    void MakeNormalAccount(void);
    void MakeCreditAccount(void);
};
#endif
```

❖ AccountHandler.cpp

```cpp
/*
* 파일이름: AccountHandler.cpp
* 작성자: 윤성우
* 업데이트 정보: [2010, 09, 01] 파일버전 0.82
*/

#include "BankingCommonDecl.h"
#include "AccountHandler.h"
#include "Account.h"
#include "NormalAccount.h"
#include "HighCreditAccount.h"
#include "String.h"

void AccountHandler::ShowMenu(void) const
{
    cout<<"-----Menu-----"<<endl;
    cout<<"1. 계좌개설"<<endl;
    cout<<"2. 입  금"<<endl;
    cout<<"3. 출  금"<<endl;
    cout<<"4. 계좌정보 전체 출력"<<endl;
    cout<<"5. 프로그램 종료"<<endl;
}

void AccountHandler::MakeAccount(void)
{
    int sel;
    cout<<"[계좌종류선택]"<<endl;
    cout<<"1.보통예금계좌 ";
    cout<<"2.신용신뢰계좌 "<<endl;
    cout<<"선택: ";
    cin>>sel;

    if(sel==NORMAL)
        MakeNormalAccount();
    else
        MakeCreditAccount();
```

```cpp
}
void AccountHandler::MakeNormalAccount(void)
{
    int id;
    String name;
    int balance;
    int interRate;

    cout<<"[보통예금계좌 개설]"<<endl;
    cout<<"계좌ID: "; cin>>id;
    cout<<"이 름: "; cin>>name;
    cout<<"입금액: "; cin>>balance;
    cout<<"이자율: "; cin>>interRate;
    cout<<endl;

    accArr[accNum++]=new NormalAccount(id, balance, name, interRate);
}

void AccountHandler::MakeCreditAccount(void)
{
    int id;
    String name;
    int balance;
    int interRate;
    int creditLevel;

    cout<<"[신용신뢰계좌 개설]"<<endl;
    cout<<"계좌ID: "; cin>>id;
    cout<<"이 름: "; cin>>name;
    cout<<"입금액: "; cin>>balance;
    cout<<"이자율: "; cin>>interRate;
    cout<<"신용등급(1toA, 2toB, 3toC): "; cin>>creditLevel;
    cout<<endl;

    switch(creditLevel)
    {
    case 1:
        accArr[accNum++]=new HighCreditAccount(id, balance, name, interRate, LEVEL_A);
        break;
    case 2:
        accArr[accNum++]=new HighCreditAccount(id, balance, name, interRate, LEVEL_B);
        break;
    case 3:
        accArr[accNum++]=new HighCreditAccount(id, balance, name, interRate, LEVEL_C);
    }
}

void AccountHandler::DepositMoney(void)
{
    int money;
    int id;
    cout<<"[입  금]"<<endl;
    cout<<"계좌ID: "; cin>>id;

    while(true)
    {
        cout<<"입금액: "; cin>>money;
```

```cpp
        try
        {
            for(int i=0; i<accNum; i++)
            {
                if(accArr[i]->GetAccID()==id)
                {
                    accArr[i]->Deposit(money);
                    cout<<"입금완료"<<endl<<endl;
                    return;
                }
            }
            cout<<"유효하지 않은 ID 입니다."<<endl<<endl;
            return;
        }
        catch(MinusException& expt)
        {
            expt.ShowExceptionInfo();
            cout<<"입금액만 재입력하세요."<<endl;
        }
    }
}

void AccountHandler::WithdrawMoney(void)
{
    int money;
    int id;
    cout<<"[출    금]"<<endl;
    cout<<"계좌ID: "; cin>>id;

    while(true)
    {
        cout<<"출금액: ";  cin>>money;

        try
        {
            for(int i=0; i<accNum; i++)
            {
                if(accArr[i]->GetAccID()==id)
                {
                    accArr[i]->Withdraw(money);
                    cout<<"출금완료"<<endl<<endl;
                    return;
                }
            }
            cout<<"유효하지 않은 ID 입니다."<<endl<<endl;
            return;
        }
        catch(MinusException& expt)
        {
            expt.ShowExceptionInfo();
            cout<<"입금액만 재입력하세요."<<endl;
        }
        catch(InsuffException& expt)
        {
            expt.ShowExceptionInfo();
            cout<<"출금액만 재입력하세요."<<endl;
        }
    }
}
```

```
AccountHandler::AccountHandler() : accNum(0)
{ }

void AccountHandler::ShowAllAccInfo(void) const
{
    for(int i=0; i<accNum; i++)
    {
        accArr[i]->ShowAccInfo();
        cout<<endl;
    }
}

AccountHandler::~AccountHandler()
{
    for(int i=0; i<accNum; i++)
        delete accArr[i];
}
```

❖ BoundCheckArray.h

```
/*
 * 파일이름: BoundCheckArray.h
 * 작성자: 윤성우
 * 업데이트 정보: [2010, 09, 01] 파일버전 0.12
 */

#ifndef __BOUND_CHECK_ARRAY_H__
#define __BOUND_CHECK_ARRAY_H__

template <typename T>
class BoundCheckArray
{
private:
    T * arr;
    int arrlen;

    BoundCheckArray(const BoundCheckArray& arr) { }
    BoundCheckArray& operator=(const BoundCheckArray& arr) { }

public:
    BoundCheckArray(int len=100);
    T& operator[] (int idx);
    T operator[] (int idx) const;
    int GetArrLen() const;
    ~BoundCheckArray();
};

template <typename T>
BoundCheckArray<T>::BoundCheckArray(int len) :arrlen(len)
{
    arr=new T[len];
}

template <typename T>
T& BoundCheckArray<T>::operator[] (int idx)
{
    if(idx<0 || idx>=arrlen)
```

```
        {
            cout<<"Array index out of bound exception"<<endl;
            exit(1);
        }
        return arr[idx];
}

template <typename T>
T BoundCheckArray<T>::operator[] (int idx) const
{
    if(idx<0 || idx>=arrlen)
    {
        cout<<"Array index out of bound exception"<<endl;
        exit(1);
    }
    return arr[idx];
}

template <typename T>
int BoundCheckArray<T>::GetArrLen() const
{
    return arrlen;
}

template <typename T>
BoundCheckArray<T>::~BoundCheckArray()
{
    delete []arr;
}

#endif
```

❖ String.h

```
/*
 * 파일이름: String.h
 * 작성자: 윤성우
 * 업데이트 정보: [2010, 09, 01] 파일버전 0.12
 */

#ifndef __STRING_H__
#define __STRING_H__

#include "BankingCommonDecl.h"

class String
{
private:
    int len;
    char * str;
public:
    String();
    String(const char * s);
    String(const String& s);
    ~String();
    String& operator= (const String& s);
    String& operator+= (const String& s);
    bool operator== (const String& s);
```

```cpp
    String operator+ (const String& s);

    friend ostream& operator<< (ostream& os, const String& s);
    friend istream& operator>> (istream& is, String& s);
};
#endif
```

❖ String.cpp

```cpp
/*
 * 파일이름: String.cpp
 * 작성자: 윤성우
 * 업데이트 정보: [2010, 09, 01] 파일버전 0.12
 */

#include "String.h"

String::String()
{
    len=0;
    str=NULL;
}

String::String(const char* s)
{
    len=strlen(s)+1;
    str=new char[len];
    strcpy(str, s);
}

String::String(const String& s)
{
    len=s.len;
    str=new char[len];
    strcpy(str, s.str);
}

String::~String()
{
    if(str!=NULL)
        delete []str;
}

String& String::operator= (const String& s)
{
    if(str!=NULL)
        delete []str;
    len=s.len;
    str=new char[len];
    strcpy(str, s.str);
    return *this;
}

String& String::operator+= (const String& s)
{
    len+=(s.len-1);
```

```
        char* tempstr=new char[len];
        strcpy(tempstr, str);
        strcat(tempstr, s.str);

        if(str!=NULL)
            delete []str;
        str=tempstr;
        return *this;
}

bool String::operator== (const String& s)
{
    return strcmp(str, s.str) ? false : true;
}

String String::operator+ (const String& s)
{
    char* tempstr=new char[len+s.len-1];
    strcpy(tempstr, str);
    strcat(tempstr, s.str);

    String temp(tempstr);
    delete []tempstr;
    return temp;
}

ostream& operator<< (ostream& os, const String& s)
{
    os<<s.str;
    return os;
}

istream& operator>> (istream& is, String& s)
{
    char str[100];
    is>>str;
    s=String(str);
    return is;
}
```

❖ BankingCommonDecl.h

```
/*
 * 파일이름: BankingCommonDecl.h
 * 작성자: 윤성우
 * 업데이트 정보: [2010, 09, 01] 파일버전 0.82
 */

#ifndef __BANKING_COMMON_H__
#define __BANKING_COMMON_H__

#include <iostream>
#include <cstring>
#include <cstdlib>

using namespace std;
```

```
const int NAME_LEN=20;

// 프로그램 사용자의 선택 메뉴
enum {MAKE=1, DEPOSIT, WITHDRAW, INQUIRE, EXIT};

// 신용등급
enum {LEVEL_A=7, LEVEL_B=4, LEVEL_C=2};

// 계좌의 종류
enum {NORMAL=1, CREDIT=2};

#endif;
```

❖ AccountException.h

```
/*
 * 파일이름: AccountException.h
 * 작성자: 윤성우
 * 업데이트 정보: [2010, 09, 01] 파일버전 0.12
 */

#ifndef __ACCOUNT_EXCEPTION_H__
#define __ACCOUNT_EXCEPTION_H__

class MinusException
{
private:
    int exval;    // 예외의 원인이 되는 금액

public:
    MinusException(int val) : exval(val)
    { }

    void ShowExceptionInfo(void) const
    {
        cout<<"입(출)금액 "<<exval<<"은 유효하지 않습니다!"<<endl;
    }
};

class InsuffException
{
private:
    int balance;    // 현재 잔액
    int reqval;     // 출금 요구액
public:
    InsuffException(int val, int req)
        : balance(val), reqval(req)
    { }

    void ShowExceptionInfo() const
    {
        cout<<"잔액에서 "<<reqval-balance<<"가(이) 부족합니다!"<<endl;
    }
};

#endif
```

❖ BankingSystemMain.cpp

```cpp
/*
 * 소프트웨어 버전: Banking System Ver 0.92
 *
 * 파일이름: BankingSystemMain.cpp
 * 작성자: 윤성우
 * 업데이트 정보: [2010, 09, 01] 파일버전 0.72
 */

#include "BankingCommonDecl.h"
#include "AccountHandler.h"

int main(void)
{
    AccountHandler manager;
    int choice;

    while(1)
    {
        manager.ShowMenu();
        cout<<"선택: ";
        cin>>choice;
        cout<<endl;

        switch(choice)
        {
        case MAKE:
            manager.MakeAccount();
            break;
        case DEPOSIT:
            manager.DepositMoney();
            break;
        case WITHDRAW:
            manager.WithdrawMoney();
            break;
        case INQUIRE:
            manager.ShowAllAccInfo();
            break;
        case EXIT:
            return 0;
        default:
            cout<<"Illegal selection.."<<endl;
        }
    }
    return 0;
}
```

끝으로, 언젠가는 여러분 스스로 1.0의 버전을 줄 수 있는 프로그램을 완성하기 바라며, 본서의 OOP 단계별 프로젝트는 여기서 마무리하도록 하겠다.

Chapter 16

C++의 형 변환 연산자와 맺는 글

이번 Chapter를 마지막으로 본서의 C++ 설명을 맺고자 한다. 이번 Chapter에서는 C++의 형 변환 연산자에 대해서 설명하는데, 비록 마지막 Chapter에서 설명하는 내용이지만, 이 내용에 익숙해지기를 바란다. 참고로 여러분이 앞으로 구현할 프로그램에서 C++의 형 변환 연산자가 아닌, C 스타일의 형 변환 연산자를 사용한다면, 누군가는 여러분의 코드를 보면서 상당히 촌스러운 코드를 작성했다고 생각할지 모른다(반은 농담이니 심각해하거나 기분 나빠하지 말자).

C++ 프로그래밍

16-1 : C++에서의 형 변환 연산

C++ 진영에서는 C 스타일의 형 변환 연산자를 가리켜 '오래된 C 스타일 형 변환 연산자(Old C-style cast operator)'라 부르기도 한다. 이렇듯 C 스타일의 형 변환 연산자는 C언어와의 호환성을 위해서 존재할 뿐, C++에서는 새로운 형 변환 연산자와 규칙을 제공하고 있다.

✚ 모기를 잡으려면 모기약을 써야지 사람 잡는 약을 쓰면 되나!

모기를 잡으려면 모기약을 뿌려야 하고, 바퀴벌레를 잡으려면 바퀴벌레 약을 뿌려야 한다. 효과가 더 좋다고 해서 '사람 잡는 약(그냥 사람도 잡는 강력한 살충제가 있다고 가정합시다)'을 쓰면 실제로 사람을 잡는 실수를 범할 수도 있다. 그렇지 않은가?

C언어의 형 변환 연산자를 살충제와 비교하면, 이는 사람 잡는 약에 비유할 수 있다. 그만큼 강력해서 변환하지 못하는 대상이 없다는 뜻이다. 따라서 아래의 예제에서 보이는 실수를 해도 컴파일러는 이를 잡아내지 못한다.

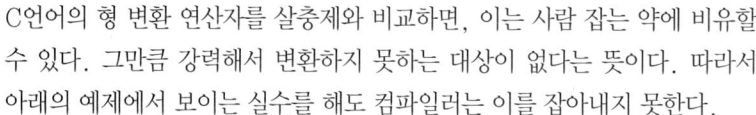

```
1.  #include <iostream>
2.  using namespace std;
3.
4.  class Car
5.  {
6.  private:
7.      int fuelGauge;
8.  public:
9.      Car(int fuel) : fuelGauge(fuel)
10.     { }
11.     void ShowCarState() { cout<<"잔여 연료량: "<<fuelGauge<<endl; }
12. };
13.
14. class Truck : public Car
15. {
16. private:
17.     int freightWeight;
18.
19. public:
20.     Truck(int fuel, int weight)
```

```
21.            : Car(fuel), freightWeight(weight)
22.        { }
23.        void ShowTruckState()
24.        {
25.            ShowCarState();
26.            cout<<"화물의 무게: "<<freightWeight<<endl;
27.        }
28. };
29.
30. int main(void)
31. {
32.     Car * pcar1=new Truck(80, 200);
33.     Truck * ptruck1=(Truck *)pcar1;      // 문제 없어 보이는 형 변환!
34.     ptruck1->ShowTruckState();
35.     cout<<endl;
36.     Car * pcar2=new Car(120);
37.     Truck * ptruck2=(Truck *)pcar2;      // 문제가 바로 보이는 형 변환!
38.     ptruck2->ShowTruckState();
39.     return 0;
40. }
```

- 32, 33행: 포인터 변수 pcar1이 가리키는 대상이 실제로는 Truck 객체이기 때문에 33행의 형 변환 연산은 문제가 되지 않을 수 있다. 하지만, **기초 클래스의 포인터 형을 유도 클래스의 포인터 형으로 형 변환하는 것은 일반적인 경우의 형 변환이 아니다**. 따라서 이 상황에서 이것이 프로그래머의 의도인지, 아니면 실수인지 알 방법이 없다.

- 36, 37행: 포인터 변수 pcar2가 가리키는 대상이 실제로는 Car 객체이기 때문에 37행의 형 변환 연산은 문제가 된다. 하지만 C 스타일의 형 변환 연산자는 컴파일러로 하여금 이러한 일이 가능하게 한다. '무적의 형 변환 연산자'이기 때문이다.

- 38행: 이 문장의 실행결과는 예측이 불가능하다. 포인터 변수 ptruck2가 가리키는 대상은 Car 객체이기 때문에 ShowTruckState 함수의 호출은 논리적으로 맞지가 않으며, 특히 이 객체에는 화물의 무게를 의미하는 멤버 freightWeight이 존재하지 않는다.

❖ 실행결과: PowerfullCasting.cpp

```
잔여 연료량: 80
화물의 무게: 200

잔여 연료량: 120
화물의 무게: 3801464
```

C++ 프로그래밍

위의 실행결과에서는 전혀 엉뚱한 화물의 무게를 보이고 있다. 그럼에도 불구하고 '우와! 실린 무게가 3801464나 되네요!'라고 오해할 수 있는 상황이다. 그럼 위 예제에서 보인 문제점을 정리해보겠다. 먼저 37행의 문장을 보면서 컴파일러는 다음과 같이 생각을 한다.

> "이것이 맞는 형 변환 연산인지 아닌지는 모르겠지만, 형 변환을 하라니까 하겠다!"

즉, 컴파일러는 최대한 프로그래머의 실수를 지적해주고 싶은 마음인데, C 스타일의 형 변환 연산을 했기 때문에 잘못된 형 변환 연산인지 아닌지를 지적해 줄 수 없는 상황이다. 하지만 이보다 더 큰 문제는 33행에 있다. 37행의 경우에는 코드를 조금만 분석해보면 프로그래머의 실수임을 알 수 있지만, 33행의 형 변환은 코드를 분석해 봐도 프로그래머의 실수인지 아닌지를 쉽게 판단할 수 없기 때문이다. 여기에는 다음과 같이 두 가지 측면이 존재하기 때문에 쉽게 판단이 안 되는 것이다.

> "포인터 변수 pcar1이 가리키는 것이 Truck 객체니까 이는 의도적으로 작성된 코드야. Truck형 포인터가 Truck 객체를 가리키는 정상적인 상황이 되었잖아?"

> "물론 결과만 놓고 보면 컴파일도 실행결과에도 문제는 없어, 하지만 이는 불필요한 형 변환이거든, 이렇게 형 변환해야만 하는 상황이라면, 굳이 Truck 객체를 Car형 포인터 변수로 가리키게 했을 리 없잖아? 기초 클래스의 포인터 형을 유도 클래스의 포인터 형으로 변환하는 것은 일반적인 연산이 아니니까!"

이러한 유형의 논란과 문제점 때문에 C++에서는 다음과 같이 총 4개의 연산자를 추가로 제공하면서 용도에 맞는 형 변환 연산자의 사용을 유도하고 있다.

- static_cast
- const_cast
- dynamic_cast
- reinterpret_cast

위의 형 변환 연산자들을 사용하면 프로그래머는 자신이 의도한 바를 명확히 표시할 수 있다. 따라서 컴파일러도 프로그래머의 실수를 지적해 줄 수 있고, 코드를 직접 작성하지 않은 프로그래머들도 코드를 직접 작성한 프로그래머의 실수여부를 판단할 수 있다. 결론적으로 강력한 살충제인 C 스타일의 형 변환 연산자를 대신하도록, C++은 용도에 맞게 선택할 수 있는 네 개의 살충제를 제공하고 있는 셈이다.

✚ dynamic_cast: 상속관계에서의 안전한 형 변환

자! 그럼 dynamic_cast를 시작으로 C++의 형 변환 연산자를 하나씩 설명하겠다. dynamic_cast 형 변환 연산자는 다음의 형태를 갖는다.

    dynamic_cast<T>(expr)

즉, 〈 〉 사이에 변환하고자 하는 자료형의 이름을 두되, 객체의 포인터 또는 참조형이 와야 하며, ( ) 사이에는 변환의 대상이 와야 한다. 그리고 요구한 형 변환이 적절한 경우에는 형 변환된 데이터를 반환하지만, 요구한 형 변환이 적절하지 않은 경우에는 컴파일 시 에러가 발생한다. 물론 여기서 말하는 적절한 형 변환은 다음의 경우를 뜻한다.

"상속관계에 놓여 있는 두 클래스 사이에서 유도 클래스의 포인터 및 참조형 데이터를 기초 클래스의 포인터 및 참조형 데이터로 형 변환하는 경우."

따라서 이 연산자는 앞서 보인 예제 PowerfullCasting.cpp에서 적절하게 사용할 수 있는 연산자이다. 그럼 이와 관련해서 다음 예제를 보자.

❖ DynamicCasting.cpp

```
1.  #include <iostream>
2.  using namespace std;
3.
4.  class Car
5.  {
6.      // 예제 PowerfullCasting.cpp의 Car 클래스와 동일
7.  };
8.
9.  class Truck : public Car
10. {
11.     // 예제 PowerfullCasting.cpp의 Truck 클래스와 동일
12. };
13.
14. int main(void)
15. {
16.     Car * pcar1=new Truck(80, 200);
17.     Truck * ptruck1=dynamic_cast<Truck*>(pcar1);   // 컴파일 에러
18.
19.     Car * pcar2=new Car(120);
20.     Truck * ptruck2=dynamic_cast<Truck*>(pcar2);   // 컴파일 에러
21.
22.     Truck * ptruck3=new Truck(70, 150);
23.     Car * pcar3=dynamic_cast<Car*>(ptruck3);   // 컴파일 OK!
24.     return 0;
25. }
```

실행결과는 중요하지 않으니(출력되는 내용이 없기도 하지만), 17행과 20행에서 컴파일 에러가 발생하는 것을 먼저 확인하자. 사실 dynamic_cast 연산자를 사용했다는 것은 다음의 의미가 담겨있다.

"상속관계에 있는 유도 클래스의 포인터 및 참조형 데이터를 기초 클래스의 포인터 및 참조형 데이터로 형 변환하겠습니다!"

그래서 이에 반하는 17행과 20행에서 컴파일 오류가 발생하는 대신에, 이에 부합하는 23행에서는 컴파일 오류가 발생하지 않는 것이다.

> "20행의 형 변환은 의도적으로라도 하면 안 되는 것을 알겠는데요. 17행에서 보이는 형 변환은 경우에 따라서 필요할 것도 같은데요. 그럼 이러한 경우에는 어떻게 해야 하나요?"

매우 좋은 지적이다. 그렇다면 이러한 형 변환을 의도적으로 진행한다는 것을 명시하기 위한 형 변환 연산자를 사용해야 한다. 그리고 그에 맞는 형 변환 연산자가 바로 static_cast 연산자이다.

> **참고 | dynamic_cast 맛보기**
>
> dynamic_cast는 지금 언급한 것 이상의 것을 제공한다. 그러나 여러분이 혼란스러워할 수 있는 내용이라서 일단 일부만 간단히 언급하였다. 잠시 후에 dynamic_cast의 또 다른 측면을 언급하겠다.

✚ static_cast: A 타입에서 B 타입으로

static_cast 형 변환 연산자는 다음의 형태를 갖는다(dynamic_cast 연산자와 동일한 형태이다).

```
static_cast<T>(expr)
```

그리고 static_cast 연산자를 사용하는 우리들에게 컴파일러는 다음과 같이 이야기한다.

> "좋아! 유도 클래스의 포인터 및 참조형 데이터를 기초 클래스의 포인터 및 참조형 데이터로뿐만 아니라, 기초 클래스의 포인터 및 참조형 데이터도 유도 클래스의 포인터 및 참조형 데이터로 아무런 조건 없이 형 변환시켜 줄게, 하지만 그에 대한 책임은 네가 져야 해!"

따라서 static_cast 연산자는 다음 예제에서와 같이 사용할 수 있다.

❖ StaticCasting.cpp

```cpp
1.  #include <iostream>
2.  using namespace std;
3.
4.  class Car
5.  {
6.      // 예제 PowerfullCasting.cpp의 Car 클래스와 동일
7.  };
8.
9.  class Truck : public Car
10. {
```

```
11.         // 예제 PowerfullCasting.cpp의 Truck 클래스와 동일
12. };
13.
14. int main(void)
15. {
16.     Car * pcar1=new Truck(80, 200);
17.     Truck * ptruck1=static_cast<Truck*>(pcar1);    // 컴파일 OK!
18.     ptruck1->ShowTruckState();
19.     cout<<endl;
20.
21.     Car * pcar2=new Car(120);
22.     Truck * ptruck2=static_cast<Truck*>(pcar2);    // 컴파일 OK! 그러나!
23.     ptruck2->ShowTruckState();
24.     return 0;
25. }
```

위 예제 17행에서는 다음과 같이 형 변환을 진행하고 있는데,

```
Truck * ptruck1=static_cast<Truck*>(pcar1);
```

이 문장이 의미하는 바는 다음과 같다.

> "포인터 pcar1을 Truck의 포인터 형으로 변환하겠습니다. 이건 제가 의도한 것이고요. 따라서 그에 대한 책임도 제가 지겠습니다."

실제로 포인터 pcar1이 가리키는 객체가 Truck 객체이니 책임진다고 큰소리 칠만한 상황이다. 하지만 22행에서는 큰소리 칠만한 상황이 아님에도 불구하고 다음의 형 변환문을 구성하고 있다.

```
Truck * ptruck2=static_cast<Truck*>(pcar2);
```

아래의 실행결과에서도 보이듯이 pcar2가 가리키는 대상은 Car 객체이기 때문에, 이는 어떻게 해서든 정당화될 수 없는 상황이다. 따라서 이러한 형태로 문장을 구성하면 안 된다. 그리고 이를 통해서 필자는 여러분에게 다음의 사실을 말하려고 한다.

> "static_cast 연산자는 dynamic_cast 연산자와 달리, 보다 많은 형 변환을 허용합니다. 하지만 그에 따른 책임도 프로그래머가 져야 하기 때문에 신중하게 선택해야 합니다. dynamic_cast 연산자를 사용할 수 있는 경우에는 dynamic_cast 연산자를 사용해서 안전성을 높여야 하며, 그 이외의 경우에는 정말 책임질 수 있는 상황에서만 제한적으로 static_cast 연산자를 사용해야 합니다."

❖ 실행결과: StaticCasting.cpp

```
                command prompt
    잔여 연료량: 80
    화물의 무게: 200

    잔여 연료량: 120
    화물의 무게: 3801464
```

위의 출력결과에서 마지막에 출력된 문장은, 책임지겠다고 한 22행의 형 변환 연산에 대해 책임지지 못했음을 보이고 있다.

> **참고 보다 빠른 static_cast 연산자**
>
> 잠시 후에 그 이유를 설명하겠지만, dynamic_cast 연산자보다 static_cast 연산자를 사용했을 때 연산의 속도가 더 빠르다. 따라서 이러한 이유로 dynamic_cast 연산자를 사용해도 되는 상황에서 조차 static_cast 연산자를 사용하는 경우도 적지 않다.

그리고 static_cast 연산자는 기본 자료형 데이터간의 형 변환에도 사용이 된다. 예를 들어서 다음의 코드는,

```cpp
int main(void)
{
    int num1=20, num2=3;
    double result=20/3;
    cout<<result<<endl;
    . . . . .
}
```

정수형 나눗셈의 결과로 6이 출력되기 때문에 실수형 나눗셈을 진행하려면 다음과 같이 나눗셈 문장을 구성하거나,

```cpp
double result=(double)20/3;
```

다음과 같이 나눗셈 문장을 구성하게 되는데,

```cpp
double result=double(20)/3;
```

C++에서는 static_cast 연산자를 이용한 다음의 문장구성을 더 추천한다.

doubleresult=static_cast<double>(20)/3;

물론 여러분은 다음과 같이 반문할 수 있다.

"static_cast 연산자를 사용하면 그에 대한 연산결과를 프로그래머가 책임져야 한다면서요. 그럼 C언어의 형 변환 연산자를 사용하는 것과 무슨 차이가 있나요?"

static_cast 연산자는 '기본 자료형 간의 형 변환'과 '클래스의 상속관계에서의 형 변환'만 허용을 하지만, C언어의 형 변환 연산자는 다음과 같이 말도 안 되는(어쨌든 일반적이지 않은) 형 변환도 허용하기 때문에 여전히 static_cast 연산자의 사용은 의미를 갖는다.

```
int main(void)
{
    const int num=20;
    int * ptr=(int*)&num;      // const 상수의 포인터는 const 포인터이다!
    *ptr=30;                   // const 상수 num의 값이 실제로 변경된다.
    cout<<*ptr<<endl;          // 30이 출력된다.

    float * adr=(float*)ptr;   // int형 포인터를 float형으로 변환한다.
    cout<<*adr<<endl;          // 저장된 데이터를 float형으로 해석해서 출력한다.
    . . . .
}
```

위에서 보인 형 변환은 static_cast 연산자로는 불가능한 형 변환이다. 즉, 여전히 static_cast 연산자는 C언어의 형 변환 연산자보다 적은 것을 허용하고 있으며, 이로 인해서 static_cast 연산자를 보는 순간 다음과 같이 판단할 수 있다.

"흠, 상속관계에 있는 클래스의 포인터 및 참조형 데이터의 형 변환인가? 아니면 기본 자료형 데이터의 형 변환인가?"

그럼 이번에는 위에서 보인 말도 안 되는 형 변환과 관련된 const_cast 연산자와 reinterpret_cast 연산자에 대해서 살펴보자.

✚ const_cast: const의 성향을 삭제하라!

C++에서는 포인터와 참조자의 const 성향을 제거하는 형 변환을 목적으로, 다음의 형 변환 연산자를 제공하고 있다.

const_cast<T>(expr)

C++ 프로그래밍

위의 연산자를 이용해서 const로 선언된 참조자, 그리고 포인터의 const 성향을 제거하는 것이 의미가 있을까? 사실 이러한 연산은 const의 가치를 떨어뜨리는 것이라고 생각하는 분들도 계신데, 그 이면을 잘 살펴보면, 나름의 의미를 발견할 수 있다. 그럼 매우 간단한 예제를 통해서 어떠한 의미가 있는지 살펴보겠다.

❖ ConstCasting.cpp

```cpp
1.  #include <iostream>
2.  using namespace std;
3.
4.  void ShowString(char* str)
5.  {
6.      cout<<str<<endl;
7.  }
8.
9.  void ShowAddResult(int& n1, int& n2)
10. {
11.     cout<<n1+n2<<endl;
12. }
13.
14. int main(void)
15. {
16.     const char * name="Lee Sung Ju";
17.     ShowString(const_cast<char*>(name));
18.
19.     const int& num1=100;
20.     const int& num2=200;
21.     ShowAddResult(const_cast<int&>(num1), const_cast<int&>(num2));
22.     return 0;
23. }
```

- 4행: 문자열의 주소 값을 인자로 전달받는 함수가 정의되었다.
- 9행: 인자로 전달되는 변수를 참조형으로 전달받는 함수가 정의되었다.
- 16행: 여기서 선언된 포인터 변수 name은 const char* 형이고, 4행의 매개변수는 char* 형이다. 따라서 name은 4행에 정의된 함수의 인자로 전달될 수 없다. 참고로, name이 char* 형이고, 4행의 매개변수가 const char* 형이라면 인자로 전달이 가능하다. 이점에 혼동 없기 바란다.
- 17행: 인자의 전달을 위해서 포인터 변수 name의 const를 제거하는 형태로 형 변환을 진행하고 있다. 그리고 그 결과를 ShowString 함수의 인자로 전달하고 있다.
- 21행: 17행과 유사하게 인자의 전달을 위해서 const int& 형 데이터를 int& 형으로 형 변환하고 있다.

❖ 실행결과: ConstCasting.cpp

```
Lee Sung Ju
300
```

이렇듯 const_cast 형 변환 연산은, 함수의 인자전달 시 const 선언으로 인한 형(type)의 불일치가 발생해서 인자의 전달이 불가능한 경우에 유용하게 사용이 된다.

"그래도 이렇게 const_cast 연산자가 존재함으로 인해서, 키워드 const 선언에 '값의 변경을 허용하지 않는다'라는 의미를 부여하기 어려워진 것 같은데요!"

const 선언의 의미가 없어진다고 보진 않더라도 확실히 그 의미는 반감된다. 그리고 이러한 이유로 const_cast 연산자를 부정적으로 바라보게 된다. 따라서 여러분도 위 예제에서 보이는 것과 같이 const_cast 연산자의 긍정적인 측면이 잘 드러나는 경우에만 제한적으로 사용해야 한다.

> **volatile 성향의 제거**
>
> const_cast 연산자는 volatile의 성향을 제거하는데도 사용할 수 있다. 참고로 필자는 컴파일러의 최적화를 제한하는 목적으로 선언되는 volatile의 의미를 다음 두 권의 책에서 설명한바 있다.
> - 난 정말 C PROGRAMMING을 공부한 적이 없다구요!   오렌지미디어 출간
> - 뇌를 자극하는 윈도우즈 시스템 프로그래밍   한빛미디어 출간

✚ reinterpret_cast: 상관없는 자료형으로의 형 변환

reinterpret_cast 연산자는 전혀 상관이 없는 자료형으로의 형 변환에 사용이 되며, 기본적인 형태는 다음과 같다(마찬가지로 앞서 설명한 형 변환 연산자들과 동일하다).

```
reinterpret_cast<T>(expr)
```

예를 들어서 다음과 같이 클래스가 정의되어 있다고 가정해보자.

```
class SimpleCar { . . . . };
class BestFriend { . . . . };
```

위의 두 클래스는 상속으로 관계를 맺은 것도 아니니, 서로 전혀 상관없는 클래스이다. 그런데 이 두 클

C++ 프로그래밍

래스를 대상으로 다음과 같은 코드를 작성할 때 사용되는 것이 reinterpret_cast 연산자이다.

```cpp
int main(void)
{
    SimpleCar * car=new Car;
    BestFriend * fren=reinterpret_cast<BestFriend*>(car);
    . . . .
}
```

이렇듯 reinterpret_cast 연산자는 **포인터를 대상으로 하는, 그리고 포인터와 관련이 있는(이것이 무엇을 뜻하는지 잠시 후 설명) 모든 유형의 형 변환을 허용한다.** 그렇다면 위의 코드를 통해서 만들어진 포인터 변수 fren은 어떻게 동작할까? 안타깝게도 이는 필자도 알지 못한다. 아니 여러분도 모른다. 왜냐하면 그 결과는 컴파일 환경에 따라 달라지기 때문이다. 이렇듯 위의 경우에는 형 변환이 가능하긴 하지만 의미를 부여할 순 없다.

"그럼 reinterpret_cast 연산자는 왜 존재하는 건가요? 어디엔가 의미 있게 사용되기 때문에 존재하는 것 아닌가요?"

물론이다! reinterpret_cast 연산자는 다음 예제에서 보이는 것과 같이 의미 있게 사용할 수 있다. 다음 예제는 여러분이 C언어를 공부하면서 한번씩은 만들어 봤을법한 예제이다.

❖ ReinterpretCasting.cpp

```cpp
1.  #include <iostream>
2.  using namespace std;
3.
4.  int main(void)
5.  {
6.      int num=0x010203;
7.      char * ptr=reinterpret_cast<char*>(&num);
8.
9.      for(int i=0; i<sizeof(num); i++)
10.         cout<< static_cast<int>(*(ptr+i)) <<endl;
11.
12.     return 0;
13. }
```

- 7행: int형 정수에 바이트 단위 접근을 위해서 int형 포인터를 char형 포인터로 형 변환하고 있다.
- 10행: 바이트 단위 데이터를 문자가 아닌 정수의 형태로 출력하고 위해서 char형 데이터를 int형으로 변환하고 있다.

❖ 실행결과: ReinterpretCasting.cpp

```
3
2
1
0
```

그리고 앞서 reinterpret_cast 연산자는 포인터와 관련이 있는 모든 유형의 형 변환을 허용한다고 하지 않았는가? 따라서 다음과 같은 문장의 구성도 가능하다.

```
int main(void)
{
    int num=72;
    int* ptr=&num;

    int adr=reinterpret_cast<int>(ptr);       // 주소 값을 정수로 변환
    cout<<"Addr: "<<adr<<endl;                // 주소 값 출력

    int* rptr=reinterpret_cast<int*>(adr);    // 정수를 다시 주소 값으로 변환
    cout<<"value: "<<*rptr<<endl;             // 주소 값에 저장된 정수 출력
    . . . .
}
```

물론, 위의 경우에도 크게 의미를 부여하긴 어렵겠지만, 특정 상황에서는 이러한 유형의 연산이 유용하게 사용되기도 하며, 이는 reinterpret_cast 연산자가 포인터와 관련이 있는 모든 유형의 형 변환을 허용한다는 사실을 뒷받침하기도 한다.

✚dynamic_cast 두 번째 이야기: Polymorphic 클래스 기반의 형 변환

지금까지 설명한 내용을 잘 이해했다면 상속과 관련된 형 변환에 대해서 다음과 같이 정리를 하였을 것이다.

- 상속관계에 놓여있는 두 클래스 사이에서, 유도 클래스의 포인터 및 참조형 데이터를 기초 클래스의 포인터 및 참조형 데이터로 형 변환할 경우에는 dynamic_cast 연산자를 사용한다.
- 반대로, 상속관계에 놓여있는 두 클래스 사이에서, 기초 클래스의 포인터 및 참조형 데이터를 유도 클래스의 포인터 및 참조형 데이터로 형 변환할 경우에는 static_cast 연산자를 사용한다.

하지만 dynamic_cast 연산자도 기초 클래스의 포인터 및 참조형 데이터를 유도 클래스의 포인터 및 참

C++ 프로그래밍

조형으로의 형 변환을 허용한다. 다음의 조건만 만족하면 말이다.

"기초 클래스가 'Polymorphic 클래스'이다!"

Polymorphic 클래스란 하나 이상의 가상함수를 지니는 클래스를 뜻한다. 그러니 상속관계에 놓여있는 두 클래스 사이에서, 기초 클래스에 가상함수가 하나 이상 존재하면, dynamic_cast 연산자를 이용해서 기초 클래스의 포인터 및 참조형 데이터를 유도 클래스의 포인터 및 참조형 데이터로 변환이 가능하다. 그럼 매우 간단한 예제를 통해서 이에 대한 내용을 이론적으로나마 정리해보겠다. 참고로 지금부터 설명하는 내용이 C++ 형 변환 규칙의 완전한 이해를 포기하게 만드는 주 원인이 되므로 조금만 더 힘을 내기 바란다.

❖ PolymorphicDynamicCasting.cpp

```cpp
#include <iostream>
using namespace std;

class SoSimple       // Polymorphic 클래스! ShowSimpleInfo가 가상함수이므로
{
public:
    virtual void ShowSimpleInfo()
    {
        cout<<"SoSimple Base Class"<<endl;
    }
};

class SoComplex : public SoSimple
{
public:
    void ShowSimpleInfo()   // 이것 역시 가상함수!
    {
        cout<<"SoComplex Derived Class"<<endl;
    }
};

int main(void)
{
    SoSimple * simPtr=new SoComplex;
    SoComplex * comPtr=dynamic_cast<SoComplex*>(simPtr);
    comPtr->ShowSimpleInfo();
    return 0;
}
```

- 13행: SoSimple 클래스가 Polymorphic 클래스이므로 SoComplex 클래스도 Polymorphic 클래스이다.
- 24행: 포인터 변수 simPtr이 실제 가리키는 것은 SoComplex 객체이다.

- 25행: 기초 클래스인 SoSimple형 포인터 변수 simPtr을 유도 클래스인 SoComplex형 포인터로 형 변환하고 있다. 그런데 기초 클래스인 SoSimple이 Polymorphic 클래스이므로 dynamic_cast 연산자로 형 변환이 가능하다.

❖ 실행결과: PolymorphicDynamicCasting.cpp

```
command prompt

SoComplex Derived Class
```

위 예제를 통해서 먼저 확인할 사실은, 7행에 정의된 ShowSimpleInfo 함수에서 virtual 선언의 존재 유무에 따른 컴파일 결과이다. virtual로 선언되었을 때에는 25행의 형 변환 연산에서 에러가 발생하지 않는다. 하지만 virtual로 선언되지 않았을 때에는 에러가 발생한다.

"정말 뭡니까? 그럼 유도 클래스의 포인터 및 참조형으로의 형 변환에 사용할 수 있는 형 변환 연산자가 두 개인 셈이잖아요! 뭘 이렇게 복잡하게 만들어 놨대요?"

인정한다. 복잡하다! 하지만 그만큼 섬세한 코드구현이 가능한 것이니, 조금만 참자. 곧이어 여러분의 답답함을 속 시원히 해결해 드리겠다.

✚ 정말 마지막까지 골치 아프게 하는군요.

유도 클래스의 포인터 및 참조형으로의 형 변환을 시도할 때, 사용할 수 있는 두 연산자는 다음과 같다.

    dynamic_cast
    static_cast

그렇다면 이 둘에는 어떠한 차이가 있을까? 형 변환을 시도한다는 사실에는 차이가 없지만, 그 결과에는 큰 차이가 있다. 이에 대한 이해를 위해서 앞서 예제에서 정의한 main 함수를 다시 한번 살펴보겠다.

```
int main(void)
{
    SoSimple * simPtr=new SoComplex;
    SoComplex * comPtr=dynamic_cast<SoComplex*>(simPtr);
    . . . . .
}
```

위의 main 함수에서 dynamic_cast 연산이 성공한 이유는 포인터 변수 simPtr이 실제 가리키는 객체가 SoComplex 객체이기 때문이다. 즉, 포인터 변수 simPtr이 가리키는 객체를 SoComplex형 포인터 변수 comPtr이 함께 가리켜도 문제되지 않기 때문에 성공한 것이다. 그렇다면 다음과 같이 main 함수를 변경하면 어떻게 될까?

```cpp
int main(void)
{
    SoSimple * simPtr=new SoSimple;
    SoComplex * comPtr=dynamic_cast<SoComplex*>(simPtr);
    . . . .
}
```

이 경우에는 simPtr이 가리키는 대상을 comPtr이 가리킬 수 없는 상황이다. 따라서 이러한 경우에는 형 변환의 결과로 NULL 포인터가 반환된다. 그럼 이와 관련해서 다음 예제를 보겠다.

❖ PolymorphicStableCasting.cpp

```cpp
1.  #include <iostream>
2.  using namespace std;
3.
4.  class SoSimple
5.  {
6.      // 예제 PolymorphicDynamicCasting.cpp와 동일하므로 생략!
7.  };
8.
9.  class SoComplex : public SoSimple
10. {
11.     // 예제 PolymorphicDynamicCasting.cpp와 동일하므로 생략!
12. };
13.
14. int main(void)
15. {
16.     SoSimple * simPtr=new SoSimple;
17.     SoComplex * comPtr=dynamic_cast<SoComplex*>(simPtr);
18.     if(comPtr==NULL)
19.         cout<<"형 변환 실패"<<endl;
20.     else
21.         comPtr->ShowSimpleInfo();
22.     return 0;
23. }
```

- 17행: 안정적이지 못한 형 변환을 시도하고 있다. 그리고 이러한 경우 dynamic_cast 연산자는 NULL을 반환한다.
- 18~21행: NULL의 반환 유무를 판단해서 형 변환에 성공했을 때에만 멤버함수를 호출하도록 작성되었다.

❖ 실행결과: PolymorphicStableCasting.cpp

```
command prompt
형 변환 실패
```

이렇듯 dynamic_cast는 안정적인 형 변환을 보장한다. 특히 **컴파일 시간이 아닌 실행 시간에(프로그램이 실행중인 동안에) 안전성을 검사하도록 컴파일러가 바이너리 코드를 생성한다**는 점에 주목할 필요가 있다. 물론 이로 인해서 실행속도는 늦어지지만, 그만큼 안정적인 형 변환이 가능한 것이다. 그리고 이러한 특성 때문에 연산자의 이름이 dynamic으로 시작하는 것이다.

그렇다면 static_cast 연산자는 어떠한가? 이미 여러분도 잘 알다시피 이 연산자는 안전성을 보장하지 않는다. 컴파일러는 무조건 형 변환이 되도록 바이너리 코드를 생성하기 때문에, 그로 인한 실행의 결과는 전적으로 프로그래머가 책임져야 한다. 그래서 이러한 특성 때문에(실행중인 동안에 안전성 검사를 진행하지 않는 특성 때문에) 연산자의 이름이 static으로 시작하는 것이다. 물론, 실행속도는 빠르다. 실행 시간에 안전성 검사를 별도로 진행하지 않기 때문이다.

자! 그럼 한가지만 더 언급을 하고 C++의 형 변환에 대한 설명도 막을 내리고자 한다. 앞서 Chapter 15에서 다음과 같이 이야기한 사실을 기억하는가?

> "프로그래머가 정의하지 않아도 발생하는 예외도 있다. 그리고 다음 Chapter에서는 이러한 유형의 예외 중 하나로, 형 변환 시 발생하는 bad_cast 예외에 대해서 소개한다."

그 때 말한 bad_cast 예외는 dynamic_cast 연산자를 이용한 형 변환의 과정에서 발생할 수 있는 예외이다. 그럼 이와 관련해서 다음 예제를 제시하겠다.

❖ DynamicBadCastRef.cpp

```cpp
1.  #include <iostream>
2.  using namespace std;
3.
4.  class SoSimple
5.  {
6.  public:
7.      virtual void ShowSimpleInfo()
8.      {
9.          cout<<"SoSimple Base Class"<<endl;
10.     }
11. };
12.
13. class SoComplex : public SoSimple
14. {
15. public:
```

```
16.      void ShowSimpleInfo()
17.      {
18.          cout<<"SoComplex Derived Class"<<endl;
19.      }
20. };
21.
22. int main(void)
23. {
24.     SoSimple simObj;
25.     SoSimple& ref=simObj;
26.
27.     try
28.     {
29.         SoComplex& comRef=dynamic_cast<SoComplex&>(ref);
30.         comRef.ShowSimpleInfo();
31.     }
32.     catch(bad_cast expt)
33.     {
34.         cout<<expt.what()<<endl;
35.     }
36.     return 0;
37. }
```

- 29행: 참조자 ref가 실제 참조하는 대상이 SoSimple 객체이기 때문에 SoComplex 참조형으로의 형 변환은 안전하지 못하다. 그리고 참조자를 대상으로는 NULL을 반환할 수 없기 때문에 이러한 상황에서는 bad_cast 예외가 발생한다.
- 30행: 예외의 발생으로 인해서 실행되지 못한다.
- 34행: 예외처리 부분에서도 언급한적 있지만, what 함수는 예외의 원인을 문자열의 형태로 반환한다. 단, 컴파일러마다 반환하는 문자열의 내용에는 차이가 있다.

❖ 실행결과: DynamicBadCastRef.cpp

```
Bad dynamic_cast!
```

위 예제에서 보이듯이, 참조형을 대상으로 dynamic_cast 연산을 진행할 경우에는 bad_cast 예외가 발생할 수 있기 때문에 반드시 이에 대한 예외처리를 해야 한다.

16-2: '윤성우의 열혈 C++ 프로그래밍'을 맺는 글

저 개인적으로는 이제 본서의 집필을 마무리 할 시간이고, 여러분은 이 책의 학습을 정리할 시간입니다. 그래서 제가 C++에 대한 정보도 드리고 사견도 좀 말씀 드리면서 책의 집필을 마무리하고자 합니다.

✚ STL(Standard Template Library)을 포함하는 C++ 표준 라이브러리

본서는 C++ 문법서입니다. 따라서 방대한 분량의 C++ 라이브러리를 소개하지는 않았습니다. 물론 이 책에서 이를 소개할 수도 있고, 또 그럴 계획도 없지 않아 있었지만, 초판이 지니는 장점을 버리고 싶지 않아서 그저 초판의 내용을 다듬고 내용적으로는 30% 이상 추가하지 않는 범위 내에서 책을 마무리 하였습니다. 대표적인 그리고 개인적으로 좋아하는 C++ 라이브러리 레퍼런스 서적인 'The C++ Standard Library'의 두께가 800페이지에 달하니, 이 책에서 표준 라이브러리도 다뤘다면, 아마도 그 책의 두께만큼 더 두꺼워졌을 겁니다. C++의 표준 라이브러리의 구성요소는 대략 다음과 같습니다.

- STL Container
- STL Iterators
- STL Adapters
- STL Algorithms
- STL Function Object, Allocators
- Stream 클래스 기반의 Input/Ouput
- 지역화 국제화
- 문자열의 표현 및 처리
- 각종 유틸리티 클래스들

혹시 라이브러리의 구성요소가 많아 보이시나요? 정말 많습니다! 특히 입출력 부분도 표준 라이브러리의 일부로 존재하고 있음을 확인하시기 바랍니다. 이는 'The C++ Standard Library'에서도 100여 페이지 이상을 할당해서 다룰 정도로 그 분량이 꽤 됩니다. 그래서 저는 쉽게 참조가 가능한 C++ 표준 라이브러리 관련 서적의 집필을 통해 I/O를 비롯해서 이 책에서 소개하지 않은 C++ 라이브러리를 별도로 소개할 계획을 갖고 있습니다. 그리고 그 시점도 새로운 C++의 표준이 완전히 정리가 되고 발표가 되는 2011 이후로 생각하고 있습니다. 하지만 이는 확실히 지킬 수 있는 약속이 아니기 때문에 여러분이 다음의 서적이나 이에 대응하는 다른 서적의 공부를 바랍니다.

- 제목: The C++ Standard Library: A tutorial and Reference

C++ 프로그래밍

- 저자: Nicolai M. Josuttis

이에 대해 다음과 같이 물으시는 분들도 주변에 있습니다.

"C++ 표준이 새로 등장한다면서요? 그럼 그에 맞는 책을 사서 공부해야 하지 않나요?"

물론 C++의 새로운 표준이 등장하면 그에 맞는 책을 사서 공부할 필요도 있습니다. 하지만 저라면 그걸 기다리면서 공부를 미루기보다는 현재 출간되어 있는 서적들을 통해서 바로 공부를 시작하겠습니다. 어차피 새로운 표준은 기존의 표준을 모두 포함 및 지원하는 형태로 완성이 되므로, 공부하시는 내용이 불필요한 내용이 되지는 않기 때문입니다.

그리고 위에서 정리해 놓은 C++ 표준 라이브러리의 구성요소를 보면, STL이라는 게 눈에 띌 겁니다. 이 녀석 아주 매력적인 놈입니다. C++ 표준 라이브러리를 대표한다고 할 수 있을 정도로 매력적인 놈이지요. 여러분이 실무에서 C++을 이용해서 프로그램을 개발하고자 한다면, STL 정도는 조금이나마 공부해 두시는 게 좋지 않을까 생각합니다. 물론 새로운 C++ 표준에서도 이를 그대로 포함하니, 바뀔까 두려워하실 필요는 없습니다. 그럼 간단히 STL의 공부에 필요한 요소를 말씀 드리겠습니다.

- 자료구조에 대한 이해

- 템플릿에 대한 단단한 이해

STL은 자료구조와 그에 관련된 알고리즘을 구현해 놓은 템플릿의 모임이라고 해도 과언이 아닙니다. 따라서 자료구조를 이해하면 STL을 보다 쉽게 공부할 수 있고 또 제대로 사용할 수 있습니다. 갑자기 부담스러워지시나요? 어느 교수님께서 제게 말씀하시더군요.

"내가 가르친 학생들은 자료구조의 공부에 있어서 자료구조의 구현이 가장 중요하다고 생각한다. 그래서 자료구조를 더 어려워하는 것 같다."

저는 교수님께서 이렇게 말씀하신 이유를 이해합니다. STL은 자료구조를 구현해 놓은 라이브러리입니다. 그런데 STL의 활용을 위해서 자료구조의 구현에 도가 트일 필요가 있을까요? 사실 STL을 공부하는 데 있어서 필요한 자료구조 관련 지식은 다음과 같습니다.

- 각 자료구조 별 장단점

- 각 자료구조 별 구현의 특성

이렇게 정리해 놓고 보니 자료구조를 잘 알아야 할 것 같은 느낌을 주는데요. 사실 그렇지는 않습니다. 자료구조를 공부하다 중도에 포기를 하셨거나, 전체적으로 한번 공부하긴 했어도 얼렁뚱땅 공부해서 남는 게 거의 없어도 STL에서 요구하는 자료구조의 지식은 충족이 되고도 남음이 있으니까요.

그리고 두 번째로 STL은 그 이름이 의미하듯이 템플릿으로 구현되어 있는 라이브러리입니다. 따라서 템플릿에 대한 이해는 필수입니다. 뭐 예외처리나 연산자 오버로딩을 좀 덜 알더라도 STL을 공부하고 활용하는데 크게 지장은 없을 수 있습니다만, 템플릿을 잘 이해하지 못하는 것은 좀 곤란합니다. 제가 이 책의 초판을 집필했을 때만 해도 STL을 공부하기에는 조금 부족한 분량으로 템플릿을 설명하였습니다.

그런데, 이번에는 새로운 C++의 표준, 특히 STL의 공부에 부족함을 느끼지 않도록 템플릿 부분을 두 개의 Chapter에 걸쳐 설명하면서 분량적으로 제법 보강을 해 놓았으니 이 부분을 다시 한번 보는 것도 STL의 시작에 앞서 도움이 될 거라고 생각합니다.

새로운 C++ 표준의 소개

여러분이 이 책을 공부하는 순간에는 이미 새로운 C++ 표준으로 일컬어지는 C++ 1x가 정식으로 발표되었을지 모르겠습니다. 원래 명칭은 200X년도에 발표된다고 해서 C++ 0x였는데요. 발표 년도가 201X년으로 미뤄졌기 때문에 지금은 C++1x로도 함께 불리고 있는 상황입니다. 솔직히 말씀 드리면, 저도 정식으로 발표가 되고, 잘 정리가 되기 전에는 많은 관심을 두지 않는 게으른 개발자입니다. 그런데 C++ 서적을 집필했다는 이유만으로 주변에서 새로운 표준과 관련해서 질문을 많이 합니다. 물론 아직 잘 모른다고 솔직히 이야기해도 될만한데, 그게 잘 안됩니다. 한번은 이와 관련해서 아직 모르는 게 많다고 솔직히 이야기했더니, 어떻게 그렇게 무관심할 수 있냐는 듯 이야기하더군요. 어쩌겠습니까? 그래서 결국 공부했죠. 저요, 책을 몇 권 썼다는 이유만으로 요즘도 무진장 공부하고 있습니다. 주변에서 저를 그렇게 만들더군요. 잠시 다른 이야기가 되겠지만, 그래서 제가 느낀 바가 있습니다. 좋은 개발자와 좋은 책의 저자는 주변의 기대감으로 만들어 진다는 것입니다. 하하 뭐 그렇다고 제가 좋은 개발자이거나 좋은 책의 저자라는 뜻은 아닙니다. 어쨌든, 그렇게 해서 새로운 표준에 대해 공부를 좀 했습니다. 그런데 막상 공부하다 보니 이전에 조금 식었던 C++에 대한 저의 열기가 다시 살아나더군요. 사실 개정판에서는 내용을 좀 보강해야겠다고 판단했던 것도 새로운 표준의 등장과 관련이 있습니다.

새로운 C++ 표준에서 제가 가장 관심을 둔 것은 라이브러리의 확장입니다. 그런데 이에 못지 않게 눈에 띄는 것은 기본 문법의 확장입니다. 외국 사이트를 좀 돌아다녀 보니, 이러한 문법의 확장이 C++을 더 복잡하게 만들고 있다고 말씀하는 분들도 계시던데요. 저도 어느 정도는 공감을 합니다. 일부 문법은 C++의 성능적 측면까지 고려해서 확장된 관계로 그만큼 C++에 대한 많은 이해를 요구하고 있으니까 말이죠. 하지만 전 생각합니다. C++이라는 언어가 여러분이 더 매력적으로 느낄만한 언어가 되어가고 있다고 말이죠.

본서에서 소개한 C++이 어려웠나요?

우리는 주변에서 프로그래밍 언어를 쉽게 공부하는 친구들을 봅니다. 하지만 저의 오프라인 강의 경험과 흔히 접하는 주변소식을 들어보면, 우리 주변에는 프로그래밍 언어에 부담을 느끼는 친구들이 훨씬 더 많습니다. 그리고 쉽게 공부하는 친구들을 너무 부러워할 필요도 없다고 생각합니다. 저 역시 이해를 위해서는 많은 노력을 필요로 하는 사람 중 하나인데요. 제가 IT에 몸 담고 살아보니 그거 별로 중요하지 않다는 걸 알겠더군요. 이해가 좀 느리면 저 스스로가 그만큼 불편하다고 느끼는 것은 어쩔 수 없지만, 그런 느낌 속에서 공부하는 것에 대한 보상도 따른다고 전 생각합니다. 그리고 무엇보다 중요한 것은 이러한 이해의 속도로 인해서 느끼는 불편함이 오래가지 않는다는 사실입니다. 마냥 힘들게만 공부하는 것이 IT가 아닙니다. 시간이 조금 지나고 고비만 조금 넘기면 어느 분야보다 쉽게, 그리고 많은 분량의 지식 습득이 가능한 게 IT이니까요. 제 친구녀석이 그러더군요. 그냥 친한 친구 사이에 주고 받은 대화이니,

C++ 프로그래밍

예의에 어긋나는, 그래서 책에 싣기에는 부적절한 표현이라도 이해 부탁 드립니다.

"잘하는 녀석이나 못하는 녀석이나 1년만 훈련이 되면, 그 녀석이 그 녀석이다! 중요한 건 오히려 개인이 지니는 성향과 성격인 것 같다."

제 말이 좀 길어졌습니다. 공부가 힘들어서 고민하시는 분들을 보면 안타까워서 몇 말씀 더 드렸습니다. 어쨌든 여러분은 이 책의 내용을 전부 공부하셨습니다(책을 거꾸로 읽진 않으셨죠?). 그것만으로도 여러분은 큰 강을 하나 건너오셨다고 전 생각합니다. 그리고 그런 여러분께 축하를 드리고 싶습니다.

저자 **윤 성 우** 드림

Index

찾아보기

Index

ㄱ

가상함수(Virtual Function)	340, 346, 376
가상함수 테이블	380
가상 상속(Virtual Inheritance)	386
가상 소멸자(Virtual Destructor)	357
객체(Object)	121, 126
객체간의 대화(Message Passing)	145
객체생성	142
객체의 소멸과정	291
객체지향 프로그래밍	136
객체 배열	192
객체 생성과정	285
객체 포인터	326
객체 포인터 배열	194
구조체	106
기능	138
기초 클래스	285
깊은 복사(deep copy)	221, 225

ㄷ

다중상속(Multiple Inheritance)	383
다형성(Polymorphism)	356
단항 연산자의 오버로딩	412
대입 연산자	442
데이터	138
디폴트 값(Default Value)	27, 576
디폴트 대입 연산자	442
디폴트 복사 생성자	218
디폴트 생성자(Default Constructor)	184

ㄹ

리터럴(literal)	89
리터럴 상수(literal constant)	89

ㅁ

매크로 함수	33
멤버변수	126
멤버함수	126
멤버 이니셜라이저(Member Initializer)	176

ㅂ

배열	191
배열 클래스	456, 463
범위지정 연산자(Scope Resolution Operator)	49
복사 생성자(copy constructor)	214, 218
복사 생성자의 호출	226
부모 클래스	285
부분적 디폴트 값	30

ㅅ

상속(Inheritance)	272, 278
상위 클래스	285
생성된 클래스(Generated Class)	533
생성된 함수(Generated Function)	533
생성자(Constructor)	168
서브 클래스	285
소멸자(Destructor)	168, 187
순수 가상함수(Pure Virtual Function)	353, 354
슈퍼 클래스	285
스마트 포인터(Smart Pointer)	480
스택 풀기(Stack Unwinding)	594, 599

ㅇ

얕은 복사(shallow copy)	221
엑세스 함수(access function)	155
연산자 오버로딩	402
예외(exception)	586, 590
예외객체	590
예외상황	586
예외처리	586
예외처리 메커니즘	591
예외 던지기	616
예외 데이터	590
예외 클래스	605
오래된 C 스타일 형 변환 연산자(Old C-style cast operator)	632
유도 클래스	285
이니셜라이저	453
이름공간(namespace)	36
이름공간의 별칭	47
이름공간의 중첩	42
인라인	120
인라인(inline) 함수	33, 131
임시객체	234, 235, 237
임시변수	89

ㅈ

자동 형 변환	489
자식 클래스	285
전위증가	418
접근제어 레이블	122
접근제어 지시자	122
정보은닉(Information Hiding)	126, 150

ㅊ

참조의 정보	200, 201
참조자(Reference)	67, 74
참조형(Reference Type)	82
참조 값	200, 201
초기화	214

Index

추상 클래스(Abstract Class)	353, 354	함수 오브젝트(Function Object)	485	const 함수	158, 459	
		함수 템플릿(function template)	526, 531	Conversion Operator	489	
ㅋ		함수 템플릿의 특수화	536	copy constructor	218	
캡슐화(Encapsulation)	150, 161	핸들러 클래스	275	cout	429	
컨트롤 클래스	275	형 변환 연산자(Conversion Operator)	489	**D**		
클래스(Class)	121	후위증가	418	deep copy	225	
클래스의 선언	128			Default Constructor	184	
클래스의 정의	128	**A**		Default Value	27	
클래스 변수	257	Abstract Class	353	delete	91, 472, 475	
클래스 템플릿(class template)	540	access function	155			
클래스 템플릿의 부분 특수화 (class template partial specialization)	570	**B**		Destructor	168	
		bad_alloc	615	dynamic_cast	634, 643, 645	
클래스 템플릿의 특수화 (Class Template Specialization)	566, 567	bool	64	**E**		
		C		Encapsulation	161	
ㅌ		Call-by-address	76	endl	429	
템플릿(Template)	526	Call-by-reference	74, 76	enum	115	
템플릿 매개변수	573	Call-by-value	74	exception	586	
템플릿 인자	573	catch	589, 602	explicit	219	
템플릿 클래스(template class)	533, 540	cin	429	**F**		
템플릿 함수(template function)	531, 533	Class	121	false	64	
		class template	540	free	91	
ㅍ		class template partial specialization	570	friend	247, 565	
파일분할	127	Class Template Specialization	566	Function Object	485	
펑터(Functor)	483, 485	const	421	Function Overloading	23	
포인터 연산자 오버로딩	477	Constructor	168	function template	531	
표준함수	96	const_cast	639	Functor	483, 485	
		const static 멤버	264	**G**		
ㅎ		const 객체	244, 421	Generated Class	533	
하위 클래스	285	const 변수	182	Generated Function	533	
함수의 friend 선언	251	const 상수	182	**H**		
함수 오버라이딩	330, 344	const 참조자	81, 88	HAS-A	307	
함수 오버로딩(Function Overloading)	23, 245			has a	309	

Index

I	
Information Hiding	126, 150
Inheritance	272
inline	120
inline 함수	33
iostream	15
istream	436
IS-A	303
is a	304

L	
literal	89
literal constant	89

M	
malloc	91
Member Initializer	176
Message Passing	145
Multiple Inheritance	383
mutable	265

N	
namespace	36
new	91, 470, 475, 615

O	
Object	121, 126
Old C-style cast operator	632
operator	402
ostream	434

P	
Polymorphic 클래스	643
Polymorphism	356
private	123
private 상속	299, 301
private 생성자	186

protected	123, 297
protected 상속	298
public	123
public 상속	280, 302
Pure Virtual Function	353

R	
Reference	67, 74
Reference Type	82
reinterpret_cast	641

S	
scanf	17
Scope Resolution Operator	49
Self-Reference	199
shallow copy	221
Smart Pointer	480
Stack Unwinding	594, 599
static	254, 578
static_cast	636, 645
static 멤버변수	257
static 멤버변수의 초기화	261
static 멤버함수	263
std	46
std::cin	18, 44
std::cout	16, 44
std::endl	44
STL(Standard Template Library)	649
string 클래스	506

T	
Template	526
template	527

template class	540
template function	531
this	415
this 포인터	191, 196
throw	589, 604, 617
true	64
try	589, 602
typename	527

U	
UML(Unified Modeling Language)	307
using	44

V	
virtual	347, 357
Virtual Destructor	357
Virtual Function	340, 346
Virtual Inheritance	386
V-Table(Virtual Table)	380

기타	
<< 연산자	16, 434
>> 연산자	18, 434